Klaus Peter Wallraven

Reihe Politik und Bildung • Band 28

Handbuch politische Bildung in den neuen Bundesländern

Herausgegeben von
Klaus Peter Wallraven

WOCHENSCHAU VERLAG

Bibliografische Information der Deutschen Bibliothek
Die Deutsche Bibliothek verzeichnet diese Publikation in der Deutschen Nationalbibliografie; detaillierte bibliografische Daten sind im Internet über http://dnb.ddb.de abrufbar.

© by WOCHENSCHAU Verlag
Schwalbach/Ts. 2003

Alle Rechte vorbehalten. Kein Teil dieses Buches darf in irgendeiner Form (Druck, Fotokopie oder einem anderen Verfahren) ohne schriftliche Genehmigung des Verlages reproduziert oder unter Verwendung elektronischer Systeme verarbeitet werden.

www.wochenschau-verlag.de

Gedruckt auf chlorfreiem Papier
Printed in Germany
ISBN 3-87920-627-9

Inhaltsverzeichnis

mit Geleitwort des Bundestagspräsidenten Wolfgang Thierse 11

Einleitung

    Klaus Peter Wallraven: Enthusiasmus und Versäulung 18

Kapitel I: Politische Bildung – länderübergreifend

    1. Außerschulische politische Bildung

    Thomas Grumke: Zentrum Demokratische Kultur 31

    Aribert Rothe: Voraussetzungen und Ansätze protestantischer politischer Bildung 39

    Herbert Wagner: Bildungsarbeit und politische Bildung in der katholischen Kirche 47

    Jochen Gersdorf: Arbeit und Leben 54

    Michael Roick, Peter-Andreas Bochmann: Friedrich-Naumann-Stiftung 1990-2001 58

    2. Schulische politische Bildung

    Karlheinz Dürr: Die Projekte zur berufsbegleitenden Qualifizierung von Politiklehrern in den neuen Bundesländern (1991-1999) 64

Kapitel II: Politische Bildung in Brandenburg

    1. Außerschulische politische Bildung

    Hilde Schramm: Regionale Arbeitsstellen für Ausländerfragen, Jugendarbeit und Schule (RAA Brandenburg e.V.) 74

    Uwe Spindler, Inka Thunecke: Heinrich-Böll-Stiftung Brandenburg ... 80

    Ruth Hennig: Deutsch-Polnische Gesellschaft Brandenburg e.V. 88

2. Die Landeszentrale für politische Bildung

Werner Künzel: Die Brandenburgische Landeszentrale für
politische Bildung 97

3. Schulische politische Bildung

Hilda Rohmer-Stänner, Hans-Jürgen Huschka: Schulreform im
Land Brandenburg – Das Beispiel Politische Bildung 106

Viola Tomaszek: Lehrkräftefortbildung im Land Brandenburg 113

Bernhard Muszynski: Neue Lehrer für ein neues Fach:
Lehrerqualifizierung für die schulische Politikbildung 120

Günter C. Behrmann, Rosemarie Naumann: Sozialwissenschaften
und Politische Bildung an der Universität Potsdam 127

Heidemarie Werner: Politische Bildung – eine Reise
ohne Wiederkehr 133

Kapitel III: Politische Bildung in Berlin-Ost

1. Außerschulische politische Bildung

Thomas Gill: Jugendbildungsstätte Kurt Löwenstein – Bildung
und Begegnung in Berlin und Brandenburg 139

2. Schulische politische Bildung

Hans-Werner Kuhn: Lehrerfort- und -weiterbildung 146

Kapitel IV: Politische Bildung in Mecklenburg-Vorpommern

1. Außerschulische politische Bildung

Andreas Handy: Die Europäische Akademie 153

Wolfgang Ahner-Tönnis: Das Bildungswerk Rostock der
Konrad-Adenauer-Stiftung 159

Erik Gurgsdies: Die Arbeit des Landesbüros Mecklenburg-
Vorpommern der Friedrich-Ebert-Stiftung 164

Stephan Handy: Katholische Kirche in Mecklenburg 171

2. Die Landeszentrale für politische Bildung

Heinrich-Christian Kuhn: Die Landeszentrale für politische Bildung Mecklenburg-Vorpommern 176

3. Schulische politische Bildung

Luise Dumrese: Entwicklung der Rahmenpläne für das Unterrichtsfach Sozialkunde 183

Nikolaus Werz: Politische Bildung an der Universität 192

Kapitel V: Politische Bildung in Sachsen

1. Außerschulische politische Bildung

Frank Ahlmann: Evangelische Aklademie Görlitz – „östlichste Akademie Deutschlands" 197

Wolfgang Bartel: Evangelische Erwachsenenbildung Sachsen 200

Joachim Klose: Kathedralforum 207

Wolfgang Nicht: Arbeitnehmerorientierte Bildungsarbeit in Sachsen 209

Jochen Gersdorf: Die Bildungsvereinigung Arbeit und Leben Sachsen e.V. 216

2. Die Landeszentrale für politische Bildung

Werner Rellecke: Die Sächsische Landeszentrale für politische Bildung 224

3. Schulische politische Bildung

Wilfried Burger, Regine Kunde, Ralf Tramm: Sächsische Gemeinschaftskunde in der Lehrerfort- und -weiterbildung 231

Bärbel Lange: Die Sächsische Akademie für Lehrerfortbildung 238

Werner J. Patzelt: Der Aufbau politischer Bildungsarbeit in Sachsen. Zehn Jahre im persönlichen Rückblick 243

Kapitel VI: Politische Bildung in Sachsen-Anhalt

1. Außerschulische politische Bildung

Stephan Dorgerloh, Martin Kramer: Evangelische Akademie
Sachsen-Anhalt e.V. in Lutherstadt Wittenberg 249

2. Politische Bildung im Landtag

Hans-Jochen Tschiche: Politische Bildung im Landtag von
Sachsen-Anhalt 257

3. Die Landeszentrale für politische Bildung

Wilfried Welz: Die Landeszentrale für politische Bildung
Sachsen-Anhalt 264

4. Schulische politische Bildung

Siegfried Both: Die Förderung politischer Bildung in
Sachsen-Anhalt durch das LISA 268

Siegfried Both, Sibylle Reinhardt: Die Richtlinien für Sozialkunde 271

Gotthard Breit: Politiklehrerausbildung 278

Heike Makk: Wie wird und wie bleibt frau/man
Sozialkundelehrer/in? 284

Kapitel VII: Politische Bildung in Thüringen

1. Außerschulische politische Bildung

Thomas A. Seidel: „... ein Akt der Befreiung". Anmerkungen zur
Arbeit der Evangelischen Akademie Thüringen 294

Michael Wohlfahrt: Altenburger Akademie – Offene Kirche 298

Steffi Mehnert: Der Thüringer Volkshochschulverband e.V. 301

Kathrin Vitzthum: Das DGB-Bildungswerk Thüringen e.V. 309

Uwe Rossbach: Arbeit und Leben Thüringen 316

Ulrich Ballhausen, Stephan Eschler: Lernort Weimar – Die Europäische Jugendbildungs- und Jugendbegegnungsstätte Weimar 323

Stephan Eschler: FRIZ – Bildungswerk für Friedenserziehung
und Jugendarbeit Jena e.V. 329

2. Die Landeszentrale für politische Bildung

Michael Siegel: Die Landeszentrale für politische Bildung
Thüringen 334

3. Schulische politische Bildung

Sigrid Biskupek: Entwicklung der Lehrpläne für Sozialkunde 339

Wolfgang Sander: Politische Bildung an der Universität 344

Kapitel VIII

Klaus Peter Wallraven: Politische Bildung im Transformationsprozess. Nachlese, Streitschrift und spätes Plädoyer 351

Angaben zu den Autorinnen und Autoren 390

Wolfgang Thierse
Geleitwort

1. Offene Fragen

Ist die politische Bildung gescheitert? Diese Frage drängt sich auf angesichts der Zunahme von Rechtsextremismus und Gewalt in unserem Land, angesichts einer verbreiteten Skepsis gegenüber dem demokratischen Rechtsstaat und seinen Institutionen, angesichts steigender Wahlenthaltung. Die Frage nach der politischen Bildung derart radikal zu formulieren, provoziert natürlich die Suche nach positiven Antworten, nach Argumenten zu ihrer Verteidigung. Das Selbstverständnis der politischen Bildung steht zur Debatte: Was sind die zeitgemäßen Inhalte politischer Bildung und was ihre zeitgemäßen Methoden? Wer sind die Adressaten der politischen Bildung und werden diese auch wirklich erreicht? Genügt es, vor allem Multiplikatoren zu unterrichten, oder ist ein größeres Publikum anzusprechen? In welchem Rahmen, in welchem Umfeld kann politische Bildung am ehesten wirksam werden? Welche inhaltlichen, welche tatsächlichen Arbeitsbeziehungen bestehen zwischen politischer Bildung und anderen Institutionen und freien Trägern, etwa der kommunalen Jugendarbeit, Sozialarbeit, Medien- und Kulturarbeit?

Die Beantwortung dieser Fragen ist in erster Linie fachintern zu leisten, doch die Diskussion darüber sollte öffentlich geführt werden. Denn wir alle wissen, dass politische Bildung eine gesellschaftlich bedeutsame Querschnittsaufgabe ist, die ihre Träger heute nur im arbeitsteiligen Verbund mit staatlichen Institutionen, Parteien und Verbänden, Medien, Schulen und Familien bewältigen können.

2. Werben für Demokratie

Das gilt insbesondere in den neuen Bundesländern, in denen sich die politischen und sozialen Probleme unserer Zeit in besonderer Schärfe spiegeln. Im Osten sind Rechtsextremismus und Gewalt sichtbarer, direkter, brutaler. Hier sind rechtsextreme Ideologien offensichtlich erfolgreicher als im Westen. Das liegt nicht daran, dass die Ostdeutschen etwa schlechtere Menschen wären, sondern daran, dass die soziale, moralische und ideelle Situation in den neuen Ländern immer noch problematischer ist als in den alten.

Aus zahllosen Gesprächen mit Schülern, Azubis und Studenten in verschiedenen Städten Ostdeutschlands kenne ich die verbreiteten Unsicherheiten und Zukunftsängste vieler junger Menschen, ihrer Freunde, ihrer Eltern. Bei so manchem ist noch immer das autoritäre Erbe der DDR spürbar. Die Radikalität des ökonomischen und sozialen Umbruchs hat bei nicht wenigen auch innere Verunsicherungen, ein Gefühl des Mangels an sozialer Geborgenheit erzeugt. Und nicht alle haben den Umbruch intellektuell, ideologisch, moralisch wirklich verarbeitet. Es gibt eben nicht nur einen ökonomisch-sozialen Umbruch, sondern auch vielfältige Phänomene moralischer Entwurzelung.

Das demokratische Bewusstsein mancher Menschen in den neuen Ländern ist geprägt von der Sehnsucht nach Sicherheit und klarer Orientierung, aber eben auch von deren Kehrseite: Der Verführbarkeit zu falscher Sicherheit und falscher Orientierung. Und es ist geprägt von einer sehr verständlichen Ungeduld. In solch einer Situation ist es umso dringlicher, Demokratie zu erklären, sie verständlich zu machen, ihre Vorzüge zu erläutern, für sie zu werben, ihre Verfahren und Institutionen zu erklären, aber auch ihre Schwierigkeiten, ihre Langsamkeit, ihre Zerbrechlichkeit begreifbar zu machen.

3. Modernisierung der politischen Bildung

Der Bedarf an Orientierung auf der einen und die Anforderung an die politische Bildung auf der anderen Seite wird in Zeiten der Globalisierung und der ihr eigenen neuen Unübersichtlichkeit erheblich steigen. Für die politische Bildung wird es also künftig eher mehr zu tun geben als weniger. Dabei werden allerdings die klassischen Präsentations- und Diskursformen kaum noch ausreichen. Politische Bildung darf ruhig offener, moderner, attraktiver werden und vor allem jenen abstrakt belehrenden Charakter ablegen, der ihr in der Vergangenheit nicht immer ganz zu Unrecht nachgesagt worden ist. Hier gilt es neue Wege zu beschreiten, neue moderne Strategien zu entwickeln und zeitgemäße Inhalte und Vermittlungsformen zu finden. Die immensen Vermittlungsmöglichkeiten der neuen Medien dürfen nicht denen überlassen werden, die sie zum Teil schon für die Verbreitung ihrer fremdenfeindlichen, gewaltfördernden, hassgeprägten Parolen missbrauchen. Es ist bedenklich, dass solche technologischen Innovationen immer zuerst von Radikalen benutzt werden. Die politische Bildungsarbeit hinkt in diesen Fragen allzu oft nur hinterher.

Dabei denke ich auch an die Rock- und Pop-Kultur. Mit eingängiger Musik und sehr platten, aber griffigen ausländerfeindlichen Parolen erzielen rechtslastige Rockgruppen eine bedenkliche Breitenwirkung. Sie nutzen modernste Kommunikationsmittel und Vertriebsstrukturen. Sie rekrutieren ihre Gefolgschaft mit Kultur- und Freizeitangeboten. Sie bieten Jugendlichen eine soziale Heimat und ideologisieren sie dann. Ich denke, die politische Bildungsarbeit muss künftig noch stärker mit eigenen Angeboten darauf reagieren. Natürlich ist das leichter gesagt als getan, niemand hat hier Patentrezepte anzubieten. Aber die Möglichkeiten, die es bisher schon gibt, sollten wir nutzen und ausbauen. Die politische Bildung kann beispielsweise mit populären und politisch engagierten Popkünstlerinnen und -künstlern, Schauspielerinnen und Schauspielern kooperieren, die junge Menschen erreichen und durch ihr persönliches Engagement denkbare Alternativen aufzeigen. Die Initiative „Rock gegen rechte Gewalt" hat in unterschiedlichen Facetten gezeigt, wie das gehen kann. Doch wir brauchen sehr viel mehr Zusammenschlüsse dieser und anderer Art. Bislang jedenfalls, so meine Beobachtung, wird das gesamte Feld der Kultur noch zu wenig in die politische Bildungsarbeit einbezogen.

4. Politische Bildung vor Ort

Ich habe bei Besuchen in Jugendclubs und Schulen, in Beiräten und Vereinen immer wieder die Kritik gehört, dass sich Politiker und Bildungsarbeiter viel zu selten vor Ort blicken lassen, also dort, wo die Konflikte entstehen und ausgetragen werden. Es gilt als ungewöhnlich, wenn jemand kommt, der die Jugendlichen ernst nimmt, mit ihnen spricht, ihnen zuhört, gar mit so genannten rechten Jugendlichen redet. Das ist ein subjektiver Beleg für den Bedarf an offener Diskussion, an politischem Streit, an Argumentationshilfe. Politiker und politische Bildner müssen dort hingehen, wo die Jugendlichen leben und arbeiten, wo sie ihre freie Zeit verbringen, wo sie kulturell, sozial, politisch geprägt werden.

Wer sich vor Ort auf Gespräche mit jungen Menschen einlässt, kann wunderbare Erfahrungen sammeln. Der kann erleben, wie engagiert Jugendliche ihre Altersgenossen zu überzeugen versuchen. Und sie können es besser als ein sehr viel Älterer. Ein 18-Jähriger kann 16-Jährigen besser erklären, was das ist – Ausländerfeindlichkeit, Intoleranz, Hass, und warum diese Untugenden unsere Demokratie gefährden. Die Auseinandersetzung vor Ort ist eine angemessene, sehr wirksame Form, wenn man solche Jugendliche unterstützt. Sie ist politische Bildung im besten Sinne des Wortes! Politische Bildungsarbeit kann und darf also durchaus selbst an die Menschen herangehen, dort tätig werden, wo die Menschen sind, und nicht immer warten, bis sie irgendwann in die Veranstaltungen kommen oder auch nicht. Politische Bildung darf nicht anderen das Feld überlassen, sondern muss heraus aus den eigenen Institutionen.

5. Politische Bildung als praktischer Prozess

Hinauskommen muss sie aber auch über rein abstrakte Institutions- und Staatslehre. Die Vermittlung von Informationen und Wissen über die Funktionsweise der parlamentarischen Demokratie ist notwendig, keine Frage. Aber Bildung ist mehr als Information und Wissen. Bildung heißt: Öffnen für neue Möglichkeiten, für neue Sichtweisen, vor allem für eigenverantwortliches Handeln. Wenn politische Bildung Handlungsmöglichkeiten aufzeigt, dann wird der Bedarf an politischer Information, an politischem Wissen beinahe zwangsläufig größer. Dann werden junge Leute empfänglicher für das Wissen, das man ihnen anbietet. Denn die politische Bildung zielt auf Förderung von Mündigkeit und eigenständigem Handeln. Genau deshalb ist sie eine zutiefst aufklärerische Aufgabe im Sinne von Kant. Politische Bildung strebt an, was Kant im Gegensatz von privatem und öffentlichem Gebrauch der Vernunft verdeutlicht hat. Die parlamentarische Demokratie lebt vom öffentlichen Gebrauch der Vernunft möglichst vieler ihrer Mitglieder. Unter diesem öffentlichen Gebrauch der Vernunft versteht der Königsberger Philosoph keineswegs nur abstraktes Reflektieren. Vielmehr fordert er auf zu persönlichem praktischen Handeln.

In diesem Sinne sollte politische Bildung noch konkreter werden. Sie kann Erfahrungen im bürgerschaftlichen Handeln vermitteln, indem sie zum Beispiel Probleme im Bereich der kommunalen Jugend- und Sozialarbeit aufzeigt und zugleich angeht. Auch hier geht es darum, Erfahrungen aus erster Hand und vor Ort zu vermitteln. Politische Bildungsarbeit sollte gerade jene aktivieren, die nie von selbst die Angebote nutzen. Eine solche aktivierende politische Bildungsarbeit kann beispielsweise ansetzen bei Projekten in der Nachbarschaftshilfe, in der Kommune, bei Umweltschutzvorhaben, beim Einsatz für zusätzliche Fußgängerübergänge an Gefahrenpunkten im eigenen Stadtteil, an der Durchsetzung einer besseren Busanbindung, bei der Renovierung eines Jugendzentrums oder der Organisation von Veranstaltungen mit Gleichaltrigen. Wer hier mitwirkt, sich einsetzt und hilft, Widerstände und Probleme zu überwinden, macht zugleich einen wertvollen Praxiskurs in politischer Bildung.

Für mich sind die besten politischen Bildungsmaßnahmen immer jene, die im Idealfall zur Begründung einer Bürgerinitiative oder einer Nachbarschaftshilfe oder auch einer Städtepartnerschaft in Europa führen. So verstandene und

Geleitwort 15

ausgestaltete politische Bildung lässt erleben und erfahren, was in der Vergangenheit oft nur auf der abstrakten Ebene vermittelt worden ist. Aktivierende Projektangebote können auf neue Weise zur Ausprägung zivilgesellschaftlicher Haltungen beitragen.

6. Schüsselqualifikationen für politische Mündigkeit

An Überlegungen von Oskar Negt anknüpfend, sollen abschließend die aus meiner Sicht unerlässlichen Schlüsselqualifikationen für politische Mündigkeit in der parlamentarischen Demokratie kurz umrissen werden. Sie haben gleichermaßen Bedeutung für die politische Bildungsarbeit innerhalb wie außerhalb der Schule.

Erstens: Im Zeitalter der Globalisierung sind Mobilität und die Fähigkeit, sich immer wieder in neue Lebenszusammenhänge zu begeben und alte zu verlassen, unverzichtbare Schlüssel für die individuelle Lebensgestaltung wie für den gesellschaftlichen Zusammenhang. Zweitens: Erforderlich ist eine neue technologische Kompetenz. Technik darf uns nicht beherrschen, sondern sie ist, sie muss ein Instrument zur Gestaltung unseres Lebens, unserer Gesellschaft bleiben. Technologische Kompetenz bedeutet deshalb nicht nur Technik physisch zu beherrschen, sondern sie auch gesellschaftlich zu beherrschen, sie ethisch zu beherrschen. Wer dies sagt, predigt nicht irgendeiner übelbeleumdeten Technikfeindlichkeit das Wort, sondern hält Technikfolgenabschätzung, die nüchterne Beurteilung dessen, was technologische Entwicklungen bewirken können, für eine wichtige Aufgabe. Drittens: Das ökologische Gewissen ist in den letzten zwanzig Jahren erheblich gewachsen. Die Konsequenzen aus dem ökologischen Wissen reichen von Verdrängung tatsächlicher bis zur Überbetonung selbst noch vermeintlicher Gefahren. Ökologische Kompetenz ist deshalb unverzichtbar – sowohl hinsichtlich der Einschätzung der Risiken als auch hinsichtlich der Bereitschaft und Fähigkeit zu notwendigen Verhaltensänderungen.

Viertens: Globalisierung bedeutet heute in noch höherem Maße als früher die Pluralisierung der Kulturen, die tägliche Konfrontation mit dem Fremden. Gegen die durch die Medien oft unkritisch vermittelten Klischees, gegen Vereinfachungen hilft nur Einübung in Toleranz, Sensibilität, Neugier und Gewaltfreiheit im Umgang miteinander. Gefordert ist also interkulturelle Kompetenz. Auch sie muss erlernt werden. Fünftens: Die Schnelllebigkeit der Gegenwart stellt neue Anforderungen auch an unseren Umgang mit der Zeit. Das betrifft nicht nur die individuelle Lebensplanung, sondern auch unseren Umgang mit Geschichte. Erinnern, Trauer, aber auch Wissen um das historische Werden sozialer Entwicklungen sind Voraussetzung für die Gestaltung von Zukunft. Geschichtliche Kompetenz bedeutet die Fähigkeit zur Orientierung im tiefgreifenden gesellschaftlichen Wandel. Und nicht zuletzt sind die technologische und die geschichtliche

Kompetenz zwei wichtige Säulen von Medienkompetenz. Sechstens: Die geschilderten wirtschaftlichen und sozialen Rahmenbedingungen enthalten viele Elemente, die sich zu einer Gefährdung von Demokratie und Rechtsstaat auswachsen können. Die Fähigkeit, Gleichheit von Ungleichheit, Recht von Unrecht zu unterscheiden, soziale Demokratie und rechtsstaatliche Prinzipien als kostbares Angebot von Freiheit, Gerechtigkeit und gesellschaftlichem Zusammenhalt zu erkennen, sind deshalb Schlüsselqualifikationen für eine demokratische Gesellschaft. Siebtens: Eine weitere Schlüsselqualifikation sehe ich in der Beherrschung der um die digitalen Kommunikationsmedien erweiterten Kulturtechniken, letztlich also in der Fähigkeit des Lernens überhaupt. Lebenslang zu lernen, das ist vielleicht die wichtigste, die Schlüsselqualifikation schlechthin.

7. An politischer Bildung sparen ist der falsche Weg

Dies sind aus meiner Sicht die zentralen Fähigkeiten, Qualifikationen für eine humane, offene, demokratische, zivile Bürgergesellschaft. Ohne sie kann die parlamentarische Demokratie nicht dauerhaft bestehen, sich vor allem nicht erfolgreich gegen ihre Gegner behaupten. Ich bin mir bewusst, dass eine solche Aufgabenbeschreibung mit den vorhandenen, von Land zu Land unterschiedlichen Strukturen der außerschulischen Bildung und ihrer Finanzierung nicht ganz in Einklang zu bringen ist. Aber nach meiner Einsicht in die Dinge sind auch in diesem Qualifizierungsbereich Reformen nötig, auch solche, die Geld kosten. An der politischen Bildung, fürchte ich, ist zu lange gespart worden und ich fürchte, sie wird angesichts der Zwänge, in denen wir uns befinden, auch weiterhin ein Bereich sein, bei dem gespart werden soll. Ich will mich dagegen wehren. Denn als jemand, der an Argumente, an das Wissen, an Bildung als Voraussetzung für politisches Engagement glaubt, bin ich überzeugt, dass politische Bildung dringender denn je gebraucht wird. Und wenn alle haupt- und nebenamtlichen Träger und Förderer der politischen Bildung – Ministerien, Parteien und Stiftungen, Landeszentralen, Kirchen, Wissenschaftler, Schulen, das Zentrum Demokratische Kultur, Arbeit und Leben e.V., freie Bildungsträger, Medien – ihre gesellschaftliche Verantwortung für die politische Bildung und demokratische Werterziehung wahrnehmen, hat die Frage, ob denn die politische Bildung gescheitert sei, nur noch eine rhetorische Funktion.

8. Zum Handbuch

Das vorliegende Handbuch weist verschiedene Konzepte und praktische Ansätze der heutigen politischen Bildungsarbeit aus und versteht sich zugleich als Beitrag zur bundesweit geführten Debatte über den Reformbedarf in diesem Bereich.

Geleitwort

Erhellend und produktiv ist seine trägerüberschreitende Perspektive: Etablierte Institutionen kommen ebenso zu Wort wie freie Bildungsträger und engagierte Wissenschaftler. So entsteht ein facettenreiches Bild über den Alltag der politischen Bildung in den neuen Ländern.

Ich wünsche dem Handbuch eine aufmerksame, kritisch-selbstkritische Leserschaft und hoffe, dass es den gesellschaftlichen Diskurs über die Herausforderungen und Perspektiven der politischen Bildung befruchtet.

Einleitung

Klaus Peter Wallraven
Enthusiasmus und Versäulung

1. Der konzeptionelle Umriss des „Handbuches"

Erstmalig wird in Form eines Handbuches ein repräsentativer Überblick über Institutionen, Ziele, Aktivitäten und Akteure Politischer Bildung in den neuen Bundesländern vorgelegt. Auslöser und Anstoß für das Projekt war die zehnjährige Existenz demokratischer Politischer Bildung in den neuen Bundesländern. Eine Reihe von Trägern nahm dies zum Anlass für Festschriften oder Tagungen. Damit das „Jubiläum" nicht auf vereinzelte und unverbundene Erinnerungsstücke reduziert blieb, lag der Gedanke nahe, möglichst allen wichtigen Akteuren ein Forum zu bieten, in dem sie ihren Beitrag zur Konstituierung und Entfaltung der Politischen Bildung nach 1990 präsentieren konnten. Damit sollte den Lesern Gelegenheit geboten werden, viele Institutionen mit ihrer wechselvollen Geschichte, ihrem organisatorischen Aufbau, ihren Zielen, ihren Zielgruppen, ihren Arbeitsschwerpunkten und Projekten, insbesondere ihren verantwortlich Handelnden kennen zu lernen.

Vor allem folgt das „Handbuch" dem Hauptziel, den Kampf für die Akzeptanz der bundesrepublikanischen Demokratie in schwierigem Umfeld sichtbar zu machen. Dieser Kampf erscheint in der Öffentlichkeit häufig als Niederlage,

Einleitung

wenn unter sensationsheischenden Vorzeichen in Zeitungsartikeln und Fernsehbeiträgen von rechtsradikalen Angriffen auf Ausländer und Touristengruppen berichtet und lokale Eliten an den Pranger gestellt werden, die wie gelähmt zuschauen oder verharmlosende Erklärungen liefern. Die Handbuch-Beiträge weisen in die entgegengesetzte Richtung. Sie machen alle, auch die mit der ostdeutschen Bildungslandschaft weniger vertrauten Leser mit einer Fülle von Projekten bekannt, die in den vergangenen Jahren entwickelt wurden und didaktisches Neuland betreten. Der Leser erfährt von routinierter praktischer Anwendung des Moderations-Prinzips, von Vernetzung im lokalen Umfeld, von der Einbindung kommunaler Eliten aus Verwaltung, Kirche, Schulen und Bildungsträgern in Konsensdiskurse mit engagierten Bürgern. So gelangen die Probleme wieder in die Hände derer, die sie vorher – vielleicht durch Wegschauen oder Nichtbeachtung – vielleicht indirekt erzeugt haben.

Wahrscheinlich geht von diesen außerschulischen Konzepten, die häufig durch die Bundeszentrale und die Landeszentralen für politische Bildung unterstützt werden und im Bundestagspräsidenten einen geistigen Schirmherrn besitzen, ein frischer Wind aus, der auch die Schulen animiert. In ihrem demokratischen Enthusiasmus lassen sich viele Verantwortliche für Richtlinien und Lehrpläne, vor allem viele Fachlehrer für Politische Bildung vom Einsatz der pädagogischen Mitarbeiter aus außerschulischen Einrichtungen nicht übertreffen. Doch die organisatorischen Spezifika von Schule und der umfassendere inhaltliche Auftrag des politischen Unterrichts lenken oft von der Bearbeitung des Schüleralltags im lokalen Umfeld ab. Andererseits – was wäre Politische Bildung ohne den historischen oder theoretischen Blick der Schule auf fremde Kulturen, globale Probleme, gesellschaftliche Zukunftsentwicklungen und normative Diskurse abseits des politischen Tagesgeschäfts?

Wenn man aber die gleichen Themen und Zugänge bei freien Trägern der Politischen Bildung antrifft, dann drängt sich die Frage auf: Warum schließen sich beide nicht immer wieder zusammen und profitieren von ihren Ressourcen? Dazu später mehr.

2. Das Problem: Nicht-Akzeptanz der realen Demokratie?

Wo genau liegen die Akzeptanz- und Unterstützungsprobleme, mit denen das demokratische System in den neuen Bundesländern zu kämpfen hat und die Lehrern, pädagogischen Mitarbeitern, lokalen Eliten und Angehörigen von Verwaltungen immer wieder Rätsel aufgeben und sie zu Aktivitäten anspornen, von denen in Westdeutschland kaum jemand eine Ahnung hat?

Bundestagspräsident Wolfgang Thierse bezieht sich auf zahllose Begegnungs- und Gesprächserfahrungen mit normalen Bürgern, wenn er in seiner Einleitung zu diesem Band schreibt: „Das demokratische Bewusstsein mancher Menschen in den neuen Ländern ist geprägt von der Sehnsucht nach Sicherheit und klarer Orientierung, aber eben auch von deren Kehrseite: Der Verführbarkeit zu falscher Sicherheit und falscher Orientierung. Und es ist geprägt von einer sehr verständlichen Ungeduld. In solch einer Situation ist es umso dringlicher, Demokratie zu erklären, sie verständlich zu machen, ihre Vorzüge zu erläutern, für sie zu werben, ihre Verfahren und Institutionen zu erklären, aber auch ihre Schwierigkeiten, ihre Langsamkeit, ihre Zerbrechlichkeit begreifbar zu machen."

Wie nötig solche Erklärungen als Voraussetzung für „Die politische Integration Ostdeutschlands" wären, macht Alexander Thumfart in seinem gleichnamigen Buch überdeutlich *(siehe den Beitrag von Wallraven, Kap. VIII).* Er legt die theoretisch und praktisch erhärtete Norm zugrunde, dass alle politischen Systeme, und insbesondere die demokratischen, der Unterstützung durch ihre Bürger bedürfen. Anschließend referiert und interpretiert er die Befunde zahlreicher empirischer Untersuchungen, die bei der Wertschätzung von Demokratie eine dramatische Kluft zwischen Westdeutschen und Ostdeutschen konstatieren (Thumfart 2002, 815). Das Vertrauen in Bundestag und Bundesregierung sei im Osten jeweils erheblich geringer als im Westen (ebd. 828), ostdeutsche Landtage und Landesregierungen würden kaum wahrgenommen, intermediäre Organisationen wie Parteien, Gewerkschaften und andere Verbände, auch die Kirchen, genössen kaum Unterstützung und Nachfrage (ebd. 829 f.).

Um zu den Ursachen zu gelangen, diskutiert Thumfart eingehend unterschiedliche Gerechtigkeitsvorstellungen in Ost und West (ebd. 788 ff.), die durch evidente soziostrukturelle Unterschiede immer wieder neue und kräftige Nahrung erhalten. Es sind traditionelle, der normativen DDR-Gesellschaft verhaftete Gerechtigkeitsbilder, die für die ostdeutsche Bevölkerung eine zentrale Rolle spielen. Doch Thumfart bleibt bei dem Schluss einer linearen Verbindung zwischen sozioökonomischen Defiziten und verletzten Gerechtigkeitsvorstellungen nicht stehen, sondern geht einen Schritt weiter: „Fragen von Gerechtigkeit bzw. Ungerechtigkeit sind für Ostdeutsche ... nicht nur zentral mit Fragen existentieller und materieller Sicherheit bzw. Arbeit und Einkommen verbunden, sondern die vereinte Bundesrepublik wird im Vergleich mit der DDR auch als die ungerechtere Gesellschaft empfunden." (ebd. 796) Dieser Befund ist nicht neu. In seinem Schatten fällt die Antwort auf die Frage pessimistisch aus, ob Thierses Forderung nach Vermittlung von Demokratie an die ostdeutsche Einstellungswelt erfolgreich umgesetzt werden kann. Thumfart meint jedenfalls: So bald wird sich kein durchgreifender Erfolg einstellen!

Einleitung 21

3. Kommunikation als Königsweg Politischer Bildung

Diese Antwort bezieht sich auf die gegenwärtige Situation. Dennoch hat er Lösungswege parat, die ihn mit Thierse – und zugleich mit allen Autoren dieses Bandes – in auffälliger Weise verbinden. Ausgehend von der Beobachtung, dass „Ost- wie Westdeutsche sich zunehmend in der Eigengruppe verpuppen und speziell die Ostdeutschen eine negative soziale Identität entwickeln ..." (ebd. 803), lautet seine Doppelformel: Verbesserung der sozioökonomischen Rahmenbedingungen und – *Kommunikation*.

Damit ist ein Hauptstichwort für Politische Bildung gefallen, das der Interpretation, Differenzierung und Umsetzung – didaktisch: der Operationalisierung – bedarf. Denn an den Beiträgen aller am Diskurs Beteiligten lässt sich als Handlungsmaxime für moderne Politische Bildung ablesen, dass die „negative soziale Identität" nicht durch Anpassung der Ostdeutschen an westdeutsche Standards zum Verschwinden gebracht werden kann. Vielmehr geht es um die „*Zusammenfügung*" zweier politischer und gesellschaftlicher Kulturen mit ganz unterschiedlichen sozialen Codes, Bewertungsmaßstäben und biographischen Erfahrungsräumen", wie der große Kenner politischer Kultur, Martin Greiffenhagen, es vor einigen Jahren formuliert hat (zit. ebd. 824).

Kommunikation als Kernprinzip moderner Politischer Bildung entfaltet sich situativ in zwischenmenschlichen Situationen. Darum kombinieren vor allem außerschulische politischer Bildner Kommunikation mit Aktion, beispielsweise als Projekt oder Bürgerinitiative. Aktion im Netzwerk ist eine ganz wichtige operative Transformationsvariante von Kommunikation. Sie muss öffentlichkeitswirksam stattfinden.

Wie kann mittels Kommunikation, die von Strategien der Offenheit und Kompromissfähigkeit lebt, die Akzeptanz eines nie unschuldigen demokratischen Systems bei oft misstrauischen, manchmal ablehnenden oder feindseligen Menschen erreicht, wie können sie für Akzeptanz und Unterstützung gewonnen werden? Der von vielen Autoren dieses Bandes beschrittene Königsweg lässt sich m.E. als Kombination zweier Modelle beschreiben. Die grundsätzliche Anerkennung von demokratischen Normen als Bürgermaxime soll sich mit der Hinnahme von Differenzen bei ihrer Auslegung verbinden. Differente Interpretationen sind dann nicht Ausdruck von Fremdheit, sondern von konturierter Eigenheit bei Übereinstimmung im Grundsätzlichen. Dafür gibt es zahlreiche Beispiele. So liefert die Geschichte des bürgerlichen und des sozialdemokratischen Lagers in den fünfziger Jahren der Bundesrepublik einen eindrucksvollen Beleg für die demokratische Kraft politischer Eliten, sich im Grundsätzlichen zu verständigen und doch im Konkreten weit auseinander zu liegen. Ebenso hat die Auflösung eines langen, von tiefen Zerwürfnissen geprägten Streits politischer Bildner in den siebziger

Jahren den Beweis erbracht, dass man Lagerdenken überwinden und sich im *consensus on fundamentals* verbinden kann, ohne bei konkreten Positionen nachzugeben. Berühmtes Produkt war der Beutelsbacher Konsens, der in manchen schulischen Beiträgen als Leitformel für das Normgefüge in der Politischen Bildung zitiert wird *(siehe die Beiträge von Both/Reinhardt und Makk, Kap. VI)*.

4. Die Stärken: normative Ideale und regionale Differenziertheit

Politische Bildung ist Kommunikation, manchmal auch Aktion über Politik. Wo diese Kommunikation dringend notwendig, ja als Strategie der Wahl gilt, herrschen politische Differenzen und Divergenzen, regiert das Gesetz von Kluft und Gegensatz. Viele Konfliktlinien sind Ausdruck immanenter Differenzen in den politischen Kulturen Ostdeutschlands und Westdeutschlands.

Wie gehen die in diesem Buch versammelten Autoren mit der Tatsache um, dass im vereinten Deutschland keine übereinstimmende Akzeptanz von Demokratie anzutreffen ist und dass vor allem substantiell unterschiedliche Vorstellungen von Demokratie herrschen – in der Kurzformel: hier Demokratie als Freiheit, dort Demokratie als Gleichheit? Wie lösen sie die Spannung auf, die in der sich vertiefenden Bindung selbst der ostdeutschen Jugend an das untergegangene DDR-System zum Ausdruck kommt? Welche kommunikativen Strategien werden in den Beiträgen entwickelt?

Um angemessene Antworten auf diese Fragen geben zu können, sind zuerst die Bedingungen zu nennen, welche von Politischer Bildung selbst geschaffen werden. Fragen wir also ganz zuerst nach den selbst produzierten Vorzügen und Schwächen. Antworten auf diese Frage fallen in den neuen Ländern leichter als in den alten, weil Akteurshandeln und Strukturen wegen ihrer ‚Jugend' immer noch typisierter und unverfälschter als in Westdeutschland zutage treten.

Zu den unbestrittenen Stärken Politischer Bildung (dies gilt für die gesamte Bundesrepublik) gehört ihre *enorme regionale Differenziertheit*. Handlungstheoretisch gesprochen, tritt sie auf der *Makroebene* – also etwa der eines Bundeslandes – wie ein kollektiver Akteur auf, und zwar darum, weil alle Beteiligten in ihren allgemeinen Wertvorstellungen (Einsatz für Demokratie, für Menschen- und Bürgerrechte, für Parlamentarismus und Pluralismus, für friedlichen Konfliktaustrag, für eine lebenswerte Umwelt) übereinstimmen. Dieser Ebene sind als Institutionen vor allem Ministerien, Landtage und Landeszentralen für politische Bildung zuzurechnen. Auf der *Mesoebene* streben die Teilsysteme – hier schulische, dort außerschulische Arbeit – auseinander, was zum gegenwärtigen Betrachtungszeitpunkt noch als Vorzug angesehen werden soll. Auf dieser Ebene leisten die Landeszentralen Verklammerungsarbeit. Kennzeichen der Mesoebene ist das dichte institutionelle Netz Politischer Bildung, das über ganze Regionen gelegt

Einleitung

wird. Ihre wahre Stärke aber spielt die institutionalisierte Politische Bildung auf der *Mikroebene* aus. Da entgegen herrschendem Sprachgebrauch Bildungsstätten oder Schulen nicht als Akteure operieren können, sind es Einzelne – Lehrer, pädagogische Mitarbeiter, Referenten –, die den politischen Vermittlungsprozess durch ihre Person verkörpern. Hier verschmelzen Politikvermittlung und persönliche Performanz. Vergegenwärtigt man sich die zahllosen Schulstunden und die enorme Angebotsvielfalt von Seminaren, Begegnungen, Lesungen, Aktionen der freien Träger, dann wird ein theoretisches Kommunikations- und Aktionspotential erkennbar, das die praktische Chance in sich bergen könnte, so gut wie jeden interessierten Bürger gleich welchen bildungsfähigen Alters in einer Region zu erreichen. Die eigentliche Kraft Politischer Bildung wird also auf der Mikroebene erreicht, wie die Beiträge dieses Bandes belegen. Die beiden anderen Ebenen dürfen indessen nicht gering geachtet werden: Sie liefern Handlungslegitimation, Steuerungsinstrumentarien und Serviceleistungen.

5. Die Schwächen: Kontingenz, lose Verkopplung und Versäulung

Soviel – grob betrachtet – zu den Stärken Politischer Bildung in jedem der neuen Bundesländer. Die Schwächen stellen gewissermaßen die Kehrseite der soeben beschriebenen Vorzüge dar. Es handelt sich nämlich nicht, wie soeben noch unterstellt, um ein geschlossenes System oder Teilsystem. Stattdessen muss man von Kontingenz, bestenfalls von *loser Verkopplung*, im schlechtesten Fall von *Versäulung* ausgehen – ein Begriff, der das starre Nebeneinander gesellschaftlicher Gruppen in den Niederlanden bezeichnet (Lepzsy 1999, 343 f.). Feste Verbindungen zwischen zwei oder mehreren kollektiven Akteuren bestehen nicht. Die meisten Akteure der Mikroebene operieren kommunikationslos nebeneinander her. Die Hauptwaffe effizienter Politischer Bildung, nämlich Kommunikation, wird zwar nach außen gewendet und erreicht Adressaten, doch im Innern des Institutionengefüges liegt sie brach.

Die entscheidende Ursache für Kontingenz, lose Kopplung oder Versäulung liegt, so der Eindruck, in der Makroebene. Betrachten wir den hierarchischen Aufbau des ‚Systems'. Die legitimationsbeschaffende Spitze wird vom Arbeitszentrum des politischen Systems, also von Landtag, Staatskanzlei und den beteiligten Ministerien (Kultus, Wissenschaft, Soziales) gebildet. Die Quelle für das Gesamtdilemma Politischer Bildung liegt offenbar in der Arbeitsteilung zwischen den Ministerien einerseits, den Landtagsausschüssen andererseits. Politische Bildung wird nicht ‚aus einer Hand' gemacht. Vielmehr entspricht es der Tradition, die Verantwortung für die schulische und die außerschulische Politische Bildung nicht in denselben, sondern in verschiedenen Referaten und möglicherweise auch in unterschiedlichen Ministerien wahrzunehmen. Selbst wenn Politische Bildung als Gesetzesmaterie in denselben Parlamentsausschuss fließt, muss sie dieser unter verschiedenen Nutzungsaspekten bearbeiten: Ein Schulgesetz repräsentiert eine gänzlich andere Staatsaufgabe als ein Erwachsenenbildungs- oder ein Arbeitnehmerfreistellungsgesetz. Die parlamentarische Aufmerksamkeit wechselt also spiegelbildlich zur Arbeitsteilung in der Exekutive. Doch abgesehen davon, tun sich Landtage schwer mit Politischer Bildung. Das beweisen die extrem schwach besetzten Plenardebatten zum Gegenstand. Die Vermutung drängt sich auf, dass sich die Abgeordneten – nicht ganz unberechtigt – als Schlüsselfiguren im Herstellungsprozess Politischer Bildung ansehen und sich den professionellen pädagogischen Verbreitungsakteuren überlegen fühlen. Denn an ihre Person sind Repräsentation und Responsivität geknüpft (Wallraven 2002, 25 ff.). Anders lässt sich das manifeste Desinteresse der Parlamentarier nicht interpretieren.

Nun böte sich unterhalb der Parlamentsebene theoretisch eine erneute Chance der Aufgabenzusammenführung, nämlich in den Landeszentralen für politische Bildung. Dies lässt sich aus deren Beiträgen und verschiedenen außerschulisch orientierten Texten herauslesen, die sich anerkennend über diese Institutionen äußern. Doch diese Chance wird oft verspielt, weil der ausgeklügelte Institutionenaufbau des schulischen ‚Teilsystems' seine eigene, exkludierende Dynamik entfaltet. Deren historischer Ursprung lässt sich in den entsprechenden Texten mühelos entdecken. Schon 1990 wurden die ersten Ansprüche auf Autonomie der Schulsphäre angemeldet, als die eindrucksvoll geschilderten Qualifizierungskurse für Politiklehrer ihre Arbeit aufnahmen. Die Etablierung als exklusive Ordnung war mit der Errichtung der Kultusministerien insofern so gut wie abgeschlossen, als diese wenig später Curriculumkommissionen ins Leben riefen, Institutionen der Fort- und Weiterbildung schufen und auch auf die Einrichtung universitärer Lehrstühle ein Auge hatten. Die Schulen waren ohnehin vorhanden und wurden dem Gesamtsystem einverleibt. Dieses Institutionengebäude ist aus allen Bundesländern bekannt und insofern überhaupt nichts Neues. Es gäbe darüber auch nichts zu berichten, wenn sich daraus nicht eben jene institutionalisierte Abgrenzung ergäbe, die in der losen Verkopplung bzw. Versäulung als Negativkennzeichen Politischer Bildung ihren Niederschlag findet und deren manifeste Schwächung bewirkt.

Wird nun überhaupt nicht an der wechselseitigen Durchdringung gearbeitet und der Forderung des Bundestagspräsidenten genügt, die Schlagkraft Politischer Bildung durch institutionalisierte Kooperation zu steigern? Vielleicht geht es auf die (den Autoren der Beiträge verordnete) knappe Seitenzahl zurück, vielleicht spiegelt sich aber auch empirische Realität – in den Beiträgen aus der Mikroebene wird wenig von Entdifferenzierungsprozessen berichtet. Es wird nicht einmal lose verkoppelt, sondern Abgrenzung scheint an der Tagesordnung zu sein.

Einleitung

Allerdings kann der Schein trügen, weswegen wir annehmen dürfen, dass sich die in den alten Bundesländern gebräuchliche Praxis des Brückenschlags zwischen den ‚Teilsystemen' auch in den neuen Bundesländern durchsetzt – wenn etwa Schulklassen außerschulische Bildungsstätten besuchen und dort unter günstigen kurzzeitpädagogischen Bedingungen politisch lernen, wenn Lehrer an Fortbildungen und Netzwerken teilnehmen. Auf diese Weise wird der Abschottung auf der Mikroebene – und nur auf ihr – und durch Einzelakteure entgegen gewirkt. Tatsächlich mehren sich die Anzeichen, dass die Überwindung der Exklusivität – so am eindrucksvollsten für Brandenburg und Thüringen dargestellt, ebenso in allen anderen neuen Bundesländern anklingend – zunehmend in Angriff genommen wird. Das Netzwerk von ZDK und RAA *(siehe die Beiträge von Grumke, Kap. I, und Schramm, Kap. II)* hat die Schulen erreicht, weil Schulen, dem Prinzip dieser außerschulischen Träger gemäß, als Netzwerkakteure definiert werden und sich entsprechend einbringen. Auch katholische und evangelische Kirche, Arbeit und Leben oder die Stiftungen realisieren zunehmend die Zusammenarbeit mit Lehrern und ihren Klassen, müssen sie auch ins Werk setzen, wie wir lesen, denn sie leben davon.

6. Das geschwächte Innovationspotential

Und doch überwiegt leider der Eindruck von schwacher Verkopplung oder gar Versäulung. Darum wird die systematische Ausschöpfung des enormen Angebotspotentials der Politischen Bildung in den neuen Bundesländern weiter hinaus geschoben. Manche Beiträge legen sogar den Eindruck nahe, dass sie systembedingt untergraben wird, weil kein übergreifendes Interesse bei den zuständigen politischen Eliten besteht *(für eine Ausnahme siehe den Beitrag von Künzel, Kap. II)*. Betrachtet man das Gesamtangebot an Politischer Bildung einer ganzen Region als ein ethisch-moralisches Innovationspotential mit dem Ziel, demokratische Akzeptanz in der Bevölkerung herzustellen, dann wird dieses Potential dadurch geschwächt, dass den Akteuren auf der Mikroebene zwar Kommunikation und gemeinsames Lernen nicht untersagt, sie aber auch nicht systematisch gefördert oder gar ‚verordnet' werden. Es hängt darum allein vom Goodwill und der Organisationskompetenz einzelner Lehrer, ja von solchen Trivialitäten wie dem Stundenplanregime ab, ob die Grenzen der schulischen Politischen Bildung überwunden und das Tor zur außerschulischen Politischen Bildung durchschritten wird. Als Kraftzentrum scheinen allein die Landeszentralen zu fungieren, von deren konzeptioneller, personeller und finanzieller Kapazität viel abhängt. Denn sie können, indem sie gezielt Projekte fördern, in den Augen von Jugendlichen die Vielfalt und Attraktivität Politischer Bildung steigern.

Liest man den Appell des Bundestagspräsidenten sorgfältig durch, alle moralischen und organisatorischen Kräfte zu konzentrieren, und stimmt ihn auf den

Sinngehalt der Beiträge aus den ‚Teilsystemen' ab, dann findet man keine Stimme, die sich seinem Appell explizit verschließen würde. Aber man findet auch wenig Aufrufe zur Überwindung von Exklusivität.

7. Aufforderung zu interorganisatorischer Kommunikation

Dabei lägen die Vorteile auf der Hand und sind ja auch seit langem aus den alten Bundesländern bekannt (ohne dass es auch dort zur einer Revolte der Entinstitutionalisierung gekommen wäre). Erinnern wir die Schlüsselformel, dass Politische Bildung zuerst Kommunikation ist, dann hat in den neuen Bundesländern die Stiftung von kommunikativen Prozessen als Voraussetzung zu gelten, die spezifische Verarbeitung der DDR-Vergangenheit und die perspektivisch verzerrte Wahrnehmung des empirischen demokratischen Systems zu thematisieren. Es ist sicher nicht übertrieben anzunehmen, dass schulische Lehrer und außerschulische pädagogische Mitarbeiter enorm voneinander lernen könnten, wenn sie sich über die soeben genannte Problematik systematisch und in strukturierten Kontexten austauschen würden. Wem fließt eigentlich der sozialwissenschaftliche Kenntnisschatz von Universitätsdozenten zu? Steht er nur den Lehrern oder den Lehrplankommissionen zur Verfügung oder partizipieren an ihm auch die Vertreter der außerschulischen Politischen Bildung? Nicht abwegig könnte auch die Frage sein, ob die Debatten in Lehrplankommissionen an die Erfahrungen der außerschulischen Politischen Bildungsarbeit rückgekoppelt sind, ebenso wie umgekehrt zu recherchieren wäre, ob der inhaltlichen Planung in außerschulischen Bildungsstätten authentische Erfahrungen über Kommunikation in Schulstunden zufließen.

8. Der Plan des „Handbuches" und seine Umsetzung

Das vorliegende Buchprojekt regt zu solchen und weiteren Fragen und Überlegungen darum an, weil die Autoren entwicklungsgeschichtlich zurückblicken, ihre normativen Prinzipien für die Vergangenheit und Gegenwart umreißen und sich mit ihrer Organisationsumgebung, ihren Projekten und ihren Zielgruppen vorstellen sollten.[1] Das Gesamtergebnis ist beeindruckend, liefern die Einzelbeiträge doch ausdrucksstarke, politisch und didaktisch spannende Belege für die Leistungen politisch-pädagogischer Akteure aus ganz unterschiedlichen Institutionen. Der Kampf um die Demokratie in den Köpfen und den Herzen kann unter diesen Umständen nur gewonnen werden. Dieser Satz gilt auch, wenn es nicht in naher Zukunft gelingen sollte, die sozioökonomischen Rahmenbedingungen zu optimieren, was nicht zu erwarten ist, weil „Wirtschaftswunder" in verregelten Ökonomien nicht mehr stattfinden.

Einleitung

Der Plan zum „Handbuch" sah eine Ideallinie der Institutionen vor. An der ‚Spitze' sollten die ‚Produktionsstätten' demokratischer Legitimation, die Landtage, stehen, gefolgt von weiteren Schlüsselorganisationen wie Kultus- oder Sozialministerien. Auf diese Weise wären die Konzeptualisierungsmodelle der Politik für die Politische Bildung, wären die Generaldebatten und auch die Schlüsseldokumente (Schulgesetze, Erwachsenenbildungsgesetze, Haushaltstitel) präsent gewesen und interpretiert worden. Diese Rechnung ging nicht auf. Nur ein einziger Landtagsabgeordneter erlaubt uns einen Blick auf konflikthafte Prozesse, die um die Politische Bildung entstanden sind, und nur ein Kultusministerium erläutert sein Handeln.

In der Linie abwärts sollten dann als ‚Serviceeinrichtungen' die Landeszentralen erscheinen, die sich als Drehkreuz verstehen, mal mehr mit einer Neigung zur schulischen, mal mehr zur außerschulischen Sphäre. Fast alle Landeszentralen stellen ihre Geschichte, Organisation, Konzeption, ihre Kooperationspartner und ihre Leistungen vor. Liest man bestimmte Beiträge von freien Trägern, wird die unverzichtbare Rolle der Landeszentralen für die nackte Existenz Politischer Bildung in bestimmten Regionen deutlich. Aber auch Lehrer brauchen sie, wie wir nachlesen können.

Der empirischen Realität folgend, sollte sich danach die Präsentation der Institution eines Bundeslandes verzweigen. Bei der *außerschulischen Politischen Bildung* war darauf zu achten, dass möglichst alle institutionellen Typen vertreten waren, also Einrichtungen der Kirchen, der Stiftungen, der Gewerkschaften, von Arbeit und Leben, der Ländlichen Erwachsenenbildung, aber auch und vor allem solche Bildungsstätten, die keinem größeren Verbund angehören, sondern als freie Gründungen in einer Region ihre Angebote machen, auf ihre Weise die Programmvielfalt Politischer Bildung bereichern und deren Kreativität eindrucksvoll unterstreichen. Dieses Teilkonzept ging mehr oder weniger auf, die Zahl der Beiträge variiert von Bundesland zu Bundesland.

Die Entwicklung der *schulischen Politischen Bildung* begann nach der Wende mit Qualifizierungs- und Weiterbildungsmaßnahmen für die neuen Fachlehrer. Richtlinienkommissionen wurden ins Leben gerufen, die universitäre Ausbildung und die außeruniversitäre Fortbildung institutionalisiert. Die Beiträge sollten die historische Entwicklung nachzeichnen und sie interpretieren. Reflexionen einzelner Lehrer zu ihrer Praxis Politischer Bildung – vor dem Hintergrund ihrer Weiterbildung – sollten den Höhepunkt und Abschluss der schulischen Unterkapitel bilden. So war es konzipiert, und so konnte es teilweise auch umgesetzt werden. Dabei durften Akteure aus dem Bund nicht unbeachtet bleiben. Die Bundeszentrale für politische Bildung oder das DIFF *(siehe den Beitrag von Dürr, Kap. I)* haben unverzichtbare Beiträge zur Konstituierung von bundesrepublikanischer Politischer Bildung geleistet; in jüngster Zeit legt die Bundeszentrale erneut einen Projektschwerpunkt in den neuen Ländern. Auch dies war zu skizzieren.

Hier, wie auch sonst, eilte freilich der Wunsch der Wirklichkeit zum Teil voraus, denn nicht alle Erwartungen konnten erfüllt, nicht alle erhofften Beiträge dem Druck des Arbeitstages abgetrotzt werden – aber die meisten. Sie fügen sich zu einem beeindruckenden Mosaik einer vielfältigen, vielschichtigen, differenzierten und pluralisierten Politischen Bildung zusammen.

Den Abschluss des „Handbuches" bildet ein Text von mir, der aus wichtigen Aufsätzen der Nach-Wendezeit einige Aspekte der Geschichte der Politischen Bildung nach 1990 rekonstruiert. Manche Schlüsseldiskussion wird dadurch vielleicht der Vergessenheit entrissen. Der Text wirft einen kritischen Blick auf die Entwicklung zwischen 1990 und 1996 und rekonstruiert Phasen, vor allem ermuntert er zu ostdeutscher Authentizität.

9. Einige wichtige Bemerkungen

Am Anfang soll ein Lesehinweis stehen, der eigentlich eine Selbstverständlichkeit anspricht. Die Beiträge lassen sich ‚vertikal' lesen: dann porträtieren sie einen Teil gelebter Politischer Bildung eines Bundeslandes. Es bietet sich ebenso der horizontale Zugang an, der Vergleiche in Bezug auf Entwicklungen nach 1990, Organisationsformen, Akteurshandeln, Themen und Projekte erlaubt. Vor allem sollte man Schritten der ‚Entsäulung' nachspüren.

Es muss nun die Problematik von männlicher und weiblicher Form angesprochen werden. Ich bin ein Anhänger der Verwendung beider Formen. Doch in manchen Artikeln wurden beide Modi so ausdauernd und teilweise unter solchen sprachlichen Verrenkungen verwendet, andernorts nur als sinnentleerte Pflichtübung praktiziert, dass ich irgendwann den Entschluss gefasst habe, nur die männliche Form zu verwenden. Die Verantwortung für Ungerechtigkeiten gegenüber Frauen – als Lehrerinnen, pädagogischen Mitarbeiterinnen, Teilnehmerinnen oder Studentinnen – muss ich übernehmen.

Wo immer es angebracht war, habe ich „Politische Bildung" groß geschrieben, um zum Ausdruck zu bringen, dass es sich um einen geschlossenen Fachbegriff handelt.

Die Leser sollten ferner wissen, dass alle Beiträge einer redaktionellen, meist sparsamen, selten erheblichen Bearbeitung unterzogen wurden. In erster Linie waren Wiederholungen zu vermeiden. Die tragische und folgenreiche Geschichte des Zusammenbruchs der DDR-Wirtschaft und das existentielle Elend flächendeckender Arbeitslosigkeit werden dadurch nicht einprägsamer, dass sie in jedem Artikel neu erzählt und reflektiert werden. Gleiches gilt für die Bespitzelung von engagierten Kirchenleuten durch die Stasi. Abgesehen hiervon habe ich insgesamt

Einleitung

versucht, eine schlanke Linie zu erzielen und die Beiträge redaktionell auf das Kernanliegen des „Handbuches", nämlich die Schilderung von Praxis und Theorie Politischer Bildung, zu orientieren. Dass diesem Ziel mancher Textabschnitt zum Opfer fiel, sehen mir die Autoren hoffentlich nach.

Einige wenige Institutionen und Projekte, die dargestellt werden, existieren nicht mehr. Trotzdem sind sie mit Beiträgen vertreten, und das ist auch so gewollt. Das "Handbuch" ist nicht nur der Gegenwart und Zukunft der Politischen Bildung in den neuen Ländern, sondern auch ihrer Geschichte verpflichtet. Die neuen Bundesländer blicken auf eine kurze Vergangenheit zurück, doch selbst in dieser kurzen Zeit hat sich manche kulturelle Substanz angesammelt, die, zu ihrer Zeit wichtig, zurückgelassen wurde. Um den gesamten Prozess zu verstehen, muss an sie erinnert werden.

10. Danksagung

Das Handbuch wäre in der Form, in der es nun vorgelegt wird, ohne den engagierten kommunikativen und redaktionellen Einsatz von Frau Maike Götting nicht zustande gekommen. Sie hat mit den Autorinnen und Autoren telefoniert, gefaxt, gemailt, wieder telefonisch nachgefragt – ein schwieriges Geschäft, das ich gern abgegeben habe. Da sie in Hildesheim Lehrerstudentin ist, liegt ihr der Gegenstand nicht fern. Darum war es mir eine große Unterstützung, dass sie ihre eigenen Überlegungen zu manchen Texten angestellt hat, die wir anschließend diskutierten.

Schon früh hat sich Herr Bernward Debus vom Wochenschau-Verlag bereit erklärt, das Buch in seinem Verlag herauszubringen. Es war eine beruhigende Wohltat, von ihm kein zeitliches Limit für die Manuskriptabgabe gesetzt zu bekommen: Er versteht mehr von Autoren und ihren Problemen, einen Text zum verabredeten Zeitpunkt abzuliefern, als ich.

Insbesondere danke ich allen Autorinnen und Autoren für ihre Beiträge. Sie kannten mich nicht und mussten darauf vertrauen, dass ich ein guter Sachwalter ihrer Interessen und ihrer Texte sein würde. Ich bedaure, dass zahlreiche Beiträge über interessante und wichtige Einrichtungen abgesagt werden mussten. Sollte das „Handbuch" die von mir erhoffte, ihm zukommende Akzeptanz erfahren, dann ergibt sich vielleicht später die Gelegenheit, zum Kreis der Autoren einer zweiten Auflage dazuzugehören.

Anmerkung

[1] Aus dem Anschreiben an außerschulische Institutionen: „Dargestellt werden sollte: Die Entwicklung Ihrer Einrichtung(en) ab 1990; der Prozess der Institutionalisierung; der Wandel von Konzeptionen, Themen, Zielgruppen; Veränderungen des Umfeldes und der Rahmenbedingungen." An die Autoren aus dem schulischen Feld war die Bitte gerichtet, ebenfalls ihre Institutionen und ihre Aktivitäten entwicklungsgeschichtlich darzustellen und dann das Spektrum heutiger Schwerpunkte zu entfalten.

Literatur

Lepzsy, Norbert: Das politische System der Niederlande. In: Ismayr, Wolfgang (Hrsg.): Die politischen Systeme Westeuropas. Opladen 1999, S. 331 ff.

Thumfart, Alexander: Die politische Integration Ostdeutschlands. Frankfurt/M. 2002

Wallraven, Klaus Peter: Seniorenpolitik. Opladen 2002

Kapitel I

Politische Bildung – länderübergreifend

1. Außerschulische politische Bildung

Thomas Grumke
Zentrum Demokratische Kultur

1. Handlungsschwerpunkte und Dienstleistungsangebote

Das Zentrum Demokratische Kultur (ZDK) versteht sich als themenspezifisches Projekt der Regionalen Arbeitsstellen für Ausländerfragen, Jugendarbeit und Schule (RAA) e.V. Von 1997 bis heute ist es gelungen, eine Struktur zu etablieren, die gezieltes inhaltliches Arbeiten in definierten Einzelprojekten und damit eine ständige Erweiterung der Angebote ermöglicht.

Den Handlungsschwerpunkt des Zentrums sehen wir nach wie vor in den neuen Bundesländern, versuchen jedoch auch die zunehmende Nachfrage nach Fort- und Weiterbildungsangeboten aus den alten Bundesländern abzudecken.

Zu unseren Dienstleistungsangeboten gehört auch das nichtöffentliche Archiv und Dokumentationszentrum, welches mit Recherchen aller Art zum Phänomen Rechtsextremismus befasst ist und schwerpunktmäßig seit Herbst 2000 ausgebaut und systematisiert wird. Über die aktuelle Dokumentation hinaus werden hier sowohl die herkömmlichen als auch die neuen Medien der letzten zehn Jahre systematisch ausgewertet und für die tägliche Arbeit des Zentrums und seiner Mitarbeiter fruchtbar gemacht.

Die öffentliche Mediathek der RAA ergänzt das Angebot durch Literatur zum Thema und kann außerdem über Datennetz Bibliographien für die Themen Rechtsextremismus, Jugendgewalt und interkulturelle Erziehung erstellen.

Aus dieser Arbeit heraus sind wir bemüht, regelmäßig unsere Schriftenreihe „Bulletin" zu ausgewählten Schwerpunktthemen herauszugeben. Dazu gehören nicht nur die Chronik von Ereignissen und Straftaten mit rechtsextremem Hintergrund, sondern auch Analysen und Bildungsangebote zum Thema Rechtsextremismus bis hin zu zivilgesellschaftlichen Handlungsangeboten.

Eines der wichtigsten Arbeitsziele des Zentrums ist es weiterhin, die Öffentlichkeit über die Entwicklung des rechtsextremistischen Mainstream als elementarem Bestandteil der ostdeutschen Alltagskultur aufzuklären und jugendbegleitende Erwachsene (z.B. Lehrer, Sozialpädagogen), staatliche und gesellschaftliche Institutionen sowie Kommunen über Möglichkeiten der Intervention zu beraten.

Dabei geht es einerseits um eine klare Analyse des alltagskulturellen Rechtsextremismus, andererseits um die Erarbeitung von Handlungsansätzen zur Vermittlung und Durchsetzung demokratischer Grundstandards. Hier setzt unser Projekt Community Coaching an.

2. Community Coaching

Unter Community Coaching versteht das ZDK ein Beratungs-, Informations- und Dienstleistungsangebot, welches sich an die unterschiedlichsten kommunalen Akteure richtet. Community Coaching kann dabei sowohl in einem engeren als auch in einem weiteren Rahmen stattfinden.

Beispielhaft für die Arbeit in einem engeren Rahmen ist unser Projekt im von rechtsextremen Vorfällen geplagten Berliner Bezirk Hohenschönhausen. Dort existierte ein „Bündnis gegen Rechts", in dem unterschiedliche lokale Akteure wie Lehrerinnen und Lehrer, Sozialarbeiterinnen, Schülerinnen und Schüler und Mitarbeiter des Bezirksamtes zusammensaßen. Alle diese Akteure verfügten über unterschiedliche Informationen zur Situation in ihrem Bezirk, konnten aber keine gemeinsame Arbeitsgrundlage finden. Über eine Fortbildungsveranstaltung kam der Kontakt zum ZDK zustande. Zusammen wurde ein Konzept erarbeitet, welches heute Vorbild für andere Bezirke und Kommunen ist. Konkret sieht das Konzept so aus:

1. Die Erfahrungen des Bündnisses zeigten, dass kein einheitliches Lagebild existierte, welches für ein gezieltes Vorgehen erforderlich ist. Das ZDK erstellte deshalb im Auftrag des dortigen Bezirksamtes mit den Methoden der qualitativen Sozialforschung (Leitfadeninterviews, Beobachtungen, Gruppengespräche) eine Kommunalanalyse mit dem Titel „Rechtsextreme Tendenzen und Erfordernisse demokratischen Handelns in Berlin-Hohenschönhausen", die im Frühjahr 2000

der Öffentlichkeit vorgestellt wurde. Diese Studie besteht aus drei Schwerpunktteilen:
* Theoriemodell des Rechtsextremismus heute
* Lageanalyse des Rechtsextremismus im Bezirk
* Überlegungen für Möglichkeiten demokratischen Handelns gegen Rechtsextremismus mit expliziten Empfehlungen an Schule, Jugendarbeit, Bezirksamt und zivilgesellschaftliche Akteure.

2. Parallel zur Erstellung der Studie organisierte das ZDK eine Vernetzung verschiedener Akteure im Bezirk, mit denen regelmäßig Zwischenergebnisse der Studie diskutiert wurden. Aus dieser Arbeit entstand eine „Anlaufstelle unabhängiger Bürger", die gezielt im Bezirk Opfer rechtsextremer Gewalt berät, Veranstaltungen in Schulen anbietet und das Problemfeld Rechtsextremismus regelmäßig diskutiert.

3. Nach Abschluss der Studie wurden verschiedene gegenstrategische Überlegungen konkretisiert und bereits teilweise umgesetzt. Beispielsweise wurden die Mitarbeiterinnen und Mitarbeiter der Jugendeinrichtungen gezielt weitergebildet, es fanden diverse Fortbildungen für Lehrerinnen und Lehrer statt, die „Anlaufstelle unabhängiger Bürger" bekam ein Büro zur Verfügung gestellt. Der Gesamtprozess ist aber noch nicht abgeschlossen. So stellte das ZDK einen Antrag ans Bezirksamt, der über das bereits Geschehene hinaus ein gezieltes Fortbildungsprogramm für alle Lehrkräfte und Mitarbeiterinnen und Mitarbeiter in den Jugendeinrichtungen im Bezirk vorsieht. Dabei sollen neben den Grundkenntnissen zum Thema Rechtsextremismus Modelle der Demokratisierung von Schule und Jugendarbeit vorgestellt und angeregt werden. Das Bezirksamt stellt für dieses Programm Gelder zur Verfügung, noch fehlen jedoch zusätzliche Mittel des Landes. Unser Ziel ist es, weitere Modellprojekte in den Bereichen des nun vergrößerten Bezirks (Bezirksreform) anzuregen.

Unser Konzept für Berlin-Hohenschönhausen findet mittlerweile viel Interesse vor allem in anderen Kommunen mit aktiven rechtsextremen Szenen. So wird das ZDK ab April 2001 mit dem gleichen Konzept eine Studie im Landkreis Dahme-Spreewald im Land Brandenburg durchführen, welche vom dortigen Landkreisamt unterstützt wird. Intensive Vorgespräche gibt es auch in den Berliner Bezirken Friedrichshain-Kreuzberg und Pankow. In beiden Bezirken stehen die Gespräche kurz vor dem Abschluss, sodass die Erstellung von Kommunalanalysen auch in den Jahren 2001 und 2002 einen Arbeitsschwerpunkt im Zentrum bilden wird.

3. Community Coaching in einem weiteren Rahmen

Hierunter versteht das ZDK punktuelle Beratungen und Unterstützungen. Teilweise erstrecken sich solche Beratungen über einen längeren Zeitraum. Beispielhaft dafür ist die Arbeit mit der „Initiative für ein gewaltfreies Miteinander" im thüringischen Neustadt an der Orla. Dort existiert ein im Wesentlichen von Schülerinnen und Schülern getragenes Bündnis. Das ZDK berät diese Gruppe in regelmäßigen Abständen, nimmt an Veranstaltungen teil und versucht sie mit anderen ähnlichen Akteuren zu vernetzen.

In anderen Fällen tritt das ZDK auch „nur" zu besonderen Anlässen auf. Typisch dafür ist die Stadt Neumünster, in der es Überlegungen gibt, Streetworker im Kampf gegen den Rechtsextremismus zu engagieren. Das ZDK berät hier das „Bündnis gegen Rechts".

Häufiger gibt es auch so genannte „Notfälle", bei denen das ZDK beratend tätig ist. Beispielsweise droht in der Stadt Gera ein Jugendclub, der bisher auch von Jugendlichen aus Flüchtlingsfamilien besucht wurde, von der dortigen rechtsextremen Kameradschaft „übernommen" zu werden. Das ZDK berät die Mitarbeiterinnen des Clubs, tritt auf Veranstaltungen des Jugendamtes zu dem Thema auf, bietet kleine Lageanalysen an und erstellt erste Konzepte, um im Club demokratiesichernd zu wirken.

Zu den weiteren Aufgaben des Bereiches Community Coaching gehört die Durchführung von Fort- und Weiterbildungsveranstaltungen insbesondere für Lehrkräfte und Sozialarbeiter im Jugendbereich, die Erstberatung von Opfern rechtsextremer Gewalt, die Weitergabe von Adressen potentieller Partnerorganisationen mit dem Ziel der Vernetzung demokratischer Akteure und die Beratung von Einzelpersonen wie Eltern oder Lehrern, aber auch von Schülern.

Die Nachfrage nach Fortbildungsangeboten ist im Zuge der im Sommer 2000 sich intensivierenden öffentlichen Diskussion noch einmal stark angestiegen. Die Anfragen kommen dabei aus allen Bereichen des gesellschaftlichen Lebens und aus allen Gebieten der Bundesrepublik. Schulen, Vereine, gewerkschaftliche Organisationen fragen genauso nach wie staatliche Institutionen. Viele Veranstalter, wie beispielsweise die Senatsverwaltung für Justiz in Berlin oder die Fachhochschule der Polizei, aber auch die Landeszentralen für politische Bildung, legen dabei großen Wert auf eine möglichst regelmäßige Zusammenarbeit mit dem Zentrum Demokratische Kultur.

Leider reichen unsere Kapazitäten nicht aus, um dies in jedem Falle zu gewährleisten. Wir sehen in der Fortbildungsarbeit eine wichtige Multiplikationsfunktion und versuchen deshalb möglichst viele organisatorisch angebundene und auch ehrenamtliche Mitstreiter dafür zu gewinnen.

Ein besonderes Fortbildungsangebot stellt das im Jahr 2000 entwickelte und 2001 anlaufende Lehrer-Fortbildungsprojekt „Standpunkte" dar. Angesichts der Herausbildung einer rechtsextremen Jugendkultur an Berliner Schulen und der Hilflosigkeit, mit der viele Lehrer diesem Phänomen gegenüberstehen, halten wir es für erforderlich, diese gezielt auszubilden.

Das Ziel des Projektes besteht in der Ausbildung von Multiplikatoren, also Menschen, die nach Absolvierung der Fortbildung in der Lage sind, in ihrem Lebensumfeld selber Angebote für Fort- und Weiterbildung zu machen, aber auch zivilgesellschaftliche Strukturen zur Entwicklung demokratischer Denk- und Handlungsweisen zu stärken oder aufzubauen. Zwölf Lehrer sollen über den Zeitraum eines Jahres zum Thema Rechtsextremismus weitergebildet werden. Die Themenangebote sind vielfältig und auf die Bedürfnisse der fortzubildenen Lehrer abgestimmt (rechtsextreme Ideologie, rechtsextremes Geschichtsbild, Ursachen für Rechtsextremismus, rechtsextreme Organisationsformen, rechtsextreme Alltagskultur, Migration, Opferperspektive). Ergänzend werden handlungsorientierte Veranstaltungsblöcke angeboten.

Anschließend sollen die Multiplikatoren ihr Wissen an Kollegen und Eltern weitergeben und Handlungsoptionen entwickeln, um Gewalterscheinungen oder antidemokratischem Gedankengut begegnen zu können. Sie beraten Lehrer, Eltern oder Schüler, die mit rechtsextremer Ideologie oder Gewalt in Konflikt geraten sind. Sie erkennen rechtsextreme Symbole, Musik oder Gruppenzugehörigkeiten, können früh genug auf absehbare Entwicklungen hinweisen und entsprechende Konzepte entwerfen.

In die Beratung eingeschlossen ist die Weitergabe von Kenntnissen über Lehrmaterialien und methodische Stundengestaltung. Parallel zur Ausbildung werden Lehrmaterialien für den praktischen Umgang mit dem Thema Rechtsextremismus im Unterricht erstellt. Auch nach Abschluss der Fortbildung soll ein ständiger Austausch der Lehrer untereinander sowie mit dem ZDK organisiert werden.

Ein weiterer Ansatz des Zentrums Demokratische Kultur zur Entwicklung von Strategien gegen Rechtsextremismus ist die Etablierung professioneller Beratung für kommunale und regionale Akteure zu den Fragen Rechtsextremismus und Demokratieentwicklung.

4. Mobile Beratungsteams

Entsprechende Beratungsstrukturen bestehen in Brandenburg und in Sachsen-Anhalt in Form von Mobilen Beratungsteams. Das ZDK hat diese Strukturen bereits in den 90er Jahren mitentwickelt und in Brandenburg wissenschaftlich begleitet. Im ersten Jahresdrittel 2000 wurde das ZDK aus ganz Ostdeutschland zu Informationsveranstaltungen zum Thema „Mobile Beratung" angefragt. In den Ländern Thüringen, Sachsen und Mecklenburg-Vorpommern bildeten sich unterschiedliche Initiativen zur Etablierung Mobiler Beratungsteams. In Thüringen hat das ZDK daraufhin die Konzeptentwicklung von MBTs koordiniert und gestaltet. In Zusammenarbeit mit der dortigen Initiativgruppe, bestehend aus den

Landeskirchen, Gewerkschaften und Bildungsträgern, wurden inhaltliche Maßstäbe und technische/finanzielle Realisierungsmöglichkeiten in ein speziell auf Thüringen ausgerichtetes Konzept gegossen. In Mecklenburg-Vorpommern und in Sachsen wurden Konzeptionen für MBTs gemeinsam mit den dortigen RAAs entwickelt. Das ZDK koordinierte die Partnersuche in den beiden Bundesländern und beriet bei der Antragsformulierung.

Für diese drei Bundesländer hat das Zentrum Ende 2000 begonnen, einen Förderantrag für das „Xenos"-Programm der Bundesregierung zu formulieren. Ziel dieses Antrages ist die Schaffung je einer Beratungsstelle in diesen drei Bundesländern. Diese Stellen sollen den Landesinitiativen als „Pilotstellen" für weitere Anträge dienen und letztlich in die Trägerschaften der Initiativen übergehen.

Kommunal angesiedelte Beratungsprojekte sind erfahrungsgemäß schon wegen ihrer speziellen regionalen Kenntnisse in der Lage, effektiv zu arbeiten und potenzielle Bündnispartner zu vernetzen. Darüber hinaus ist eine überregionale Vernetzung für Ausbau und Stärkung zivilgesellschaftlicher Strukturen absolut sinnvoll.

5. Arbeitsgemeinschaft – Netzwerke gegen Rechtsextremismus

Das ZDK engagiert sich überregional auch in der Arbeitsgemeinschaft – Netzwerke gegen Rechtsextremismus und war in der zweiten Jahreshälfte 2000 maßgeblich an der Initiierung und Etablierung der Arbeitsgemeinschaft beteiligt. An dieser AG sind das „Anne Frank Zentrum", der Verein „Gegen Vergessen – Für Demokratie", das „Netzwerk für Demokratie und Courage", der Verein „Miteinander Sachsen-Anhalt", die „Amadeu Antonio Stiftung" und die „Stiftung Demokratische Jugend" beteiligt. Die Arbeitsgemeinschaft versteht sich als Dienstleistungs- und Beratungsstruktur für Zivilgesellschaft. Jede Partnerorganisation bringt spezielle Kompetenzen ein, die für die Initiativen vor Ort flexibel und unkompliziert nutzbar gemacht werden sollen.

Das Zentrum Demokratische Kultur beriet und informierte in diesem Zusammenhang über die Strukturen und Entwicklungen des Rechtsextremismus, bot Analysen an und begleitete einzelne Projekte bei ihren Aktionen gegen Rechtsextremismus. Im Rahmen der Arbeitsgemeinschaft hat das ZDK darüber hinaus seine Politikberatung ausgeweitet. Insbesondere das Bundesministerium für Familie, Senioren, Frauen und Jugend wurde inhaltlich zum Themenfeld Rechtsextremismus und Demokratieentwicklung beraten. Bei der Formulierung von Richtlinien zur Umsetzung von Regierungsprogrammen hat das ZDK maßgeblich mitgewirkt.

6. Opferperspektive

Zu dem umfassenden Arbeitsansatz des ZDKs gehört es, sich mit den gesellschaftlichen Auswirkungen des Rechtsextremismus auseinander zu setzen und sich auch den Opfern rechtsextremer Gewalttaten zu widmen. Mit großem Engagement und mit Unterstützung der *stern*-Aktion „Mut gegen rechte Gewalt" ist es gelungen, hier eine Multiplikatorenstelle zu schaffen. Dabei arbeiten wir aus der Opferperspektive heraus.

Seit November 2000 sind anknüpfend an bereits bestehende Kontakte in allen fünf neuen Bundesländern Anstrengungen unternommen worden, neue Partner für die Arbeit mit Opfern rechter Gewalt zu finden und Vereine zu initiieren, die das Beispiel der Brandenburger Opferperspektive aufgreifen und – je nach regionalen Gegebenheiten modifizierte – eigene Konzeptionen entwickeln. In der Beratung und Initiierung dieser Projekte geht es vor allem darum, demokratische Strukturen vor Ort zu stärken und Sensibilität für die Situation potenzieller Opfer zu befördern. Ziel der Beratungstätigkeit der hier tätigen Mitarbeiterin ist es daher, die Eigenständigkeit der Beratungsgruppen in den neuen Ländern und den Aufbau regional verankerter Netzwerke zur Unterstützung von Opfern rechtsextremer Gewalt in den neuen Bundesländern zu fördern, die allerdings zur Qualitätssicherung der Beratungstätigkeit längerfristig begleitet werden müssen.

7. Initiative EXIT

Seit Herbst letzten Jahres findet im ZDK-Ansatz, ein möglichst breites Spektrum an Maßnahmen und Angeboten zu entwickeln, auch die „Initiative EXIT" ihren Platz. Dieses Aussteiger-Projekt, welches maßgeblich von der *stern*-Aktion „Mut gegen rechte Gewalt" unterstützt wird, arbeitet bundesweit und nach dem Prinzip Hilfe zur Selbsthilfe. EXIT bietet Ausstiegewilligen eine Perspektive jenseits des braunen Dunstkreises. Dahinter steht der Gedanke, dass jede/r, der/die aus der rechten Szene gelöst werden kann, ein gesellschaftlicher Gewinn ist.

Den Betroffenen werden Kontakte vermittelt und praktische Hilfe geleistet. Auch die Beratung von Eltern potenzieller Aussteiger gehört zur Arbeit der Initiative. EXIT will prinzipiell allen Personen helfen, die aus der rechtsextremen Szene aussteigen möchten und sich unter der EXIT-Telefonnummer melden. Das Angebot richtet sich auch an Eltern von Kindern in rechtsextremen Zusammenhängen, kann sie unterstützen und beraten. Das Konzept EXIT setzt eines voraus: die Herstellung des Erstkontaktes durch die aussteigewillige Person. Die Motivation für einen Ausstieg mag vielfältig sein, aber diese Eigeninitiative ist die Grundvoraussetzung für eine erfolgversprechende und sinnvolle Arbeit. Es ist entscheidend, dass die potenziellen Aussteigerinnen und Aussteiger den ersten Schritt machen und zur Zusammenarbeit bereit sind.

Auf diesem ersten Schritt aufbauend wird die individuelle Situation analysiert und ein individuelles Bedürfnisprofil erarbeitet. Wichtig sind u.a., wo und wie jemand in die rechtsextreme Szene involviert ist, oder auch die persönliche und berufliche Situation. Angesichts möglicher Bedrohung aus der Szene hat die Sicherheit potenzieller Aussteigerinnen und Aussteiger höchste Priorität. Was EXIT nicht leisten kann und will, ist beispielsweise eine ökonomische und soziale Rundumversorgung ehemaliger Rechtsextremisten. EXIT ist kein Resozialisierungsprojekt, obwohl in Einzelfällen selbstverständlich auch versucht wird, kurzfristige finanzielle Hilfe zu leisten, um beispielsweise den Wohnort zu wechseln. Von Aussteigewilligen werden Eigeninitiative und Eigenverantwortung erwartet. Dies gilt auch im Fall strafrechtlich relevanter Taten, EXIT schützt nicht vor strafrechtlicher Verfolgung.

EXIT arbeitet am Aufbau eines bundesweiten Netzwerkes aus haupt- und ehrenamtlichen Mitarbeiterinnen und Mitarbeitern, ehemaligen Aussteigerinnen und Aussteigern, Eltern, Initiativen usw. So können dezentral Fälle bearbeitet und optimal betreut werden.

Der breite Ansatz und die Projektvielfalt des Zentrums Demokratische Kultur macht es notwendig, auch zukünftig Anstrengungen zu unternehmen, um alle Arbeitsbereiche strukturell zu stärken und die Infrastruktur weiter auszubauen. Dies spiegelt sich u.a. in der gemeinschaftlichen Antragstellung mit der „AG Netzwerke gegen Rechtsextremismus" zur Stellenfinanzierung beim Bundesministerium für Familie, Senioren, Frauen und Jugend und beim Europäischen Sozialfonds der EU über das Programm „Xenos" der Bundesregierung wider. Derzeit sind diese Verfahren noch nicht abgeschlossen. Geplant ist eine langfristige Finanzierung mehrerer Stellen in fast allen Arbeitsbereichen und Projekten des Zentrums Demokratische Kultur.

Aribert Rothe
Voraussetzungen und Ansätze protestantischer politischer Bildung

1. Äußere Prägungen und innere Perspektiven

Im Unterschied zu einigen anderen freien Bildungsträgern hat die Evangelische Erwachsenenbildung nach dem gesellschaftlichen Umbruch 1989/90 keineswegs am Nullpunkt angefangen, auch wenn sie – wie die Thüringer Landesorganisation als erste evangelische Neugründung in den neuen Bundesländern – institutionell erst seit 1991 besteht. Dass einschlägige Selbstdarstellungen aus DDR-Zeiten (Schneider 1988) und damalige westliche Untersuchungen (Hefft 1987) in der ostdeutschen Bildungslandschaft keine kirchliche Erwachsenenbildung zu erkennen vermochten, muss nicht überraschen. Als *Erwachsenenarbeit* war sie terminologisch schlecht zu entdecken, und das war strategisch gut so. Noch kurz vor dem Ende der DDR hatte die (West-)*Deutsche Evangelische Arbeitsgemeinschaft für Erwachsenenbildung (DEAE)* eine Studie über die kirchliche Erwachsenenarbeit in der DDR herausgegeben, die der Frage nachging: Gibt es Evangelische Erwachsenenbildung „dort überhaupt, hat man je davon gehört? Ich nicht" (Hefft 1987). Die Autorin fand dann doch gute Beispiele in Hülle und Fülle: *Haus- und Gesprächskreise* in Dresden, Eisenach und Güstrow, *Seminararbeit* in Demmin und Görlitz, *Frauenhilfe* in der Kirchenprovinz Sachsen, *Familienarbeit* in der Ev.-Luth. Landeskirche Mecklenburgs, *Zwischengemeindliche Erwachsenenarbeit* in Magdeburg, sächsische *Evangelische Akademie Meißen, Kongress- und Kirchentagsarbeit* sowie *Fernstudium „stud.christ."* in der Ev.-Luth. Landeskirche Sachsens, *Fernunterricht des Burckhardthauses in der DDR* und die *Evangelische Ausbildungsstätte für Gemeindepädagogik* in Potsdam.

In Thüringen hatte sie vielleicht nicht recherchiert. Es war so schon schwierig genug. Einige Befragte mochten sich nicht so gern unter den fremd gewordenen Bildungsbegriff stellen, den sie mehr oder weniger bewusst dem Bildungsmonopol der SED-Erziehungsdiktatur überlassen hatten. In deren Schatten vermochten ostdeutsche Protestanten die Symbiose zwischen reformatorischem Christentum und Bildung nur noch dunkel wahrzunehmen. Insgesamt 57 Jahre lang hatten diktaturstaatliche Zwänge und theologische Konzeptionen zum innerkirchlichen

Rückzug geführt. Begriff und Ethos der *Arbeit, Schulung* und *Dienste* hatten bereits unter nationalsozialistischen Bedingungen terminologisch die Bildung ersetzt. Entsprechend steht es hierzulande mit dem Selbstbild protestantischen Bildungshandelns. Es ist überdeutlich auf schulische Religionspädagogik und Konfirmationsunterricht (in Konkurrenz zur mehrheitlich gewünschten Jugendweihe) fixiert, obwohl auch der Christenmensch die längste Zeit seines Lebens ein unfertiger, lebenslang lernender Erwachsener ist. Gerade die evangelischen Kirchen des Wortes hatten dieses moderne Menschenbild theologisch befestigt und vorbereitet. Aktuell bietet die erforderliche Neuorientierung unzähliger Menschen in den tief greifenden gesellschaftlichen und existentiellen Umbrüchen der vormals weltanschaulich formierten DDR-Gesellschaft enorme Herausforderungen und Chancen für den wende-aktiven Protestantismus. Dennoch investierten die evangelischen Landeskirchen in ihre Anteile am Strukturaufbau einer pluralen freien Trägerlandschaft der Erwachsenenbildung nur einen Bruchteil ihrer Energien. Obwohl die Kirche nach wie vor die größte der gesellschaftlichen Gruppierungen bzw. nichtstaatlichen Institutionen in den östlichen Bundesländern ist und flächendeckend ein beachtliches religiöses, musisches, politisches u.a. Bildungshandeln entfaltet, erscheint aufgrund ihrer öffentlich-rechtlichen Inkommunikabilität der geschätzte größere Teil der evangelischen Bildungsaktivitäten in keiner Erwachsenenbildungsstatistik und nimmt öffentliche Förderung von sich aus nicht in Anspruch.

Weder bildungsgeschichtliche Forschung[1] noch politische Bildungspraxis in den östlichen Bundesländern können von dem jahrzehntelang prägenden Erfahrungshintergrund propagandistischer Schulung und gesellschaftlicher Entmündigung absehen, wie er sich hier seit 1933 herausgebildet hat. Im ersten Jahrzehnt galt es vor allem, sehr schnell Tatsachen und tragfähige Strukturen zu schaffen. Inzwischen hat trägerübergreifend unter politischen Bildnern ein Kommunikationsprozess der kritischen Selbstbesinnung eingesetzt. Evangelische Erwachsenenbildung hat keinen Grund, Verdrängungsarbeit zu leisten. Sie initiiert intergenerative und deutsch-deutsche Erzählseminare, die öffentlich ausgeschrieben werden und teilweise im kirchgemeindlichen Kontext stattfinden. Anekdoten lebensweltlicher Erfahrung markieren die gesellschaftlichen Veränderungen aus der Lernerperspektive und ermöglichen neue Positionierungen. Die zwei folgenden Beispiele kennzeichnen die paradoxen Zusammenhänge von politisch-ideologischer Agitation, politischer Bildung und Protestformen:

„*Wir brauchen Demokratie wie die Luft zum Atmen! Michail G.*" Schräg gegenüber vom Erfurter Rathaus stand der zentrale Laden mit der Aufschrift „Mittel für Agitation und Propaganda". Hier gab es 1987 oder 1988 die letzten Gorbatschow-Poster zu kaufen. Eines der kostbaren Exemplare hing eine Betriebsärztin heimlich an die BGL-Wandzeitung[2] mit dem handgemalten Gorbi-Spruch dazu: „Wir brauchen Demokratie wie die Luft zum Atmen! Michail G." Der BGL-er wusste ein paar wertvolle Tage nicht: Sollte er nun den Generalsekretär der KPdSU beseitigen oder nicht? Im DDR-Lebensabschnitt dieser Frau war das der absolute Kulminationspunkt politischer Mündigkeit, ihr großer Moment der Zivilcourage, politische Alltagsbildung und politisches Handeln in einem. Sie musste nur den Mut aufbringen, sich einen solchen Ketzersatz in einer suspekten Umwelt-Ausstellung in der Michaeliskirche abzuschreiben. Neues Denken plus kirchliche Quelle plus fantasievolle Nutzung kommunistischer Agitprop-Technik gleich widerständige Persiflage. Politische Selbstbildung damals, harmlos und brisant zugleich.

Zivilcourage und Protest: Anlässlich eines düsteren Jahrestages hissten Jugendliche ein Transparent neben dem Rathaus der Thüringer Landeshauptstadt: „20.4.2000 – Brandanschlag auf die Erfurter Synagoge". Keiner hat es ihnen gedankt, dass sie diesen Bürgerort damit ganz selbstverständlich als säkulares Gewissen der Stadt beanspruchten. Ihr Engagement wurde nur als Provokation wahrgenommen. Das Signal hing nur drei Minuten über dem Platz, gerade Zeit genug für ein Zeitungsfoto.

Solche zeitgeschichtlichen Anekdoten mögen blitzlichtartig erhellen, dass politische Bildung nicht unbedacht am ost-west-gleichen Nullpunkt einsetzen kann, sondern gezielt auf biographisch verankerten gesellschaftlichen Vorerfahrungen aufsetzen muss. Wie sonst sollten 57 Jahre Diktaturerfahrung verarbeitet werden? Das gilt sicher in mehrfacher Hinsicht: Politische Bildung, welche die Demokratie wirklich braucht wie die Luft zum Atmen, muss sich begrifflich, inhaltlich und biographiegeschichtlich kritisch ins Verhältnis setzen zu dem, was hier vorher zugange war. Sie muss zur Kenntnis nehmen, dass eine ganze Menge westeuropäischer Selbstverständlichkeiten, sozialphilosophischer Ideen, Modernisierungserfahrungen und Milieuvoraussetzungen hier mehrheitlich nicht verarbeitet werden konnten. Politische Bildung kann nicht nur auf die kleinen Eliten setzen, die das für sich irgendwie ausgleichen konnten. Für die konfessionellen bildungsbürgerlichen Restmilieus trifft das in gewissem Maße zu. Sie hatten durch ihre kirchlich-theologische Sozialisation eine gewisse kommunikable Anschlussfähigkeit erworben, die über vieles hinweghilft. Aus diesen Anteilen politischer Bildung erklärt es sich, weshalb Pfarrer, Gemeindeälteste und Synodale landauf landab im Osten fähig waren, runde Tische zu moderieren und demokratische Hebammendienste zu leisten. Gesellschaftskritische Bildungsorte wie das Evangelische Einkehrhaus Bischofrod oder die Altenburger Akademie, die schon seit den 80er Jahren bestehen, aber auch neue Einrichtungen Evangelischer Erwachsenenbildung wie die Evangelische Stadtakademie Meister Eckhart in Erfurt oder auch die seit 1992 bestehende Monatsreihe „evangelische kommentare am anger" in der Erfurter Kaufmannskirche haben in den 90er Jahren politisches Bildungskapital daraus geschlagen, um beispielsweise in Form von themenorientierten Podien Pluralismus zu trainieren. Vertreter unterschiedlicher Positionen traten hier in den andragogisch moderierten Diskurs über Lebensprobleme der Stadt. Außerdem wurde ein Teil der nötigen nachholenden Bildung jahrelang in Philosophieseminaren realisiert, welche die wichtigsten bislang verbotenen Denker bekannt machten, um geistigen Anschluß zu vermitteln. Das sind Beispiele protestantischer Bildungsarbeit am Gewissen der Polis – offen, öffentlich, freimütig, aber nicht mehr im zugewiesenen Gegenüber von Kirche und Staat, in dem sich manche Kirchenleute allerdings noch heute wohlfühlen.

Die schrumpfenden Landeskirchen aktualisierten die christlich-jüdischen Ressourcen, rieben sich an den DDR-Verhältnissen und versuchten, der als epochal empfundenen Säkularisierung konstruktiv zu begegnen. Die DDR-spezifische Bonhoeffer-Rezeption griff dafür die Stichworte nichtreligiöse Interpretation biblischer Begriffe, religionsloses Christentum und mündige Welt auf (Bethge 1977). Alltagsorientierung und Weltverantwortung waren weitere bildungsrelevante Leitideen der Kirchenreformbewegung in Ost und West der 60er Jahre. Ernst Langes (1927-1974) Konzept konfliktorientierter Erwachsenenbildung als „Sprachschule für die Freiheit" (Lange 1972) wurde grenzüberschreitend zum programmatischen Stichwort für die aufblühende themenorientierte Arbeit, gestützt von dem neuen protestantischen Bildungsbegriff der Gemeindepädagogik.

Neben kommunikativer lebensweltlich orientierter Didaktik waren schlichte klare Informationen und eine vertrauensstiftende kommunikative Atmosphäre das Wichtigste. Leicht wird vergessen, was die Lernsituationen weitgehend disponierte: Medien und Veranstaltungen unterlagen totaler Zensur, um die öffentliche Kommunikation zu steuern. Die Folge war eine krasse „Desinformiertheit über nahezu alle politischen, ökonomischen und sozialen Fragen, die aus der totalen Gleichschaltung der Massenmedien, der Zensur im Buchwesen, der versuchten polizeilichen Abschließung von anderen Informationsquellen, dem bürokratisch-dogmatischen Parteileben, der fehlenden Versammlungs- und Redefreiheit usw." (Herzberg 1991, 17) herrührte. Bischof Gottfried Forck z.B. forderte wiederholt, dass es „mehr Meinungsfreiheit und mehr ‚Schulung zu kritischem Mitdenken' in der DDR geben müsse" (epd-Meldung 1988). In der kirchlichen Erwachsenenarbeit wurden zahllose Arbeitshilfen zur Selbstbildung und für Gruppenarbeit mit meist primitiven Mitteln vervielfältigt. Sie enthielten Anleitungen, um durch erfahrungsorientiertes Lernen christliche Ethik und weltliche Situation miteinander zu verschränken. Das bildete die wichtigste Basis des Samisdat, der Entstehung eines *Grauen Schrifttums* und der publizierten Ersatzöffentlichkeit im kirchlichen Raum. Ungezählte Fliegende Blätter, Arbeitsmaterialien, Dokumentationen und Zeitschriften erschienen auf diese Weise.

2. Lernziel Mündigkeit

Das wichtigste Lernziel war Mündigkeit. Nicht von ungefähr wurde sie zum öffentlichen Schlagwort auf den Demonstrationen. Nach dem volksbildnerischen Mündigkeitspathos der Weimarer Zeit war die Rede vom mündigen Menschsein seit Hitlers Machtergreifung in der mitteldeutschen Teilgesellschaft unerwünscht gewesen. Anstelle der Zivilcourage hatte die weithin verinnerlichte Unmündigkeit teilweise sozialpsychologisch auffällige Ausdrucksformen angenommen. Doch blieb die freiheitliche Sehnsucht nach Mündigkeit im protestantischen Milieu die wichtigste Zielvorstellung lebenslangen Lernens. In der Rezeption der theologisch-ethischen Entwürfe des Widerstandskämpfers Dietrich Bonhoeffer artikulierte sich das Bemühen um mündiges Christsein, das sich überall erfahrener Bevormundung und Entmündigung entgegenstellt. Zahllose Tagungen, Hauskreise und andere Bildungsformen verstanden sich selbst als *Stationen auf dem Weg zur Freiheit* (Bonhoeffer 1972, 403) und befassten sich intensiv mit Themen wie „Mündige Christen in einer mündigen Welt".

3. Selbstaufklärung und Gesellschaft statt Betroffenheit und Gemeinschaft

In der DDR spielte die so genannte *Kompetenz der Betroffenheit* eine große Rolle in der sozialethischen Bildungsarbeit der Kirche. Sie erhielt in politischen Lernprozessen mangels anderer Legitimationen eine sehr gewichtige Funktion. Unangepasstes Engagement war in der DDR „stark existentiell aufgeladen" (Pollack/Findeis/Schilling 1994, 305). Wer sich auf dieses Risiko einließ, stellte sich sowohl der Politik des Staates entgegen, der alle auf seine Ziele verpflichtete, als auch der Bevölkerungsmehrheit, die sich aus der Gesellschaft lieber zurückzog. Die gegenseitige Selbstaufklärung der Betroffenen diente vor allem der Aufdeckung ideologisch verbrämter oder verschwiegener Missstände. Die Kehrseiten des Betroffenheitsmusters sind freilich nicht zu übersehen. Besonders bezeichnend war „für die ostdeutsche Diktatur das verschlüsselte Sprechen, das Schweigen in bestimmten Situationen und das Anwenden einer nur Insidern verständlichen Sklavensprache" (Eckert 1993, 96). Gegenkulturelle Habitusformen inszenierter Auffälligkeit, Distinktion und Selbststilisierung prägten einen Teil der kirchlichen Gruppen und Arbeitskreise und dienten dazu, „sich gegenüber der sozialen Umwelt abzugrenzen und zugleich nach innen hin eine relativ geschlossene ‚Gemeinschaft' zu erzeugen" (Graf 1996, 57).

Vom privatistischen Konformismus ihrer Umgebung und der allmächtigen Gerontokratie fühlte sich ein Teil der Gruppen dazu herausgefordert, jugendrebellische Verhaltensmuster bis in die mittlere Lebensphase fortzusetzen. Erwachsenenbildnerische Professionalität wird dagegen nicht nur das Selbstbewusstsein der Teilnehmer stärken, sondern auch politische Bildungsprozesse anregen, die rational aus dem Schmoren im eigenen Saft herausführen. Eine andere problematische Nachwirkung systemkritischer Bildung zu DDR-Zeiten ist das leitende romantisierende Politikverständnis, welches weit über das kirchliche Milieu hinaus noch heute nachhaltig wirksam ist. Damals schlug es sich in einer Art vorpolitischer Bildung nieder, die ihre durchaus vorhandenen aufklärerisch-orientierenden Anteile mitunter stärker aus dem Kontrast zur diktaturstaatlichen Unbildung bezog als aus demokratischen Prinzipien. Auch heute stellen entsprechende sozialethische Argumentationsmuster der mehr oder weniger bösen Gesellschaft gern das idealistische Gegenbild der Gemeinschaftlichkeit entgegen. So wird Gesellschaft mit Gemeinschaft verwechselt und Demokratie basisdemokratisch eingefordert, weil sie den Widerspruch zulässt, und nicht so sehr, weil sie den Streit wesentlich braucht. Auf die nötige Desillusionierung in der Demokratisierungsphase waren deshalb viele Mitstreiter nicht vorbereitet. Erwachsenenbildnerische Kompetenz findet hier im protestantischen Umfeld eine selbstreflexive Aufgabe politischer Bildung, die noch unerledigt ist.

4. Aufklärung und Hoffnungsbilder des Evangeliums – Fermente der Demokratie

Vor dem Hintergrund staatsideologischer Vernebelung trat die *aufklärerische* Dimension protestantischer Bildungsarbeit kontrastreicher hervor als heute. Es ging um die Entzauberung des marxistisch-leninistischen Wahrheitsanspruches und -kultes. So konnte das Erhellen beliebiger Sachverhalte unmittelbar politische Bedeutung erlangen und Funktionen Politischer Bildung erfüllen. Das wirkte partizipatorisch, emanzipatorisch und demokratisierend. Auch die demokratische Gesellschaft braucht politische Bildung im Lichte der Aufklärung und der unersetzlichen Hoffnungsbilder des Evangeliums, um Geist, Körper, Seele und Gemeinwesen zu bilden. „Im Bemühen um Bildung, im Eintreten für Gerechtigkeit und in der Kultur des Helfens sind die wichtigsten Aufgaben der Kirche gegenüber der Gesellschaft zu sehen", sagt der Bildungstheoretiker und Bischof Professor Wolfgang Huber.

Es ist fast kein Wunder, dass die protestantisch geprägte subkulturelle Minderheit in der Wende katalytische und orientierende Funktionen übernahm, zunehmend unterstützt von Katholiken und Konfessionslosen. Andere gesellschaftliche Gruppierungen, die vergleichbare Rollen hätten übernehmen können, hatten sich im Osten weder in ausreichendem Maße neu zu entwickeln vermocht, noch konnten sich tragfähige traditionelle Milieus und Eliten stabilisieren oder transformieren. Millionen unangepasster Menschen hatten die DDR verlassen. Zudem fehlte weitgehend die soziale Basis für einen postmaterialistischen Wertewandel, denn der tertiäre Sektor im Dienstleistungs- und Bildungsbereich sowie in milieutypischen Feldern sozialer und kultureller Selbstorganisation war unterentwickelt bzw. unterbunden worden. So entwickelte sich der „protestantische Rest des früheren bildungsbürgerlichen Milieus" (Vester 1995, 199) zum Träger des progressiven Protestpotentials in der DDR-Gesellschaft. In deren letztem Jahrzehnt entfaltete sich daraus das vielfältige Spektrum der sozialethischen Gruppen unter dem Dach der evangelischen Kirchen – die späteren Kristallisationskerne der demokratischen Bürgerbewegungen und Parteien.

5. „Sachen klären, Menschen stärken"

Von daher leiten Evangelische Erwachsenenbildung und Akademiearbeit ihr Selbstbewusstsein und ihren Anspruch eines umfassenden Bildungsverständnisses ab. Treffend beschreibt es das Leitziel „Sachen klären, Menschen stärken" (Hartmut von Hentig), orientiert an den Leitmotiven Gerechtigkeit und Solidarität, Frieden und Bewahrung der Schöpfung, Identität und Geschlechterdemokratie. Eine gewisse Nähe zu plebiszitären Initiativen wie dem Thüringer Volksbegehren *Mehr Demokratie* ist in vielen protestantischen Kreisen offenkundig. Entgegen ökonomistischer Tendenzen im Bildungsbereich wird politische und allgemeine Bildung nicht nur als genauso wichtig bewertet wie berufliche Weiterbildung, sondern bildet auch den Schwerpunkt der Angebote. Dagegen werden innerkirchliche Fortbildungsmaßnahmen für das professionelle Personal überwiegend kirchlich finanziert. Bildungsorte wie die 1991 eröffnete *Mühlhäuser Akademie fürs Ehrenamt* werden eröffnet, an denen Frauen und Männer ihre individuellen Lebenserfahrungen unter den Bedingungen fortschreitender Modernisierung zur Sprache bringen können und bei ihrer Suche nach Orientierung und gesellschaftlicher Mitgestaltung bildnerisch unterstützt werden.

Anmerkungen
Der Text bezieht sich zwar mit seinen Beispielen auf Thüringen, stellt aber eine allgemeine Reflexion des Standorts der Evangelischen Bildungsarbeit dar. Darum wurde er hier platziert.

[1] Dieses Forschungsinteresse ist ein Schwerpunkt am Institut für Erziehungswissenschaften der Friedrich-Schiller-Universität Jena, Lehrstuhl für Erwachsenenbildung (Prof. Dr. M. Friedenthal-Haase), z.B. im DFG-Projekt „Die Evangelischen Akademien in der DDR zwischen 1945 und 1989/90 als Bildungsorte zwischen Anpassung und Widerstand", an dem der Autor beteiligt ist. Die andragogischen Praxisfelder evangelischer Erwachsenenarbeit in der DDR werden ausführlich in ihrem bildungsgeschichtlichen und politologischen Zusammenhang dargestellt in: Rothe 2000a und 2000b.

² Gesellschaftliche Organisationen wie die Betriebsgewerkschaftsleitungen (BGL) unterhielten in Fabriken und öffentlichen Einrichtungen Schautafeln, sog. Wandzeitungen, mit Agitationsmaterial, Wettbewerbsaufrufen etc.

Literatur

Bethge, E. (Hrsg.): Dietrich Bonhoeffer – Widerstand und Ergebung. Berlin 1977

Bonhoeffer, D.: Stationen auf dem Wege zur Freiheit (Gedicht). In: Dietrich Bonhoeffer: Widerstand und Ergebung – Briefe und Aufzeichnungen aus der Haft (hrsg. von E. Bethge). Berlin 1972, S. 403

Eckert, R.: Leben unter den Bedingungen autoritärer Herrschaft oder Heimat in der DDR. In: Jörg Calließ, (Hrsg.): Lebenslauf und Geschichte. Zur historischen Orientierung im Einigungsprozeß. Loccumer Protokolle 63, 1992, Rehburg-Loccum 1993, S. 93 ff.

Epd-Meldung: Anonymus, „DDR-Gesetze stellen Glaubensfreiheit infrage. Bischof Forck für ‚Schulung zu kritischem Mitdenken'", epd-Meldung vom 15.02.1988

Frie, E. (Hrsg.): Christen, Staat und Gesellschaft. Frankfurt/M. 1996

Graf, F.-W.: Blick vom Westen. Zur DDR-Opposition in den 50er und 80er Jahren. In: Kaiser, G./Frie, E. (Hrsg.): Christen, Staat und Gesellschaft. Frankfurt/M. 1996, S. 53 ff.

Hefft, G.: Glauben in den Koordinaten von Raum und Zeit. Kirchliche Erwachsenenarbeit in der DDR. Andreas Flitner zum 65. Geburtstag. Informationspapier Nr. 68-69/1987 der Dt. Ev. Arbeitsgemeinschaft für Erwachsenenbildung (DEAE). Karlsruhe 1987

Herzberg, G.: Einen eigenen Weg gehen ... Texte aus Ost und West 1981-90. Berlin 1991

Lange, E.: Sprachschule für die Freiheit. Ein Konzept konfliktorientierter Erwachsenenbildung. In: Ziegel, F.: Chancen des Lernens. München 1972, S. 58 ff.

Pollack, D./Findeis, H./Schilling, M.: Die Entzauberung des Politischen. Was ist aus den politisch alternativen Gruppen der DDR geworden? Interviews mit ehemals führenden Vertretern. Leipzig 1994

Rothe, A.: Evangelische Erwachsenenbildung in der DDR und ihr Beitrag zur politischen Bildung (Bd. I), Leipzig 2000 (2000a)

Rothe, A.: Exemplarische Quellentexte und Themendokumentationen zur evangelischen Jugend- und Erwachsenenbildung in der DDR (Bd. II). Leipzig 2000 (2000b)

Schneider, G. u.a. (Autorenkollektiv): Erwachsenenbildung. Berlin 1988

Siebert, H.: Erwachsenenbildung in der Erziehungsgesellschaft der DDR. Zur Geschichte und Theorie der sozialistischen Erwachsenenbildung. Düsseldorf 1970

Vester, M. (Hrsg.): Soziale Milieus in Ostdeutschland – gesellschaftliche Strukturen zwischen Zerfall und Neubildung. Köln 1995

Herbert Wagner
Bildungsarbeit und politische Bildung in der katholischen Kirche

1. Rahmenbedingungen nach dem Krieg

Die katholische Kirche in der DDR stand nach dem Krieg vor vier Herausforderungen: Sie war Kirche in der Diaspora mit überwiegend evangelischer Bevölkerung und musste die in der Vereinzelung lebenden Katholiken im Glauben stärken und der nachfolgenden Generation den Glauben vermitteln. Vielen Flüchtlingen und Heimatvertriebenen aus dem katholischen Osten war sie Ort für Trauerarbeit und wollte ihnen neue Heimat geben. Doch der atheistische Staat versuchte die Kirchen auszuschalten bzw. ihren Einfluss zurückzudrängen. Dies geschah zuerst auch durch militante Mittel, die meiste Zeit jedoch durch Aushungern. Dieser Druck durch den Staat und das Fehlen von Kirchenräumen für die zugewanderten Katholiken zwang zur ökumenischen Zusammenarbeit, die in der Endphase der DDR zur sichtbaren Chance wurde.

Unter diesen Rahmenbedingungen vollzog sich katholische Bildungsarbeit, meist unter dem Namen Seelsorge, denn der atheistische Staat mit seinem Monopolanspruch – auch in der Bildung – duldete vom Prinzip her keine andere Bildungsarbeit. Religion ist nach Karl Marx Opium für das Volk. Staatliches Erziehungsziel war die sozialistische Persönlichkeit. Dem Druck des Kalten Krieges, die Welt in Ost und West aufzuteilen, widerstand die katholische Kirche erfolgreich. Selbst die vom Staat gewünschte administrative Neuordnung der Bistümer entsprechend der DDR-Grenzen wurde geschickt und beständig durch die katholische Kirche von der Tagesordnung ferngehalten, sodass traditionelle deutsche West-Ost-Bindungen auch in der politischen Bildungsarbeit wirken konnten.

2. Glaubensvermittlung unter atheistischem Druck

Religionsunterricht war nicht nur Wissensvermittlung, sondern Glaubensunterweisung. Er konnte nur in den Pfarrhäusern, einigen Gemeindezentren und auf dem Lande zum Teil in Wohnungen in kleinen Gruppen erteilt werden. Vorgeschaltet war im Kleinkindalter das Angebot der Frohen Herrgottstunde.

Echter Religionsunterricht ist immer auch politische Bildung. In der DDR stand er im klaren Gegensatz zu den weltanschaulichen Erziehungszielen in der Schule, bei den Pionieren oder in der FDJ. Diesen Gegensatz spürten jene Kinder deutlich, die den Religionsunterricht auf Wunsch ihrer Eltern besuchten. Manche litten unter diesem Zwiespalt, andere blieben dem Religionsunterricht fern, weil sie sich ihren Bildungsweg nicht verbauen wollen oder einfach uninteressiert waren.

3. Christliche Bildung in Pfarrgemeinde und Familie

Jugendarbeit und verbandsähnliche Arbeit wie die der Kolpingfamilie gab es ebenfalls fast ausschließlich im gemeindlichen Rahmen, gelegentlich zentral in den wenigen Diozösanhäusern. Ab 14 oder 16 Jahren traf man sich in der Jugend, später bei den Jungen Erwachsenen und nach der Eheschließung in Familienkreisen. Die Familienkreise rotierten in ihren Treffs von Wohnung zu Wohnung. Die Zusammenkünfte standen meist unter einem Thema. Oft war der Pfarrer oder Kaplan dazu eingeladen. Die jährlichen religiösen Kinderwochen (RKW) in einer der Ferien sowie die jährlichen Kinder-, Jugend-, Studenten-, Familien-, Männer- und Frauen-Wallfahrten stärkten das Zusammengehörigkeitsgefühl und machten den Jüngeren und Älteren der kleinen Herde Mut, weil sie ihnen das Gefühl vermittelten, nicht allein zu sein.

Erwachsenenbildung für alle erfolgte im normalen sonntäglichen Rahmen durch Predigten und gelegentliche Gemeindeabende; in den großen Städten durch Vortragsreihen in der Fastenzeit oder im Herbst sowie durch Familienfreizeiten oder Exerzitien zu Wochenenden in zentralen katholischen Häusern.

4. Studium Generale in den Studentengemeinden

Die politische Bildung war in der Studentenseelsorge und Akademikerarbeit von besonderer Bedeutung. Während meines Studiums von 1969 bis 1973 erlebte ich die 250 Mitglieder zählende Katholische Studentengemeinde (KSG) Dresden als eine Funktionalgemeinde, die sowohl ein Studium Generale als auch eine Spielwiese für Demokratie bot.

Die 68er der katholischen Studentengemeinden in der DDR waren anders als die 68er Westdeutschlands. Der gescheiterte Prager Frühling bewies einmal mehr, wie im Ostblock freiheitliche Bestrebungen brutal unterdrückt werden. Wir wussten, dass am Ende des langen Weges des Vietcong nichts Besseres herauskommen konnte als eine Art SED-Staat, den wir ohne Aussicht auf Besserung bereits ertragen mussten.

Dagegen interessierte sehr wohl der passive Widerstand eines Martin Luther King, die in Taize gelebte Ökumene eines Roger Schutz und der Weg der

Demokratisierung in der Kirche, zu der die im II. Vaticanum weit geöffneten Fenster der Kirche einluden. Die Meißner Synode (1969 bis 1970) und später die Pastoralsynode (1972 bis 1975) aller Jurisdiktionsbezirke reflektierten das Konzil auf die praktischen DDR-Verhältnisse. Sollte das Vorbild einer demokratischen Pfarrgemeinde nicht auf sanfte Weise als Sauerteig auf die übrige unter dem festen Machtzugriff der SED stehende Gesellschaft wirken? Konnte die Funktionalgemeinde KSG nicht Modellgemeinde für die anderen Ortsgemeinden sein, in die die Absolventen nach ihrem Studium gehen würden, und könnten die örtlichen Pfarrgemeinden nicht wiederum Modell für die gesamte Gesellschaft sein?

Obwohl in der katholischen Kirche Glaubens- und Sittenfragen keiner demokratischen Mehrheitsmeinung unterliegen, so hielten in den Gemeinden und Bistümern demokratische Spielregeln Einzug bei der Gestaltung der alltäglichen Angelegenheiten. In einigen Studentengemeinden wurden Basisdemokratie und freie und geheime Sprecherwahl besonders intensiv mit Ernst, aber nicht ohne Spaß eingeübt.

5. Intellektuelle Weiterbildung in kleinen Kreisen

Defizite und Tabuthemen des staatlichen Bildungssystems aus Religion, Theologie, Psychoanalyse, Kunst, Literatur, Gruppendynamik, Soziologie und Geschichte wurden mit nur geringem zeitlichen Versatz gegenüber der westlichen Welt in kleinen geschlossenen Gruppen der Studentengemeinden oder Akademikerkreise bekannt gemacht. Die Akademikerarbeit in den größeren Städten verstand sich als Fortsetzung der Studentenseelsorge. Durch monatliche Vortragsreihen, Fachwochenenden und Familienfreizeiten zielte sie ebenfalls auf Glaubensvertiefung, Horizonterweiterung und Gemeinschaftsbildung. Neben den örtlichen Kreisen gab es zentrale Bildungsveranstaltungen auf Bistumsebene. Sie galten entweder allen Berufsgruppen und waren dann in der Form von kirchen- und kunstgeschichtlichen Frühjahrsstudientagen, Exkursionen sowie ökumenischen Wochenenden organisiert, oder sie zielten als Fachwochenende auf bestimmte Berufsgruppen: Künstler, Techniker/Ökonomen, Pädagogen, Ärzte, Naturwissenschaftler. Vorbereitet wurden die örtlichen und zentralen Bildungsangebote von den für diese Aufgaben zuständigen Priestern, oft in Verbindung mit engagierten ehrenamtlichen Laien, die z. T. den Status von gewählten Sprechern hatten. Halbjahres- oder Jahresprogramme, auf einfachem Papier geschrieben, mussten mit dem Vermerk „Nur für den innerkirchlichen Gebrauch" versehen sein und auch so verwendet werden. Stand bei einem Thema „Referent angefragt", so war die Suche nach dem Referenten nicht etwa noch nicht erfolgreich abgeschlossen, sondern es war ein Westreferent zu erwarten, der gerade „zufällig" zu einem Privatbesuch in der DDR weilte.

Eines großen Interesses erfreute sich unter Freunden und Vertrauten der „illegale" Austausch von Büchern aus westlichen Verlagen von Autoren wie Alexander Solschenizyn (Archipel Gulag) oder George Orwell (Farm der Tiere). Politisch vordergründig weniger brisante Themen, die den DDR-Ideologen suspekt waren oder für die sie zumindest keinen Sensus hatten, wie Aussagen des Verhaltensforschers Konrad Lorenz (Die acht Todsünden der zivilisierten Menschheit), die Umweltstudien des „Club of Rome" oder das wieder entdeckte Thema Tod von Kübler/Ross (Interview mit Sterbenden) konnten schon zu kirchlichen Vortragsabenden oder Studientagen behandelt werden. Dabei war klar, dass sich unter den Hörern auch ein oder zwei Stasi-Zuträger befinden konnten.

6. Vom Glauben in die Politik

Aus den Mitgliedern der Studentengemeinden gingen nach einigen Jahren in normalen zivilen Berufen überdurchschnittlich viele Akteure des Herbstes '89 hervor, die mit der Erringung von Freiheit und Demokratie verantwortungsvolle Funktionen in den frei gewählten Parlamenten und den neuen staatlichen Behörden übernahmen, vom Bürgermeister über Minister bis zum Bundestagspräsidenten. Ihre Qualifikation dazu erhielten sie in nicht unwesentlichem Maße durch die vorpolitische Bildungsarbeit der katholischen Kirche.

Staatlicher Druck und Säkularisierungs-Zeitgeist ließen in den 40 Jahren DDR die katholische Diasporakirche von etwa 10 % der Bevölkerung auf 3 bis 4 % schrumpfen. Die evangelische Volkskirche schrumpfte zur gleichen Zeit von nahezu 90 % auf etwa 25 %. Beide Kirchen gingen unterschiedliche Wege. Die katholische Kirche setzte die meiste Zeit auf eine „Überwinterungsstrategie", während in der evangelischen Kirche ein breites Spektrum von Anpassung (Kirche im Sozialismus) bis zur Totalverweigerung (Selbstverbrennung Pastor Brüsewitz) zu finden war. Beides waren Themen in der Bildungsarbeit der Kirchen. Die repressive Haltung des Staates galt ebenfalls beiden Kirchen, was die ökumenische Zusammenarbeit geradezu herausforderte.

7. Ökumenische Versammlung als Wegbereiter für die friedliche Revolution

Die Ökumenische Versammlung für Gerechtigkeit, Frieden und Bewahrung der Schöpfung war in den 80er Jahren eine großartige Einladung an alle Kirchen und eine besondere Chance für die politische Bildung. Viele katholische Laien fühlten sich trotz zunächst zögerlicher Haltung der Bischöfe von dieser Einladung der evangelischen Christen spontan angesprochen. Gemeinsam übten evangelische und katholische Christen unbewusst Methoden der friedlichen Revolution ein. Die konfessionsübergreifende Gruppenarbeit zu aktuellen Themen wurde zum Modell für die späteren runden Tische. Aus den Montags-Friedensgebeten wurden friedliche Demonstrationen mit Kerzen statt zerstörerischer Brandfackeln.

Die in Vorbereitung der Ökumenischen Versammlung entstandenen persönlichen Kontakte wurden zu einem Personalnetz, das man besser gar nicht knüpfen konnte, sodass nach der Wende eine minimale Elite zur Verantwortungsübernahme bereitstand. Nicht anders ist zu erklären, dass nach der Wende Christen in den „Regierungen Ost" überrepräsentiert waren.

Viele Papiere, die in Vorbereitung der Ökumenischen Versammlung erstellt wurden, haben programmatischen Charakter. Sie waren zur Wende sofort verfügbar und gingen in die Gründungsaufrufe und Programme der sich neu bildenden Bürgerbewegungen (Neues Forum) und Parteien (SDP) bis hin zur sich reformierenden CDU ein. Die Ökumenische Versammlung wurde so zu einem Wegbereiter der friedlichen Revolution. Sie ging in die Präambel der Verfassung des wieder gegründeten Freistaates Sachsen ein: „... von dem Willen geleitet, der Gerechtigkeit, dem Frieden und der Bewahrung der Schöpfung zu dienen, hat sich das Volk im Freistaat Sachsen dank der friedlichen Revolution des Oktober 1989 diese Verfassung gegeben."

8. Vereinheitlichung von Bildungsstrukturen

Mit der Einheit Deutschlands änderten sich ab 1990 die Rahmenbedingungen vollständig. Die ostdeutsche Berliner Bischofskonferenz wurde im Februar 1991 in die Deutsche Bischofskonferenz integriert. Das Erzbistum Berlin war nun auch praktisch wiedervereint. Das bischöfliche Amt Schwerin (bis dahin formell zum Bistum Osnabrück gehörig) wurde 1994 in das neu gebildete Erzbistum Hamburg integriert. Die Bistümer Magdeburg und Erfurt konnten ungehindert mit ihrem Erzbistum Paderborn kommunizieren, das Bistum Dresden-Meißen von Partnerschaften zu westdeutschen Bistümern profitieren. Offene Grenzen, politische und religiöse Freiheiten sowie materieller Aufschwung erweiterten schlagartig das Wirkungsfeld für katholische Bildungsarbeit unter verschiedenen Bezeichnungen wie Bildungswerk, Forum, Akademie oder Akademikerkreis. Neben der Einführung westdeutscher Bildungsstrukturen verblieben einige bewährte tradierte Formen, aber es gibt auch Doppelstrukturen, wie die beiden Berliner Studentengemeinden.

Waren früher die wenigen konfessionellen Kindergärten von den Kirchen errungen und vom Staat geduldet, so sind sie jetzt von den Kommunen ausdrücklich erwünscht, allerdings von den ausgezehrten Kirchen nur im beschränkten Umfang tragbar. Katholische Schulen und Gymnasien können entstehen. An den Universitäten Berlin und Dresden werden Lehrstühle für katholische Theologie eingerichtet, deren Rolle sich nicht nur auf die Studentenausbildung beschränkt, sondern die weit in Kirche und Gesellschaft ausstrahlen. Die schon zu DDR-Zeiten in Erfurt ansässige innerkirchliche Theologenausbildung öffnet sich für jedermann.

9. Religionsunterricht an Schulen

Religionsunterricht wird in den staatlichen Schulen gegeben, jedoch nicht in der Einheit von Wissensvermittlung und Glaubensunterweisung. Dass in Brandenburg der Religionsunterricht in den Schulen nur in der abgeschwächten Form als Lebenskunde Ethik, Religion (LER) eingeführt wird, zeigt, wie erfolgreich zwei aufeinander folgende sozialistische Diktaturen die Religion bekämpft haben. Auf Grund der wenigen katholischen Kinder verzichtet die katholische Kirche aus organisatorischen Gründen in vielen Fällen auf die Möglichkeit des Unterrichts in der Schule und verbleibt beim nachmittäglichen Unterricht in den vertrauten Pfarrhäusern.

In der DDR gab es mit Ausnahme der Theresienschule in Ostberlin und zwei Vorbereitungskursen für angehende Theologiestudenten keine Schulausbildung in katholischer Trägerschaft. Bis 2001 sind auf dem Gebiet der neuen Bundesländer 8 Grundschulen, 2 Mittelschulen und 9 Gymnasien (Magdeburg, Halle, Dessau, Erfurt, Heiligenstadt, Dresden, Zwickau und zwei in Ostberlin) in katholischer Trägerschaft neu entstanden.

10. Ergänzende Bildung in Vereinen

Erstmals nach Jahrzehnten des personellen Ausblutens kommen Katholiken aus dem Westen in die ostdeutsche Diaspora. Sie bereichern sowohl das Gemeindeleben als auch die Bildungsarbeit. Bestehende diozösane Bildungseinrichtungen werden neu strukturiert, andere neu gebildet. So finden sich im Bistum Dresden-Meißen unter dem Dach des diozösanen Bildungswerkes KEBS (Katholische Erwachsenenbildung Sachsen) Neugründungen wie das Kathedralforum, die Ackermann-Gemeinde, der Bund Katholischer Unternehmer (BKU), die Katholische Arbeitnehmerbewegung (KAB), der Katholische Familienbund und der Sozialdienst Katholischer Frauen (SKF). Die Zusammenarbeit der katholischen Bildungsträger mit den Landeszentralen für politische Bildung wird gepflegt.

Daneben gibt es auch Bildungsarbeit in der Rechtsform selbstständiger Vereine wie die Katholische Akademie in Berlin e.V. oder die in Dresden. Das Kolping-Bildungswerk engagiert sich rechtlich von der katholischen Kirche völlig selbstständig in Vereinsform extensiv in der Berufsausbildung Jugendlicher.

11. Pluralität in der politischen Bildung

Die politische und religiöse Freiheit gilt in der freiheitlichen Gesellschaft für alle. Die katholische Kirche muss sich als einer von vielen Mitbewerbern auf dem Markt der Weltanschauungen und Religionen behaupten.

Die katholische Publizistik ist vielfältig geworden. Der Benno-Verlag hat sein Spektrum erweitert. Zu DDR-Zeiten war bei kontingentiertem Papier der wöchentliche „Tag des Herrn" und in Ostberlin das „Hedwigsblatt" eine beliebte – und die einzige – Zeitungslektüre in der katholischen Leserschaft. Der suchende Leser konnte aus den historischen Kurzartikeln von Franz-Peter Sonntag politische Folgerungen für die Gegenwart ziehen. Heute hat der „Tag des Herrn" einen dicken Mantel aus Osnabrück dazubekommen und auch das Lokalkolorit ist erweitert worden. Zusätzlich ist das ganze Spektrum katholischer Zeitungen und Zeitschriften verfügbar, aus denen für den aufmerksamen Leser die unterschiedlichen parteipolitischen Standpunkte und Absichten der verschiedenen Redaktionsteams deutlich werden und die beim traditionellen Leser des „Tag des Herrn" nicht nur Freude aufkommen lassen. Das Mehr an gedruckten Wörtern muss nicht im gleichen Maß ein Zugewinn an Orientierung sein.

Die katholische Kirche in den neuen Bundesländern hat in den letzten zehn Jahren beachtliche strukturelle Veränderungen gestaltet. Sie stellt sich mit ihren beschränkten Kräften auch in der politischen Bildungsarbeit den Herausforderungen der pluralistischen Gesellschaft. Ob Pfarrgemeinde, Gemeindegruppe oder Bistum, ob Kindergarten, Schule oder Universität, ob Bildungskreis, Verein oder Verband – die katholische Kirche versucht in ihrer ganzheitlichen Bildung mit Rückbindung auf den tradierten Glauben Antworten auf die Fragen unserer sich rasant verändernden Welt zu finden.

Jochen Gersdorf
Arbeit und Leben

1. Die Wurzeln

Arbeit und Leben (AuL) ist einer der bundesweit wirkenden freien Träger der politischen Jugend- und Erwachsenenbildung, der als gemeinsame Arbeitsgemeinschaft für politische Bildung vom DGB, seinen Mitgliedsgewerkschaften und den Volkshochschulen 1948 in Westdeutschland gegründet wurde. In den Ländern ist AuL durch Landesarbeitsgemeinschaften tätig, auf regionaler Ebene wirken nahezu 400 Kreis- und örtliche Arbeitsgemeinschaften, Dachverband ist der Bundesarbeitskreis Arbeit und Leben mit Sitz in Düsseldorf.

Der Wille, in und mit AuL durch politische Weiterbildung der Arbeitnehmerschaft einen Beitrag zur Bildung für die Demokratie zu leisten, führte die Gewerkschaft, die sich als Einheitsgewerkschaft der Gesamtheit der Arbeitnehmerschaft verpflichtet fühlte, und die Volkshochschule, die die öffentliche Verantwortung für die Weiterbildung repräsentierte, zusammen. Mit dieser Einrichtung wurde eine institutionelle Kooperation begründet, die in der Weiterbildung der Bundesrepublik einmalig ist und die Möglichkeit schafft, dass sich Gewerkschaften und die Institution Volkshochschule als gleichberechtigte Partner über eine Weiterbildungspolitik und -praxis im Arbeitnehmerinteresse verständigen können.

2. Der Beginn in den neuen Ländern

Folgerichtig wurde 1990 mit dem Aufbau neuer gesellschaftlicher, demokratischer Strukturen in Ostdeutschland und der damit einhergehenden Umgestaltung der Bildungslandschaft die Frage virulent, ob auch in der politischen Arbeitnehmerbildung auf bewährte Strukturen zurückgegriffen werden solle. In gemeinsamen Gesprächen von Vertretern der sich ebenfalls im Neuaufbau befindlichen Trägerverbände von AuL wurde der Wunsch und Wille deutlich, AuL-Strukturen aufzubauen. Im Ergebnis wurden Ende 1990 und im Laufe des Jahres 1991 in allen ostdeutschen Ländern AuL-Einrichtungen als eingetragene Vereine gegründet, die durch die zuständigen Landesbehörden als Träger der Weiterbildung anerkannt und gefördert wurden (vgl. Länge 1999).

Der Aufbau dieser Strukturen gestaltete sich in den Folgejahren bei aller länderspezifischen Differenziertheit äußerst schwierig. Das war auf mindestens drei Ursachen zurückzuführen: Erstens war „politische" Bildung aufgrund der DDR-Sozialisation der Bevölkerung durchweg diskreditiert, zweitens fehlten Erfahrungen mit „freien Trägern", mit Vereinsstrukturen und deren Arbeitsweise sowohl bei den Adressaten wie oft auch bei den handelnden Akteuren selbst. Und drittens hatte der wirtschaftliche Zusammenbruch in Ostdeutschland natürlich auch zur Folge, dass die Möglichkeiten zur öffentlichen Förderung freier Träger der politischen Bildung durch die Länder deutlich begrenzt waren. Damit fehlten solche Möglichkeiten für den Aufbau von Strukturen, wie sie in Zeiten stabiler wirtschaftlicher Prosperität in Westdeutschland bestanden.

Deshalb waren in den ersten Jahren eine äußerst problematische Personalausstattung – ein bis zwei fest angestellte Mitarbeiter – und der Rückgriff auf das für die Bildungsarbeit äußerst unzureichende Hilfsmittel ABM für diese AuL-Einrichtungen prägend, eine Situation, die sich teilweise leider verstetigt hat.

Existenziell wichtig für die Konsolidierung der ostdeutschen AuL-Strukturen und ihre Arbeit war daher in dieser Phase die Anbindung an den gemeinsamen Dachverband, den Bundesarbeitskreis AuL, der fachlich, personell und über die Verwaltung der maßgeblichen Förderinstrumente für die Bildungsmaßnahmen kontinuierlich zur Seite stand, sowie die partnerschaftliche Hilfe der westdeutschen Landesarbeitsgemeinschaften.

Als sehr positiv für den raschen Aufbau von Kooperationsbeziehungen zu den vielfältigsten Institutionen, Verbänden, Vereinen und Initiativen und die spürbare Resonanz der Bildungsangebote bei den Zielgruppen erwies sich die bewusste Auswahl solcher Mitarbeiter, die in der jeweiligen Region beheimatet sind.

Mitte der 90er Jahre kann man die Bewältigung der ersten Aufbauphase und die Konsolidierung der ostdeutschen Landesarbeitsgemeinschaften, mit deutlichen Unterschieden zwischen den einzelnen Ländern, konstatieren.

3. Ziele, Adressaten, Konzepte und Angebotsformen

Von Anfang an sah sich AuL besonderen Herausforderungen gegenüber, seine spezifische Zielgruppe – also Arbeitnehmer – mit politischer Bildung zu erreichen, handelt es sich ja dabei vorwiegend nicht um solche Bevölkerungsschichten, die besondere auf Bildung gerichtete Interessen haben oder die überdurchschnittlich politisch aktiviert und damit politisch interessiert sind.

Darüber hinaus bemüht sich AuL auch in Ostdeutschland im besonderen Maße jene Menschen anzusprechen, die aufgrund ihrer Arbeits- und Lebensbedingungen bildungsungewohnt bzw. -benachteiligt sind. So zählen z.B. Arbeitslose aller Altersgruppen, Spätaussiedler oder Jugendliche in problematischen sozialen Verhältnissen zu denen, die mit der Bildungsarbeit erreicht werden sollen. Wird heute generell konstatiert, dass die Wege der politischen Bildung zu ihren Adressaten länger und beschwerlicher geworden sind, so gilt das natürlich für diese Zielgruppen ganz besonders.

In Anbetracht ihrer realen und mentalen Lebenssituation – Verunsicherung bzw. teilweise Desorientierung, Enttäuschung und reale Ausgrenzung vieler – stellt sich die politische Bildung von AuL dem Ziel, die Menschen wieder stärker für gesellschaftspolitische Prozesse zu interessieren. Dabei gilt es, die Befähigung zur auf Sachkenntnis beruhenden Urteilsbildung und zur Bestimmung des eigenen Platzes in diesen Prozessen bei den Teilnehmern zu verbessern. Dies mündet in der Aufgabe, reale Möglichkeiten für die Beteiligung an unserer Demokratie aufzuzeigen und dafür zu motivieren, sie auch zu nutzen.

Wenn es AuL auch in den ostdeutschen Ländern gelingt, seine Zielgruppen tatsächlich zu erreichen, begründet sich das u.a. in Bildungskonzepten, die geprägt sind durch die Orientierung an deren Lebenswelterfahrungen, Interessen und realen Gestaltungsmöglichkeiten, durch erlebnispädagogische Ansätze, eine hohe Ganzheitlichkeit der Bildung und die aktive Einbeziehung der Teilnehmer in gruppendynamisch strukturierte Bildungsprozesse.

Dabei sind die Bildungsangebote auch der Tatsache verpflichtet, dass die Grenzen zwischen den Weiterbildungsbereichen fließender werden, sie verkörpern vielfältigste Formen der Integration der politischen in der allgemeinen, der sozialen, der kulturellen oder der beruflichen Bildung.

Typische Formen in der Bildungspraxis sind Tages-, Wochenend- und Wochenseminare. Um längerfristige Bildungsprozesse zu ermöglichen und dabei auch die o.g. Integration der politischen Bildung in den anderen Bildungsbereichen intensiver zu gestalten sowie neue Zielgruppen anzusprechen, erlangt die Arbeit in Projekten einen zunehmenden Stellenwert. Dabei spielen auch förderpolitische Erwägungen eine Rolle, da die öffentliche Regelförderung der politischen Weiterbildung seit Jahren stagniert bzw. Kürzungen unterliegt.

Die internationale Arbeit ist vorwiegend durch ein- bis zweiwöchige Begegnungsseminare, sowohl im ost- und westeuropäischen Ausland wie als Rückbegegnung in Ostdeutschland geprägt. Ihr unmittelbares Ziel ist die Bildung für ein sich einigendes Europa; die Herausbildung interkultureller Kompetenzen und insbesondere die Befähigung zum interkulturellen Dialog sind dabei übergreifende Bildungsziele. Die didaktische Struktur ist bestimmt durch ein integratives Konzept sprachlicher, landeskundlich-politischer und arbeitsweltbezogener Bildung, die sich auch an der beruflichen Einbindung der jeweiligen Teilnehmer orientiert. Die Inhalte der Seminare nehmen Bezug auf alle gesellschaftlichen Bereiche im jeweiligen Gastland.

Arbeit und Leben 57

4. Rückblick und Ausblick

Rückblickend auf die nunmehr zehnjährige Entwicklung von AuL in den ostdeutschen Ländern lässt sich neben Einheitlichkeit in der paritätischen Trägerschaft, der Identität im Bildungsauftrag und der durchweg erfolgreichen Entwicklung der Bildungsarbeit auch Unterschiedlichkeit ausmachen. Differenzierend wirken einerseits die Bildungsintentionen der agierenden Personen, andererseits das sich sehr unterschiedlich entwickelnde Engagement der politischen Partner in den einzelnen Ländern hinsichtlich der (politischen) Weiterbildung.

Das betrifft sicher vorrangig die realen Umfänge der landesseitig gewährten Förderung, aber darüber hinaus auch solche Entwicklungsbedingungen für Weiterbildung wie die vom Gesetzgeber geregelte Bildungsfreistellung, die mit Ausnahme Sachsens und Thüringens in den anderen ostdeutschen Ländern besteht.

Neben dem Arbeitsfeld selbst mit seinen Herausforderungen macht auch dieses Verhältnis von Einheitlichkeit und Unterschiedlichkeit die Institution AuL interessant und spannend, wirft aber auch Fragen hinsichtlich der künftigen Entwicklung der Strukturen auf. Dabei steht ein Widerspruch im Raum: Auf der einen Seite die kontinuierliche verbale Unterstützung der Politik für politische Bildung, auf der anderen Seite die ständig schrumpfende öffentliche Förderung von politischer Weiterbildung. Das wirft aktuell die Frage auf, wie die Arbeitsfähigkeit politischer Bildung auch in den nächsten Jahren weiterhin und kontinuierlich ermöglicht wird.

Angesichts der gesellschaftlichen Bedeutsamkeit politischer Bildung gerade für jene Zielgruppen, die AuL anspricht, der Bildungsintentionen und der bundesweiten Wirkung von AuL ist die Bedeutung dieser Institution für die Demokratie und politische Kultur in der Bundesrepublik unbestritten. Umso notwendiger ist es, auf die oben genannte Frage im Dialog der Profession politische Bildung und der Profession Politik konstruktive Antworten zu finden.

Literatur

Länge, Theo W.: Der Aufbau von Arbeit und Leben-Strukturen im Prozeß der deutsch-deutschen Vereinigung. In: Jelich, Franz-Josef/Schneider, Günter (Hrsg.): Orientieren und Gestalten in einer Welt der Umbrüche. Beiträge zur politischen und sozialen Bildung von Arbeit und Leben Nordrhein-Westfalen. Essen 1999, S. 297-307

Michael Roick, Peter-Andreas Bochmann
Friedrich-Naumann-Stiftung 1990-2001

1. Die Erste Phase: Der Aufbau

Nach dem Fall der Mauer 1989 und der Wiedervereinigung 1990 war der Bedarf an politischer Bildung auf dem Gebiet der ehemaligen DDR sehr groß. Scharenweise strömten Menschen der neuen Bundesländer in die von der Friedrich-Naumann-Stiftung (FNS) angebotenen Veranstaltungen vor Ort oder in die damals noch sechs Bildungsstätten in den alten Bundesländern. Als brückenbildende Grenzgänger wirkten die Bildungsstätte Waldhaus Jakob in Konstanz im Süden, die Bildungsstätte Zündholzfabrik in Lauenburg im Norden und die Villa Lessing in Saarbrücken im Südwesten. In der Durchdringung und Überbrückung einander benachbarter Gesellschaften und politischer Kulturen bestimmten sie die Ansätze ihrer je eigenständigen Bildungsarbeit. In deren Mitte wirken bis heute die Theodor-Heuss-Akademie im oberbergischen Gummersbach, die erste und größte der Bildungsstätten, und das Büro Berlin/Brandenburg in der Hauptstadt Deutschlands.

Die Stiftung setzte seinerzeit im Zuge der föderalen Neugliederung – noch zu DDR-Zeiten – so genannte Bildungsbeauftragte in jedem neuen Bundesland ein, die Veranstaltungen in den Regionen organisierten und durchführten. Nach der Verabschiedung der neuen Kommunalverfassung im Mai 1990 waren insbesondere kommunalpolitische Themen für angehende Funktions- und Mandatsträger von großem Interesse. Die FNS entwickelte daher im Rahmen einer „kommunalpolitischen Offensive" ein umfassendes Veranstaltungsprogramm.

In dieser ersten Phase bis Mitte der 90er Jahre wurde darüber hinaus alles an Grundwissen im politisch-inhaltlichen und politisch-methodischen Bereich angeboten, damit sich die „Neulinge" in der neuen Gesellschaftsordnung zurechtfinden konnten. Dazu gehörten Veranstaltungen zum Grundgesetz und zum Parlamentarismus, zur Geschichte des Liberalismus, Fertigkeitsseminare für Mandatsträger, Mitglieder von Parteien, Vereinen und Verbänden sowie Multiplikatoren.

2. Die zweite Phase: Verstetigung und Vertiefung

Nach Eröffnung einer Bildungsstätte in den neuen Bundesländern, der Wolfgang-Natonek-Akademie im Dezember 1996 in Sachsen, schritt die Vertiefung und

Verstetigung der inhaltlichen Arbeit voran. Nun wurden auch mehr vergangenheitsaufarbeitende und DDR-bezogene Themen nachgefragt und angeboten. Die Teilnehmer setzten sich mit ihrem Leben und Arbeiten in der DDR sowie dem sozialistischen System schlechthin auseinander. Wolfgang Natonek, nach dem die Akademie im Vogtland benannt wurde, ging nach 1945 aktiv in die Politik: als Mitglied der LDPD, als Mitglied des Studentenrates der Universität Leipzig und zuletzt auch als dessen Vorsitzender. Und für dieses, sein politisches Engagement als Liberaler und Demokrat war er sieben Jahre in den Haftanstalten in Torgau und Bautzen inhaftiert. Deshalb auch war es Verpflichtung, ein Stück beizutragen zur Aufarbeitung der DDR- bzw. der deutschen Vergangenheit insgesamt, indem etwa folgende Seminare durchgeführt wurden: „Deutsche Diktaturen im Vergleich", „Ein Deutschland-Bild" (im Ergebnis dieses Seminars entstand eine Grafik, die alle Seminarteilnehmer mit nach Hause nehmen konnten), „10 Jahre Mauerfall", „Die Schwierigkeit, gerecht zu richten", „Wie viel Erinnerung braucht die Demokratie" und die Fortsetzungsreihe „Liberale und Diktaturen".

Parallel konnten freilich immer Veranstaltungen besucht werden, in denen die Teilnehmer lernten, wie man in einer freien Gesellschaft politisch wirken und wie man politische Ziele anpeilen und erreichen kann. Als Stiftung für liberale Politik haben wir immer wieder – gerade in den neuen Bundesländern – für eine bestimmte Minderheit geworben: die so genannten „Aktivbürger", also diejenigen, für die politische Kenntnis und Engagement von zentraler Bedeutung sind, weil sie das politische Geschehen aktiv mitgestalten wollen. Wir müssen uns immer wieder deutlich vor Augen führen, dass auch Bürger zu einer knappen Ressource der politischen Ordnung werden können und dass unsere funktionstaugliche Demokratie nicht naturwüchsig auf Dauerbestand eingestellt ist.

In diesem Zusammenhang kann an die Aussagen des früheren Bundespräsidenten Roman Herzog anlässlich des 40-jährigen Bestehens der FNS 1998 in Königswinter erinnert werden. Er sagte: „Unsere rechtsstaatliche Demokratie ist kein Selbstläufer. Wir müssen sie immer wieder neu erklären und erfahrbar machen. Deshalb bleibt politische Bildung auch angesichts leerer Haushaltskassen wichtig. Sie verkümmern zu lassen, wäre Ausdruck einer fatalen Kurzsichtigkeit, die uns noch einmal sehr teuer zu stehen kommen könnte."

3. Akzente

Mitte der 90er Jahre stimmte ein empirischer Befund in den neuen Bundesländern die Bildungsverantwortlichen sehr nachdenklich. Für die beste Staatsform hielten die Demokratie im Westen 70 Prozent, im Osten gerade 30 Prozent der Befragten. Die Erinnerung daran, dass die DDR eine Diktatur war, verblasste immer mehr: „Während 1990 noch 73% der Ostdeutschen Gängelei und Bevormundung als für die DDR typisch ansahen, waren das 1995 nur noch 40 %. Und während sich 1990 noch 73 % an eine ‚totale Überwachung' erinnerten, sank deren Prozentsatz bis 1995 auf 42 %. Heute ist von der DDR gut drei Vierteln der Ostdeutschen vor allem in Erinnerung, dass sie der Versuch gewesen sei, eine gerechte Gesellschaft zu schaffen. Dass in ihrer Entwicklung die Fehler überwogen, glauben heute nur 30 der Ostdeutschen, während 79 % zu dem – auf keinerlei Konsequenzen verpflichtenden – Urteil gelangen, die DDR habe halt sowohl gute als auch schlechte Seiten gehabt." (Arbeitsausschuss 1996, 35)

Zu den Schwerpunkten der bildungspolitischen Arbeit der Stiftung in den neuen Bundesländern zählte deshalb (und zählt bis heute) – neben der historischen Aufarbeitung der deutschen Teilung – der Informations- und Erfahrungstransfer, d.h. über gemeinsame Problemstellungen das innerdeutsche Zusammenwachsen, hier insbesondere die gemeinsame Zustimmung zu den Grundprinzipien des Verfassungsstaates, zu fördern. Vom Veranstaltungstyp her dominierten mehrtägige Veranstaltungen in der Bildungsstätte. Tages- und Abendveranstaltungen fanden weniger statt, außer in Thüringen, wo auf Grund der zuwendungsrechtlichen Bestimmungen Veranstaltungen im Land selbst durchgeführt werden mussten.

In Sachsen (Wilhelm-Külz-Stiftung) und in Brandenburg (Karl-Hamann-Stiftung) arbeiteten darüber hinaus noch starke liberale Landesstiftungen, in Sachsen bis heute.

Die Spezifika der neuen Bundesländer im Hinblick auf Osteuropa wurden ebenfalls programmatisch verarbeitet: einmal durch europäische Themen wie „Europa der Regionen", „Gute Nachbarn-schlechte Nachbarn – ein deutsch-tschechisches Begegnungsseminar" (insgesamt dreimal aus unterschiedlichen Blickwinkeln durchgeführt), „Grenzen Europas – grenzenlos", „Die Osterweiterung der EU", ein Seminar zur ethnischen Minderheit der Sorben oder mehrere Kooperationsseminare mit dem deutschen Gymnasium in der tschechischen Stadt Liberec; zum anderen durch das Angebot an die „Landsleute" in den alten Bundesländern, die „Neuen" im Osten kennen zu lernen. Anfangs titelten diese ca. 20 Seminare „Der wilde Osten – wird's was werden", später „Auf neuen Wegen – Sachsen, Thüringen und Böhmen im Wandel" bzw. „Alte Hüte – Neue Wege". Neben der deutsch-deutschen Begegnung und der Analyse unterschiedlicher Lebensentwürfe und -erfahrungen fand auch regelmäßig der Besuch von Mödlareuth statt, einem ehemals durch die Grenze geteilten Dorf, das heute Museum und Gedenkstätte ist.

Auch der Nachbar im Süden wurde einbezogen, indem Karlsbad oder Marienbad besucht und die dortige Nachwende-Entwicklung betrachtet wurde.

Das waren nur wenige Beispiele, die sich fortsetzen ließen mit kommunalpolitischen Themen, mit internationalen Themen (z.B. ein Seminar mit Palästinensern zur Nahost-Problematik), mit methodischen Seminaren und auch Veranstaltungen mit Gymnasiasten z.B. zum Finden eigener Perspektiven in der beruflichen und gesellschaftlichen Entwicklung oder zur Auseinandersetzung mit Extremismus und Fanatismus.

Die inhaltliche Breite beim *Regionalprogramm* in den neuen Bundesländern dokumentiert sich in Veranstaltungen mit ostdeutschen Künstlern, die auch politisch etwas zu sagen haben, wie Stephan Krawczyk und Günther Kunert oder in speziellen regionalgeschichtlichen Themen wie „Ottonen und Romanik" oder „Fürstentum Schwarzburg", in Themen zur Entwicklung ehemaliger sozialistischer Länder Osteuropas und der ehemaligen Staaten der Sowjetunion oder auch zu China, Tansania oder Kuba, in kommunalpolitischen Themen und kommunalpolitischen Trainings, in Veranstaltungen zu den modernen Medien im Zusammenhang mit der gesellschaftlichen Entwicklung im Bereich Arbeitsmarkt, Berufsbildung, Renten- und Krankenversicherungen und vorsorglicher Geldanlagen sowie in Themen wie Bildung und Schule, innere Sicherheit, Extremismus/ Terrorismus, Zivilcourage, Wirtschaftsstandortfragen und Jugendpolitik, um nur einiges zu nennen.

4. Die dritte Phase: Neue Struktur der Bildungsarbeit

In der aktuellen Phase ab 2000 ist die FNS dabei, ihr Bildungsangebot neu zu strukturieren. Dies hat im Wesentlichen zwei Gründe: Zum einen hat die Stiftung durch einen massiven Rückgang der Mittelzuwendungen in den vergangenen Jahren in 2000/01 insgesamt drei von vier Bildungsstätten aufgeben müssen. Erhalten bleibt die älteste und größte Bildungsstätte, die Theodor-Heuss-Akademie in Gummersbach. Zum zweiten hat sich aber auch das Bildungsverhalten der Bevölkerung stark verändert. Die Rede vom „lebenslangen Lernen" ist schon lange kein Slogan mehr, sondern für viele tägliche Realität. Berufliche Fort- und Weiterbildung hat einen hohen Stellenwert und die Deutschen sind diesbezüglich Europameister. Die *politische Weiterbildung* stellt in diesem Kontext aber eher eine randständige Größe dar. Für uns kann das nur bedeuten, dass wir in unserer Arbeit auf die gewandelten Bedürfnisse der Menschen – und hier in erster Linie unserer Zielgruppen – Rücksicht nehmen und ihnen soweit wie möglich – und hier im wahrsten Sinne des Wortes – „entgegenkommen". Das neue Bildungskonzept beruht deshalb auf drei Säulen: Tages- und Abendveranstaltungen in der Fläche, mehrtägige Veranstaltungen in der Bildungsstätte sowie ein ergänzendes virtuelles Angebot.

5. Zukünftige Themenschwerpunkte und ihre Methodik

In Zusammenarbeit mit den liberalen Landesstiftungen ist die Stiftung dabei, eine bundesweite Struktur von Regionalbüros[1] und liberalen Foren aufzubauen, mit deren Hilfe Tages- und Abendveranstaltungen zu den Themenschwerpunkten und zu aktuellen regionalen/lokalen politischen Themen durchgeführt werden. Die Themenschwerpunkte bis 2003 sind: 1. Rechtsstaat, Menschenrechte und Minderheiten; 2. Offene Märkte; 3. Liberalismus und soziale Verantwortung; 4. Föderalismus, Dezentralisierung und Bürgergesellschaft. Bei den Veranstaltungen handelt es sich vorwiegend um Informations- und Diskussionsveranstaltungen, also mehr um Politikdialog als um politische Bildung.

Das bewährte politische Bildungsangebot in Form mehrtägiger Seminare und Workshops wird künftig nur noch von der Theodor-Heuss-Akademie in Gummersbach sowie, was die Berlin-politischen Veranstaltungen anbelangt, vom Büro Berlin/Brandenburg aus organisiert und durchgeführt.

Unsere Arbeit zielt in den alten wie in den neuen Bundesländern vor allem auf Multiplikatoren sowie engagierte Bürgerinnen und Bürger, die liberalen Ideen offen gegenüberstehen und sich für gesellschaftliche Belange verantwortlich fühlen. Wir wenden uns also mit unserem Bildungsangebot in erster Linie an Menschen, die mit liberalen Werten und Prinzipien etwas Positives verbinden oder ihnen zumindest aufgeschlossen gegenüberstehen.

In unseren mehrtägigen Veranstaltungen können die Teilnehmer ihr eigenes politisches Wissen vergrößern, ihr Know-how festigen, ihre eigenen politischen Grundüberzeugungen und Prinzipien hinterfragen, ihre eigene kulturelle und traditionale Bindung an Denk- und Sichtweisen Dritter prüfen, um sich schließlich eine eigene Meinung zu bilden und die eigene Position zu finden.

6. Die virtuelle Akademie

Schließlich entwickelt die FNS ein virtuelles Bildungsangebot, eine „virtuelle Akademie". Dabei handelt es sich um eine Informations- und Kommunikationsplattform im Internet zu aktuellen Themen liberaler Politik. In ihrem Pilotprojekt „Zukunft der sozialen Sicherung", das im Dezember 2001 startet, will die virtuelle Akademie liberale Anstöße für die notwendige Reformdiskussion in Deutschland geben. Sie will Perspektiven erarbeiten für ein nachhaltiges und generationengerechtes System der sozialen Sicherung. Sie bietet die Möglichkeit, aktive Netzwerke politisch engagierter Bürgerinnen und Bürger aufzubauen und weiter zu entwickeln. Deshalb wird sie im kommenden Jahr ausgebaut.

7. Perspektiven: Positionierung und Profilierung

Die FNS ist die Stiftung für liberale Politik in Deutschland. Sie will, so hat sie es in ihren politischen Grundsätzen formuliert, „dazu beitragen, dem Prinzip Freiheit

in Menschenwürde in allen Bereichen der Gesellschaft Geltung zu verschaffen; im vereinigten Deutschland wie auch zusammen mit den Partnern im Ausland."
Inhaltlich hat die Stiftung in den letzten Jahren immer stärker Position bezogen und dadurch zweifellos an Profil gewonnen. Nicht zuletzt durch die zurückliegenden *Initiativen* („Toleranz zeigt sich im Handeln" (1993-96), „Umdenken: Anstiftung zur Freiheit" (1996-98) und der jüngsten – gerade angelaufenen – „Neustart – Für eine liberale Sozialpolitik". Bei der letztgenannten wollen wir deutlich machen, dass der Liberalismus die passende Antwort auf die sozialen Probleme der Zeit ist. Wir wollen vernünftige Lösungen für die drängenden Probleme der sozialen Sicherung bieten. Im Mittelpunkt stehen dabei liberale Rezepte für die Reform des daniederliegenden Sozialsystems, ausgehend von den Grundbegriffen des Liberalismus, nämlich: Freiheit, Eigenverantwortung und Wettbewerb. So lässt sich die Krise der Rentenversicherung durch mehr Eigenvorsorge mittels eines Kapitaldeckungsverfahrens bewältigen. Das Gesundheitswesen braucht mehr Markt statt neuer Regulierungen. Und „mehr Markt" ist auch das Zauberwort für mehr Arbeitsplätze. Wir fordern das Bürgergeld für die Menschen, die ohne staatliche Hilfe ihren Lebensunterhalt nicht vollständig bestreiten können. Zu all diesen Themen entwickeln wir Konzepte und wollen auf diese Weise dazu beitragen, dass die Zukunft liberaler wird.

Die FNS versteht sich als liberales, professionell geführtes Dienstleistungszentrum für den „Aktivbürger". Hier will sie sich weiter profilieren und politische Handlungskompetenzen überzeugend vermitteln.

Anmerkung
[1] Die Regionalbüros gingen im Jahr 2001 ans „Netz". Sie sind für folgende Bundesländer zuständig: Lübeck (Schleswig-Holstein, Hamburg, Mecklenburg-Vorpommern), Halle (Sachsen-Anhalt, Thüringen), Hannover (Niedersachsen, Bremen) Wiesbaden (Hessen, Rheinland-Pfalz).

Literatur
Arbeitsausschuss für politische Bildung und Kultusministerium des Landes Mecklenburg-Vorpommern (Hrsg.): Politische Weiterbildung im vereinten Deutschland. Dokumentation der Fachtagung vom 21.-22.11.1996

2. Schulische politische Bildung

Karlheinz Dürr

Die Projekte zur berufsbegleitenden Qualifizierung von Politiklehrern in den neuen Bundesländern (1991-1999)

1. Ausgangssituation und Zielsetzungen

Kaum ein Schulfach musste im Gefolge der deutschen Einheit einen so umfassenden Prozess des Neuaufbaus seiner curricularen, inhaltlichen und methodisch-didaktischen Prämissen durchlaufen wie das Fach Sozial-/Gemeinschaftskunde bzw. Politische Bildung. Den meisten ehemaligen Staatsbürgerkundelehrern war die Unterrichtserlaubnis und -befähigung für die Wissensvermittlung über die Demokratie entzogen worden. Das Schulwesen stand mithin vor dem Problem, Wissen über ein neues politisches System vermitteln zu müssen, das im Bildungswesen der DDR als „feindlich" angesehen worden war, ohne über entsprechend qualifizierte Lehrkräfte zu verfügen.

Nach dem Zusammenbruch dieses Systems war das Fach „Staatsbürgerkunde" obsolet geworden, vor allem verbot sich jede bildungspolitische Halbheit bei seiner Beseitigung. Die einzelnen Bundesländer gingen jedoch mit den ehemaligen Staatsbürgerkundelehrern sehr unterschiedlich um: In Sachsen wurde ihnen nicht nur die Unterrichtserlaubnis für das neue Fach Gemeinschaftskunde verwehrt, sondern auch jede Möglichkeit verweigert, sich für das Fach neu zu qualifizieren. In Brandenburg hingegen wurde eine auf den Einzelfall bezogene Entscheidung herbeigeführt (wobei Persönlichkeit, „Vorgeschichte" und örtliche Bedingungen der einzelnen Lehrer von den Schulbehörden geprüft wurden).

Beim Neuaufbau des Faches Sozial-/Gemeinschaftskunde konnte es daher nicht nur um die Neuentwicklung der gesamten curricularen Grundlagen gehen, sondern auch um eine umfassende personelle Erneuerung: In keinem anderen Schulfach musste ein so tief greifender Austausch des Lehrpersonals erfolgen. Seither wurde der Politikunterricht fast ausschließlich von Lehrern erteilt, die dafür nicht ausgebildet waren. Damit der schulische Politikunterricht den Erfordernissen auch nur annäherungsweise gerecht werden konnte, mussten Programme zur Qualifizierung der mit Politikunterricht befassten Lehrer eingeleitet werden.

Dazu waren die Hochschulen mehrere Jahre lang nicht in der Lage. „Hilfe von Partnern aus dem Altbundesgebiet war deshalb unabdingbar. Günstige Konditionen hatte Brandenburg. Die räumliche Nähe ermöglichte den Einsatz Berliner Hochschul-Lehrkräfte ... Für die anderen Länder übernahmen in der berufsbegleitenden Ausbildung das Deutsche Institut für Fernstudien in Tübingen (DIFF) sowie die Bundeszentrale für politische Bildung die logistische Absicherung bis zum Dozenteneinsatz, zur Organisation der Prüfungen und der Ausstellung von Zeugnissen unterhalb der Staatsprüfungsebene, wobei die Ausbildungsinhalte der Länderkompetenz unterlagen." (Künzel 1997, 537 f.)

Der folgende Beitrag befasst sich mit dem von Künzel erwähnten berufsbegleitenden Qualifizierungsmodell, das in Kooperation zwischen dem DIFF (Tübingen) und der Bundeszentrale (Bonn) in drei verschiedenen Projekten mit insgesamt 21 Kursen in den Ländern Mecklenburg-Vorpommern, Sachsen, Sachsen-Anhalt und Thüringen in den Jahren 1991 bis 1999 durchgeführt wurde.

2. Die Projektgeschichte

Am Deutschen Institut für Fernstudien an der Universität Tübingen (DIFF) waren schon in den achtziger Jahren Fernstudienmaterialien zur Politischen Bildung, zu den Problemfeldern internationaler Beziehungen, zur Entwicklungspolitik und zu einer Vielzahl weiterer politischer, soziologischer oder ökonomischer Einzelthemen entwickelt worden, die damals hauptsächlich in der Lehrerfortbildung in der (alten) Bundesrepublik eingesetzt worden waren. Schon um die Jahreswende 1989/1990 kam es zu ersten Kooperationsansätzen des DIFF mit pädagogischen Hochschulen und Universitäten der Noch-DDR[1], die aber im Zuge der „Abwicklung" bröckelten. Inzwischen waren in der Bundeszentrale für politische Bildung Mittel für berufsbegleitende Qualifizierungsmaßnahmen bereitgestellt worden. Das DIFF schlug der Bundeszentrale vor, als Ergänzung zu dem an der FU Berlin entwickelten Programm (das aus wöchentlichen Studientagen bestand) einen Fernstudienkurs als Pilotversuch einzurichten. Das Konzept basierte auf einer Kombination von zwei- bis dreitägigen Kompaktseminaren, eintägigen Kolloquien und einem „angeleiteten Selbststudium". Die Inhalte sowie die zeitlichen Anforderungen wurden unter Leitung der Bundeszentrale[2] mit den anderen Programmen in mehreren Besprechungen abgestimmt.

Der Pilotversuch begann im September 1991 mit einem ersten einwöchigen Seminar an der Universität Jena. Nach Ablauf der Anmeldefrist hatten sich sieben

Teilnehmende angemeldet; zum Seminar erschienen jedoch fast 60 Lehrer. Der Kurs schrumpfte beim zweiten Seminar auf 35 Teilnehmende zusammen, die dann jedoch den gesamten Zweijahreszyklus absolvierten. Nach dem Start des Pilotkurses führte die akute Bedarfslage rasch zu Forderungen nach einer Ausweitung des Modells. Innerhalb von nur vier Monaten gingen Anfragen aus Thüringen, Sachsen, Sachsen-Anhalt und Mecklenburg-Vorpommern ein, weitere Kurse dieser Art anzubieten, so dass bis Oktober 1992 weitere sieben Kurse und im Frühjahr 1993 noch einmal drei Kurse eingerichtet wurden. Im Sommer 1993 liefen also insgesamt zehn DIFF-Kurse in den genannten Bundesländern, an denen rund 500 Lehrer teilnahmen.

Damit allerdings waren die Grenzen des Möglichen erreicht. In der Forschungseinrichtung DIFF wurde dieses Projekt in der Anfangszeit eher als Fremdkörper angesehen, akzeptiert wurde es erst nach dem Wechsel an der Institutsspitze und nach der Forderung des Wissenschaftsrats, das DIFF möge sich in der Lehrerfortbildung in den neuen Ländern engagieren (1992). Dennoch hatte die enorme Ausweitung des Projektvolumens keinerlei personelle Konsequenzen: Der Autor führte das gesamte Projekt – sowie die beiden weiteren Fernstudienprojekte, die sich daraus entwickelten – im Alleingang durch, zeitweise unterstützt von einer wissenschaftlichen Hilfskraft und einer externen Mitarbeiterin. Von größtem Wert war jedoch, dass die Bundeszentrale nicht nur die finanzielle Ausstattung durch jährliche Zuwendungen sicherte, sondern auch die Beschaffung der für das Fernstudium benötigten Druckerzeugnisse ermöglichte.

Nach dem erfolgreichen Abschluss der ersten Kurse im Sommer 1994 wurden von allen vier beteiligten Bundesländern weitere Kurse angefordert und – nach Zusage der Finanzierung durch die Bundeszentrale – ab Oktober 1994 eingerichtet. Insgesamt umfasste das DIFF-Modell der fernstudiengestützten berufsbegleitenden Qualifizierung im Zeitraum Oktober 1991 bis Juni 1999 21 Fernstudienkurse, an denen rund 750 Lehrer teilnahmen.

3. Konzept

Das Konzept des Fernstudiums beruhte auf einer Kombination von drei Elementen:

- *Angeleitetes Selbststudium:* Grundlage bildeten die für die Lehrerfortbildung entwickelten Fernstudienmaterialien des DIFF, Veröffentlichungen der Bundeszentrale für politische Bildung und Publikationen sonstiger Verlage. Darüber hinaus wurden den Teilnehmenden detaillierte Lesepläne an die Hand gegeben sowie – in größeren zeitlichen Abständen – Fragenkataloge, die ein gewisses Maß an Lernfortschrittskontrolle ermöglichten.
- *Kompaktseminare:* In sechs- bis achtwöchigen Abständen fanden zwei- bis

dreitägige (und mehrfach auch einwöchige) Kompaktseminare an den Wochenenden bzw. in den Ferien statt.
- *Kolloquientage:* Die eintägigen Kolloquien (samstags) dienten zur Rückkopplung der Teilnehmenden im Hinblick auf die im Fernstudium und in den Kompaktseminaren behandelten Stoffe und zur Vorbereitung von Klausuren und Prüfungen.
- *Exkursionen:* Mit einigen Kursen konnten auch Exkursionen durchgeführt werden, zum Beispiel für ein Hospitationsseminar an baden-württembergischen Schulen, zwei Studienreisen nach Bonn sowie eine Studienreise nach Straßburg, Schengen und Luxemburg.

Zwischen- und Abschlussprüfungen wurden in enger Zusammenarbeit mit den jeweiligen Prüfungsämtern durchgeführt.

4. Probleme des Modells

Probleme bei der Durchführung des Studiums: Die Form des Fernstudiums, kombiniert mit Präsenzveranstaltungen, ermöglichte es, dass die Teilnehmenden zu Hause studieren und somit die Kurse ohne wesentliche Einbußen ihrer eigenen Unterrichtstätigkeit in den Schulen absolvieren konnten. Selbst die Kompaktseminare des Fernstudienmodells fanden an den Wochenenden und in den Ferien statt. Insgesamt ergaben sich aus diesem Weiterbildungsmodell in den Schulen, in denen die Teilnehmenden tätig waren, nur sehr wenig Unterrichtsausfälle. Dennoch kam es immer wieder zu Problemen insbesondere mit Schulleitern, wenn in Einzelfällen Verlegungen von Unterrichtsstunden unvermeidlich wurden.

Die Durchführung der Kompaktseminare war jedoch besonders in den ersten Jahren ein großes Organisations- und Logistikproblem, da geeignete Tagungsstätten in den neuen Bundesländern kaum zur Verfügung standen. Die Seminare fanden zumindest in den Jahren 1991 bis 1992 teilweise in Unterkünften statt, deren schlechter Zustand mitunter auch den Seminarablauf beeinträchtigte: Landwirtschaftliche Ingenieurschulen, idyllische (aber schlecht beheizte) Schlösser oder ehemalige FDJ-Heime. Kaputte Sanitäranlagen und die exzessive „Aufbettung" der Unterkünfte sorgten mitunter für Unmut.

Hinzu kam die für moderne Seminarprogramme unzureichende technische Ausrüstung der Veranstaltungsstätten. Tageslichtprojektoren standen zunächst nirgendwo zur Verfügung, Wandtafeln ohne Kreide und Schwämme waren nur bedingt nutzbar und nicht an- oder abschaltbare Heizkörper sorgten für Klimaprobleme. Schulgebäude ließen sich nur bedingt nutzen – nicht nur, weil so mancher Hausmeister nur gegen Bargeld zum Wochenenddienst bereit war (und Trinkgelder durften nicht aus Projektmitteln bezahlt werden), sondern auch, weil die Unterbringung von 30-50 Personen im Umkreis der Schulen noch größere organisatorische Probleme geschaffen hätte. Die Lösung bestand in abseits gelegenen Einrichtungen, die sich zwar mitten im Erzgebirge oder im Harz befanden, aber preislich relativ günstig waren und über Tagungsräume verfügten. Diese Situation besserte sich in dem Maße, in dem etwa ab 1993 die Zusammenarbeit mit landeseigenen Einrichtungen (z.B. der Außenstelle des Thüringer Instituts für Lehrerfortbildung, Lehrplanentwicklung und Medien (ThILLM) in Nordhausen oder des Landesinstituts für Schule und Ausbildung (LISA) in Mecklenburg-Vorpommern in Schwerin) aufgebaut werden konnte, die dann auch eine organisatorische Unterstützung bieten konnten. Seit 1995 wurden für einzelne Veranstaltungen auch Universitätsgebäude genutzt.

Problem Lehrpläne und Prüfungen: Ein ungleich schwierigeres, vielleicht sogar das größte Problem berufsbegleitender Ergänzungs- und Nachqualifizierungen in den neuen Bundesländern bestand in den lange anhaltenden Unklarheiten im Hinblick auf die rechtlichen Bedingungen und Vorgaben des Studienangebots.

Anerkennung der DDR-Abschlüsse: In allen Bundesländern, in denen berufsbegleitende Studiengänge für Gemeinschafts- bzw. Sozialkunde durchgeführt wurden, fehlte es in der Anfangszeit an klar formulierten und nachvollziehbaren Richtlinien, welche DDR-Abschlüsse für die Zulassung zum Studium vorausgesetzt bzw. akzeptiert würden. Die Anerkennung der von den Teilnehmenden bereits vor 1990 erworbenen Abschlüsse (etwa Diplomlehrer verschiedener Richtungen, Polytechniklehrer) war in einigen Fällen sogar bis kurz vor den Abschlussprüfungen ungeklärt. Mit anderen Worten: Die davon betroffenen Teilnehmenden absolvierten zwei bis drei Jahre Studium, ohne eine verbindliche Information darüber zu erhalten, ob sie zur Abschlussprüfung zugelassen würden oder nicht. Da solche Fälle in allen Kursen vorhanden waren (in einzelnen Kursen war der Teilnahmestatus sogar bei einem Drittel der Teilnehmenden ungeklärt), führten die Diskussionen darüber immer wieder zu Konflikten, die zeitweise bis in die Seminare hineinwirkten. Da diese Angelegenheiten jedoch ausschließlich in die Zuständigkeit der betroffenen Länder fielen, mussten die beiden Trägerinstitutionen DIFF und Bundeszentrale immer wieder massiv auf verbindliche Aussagen drängen.

Studien- und Prüfungsordnungen: Die frühen Lehrpläne für den Politikunterricht an den Schulen waren mehr oder weniger Adaptationen der Lehrpläne westlicher Bundesländer. In ähnlicher Weise orientierte man sich auch bezüglich der Studien- und Prüfungsordnungen für die berufsbegleitenden Weiterbildungen an westlichen Verordnungen, die aber für das Regelstudium entwickelt worden waren. So gab es etwa in Thüringen erst wenige Wochen vor dem Abschluss des ersten Kurses (Jahreswende 1993/1994) zuverlässige Aussagen. Weitere landeseigene Entwicklungen von Studien- und Prüfungsordnungen spezifisch für berufsbegleitende Studiengänge folgten ab 1994. Damit wurden viele Kurse über lange

Zeit auf ungewisser Grundlage durchgeführt. Obwohl es natürlich direkte Vereinbarungen mit den Behörden gab, die prüfungsrelevante Aspekte betrafen (etwa die Anerkennung der Zwischenprüfungen), führte das unter den Teilnehmenden herrschende geringe Vertrauen in die Bildungsbehörden immer wieder zu Unruhe in den Kursen. Für die beiden Trägerinstitutionen, besonders aber für die Projektleitung, die vor Ort ständig mit Fragen konfrontiert wurden, die in die Kompetenz der Länder fielen – etwa zur Studien- oder Prüfungsordnung und zu Anerkennungs- und Einstufungsproblemen –, stellte diese Situation der Ungewissheit eine beträchtliche Belastung und zusätzliche Arbeitserschwernis dar, auch wenn letztlich „Katastrophen" wie Kursabbruch vermieden und Lösungen gefunden werden konnten. Sämtliche Zwischen- und Abschlussprüfungen wurden jedoch stets in Absprache und Zusammenarbeit mit den zuständigen landeseigenen Behörden und Einrichtungen durchgeführt.

Problem Zusammenarbeit mit Hochschulen: Eine Zusammenarbeit mit den Hochschulen war in den Jahren 1991 bis 1993 nur sehr bedingt möglich, da die meisten politikwissenschaftlichen Fachbereiche und Lehrstühle noch in der Gründungsphase waren und weder über die logistischen noch über die personellen Voraussetzungen für flächendeckende Lehrerweiterbildungsprogramme verfügten. Auch zogen sich die Berufungsverfahren teilweise sehr lange hin. Wo es zu einer Zusammenarbeit kam, waren in Kooperationsgesprächen Vorbehalte einzelner Hochschullehrer gegenüber der Konzeption aus dem Weg zu räumen, in der sie die „politikwissenschaftlichen Lehrinhalte" nicht genügend repräsentiert sahen, die sich aber mitunter auch gegen das gesamte Verfahren der berufsbegleitenden Qualifizierung richteten. Es mag dahingestellt bleiben, ob es sich dabei um Wirklichkeitsfremdheit im Blick auf die Arbeits- und Lebenssituation der zu qualifizierenden Lehrer handelte oder schlicht um mangelndes Verständnis für die (bzw. Desinteresse an der) Notstandssituation des Faches Politische Bildung an den Schulen (also den völligen Mangel an qualifiziertem Lehrpersonal). Es gab aber auch konkrete Befürchtungen, dass durch die Nachqualifizierung vorhandener Lehrer der „Beschäftigungsmarkt" für die eigenen späteren Absolventen zerstört würde. Generell schien das Problem darin zu bestehen, dass viele Hochschullehrer in der Lehrerweiterbildung eher eine lästige Pflicht sahen und möglicherweise auch vor der Vermittlung *praxisrelevanten* Wissens zurückschreckten, die von den Kursen erwartet wurde und die für die Stabilisierung des Faches Politische Bildung in den neuen Ländern unabdingbar war.

Von diesen Einzelfällen abgesehen muss hier sehr deutlich betont werden, dass die Zusammenarbeit mit einer ganzen Reihe von Lehrenden aus dem Schul- und Hochschulbereich in den alten und (nach der Besetzung der Lehrstühle) auch zunehmend in den neuen Ländern sehr gut funktionierte. Auch aus dem Mittelbau und aus dem Kreis erfahrener Politiklehrer in den Altbundesländern sowie freiberuflicher Weiterbildner kam sehr wertvolle Unterstützung. Ohne die enorme Einsatzbereitschaft dieses Personenkreises wäre die Durchführung der berufsbegleitenden Qualifizierungen – insgesamt über 380 Präsenzveranstaltungen! – gar nicht möglich gewesen.

Problem Abstimmung mit Kultusbehörden und Landeseinrichtungen: Trotz der oben umrissenen Probleme im Hinblick auf die formalrechtlichen Bedingungen des Studiums ist festzuhalten, dass die Zusammenarbeit mit den Landesbehörden und sonstigen Landeseinrichtungen (darunter auch die Lehrerfortbildungsinstitutionen) in der Summe gut funktionierte. Dass dies zumindest in der Anfangsphase nicht immer der Fall war, hatte auch mit den personellen Veränderungen in den Behörden zu tun. Durch die Abwicklung oder Versetzung von ursprünglich für die Lehrerqualifizierung zuständigen Beamten und durch die Rückkehr von Leihbeamten in das Altbundesgebiet wurden die Koordinierungsgespräche für die Durchführung der Ausbildungsprogramme verzögert und erschwert. Zeitweise wurde den Trägerinstitutionen (die ja die gesamte Finanzierung des Modells übernommen hatten) allerdings auch das Gefühl vermittelt, nicht Anbieter einer Unterstützungsleistung, sondern Bittsteller zu sein.

Erschwerend wirkte sich auch die Tatsache aus, dass es in den ersten Jahren Unsicherheiten gab mit Blick auf die Zulassungsvoraussetzungen (also vor allem die vorhandenen Abschlüsse und Lehrbefähigungen), Studienbedingungen (z.B. die Art der Leistungsnachweise und deren Anerkennung, die Beurteilung der Lernfortschritte etc.) und der Verordnungen für Zwischen- und Abschlussprüfungen. Diese Sachverhalte waren so problematisch, dass in einzelnen Kursen Protestbriefe der Kursteilnehmer an die Behörden verfasst wurden. Die gesamte Problematik der Studienordnungen und Abschlüsse war sogar Gegenstand einer parlamentarische Anfrage in einem Landtag. Vertreter von Bildungsausschüssen wurden kontaktiert, um die Entscheidungen zu beschleunigen und die Einhaltung der Kurszeitpläne zu ermöglichen.

5. Lernverhalten, Motivation und Einstellungen der Teilnehmenden

Von Werner Patzelt stammt die Unterscheidung von vier Typen von Teilnehmenden der berufsbegleitenden Ausbildungskurse: „den unerwartet, nicht selten gegen sein Widerstreben zur Erteilung von Gemeinschaftskundeunterricht gedrängten Lehrer"; „den ‚Absicherer', der durch einen formalen Abschluss ... die berufliche Existenz zu sichern ... versucht"; „den Sport- oder Russischlehrer, welcher eben ein zweites Fach braucht und nun halt an die Gemeinschaftskunde geraten ist" und den „politisch Engagierten, den sein alltägliches Mitwirken am Prozess der Demokratiegründung motiviert" (Patzelt 1994, 81). Patzelt analysierte zutreffend das

Problem, das sich aus dieser heterogenen Teilnehmerstruktur ergab: „... dass nun überdurchschnittlich viele unpolitische Personen zu Gemeinschaftskundelehrern ausgebildet werden. Denn wer in der DDR politiknah war, gilt als ungeeignet für die Erteilung von Gemeinschaftskunde ... Paradoxerweise ... wurde dergestalt ein nie praktiziertes, vielleicht auch nie besessenes Interesse an Politik zum Qualifikationsmerkmal für ein doch politisches Fach." (Patzelt 1994, 81 f.)

Patzelt kommt zu dem ernüchternden Ergebnis, dass es den Teilnehmenden oft an einer „natürlichen Begabung für den Studiengegenstand" fehle und dass sie sich infolge der fehlenden Vertrautheit mit den politischen, gesellschaftlichen usw. Strukturen nicht auf das nötige fundierte kategoriale Wissen stützen könnten. Er konstatiert ferner eine erstaunliche Mühseligkeit in der schriftlichen und mündlichen Artikulation, der selbstständigen Formulierung von Gedankengängen sowie letztlich auch der eigenständigen Weiterentwicklung und Durchdringung des erworbenen Wissens.

Aus der Praxis der Projektdurchführung sind Patzelts Folgerungen teilweise durchaus nachvollziehbar. Die meisten Teilnehmenden hatten während der Qualifizierungsmaßnahme mit zeitlichen Problemen (Vereinbarkeit von schulischer Lehrtätigkeit, berufsbegleitender Ausbildung und Familie) zu kämpfen. Die meisten hatten weiterhin ein volles Deputat zu bewältigen; erst bei späteren Kursen (etwa ab 1994) gewährten einige Länder Abminderungsstunden für die Teilnehmer des Studiums. Erschwerend kamen die räumlichen Entfernungen hinzu, die besonders in dünner besiedelten Flächenstaaten wie Mecklenburg-Vorpommern für die Teilnahme an den Wochenendseminaren und Kolloquientagen sowie für den Besuch geeigneter Fachbibliotheken bewältigt werden mussten.

Das Durchschnittsalter der Teilnehmenden aller Kurse war mit über 40 Jahren relativ hoch. Das setzte auch eine langjährige Berufstätigkeit als Lehrer voraus (wenn auch in einem anderen Fach). Eine für das Weiterbildungsmodell wichtige Erfahrung war dabei, dass die „erfahrenen" Lehrer in den Kursen häufig neuen didaktischen Ansätzen eine relativ geringe Offenheit entgegenbrachten. Konkret war die Beobachtung zu machen, dass die Teilnehmenden die Notwendigkeit, sich fachwissenschaftlich fundiertes Wissen über das neue System aneignen zu müssen, relativ bereitwillig akzeptierten, bei der Vermittlung didaktisch-methodischer Elemente jedoch zur Abwehrhaltung neigten.

Rund 40 Prozent der Teilnehmenden der ersten Kurse (abgeschlossen 1994) fühlten sich auch nach viersemestrigem Studium vom politischen System der Bundesrepublik noch immer „überwältigt", sahen sich durch die neuen Begriffe, neuen Denkweisen, ungewohnten Verfahrensweisen und Problemlösungen überfordert.

In der Summe ist aus der Sicht des Projektleiters festzuhalten, dass Patzelts hartes Urteil für ungefähr ein Drittel der Teilnehmenden zutraf, dass er aber sowohl die

Lernfähigkeit und -bereitschaft als auch die Motivation der Teilnehmenden unterschätzt, die in den Kursen durchgängig hoch war – trotz aller Probleme mit der zu bewältigenden Stofffülle, mit der zeitlichen Doppel- und Dreifachbelastung, mit den Verständnisschwierigkeiten, die sich auf Grund des Fehlens entsprechender politischer Sozialisation ergaben. Die Fehlzeiten bei den Seminaren lagen unter 5 Prozent, obwohl für die Präsenzveranstaltungen nicht nur Wochenenden, sondern häufig auch Ferientage und -wochen geopfert werden mussten. Nur sehr selten kam es vor, dass Teilnehmende vor dem Seminarende abreisten. Die personelle Kontinuität (das Fernstudium wurde mit einem relativ kleinen Dozentenstamm durchgeführt, mit dem eine kontinuierliche Betreuung der Kurse über den Studienverlauf hinweg sichergestellt wurde) trug wesentlich zum hervorragenden Klima bei, das in den meisten Kursen herrschte.

6. Ergebnisse und Folgerungen

Die Fernstudienkurse führten zur „Unterrichtserlaubnis" oder „Unterrichtsbefähigung" für das Fach Gemeinschafts- oder Sozialkunde. Je nach Schulart dauerten die Kurse zwei oder drei Jahre. In manchen Fällen boten die Hochschulen Anschlussqualifizierungen an, durch die ein höherwertiger Abschluss erreicht werden konnte.

In allen Kursen wurden die Abschlussprüfungen unter der Aufsicht der Prüfungsämter durchgeführt und, wo es personell möglich war, unter Einbeziehung von Hochschullehrern. In der Summe bestanden ca. 92 Prozent der Teilnehmenden die Prüfungen beim ersten Anlauf. Die Bildungsminister der beteiligten Länder sprachen sowohl der Bundeszentrale für politische Bildung als auch dem DIFF ihre Anerkennung für den geleisteten Beitrag zur Qualifizierung der Lehrer aus.

Aus der Sicht des Projektleiters stellten die oben geschilderten Kurssysteme ein gutes Instrument dar, um in der einmaligen historischen Situation schnell, flexibel und hinreichend praxisgerecht auf die dringliche Bedarfslage an Gemeinschafts- und Sozialkundelehrern zu reagieren. Es ist jedoch keine Frage, dass ein solches Studium ergänzender Maßnahmen bedurfte, die etwa von den Lehrerfortbildungsinstitutionen in den neuen Ländern in den Folgejahren angeboten wurden. Wenn dennoch in den neuen Ländern Fortbildungsangebote für Lehrer heute nicht ausgelastet werden können, so ist dies letztlich nicht nur einer bedauerlichen Fehleinschätzung des Lehrpersonals über ihre eigene Weiterbildungsbedürftigkeit zuzuschreiben, sondern auch dem fehlenden politischen Willen, eine langfristig angelegte – und möglichst verbindliche! – Weiterbildungsoffensive einzuleiten.

7. Wirkungen im europäischen Kontext

Schon während der Projektlaufzeit begegnete der Projektleiter einem zunehmenden Interesse an den deutschen Erfahrungen beim Aufbau von berufsbegleitenden Lehrerweiterbildungen, das vor allem im osteuropäischen Ausland artikuliert wurde. Aus zahlreichen Konferenzen und Tagungen, bei denen die Grundzüge des Konzepts und der Durchführung des Projekts präsentiert wurden, entwickelten sich enge Kooperationen, darunter mit amerikanischen Einrichtungen wie dem Center for Civic Education, Calabasas, CA, die sich in Mittel- und Osteuropa sehr aktiv an der Weiterbildung von Lehrern im Bereich des Demokratie-Lernens engagieren, und vor allem mit dem Europarat in Straßburg, der schon seit Beginn der neunziger Jahre in den Reformgesellschaften des ehemaligen Ostblocks Weiterbildungsmaßnahmen für Lehrer und Multiplikatoren in Bereichen wie Demokratie-Lernen, Menschenrechts- und Friedenserziehung und Jugendarbeit unterstützte und durchführte.

Der Zweite Gipfel der Staats- und Regierungschefs der Mitgliedsländer des Europarats verabschiedete 1997 eine Deklaration, in der der „demokratischen staatsbürgerlichen Erziehung" größte Bedeutung beigemessen wurde. An dem Projekt „Education for Democratic Citizenship (EDC)", das sich daraus entwickelte, ist der Projektleiter seit 1997 aktiv beteiligt (Duerr/Spajic-Vrkas/Martins 2001). Auch heute noch begegnet er einem starken Interesse an den spezifisch deutschen Erfahrungen bei der Um- und Neuqualifizierung von Lehrerinnen und Lehrern für das Fach Politische Bildung in Zeiten des Umbruchs.

Anmerkungen

[1] Das Projekt wurde von Prof. Dr. Wichard, PH Schwäbisch Gmünd, initiiert; die Projektleitung beim DIFF Tübingen hatten Elke Begander und Dr. Karlheinz Dürr.
[2] Treibende Kräfte dieser Programme in der Bundeszentrale waren Dr. Will Cremer und sein Nachfolger Franz Kiefer, die beide sehr hohes Engagement für diese Aufgabe mitbrachten.

Literatur

Duerr, Karlheinz/Spajic-Vrkas, Vedrana/Martins, Isabel Ferreira: Strategies for Learning Democratic Citizenship. Straßburg 2000 (dt. Demokratie-Lernen in Europa, Staßburg 2001)

Künzel, Werner: Politische Bildung im Übergang zur Demokratie. Die Entwicklung der politischen Bildung in den neuen Bundesländern seit der deutschen Vereinigung. In: Wolfgang Sander (Hrsg.): Handbuch politische Bildung. Praxis und Wissenschaft. Schwalbach/Ts. 1997, S. 537 f.

Patzelt, Werner J.: Die berufsbegleitende Ausbildung von Gemeinschaftskundelehrern – Skeptisches aus der sächsischen Praxis. DVPB-LV Sachsen 1994, S. 81

Kapitel II

Politische Bildung in Brandenburg

1. Außerschulische politische Bildung

Hilde Schramm
Regionale Arbeitsstellen für Ausländerfragen, Jugendarbeit und Schule (RAA Brandenburg e.V.)

1. Einleitung

Die RAA Brandenburg ist als gemeinnütziger Verein ein freier Träger. Von 1992 bis 1994 wurde im Land Brandenburg ein Verbund von 10 RAA-Niederlassungen aufgebaut, und zwar in Potsdam, Frankfurt (Oder), Angermünde, Lübbenau, Storkow, Strausberg, Wittenberge, Belzig, Forst und Rathenow, sowie eine Geschäftsleitung in Potsdam. 1993 wurde ein landesweit agierendes Mobiles Beratungsteam angegliedert.

Treibende Kräfte der Gründung waren Christian Petry von der Freudenbergstiftung, Anetta Kahane von der RAA Berlin, Almuth Berger, die Ausländerbeauftragte des Landes Brandenburg, sowie die damaligen Staatssekretäre Olaf Sund (für Soziales) und Gerd Harms (für Bildung). Die RAA Brandenburg wird im Kern von der Landesregierung gefördert. Für alle größeren Vorhaben muss sie zusätzliche Gelder einwerben.

Die einzelnen Niederlassungen verfolgen eigenverantwortete Projekte. Dazu treten von der Geschäftsleitung initiierte Verbundvorhaben, an denen mehrere oder alle RAA-Niederlassungen beteiligt sind. Durch diese Kombination von

RAA Brandenburg e.V.

Dezentralität und Zentralität entstand trotz großer Selbstständigkeit der einzelnen Projekte und Untergliederungen eine arbeitsbezogene Kommunikationsdichte unter den Mitarbeitern. Deren Anzahl wuchs über die Jahre ständig, von acht Personen Anfang 1993 auf 100 Personen im Jahr 1999.

2. Ziele und Arbeitsschwerpunkte

Die RAA Brandenburg führt Projekte gegen Fremdenfeindlichkeit, Rechtsextremismus und Gewalt mit Kindern und Jugendlichen in der Schule und im Freizeitbereich sowie mit Erwachsenen prinzipiell aller Berufsgruppen durch. Sie will über Erfahrungen und Einsichten Weltoffenheit auch an kleinen Orten stärken, Anfälligkeit für rechtsextreme Orientierungen verringern und zu demokratischem, humanem Handeln befähigen.

Seit Beginn unserer Arbeit vertreten wir die Position, dass Ausländerfeindlichkeit, Rechtsextremismus und Gewaltbereitschaft gegen Schwächere und Minderheiten kein Jugendproblem sind, sondern ein gesellschaftliches Demokratiedefizit anzeigen. Entsprechend sind unsere Arbeitsschwerpunkte weit gefasst:

- *Verbessern der Situation von Zuwanderern und interkulturelles Zusammenleben,* z.B. durch Projekte mit Aussiedlern oder früher mit bosnischen Kriegsflüchtlingen,
- *Vermitteln von ausländischen Gästen,* z.B. „Ausländer machen Schule" oder „Schüler fragen – Asylbewerber antworten" oder „Weltoffenheit – native speakers wanted" mit englisch-sprechenden jungen Erwachsenen, die einen Monat lang zu dritt oder zu viert an einem kleinen Ort quasi als „interkulturelle community workers" leben,
- *Beratung und Unterstützung von Projektwochen und Unterricht* gegen Ausgrenzung und Gewalt sowie zur Intensivierung der Auseinandersetzung mit Rechtsextremismus und den globalen Interdependenzen,
- *Einrichtung von Schülerclubs* zur Verbindung von Schule und Sozialarbeit,
- *Aufspüren von historisch-politischen Zusammenhängen* bezogen auf lokale Demokratietraditionen von 1848 oder auf die NS-Vergangenheit u.a. über lokalhistorische Studien, Zeitzeugengespräche, Workcamps in Terezin,
- *Internationale Begegnungen von Kindern, Jugendlichen und Erwachsenen, Fortbildungen, Partnerschaften* u.a. mit Israel, Polen, Russland, Tansania.

Dazu kommt die Beratung von Verwaltungen, Jugendclubs und anderen kommunalen Einrichtungen.

Diese Breite erklärt sich einerseits daraus, dass nach der Wende in den neuen Bundesländern die thematische Ausdifferenzierung der NGOs (Nicht-Regierungs-Organisationen) weit geringer war als in den alten Bundesländern. Sie erklärt sich aber vor allem aus der Komplexität der psychosozialen, mentalen und historisch-politischen Ursachen von Rechtsextremismus mit seinen Dimensionen Rassismus, Antisemitismus, Gewaltbereitschaft, völkischer Nationalismus, Autoritarismus, Aufwertung des Nationalsozialismus. Entsprechend kann man rechtsextremen Einstellungen und Verhaltensweisen durch keine noch so gute Einzelmaßnahme beikommen, weder präventiv noch direkt, sondern höchstens durch ein Bündel von unterschiedlichen Zugängen, die sich wechselseitig verstärken.

3. Interkulturelle Projekte

Hinzu kommt, dass die meisten Modelle interkulturellen Lernens aus den alten Bundesländern oder aus anderen Einwanderungsländern nicht übernommen werden können. Da es in den neuen Bundesländern sehr wenige Ausländer gibt, greifen erfahrungs- und situationsspezifische Ansätze des Zusammenlebens und der Konfliktbearbeitung kaum. Wir mussten und durften also experimentieren.

Im Folgenden werden einige Vorhaben beispielhaft vorgestellt. Zu fast allen liegen ausführliche Darstellungen in der RAA-Reihe „Interkulturelle Beiträge" vor. Auf diese wird in abgekürzter Form (Band, Nr., Erscheinungsjahr) verwiesen.

Deutsch-polnische Verständigung: Die Flüsse Oder und Neiße markieren die schärfste Sprachgrenze Europas. Das Wirtschaftsgefälle belastet das schwierige Verhältnis zwischen Deutschen und Polen zusätzlich. Mit Bedacht wurden deshalb sechs der zehn RAA-Niederlassungen im östlichen Teil Brandenburgs und damit nicht weit von Polen aufgebaut. Eines der zahlreichen deutsch-polnischen Kooperationsvorhaben ist das Projekt „Spotkanie heißt Begegnung – ich lerne Deine Sprache". Es möchte bereits Kinder, überwiegend neun- bis elfjährige Grundschüler, befähigen, mit Gleichaltrigen jenseits der Grenze auf Polnisch und auf Deutsch zu kommunizieren. Dies wird durch freiwillige, wöchentliche Arbeitsgemeinschaften zum Spracherwerb, angesiedelt an Grundschulen, sowie durch eintägige und mehrtägige Begegnungen mit der jeweiligen Partnergruppe erreicht. Die Kinder nehmen in der Regel zwei Jahre lang teil.

Was hat dieser frühe Fremdsprachenerwerb mit politischer Bildung zu tun? In der polnisch-deutschen Grenzregion sollten in Gegensteuerung gegen die historische Entwicklung Menschen heranwachsen, denen das Denken, Sprechen und Leben ihrer Nachbarn so vertraut ist, dass sie politisch, wirtschaftlich und kulturell gut miteinander kooperieren können. Dreh- und Angelpunkt dafür schien uns das Durchbrechen der Sprachbarriere gegenüber Polen zu sein, weniger als Kommunikationsvoraussetzung – viele Polen lernen Deutsch –, sondern als Mittel zur Einstellungsänderung und als Gleichberechtigungs-Angebot.

Als wir 1994 mit dem Vorhaben begannen, war es sehr schwierig, Kinder auf deutscher Seite für eine Beteiligung zu gewinnen. Wer will schon Polnisch lernen? So die skeptische und oft abweisende Haltung von Lehrern und Eltern. Wir konnten an kein bestehendes Interesse anknüpfen, mussten vielmehr Neugier und Lernbereitschaft durch eine attraktive Verbindung von Spielen, Lernen, Erkundungen und Begegnungen erst wecken und dann halten.

Inzwischen übersteigt die Nachfrage das Angebot. Seit 1998 nehmen in etwa 80 Arbeitsgemeinschaften, überwiegend in kleinen Orten, über 600 polnische und mehr als 600 deutsche Kinder teil. Alle AGs werden von Muttersprachlern geführt. Lehrer des Landes Brandenburg übernehmen mit je vier Abminderungsstunden die Deutsch-AGs in Polen, während die Lehrenden aus Polen bei der RAA auf Honorarbasis mitarbeiten. Sie verwenden didaktische und landeskundliche Materialien, die der polnische Kollege Janusz Wisniowski eigens entwickelt hat. Wesentlich zum Gelingen des Projekts hat eine wissenschaftliche Begleitung in der Tradition der Handlungsforschung beigetragen. Dorothea Nöth hat inzwischen mit dem Projekt an der Europa Universität Viadrina in Frankfurt/Oder promoviert. Ihre Ergebnisse zeigen ein Ansteigen der kommunikativen Kompetenz, eine zunehmende Einstellungsdifferenzierung, die sich auch z.B. ganz allgemein gegenüber Mitschülern äußert (Nöth 2001).

Globales Lernen: Die RAA Brandenburg verbindet antirassistische und entwicklungspolitische Bildungsarbeit, ein Ansatz, der nach wie vor Seltenheitswert hat, wenn auch langsam die Einsicht an Boden gewinnt, dass es nicht nur moralisch, sondern auch entwicklungspolitisch widersinnig ist, Fremde außerhalb der Landesgrenze als Partner gewinnen zu wollen, bei uns aber zu diskriminieren. Andererseits braucht antirassistisches Lernen auch ein entwicklungspolitisches Fundament (B. 33, 2000).

Drei Projekte seien hier skizziert:

Kinder entdecken die Eine Welt: Da wir meinen, dass mit der Vermittlung globaler Interdependenzen und dem Einüben von Perspektivwechseln früh begonnen werden muss, bevor Denkverbote und Einstellungsbarrieren bei Kindern greifen, entstand 1993 auf Anregung von Dolly Conto Obregon ein Projekt mit dem Ziel, bereits im Kindergarten und Hort Einblicke in globale Zusammenhänge zu vermitteln (B. 9, 1994 und 31, 1999). Seither arbeiten und spielen „ausländische" Pädagoginnen und Pädagogen überwiegend aus Ländern der Dritten Welt jeweils einen Tag in der Woche kontinuierlich vier Monate lang mit einer Kindergruppe. Entdeckt werden Gemeinsamkeiten und Unterschiede im Leben von Kindern hier und Kindern in Afrika, Asien, Lateinamerika sowie in Süd- und Osteuropa; erschlossen werden Fragen zu Umwelt, Armut und Welthandel; thematisiert wird das Zusammenleben von ausländischen und inländischen Menschen bei uns.

Die Pädagogen bringen ihre bikulturelle Sozialisation als Ausländer in Deutschland oder als Deutsche fremder Herkunft ein, sie werden von den Kindern mit Neugier und Empathie akzeptiert, oft geradezu geliebt. Beteiligt waren bislang über

90 Gruppen mit ca. 1500 Kindern. Neben den Erziehern werden über Elternabende und Öffentlichkeitsarbeit weitere Erwachsene erreicht. Inzwischen wurde die Arbeit im Hort durch den Aufbau von Kinderclubs mit erweiterter Zielsetzung abgelöst. Weiterhin werden Wege erprobt, in der Region lebende Immigranten, insbesondere Aussiedler, Flüchtlinge und Asylbewerber als „Laienpädagogen" einzubeziehen, mit dem Nebeneffekt ihrer Aufwertung in der Kommune.

Den Wunsch nach Fortbildung haben zunehmend nicht nur die Erzieherinnen, die direkt mit den Gästen in ihrer Kindergruppe zusammenarbeiten, sondern auch Kolleginnen der gleichen oder benachbarter Einrichtungen und Eltern.

Bildungsbausteine zur Auseinandersetzung mit Rechtsextremismus: Von 1997 bis 1999 entwickelte eine Arbeitsgruppe – bestehend aus Lehrern verschiedener Fächer, Psychologen, Politologen, Historikern und weiteren Fachleuten – Konzepte und Materialien zur Intensivierung der Auseinandersetzung mit rechtsextremen Einstellungen und Verhaltensweisen. Zielgruppe sind Lehrende der Sek. I und Sek. II, aber auch Sozialpädagogen. Das Vorhaben wurde von Rainer Spangenberg und Gerhard Spaney geleitet. Ausgangsdiagnose war Mitte der 90er Jahre die weitgehende Verdrängung und Sprachlosigkeit von Erwachsenen gegenüber der Anfälligkeit vieler Jugendlicher für rechtsextreme Orientierungen. Wir fanden den sozialpädagogischen Blick auf diese Jugendlichen unzureichend. Begleitend zur Materialentwicklung boten wir in Kooperation mit dem Pädagogischen Landesinstitut Brandenburg Fortbildungen an, bei denen wir konkrete Anregungen für die Bildungsarbeit mit dem Erwerb von Verhaltenssicherung und der Vermittlung theoretischen Wissens verbanden. Entstanden sind 28 großformatige, ästhetisch anspruchsvolle Bildungsmappen (Din A3), deren Problemfelder mit einige Beispielen, bisweilen nur mit Kurztitel, genannt seien: *Völkischer Nationalismus* (z.B. Gerhard Spaney: Nation – Nationalismus, oder Hilde Schramm: Was ist deutsch?); *Ethnisierung ökonomischer Konflikte* (z.B. Markus Kemper/Hilde Schramm: Lohndumping auf dem Bau; *Migration und Zusammenleben* (z.B. Michele Barricelli: Deutsche als Ausländer; Barbara Gutmann/Evelyne Höhme-Serke: Wo die Liebe hinfällt); *Aufwertung des Nationalsozialismus* (z.B. Michael Rump-Räuber: Legendenbildungen um Rudolf Heß und Horst Wessel); *Denkmuster* (z.B. Ute Benz/Katrin Leubner: Das Schubladen-Denken); *Wahrnehmungsschärfung* (z.B. Evelyne Höhme-Serke/Rainer Spangenberg: Alltäglicher Rassismus – alltägliche Diskriminierung) (B. 32, 2000).

Durch die Verwendung der Bildungsmappen lernt vermutlich niemand so viel wie die Lehrenden selbst. Sie lernen neben Sachzusammenhängen die Jugendlichen in ihrer Lerngruppe besser kennen, deren Empfindsamkeiten, deren Abwehr, deren diffuse oder bereits relativ feste politische Orientierung, aber auch deren Widersprüchlichkeiten und die damit verbundene Offenheit für neue Sichtweisen. Vor allem können die Lehrenden sich genauer selbst wahrnehmen. Sie können ihre

Anteile an dichotomischem Denken entdecken oder ihre Vorbehalte gegenüber Fremden oder ihre eigene Wegschautendenz. Zumindest haben die Menschen, die die Bildungsbausteine entwickelt haben, immer wieder die Erfahrung gemacht, dass das dort Verhandelte auch sie selbst betrifft.

Stärkung der Bürgergesellschaft durch MBT: Eine gemeinwesenorientierte politische Bildung ist die spezielle Aufgabe des Mobilen Beratungsteams (MBT). 1998 wurde es auf 13 Personen erweitert und ist Bestandteil des Handlungskonzepts „Tolerantes Brandenburg" der Landesregierung. Als Untergliederung des freien Trägers RAA ist es aber weiterhin selbstständig – eine nicht immer konfliktfreie Doppelstruktur. Das MBT besteht aus einer Geschäftsstelle in Potsdam und fünf kleinen regionalen Teams. „Häufig finden die Teamerinnen und Teamer ihre unmittelbaren Beratungsfelder im Zusammenhang mit rechtsextremen Brutalitäten oder verdichteten rechtsextremen Aktivitäten. Der Skandal ruft sie an den Ort!" (Wolfram Hülsemann, Leiter des MBT, in: Tolerantes Brandenburg. Bürger für Toleranz und Weltoffenheit, Potsdam 2000, 17). Das MTB stellt Kontakte her zu staatlich und nichtstaatlich Tätigen und regt die Einrichtung von Bürgerforen an.

Im Selbstverständnis des MBT ist die kommunale Beratung in dem Maße erfolgreich, wie die Eigenverantwortung und Handlungsfähigkeit von Bürgern erhöht werden konnte. Durch ihr theoretisches Wissen, ihre lokalen Einblicke und ihre praktischen Erfahrungen mit Gegenstrategien werden die MBT-Mitarbeiter zunehmend zu Experten für Rechtsextremismus und als solche begehrte Gesprächspartner in der Politikberatung. Man kann Ansehen und Erfolg dieser gemeinwesenorientierten politischen Bildung daraus ersehen, dass gegenwärtig in den anderen neuen Bundesländern vergleichbare Teams aufbaut werden, deren Anleitung dem MBT Brandenburg übertragen wurde.

Literatur

Nöth, Dorothea: Interkulturelles Lernen und Nachbarspracherwerb im Projekt Spotkanie heißt Begegnung. Hohengehren 2001

Darstellungen der RAA-Reihe „Interkuturelle Beiträge" sind bei der RAA Brandenburg, Friedrich Engelsstr.1, 14469 Potsdam, kostenlos zu erhalten.

Uwe Spindler, Inka Thunecke
Heinrich-Böll-Stiftung Brandenburg

1. Anfang und Aufbruch

Die Heinrich-Böll-Stiftung ist die parteinahe Stiftung von Bündnis90/Die Grünen, ihre Entstehungsgeschichte ist ebenso bunt und vielfältig wie die der ihr nahestehenden Partei. Die Wurzeln der „Heinrich-Böll-Stiftung Brandenburg – Werkstatt für politische Bildung e.V." liegen im zweiten Teil des Namens. Im November 1990 wurde der Verein unter dem Namen „Bildungswerkstatt Brandenburg e.V." als freier Träger der politischen Jugend- und Erwachsenenbildung im Land Brandenburg gegründet und machte gleich Bekanntschaft mit den unangenehmen Seiten der Vereinigung: Der Name Bildungswerkstatt wurde von einem Kölner Verein gleichen Namens für sich reklamiert und unter Androhung einer Unterlassungsklage durchgesetzt. Der Verein, der fortan „brandung – Werkstatt für politische Bildung" hieß, war eine Gründung von politisch aktiven und engagierten Menschen, die sich mit der Vergangenheit und der aktuellen Situation in den neuen Ländern auseinander setzten. Die politische Bildungsarbeit war für sie ein im Kern emanzipatorischer Ansatz, den sie zur Auseinandersetzung mit Vergangenheit und Gegenwart nutzen wollten. Die Bildungsarbeit sollte die Menschen im gesellschaftlichen Gestaltungsprozess unterstützen, wobei nicht nur politisches Wissen vermittelt werden sollte, sondern politisches Handeln und Selbstbestimmung jedes Einzelnen.

Im Juni 1991 konnte ein kleines Büro im ehemaligen Verwaltungsgebäude der Staatssicherheit in Potsdam bezogen werden. Die Gitter an den Fenstern erinnerten an die Vormieter, deren Möbel zunächst auch noch benutzt wurden.

Die Gründung des Vereins erfolgte kurz nach der Vereinigung mit der Bundesrepublik. Die gesamte politische Bildungsarbeit in den neuen Bundesländern konnte auf keine Tradition zurückgreifen, sondern musste neu entwickelt werden. Ein Prozess der methodischen Orientierung, der Selbstdefinition und der Selbstvergewisserung setzte ein. „Wir machen ‚politische Bildung': Wir definieren die festgeschriebenen Begriffe für uns neu. Wir wollen und können keineN ausbilden. JedeR trägt ihre/seine Erfahrungen, Wünsche, Fähigkeiten und Unfähigkeiten in sich. Aus diesem eigenen Vorrat heraus wollen wir einen
Austausch aller Beteiligten. Aus diesem Zusammen-Spiel können gewollte Handlungen entstehen. Das Wort *politisch* hat für uns eine weiter gefasste Bedeutung:

Heinrich-Böll-Stiftung Brandenburg

Alles was ich tue, hat Veränderungen zur Folge. Insofern ist jede Handlung in jedem Bereich des Lebens politisch. Jede Handlung, die dem Willen entspringt, ist bewusst politisch." (Aus dem ersten Bericht der „brandung")

2. Konzeptionen

Diese basisdemokratische und dem einzelnen Individuum zugewandte Haltung ist bestimmend. Politische Bildung wird nicht verstanden als ein Prozess, der Defizite politischen Wissens beheben will. Der Bildungsansatz setzt nicht an einer Analyse an, die Bildungsdefizite voraussetzt, sondern setzt auf die Stärken und die Fähigkeiten der Menschen, die an der Bildungsarbeit teilnehmen. Der Ansatz orientiert sich an einem emanzipatorisch gedachten Weg, der sich vor allem im methodischen Ansatz der Bildungswerkstatt ausdrückt. Die methodische Selbstreflexion und Darstellung beschrieb den Werkstattgedanken mehrfach: Theaterwerkstatt mit Orientierung am „Theater der Unterdrückten" nach Augusto Boal, die Pädagogikwerkstatt angelehnt an die emanzipatorische Pädagogik von Paolo Freire und die Methode der Zukunftswerkstatt nach Robert Jungk.

Im Zentrum aller Ansätze steht die Einbeziehung der Teilnehmer. Die Teilnahme an einer Bildungsveranstaltung sollte immer eine aktiv gestaltende sein. Die ersten Themen der Bildungswerkstatt setzten im Alltag der Menschen an und zielten auf die Förderung der Selbstorganisation. Für viele Menschen in der ehemaligen DDR wurde Arbeitslosigkeit zu einem entscheidenden Thema. Ein Seminar der „brandung" untersuchte die Organisation und den Selbstorganisationsprozess der Arbeitsloseninitiativen in der alten Bundesrepublik. Auch der Selbstreflexionsprozess und die Eigenqualifikation spiegelt sich in einem Seminar, das die politische Bildungsarbeit aus Sicht der Initiativen in den neuen Ländern thematisiert.

3. Erste institutionelle Absicherung

Nach der Gründung des Vereins Bildungswerkstatt Brandenburg e.V. fand zunächst die erste Absicherung der Arbeit über den Vorstand und drei ABM-Stellen statt. Im Frühjahr 1991 erfolgt die Anerkennung als parteinahe Stiftung der „Grünen". Die „brandung" wird Mitglied des „Buntstift e.V." – der Föderation der grün-nahen Landesstiftungen und Bildungswerke. Der Buntstift e.V. war dezentral und parteiunabhängig organisiert. Diese Dezentralität sicherte die Möglichkeit, die regionalen Bedingungen und die brandenburgische Lebenssituation in die Arbeit einzubeziehen. Sie ermöglichte den Aktiven der „brandung", „nicht nur Vermittlerinnen von gesellschaftlichen und politischen Realitäten zu sein, sondern gemeinsam mit den Menschen hier in der ehemaligen DDR Alternativen zu entwickeln, uns gemeinsam in die neue gesellschaftliche und politische Situation einzumischen".

4. Entwicklung der grün-nahen Stiftungen

In der alten Bundesrepublik folgten nach der Gründung der Partei „Die Grünen" und deren ersten Wahlerfolgen Überlegungen zur Nutzung der Instrumentarien politischer Stiftungen für politische Bildungsarbeit aus grüner und basisdemokratischer Perspektive. Nach dem Aufbau zahlreicher Landesstiftungen wurde 1988 der Stiftungsverband Regenbogen e.V. als Dachverband der „Frauen-Anstiftung e.V." (Hamburg), der „Heinrich-Böll-Stiftung e.V." (Köln) und des „BUNT-STIFT – Förderation der grün-nahen Landesstiftungen und Bildungswerke e.V." (Göttingen) gegründet.

Bereits 1992 überprüften Bündnis 90/Die Grünen das von ihnen auf den Weg gebrachte Stiftungsmodell. Die politische Situation nach der Wiedervereinigung stellte neue Anforderungen für den Aufbau von Strukturen und die Integration ostdeutscher Interessen in die Arbeit der Stiftungen. Die Dreiteilung der grün-nahen Stiftung, der Versuch, einen Kompromiss zwischen den verschiedenen grünen Grundströmungen zu finden und diesen zu institutionalisieren, stand bald zur Disposition und führte 1996 zur Fusion der drei Teile und des Dachverbandes zur Heinrich-Böll-Stiftung e.V. mit Sitz in Berlin. Integriert in die Bundesstiftung wurden die sechzehn Landesstiftungen, die als selbstständige Institutionen auf der Landesebene gleichzeitig Mitglieder der Böll-Stiftung sind und mit ihrer dezentralen Arbeit einen großen Anteil an der politischen Bildung im Inland haben. Als Landesstiftung arbeitet die Heinrich-Böll-Stiftung Brandenburg als Verein rechtlich, politisch und finanziell selbstständig.

5. Heinrich-Böll-Stiftung Brandenburg

Die Stiftung war die erste in den neuen Bundesländern, die in die Förderation der grün-nahen Landesstiftungen als Mitglied aufgenommen wurde und an den Stiftungsmitteln partizipieren konnte. Analog zu Anzahl und politischer Bedeutung von Basisinitiativen in den ersten Nachwendejahren überwogen in ihrer Arbeit die Kooperationsprojekte mit zahlreichen Gruppen aus dem bürgerrechtlichen, friedenspolitischen und grünen Engagement der Wende. Im Laufe der Jahre fand in der Initiativszene ein Wandlungsprozess statt: Während ein Teil der Gruppierungen desillusioniert aufgab, professionalisierte sich der andere Teil. Die Entwicklung der Heinrich-Böll Stiftung Brandenburg verlief parallel zu diesem Prozess. Kamen bis Mitte der neunziger Jahre die Mehrzahl der inhaltlichen Impulse für die Veranstaltungen aus den politischen Initiativen, existiert

heute ein ausgewogenes Verhältnis zwischen selbstinitiierten und Kooperationsprojekten.
Grundsätzlich wird angestrebt, vor Ort arbeitende politische Initiativen in die Arbeit einzubeziehen. Die Intensität der Impulse, die dabei von der Stiftung oder den Kopperationspartnern ausgehen, hängen im Wesentlichen von den jeweils vorhandenen Ressourcen ab. Besonders enge Kooperationen gab es in den letzten Jahren in den Themenbereichen *Frieden und Menschenrechte* und *Ökologie*.

6. Inhaltliche Ausrichtung

Die Heinrich-Böll-Stiftung Brandenburg versteht politische Bildung als Förderung der demokratischen Willensbildung und des gesellschaftspolitischen Engagements der Bürger und setzt methodisch an diesem Ziel an. Das Bildungsangebot orientiert sich an regionalen Fragestellungen und Besonderheiten des Landes Brandenburg, greift aber auch überregionale und bundesweite Themen auf. Die Themen werden in den verschiedensten Formen politischer Bildungsarbeit wie Tagungen, Seminare, Abendveranstaltungen, Ausstellungen und Publikationen aufbereitet und einem breiten Publikum präsentiert. Derzeit arbeiten wir mit folgenden Schwerpunktthemen: Sozial-ökologischer Umbau der Gesellschaft, Frieden und Menschenrechte, Rechtsextremismus, Frauen und Mädchen, Zeitgeschichte und Kunst und Kultur.

Im Folgenden soll anhand von drei Themen ein exemplarischer Überblick über die Arbeit der Heinrich-Böll-Stiftung Brandenburg gegeben werden.

Mädchenseminare und Jugendprogramm: Seminarangebote für Mädchen finden seit sieben Jahren mehrmals pro Jahr statt. Der Aufbau dieses besonderen Angebotes für Mädchen entstand aus der Überzeugung, dass Mädchen die Möglichkeit bekommen sollten, sich ein Thema in einer gleichgeschlechtlichen Gruppe zu erarbeiten. Ziel der Seminare ist, den Mädchen einen Freiraum zu geben, so dass sie über ein Thema sprechen, sich damit Selbstbewusstsein erarbeiten können und lernen, Selbstbestimmung zu praktizieren. Mädchen lernen sich selbst sprachlich zu behaupten oder ihre Rolle zu analysieren und zu verstehen. Konfliktbewältigung oder der Übergang von der Schule in den Beruf gehören zu den Themen. Die Inhalte sind methodisch so aufgearbeitet, dass den Mädchen Fragen nach ihrem gesellschaftlichen Ort gestellt werden. Sie können sich damit auseinander setzen, wie sie sich verhalten, sich behaupten und sich definieren. Vor diesem Hintergrund werden nonverbale, kreative und künstlerische Methoden verwandt, so dass nicht alle Erfahrungen und Erlebnisse sprachlich artikuliert werden müssen.

Die Herausbildung des eigenen Selbstbewusstseins und die Vorstellungen von eigenen Werten, ihre Definition, ihre Hinterfragung und Stärkung standen auch im Mittelpunkt des *ersten Jugendfilmwettbewerbs* der Heinrich-Böll-Stiftung Brandenburg. Das Motto des Wettbewerbs „Leben ist mehr" lud Jugendliche aus Schulen in Potsdam und im Landkreis Potsdam-Mittelmark dazu ein, sich streitbar mit Werten wie Offenheit, Toleranz, Einmischung und Zivilcourage auseinanderzusetzen. Die eigene thematische Auseinandersetzung musste die Form einer Filmskizze annehmen. Die Skizze sollte ausdrücken, was ausgesagt werden und wer damit erreicht werden soll. Nach einer positiven Bewertung durch eine Expertenjury bekommen drei Filmgruppen die Möglichkeit ihr Projekt zu realisieren.

Zeitgeschichtliche Annäherungen: Zeitgeschichtliche Themen standen in den zurückliegenden Jahren immer wieder im Mittelpunkt der Arbeit der Heinrich-Böll-Stiftung Brandenburg. Diese Themen wurde in zwei unterschiedlichen Ansätzen bearbeitet. Auf der einen Seite findet die Auseinandersetzung mit unterschiedlichen Geschichtsbildern in Ost und West vor dem Hintergrund der aktuellen Forschungsdebatten statt. Auf der anderen Seite steht der klassische geschichtswerkstattliche Ansatz der Spurensuche und der Sichtbarmachung der lokalen historischen Ereignisse.

Die erste Form der Annäherung an zeitgeschichtliche Fragen verbindet sich mit zwei Konferenzen, die sich mit dem historischen Erbe der Nazizeit und seiner Verarbeitung beschäftigten. Unter dem Titel „Die Schatten der Vergangenheit über die Gegenwart: Auschwitz, Israel und die Deutschen" fand im November 1998 eine Tagung statt, die die Kontinuität des ideologischen Erbes thematisierte, das beide deutsche Staaten vom Nazismus übernommen hatten. Dieser Konferenz folgte im Mai 1999 die Konferenz „Die Goldhagen-Debatte: Bilanz und Perspektiven". Beide Konferenzen beruhten auf streitbaren Thesen und forderten die aktive Stellungnahme der TeilnehmerInnen heraus.

Die zweite Form der Annäherung geschieht als lokale Spurensuche. Ein Projekt, das diese Spurensuche repräsentiert, ist die Bearbeitung der Geschichte des Kaufhauses Hirsch in der Brandenburger Straße in Potsdam, das seit seiner Gründung einer jüdischen Familie gehörte und 1938 von den Nazis enteignet wurde. Die Hauptakteure des Projektes waren Schüler des Leistungskurses Politische Bildung Klasse 13 der Voltaire-Gesamtschule Potsdam. Für das Kaufhaus Hirsch gab es keine geschriebene Geschichte. Die Schüler begannen mit dem Aktenstudium beim Amtsgericht Potsdam und fanden Dokumente, die über 100 Jahre alt waren und die auf die Gründung des Kaufhauses verwiesen. Sie suchten Akten, Zeichnungen und Fotos, um sich ein Bild von der Entstehung und den Veränderungen des Kaufhauses zu machen. Wem gehörte das Kaufhaus und woher kam der Name? Über eine Zeitungsanzeige fanden sie noch Zeitzeugen, die in den dreißiger Jahren im Kaufhaus gearbeitet haben und über alle Begebenheiten berichten konnten. Sogar die mäusefangende Kaufhauskatze war Ergebnis der Recherche. Das Alltagsleben der dreißiger Jahre in Potsdam wurde lebendig.

Die Schüler suchten nach der jüdischen Familie, die von den Nazis enteignet wurde. Dabei fanden sie eine Enkelin der früheren Inhaber, die ihnen vom Schicksal der Familie erzählen konnte. Die Deportation der Potsdamer Juden verlor für die Jugendlichen die historische Abstraktheit und wurde am Beispiel dieser einen Familie konkret. Das Geschichtsprojekt fand in einer Broschüre seinen Abschluss.

Arbeitsschwerpunkt Rechtsextremismus: Die Chance, in Brandenburg Opfer eines rechtsextremen Übergriffs zu werden, liegt um ein Vielfaches höher als in den meisten anderen Bundesländern. Es existiert eine gut organisierte rechte Szene und – was noch weit schwerer wiegt – der Anteil der rechtsextrem denkenden Jugendlichen ist beinahe doppelt so hoch wie beispielsweise in Nordrhein-Westfalen und bewegt sich bei 20 Prozent (Sturzbecher 2002).

Lange bevor Rechtsextremismus ein Medienereignis wurde, widmete die Heinrich-Böll-Stiftung Brandenburg einen großen Teil ihrer Veranstaltungen diesem Thema. Die Zielgruppen der Arbeit sind dabei Jugendliche und Multiplikatoren. Die Angebote sollen insbesondere Jugendliche erreichen, die noch nicht bzw. noch nicht so stark in die rechte Szene involviert sind. Die durchgeführten Wochenseminare mit Schulklassen bezwecken den Aufbau von Selbstbewusstsein der Jugendlichen, so dass sie sich in einer Auseinandersetzung mit Gewalt im Allgemeinen und fremdenfeindlicher Gewalt im Besonderen engagieren. Dabei ist von Vorteil, dass die Teamer eine Woche lang mit den Jugendlichen zusammen sind. Auf diese Weise bieten sich Zugänge, die in Kurzveranstaltungen versperrt bleiben.

Einen anderen Zugang besonders für Jugendliche bietet die Kultur. Mit szenischen Lesungen, wie z.B. mit dem türkischstämmigen Schauspieler Serdar Somuncu, der aus Hitlers Buch „Mein Kampf" liest und den „Führer" mit seinem eigenen Text entlarvt, werden die Zuhörer auf z.T. amüsante Weise mit der Absurdität aber auch der Menschenverachtung von Hitlers Gedankengebäude konfrontiert. Die inhaltliche Auseinandersetzung mit der Nazi-Diktatur wird durch Lesungen und Gespräche mit Zeitzeugen gefördert. Die Zuhörer werden durch diese Form auf sehr authentische Weise mit der Vergangenheit in Berührung gebracht.

Die Arbeit mit Multiplikatoren aktiviert Kontakte zu bereits in diesem Bereich arbeitenden Menschen und Initiativen, wie z.B. den Regionalen Arbeitsstellen für Ausländerfragen (RAA) und deren Mobilen Beratungsteams, und setzt auf vernetztes Vorgehen *(siehe die Beiträge von Grumke, Kap. I, und Schramm, Kap. II)*. Ein hoher Stellenwert bei der Bekämpfung des Rechtsextremismus kommt denen zu, die sich tagtäglich beruflich mit rechtsorientierten Menschen vor Ort auseinander setzen müssen. Deshalb hat die Heinrich-Böll-Stiftung Brandenburg gemeinsam mit der Gewerkschaft der Polizei eine Veranstaltungsreihe zum Thema „Polizei und Sozialarbeit – Partner der Straße?" konzipiert. In den

Veranstaltungen ist ein offener und als besonders notwendig erachteter Erfahrungsaustausch der in einer Region arbeitenden Polizisten und Sozialarbeiter möglich. Beide Gruppen arbeiten oftmals mit derselben Klientel, dennoch wissen sie von der Arbeit der anderen kaum etwas. Das Seminar wurde in den Jahren 1999 bis 2001 in drei Regionen Brandenburgs durchgeführt und mit einer Tagung in Potsdam abgeschlossen.

Im Rahmen eines Modellprojektes der Landesarbeitsgemeinschaft politisch-kulturelle Bildung führt die Heinrich-Böll-Stiftung Brandenburg zusammen mit anderen freien Trägern der politischen Bildung „Trainings für Toleranz und Weltoffenheit" durch, die sich an Angestellte der öffentlichen Verwaltungen richten. Mit diesem Konzept gelang es großflächig in einen Teil der Bürokratie hineinzuwirken, der ansonsten nur schwer mit bereits bestehenden Angeboten zu erreichen war.

An bestehende Erfahrungen in der politisch-kulturellen Bildung zum Thema Rechtsextremismus, Rassismus und Fremdenfeindlichkeit knüpft die Stiftung in einem neuen Projekt an, das seit dem Sommer 2001 in der Region Frankfurt/Oder, Eisenhüttenstadt, Fürstenwalde läuft. Entgegen der bisherigen Praxis, die Angebote nach dem Gießkannen-Prinzip im Land Brandenburg zu streuen, konzentrieren sich die Bildungsaktivitäten nun auf eine Region. Durch das kontinuierliche Bildungsangebot über einen Zeitraum von drei Jahren soll bildungspolitische Nachhaltigkeit erreicht werden, die durch temporäre und punktuelle Angebote nicht zu leisten ist. Einstellungs- und Verhaltensänderungen sowie die Ermunterung für demokratisches Engagement benötigen Strukturen, die sich durch Kontinuität und Verlässlichkeit auszeichnen. Das Projekt richtet sich deshalb besonders auf den Aufbau und die Stärkung von Strukturen politisch-kultureller Bildung im ländlichen Raum dieser Region. Gerade hier fehlen Angebote dieser Art.

Ziel des Projektes „Bunt statt braun", das durch Mittel des CIVITAS-Programmes der Bundesregierung gefördert wird, ist es, durch Angebote der politisch-kulturellen Bildung zu informieren, aufzuklären und zu Widerstand und Engagement gegen rechte Inhalte und Strukturen aufzurufen.

7. Perspektiven unserer Arbeit

Angesichts der Bedrohung, die von antidemokratischen und rechtsextremen Einstellungen für die noch junge Demokratie in Brandenburg ausgeht, werden die Themenschwerpunkte Rechtsextremismus und Stärkung zivilgesellschaftlichen Engagements noch längere Zeit einen wichtigen Teil unserer Arbeit ausmachen. Als grün-nahes Bildungswerk werden wir auch zukünftig zentrale Themen des grün-alternativen Spektrums, wie Ökologie, Frieden- und Menschenrechte und gesellschaftliche Gleichstellung von Männern und Frauen, in der Bildungsarbeit etablieren, um sie auf diesem Weg in das Bewusstsein der Menschen zu bringen. Nach mehr als zehnjähriger Erfahrung als freier Träger der Bildungsarbeit in Brandenburg lässt sich feststellen, dass politische Bildung im Osten noch keine Selbstverständlichkeit ist und noch immer häufig mit der ungeliebten Staatsbürgerkunde der DDR assoziiert wird. Nur sehr langsam setzt sich die Erfahrung durch, dass Bildungsveranstaltungen neben dem Informationsgehalt auch einen Unterhaltungswert haben können.

Dennoch steht für freie Träger der politischen Bildungsarbeit immer wieder die institutionelle Absicherung auf dem Spiel. Vor diesem Hintergrund wird sich die Heinrich-Böll-Stiftung Brandenburg gemeinsam mit anderen freien Trägern der politisch-kulturellen Bildung dafür einsetzen, dass die politische Bildungsarbeit einen unumstrittenen Platz zur Absicherung der demokratischen Grundlagen im Land bekommt und die Bürger bei ihrer aktiven Einmischung in den demokratischen Willensprozess der Gesellschaft unterstützt werden.

Literatur

Sturzbecher, Dietmar: Entwicklung von Rechtsextremismus und Gewaltbereitschaft im Jugendalter in Brandenburg. Opladen 2002

Ruth Hennig
Deutsch-Polnische Gesellschaft Brandenburg e.V.

1. Grenze und Ressentiments

Brandenburg verfügt über eine lange Grenze mit Polen als Teil der Oder-Neiße-Grenze, die erst nach 1945 zur deutsch-polnischen Grenze wurde. Zwar hatte die DDR diese Staatsgrenze zwanzig Jahre früher anerkannt (Görlitzer Abkommen 1950) als die damalige Bundesrepublik, aber mit den Beziehungen zwischen der DDR und der polnischen Bevölkerung stand es nicht zum Besten. Die Grenze zwischen der DDR und der Volksrepublik Polen war über lange Zeit hinweg geschlossen, diente vor allem der *Abgrenzung*. Offene Grenze war sie nur in den 70er Jahren. Schon nach den Arbeiterunruhen 1976 in Ursus und Radom wurde der Reiseverkehr teilweise wieder erschwert und mit Entstehung von Solidarnosc wurde die Grenze aus Furcht vor dem Überspringen des polnischen Freiheitsbazillus ganz geschlossen. Zwar gab es so etwas wie verordnete Freundschaft im Rahmen des realsozialistischen Lagers, auch tatsächliche Freundschaften, Begegnungs- und Austauschprogramme, gleichzeitig schürten die DDR-Medien jedoch *antipolnische Ressentiments*. In der DDR arbeiteten einzelne Freunde und Aktivisten an guten Beziehungen mit Polen (Aktion Sühnezeichen, Mitglieder der Kirchen, Anna-Morawska-Seminar, oppositionelle Gruppen), aber ihr Wirkungsfeld war beschränkt und die meisten Menschen wurden von ihren Bemühungen nicht erreicht. Es erschien also dringend geboten, in Brandenburg eine Organisation aufzubauen, die sich der deutsch-polnischen Annäherung widmete.

2. Gründung der Deutsch-Polnischen Gesellschaft Brandenburg

Im Jahre 1991 wurden der schon unterzeichnete Grenzvertrag und der Vertrag über gute Nachbarschaft von beiden nationalen Parlamenten ratifiziert. Der Ausschuss für grenznahe Zusammenarbeit im Rahmen der Deutsch-Polnischen Regierungskommission hatte sich konstituiert, der Deutsch-Polnische Umweltrat die Arbeit aufgenommen, die Stiftung für deutsch-polnische Zusammenarbeit in Warschau war gegründet, die Euroregion Neiße als erste Euroregion im deutsch-polnisch-tschechischen Dreiländereck entstanden. Bekannt aus damaliger Zeit ist der „Stolpe-Plan", eine Zukunftsvision und ein Ansatz zur koordinierten gemeinsamen Entwicklung der deutsch-polnischen Grenzregion. Von oben herrschte entschiedener guter Wille vor. Andererseits wurden polnische Arbeiter als erste entlassen, wurden Polen von Rechtsradikalen und Neonazis mit Steinwürfen verfolgt. Es öffnete sich eine Schere zwischen dem guten Willen von oben und der gesellschaftlichen Realität.

In dieser Situation begann die Deutsch-Polnische Gesellschaft mit ihrer Arbeit. Anfang Dezember 1991 gründeten auf Initiative von Markus Meckel Angehörige der demokratischen DDR-Opposition die DPG Brandenburg. Sie schloss sich dem Dachverband der in der alten BRD seit den 70er Jahren existierenden Deutsch-Polnischen Gesellschaften an. Sie war die erste DPG in den neuen Bundesländern und organisierte sich auf Landesebene. Erster Vorsitzender war Markus Meckel, ihm folgte im April 1998 Gottfried Hain, der ebenfalls aus der Bürgerbewegung stammt und bis Ende Januar 2002 Bürgermeister in der brandenburgischen Grenzstadt Guben war.

1992 konnte das Büro in Potsdam mithilfe einer Anschubfinanzierung durch die brandenburgische Landeszentrale für politische Bildung aufgebaut werden (Büromöbel, Telefon, Fax, Kopierer, Computer). Die brandenburgische Landeszentrale beschränkte sich im Unterschied zu anderen Bundesländern nicht auf die Durchführung von Eigenveranstaltungen, sondern erkannte die tätige Hilfe beim Aufbau einer Landschaft freier Träger als eigene Aufgabe an *(siehe den Beitrag von Künzel, Kap. II)*. Die Arbeit erfolgte 1992 im Wesentlichen ehrenamtlich. Finanziell unterstützt wurde die erste große Konferenz („Brandenburgische Kommunalpolitiker und die Bildung von Euroregionen an der deutsch-polnischen Grenze" in Frankfurt/Oder) ebenfalls durch die Landeszentrale und durch Mittel des EU-Fonds *Technische Hilfe* beim Wirtschaftsministerium. Bis Ende des Jahres gelang es, eine ABM-Stelle für die DPG bewilligt zu bekommen, die dann zwei Jahre lang (1993 und 1994) die wichtigsten Personalkosten zu 75 Prozent deckte.

3. Paternalismus und guter Wille oder Kooperation unter gleichberechtigten Partnern? Erste Einsichten

Aus Erfahrungen im Umgang mit polnischen Reaktionen auf den Stolpe-Plan und die deutsch-polnischen Euroregionen lernten wir, dass deutsch-polnische Projekte nur dann zustande kommen, wenn Deutsche und Polen sie gemeinsam entwickeln. Das ist angesichts des Wohlstandsgefälles an dieser (noch) EU-Außengrenze alles andere als einfach oder selbstverständlich. Dazu muss man entweder die Sprache des anderen beherrschen oder professionelle Dolmetscher beschäftigen.

Wir wollten politische Bildung vermitteln, verstanden uns aber nicht als klassischer Träger der politischen Bildung, d.h. wir hatten keine Bildungsstätte und strebten auch keine an. Wir wollten *deutsch-polnische Tandems* schaffen. Die wichtigsten Kriterien zur Orientierung unserer Arbeit lauteten nun: Gleichberechtigung nicht Paternalismus; Zweisprachigkeit oder Simultanübersetzung; Offenheit nicht Offiziösentum; Verständnis füreinander, aber auch Furchtlosigkeit im Umgang mit Konfliktsituationen; Vermeidung von „Versöhnungskitsch" (Bachmann 1994, 41 ff.) und hohlen Formeln; streitbar, aber loyal, kooperativ und pluralistisch gegenüber Partnern, Förderern, Konkurrenten und Gegnern.

4. Das Büro in Potsdam als Serviceeinrichtung

Wir lernten schnell, dass uns die schon existierenden Initiativen nicht als Dach oder als Koordinator brauchten oder haben wollten. Sie wollten selbstständig arbeiten, waren zum Teil bereit zu kooperieren (oder auch nicht). Das hieß in erster Linie, das Büro in Potsdam als eine Serviceeinrichtung zu verstehen, in der alle Arten von Anfragen beantwortet, Kontakte vermittelt, Probleme geklärt werden etc. Voraussetzung für diese Arbeit war Zweisprachigkeit im Büro und das Vorhandensein gleich gesinnter polnischer Kooperationspartner. Darüber hinaus entschieden wir uns, Informationen und Materialien zur politischen Bildung in schriftlicher Form zu erstellen. Wir begannen, das „deutsch-polnische Informationsbulletin" *TRANSODRA* herauszugeben und später den deutsch-polnischen Pressedienst *Transodra-Spezial– Kreuz und quer über die Grenze*. *TRANSODRA* informiert (in inzwischen 23 Ausgaben, auch online: www.transodra.de) über die gesellschaftspolitische Entwicklung in Polen, dokumentiert dort stattfindende wichtige Debatten und berichtet über Probleme und Fragen der deutsch-polnischen grenzüberschreitenden Zusammenarbeit.

5. Zwischenbilanz

Nachdem wir im Jahre 1993 eine zweite Konferenz über Presssberichterstattung organisiert hatten, die unter erheblicher Beteiligung von deutschen und polnischen Journalisten als Referenten und Teilnehmer stattfand, zogen wir 1994 eine erste Bilanz aus den bis dahin gemachten Erfahrungen. Es schien notwendig zu untersuchen, warum es so schwer war, die bestehende Grenze zu überwinden, sowohl in der Praxis als auch im Kopf. Die Überlegungen wurden in dem Vortrag „Chancen und Barrieren deutsch-polnischer Zusammenarbeit in der Grenzregion" (*TRANSODRA* 10/11, April 1995) zusammengefasst. Wir fragten uns, wer eigentlich an dieser Grenze lebt und warum die Nachbarn so wenig miteinander zu tun haben. Wir analysierten die Oder-Neiße-Grenze als eine harte, scharfe Grenze, die eine schwer zu überwindende Sprachgrenze darstellt, durch Flüsse gebildet wird, die nur an manchen Stellen überschritten werden können. Noch immer gab es zu wenig Brücken, keine Fährverbindungen, zu wenig Übergänge für den kleinen Grenzverkehr, Staus und Hindernisse. Die Überquerung in Ost-West-

bzw. West-Ost-Richtung war erschwert, die Befahrung der Oder in Nord-Süd- oder Süd-Nord-Richtung nur zeitweise möglich, die Ufer luden nicht zum Verweilen ein. Die Oder war und ist eine Gemeinsamkeit, die trennt. Beide Seiten des Grenzgebiets sind dünn besiedelt, es fehlt sowohl an Industriezentren als auch an Zentren mit intellektueller Ausstrahlungskraft (zu einer Ausnahme entwickelt sich die Europa-Universität in Frankfurt/Oder).

Eigentlich konnte und kann man von einer gemeinsamen deutsch-polnischen Grenzregion nicht sprechen. Denn diese Grenzregion kennt keine Vermischung, ist nicht die „multinationale Welt des Grenzlands", von der der Danziger Autor Stefan Chwin spricht (Chwin 1997, 5 ff.). Sprache, Identitäten und Mentalitäten vermischen sich nicht. Auf polnischer Seite lebt keine deutsche, auf der deutschen keine polnische Minderheit. Die polnischen Bewohner des Grenzgebiets sind Neuansiedler, keine ursprünglich Einheimischen. Sie kommen aus dem früheren Ostpolen, aus Zentralpolen, sind zwangsumgesiedelte Ukrainer aus Südostpolen oder demobilisierte Militärs, nicht gerade Menschen also, die schon früher jahrelang mit Deutschen in einer Nachbarschaft gelebt hätten. Sie sollten die ehemals deutschen Gebiete „repolonisieren" und sie vor den Deutschen schützen und verteidigen. Auf deutscher Seite der Grenze stammen noch heute in einigen Orten bis zu 30 Prozent (manchmal auch mehr) der Bevölkerung aus Familien, die nach 1945 aus dem Gebiet auf der anderen Oderseite flüchteten oder vertrieben wurden. Das war ein Tabuthema sowohl in der DDR als auch in Polen. Aus dieser ziemlich kritischen Bilanz ergaben sich für uns eine ganze Reihe von wichtigen Themen zur Bearbeitung.

6. Neun Thesen als Bilanz und Arbeitsprogramm

Unser im Verlauf der Arbeit gewonnenes Verständnis von politischer Bildung zur deutsch-polnischen Zusammenarbeit in der Nachwendezeit fassen wir in neun Thesen mit erläuternden Beispielen zusammen:

1. *Politische Bildungsarbeit zu Polen können und wollen wir leisten, indem wir Polen in die Arbeit einbeziehen bzw. integrieren.* Das geschieht bei uns durch enge Kooperation mit gleich gesinnten polnischen Partnern, die wir glücklicherweise gleich zu Beginn der Arbeit kennengelernt haben. Vor allem ist das Andrzej Kotula in Stettin, der im Laufe der letzten zehn Jahre im Rahmen der Stadtverwaltung Stettin unter den verschiedensten Bezeichnungen kontinuierlich die gleiche Arbeit – grenzüberschreitende Zusammenarbeit, internationale Kontakte, europäische Integration, Angelegenheiten der Euroregion etc. – bearbeitet hat. Das gilt aber auch für unsere langjährige Zusammenarbeit mit Übersetzern und Simultandolmetschern, mit Journalisten, Wissenschaftlern und Experten, Studenten, Praktikanten und Freiwilligen. Ebenso arbeiten wir eng mit den im Deutsch-Polnischen

Jugendwerk beschäftigten polnischen Mitarbeitern und anderen polnischen Freunden und Gleichgesinnten zusammen und fühlen uns ihnen verbunden.

2. *Die allererste Voraussetzung aller Bildungsanstrengungen im Bereich der deutschpolnischen Beziehungen ist die sprachliche Verständigung.* Wo Zweisprachigkeit nicht gegeben ist, kann kompetente Hilfe durch professionelle Simultandolmetscher organisiert werden. Das kostet zwar Geld, ist aber für jede gleichberechtigte Diskussion unabdingbar. Sparen kann man an anderer Stelle, nicht beim Dolmetschen.

3. *Das jeweils zu behandelnde deutsch-polnische Thema muss tatsächlich interessant sein,* damit auch Personen zu den Veranstaltungen kommen, die etwas lernen wollen, zu Festvorträgen über die Notwendigkeit der deutsch-polnischen Versöhnung oder Verständigung aber nicht mobilisierbar sind. Das Thema sollte in einem universelleren Kontext abgehandelt werden. Es gibt in den beiden Gesellschaften Probleme, die uns verbinden, deswegen aber nicht unbedingt deutsch-polnisch sind: So haben z.B. Deutsche und Polen gemeinsam, dass bei den so genannten Beliebtheitsumfragen regelmäßig die Zigeuner, die Roma und Sinti weit abgeschlagen an letzter Stelle landen. Interessant wird es immer dann, wenn man erfahren und lernen kann, wie im anderen Land mit solchen Problemen (Behandlung von nationalen und ethnischen Minderheiten in einem demokratischen Nationalstaat z.B.) umgegangen wird, welche Lösungen dort in Angriff genommen werden, welche Erfolg haben und welche scheitern. Diese Fragen untersuchte z.B. die Deutsch-Polnische Konferenz „Zur rechtlichen und sozialen Situation der Roma (Roma und Sinti) in Polen und Deutschland (BRD und DDR)" in Gorzów/ Landsberg (*TRANSODRA* 8/9, Herbst 1994).

4. *Es sollte sowohl bei den Teilnehmern als auch bei den Referenten ein Gleichgewicht und eine Gleichberechtigung zwischen Deutschen und Polen gegeben sein.* In unseren Konferenzen wird ein und dieselbe Fragestellung in der Regel sowohl von einem deutschen als auch von einem polnischen Referenten behandelt. Auf der Konferenz „Umgang mit der Vergangenheit in Deutschland und Polen – Aufdecken oder Zudecken?" in Stettin sprachen z.B. Dr. Chistoph Schaefgen, Generalstaatsanwalt, und Prof. Adam Strzembosz, Vorsitzender des Obersten Gerichts, zum Thema: „Probleme der Strafverfolgung totalitären Unrechts in Deutschland (bzw. in Polen)" (*TRANSODRA* 16, September 1997). Horizonterweiternd wirkt es sich in der Regel aus, wenn die deutsch-polnischen Beziehungen mit anderen verglichen werden, etwa der polnisch-ukrainische und der deutsch-polnische Dialog im Vergleich oder die deutsch-tchechischen Beziehungen bzw. der deutsch-tschechische Dialog mit dem polnisch-tschechischen wie auf der Tagung „Eine Nachbarschaft ohne Reflexion – Bedingungen des polnisch-tschechischen Dialogs" (*TRANSODRA* 12/13, September 1996).

5. *Jedes Thema kann und soll von verschiedenen Gesichtspunkten – auch kontrovers – aufgegriffen werden.* Das gilt zum Beispiel für die Frage des Verhältnisses von

redaktioneller Unabhängigkeit und Eigentumsverhältnissen in den Printmedien in Deutschland und Polen nach 1989. Hauptanlass dieser Konferenz waren die Aktivitäten der *Verlagsgruppe Passau* in Polen vor allem auf dem Markt der regionalen Tageszeitungen (Franz Xaver Hirtreiter war dort selbst als Referent anwesend), darüber hinaus ging es um Folgen und Bewertung des Engagements ausländischen (deutschen) Kapitals auf den ostmitteleuropäischen Medienmärkten und nicht zuletzt darum, wie ein freies, unabhängiges, pluralistisches und demokratisch organisiertes Pressewesen aussehen sollte. Dass Themen kontrovers diskutiert werden, bedeutet jedoch gerade nicht, dass die Scheidelinie in der Diskussion zwischen Deutschen und Polen verläuft oder verlaufen muss, denn in diesen wichtigen gesellschaftspolitischen Fragen ist die nationale Zugehörigkeit der Diskutanten eher kein wichtiges Argument (*TRANSODRA* 19, Februar 1999).

6. *Es gibt kein Thema, sei es auch noch so kompliziert oder tabuisiert, das man nicht erfolgversprechend und vertiefend behandeln kann und soll. Das gilt insbesondere für historische Themen, die sich mit schmerzhaften Sachverhalten oder Erlebnissen beschäftigen.* Nachdem wir verstanden hatten, dass über die Fragen von Flucht und Vertreibung in der DDR und in Polen nach 1945 nicht diskutiert worden war, maßen wir diesem Thema schon im Jahre 1994 größere Bedeutung bei. Es gab eine gemeinsame Lesereihe mit einer deutschen (Ursula Höntsch, Berlin) und einer polnischen Autorin (Joanna Konopinska, Breslau) über ihre Erlebnisse und Erfahrungen in Niederschlesien. Ursula Höntsch musste die Umgebung von Breslau verlassen, Joanna Konopinska kam mit ihrem Vater von Posen nach Breslau, um es zu polonisieren. Im Herbst desselben Jahres stritten sich über das Thema Flucht und Vertreibung deutsche und polnische Augenzeugen, Wissenschaftler und Journalisten in Gubin. Während dieser dreitägigen Konferenz wohnten sie in Guben. Jeden Morgen und jeden Abend mussten alle die Grenzbrücke überqueren. Das war beabsichtigt. Auf dieser Konferenz haben alle gelernt, dass man auch über schwierige, den Einzelnen oft sehr schmerzhaft berührende Themen sprechen kann (*TRANSODRA* 10/11, April 1995). Es kommt allerdings darauf an, diese Probleme auf einer konstruktiven Ebene zu behandeln, in einer Art und Weise, die die Anerkennung des Leids der anderen beinhaltet und die die Reihenfolge: Krieg, Terror und Vernichtung, Flucht und Vertreibung im Kopf behält. Dafür gab es sowohl auf der Konferenz als auch bei einem späteren Schreibwettbewerb „Deutsch-polnischer Wettbewerb der Erinnerungen – Leben an und mit der Grenze" (*TRANSODRA* 22, Juli 2001) eine Reihe von Beispielen.

7. *Interkulturelle Kommunikation bedeutet, dass man den anderen verstehen, Geschichte, Mentalität, Sitten und eine andere Diskursform kennen lernen und nachvollziehen will.* Das kann aber nicht heißen, vollständig auf eigene Urteile zu verzichten und einen unverbindlichen Pluralismus zu propagieren. Letztendlich kann es nur eine Wahrheit geben, auch wenn es zunächst so aussieht, als ob jeder

eine andere hat. Aber man soll die andere Wahrheit erst einmal zur Kenntnis nehmen, die Begründungen anhören, vielleicht verändert sich in diesem Prozess auch die eigene Wahrheit.

Ein Beispiel für die Existenz von zwei Wahrheiten (einer polnischen und einer deutschen) war die Beurteilung der so genannten Frankfurter Massenfestnahme im Juni 1995. In einer Situation, in der in Frankfurt/Oder ein Gespräch zwischen Frankfurtern und Slubicern, also zwischen den dortigen Deutschen und Polen nicht mehr möglich war (mehrere Versuche waren gescheitert), luden wir deutsche und polnische Journalisten aus der Grenzregion ein, über ihre eigene Berichterstattung zu diskutieren. Obwohl die Situation sehr zugespitzt war, obwohl am Tag der Versammlung unerträgliche Hitze herrschte und obwohl es Journalisten nicht lieben, selbstkritisch über ihre eigene Arbeit zu sprechen, kamen sie und diskutierten. Einsichten gab es auch. Hätte es den *Deutsch-Polnischen Journalistenclub „Unter Stereo-Typen"* nicht gegeben, hätte sich also nicht ein großer Teil dieser Journalisten bereits auf unseren anderen Treffen kennengelernt und hätten sie nicht gewusst, dass man bei uns offen und kritisch auftreten kann, ohne dass Freundschaften und Sympathien zusammenbrechen, wären sie sicher nicht gekommen und hätten der Kritik der jeweils anderen nicht zugehört. Und schließlich stellte sich doch heraus, dass es nicht zwei Wahrheiten gibt, eine polnische und eine deutsche. Natürlich konnte auch die eine Wahrheit auf diesem Treffen nicht in allen Einzelheiten erarbeitet werden, aber es kritisierten sich nicht vor allem Deutsche und Polen für ihre Berichterstattung, sondern Deutsche wie Polen auch untereinander.

8. *Konferenzen, Seminare und Workshops dürfen keine Eintagsfliegen sein, unter dem Strich muss etwas übrigbleiben.* Das kann man erreichen, indem man sie anschließend im Ganzen dokumentiert. Diese Arbeit unterstützt die Aufrechterhaltung einmal geschlossener Kontakte. Es kommt darauf an, Personen zusammenzubringen, die sich für vergleichbare Frage- und Problemstellungen interessieren. Diese finden dann später von allein einen Weg zur Fortsetzung der Zusammenarbeit. In diesem Sinne ganz bestimmt keine Eintagsfliege war z.B. die Konferenz „Umgang mit Rechtsradikalismus und rechtsradikaler Gewalt in Deutschland (Brandenburg) und Polen" im Mai 1999 in Frankfurt/Oder und Slubice (*TRANSODRA* 21, November 2000), vielleicht eine der kompliziertesten und schwierigsten Konferenzen, die wir bisher durchgeführt haben. Das hing damit zusammen, dass die Frage, ob der in Polen existierende Rechtsextremismus eine absolute gesellschaftliche Randerscheinung („Folklore", „ein Fall für die Klapsmühle") darstellt oder ob er gefährlich ist, Einfluss hat, ernst genommen und bekämpft werden muss, eine der kontroversesten Einschätzungsfragen darstellte. Nach dem letzten Wahlergebnis in Polen und der „Jedwabne-Debatte" über das Buch „Nachbarn" von Jan Tomasz Gross mag sich auch hier manches Urteil

geändert haben. Kennengelernt haben sich in Frankfurt und Slubice vor allem diejenigen Deutschen und Polen, die sich in Initiativen gegen Rechts engagieren. Sie brauchen in Zukunft keine DPG Brandenburg mehr, wenn sie zusammenarbeiten, Erfahrungen austauschen, sich gegenseitig einladen wollen.

9. *Als wichtiges dauerhaftes Instrument unserer politischen Bildung hat sich die Zeitschrift TRANSODRA entwickelt.* Neben den schon erwähnten zweisprachigen Dokumentationen der Konferenzen bietet sie Informationen über die gesellschaftspolitische Entwicklung in Polen und wichtige dort stattfindende Debatten. So „Polen und Juden – Öffentliche Debatte über ein dunkles Kapitel des Warschauer Aufstands (6/7, Frühjahr 1994), „Euroregionen aus polnischer Sicht" (8/9, Herbst 1994), „Stettin/Szczecin" (8/9), „Multinationale Welt des Grenzlands als Ort einer unerfüllten Chance auf gute Koexistenz" (Danzig, Breslau, Frankfurt/Oder, Oppeln, Polen und Ukrainer, Ausgabe 17, Oktober 1997), „Frauen in Polen" und „Nationale und ethnische Minderheiten in Polen" (Ausgabe 18, Oktober 1998). 1999/2000 erschien die Sonderausgabe 20 „Zehn Jahre Transformation in Polen" – in Form einer Nachrichtenchronik von 1989 bis 1999, hier kann man die gesellschaftspolitische Entwicklung Polens in komprimierter Form nachlesen. Aus aktuellem Anlass dokumentierten wir die polnische „Jedwabne-Debatte" über das Buch „Nachbarn" von Jan Tomasz Gross über einen Massenmord an der jüdischen Bevölkerung Jedwabnes Anfang Juli 1941 (*TRANSODRA* 23, Dezember 2001). Eine breite und repräsentative Auswahl polnischer Artikel wurde übersetzt. Damit ist es dem deutschen Leser möglich, sich ein eigenes und differenziertes Urteil über die in Polen in dieser Debatte vorgebrachten Argumente zu bilden.

7. Ausblick auf künftige Schwerpunkte

Neue Elemente in unserer Arbeit sind in den letzten zwei Jahren hinzugekommen. Sie resultieren aus dem Nachdenken über die Auswirkungen des Prozesses der EU-Osterweiterung, insbesondere in der Grenzregion. Zwei davon sollen hier zum Abschluss noch erwähnt werden. (1.) Es häufen sich bei uns Workshops und Seminare zur Situation des Polnischunterrichts in Brandenburg. Natürlich liegt es nicht an uns, ob in naher Zukunft in Brandenburg das Fach Polnisch als zweite Fremdsprache regulär in den Schulen angeboten wird, ob Polnischlehrkräfte ausgebildet, ob systematische Lehrmaterialien entwickelt werden. Aber wir versuchen zusammen mit allen, die uns dabei unterstützen, einen öffentlichen Druck in diese Richtung zu entfalten. (2.) Es entstehen neue Zentren der Arbeit in Angermünde (Freie Grundschule Angermünde, wo die Kinder ab der 1. Klasse Polnisch lernen; Europahaus Angermünde) und in Guben (Deutsch-Polnischer Klub Guben/Gubin, wo gemeinsam regionalgeschichtliche Fragen, Landeskunde

Deutschland/Landeskunde Polen, Probleme der interkulturellen Kommunikation u.a. behandelt werden).
Wie es im Ganzen weitergehen wird, hängt nicht nur von uns ab. Unsere Projekte wurden in der Vergangenheit von der brandenburgischen Landeszentrale für politische Bildung, vom Wirtschaftsministerium und vom Ministerium der Justiz und für Europaangelegenheiten gefördert. Eine institutionelle Förderung wurde stets abgelehnt. Es sieht nicht so aus, als ob sich das ändern könnte. Unsere weitere Arbeit wird davon abhängen, ob unsere Zuwendungsgeber der Auffassung sind, dass unsere Arbeit nützlich war und ist und deshalb eine öffentliche Förderung verdient hat.

Literatur
Bachmann, Klaus: „Versöhnungskitsch zwischen Deutschen und Polen". In: *TRANSODRA* 8/9, Herbst 1994
Chwin, Stefan: „Grenzlandliteratur und das mitteleuropäische Dilemma". In: *TRANSODRA* 17, Oktober 1997, S. 5 ff.

2. Die Landeszentrale für politische Bildung

Werner Künzel, Martina Weyrauch
Die Brandenburgische Landeszentrale für politische Bildung

1. Ausgangsbedingungen und Aufbauphase

Die Ausgangskonditionen für die politische Bildung waren in Brandenburg unter mehrfachen Aspekten besonders problembeladen. Die komplizierten Bedingungen beim Übergang von Diktatur zu Demokratie waren für viele Bürger in besonderem Maße spürbar. Die für die meisten Menschen unerwartete Problemtiefe der Systemtransformation, verbunden mit der Durchsetzung einer Rechtsordnung, „die für bestimmte Spezifika der DDR-Sozialisation blind" war (Misselwitz 1994, 5), führte nicht selten zu ambivalenten Haltungen gegenüber demokratischen Werten, ja zu Demokratieverdruss.

Diese Situation kulminierte insbesondere in den regionalen Randlagen, wo nahezu jeder vierte Erwerbsfähige von Arbeitslosigkeit betroffen war. Im Zentrum des Landes hingegen waren zwar die ökonomischen Bedingungen günstiger. Umso mehr waren bis 1989 vor allem im Umland des von der Mauer umspannten West-Berlins und der wirtschaftlich bevorzugten „Hauptstadt der DDR" Widersprüche zwischen politischen Parolen und der Wirklichkeit deutlich geworden und hatten nachhaltige und transformationsüberdauernde Vorbehalte gegenüber der Politik erzeugt. So konnte die aus der DDR hinterbliebene Atmosphäre des Misstrauens gegenüber der Politik weiter nachwirken. Des Besuchs von „Staatsbürgerkunde", der „Parteilehrjahre" und der „Schulen der sozialistischen Arbeit" überdrüssig, setzten ehemalige DDR-Bürger nicht selten politische Bildung mit diesem „Zwangskartell der SED" (Stolpe 1993, 112) gleich. Nachdem ihnen jahrzehntelang ein „Klassenstandpunkt" abgefordert worden war, suchten sie nunmehr in vermeintlicher politischer Neutralität Zuflucht.

Dieser Situation hatte sich die entstehende Landeszentrale für politische Bildung zu stellen. Ihre Aufgaben bestanden, kurz gesagt, darin, notwendige Kenntnisse als Voraussetzung für den Umgang mit demokratischen Institutionen und rechtsstaatlichen Strukturen zu vermitteln, politischem Desinteresse entgegenzuwirken sowie die Bereitschaft und den Mut für eigenverantwortliches politisches Handeln und die Beteiligung an einer pluralistischen Streitkultur und an demokratischen Entscheidungsprozessen zu erzeugen und zu fördern. Dabei konnte auf tradierte Formen allein nicht zurückgegriffen werden. Es galt Wirkungsschwerpunkte festzulegen und für deren Realisierung notwendige Strukturen und Methoden zu entwickeln, die der differenzierten Situation der Menschen im größten unter den neuen Bundesländern entsprachen.

Zwischen allen politisch Verantwortlichen bestand Konsens darüber, dass der Verwaltungsaufbau des neuen Landes Brandenburg auch die Institutionalisierung des staatlichen Bildungsauftrags im politischen Bereich umfassen musste. Im Februar 1991 begann der Aufbau der Landeszentrale. Ihre strukturelle und personelle Genese wies vier Spezifika auf, die ihre weitere Entwicklung langfristig positiv prägten.

Erstens: Mit dem Aufbau der Landeszentrale wurde der DDR-Bürgerrechtler Dr. Hans-Jürgen Misselwitz beauftragt. Unter seiner Leitung blieb das Gedankengut der Bürgerbewegung der DDR neben der demokratischen Ordnung des Grundgesetzes ein wichtiger Faktor in der Konzeption, der ihre Arbeit wesentlich mit bestimmte. Politische Bildung war in Brandenburg insofern keine bloßes Kopieren der Landeszentralen in den alten Bundesländern, sondern behielt eine an den Bedingungen des eigenen Landes orientierte Spezifik.

Zweitens: Wichtige Impulse für die politische Bildung enthielt der von der Landesregierung unter der „Ampelkoalition" entwickelte „Brandenburger Weg". Gekennzeichnet von konsequenter Überparteilichkeit, war er offen gegenüber allen neuen Entwicklungen, die auf den Werten des Grundgesetzes basierten.

Drittens: Es waren die Bedingungen zu berücksichtigen, die sich aus den Gegebenheiten eines ausgedehnten Flächenlandes ableiteten. Dem Bildungsbedarf vor allem in den Regionen fernab der Landeshauptstadt konnte die Landeszentrale allein nicht nachkommen. Ein Netz freier Träger musste notwendigerweise in die politische Bildungsarbeit einbezogen werden. Die Förderung von Projekten politischer Bildung wurde ein zentraler Wirkungsschwerpunkt.

Viertens: Es wurde nach Erweiterung methodischer Möglichkeiten gesucht. Insbesondere die Einbeziehung von Kunst und Kultur gab der Landeszentrale ein charakteristisches methodisches Profil.

In der Phase des Aufbaus leistete die Landeszentrale für politische Bildung des Partnerlandes Nordrhein-Westfalen personelle und materielle Hilfe. Sie stellte nicht unerhebliche materielle Ressourcen einschließlich ihres Know-hows zur

Verfügung. Auch Mitarbeiter kamen aus Nordrhein-Westfalen. Dieser Weg verlief nicht widerspruchsfrei. Divergierende Erwartungshaltungen in die Leistungen der anderen, ungleiche Vergütungen für gleiche Arbeit und unterschiedliche Aufstiegsmöglichkeiten enthielten ein Konfliktpotenzial, das erst allmählich abgebaut werden konnte. Bis zum Herbst 1992 war der strukturelle und personelle Aufbau der Landeszentrale weitgehend abgeschlossen.

2. Integrales Konzept

Während der ersten beiden Legislaturperioden (1990 bis 1999) war die Landeszentrale eine Organisationseinheit der Staatskanzlei (Amtsblatt für Brandenburg 1998, 894). Seit Beginn der dritten Legislaturperiode ist sie dem Ministerium für Bildung, Jugend und Sport zugeordnet (Amtsblatt für Brandenburg 2000, 265). Die Landeszentrale ist dem Staatssekretär unterstellt. Sie handelt im Rahmen der Weisungen des Ministers und des Staatssekretärs selbstständig. Seit Oktober 2000 ist die Juristin Dr. Martina Weyrauch Leiterin der Landeszentrale.

Gemäß ihrem Organisationserlass hat die Landeszentrale die Aufgabe,
- die politische Bildung und die politische Kultur im Land Brandenburg mit dem Ziel zu fördern, die Bürger in ihrer Bereitschaft zur Wahrnehmung demokratischer Verantwortung in Staat und Gesellschaft zu unterstützen;
- die Herausbildung eines aktiven Demokratiebewusstseins und das Engagement für europäische und globale Probleme, für die Bewahrung der natürlichen Umwelt und des Friedens zu stärken;
- Maßnahmen der politischen Bildung von Trägern der politischen Bildungsarbeit im Land Brandenburg nach der geltenden Richtlinie zu fördern.

Im Unterschied zu überkommenen Vorstellungen von den eigentlichen Hauptaufgaben von Landeszentralen für politische Bildung – Weiterbildungsauftrag für bestimmte Berufsgruppen, klassische Seminarbildung, kostenlose Vergabe von politischer Literatur usw. – entwickelte die Brandenburgische Landeszentrale ein eigenes Profil, an dessen Ausgestaltung weiter gearbeitet wird. Es richtet sich an den Bedürfnissen der Besucher und Interessenten aus. Dies betrifft besonders Angebote für junge Erwachsene, die neue Zugangswege zu politischer Bildung und demokratischer Mitwirkung einfordern. Unabhängig davon ist die Landeszentrale für alle Interessenten „zwischen 18 und 88" offen, um einen breiten gesellschaftspolitischen Diskurs anzuregen.

Das Profil der Landeszentrale ruht im Wesentlichen auf zwei Säulen. Die eine besteht in einem eigenen Angebot: Veranstaltungen, Bücher, Ausstellungen usw. Die andere ist über die Förderung freier Träger auf ein flächendeckendes Netz freier Träger ausgerichtet.

Die verschiedenen Angebote ergänzen sich in Inhalten und Methoden gegenseitig. Das Ziel dieses integralen Konzepts ist es, methodisch vielgestaltig und inhaltlich breit gefächert den Bürgern die Möglichkeit zu eröffnen, sich über Gespräche, Ausstellungen, Fachdebatten, Konferenzen, Bücher oder neue Medien den Themen der Zeit zu nähern, um eigenes demokratisches Denken und Handeln anzuregen und zu fördern. Im Gegensatz zu nicht selten geäußerten Forderungen mancher Politiker hat die Landeszentrale immer wieder hervorgehoben, „dass wir kein kurzfristiger Reparaturbetrieb sind. Es gibt Kontinuitäten in der politischen Bildungsarbeit, aber man muss natürlich auf aktuelle Situationen bzw. Verwerfungen reagieren" (Info-Dienst Weiterbildung in Brandenburg, 2001, 165). Aktuelle thematische Schwerpunkte konzentrieren sich auf Fremdenfeindlichkeit, Rassismus, Gewalt und Rechtsradikalismus sowie Möglichkeiten der Auseinandersetzung mit ihren Ursachen und Erscheinungen.

Die gegenwärtig zwölf Mitarbeiter der Landeszentrale sind in den fünf Arbeitsfeldern Politikvermittlung, Ausstellungen, Publikationen, neue Medien und Förderung freier Träger und deren Qualifikation tätig.

3. Kuratorium

Zur Sicherung des parteipolitisch unabhängigen Wirkens der Landeszentrale wurde 1994 ein Parlamentarischer Beirat gebildet. Eine qualitative Weiterentwicklung im Verhältnis zwischen Landeszentrale und Parlament stellte die Konstituierung des Kuratoriums am 31. Mai 2001 dar. Neben der Sicherung der Überparteilichkeit der Landeszentrale besteht seine Aufgabe darin, die Landeszentrale bei der Planung und Durchführung ihrer Aufgaben zu beraten. Diesem erweiterten Auftrag entspricht die personelle Zusammensetzung des Kuratoriums. Neben drei Parlamentariern gehören ihm Persönlichkeiten an, deren Aufgabenbereiche einen besonders engen Zusammenhang zur politischen Bildung haben; ein Vertreter der Wissenschaft und ein Kommunalpolitiker sind Kuratoriumsmitglieder. Der hohe Stellenwert politischer Bildung in Brandenburg kommt insbesondere darin zum Ausdruck, dass der Ministerpräsident dem Kuratorium angehört.

4. Angebote der Landeszentrale für politische Bildung

Innerhalb ihres integralen Konzepts unterbreitet die Landeszentrale ein eigenes, breit angelegtes Angebot. Es versteht sich vorrangig als Offerte für den interessierten Bürger und steht in der Regel jedermann zur Verfügung. Spezielle Angebote richten sich an die freien Träger der politischen Bildung.

Die verschiedenen Formen von Veranstaltungen wollen inhaltliche Akzente setzen. Die Fachtagungen, Konferenzen, Seminare und andere Veranstaltungen werden in der Regel im Haus der Landeszentrale in Potsdam durchgeführt. Die Landeszentrale strebt darüber hinaus an, eine größere regionale Reichweite innerhalb des Landes zu erreichen.

Rege Resonanz finden die seit langem angebotenen Veranstaltungsreihen „Colloquium Brandenburg", „Forum Politik", „Europäische Entwicklungen" und „nachLese – Das politische Buch". Die Reihe „Colloqium Brandenburg" verfolgt das Ziel, spezifische Entwicklungsprobleme Brandenburgs aus Gesellschaft, Politik, Wirtschaft und Verwaltung zu debattieren. Ausgewiesene Fachleute aus Wissenschaft und Praxis, insbesondere aus Ministerien und Kommunen, dem Landtag und anderen gewählten Vertretungen, aus Organisationen und Interessenvertretungen stehen interessierten und engagierten Bürgern als Kommunikations- und Diskussionspartner zur Verfügung. Die Reihe „Forum Politik" behandelt vorrangig aktuelle und zeitgeschichtliche Themen. Wissenschaftler und Experten aus der Praxis vermitteln Hintergrundwissen, das zum Verständnis politischer Vorgänge und Zusammenhänge und des Handelns politischer Akteure beiträgt. Die Reihe „Europäische Entwicklungen" konzentriert sich insbesondere auf Probleme der Europäischen Union, ihre Erweiterung und die innere Entwicklung der potenziellen Beitrittsstaaten. In der Reihe "nachLese – Das politische Buch" werden die von der Landeszentrale herausgegebenen Publikationen, aber auch andere für die politische Bildung relevante Bücher vorgestellt. Oft sind die Autoren zu Gast. Unter dem Titel „nachLese unterwegs" werden Publikationen „vor Ort", z.B. in Regionen diskutiert, die einen spezifischen Bezug zum Buch aufweisen.

Neben den langfristig eingeführten Reihen geben bedeutsame bildungspolitische Schwerpunkte wie die zurzeit debattierten Ambivalenzen im DDR-Antifaschismus Impulse für Veranstaltungsreihen für die Dauer bestimmter Zeiträume. Auch vor dem Hintergrund aktueller Anlässe wie des in Brandenburg intensiv begangenen so genannten „Preußenjahres" 2001 werden spezielle Veranstaltungszyklen durchgeführt.

Höhepunkte im Veranstaltungsleben der Landeszentrale sind die Konferenzen zu zentralen politischen Themenstellungen. Sie erfreuen sich lebhaften Zuspruchs und werden meist in Protokollbänden dokumentiert. Die letzten dieser mehrtägigen Veranstaltungen waren die Konferenzen „1989: Später Aufbruch – frühes Ende?", die sich kritisch mit dem Systemwechsel vor dem Hintergrund der Aufbruchstimmung im Osten Deutschlands auseinander setzte, sowie „Recht in der Transformation – Transformation durch Recht?" zu Problemen der Transformation des Rechts und der Rechtssysteme in postsozialistischen Ländern. Der Rang von Kunst und Kultur als Medium politischer Bildung wird vor allem in den Ausstellungen sichtbar, die ein fester Bestandteil im Angebotsspektrum der Landeszentrale sind. Durch Karikatur, Fotografie, Grafik oder Dokumentation werden politisch determinierte Sachverhalte und Zusammenhänge auf spezielle Weise sinnlich wahrnehmbar und erfassbar. Im Idealfall gibt die Ausstellung gemäß dem integralen Konzept der Landeszentrale Impulse für weitere Veranstaltungen (Podiumsdiskussionen, Lesungen), in denen ein verwandtes Thema weiterführend behandelt wird.

Zum Angebot der Landeszentrale gehört die Bereitstellung von Literatur, die geeignet ist, Kenntnisse über politisch relevante Tatbestände und ihre Hintergründe zu vermitteln und zu kritischer Auseinandersetzung damit zu befähigen. Zu diesem Zweck erwirbt sie Bücher aus Verlagsangeboten und gibt auch eigene Publikationen heraus. Die bereitgestellten Bücher umfassen etwa 100 Buchtitel. Die inhaltliche Palette umspannt einen sehr weiten Bogen. Er erstreckt sich von spezifischen landespolitischen Themen über Kernfragen von Demokratie und politischem System, Probleme bestimmter gesellschaftlicher Gruppen, historischen Fragestellungen bis zu Gegenständen der internationalen Entwicklung, insbesondere der europäischen Integration.

Die Landeszentrale gibt die drei Publikationsreihen „Brandenburgische historische Hefte", „Internationale Probleme und Perspektiven" und „Protokolle" heraus. Daneben gibt es Bücher, die keiner dieser Reihen zugeordnet werden können.

Die „Brandenburgischen historischen Hefte" wollen sichtbar machen, wie sich markante geschichtliche Vorgänge in den Regionen des Landes, in einzelnen Städten oder Dörfern, ja sogar in typischen Gebäuden in konkreter Gestalt vollzogen, wie die Brandenburger historische Ereignisse erlebten und was sie selbst in die Geschichte einbrachten. Die Hefte der Reihe „Internationale Probleme und Perspektiven" haben vornehmlich Themen mit einem Bezug zur spezifischen Interessenlage Brandenburgs auf europäischer oder globaler Ebene zum Inhalt, z.B. Brandenburgs Position in internationalen Organisationen oder die Beziehungen zu Ländern Osteuropas. Die Bücher der Reihe „Protokolle" dokumentieren meist wichtige Veranstaltungen der Landeszentrale. Publikationen werden auf Bestellung zugesandt, können aber auch im Haus entgegengenommen werden.

Gegenwärtig erlangt die Optimierung der Servicefunktion der Landeszentrale für freie Träger oder Institutionen mit Angeboten politischer Bildung zunehmendes Gewicht. Über die Präsentation von Angeboten der Landeszentrale im Internet hinaus entsteht als Service für die Träger politischer Bildung eine neu entwickelte Online-Plattform als ein Marketing-Instrument zur Werbung für deren eigene Angebote. Die Nutzer erhalten damit die Möglichkeit, sich schnell, einfach und umfassend über alle Angebote der außerschulischen Bildung zu informieren.

5. Förderung freier Träger politischer Bildung

Über das Wirken freier Träger kann politische Bildung auch die Bürger in den von der Landeshauptstadt weiter entfernten Regionen erreichen. Diese umfassende

Zielorientierung entspricht dem öffentlichen Auftrag, den politische Bildung zu erfüllen hat. Sie ist als Voraussetzung für deren Effektivität unter den Bedingungen des großen Flächenlandes Brandenburg ein zentraler Arbeitsschwerpunkt der Landeszentrale, auf die sich die Leitungstätigkeit in besonderem Maße konzentriert.

Politische Bildungsarbeit der Träger wird auf der Grundlage einer Richtlinie (Richtlinie vom 23.2.1998, 6) gefördert, deren Ziel es ist, ein überparteiliches, politisch ausgewogenes, hohen qualitativen Maßstäben entsprechendes Angebot zu entwickeln bzw. zu unterstützen, das alle Regionen des Landes erreicht. Ein erhebliches Landesinteresse, das dann auch die Förderentscheidung begründet, besteht insbesondere an solchen Maßnahmen, „die modernen didaktischen Prinzipien und den Bedürfnissen der politischen Erwachsenenbildung nach authentischen Informationen und der Teilhabe am politischen Diskurs entsprechen, möglichst regelmäßig in den Regionen des Flächenlandes Brandenburg angeboten werden, der Herausbildung von Landesidentität und Landesbewusstsein dienen und die interkulturelle Begegnung fördern".

Als inhaltlich maßgebend bezeichnet die Richtlinie u.a. die Vermittlung folgender Ziele:
- Vermittlung von Kenntnissen über zentrale gesellschaftliche, wirtschaftliche und kulturelle Fragen der Gegenwart;
- Förderung einer kritischen Auseinandersetzung mit Themen der Zeitgeschichte, insbesondere des Nationalsozialismus und der DDR-Geschichte;
- Förderung der Aufklärung über antidemokratische und extremistische Bestrebungen;
- Abbau von Vorurteilen gegenüber kulturellen und ethnischen Minderheiten und Förderung des interkulturellen Dialogs;
- Vermittlung von Kenntnissen über die Entwicklung der internationalen Beziehungen, die Fragen der Friedenssicherung und zur Stärkung des europäischen Bewusstseins.

Da die Zahl der aktiven Träger in Brandenburg ständig zunimmt, befindet sich die Landeszentrale in einer Situation, in der es mehr Anträge und Vorhaben als finanzielle Mittel für die Förderung gibt.[1] Es ist darum dringend notwendig, auf Qualität zu setzen und sie zum Hauptauswahlkriterium zu machen. Hohe qualitative Maßstäbe werden sowohl an die von den Trägern vorgelegten Projekte angelegt als auch an den Umgang der Landeszentrale mit den Antragstellern, der darauf abzielt, die bürokratische Abwicklung der einzelnen Maßnahme so einfach wie möglich, aber so präzise wie nötig zu gestalten. Um diesem Anspruch gerecht zu werden, finden regelmäßig Qualitätskonferenzen statt. Hier entscheiden alle verantwortlichen Mitarbeiter der Landeszentrale, ob Anträgen auf Förderung politischer Bildung entsprochen wird. Bei der Beurteilung der Anträge ist sowohl die Zielsetzung ausschlaggebend, in der Gesamtheit der geförderten Bildungsangebote ein möglichst hohes Maß an inhaltlicher Ausgewogenheit, methodischer Vielfalt sowie regionalem Proporz zu erreichen, als auch das erkennbare Bestreben der Antragsteller, durch sparsamen Mitteleinsatz für eine möglichst große Zahl von Teilnehmern einen hohen Bildungseffekt zu erzielen.

Speziell für leitende Mitarbeiter freier Träger und Institutionen politischer Bildung bietet die Landeszentrale Trainingsseminare an. Diese dienen letztlich der Sicherung ihrer Position auf dem Bildungsmarkt, der in Brandenburg erheblichen strukturellen und finanziellen Veränderungen ausgesetzt ist. Sie sind deshalb darauf gerichtet, die Arbeitsinhalte, die Leitungstätigkeit, die Wirkungsmechanismen, die Öffentlichkeitsarbeit, den Umgang mit neuen Kommunikationstechnologien, aber auch die Fähigkeiten zur Mittelakquirierung der Teilnehmer zu qualifizieren.

Vorwiegend an freie Träger richten sich auch Pilotprojekte. Diese wollen in inhaltlichen Schwerpunktbereichen inhaltlich und methodisch neue Bildungsformen, insbesondere unter Einbeziehung der neuen Medien, initiieren. Die Landeszentrale wird hier vor allem in der Startphase aktiv, während auf Dauer andere Akteure die gegebenen Impulse aufnehmen und fortführen. Zugleich sollen die Pilotprojekte Vorbild für ähnliche Vorhaben sein.

Des Weiteren wird die Durchführung von Projekten politischer Bildung gefördert. Eine institutionelle Förderung ist in Brandenburg nicht vorgesehen. Gefördert werden unter anderem Projekte der 17 größeren Bildungsträger, die im Jahr 2000 – verteilt über das gesamte Land – Fördergelder für 184 Projekte mit 383 Einzelveranstaltungen erhielten. Exemplarisch für die inhaltliche und methodische Vielfalt, insbesondere die Suche der Träger nach neuen Bildungsformen, seien folgende in jüngster Zeit geförderte Projekte genannt:

Das *Filmprojekt „Zehdenik – schöne Stadt mit Nazis?"* zeigt die Folgen eines Anschlags auf einen jüdischen Friedhof und fragt, inwieweit hinter einer schönen Fassade für Touristen Kommunalpolitiker und Bürger Antisemitismus und rechtsextremes Gedankengut dulden. Ein anderes Projekt organisiert in einer „Foto-Werkstatt" generationsübergreifende Begegnungen. *In der Informationsveranstaltung „Auf dem Weg nach Europa"* machten sich jüngere Teilnehmer – Rollen als Abgeordnete des Europäischen Parlaments simulierend – mit Aufgaben und Zielen der EU vertraut. „*Grenzstädte – Grenzregionen"* waren deutsch-polnische Begegnungsveranstaltungen für Senioren in verschiedenen Orten beiderseits von Oder und Neiße. Das *Geschichtsforum „10 Jahre Neuhardenberg"* – der Ort war in der DDR in „Marxwalde" umbenannt worden – war u.a. mit einer Publikation, Ortsführungen und einem Post-Sonderstempel verbunden. Die *Theatertournee „Beschädigte Seelen"* über Aktivitäten des DDR-Staatssicherheitsdienstes gegenüber Kindern und Jugendlichen war von Diskussionsabenden begleitet, in denen auch Betroffene auftraten.

Die Landeszentrale hat großes Interesse, mit den Trägern eng zusammenzuarbeiten. Deren Probleme (Planungssicherheit, Teilnehmerzahlen, personelle und finanzielle Engpässe, Sponsorengewinnung, Vernetzung) werden sensibel wahrgenommen. Durch zeitnahe Bewilligung und Prüfung der Verwendungsnachweise, inhaltliche Unterstützung und Beratung, gemeinsamen Erfahrungsaustausch mit den Trägern in Trägerkonferenzen und das Angebot einer Internet-Plattform will die Landeszentrale die Arbeit der Träger politischer Bildung erleichtern. Dem dient auch eine neue Förderrichtlinie, die im Januar 2002 in Kraft treten soll. Sie wird zwar die Fördermodalitäten grundsätzlich neu regeln, an den benannten inhaltlichen Kriterien jedoch nur wenig ändern.

Anmerkung

[1] Nicht zuwendungsfähig sind im Sinne der Richtlinie solche Maßnahmen, die überwiegend berufsfachliche Aus- und Weiterbildung, allgemeine Lebenshilfe, Forschung und Lehre oder Angebote touristischer Art zum Inhalt haben, sowie Organisationstagungen, Veranstaltungen nach dem Betriebsverfassungsgesetz oder dem Personalvertretungsgesetz, ferner „Maßnahmen, in denen die vorausgesetzte Entscheidungsfreiheit der Teilnehmerinnen und Teilnehmer durch für sie bindende Beschlüsse mit dem Ziel politischer Aktionen aufgehoben wird".

Literatur

Misselwitz, Hans.-J.: Politikwahrnehmung und Politikvermittlung in den neuen Bundesländern. In: Aus Politik und Zeitgeschichte, 1994, 45-46, S. 5

Organisationserlass über die Brandenburgische Landeszentrale für politische Bildung vom 4.9.1998, Amtsblatt für Brandenburg 1998, 42, S. 894

Organisationserlass über die Brandenburgische Landeszentrale für politische Bildung vom 10.5.2000, Amtsblatt für Brandenburg 2000, 21, S. 265

Pädagogisches Landesinstitut Brandenburg (Hrsg.): Landeszentrale für politische Bildung unter neuer Leitung. Interview mit Dr. Martina Weyrauch. In: Info-Dienst Weiterbildung in Brandenburg, Heft 1, 2001, S. 16

Richtlinie des Ministerpräsidenten zur Förderung von Maßnahmen der politischen Bildungsarbeit durch die Brandenburgische Landeszentrale für politische Bildung vom 23.2.1998

Stolpe, Manfred: Nöte und Probleme der Menschen zu Themen machen. In: Aufbruch zur Demokratie – Politische Bildung in den 90er Jahren. Opladen 1993, S. 11

3. Schulische politische Bildung

Hilda Rohmer-Stänner, Hans-Jürgen Huschka
Schulreform im Land Brandenburg – Das Beispiel Politische Bildung

1. Ausgangslage

Eine bildungspolitische Zwischenbilanz konstatierte 1995 zum Stand der Bildungsreformen in den neuen Bundesländern, dass „durch den zeitlichen Druck zur Umstrukturierung und den vorgegebenen bildungsrechtlichen Rahmen ein deutlicher Hang zu konventionellen Lösungen nicht zu übersehen" sei (Döbert/Führ 1998, 377). Ob und inwieweit die bildungspolitischen Vorstellungen, die seit dem Spätherbst 1989 in der Bildungsadministration der DDR und der politischen Opposition parallel entwickelt wurden (vgl. Anweiler 1992, 444 ff.), tatsächlich Grundlage für eine bildungspolitische Eigenentwicklung in den neuen Bundesländern hätten sein können, muss hier offen bleiben. Fest steht allerdings, dass mit Artikel 37 des Einigungsvertrags und den darauf beruhenden Ergebnissen der Gemeinsamen Bildungskommission der Bundesrepublik Deutschland und der Deutschen Demokratischen Republik vom 26.09.1990 die Rahmenbedingungen für die Ausgestaltung des Schulwesens vorgezeichnet waren: „Nach der Einigung geht es darum, die unter unterschiedlichen gesellschaftlichen Bedingungen entstandenen Bildungssysteme weiter aufeinander zu zu führen." (Anweiler 1992, 515). Um Vergleichbarkeit der Abschlüsse und Freizügigkeit im Bildungswesen zu gewährleisten, waren die rahmensetzenden Vereinbarungen der Kultusministerkonferenz von den neuen Bundesländern zu übernehmen. Dies betraf u.a. die Orientierungsstufe (Klasse 5 und 6), den Stundenrahmen für die Jahrgangsstufen 7 bis 10 in den allgemein bildenden Schulen, die Neugestaltung der gymnasialen Oberstufe und die Einheitlichen Prüfungsanforderungen in der Abiturprüfung. Damit war ab Klasse 5 die gesellschaftswissenschaftliche Fächertrias Geschichte, Erdkunde und Sozialkunde mit einem Mindeststundenumfang zu unterrichten. Durch die Länder gestaltbar blieben Fachbezeichnung, Stundentafel (unter Berücksichtigung von Mindeststundenumfängen und Obergrenzen für die Gesamtwochenstundenzahl) und die inhaltlich-unterrichtsorganisatorische Ausgestaltung durch die Rahmenpläne und Bildungsgangverordnungen. Zur Abgrenzung gegenüber dem diskreditierten Fach Staatsbürgerkunde, mehr aber noch, um dem inhaltlichen sowie dem bildenden und erzieherischen Anspruch des neuen Fachs Ausdruck zu geben, wurde im Land Brandenburg die Bezeichnung „Politische Bildung" gewählt.

Ansprüche des Faches Politische Bildung: Zielsetzungen, Inhalte und methodische Konzepte waren dem Fach Staatsbürgerkunde diametral entgegengesetzt. An die Stelle von ideologischer Gleichschaltung und Erziehung zur kritiklosen Übernahme vorgegebener ‚Wahrheiten' sollte ein offener, handlungs- und problemorientierter Unterricht die Schüler auf ihre Rolle als kritisch denkende, selbstständig urteilende und mündige Bürger vorbereiten. Demokratie Lernen und demokratisches Handeln sollten nicht nur Unterrichtsgegenstand, sondern auch als Unterrichtsprinzip und innerhalb der Schule erlebbar sein. „Vorrangige Ziele der Politischen Bildung sind die Erziehung zu Frieden, ökologischer und sozialer Verantwortung für die eine Welt, die Befähigung zur Identitätsfindung und Selbstverwirklichung in Gesellschaft, Beruf und im privaten Bereich ... Voraussetzung dafür, dass die Schülerinnen und Schüler Spaß an der Beschäftigung mit Politik haben, ... ist eine offene und vertrauensvolle Unterrichtsatmosphäre". „Ja-Sagen und kritikloses Wiedergeben der Positionen der Lehrerinnen und Lehrer sind nicht mehr gefragt – statt dessen freimütige Kritik und kontroverse Diskussion, aber auch Konsensfähigkeit und Toleranz gegenüber Andersdenkenden" (Presseinformation des Ministeriums für Bildung, Jugend und Sport vom 18.07.1991).

Problemzonen: Die Einführung des neuen Fachs Politische Bildung zum Schuljahr 1991/92 in 1044 Schulen war ein ambitioniertes bildungspolitisches Unterfangen. Mit Beginn des Schuljahres 1991/92 wurden die grundlegenden Reformen zur Demokratisierung des Schulwesens, u.a. neue Schulstrukturen, Stundentafeln, Rahmenpläne, schulische Mitwirkungsgremien praxiswirksam. Für das Fach Politische Bildung galten allerdings zusätzlich besondere Bedingungen:

Es gab keine Lehrkräfte, die über eine Lehrbefähigung für das neue Fach verfügten. Der Unterricht wurde daher anfangs ausschließlich fachfremd erteilt, wobei der Einsatz ehemaliger Staatsbürgerkundelehrer ausgeschlossen war und nur solche Lehrkräfte zum Einsatz kommen sollten, die die Ziele des Fachs glaubwürdig vertreten könnten, über die notwendigen Vorkenntnisse verfügten und pädagogisch sensibel mit den Schülern arbeiten könnten. Akzeptanzprobleme gab es zunächst dennoch. Sie resultierten aus dem Fehlen ausgebildeter Lehrkräfte, aber ebenso aus der Glaubwürdigkeitskrise, die die aus dem Schulsystem der ehemaligen DDR in den Schuldienst des Landes übernommene Lehrerschaft insgesamt betraf.

Teile der interessierten Öffentlichkeit trauten den wenigsten Lehrkräften zu, insbesondere die Fächer Geschichte und Politische Bildung glaubhaft unterrichten zu können. Als Schlagwort für die damalige Stimmungslage sei der heute fast vergessene „Wendehals" in Erinnerung gerufen. Darüber hinaus begegnete das Fach anfangs Missverständnissen: Teils wurde ihm eine dem Staatsbürgerkundeunterricht vergleichbare Funktion zugeordnet, nämlich eine indoktrinierende Einübung der Staatsbürgerrolle, teils wurde es mit Blick auf die Neugewichtung in den Stundentafeln in einer Mengenkonkurrenz zu den vermeintlich ideologieunverdächtigeren Fächern, insbesondere den Naturwissenschaften, aber auch Erdkunde, gesehen. Auch gab es Forderungen, auf das Fach zu verzichten.

Ein Fach wie Politische Bildung lief zudem Gefahr, entgegen den Intentionen des Gesetzgebers für die Vermittlung der allgemeinen Bildungsziele verantwortlich gemacht[1] oder „angesichts wachsender sozialer Probleme, als Allheilmittel gegen gesellschaftliche Defizite" (Presseinformation des MBJS vom 18.7.1991) überfrachtet zu werden. Gerne wurde dem Fach auch die „Zuständigkeit" für die Aufarbeitung der DDR-Vergangenheit zugeordnet.

2. Etablierung des neuen Schulfachs

Die Landesregierung hatte sich im Frühjahr 1991 darauf verständigt, die notwendige Anpassung der Personalausstattung im Schulbereich auf das Niveau der alten Bundesländer und die damit verbundene Reduzierung des Stellenrahmens von 34500 auf 28.000 zum Schuljahr 1991/92 sozialverträglich zu gestalten, auf Bedarfskündigungen zu verzichten und allen Lehrkräften einen 80%-Beschäftigungsvertrag anzubieten. Obwohl in der Zeit vom 1. Januar 1990 bis 8. August 1992 insgesamt 6303 Lehrkräfte aus dem Landesdienst ausschieden, davon mehr als 1.000 wegen Tätigkeiten für das Ministerium für Staatssicherheit oder mangelnder fachlicher bzw. persönlicher Eignung, hätte die erforderliche Anzahl von Lehrkräften für das Fach Politische Bildung schon aus finanziellen Gründen nicht eingestellt werden können, selbst wenn man auf den bundesrepublikanischen Lehrerarbeitsmarkt zurückgegriffen hätte, um den 1991/92 ermittelten Fachlehrerbedarf von rund 1.500 Personen zu decken.

Darum wurde bereits 1991 mit der *Weiterbildung von Lehrkräften* aus dem vorhandenen Bestand im Fach Politische Bildung – als erstem Fach überhaupt – begonnen. Bis 1994 durch die Universitäten in Berlin und Potsdam, ab 1994/95 bis 1999/2000 im Rahmen eines gesonderten Weiterbildungsprogramms der Landesregierung wurden insgesamt rund 1.000 Lehrkräfte durch ein Erweiterungsstudium für das Fach Politische Bildung qualifiziert *(siehe den Beitrag von Muszynski, Kap. II).* Aufgrund des Rückgangs der Schülerzahlen, der 1990/91 so noch nicht vorhersehbar war, und durch Neueinstellungen reduzierte sich der

Qualifizierungsbedarf erheblich, so dass mit dem im Jahr 2000 vorhandenen Bestand von rund 1.000 Fachlehrkräften für Politische Bildung der Unterricht im landesweiten Durchschnitt fachgerecht abgesichert werden kann. Problemzonen fachgerechten Unterrichts bestehen derzeit nur noch in der Grundschule. Sie werden sich voraussichtlich in dem Maße verringern, wie ab 2004/05 den Folgen des schülerdemographischen Abschwungs durch Umsetzungen von Lehrkräften aus den weiterführenden Schulen in die Grundschulen begegnet werden kann.

3. Vom Lehrplan zum Rahmenplan

Zum Schuljahr 1991/92 wurden für die Grundschulen und die Schulen der Sekundarstufe I, in den Folgejahren für die gymnasiale Oberstufe neue Rahmenpläne eingeführt. Auch die Rahmenpläne für das Fach Politische Bildung waren brandenburgische Eigenentwicklungen. Für die Grundschule und die Sekundarstufe I wurden sie in weniger als neun Monaten entwickelt. In den Rahmenplankommissionen wirkten Lehrkräfte aus dem Land Brandenburg, aus beiden Hälften Berlins sowie Beschäftigte des nordrhein-westfälischen Landesinstituts in Soest zusammen.

Vom Lehrplan zum Rahmenplan – diese Grundidee war leitend für die Curriculumentwicklung. Schon durch die Bezeichnung sollte die Abkehr von einem lehrer- und stoffzentrierten, vorwiegend auf kognitiv-imitatives Lernen orientierenden Unterricht deutlich werden. „Die vorläufigen Rahmenpläne konzentrieren sich auf Wesentliches. Ihre Intention ist es, nur solche Ziele und Inhalte vorzugeben, die von allen Schülerinnen und Schülern auf individuellem Niveau erreicht werden können. ... (Sie) geben den Lehrerinnen und Lehrern einen großen Freiraum, den es sinnvoll zu nutzen gilt. Auf verbindliche Zeitwerte wurde bewusst verzichtet. Die Verantwortung der Pädagoginnen und Pädagogen wird ernst genommen." (Vorwort zu den vorläufigen Rahmenplänen für die Grundschule und die Sekundarstufe I) Auf diese Weise entsprach die Administration der Forderung vieler Lehrkräfte, endlich „pädagogische Freiheit" zu gewähren. Dass dies mit erheblichen fachlichen, methodisch-didaktischen und persönlichen Anforderungen und Verantwortlichkeiten verbunden sein würde, wurde 1991 also zumindest ansatzweise antizipiert.[2]

Die Vermittlung der neuen fachlichen und methodisch-didaktischen Kompetenzen sollte durch intensive rahmenplanbegleitende Fortbildungen gefördert werden. Neben einer kontinuierlichen regionalen Fortbildung durch brandenburgische Fachmoderatoren kam dabei der Unterstützung durch Fachmoderatoren aus Nordrhein-Westfalen herausgehobene Bedeutung zu. Die von ihnen getragene Intensivfortbildung (vier Module mit mehr als 100 Stunden) stellte einen wesentlichen Beitrag zur Qualifizierung und Professionalisierung von knapp 450 Lehrkräften der weiterführenden Schulen und der Etablierung des Fachs Politische Bildung in den Schulen des Landes dar.

Die Verankerung des Fachs Politische Bildung in der *Stundentafel* war bei isolierter Betrachtung des Fachs von Anfang an etwas prekär:

	Kl. 5	Kl. 6	Kl. 7	Kl. 8	Kl. 9	Kl. 10	Kl. 11	Kl. 12	Kl. 13
1991	2*	1*	2	—	2	(1)**	2	3***	3***
1996	3/4+	3+	—	—	1	1	2	3/5++	3/5++
1999	3/4+	3+	—	—	1	2	2	3/5	3/5
2001	3+	3+	—	—	1	2	2	3/5	3/5

* Politische Bildung und Geschichte zusammengefasst; ** nur Realschule; *** Leistungskurse waren 1991/92 nicht eingerichtet worden; + Gesamtstunden für den Lernbereich Gesellschaftslehre (Erdkunde, Geschichte, Politische Bildung); ++ Grundkurs/Leistungskurs

Die Bildungsgangverordnungen für die Grundschule und die Sekundarstufe I legten daher nahe, das Fach nicht isoliert und damit weitgehend einstündig zu unterrichten, sondern mit den Fächern Erdkunde und Geschichte als Lernbereich zusammenzufassen. Die Rahmenpläne aller drei Fächer des Lernbereichs waren inhaltlich aufeinander abgestimmt und wiesen Verknüpfungsmöglichkeiten aus.

4. Rückblick und Ausblick

Die *Weiterbildung* der Lehrkräfte durch gesondert vom Ministerium initiierte Maßnahmen wurde 1999/2000 abgeschlossen. Mit dem gegenwärtigen Bestand von etwa 1.000 Fachlehrkräften kann der Unterricht weitgehend fachgerecht abgesichert werden. 2001 wurde das Sonderprogramm Weiterqualifizierung, in dem von 1994/95 bis 1999 rund 500 Lehrkräfte eine Lehrbefähigung für das Fach Politische Bildung erwarben, nochmals vom Ministerium evaluiert. Gegenüber den Absolventen anderer Studiengänge war auffällig, dass einerseits die Einschätzungen zum fachdidaktischen Ertrag des Studiums besonders kritisch ausfielen, die Lehrkräfte andererseits aber keinen herausgehobenen Fortbildungs- bzw. Unterstützungsbedarf zur Erweiterung und Vertiefung der im Studium erworbenen Kompetenzen geltend machten.

Zum Schuljahr 2002/03 werden zunächst *neue Rahmenlehrpläne* für die Sekundarstufe I eingeführt. Den konkreten Entwicklungsarbeiten voran ging eine Evaluation der vorläufigen Rahmenpläne, die auch die Gestaltung des Unterrichts einbezog. Wesentliche Ergebnisse waren: Die Offenheit der Rahmenpläne wird nur teilweise auch als Chance genutzt, die hohe Planungs- und Gestaltungsverantwortung hat auch Überlastungsempfindungen zur Folge. Die Zusammenarbeit mit anderen Fächern hat sich nicht in dem Maße entwickelt, wie sie durch die Einbettung des Fachs Politische Bildung in einen Lernbereich gedacht war. Die Beteiligung der Schüler bei der Auswahl von Unterrichtsinhalten wird von den Lehrkräften ebenso wie eine methodisch abwechslungsreiche und schüleraktivierende Unterrichtsgestaltung zwar für wichtig erachtet, beides aber noch nicht in entsprechendem Maße praktiziert. Im Hinblick auf die kontinuierliche Nutzung der Rahmenpläne für die Unterrichtsarbeit heben sich die brandenburgischen Lehrkräfte deutlich positiv gegenüber entsprechenden Befunden für das Land Hessen ab (vgl. Vollstädt/Tillmann 1999). Denn 42 Prozent der befragten brandenburgischen Lehrkräfte für Politische Bildung gaben an, den Rahmenplan etwa vor einem Monat, 23 Prozent, ihn in der letzten Woche benutzt zu haben.

Besondere Problemzonen resultieren aus Sicht der Lehrkräfte aus der schwachen Position des Fachs in der Stundentafel als Ein-Stunden-Fach, aus der noch nicht hinreichenden Klärung des Verhältnisses des Fachs Politische Bildung zu dem seit 1996 sukzessive in der Sekundarstufe I eingeführten Fach Lebensgestaltung-Ethik-Religionskunde (LER) und aus dem abnehmenden Interesse der Schüler am Fach Politische Bildung.

Ob und welchen Beitrag das Fach Politische Bildung dafür leistet, dass Schüler zur Wahrnehmung von Partizipationsmöglichkeiten außerhalb der Schule befähigt und motiviert werden, muss hier offen bleiben. Noch nicht befriedigend ist allerdings der erreichte Stand der Mitarbeit von Eltern und Schülern in den *schulischen Mitwirkungsgremien*. Es bleibt zu hoffen, dass die 1997 begonnenen umfangreichen Fortbildungsmaßnahmen des Pädagogischen Landesinstituts Brandenburg (PLIB) hier die gewünschte Wirkung zeigen werden.

Belastend für die Wirkung politischer Bildungsarbeit durch die Schule ist die Häufung rechtsextremistischer und ausländerfeindlicher Straftaten seit Mitte der 90er Jahre und die Tatsache, dass vielfach Jugendliche involviert sind. Die Landesregierung stellt sich dem mit dem *Handlungskonzept „Tolerantes Brandenburg"* entgegen, in dem Maßnahmen der schulischen und außerschulischen Bildungs- und Jugendarbeit sowie polizeiliche und staatsanwaltliche Maßnahmen gebündelt, koordiniert und verstärkt werden. Herausgehobene Bedeutung kommt dabei der Tatsache zu, dass alle Lehrkräfte den Bildungs- und Erziehungsauftrag der Schule gemäß § 4 des Brandenburgischen Schulgesetzes als einen allgemeinen begreifen, der sich auf den Unterricht in allen Fächern und die Gestaltung des gesamten Schullebens bezieht. Das Schulfach Politische Bildung wäre überfordert und vom Anspruch her überfrachtet, wenn ihm im Sinne einer missverstandenen Arbeitsteilung zwischen den Fächern und Fachlehrkräften hier die alleinige oder vorrangige „Zuständigkeit" zugeordnet würde.

In der Gesamtschau scheint die Schlussfolgerung zulässig, dass nach zehn Jahren das Fach Politische Bildung mit allen Stärken und Schwächen, die seit Jahrzehnten in der bundesrepublikanischen Diskussion ausführlich thematisiert und problematisiert werden, in den Schulen des Landes etabliert ist. Es mag sein, dass aus akademischer Sicht Anfang der 90er Jahre die Chance vertan wurde, mit der Bildungsreform in den neuen Bundesländern auch das Fach Politische Bildung neu zu denken und auszugestalten. Doch hat das Land Brandenburg durch den Verzicht auf die Übernahme von Rahmenplänen anderer Bundesländer die curricularen Gestaltungsoptionen des Neuanfangs sehr weitgehend genutzt. Mit der Einführung der neuen Rahmenlehrpläne ab 2002/03 ergibt sich ein neuer Ansatzpunkt, Entwicklungspotenziale des Fachs Politische Bildung und der politischen Bildungsarbeit an Schulen deutlich zu machen und dafür zu werben und zu qualifizieren, dass sie von allen an Schule Beteiligten genutzt werden.

Anmerkungen

[1] Vgl. § 2 Abs. 2 des Ersten Schulreformgesetzes für das Land Brandenburg von 1991: „Die Schule verwirklicht die in der Landesverfassung verankerten allgemeinen Bildungs- und Erziehungsziele. Dazu gehört insbesondere die Erziehung zur Bereitschaft zum sozialen Handeln, zur Anerkennung der Grundsätze der Menschlichkeit, der Rechtsstaatlichkeit, der Demokratie und der Freiheit, zum friedlichen Zusammenleben der Völker..."; vgl. seit 1996 den detaillierteren Katalog von Bildungs- und Erziehungszielen in § 4 des Brandenburgischen Schulgesetzes.

[2] Vorwort zu den vorläufigen Rahmenplänen: „Bildungsministerium und Schulaufsicht treten ... in ihrer Rolle als Verordner ... schulischer Prozesse zurück; ... Lehrerinnen und Lehrer stehen vor der großen Aufgabe, die Gestaltungsspielräume eigenverantwortlich, sinnvoll und kreativ zu nutzen. Bevor jedoch nach neuen Handreichungen und Regelungen gerufen wird, sollten die eigenen Fähigkeiten und Ideen erprobt werden."

Literatur

Anweiler, O. u.a. (Hrsg.): Bildungspolitik in Deutschland 1945-1990. Bonn 1992
Döbert, Hans/Führ, Christoph: Zum Schulwesen in den neuen Ländern. In: Christoph Führ/ Carl-Ludwig Furck (Hrsg.): Handbuch der deutschen Bildungsgeschichte, Bd. VI: 1945 bis zur Gegenwart. Zweiter Teilband: Deutsche Demokratische Republik und neue Bundesländer. München 1998, S. 377-389
Vollstädt, Witloff/Tillmann, Klaus-Jürgen: Lehrpläne im Schulalltag. Opladen 1999

Viola Tomaszek
Lehrkräftefortbildung im Land Brandenburg

1. Ausgangssituation

Das Unterrichtsfach Politische Bildung wurde im Land Brandenburg für die Primarstufe und Sekundarstufe I im Schuljahr 1991/92 und für die Sekundarstufe II im Schuljahr 1992/93 neu eingeführt. Die Lehrer, die sich damals zur Annahme dieser großen Herausforderung entschlossen haben, standen vor der schwierigen Aufgabe, die eigene berufliche und politische Selbstklärung sofort mit dem Unterrichten politischer Ziele und Inhalte zu verbinden *(siehe die Beiträge von Muszynski und Werner, Kap. II)*. Es galt, die neu konzipierten Rahmenpläne des Landes Brandenburg auf der Grundlage schulpraktischer Erfordernisse und neuester wissenschaftlicher Entwicklungen umzusetzen. Die besondere Herausforderung der neuen Rahmenpläne bestand für die Lehrerschaft, die aus der Tradition zentraler Ziel- und Inhaltsvorgaben kam, in zwei Aspekten: eigenständig didaktische Entscheidungen innerhalb eines viel größeren Entscheidungsspielraumes zu treffen und der Gefahr zu begegnen, Pluralismus mit Beliebigkeit zu verwechseln. Dazu kam, dass dem Fach Politische Bildung zunächst von vielen Schülern, Eltern und zum Teil auch Lehrkräften anderer Fächer wenig Akzeptanz, gepaart mit Vorurteilen, entgegen gebracht wurde. Inzwischen ist Politische Bildung im Land Brandenburg ein fest etabliertes und akzeptiertes Fach, jedoch durch noch größere Marginalität in der Stundenausstattung gekennzeichnet als in den Anfangsjahren.

Die Zahl der ausgebildeten Fachkräfte stieg von gerade drei in 1992/93 auf schließlich 976 Lehrer im Schuljahr 1999/2000. Zur Unterstützung pädagogischer Prozesse war eine Begleitung durch die staatliche Lehrerfortbildung unabdingbar. Diese „rahmenplanbegleitenden Fortbildungen" leistete insbesondere in der Zeit von 1993 bis 1997 das Pädagogische Landesinstitut Brandenburg (PLIB).

2. Rahmenplanbegleitende Fortbildung für Lehrer der Politischen Bildung in der gymnasialen Oberstufe

Im Vergleich zu den Politiklehrern der Primarstufe und Sekundarstufe I befanden sich die Lehrkräfte der gymnasialen Oberstufe in einer besonders schwierigen Situation. Neben einer Vielzahl neuer fachlicher und fachdidaktischer Fragestellungen ergaben sich durch die Einführung eines dezentralen Abiturs im Land

Brandenburg zusätzliche Herausforderungen. Niemand kannte das System der gymnasialen Oberstufe, es fehlte an Erfahrungen.

Das PLIB nimmt vielfältige Aufgaben zur qualitativen Weiterentwicklung der Schule wahr. Eine seiner wesentlichen Aufgaben ist die Fortbildung des Schulpersonals.[1] Darum übernahm es auch die Konzipierung, Durchführung und Evaluation einer umfassenden Fortbildungsmaßnahme im Zusammenhang mit den „Vorläufigen Rahmenplänen GOST". Ziel der „rahmenplanbegleitenden Fortbildung" war die Erhöhung der fachlichen und fachdidaktischen Kompetenz der Politiklehrer. Das schloss das Verständnis didaktisch-methodischer Konzeptionen ebenso ein wie die Fähigkeit, Intentionen und Inhalte des „Vorläufigen Rahmenplanes" umzusetzen.[2]

Die Fortbildungsveranstaltungen fanden in der Regel an der Hauptstelle des PLIP in Ludwigsfelde-Struveshof statt, die auch auf Grund ihrer Übernachtungskapazitäten über die Voraussetzungen verfügt, mehrtägige Veranstaltungen durchzuführen. Damit wurde es möglich, einen kontinuierlichen überregionalen Erfahrungsaustausch zu initiieren, dessen besondere Bedeutung in dem Ringen um einheitliche Qualitätsstandards und in der Sicherung einer landesweiten Vergleichbarkeit des brandenburgischen Abiturs bestand. Geplant war, aus allen Schulen des Landes Brandenburg jeweils *eine* Politiklehrkraft fortzubilden, die bei Beginn der Fortbildungsmaßnahme in der Jahrgangsstufe 11 eingesetzt war. Diese Lehrkraft sollte dann als Multiplikator in ihrer Schule wirken. Die Auswahl der Fortbildungsteilnehmer erfolgte deshalb durch ein gesteuertes Verfahren über die Schulämter.

Der erste Durchgang fand in der Zeit von Herbst 1993 bis Frühjahr 1995 statt. Die Zusammensetzung der in der Regel 25 Personen starken Seminargruppen war sehr inhomogen. Fortbildungsteilnehmer waren sowohl Lehrkräfte ohne fachliche Ausbildung als auch Lehrkräfte, die ihre berufliche Qualifikation im Sonderprogramm bereits erworben hatten bzw. zeitgleich erwarben. Als Dozenten agierten bewährte Fortbildner aus Nordrhein-Westfalen, die im Rahmen des Verwaltungsabkommens zwischen dem Land Brandenburg und Nordrhein-Westfalen wertvolle Aufbauarbeit leisteten.

Die rahmenplanbegleitende Fortbildung war als Fortbildungsreihe im Baukastenprinzip konzipiert. Die Teilnehmer hatten in einem etwa halbjährlichen Abstand vier jeweils zweieinhalbtägige Bausteine (Module) zu absolvieren. Im ersten Durchgang der rahmenplanbegleitenden Fortbildung wurden 127 Politiklehrkräfte fortgebildet. Jeder Teilnehmer absolvierte in der Regel 120 Fortbildungsstunden. Aufgrund der überwältigenden Nachfrage und der erreichten positiven Ergebnisse wurde ein zweiter Durchgang durchgeführt. Dieser fand für weitere 120 Politiklehrkräfte vom Herbst 1995 bis zum Frühjahr 1996 statt.

Nach der Auswertung des ersten Durchganges wurden Inhalte und Methoden neu angepasst und strukturiert. Die übergreifenden Schwerpunkte bezogen sich vor allem auf die Anforderungen des Faches Politische Bildung in der gymnasialen Oberstufe, auf Fragen eines handlungsorientierten Unterrichts, auf das exemplarische Arbeiten und den Umgang mit dem Fallprinzip sowie auf Einsatzmöglichkeiten sozialwissenschaftlicher Verfahren im Unterricht. Neben den fachlichinhaltlichen Zielsetzungen gab es in jedem Baustein methodische Schwerpunktsetzungen, wie z.B. das Planen von Unterrichtsreihen und -sequenzen, themenadäquate methodische Übungen (Fallbeispiele, Modelle, Textarbeit, Rollenspiel, Simulation, Arbeiten mit empirischem Material, Interviews, Umfragen, Ortserkundung, Zukunftswerkstatt) und Fragen der Bewertung und Zensierung von Schülerleistungen. Einen besonderen Schwerpunkt bildeten Fragen der Vorbereitung, Durchführung und Bewertung des mündlichen und schriftlichen Abiturs, der auch das Erstellen von Klausuraufgaben und den Umgang mit dem „Anderen Leistungsnachweis" einschloss.

3. Fortbildung für die Sekundarstufe I und den Grundschulbereich

Das brandenburgische Schulgesetz eröffnet die Möglichkeit, Unterrichtsfächer, die in einem engen inhaltlichen Zusammenhang stehen, zu einem Lernbereich zusammenzufassen. Politische Bildung konnte somit in diesen beiden Schulstufen sowohl als Fachunterricht als auch als integraler Bestandteil des Lernbereiches „Gesellschaftslehre"[3] unterrichtet werden. Im Primarstufenbereich entschied sich eine Vielzahl von Schulen aus den unterschiedlichsten Gründen für die Durchführung des Lernbereichunterrichts „Gesellschaftslehre", was jedoch besondere Anforderungen an die beteiligten Lehrerinnen und Lehrer stellte. Auf den damit entstandenen Fortbildungsbedarf reagierte das PLIB, indem es in den Jahren 1994 bis 1996 eine landesweite Fortbildungsmaßnahme für Grundschullehrkräfte anbot.

Trotz eines fehlenden fachwissenschaftlichen Grundlagenstudiums sollten die Teilnehmer den Unterricht im Lernbereich „Gesellschaftslehre" verstärkt integrativ, unter Berücksichtigung grundschulspezifischer Besonderheiten gestalten können. Dabei war grundsätzlich mitzudenken, dass das Konzept eines lernbereichsbezogenen Unterrichts mehr als die bloße Addition der drei Fächer Erdkunde, Geschichte und Politische Bildung beinhaltet. Der curriculare Ansatz verlangte eine mehrperspektivische Betrachtung historischer, politischer und geografischer Phänomene. Dazu war es jedoch erforderlich, sich auf fachliche Besonderheiten und Perspektiven der Leitfächer zurückzubesinnen und erforderliche kategoriale Zugriffe, fachliche Gegenstandsbereiche, und grundlegende Methoden zu vermitteln, sodass fachbezogene Bausteine unabdingbarer Bestandteil der Fortbildungsmaßnahme waren. Mit Unterstützung von Fortbildnern aus Nordrhein-Westfalen fanden zwei sehr erfolgreiche Durchgänge mit jeweils 120 Fortbildungsstunden pro Teilnehmer für insgesamt 120 Lehrkräfte statt.

Um die Lehrerfortbildung möglichst schul- bzw. ortsnah durchführen zu können, errichtete das PLIB bis zum Jahr 1993 zehn Außenstellen, die sich zu regionalen Anlaufstellen für Lehrer und Moderatoren entwickelten, die den fachlichen Austausch suchen. Sowohl für die Primarstufe als auch für die Sekundarstufe I wurden Fachmoderatoren *(siehe 4.)* für Politische Bildung qualifiziert und angeleitet. Die Fachmoderatorengruppen entwickelten gemeinsame Fortbildungskonzepte und konkrete Fortbildungsangebote für die genannten Schulstufen. Diese Fortbildungsangebote wurden dann regional über die jeweilige PLIB-Außenstelle durch die Moderatoren realisiert und hatten damit ebenfalls eine landesweite Wirkung.

4. Qualifizierung der Moderatoren für Politische Bildung

Als eine weitere zentrale Aufgabe des PLIB ergab sich die fachdidaktische, schulstufen- und schulformbezogene überregionale Qualifizierung und Anleitung der Moderatoren für alle Schulstufen. Das Maximalkonzept sah vor, pro Unterrichtsfach und für jede Schulstufe jeweils zehn geeignete Lehrkräfte zu qualifizieren. Im Idealfall gab es an jeder Außenstelle je einen Fachmoderator für Politische Bildung für die Primarstufe und die Sekundarstufen I und II. Ihre Aufgabe bestand in der Organisation und Durchführung fachbezogener Fortbildungsveranstaltungen in ihren Regionen.

Die Moderatorenqualifizierung basierte auf einem teilnehmerorientierten Konzept, das die Aneignung wichtiger theoretischer Vorstellungen vom Unterricht mit der Vermittlung praxisbezogener Planungsmethoden und -verfahren verbindet. Inhaltlich war sie auf die Entwicklung der fachlichen, fachwissenschaftlichen und fachdidaktischen Kompetenz, planerischen Kompetenz, Beratungskompetenz, moderativen Kompetenz und Sozialkompetenz ausgerichtet. Die Qualifizierung lag anfangs ebenfalls in den Händen von Fortbildnern aus Nordrhein-Westfalen.

5. Die Medienoffensive M.a.u.s. (Medien an unseren Schulen)

Anfang 2000 wurde das PLIB mit der Medienoffensive M.a.u.s., d.h. mit der Entwicklung fachdidaktischer Konzepte zum Umgang mit den neuen Medien im Unterricht und der Qualifizierung von Multiplikatoren zunächst für die Sekundarstufe I beauftragt. Aufgabe der M.a.u.s.-Multiplikatoren ist es, unter besonderer Berücksichtigung der Anforderungen der neuen Rahmenlehrpläne regionale Fortbildung zum Umgang mit neuen Medien durchzuführen.

Lehrkräftefortbildung im Land Brandenburg 117

Bei den Fächern des Lernbereiches Gesellschaftswissenschaften geht es allgemein darum, Lehrer mit dem Einsatz Neuer Medien vertraut zu machen. Durch den Einsatz von Medien soll die Qualität des Unterrichts verbessert, es sollen Basiskompetenzen ausgebildet werden. Darüber hinaus gibt es jedoch fachspezifische Anforderungen für die Fächer Erdkunde, Geschichte und Politische Bildung. Folgende Inhalte waren Bestandteile der Multiplikatorenfortbildung im Rahmen der Medienoffensive:
- die Entwicklung fachdidaktischer Leitlinien für den Einsatz Neuer Medien,
- die Ausbildung von Basiskompetenzen im Fach, wie das Auswählen und Nutzen von Medienangeboten für unterschiedliche Funktionen, das Gestalten eigener Medienprodukte und das Bewerten von Mediengestaltungen,
- das Analysieren von Medien im gesellschaftlichen Zusammenhang sowie das Erkennen und Wahrnehmen von Einflussmöglichkeiten,
- Medienauswahl und Medienkritik,
- fachbezogene Beispiele für den methodischen Einsatz Neuer Medien und die gezielte Informationsbeschaffung sowie
- fachbezogene Möglichkeiten der Optimierung von Lernprozessen durch Multimedia.

Durch regelmäßige etwa halbjährliche Treffen der Multiplikatorengruppe „Gesellschaftswissenschaften" werden die Kenntnisse stetig aktualisiert und Erfahrungen der regionalen Fortbildung ausgetauscht und ausgewertet.

6. Zum Rahmenlehrplanentwurf Sekundarstufe I

Gegenwärtig nähert sich der etwa zweieinhalb Jahre währende Prozess der Entwicklung einer neuen curricularen Vorgabe für den Politikunterricht der Sekundarstufe I seinem Ende. Im Schuljahr 2002/2003 wird der „Rahmenlehrplan für Politische Bildung Sekundarstufe I" in Kraft treten und den ersten Rahmenplan nach der Wende ablösen. Dieser neue Rahmenlehrplan ist der Versuch, fachdidaktische Überlegungen und vorhandene Rahmenbedingungen (im Land Brandenburg wird in den Jahrgangsstufen 7 und 8 das Fach Politische Bildung nicht unterrichtet, in der Jahrgangsstufe 9 ist es ein Einstundenfach, lediglich in der Jahrgangsstufe 10 stehen zwei Wochenstunden zur Verfügung) in Einklang zu bringen. Er basiert auf dem im PLIB entwickelten Stufenkonzept.

Der Politikunterricht, wie er im neuen Rahmenlehrplanentwurf angelegt ist, konzentriert sich auf das Politische als Kern des Faches und hat die reflexive Auseinandersetzung mit der politischen Realität zum Gegenstand. Nur das Fach Politische Bildung eröffnet die Möglichkeit, sich analysierend, bewertend und handelnd mit Politik auseinander zu setzen. Es leistet insofern einen besonderen Beitrag im Rahmen der schulischen politischen Bildung (Massing 1996, 127).

Wie für andere Fächer gilt auch für das Fach Politische Bildung, dass konsequent von einem erweiterten Verständnis des Lernens und vom so genannten vierdimensionalen Kompetenzbegriff ausgegangen wird. Das Kompetenzprinzip wird für die politische Bildung als demokratische Handlungskompetenz konkretisiert. Demokratische Handlungskompetenz verknüpft in spezifischer Weise Sach-, Methoden-, Sozial- und personale Kompetenz (Rahmenlehrplanentwurf, 10). Der neue Rahmenlehrplan ist außerdem durch eine höhere Verbindlichkeit gekennzeichnet. Es wird klar zwischen Verbindlichem und Offenem unterschieden. Dennoch wurde versucht, die für Politikunterricht erforderlichen Freiräume zuzulassen. Der Rahmenlehrplan ist so gestaltet, dass ein solides Fundament für die Politische Bildung nachfolgender Bildungsgänge gelegt werden kann. Bei der Konzipierung wurde ausdrücklich auf die Anschlussfähigkeit zur Sekundarstufe II und zur beruflichen Bildung geachtet.

Ein wesentliches Prinzip ist das fächerverbindende Arbeiten. Fächerverbindende Projekte werden im Rahmenlehrplan als neue Anregungen und konkret als Vorschlag ausgestaltet. In dem Vorschlag werden Fächer miteinander verknüpft, die auf den ersten Blick kaum etwas miteinander zu tun haben (PB und Informatik).

7. Ausblick

Neue Rahmenlehrpläne allein sichern noch keinen guten Politikunterricht. Guter Unterricht lebt vor allem von der Professionalität der Lehrkräfte und hängt von der Qualität der Zusammenarbeit der „Akteure" Lehrer und Schüler ab. Darum ist es zunächst wichtig, dass sich alle Politiklehrer das weiter entwickelte Rahmenlehrplankonzept für das Fach Politische Bildung gründlich aneignen. Erneut wächst der Stellenwert von Fortbildung, die die Rahmenlehrpläne für die praktische Unterrichtsarbeit erschließen und für die Qualität des Lehrens und Lernens transparent machen soll. Das schließt im Einzelnen vor allem die folgenden Ziele ein (Leutert/Zöllner, 2002):
1. Der Rahmenlehrplan soll von den Lehrern, Schülern, Eltern und Vertretern der Bildungsöffentlichkeit grundsätzlich als weiter entwickeltes Instrument zur Anstiftung innovativer Veränderungen anerkannt und angenommen werden.
2. Insbesondere die Lehrer sollen ein konstruktives Verständnis für die Innovationsimpulse des Rahmenlehrplanes als Grundlage für professionelles Handeln entwickeln und zwar sowohl auf fachdidaktischer als auch auf schulpädagogischer Ebene.

Anmerkungen

[1] Nach § 134 Abs. 4 des brandenburgischen Schulgesetzes (BbgSchulG, Juli 2001) ist das PLIB zuständig einmal für die Fortbildung des landesbediensteten Schulpersonals und des Personals der Schulbehörden, soweit es schulaufsichtlich oder schulfachlich tätig ist, sodann für die Organisation und didaktische Entwicklung der Fortbildungsangebote und deren Dokumentation.

[2] Insbesondere wurden Lehrer befähigt, die Anforderungen, die mit der Vorbereitung, Durchführung und Bewertung des mündlichen und schriftlichen Abiturs verbunden sind, zu bewältigen.

[3] Der Lernbereich „Gesellschaftslehre" wurde 1997 in „Gesellschaftswissenschaften" umbenannt. Er betrifft die Jahrgangsstufen 5 und 6.

[4] Die Fachmoderatoren der gymnasialen Oberstufe waren in der Regel auch als Aufgabenberater und zur Prüfung der Abituraufgabenvorschläge eingesetzt. In diesem Zusammenhang wurde die Publikation „Handreichung – Gymnasiale Oberstufe – Abiturprüfung – Hinweise und Beispiele – Politische Bildung" für die Politiklehrerinnen und -lehrer des Landes Brandenburg erstellt, mit dem Ziel, die mannigfaltigen Schwierigkeiten, die mit der Durchführung eines dezentralen Abiturs verbunden sind, mit immer größerer Sicherheit zu bewältigen, .

Literatur

Leutert, Hans/Zöllner, Herrmann: „Eckpunkte für die Implementation der Rahmenlehrpläne Sekundarstufe I". Stand: Januar 2002

Massing, Peter: Plädoyer für einen politischen Politikunterricht. In: Dorothea Weidinger (Hrsg.): Politische Bildung in der Bundesrepublik. Opladen 1996, S. 124 ff.

Rahmenlehrplanentwurf Politische Bildung Sek. I, S. 10

Bernhard Muszynski

Neue Lehrer für ein neues Fach: Lehrerqualifizierung für die schulische Politikbildung

1. Hauptprobleme bei der Einführung des neuen Politikfachs

Die Ausgangssituation in den nach der DDR entstehenden ostdeutschen Ländern war überall die gleiche. Bereits während der Wende wurde das an DDR-Schulen zuvor etablierte Fach „Staatsbürgerkunde" suspendiert und die Unterrichtsangebote zum Marxismus-Leninismus wurden abgeschafft. Konsens bestand immer darüber, dass politische Bildung auch weiterhin Bestandteil des schulischen Erziehungsauftrags sein und sich auch als eigenes Fach zumindest in den Sekundarstufen kristallisieren sollte. Wie in so vielen Bereichen in Ostdeutschland nach 1990 wurde auch hier mangels eigener Ambitionen und wohl auch mangels eigener Kompetenz die Anlehnung an westdeutsche Üblichkeiten gesucht und schnell gefunden: Der Transfer westdeutscher Konzepte und Inhalte in entsprechende Rahmenpläne, Schulbuchlisten und Prüfungsanforderungen erfolgte innerhalb weniger Monate, wobei sich die Länderpatenschaften vielfach auch heute noch erkennbar niederschlagen. Für das Land Brandenburg übernahm diesen Part Nordrhein-Westfalen.

Die Installation der Politischen Bildung an den ostdeutschen Schulen erfolgte also unmittelbar nach der Neu- bzw. Wiedergründung der fünf neuen Länder. Ein Blick in die Rahmenpläne der ostdeutschen Länder zeigt, dass die Ausprägungen des Politikfachs weithin ähnlich sind. Offensichtlich drückte sich hierin, trotz differierender parteipolitischer Provenienz der federführenden Schulressorts, ein gemeinsames Verständnis des Politikunterrichts aus. Damit war das grundlegende inhaltliche Konstitutionsproblem des Politikfachs durch die schlichte Übernahme von westdeutschen Unterrichtsvorgaben und Unterrichtsmitteln gelöst.

Das zweite Konstitutionsproblem bestand in der Rekrutierung qualifizierter Lehrkräfte. Für die Schulen der ostdeutschen Länder wurden ca. 5.000 Politiklehrer gebraucht, die weder durch die vorhandenen Lehrer für Staatsbürgerkunde noch durch andere vorhandene Lehrer, vor allem Geschichts- und Geografielehrer, verkörpert werden sollten. Die Ansprüche des neu konzipierten Fachs verboten beides, obwohl der fachfremd erteilte Politikunterricht durch Lehrkräfte mit affiner Fakultas zunächst durchaus die Regel war und in den meisten ostdeutschen Ländern noch immer keine Ausnahme darstellt.

2. Lösungsalternativen

Zur Lösung des Personalproblems gab es theoretisch zwei Alternativen: neue Lehrer für den Politikunterricht einzustellen oder vorhandene Lehrer umzuqualifizieren. Die erste Alternative hätte den Charme des wirklichen Neuanfangs gehabt, aber bei näherem Hinsehen auch nur, wenn sie sich nicht auf Lehrer des Politikfachs beschränkt hätte. Wie vielfach beschrieben und dokumentiert, waren ja gerade die Lehrer in ihrer großen Mehrheit und weitgehend unabhängig von ihrem Unterrichtsfach tragende Stützen des Systems. Abgesehen davon, dass ein derartiger Teilelitenaustausch schon von der puren Menge her irreal gewesen wäre, gab es auch aus der Geschichte der DDR keinen Anlass, derart drastische Überlegungen anzustellen. Unter den Diktaturen des letzten Jahrhunderts rangiert die realsozialistische in Deutschland eindeutig unter den zivilisierteren, was nicht zuletzt ihre friedliche Implosion möglich machte. Offensichtlich gab es aber einen erheblichen Bedarf für einen symbolischen Akt in Richtung der Austauschalternative: Die Lehrer, die das alte Politikfach Staatsbürgerkunde unterrichtet hatten, durften in der Regel weder das neue Fach unterrichten noch sich hierin in einem Erweiterungsstudium qualifizieren. Die stattdessen gewählte Alternative macht den Symbolcharakter deutlich. Die dafür einspringenden Geschichts-, Geografie- und sonstigen Fachlehrer konnten – in gleicher Pauschalität – nämlich keineswegs die Vermutung nähren, *besser* für den Politikunterricht geeignet zu sein.

Mit dieser symbolischen Rotation, die sich ausschließlich auf das Politiklehrpersonal an den ostdeutschen Schulen bezog, war aber das Rekrutierungsproblem selbst auf mittlere Sicht nicht zu lösen. Der Lehrermarkt und die Hochschulabsolventen gaben die benötigte Anzahl auch nicht näherungsweise her. So blieb als realistische Option nur die Umqualifizierung vorhandener Lehrkräfte, zumal deren Gesamtzahl bei rapide zurückgehenden Schülerzahlen ohnehin viel zu hoch war.

Umqualifizierungen lassen sich auf zwei Niveaustufen realisieren: derjenigen unterhalb formeller Lehrbefähigungen (Fortbildung) und derjenigen vermittels einer neuen Lehrbefähigung für das Politikfach (Weiterbildung). Die jeweiligen Vor- und Nachteile geben zugleich Kriterien für die landespolitische Bedeutungswahrnehmung von Lehrerweiterqualifikation im Allgemeinen und für das Politikfach im Besonderen. Die Fortbildungsvariante ist billiger, leichter berufsbegleitend durchzuführen und ohne besoldungsrechtliche Konsequenzen für den öffentlichen Arbeitgeber. Lediglich in Berlin und Brandenburg wurde und wird bei der fachlichen Weiterqualifikation von Politiklehrern aller Schulstufen ausschließlich auf Weiterbildung gesetzt.

3. Der Brandenburger Lösungsversuch

Als 1990 das Bundesland Brandenburg wieder gegründet wurde, hatte es, wie alle anderen ostdeutschen Bundesländer, generell das Problem, dass einerseits für einige neue oder jetzt vermehrt nachgefragte Unterrichtsfächer keine qualifizierten Lehrer vorhanden waren, andererseits, dass für viele andere Fächer ein erheblicher Nachqualifizierungsbedarf bestand. Gleichzeitig zeichnete sich ab, dass der drastische Geburtenrückgang nach der Wiedervereinigung zu einem erheblichen Lehrerüberhang führen würde. Während die anderen ostdeutschen Länder versuchten, durch Entlassungen den Lehrerüberhang abzubauen, entschloss man sich in Brandenburg, eben dies nicht zu tun. Einerseits wollte man die ohnehin steigende Arbeitslosigkeit nicht zusätzlich erhöhen, andererseits war auch schnell deutlich, dass der Weg von Neueinstellungen gar nicht gangbar war, da gerade in den Mangelfächern kaum Bewerber zur Verfügung standen, die man hätte einstellen können.

In der Konsequenz wurde es nötig, den vorhandenen Lehrerbestand mit Reduzierungen im Beschäftigungsumfang an das vorhandene Unterrichtsvolumen anzupassen und zugleich möglichst viele Lehrkräfte in möglichst kurzer Zeit berufsbegleitend für die neuen Fächer umzuqualifizieren. Da gerade in diesen Mangelfächern auch die Universität Potsdam (als einzige lehrerbildende Hochschule des Landes) nur sehr geringe eigene Kapazitäten hatte, wurde 1994 neben der universitären Lehrerweiterbildung ein *Sonderprogramm zur Weiterqualifizierung brandenburgischer Lehrerinnen und Lehrer* eingerichtet, das bis zum Jahr 2003 ca. 3900 Lehrer qualifiziert haben wird. Zusammen mit den an der Universität Weitergebildeten werden bis dahin rund 8.000 brandenburgische Lehrer mindestens ein neues Fach erfolgreich studiert haben (z. Zt. handelt es sich bereits um rund 7.000). Dies entspricht einer Quote von knapp 30 Prozent bezogen auf die Gesamtzahl von Lehrern in Brandenburg, wobei in der ganz überwiegend betroffenen Sekundarstufe I diese sogar nahe an 50 Prozent liegen dürfte. Die Gesamtkosten des Sonderprogramms dürften sich auf 130 Mio DM belaufen, wobei der Löwenanteil auf Stundenbefreiungen für Studierende von bis zu 5 Stunden pro Woche entfällt. Die reinen Studienkosten für das Sonderprogramm werden bei ca. 27 Mio DM liegen. Dieses Projekt dürfte in der deutschen Bildungsgeschichte einzigartig sein.

Eines der durch das Sonderprogramm berücksichtigten Mangelfächer war das Schulfach Politische Bildung. Während über die Vollfinanzierung der Bundeszentrale für politische Bildung zwischen 1992 und 1996 rund 250 Lehrkräfte eine Lehrbefähigung für die Sekundarstufe II für dieses Fach erlangten, kamen zwischen 1994 und 1998 weitere rund 480 Politiklehrer mit einer Lehrbefähigung für die Sekundarstufe I aus dem Sonderprogramm. Auch an diesen Kosten beteiligte sich die Bundeszentrale mit Zuschüssen, allerdings brachte den weitaus größten Anteil das Land auf. Die bereits erwähnte Vollversorgung des Politikfachs in Brandenburg ist damit seit zwei Jahren erreicht. Im Folgenden einige Charakteristika des Politikstudiums im Sonderprogramm:

Der Studiengang Politische Bildung im Sonderprogramm führte zu einer Lehrbefähigung für die Sekundarstufe I (Klasse 7 bis 10). Das Studienangebot richtete sich auch an Lehrkräfte, deren Beschäftigung in der Primarstufe mittel- und langfristig nicht gesichert war bzw. an diejenigen, deren ursprüngliche Fächerkombination nur noch in geringem Umfang nachgefragt wurde.

Das Studium dauerte zwei Jahre und hatte einen Umfang von 60 Semesterwochenstunden. Für die Studienstruktur im Fach Politische Bildung galten die generellen ausbildungsdidaktischen Grundsätze wie für alle Studiengänge im Sonderprogramm:

- ein gegenüber universitären Studiengängen erhöhter Anteil fachdidaktischer Studienanteile (rd. 25 Prozent), u.a. um der Tatsache gerecht werden zu können, dass ein großer Teil der Studierenden das Fach bereits unterrichtete;
- unterschiedliche Lerngruppengrößen von Gruppenveranstaltungen mit bis zu 15 Teilnehmern, Seminarveranstaltungen mit 25 bis 35 Teilnehmern und Blockveranstaltungen, die alle Gruppen eines Kursniveaus zwei Mal pro Jahr zusammenführten und teilweise mit Exkursionen – u.a. nach Brüssel und Straßburg zum Thema „Europäische Integration" – verbunden waren;
- Dezentralität an bis zu 7 Studienorten im ganzen Land Brandenburg nach dem Prinzip „die Lehre muss in einem Flächenland zu den Lernenden gehen und nicht umgekehrt";
- Mischung von Selbststudieneinheiten (ca. 50 Prozent), d.h. der eigenständigen Bearbeitung von Literatur, Selbststudienmaterialien und Studienaufgaben zu Hause mit einer recht intensiven Präsenzbetreuung (alle 3 bis 4 Wochen) und reinen Präsenzstudien.

Das Curriculum war in seinen Grundelementen an bewährten Traditionen des Berliner Otto-Suhr-Instituts orientiert, um ein soziologisches Element erweitert und spiralförmig aufgebaut, d.h. die wichtigsten Gegenstände und Probleme, die im Grundstudium behandelt wurden, wurden im Hauptstudium an vertiefenden Themen wieder aufgegriffen.

Die Studienbereiche gliederten sich in die Grundlagenbereiche „Geschichte", „Wirtschaft", „Recht" und (Politik-) Soziologie, die Kernbereiche „Politische Theorie", „Politisches System Deutschlands" und „Internationale Politik" sowie die Fachdidaktik.

Die formellen Prüfungsanforderungen der das Studium abschließenden Erweiterungsprüfung entsprachen denen in anderen Fächern: eine vierstündige Klausur zu einem gebietsübergreifenden Bereich und eine 40minütige mündliche Prüfung, die sich i. d. R. auf drei (von vier angegebenen) Gebiete erstreckte und die in jedem Fall fachdidaktische Fragestellungen mit einzubeziehen hatte. Inhaltlich entsprachen sie dem Niveau der fachwissenschaftlichen Ersten Staatsprüfung, wie sie in Berlin und Potsdam abgenommen wird, wofür schon die prüfenden Dozenten standen, die ganz überwiegend von der Berliner Freien Universität und der Universität Potsdam kamen und über beträchtliche Erfahrungen in der Lehrerbildung für das Politikfach verfügten.

Von insgesamt 552 Teilnehmern, die das Studium im Sonderprogramm begannen, haben bis zum 31. März 1999 477 Lehrerinnen und Lehrer die Erweiterungsprüfungen erfolgreich absolviert. Das ergibt eine Erfolgsquote von 86,4 Prozent – ein für eine anspruchsvolle berufsbegleitende Weiterbildung außerordentlich guter Wert, der mehr als doppelt so hoch liegt wie bei grundständigen Studien. Die Prüfungsergebnisse selbst waren mit einer Durchschnittsnote von 2,3 mehr als achtbar.

4. Was hat's gebracht?

Bezogen auf die Absichten und Ziele der Initiatoren und Finanziers, eine Vollversorgung des Faches in wenigen Jahren zu erreichen, war die Weiterbildungskampagne für die Politiklehrkräfte für brandenburgische Schulen ein voller Erfolg. Auch das Renommee dieses eher anerkennungsarmen Schulfachs dürfte davon nicht unbeträchtlich profitiert haben, hebt doch die vorzeigbare Lehrbefähigung nicht nur das Selbstbewusstsein der betreffenden Lehrkräfte, sondern verschafft auch bei Kollegen, Eltern und Schülern die für die anderen Fächer selbstverständliche fachliche Anerkennung. Das Land Brandenburg hat sich damit als würdiger Subventionsempfänger erwiesen, indem es die Weiterbildung seiner Politiklehrer aus eigenen Mitteln konsequent fortsetzte, während andere Empfängerländer keine adäquaten Anschlussbemühungen aus eigenen Kräften folgen ließen, als die Gelder aus Bonn ausblieben.

Die Studienerfahrungen vieler Lehrkräfte, die die Lehrbefähigung für das Fach Politische Bildung auf der Ebene der Sekundarstufe I erworben haben, können auch in einigem zeitlichem Abstand nicht schlecht gewesen sein: Die seit 1999 kostendeckend teilnehmerfinanzierten (!) Studienangebote zum Erwerb der Lehrbefähigung für die Sekundarstufe II wurden und werden rege in Anspruch genommen *(siehe den Beitrag von Werner, Kap. II)*.

Andererseits ist das an allen deutschen Schulen in den Stundentafeln eher marginalisierte Politikfach in Brandenburg leider gerade in der Sekundarstufe I recht ausgedünnt *(siehe den Beitrag von Rohmer-Stänner/Huschka, Kap. II)*. Da die Einführung des neuen Faches „Lebensgestaltung – Ethik – Religionskunde (LER)" im Jahr 1997 fast ausschließlich auf Kosten der Politischen Bildung erfolgte, haben

Schüler der 7. und 8. Klassen teilweise überhaupt keinen Politikunterricht mehr, in den Klassenstufen 9 und 10 höchstens zwei Stunden pro Woche. Die Argumentation, LER und Politische Bildung verfügten über breite Schnittmengen, wird weder durch die Rahmenpläne gedeckt noch kann sie ein fehlendes Verständnis für die Essentials eines angemessenen Politikunterrichts verbergen.

Hinsichtlich der Wirkungen der politikbildnerischen Weiterbildungsangebote liegen nur ganz vereinzelte empirische Befunde vor, die auch nur indirekt auf die Unterrichtspraxis schließen lassen. Dabei handelt es sich neben den studienbegleitenden, regelmäßigen Teilnehmerbefragungen des Sonderprogramms um zwei Erhebungen, die die von der Bundeszentrale für politische Bildung finanzierten Kurse zwischen 1991 und 1994 betreffen (Krause/von Olberg 1995; Fabig 1994).

Alle Untersuchungen zeigten eine hohe Akzeptanz der Studienangebote. Während die im Studium vermittelten Inhalte für den Unterricht genutzt wurden (die meisten Studienteilnehmer unterrichteten das Fach bereits vor der Erweiterungsprüfung), bekundeten die Befragten vielfach auch, dass sie Schwierigkeiten mit den theoretischen Inhalten hatten und mit den fachdidaktischen Angeboten eher unzufrieden waren. Ein wichtiger Grund hierfür lag offensichtlich in Problemen, mit dem Pluralismuspostulat im eigenen Politikverständnis und in der Unterrichtsgestaltung angemessen umzugehen.

Dics leitet über zu der wiederholt geäußerten Vermutung, dass die Unterrichtspraxis der Politischen Bildung in Ostdeutschland vielfach noch mangelhaft ist, was auch dazu beitragen mag, dass die verfügbaren Jugenduntersuchungen gerade für Ostdeutschland bei Schülern ein nur sehr geringes politisches Interesse, eine verbreitete Politikverdrossenheit und beunruhigend hohe Prozentsätze von chauvinistischen und gewaltgeneigten Einstellungen mitteilen. Nach immer wieder bestätigten Eindrücken schulpraxisnaher Beobachter des Politikunterrichts liegen Schwachpunkte auch vieler brandenburgischer Politiklehrer auf verschiedenen Gebieten. So sind konstitutive Grundlagen des politischen Systems (Demokratie, Rechtsstaat, Gewaltenteilung, die Grundrechte u.s.f.) zwar meist im Sinne von Lehrbuchwissen verfügbar, vielfach mangelt es aber an Einsicht in die Wirkungszusammenhänge. Wenn es um verbreitete Vorurteile geht (Immigrationsabwehr, Politikerschelte, Aversionen gegen Europa usw.) neigen viele entweder zu fachlich kaum fundierter Ablehnung oder zu lediglich normativ begründetem Gegenhalten.

Ein Hauptgrund dürfte darin liegen, dass das politische Interesse der Betreffenden nicht besonders ausgeprägt ist, ablesbar etwa im Informationsverhalten, welches beispielsweise Tages- oder gar Wochenzeitungen mit breitem politischem Informationsangebot kaum zur Kenntnis nimmt. Gleiches gilt für politisch anspruchsvolle Fernsehmagazine, Talkshows und die Übertragung von Politik life (Bundestagsdebatten u.ä.). Die Sendungen politikbetonter Rundfunkstationen sind weithin unbekannt. Bevorzugte Informationsmedien sind dagegen Regionalzeitungen und nicht selten Boulevard-Blätter.

In der fachdidaktischen Praxis ist viel zu oft eine Reduktion auf die aus dem DDR-Unterricht bekannte Methodologie zu beobachten: Unterrichtsgegenstände sind vor allem solche, die auf abfragbare Wissensvermittlung im verbreiteten Frontalunterricht zielen, auf die institutionen- und normenkundliche Ebene. Ein altersgerechtes Eingehen auf die politischen Lern- und Erkenntnisvoraussetzungen der Schüler erfolgt vielfach nur in dem Maße, in dem die Lehrbücher als klar dominierende unterrichtsleitende Lernmittel dies berücksichtigen. Die Einbeziehung der neuen Medien dürfte sich nur auf Einzelfälle beschränken, auch wegen der mangelhaften Ausstattung sehr vieler Schulen und der Ungeübtheit der weitaus meisten Lehrer.

Über die eigentlich interessanten Fragen nach den Ergebnissen von Politikunterricht bei Schülern wissen wir für ost- ebenso wie für westdeutsche Schulen viel zu wenig. Die Resultate aus den verfügbaren Jugenduntersuchungen geben Anlass zu einiger Skepsis. Hier ist zu hoffen, dass die anlaufenden Erhebungswellen national und international vergleichender Leistungsuntersuchungen zur Wirkung von Schulunterricht auch die Outputforschung zum Politikunterricht kräftig bereichern werden. Erst mit derartigen Resultaten wird es möglich sein, die Lehrerqualifizierung auch für das Politikfach von der Ersten Ausbildungsphase bis zur Fort- und Weiterbildung gezielt zu optimieren, was allerdings kein Sonderproblem ostdeutscher Politiklehrkräfte sein dürfte.

Literatur

Fabig, Wolfgang: Aus- und Weiterbildung von Politiklehrern in den neuen Bundesländern. Uunveröffentlichtes Manuskript. Berlin Juni 1994

Krause, Joachim/Olberg, Hans-Joachim von: Biographische Orientierungen durch fachliche Professionalisierung. Münster 1995

Günter C. Behrmann, Rosemarie Naumann

Sozialwissenschaften und Politische Bildung an der Universität Potsdam

1. Universitätsgründung und ‚Potsdamer Modell' der Lehrerbildung

Als 1990 in der DDR die dort in den fünfziger Jahren aufgelösten Länder wieder errichtet wurden, war Brandenburg das einzige Land ohne Universität. Allerdings bestanden in der Landes- und früheren DDR-Bezirkshauptstadt Potsdam mehrere Hochschulen: die Pädagogische Hochschule Karl Liebknecht als größte PH der DDR, die Filmhochschule Konrad Wolf sowie die Hochschule für Staat und Recht, in der vor allem ‚Kader' für staatliche Leitungspositionen aus- und weitergebildet wurden. Unweit der Vorstadtgemeinde Golm unterhielt das Ministerium für Staatssicherheit eine eigene „Juristische Hochschule". Zudem war Potsdam seit dem späten 19. Jahrhundert Standort großer außeruniversitärer Forschungszentren der Astronomie und der Geoforschung. Die Idee, dort eine Universität zu gründen, lag deshalb nahe. Sie wurde auch von den Expertengruppen unterstützt, die mit der Neuordnung des Hochschulwesens betraut waren.

Wie westdeutsche Universitätsgründungen der sechziger und siebziger Jahre hat die dann im Sommer 1991 formell gegründete Universität Potsdam (UP) die Pädagogische Hochschule in sich aufgenommen. Die Filmhochschule blieb als eigenständige Hochschule erhalten. Hingegen wurden die Hochschule für Staat und Recht und die Hochschule des MfS als Teile des DDR-Staats- und Machtapparats vollkommen aufgelöst. Die Gebäudekomplexe, in denen sie untergebracht waren, wurden von der UP übernommen. Es mangelte deshalb nicht an Räumlichkeiten. Freilich musste sich die Universität in Gebäuden einrichten, die auf vier weit voneinander entfernte Standorte verteilt waren. Mit der Entscheidung, die Lehrerbildung an der UP weiterzuführen, war auch eine Vorentscheidung über deren Fächerspektrum getroffen. Für die fortan universitäre Lehrerbildung haben Wolfgang Edelstein, seinerzeit Direktor des Max Planck Instituts für Bildungsforschung, und der an der Universität Ulm lehrende Erziehungswissenschaftler Ulrich Hermann als Mitglieder des Gründungssenats eine wegweisende Denkschrift erarbeitet. Nach ihrem ‚Potsdamer Modell' sollte

ein Erziehungswissenschaftliches Studium im Umfang von ca. 30 SWS, das psychologische, erziehungs- und sozialwissenschaftliche Studienanteile integriert, den Studierenden wissenschaftliche Perspektiven auf ihr zukünftiges Berufsfeld eröffnen,
- das Studium der den Unterrichtsfächern zugeordneten Fachwissenschaften immer auch die Fachdidaktik einschließen,
- eine Reihe obligatorischer studienbegleitender Praktika den Studierenden die Möglichkeit bieten, sowohl das im Studium erworbene wissenschaftliche Instrumentarium als auch sich selbst in der Praxis zu erproben.

In der Stellenplanung war deshalb für jedes Unterrichtsfach zumindest eine Didaktikprofessur vorgesehen.

2. Ist das ‚Potsdamer Modell' gescheitert?

Nach dem in den siebziger Jahren an den Universitätsneugründungen Oldenburg und Osnabrück gestarteten, aber bald wieder beendeten Modellversuch „Einphasige Lehrerausbildung" war das Potsdamer Modell das in der neueren Geschichte der Lehrerbildung wohl anspruchsvollste Reformprojekt. Es sollte drei lange Zeit für unvereinbar erklärte oder jedenfalls separierte Bezüge verbinden: den rein fachwissenschaftlichen Bezug zu den Basisdisziplinen der Unterrichtsfächer, den Bezug zu den von der Schule und Lernprozessen handelnden Disziplinen (‚Berufswissenschaften') sowie den Bezug zur Praxis schulischer Bildung und Erziehung. Angestrebt war also die Überwindung der alten Trennung zwischen einem rein fachwissenschaftlichen Studium (traditionelles Gymnasiallehrerstudium) und einer vorwiegend auf das Berufsfeld bezogenen, mehr oder minder ‚wissenschaftsorientierten' berufspraktischen Ausbildung (in der Ausbildung der DDR-Grundschullehrer fortlebende Seminartradition, Seminarausbildung, PH-Studium der Volksschullehrer). Hierbei sollten auch die Erfahrungen mit der schul- und unterrichtspraktischen einphasigen Lehrerausbildung der DDR Eingang in die neue Studienkonzeption finden.

Obwohl das Potsdamer Modell keineswegs revolutionär, sondern auf eine praktikable Verbindung der fachwissenschaftlichen, berufswissenschaftlichen und -praktischen Anteile angelegt war, sind die damit angestrebten Ziele bislang nur teilweise erreicht worden. Verschiedentlich wurde und wird sogar von einem Scheitern des Modells gesprochen. Die Gründe hierfür sind sowohl außerhalb als auch innerhalb der Universität zu suchen: Nach der ‚Wende' ist die Zahl der Geburten, die in den achtziger Jahren bei zunächst 40.000 und dann bei 30.000 gelegen hatte, in Brandenburg wie in den anderen neuen Bundesländern binnen weniger Jahre um nahezu 60 Prozent gesunken und seither nur langsam wieder angestiegen. Weil die Lehrer-Schüler-Relation ohnehin günstig und die Altersstruktur der Lehrerschaft ausgewogen war, wurden nur vereinzelt Nachwuchskräfte benötigt. Wegen der wenig attraktiven Berufsaussichten sanken auch die Studentenzahlen in den Lehramtsstudiengängen.

Im Rückblick auf das erste Jahrzehnt universitärer Lehrerbildung sind deshalb sowohl Gewinne als auch Verluste zu verzeichnen: Die Gewinne liegen auf Seiten der zumeist gut ausgebauten Fachwissenschaften. In vielen Fachdidaktiken ist das Lehrangebot hingegen unzulänglich. Ob der seit dem Ende der 90er Jahre sprunghafte Anstieg der Studentenzahlen das Gewicht der Lehrerbildung so stärken wird, dass die auch in Potsdam unter veränderten Vorzeichen wieder aufgenommene Reformdiskussion bessere praktische Ergebnisse zeitigen kann, wird sich erst in den nächsten Jahren zeigen.

3. Politiklehrerausbildung an der Universität Potsdam

Als das Land Brandenburg 1991 das Schulfach Politische Bildung – bald kurz „PeBe" genannt – einführte, war keine der an den Schulen des Landes unterrichtenden Lehrkräfte für dieses Fach ausgebildet. Ohne ein von der Bundeszentrale für politische Bildung initiiertes und dann vom Land in Kooperation mit der UP auf ein breiteres Fundament gestelltes Weiterbildungsprogramm hätten sich auch nicht binnen weniger Jahre genügend Fachlehrer/innen gewinnen lassen *(siehe den Beitrag von Muszynski, Kap. II)*. Am Aufbau des Fachs sollten indes auch junge, grundständig ausgebildete Lehrer beteiligt werden. In der Planung der neu eingerichteten Wirtschafts- und Sozialwissenschaftlichen Fakultät waren deshalb Lehramtsstudiengänge und Didaktikprofessuren (Politische Bildung und Wirtschaftspädagogik) vorgesehen.

1992 wurde eine Vorläufige Studienordnung für den Lehramtsstudiengang „Politische Bildung" erlassen, 1993 die Didaktikprofessur besetzt. In dieser Zeit fehlten qualifizierte Fachkräfte für das neue Fach Politische Bildung, das an Brandenburger Schulen zunächst durchgängig von Klasse 5-13 unterrichtet wurde. Die ersten Studierenden versuchten als „Quereinsteiger" in möglichst kurzer Zeit die Anforderungen des Lehramtsstudienganges zu erfüllen. Sie wollten vieles in den Schulen verändern, aus denen sie gekommen waren, mit „PeBe" die Unterrichtsmethodik erneuern, einen anderen Unterrichtsstil, andere Arbeitsformen einführen. Dagegen fehlte es ihnen oft an politischer Orientierung. Im Umgang mit divergierenden politischen Interessen, Meinungen und Wertungen waren sie ähnlich unsicher wie im Umgang mit konkurrierenden sozialwissenschaftlichen Theorien. Diese Unsicherheit wurde durch einen Studienbetrieb zuweilen noch verstärkt, in dem zunächst vieles improvisiert war.

Trotz des Mangels an Fachlehrern fiel es den ersten Absolventen aus den oben genannten Gründen nicht leicht, an Schulen die gesuchten Stellen zu finden. Seit

1998 gibt es jährlich einen Einstellungskorridor für Referendare. Trotzdem nutzen viele Referendare Angebote aus anderen Bundesländern, weil sie bessere Einstellungsbedingungen haben – Vollzeitstellen, Chancen auf Verbeamtung –, auch weil das Fach Politische Bildung in Brandenburg zunehmend marginalisiert wurde (Einführung von LER in der Sekundarstufe I, Aufwertung von Geschichte in der gymnasialen Oberstufe auf Kosten des Politikunterrichts) *(siehe den Beitrag von Tomaszek, Kap. II)*. Seit Mitte der 90er Jahre konnte sich der Lehramtsstudiengang Politische Bildung mit einer grundständigen Ausbildung nach genehmigter Studienordnung fest etablieren. Es werden Lehrerinnen und Lehrer für das Gymnasium sowie für die Schulen der Sekundarstufe I und Primarstufe in neun bzw. acht Semestern ausgebildet. Seit dem WS 1998 gibt es für das Fach einen universitätsinternen Numerus Clausus. Es wird nur noch zum Wintersemester immatrikuliert. Die Zahlen haben sich von 34 im Zeitraum 1994/95 über 86 in 1996/97 und 130 in 1998/99 auf 145 im Wintersemester 2001/02 entwickelt.

Erfahrungsgemäß gibt es unter den Studienanfängern viele, die Mühe haben, mit den Anforderungen eines universitären Studiums zurechtzukommen. Deshalb gibt es im Fach Politische Bildung Eingangsstudienberatungen und ein Pflichttutorium als Orientierungstutorium, eine Einführung in das wissenschaftliche Arbeiten und einen gemeinsamen Treffpunkt der Erstsemesterstudenten.

Kern des Studiums sind fachwissenschaftliche Komponenten aus verschiedenen Bezugswissenschaften der Politischen Bildung, fachdidaktische Studien im Umfang von 6-8 SWS (das entspricht ca. 10 Prozent des Anteils der Fachstudien) sowie Schulpraktische Studien. Profilbildend für den Studiengang sind einerseits die Verbindung sozialwissenschaftlicher und ökonomischer Fragestellungen an der Wirtschafts- und Sozialwissenschaftlichen Fakultät sowie das ‚Potsdamer Modell' der Lehrerbildung. Der Studienplan ist spiralförmig angelegt, ermöglicht vor allem im Hauptstudium Schwerpunktbildungen und eine Differenzierung nach Bildungsgängen. Die Studierenden belegen Veranstaltungen in Politischer Theorie und Philosophie, in Internationaler Politik, im Bereich Politisches System der Bundesrepublik Deutschland, in Theoretischer Soziologie, Empirischer Sozialforschung und speziellen Soziologien. Ergänzt wird die Ausbildung durch Veranstaltungen zur Modernen Geschichte, zu Wirtschaft und Politik und Politik und Recht.

Fachdidaktische Lehrveranstaltungen verknüpfen die Fachausbildung mit Theorie und Praxis des Unterrichts. In den schulpraktischen Studien absolvieren die Studierenden ein so genanntes Tagespraktikum. Für diese Praxisstudien mussten zunächst Lehrer gewonnen werden. Oft steckten diese selbst noch in der Weiterbildung. Außerdem haben Hospitationen mit empirischer Unterrichtsforschung an deutschen Schulen auch im Politikunterricht kaum Tradition. Heute gestalten Hochschullehrer, Studierende und Politiklehrer zunehmend gemeinsam Unterrichtsprojekte, die schon am Ende des Grundsstudiums, spätestens am Anfang des Hauptstudiums liegen.

Außerdem müssen die Studierenden im Hauptstudium ein vierwöchiges Unterrichtspraktikum an Schulen absolvieren, in dem sie vor allem durch die Fachlehrer vor Ort betreut werden. Die Betreuung durch die Universität muss sich offen auf vor- und nachbereitende Veranstaltungen, eventuell eine Hospitation beschränken, so dass es schwierig ist, die Praxisstudien ertragreich in universitäre Veranstaltungen einzubinden.

Gegenwärtig wird auch an der Universität Potsdam über eine Modularisierung des Lehramtsstudiums nachgedacht, um den Professionsbezug über Kerncurricula und eine stärkere Verknüpfung der Praxisstudien mit den universitären Veranstaltungen zu verbessern.

4. Politikwissenschaftliche Studiengänge und Bildungsangebote

Trotz eines sehr großen politikwissenschaftlichen Fachbereichs (Otto-Suhr-Institut) an der benachbarten Freien Universität Berlin wurde auch die Politikwissenschaft an der UP mit zunächst sechs Professuren überdurchschnittlich ausgestattet. Die UP ist deshalb die einzige deutsche Universität, in der auf der Basis eines in großen Teilen gemeinsamen Grundstudiums und unterschiedlicher Ausrichtungen des Hauptstudiums fünf verschiedene Studienabschlüsse möglich sind: Diplom Politikwissenschaft, Diplom Verwaltungswissenschaft, Magister Haupt-, Magister Nebenfach Politikwissenschaft, Staatsexamen Politische Bildung (für verschiedene Lehrämter). Allein die Zahl der Studierenden im Hauptfach (ohne MA Nebenfach und ohne Lehramt) ist im Laufe der neunziger Jahre auf mehr als 1.000 gestiegen, so dass eine Zulassungsbeschränkung für alle politikwissenschaftlichen Studiengänge notwendig wurde.

Hinzu kamen – und kommen – spezifische Weiterbildungsangebote, vor allem für leitende Verwaltungsbeamte in der Kommunalverwaltung und für Lehrer, Veranstaltungen für alle Studierenden der Universität (Ringvorlesungen, Veranstaltungsreihe „Politik aus erster Hand" mit Spitzenpolitikern), eine Zusammenarbeit mit anderen Einrichtungen der politischen Bildung, insbesondere der Landeszentrale für politische Bildung, und nicht zuletzt die Beteiligung der Sozialwissenschaften am Erziehungswissenschaftlichen Studium für Lehrämter. Hierfür trägt die Professur Didaktik der politischen Bildung mit einer Vorlesung „Bildungspolitik und Bildungssoziologie im Überblick" und mit Seminaren bei, zu denen noch weitere spezielle Seminarangebote aus der Politikwissenschaft und Soziologie hinzu kommen.

5. Forschung, Fachtagungen, Politik- und Bildungsberatung

Wenngleich zumeist eher mittelbar wird die politische Bildung auch durch die politikwissenschaftliche Forschung, durch Fachtagungen und die wissenschaftliche Politikberatung beeinflusst. So sind die meisten der größeren politikwissenschaftlichen Forschungsprojekte, die im letzten Jahrzehnt in Potsdam abgeschlossen wurden, auch für die politische Bildung relevant.

Nach der Gründung der UP ist Potsdam rasch zu einem beliebten Tagungsort nationaler und internationaler Fachgruppen, auch von Fachtagungen zur politischen Bildung, geworden. Mehr als 1.000 Teilnehmer besuchten im Sommer 1995 die Potsdamer Tagung der Deutschen Vereinigung für politische Wissenschaft. Groß war auch der Teilnehmerkreis des im März 2000 von der Bundeszentrale und der deutschen Vereinigung für politischen Bildung veranstalteten achten Bundeskongresses für politische Bildung. Erwähnenswert ist schließlich eine Internationale Expertentagung innerhalb einer von der Bundeszentrale für politische Bildung und dem amerikanischen Center for Civic Education getragenen Tagungsreihe, die im Herbst 2001 wenige Wochen nach dem Anschlag auf das World Trade Center stattfand.

Nach dem Ende der SED-Diktatur galt es, die politische Bildung auch in den Schulen und Hochschulen der neuen Bundesländer zu verankern und Einrichtungen für die außerschulische politische Jugend- und Erwachsenenbildung zu schaffen. Die Aufbauphase ist mittlerweile abgeschlossen. Mit seiner positiven Beurteilung der Lehrerbildung, Politik- und Verwaltungswissenschaft hat der Wissenschaftsrat im Jahr 2000 die beiden Strukturentscheidungen bestätigt, durch die der UP unter den brandenburgischen Institutionen der politischen Bildung eine Schlüsselstellung zugewiesen wurde. Galt es in den neunziger Jahren, neue Institutionen wie das Unterrichtsfach Politische Bildung, die Universität mit ihren sozialwissenschaftlichen Disziplinen und Studiengängen, die Landeszentrale für politische Bildung etc. möglichst rasch funktionsfähig zu machen, so steht nun wie andernorts die Qualität dieser Institutionen und ihrer Leistungen auf dem Prüfstand. Dies zeigt sich auch in der wachsenden Beteiligung der Potsdamer Politikdidaktik an Gremien und Arbeitsgruppen, die programmatische Empfehlungen für Curriculumreformen und die Reform der Lehrerbildung erarbeiten (Rahmenplankommission Politische Bildung Brandenburg; Kommission Eckwerte Politische Bildung beim Bildungssenator Berlin; von der KMK berufene Expertengruppe Kerncurriculum Politikunterricht; externe Evaluation der Grundwissenschaften in der Lehrerbildung an niedersächsischen Universitäten).

Heidemarie Werner
Politische Bildung – eine Reise ohne Wiederkehr

Mehr als 10 Jahre Politische Bildung in den neuen Bundesländern – Anlass zum Zurückdenken – Nachdenken – Überdenken – und Weiterdenken! Wie war es eigentlich 1990? Warum habe ich mich entschlossen noch einmal ein Studium zu beginnen? Und dann ausgerechnet Politische Bildung! Und was ist jetzt daraus geworden? Haben sich meine Erwartungen erfüllt? Wie steht das Unterrichtsfach Politische Bildung heute da? Das sind nur einige der Fragen, die mir nach einem Telefonat durch den Kopf gingen. Ich wurde darin gefragt, ob ich mir vorstellen könnte, Erfahrungen über eine Erfahrungen mit der Thematik „10 Jahre Politische Bildung in den neuen Bundesländern" zu schreiben. Obwohl es mir reichlich schwierig erschien, sagte ich zu.

1. Der Beginn einer „Reise" – ohne Fahrplan

Um es gleich vorweg zu sagen: Politische Bildung ist das Fach, welches ich jetzt am liebsten unterrichte. Als ich mich 1990 entschlossen hatte, mich beim damaligen Schulamt Neuruppin für die angebotene Weiterbildungsmaßnahme des Landes anzumelden, hatte ich (fast) keine Ahnung, was mich bei diesem Studium tatsächlich erwartete. Der Grund für meine Anmeldung war eher unspektakulär. Ich hatte ein allgemeines Interesse an aktuellen Ereignissen, wollte wissen, wie politische Entscheidungen zustande kommen oder wie man sie beeinflussen kann, welche Rolle Parteien spielen, ob man auch ohne sie auskommen kann, welchen Weg das neue Europa gehen kann, wie internationale Politik funktioniert. Wenn man es genau betrachtet, hätte auch ein intensives Literatur- oder Zeitungsstudium diese Fragen beantworten können. Ausschlaggebend dafür, dann tatsächlich mit diesem Studium zu beginnen, waren eher andere Gründe: Ich besaß zwar bereits die Lehrbefähigungen für drei Unterrichtsfächer (Geografie, Geschichte, Astronomie), sah aber aufgrund eines geringeren Stundenvolumens dieser Fächer (im Vergleich zum DDR-Stundenanteil) für mich keine gesicherte Zukunft. Hinzu kam, dass es in Brandenburg für dieses Fach keine ausgebildeten Lehrer gab und somit der Bedarf also auf jeden Fall da sein würde. Ab September 1991 begann für mich drei Jahre lang die Woche mit einem Studientag und der Fahrt nach Oranienburg, mit jeweils 4 Seminaren. Zu Beginn des Studiums wusste keiner der Teilnehmer und (leider) auch keiner der Verantwortlichen im Ministerium, wie und mit welchen Abschlüssen das Studium enden sollte. Es wurden etliche emotional beladene Diskussionen und Aussprachen geführt, Anfragen gestellt, Forderungen formuliert. Dabei wollten wir nur Klarheit darüber haben, ob wir dieses Studium mit einer Lehrerlaubnis, einer Lehrbefähigung für die Sekundarstufe I oder für die Sekundarstufe II abschließen. Aus heutiger Sicht muss ich aber sagen, dass die Bedingungen, die wir damals hatten, gut waren. Immerhin bekamen wir einen unterrichtsfreien Tag und 5 Anrechnungsstunden, um dieses Studium absolvieren zu können. Die zeitliche Belastung für uns war trotzdem sehr hoch. Außer Seminararbeiten, Vorträgen und fachdidaktischen Wochen in den Ferien war ein sehr umfangreiches Literaturstudium notwendig. Und das alles neben unserer eigentlichen Tätigkeit – nämlich Lehrerin zu sein, mit all den Verpflichtungen, die dieser Beruf mit sich bringt.

Von den möglichen Inhalten des Studiums hatte ich nur sehr vage Vorstellungen. Ich dachte mehr an Institutionenkunde und Staatsrecht. Von „Soziologie", „Erlebnisgesellschaft", „Wirtschaftsliberalismus" oder „Magischem Viereck" hatte ich bis dahin so gut wie nichts gehört. Aber das machte die Sache für mich auch spannend. Ein Glück, dass ich zu Anfang gar nicht wusste, was ich alles *nicht* wusste! Jeder Montag war tatsächlich ein Stück neue Erkenntnis.

2. Bunt auf Rot

Vor Beginn des Schuljahres 1991/92 kämpfte ich vor allem gegen die vorherrschende Meinung: Politische Bildung ist „Staatsbürgerkunde", nur mit anderem Namen. Ich erinnere mich, viele Diskussionen zu diesem Thema geführt zu haben. Mit meiner Meinung „Nein, ist es nicht" hatte ich Mühe, mich zu behaupten, denn ich wusste zwar, was ich *nicht* wollte – Schüler in eine bestimmte Denkrichtung drängen. Aber *was* ich wollte, war schon sehr viel schwieriger zu formulieren. Ich hatte viel Enthusiasmus zu bieten, aber mir fehlte das Wissen. Trotzdem waren die häufigen Diskussionen notwendig, hier spiegelte sich die schwierige Situation der Schüler wider. Die Schule war zu dieser Zeit eine der wenigen Institutionen zur Aufrechterhaltung des sozialen Lebens, die für die Jugendlichen auf der einen Seite relativ stabil erschien, auf der anderen Seite aber auch immer wieder in Frage gestellt wurde. Persönliche Erfahrungen, Verunsicherungen, Veränderungen im Erwerbsleben der Eltern oder auch neue gesellschaftliche Differenzierungen in der Jugend setzten z.T. Aggressionen frei, die ich bis dahin nicht kannte. Es gab aber auch viele Jugendliche, die von mir Hilfe und Rat erwarteten. Zum Teil fühlte ich mich genauso hilflos wie meine Schüler, denn ich selbst war ja auch auf der Suche nach meiner „Stellung im System". Die vielen, auch sehr offenen Diskussionen, die gemeinsame Suche nach Antworten und eben auch die gemeinsame Ratlosigkeit hatten grundlegende Auswirkungen auf das Verhältnis zu meinen Schülern. Irgendwie saßen wir alle im gleichen Boot. Und diskutiert wurde alles, „was uns in den Weg kam": aktuelle Probleme, DDR-Ereignisse, Umweltprobleme, Kindererziehung, Aufgaben und Diäten der Politiker, Drogen, Reichtum und Armut auf der Welt etc. Die Diskussionen über das Ende der DDR ergaben sich fast von selbst: Mir passierte es immer wieder, wenn ich neu in eine Klasse kam, dass ich gefragt wurde: „Waren Sie bei der Stasi?" – und schon waren wir im politischen Gespräch.

Seit dem 22. August 1991 gab es dann einen vorläufigen Rahmenplan für das Land Brandenburg, aber es war schon schwierig, ohne weitere Unterrichtsmaterialien auszukommen. Anfangs arbeitete ich mit „Lehrbuch-Geschenksendungen" aus den alten Bundesländern. Ständig war ich auf der Jagd nach Arbeitsblättern, Unterrichtssequenzen oder Anschauungsmaterial. Alles, was nur irgendwie brauchbar erschien, wurde mitgenommen. Dadurch hatte ich recht schnell einen ansehnlichen Fundus zusammen. Ich empfand es als sehr wohltuend, dass (im Gegensatz zu heute) viele Lehrer bestrebt waren, sich auszutauschen, gemeinsam Ideen zu entwickeln, sich gegenseitig zu unterstützen. Ich probierte viele neue Methoden aus, erlebte Erfolge und Misserfolge und lernte gemeinsam mit den Schülern.

Der Unterricht war aus heutiger Sicht ein buntes Sammelsurium vieler Themen, ohne richtige Systematik – war eine Entdeckungsreise und hat tatsächlich überwiegend Spaß gemacht.

3. Im Heute angekommen – Ziel erreicht?

Der Unterricht macht auch heute noch Spaß, aber vieles ist seit den Anfangsjahren anders geworden. Oft hat sich bei mir und den Kollegen Routine eingeschlichen. Jeder hat sich seine Unterrichtsinhalte ‚festgelegt', jeder kämpft – mehr oder weniger – für sich allein. Die Aufbruchstimmung existiert nicht mehr. Zum Teil hat sich sogar Resignation breit gemacht. Das hat verschiedene Ursachen. Ein wesentliches Problem ist für mich die Streichung des Unterrichtsfaches in den Jahrgangsstufen 7 und 8. In diesen beiden Jahrgangsstufen habe ich vor allem Probleme besprochen, die den Alltag der Jugendlichen unmittelbar berührten (Verhaltensprägung und Verhaltenssteuerung durch Gruppen, Werbung und Konsum, Umgang mit Regeln usw.). Dadurch konnte ich sie für andere, schwierigere Themen aufschließen. Ich hatte einen besseren ‚Draht' zu ihnen. Jetzt beginnen wir PB mit einer Wochenstunde in der neunten Klasse (vorher Klasse 7 mit 2 Wochenstunden). Die Entwicklung wurde damit wesentlich verkürzt, ich kann den Jugendlichen nur wenig Raum lassen, sich in das neue Fach einzufinden. Der Zensurendruck sitzt immer im Nacken. Vor allem aber bin ich der Meinung, dass eine für die Jugendlichen wichtige Etappe der Sozialisation für die politische Bildung nicht ausreichend genutzt werden kann. In Brandenburg erleben die Schüler mit dem Übergang in die Sekundarstufe I in der 7. Klasse ein neues soziales Gefüge. Sie befinden sich oft selbst in einer schwierigen Entwicklungsphase, gehen von nun an in eine neue Schule, bekommen neue Lehrer, finden neue Freunde, müssen auch manche alte soziale Bindung aufgeben. Gerade hier wäre auch der Unterricht in Politischer Bildung notwendig. In dieser Jahrgangsstufe habe ich früher das Zeitvolumen und die Möglichkeit gehabt, wesentliche grundlegende Unterrichtsinhalte der Sozialisation am konkreten Beispiel gemeinsam mit den Schülern zu erarbeiten. In der 9. und 10. Jahrgangsstufe konnte diese Problematik dann ohne Probleme wieder aufgegriffen und auf eine abstraktere, politische Ebene gestellt werden. Durch die veränderte Stundentafel hat sich der Unterricht wesentlich verändert. Ich kann weniger auf individuelle Neigungen, breit angelegte Diskussionen oder zeitaufwändige Methoden eingehen. Der Zeitdruck verdrängt oft die Kreativität. Zeitvolumen und beabsichtigte Lehr- und Lerninhalte stimmen nicht mehr überein – zurück bleibt das ständige Gefühl, nicht genügend geleistet zu haben. Hinzu kommt der Druck von außen: der Vorwurf in den Medien oder von Personen der Öffentlichkeit, die Politische Bildung habe versagt.

In der Schule spüre ich immer stärker, dass das Interesse an politischen Problemen gerade bei Schülern der Sekundarstufe I stark abgenommen hat. Politikverdrossenheit, Desinteresse bis hin zur offenen Ablehnung, sich mit bestimmten Problemen auseinander zu setzen, erschweren das Unterrichten. Ganz besonders deutlich wird das, wenn wir über Mitwirkung/Mitbestimmung und politische Einflussnahme sprechen. „Wir können ja doch nichts ändern", „Die da oben machen eh, was sie wollen" sind dabei die harmlosen Äußerungen. Für mich ergeben sich hier wieder Ähnlichkeiten mit der Situation nach 1990. Das derzeitige politische Klima beeinflusst wieder einmal sehr stark meinen Unterricht. Ich empfinde die Situation aber als schwieriger als damals. Die sozialen Unterschiede sind größer geworden, die Offenheit der Schüler untereinander hat abgenommen, Zukunftsängste werden deutlicher. Ein Teil der Schüler fühlt sich als Bürger zweiter Klasse, sucht eigene (in meinen Augen auch falsche) Wege. Unterstützt werden sie dabei von ihren Eltern, die die soziale Absicherung in der DDR und die Arbeitsplatzsicherheit idealisieren, ohne andere Seiten der DDR-Realität zu betrachten. Zunehmende Fremdenfeindlichkeit erschwert sachliche Diskussionen. Die unter Konsumstress stehenden Eltern nehmen sich oft weniger Zeit für ihre Kinder, die fehlende familiäre Zuwendung wirkt sich enorm auf die sozialen Kompetenzen der Schüler aus. Der Kampf um einen Ausbildungsplatz und drohende Jugendarbeitslosigkeit machen mutlos. Nur wenigen Jugendlichen gelingt es, ein Selbstbewusstsein zu entwickeln und damit auch die Bereitschaft zur politischen Partizipation. Die zur Verfügung stehende Unterrichtszeit in der Sekundarstufe I kann hier nur wenig dazu beitragen. In Vorbereitung auf diesen Artikel habe ich sehr ausführlich mit Schülern darüber diskutiert, welchen Wert das Fach Politische Bildung für sie hat. Immer wieder wurde mir gesagt, dass PB zu den wenigen Fächern in der Sekundarstufe I gehört, die Zeit für Diskussionen zur Verfügung stellen, im gleichen Atemzug bekam ich aber auch zu hören, dass diese Zeit viel zu kurz ist. Die Jugendlichen brauchen diese Zeit, es baut sich Frust auf, wenn wir aus Zeitmangel nicht auf ihre Fragen und Probleme eingehen können. Politikverdrossenheit lässt sich damit nicht abbauen.

Ein wenig Hoffnung setze ich in die Umsetzung der neuen Rahmenlehrpläne, die im Moment im Land Brandenburg diskutiert werden *(siehe den Beitrag von Tomaszek, Kap. II)*.

4. Ein weiterer Schritt nach vorn?

Das Land Brandenburg diskutiert seit einem Jahr die neuen Rahmenlehrplanentwürfe für die Sekundarstufe I. Der bis jetzt noch gültige vorläufige Rahmenplan soll mit dem Schuljahr 2002/2003 außer Kraft gesetzt und durch den Rahmenlehrplan ersetzt werden. Während der alte Plan sehr offen war und außer den vorgegebenen Lernfeldern (Gesellschaft, Wirtschaft, Demokratie, Die Eine Welt) keine verbindlichen Inhalte feststanden, gibt es im neuen Rahmenlehrplan einen hohen Anteil obligatorisch zu vermittelnder Kenntnisse. Die Qualifizierungserwartungen sind klar formuliert. Bisher war es so, dass jeder Lehrer völlig eigenverantwortlich seine eigenen Vorstellungen in den Unterricht einbrachte. Das hat sehr große Vorteile.

Es hat aber auch den Nachteil, dass Kollegen, die dieses Fach nur zeitweilig unterrichten (z.B. weil sie in dieser Klasse gerade Klassenleiter sind oder weil sie in ihrem Wochenstundensoll noch eine Stunde ‚offen' haben), zum überwiegenden Teil nicht die Lehrbefähigung für dieses Fach besitzen, deshalb oft nicht mit dem nötigen Wissen ausgestattet sind und wesentliche Zusammenhänge nicht ausreichend darstellen können. Der Vorteil der Verbindlichkeit liegt in der Vergleichbarkeit des Unterrichts. Wenn unsere Schüler die Schule verlassen, werden sie einen annähernd gleichen Erkenntnisstand besitzen. Darauf kann die folgende Aus- oder Weiterbildung aufbauen. Ich sehe darin auch die Chance einer qualitativen Verbesserung des Unterrichts. Ich habe die Hoffnung, dass mit der Einführung des neuen Rahmenlehrplanes auch ein Innovationsschub erfolgt, dass die Kollegen mit der Erarbeitung des schulinternen Lehrplanes wieder anfangen, *gemeinsam* nach Wegen der Umsetzung dieses Planes zu suchen, dass ein Synergieeffekt auftritt. Mit dem neuen Rahmenlehrplan werden die Kollegen auch verpflichtet, in jeder Klassenstufe einmal im Schuljahr fächerübergreifend zu arbeiten. Kooperation und ‚über den eigenen Teller-/Unterrichtsrand hinaussehen' sind also notwendig. Wir haben damit die Chance, Wissen ganz bewusst zu vernetzen, um so Zusammenhänge für Schüler deutlicher werden zu lassen. Nicht zuletzt muss auch über die Etablierung anderer Unterrichtsmethoden nachgedacht werden. Demokratie Lernen und Frontalunterricht vertragen sich nicht so gut. Frontalunterricht, der leider immer noch den größten Raum einnimmt, ist zwar in verschiedenen Situationen notwendig, sollte aber durch andere Sozialformen zunehmend eingeschränkt werden.

Vielleicht gelingt es uns auch, Lehrer wieder stärker für Fortbildungen zu interessieren. Das Interesse daran hat in den letzten Jahren sehr stark abgenommen. Die Politikverdrossenheit macht auch vor Lehrern nicht halt, wird durch aktuelle Vorkommnisse (Spendenaffären, Verfilzungen, Käuflichkeit) nicht abgebaut. Resignation halte ich hier aber für falsch. Wir wollen junge Menschen erziehen, sie lehren, das Lernen zu lernen, sie mit sozialen, methodischen und fachlichen Kompetenzen ausstatten. Dieses Ziel können wir nur erreichen, wenn wir selbst glaubwürdig sind und den Jugendlichen Kooperation und die Bereitschaft zu Innovation und Veränderung vorleben.

Kapitel III

Politische Bildung in Berlin-Ost

1. Außerschulische politische Bildung

Thomas Gill

Jugendbildungsstätte Kurt Löwenstein – Bildung und Begegnung in Berlin und Brandenburg

1. Zur Vorgeschichte: Politische Jugendbildung in Westberlin

Die Jugendbildungsstätte Kurt Löwenstein wurde 1975 als Jugendbildungsstätte des Jugendverbandes „Sozialistische Jugend Deutschlands – Die Falken" (im Folgenden: SJD) im Westteil Berlins gegründet. Die Gründung erfolgte im Zuge der Förderung von Jugendbildungsstätten durch den Senat Berlin im Rahmen des neu geschaffenen Bildungsurlaubsgesetzes. Die Arbeit wurde in einer Einrichtung mit 45 Betten in Mehrbettzimmern im Bezirk Spandau aufgenommen, die zuvor schon seit den 50er Jahren als Freizeit-, Bildungs- und Gästehaus der Berliner Falken gedient hatte. Der Namensgeber Kurt Löwenstein engagierte sich als Neuköllner Schulstadtrat und Vorsitzender der „Reichsarbeitsgemeinschaft der Kinderfreunde" in der Weimarer Republik für Kinderrechte und eine grundlegende Schulreform. Er verstarb 1939 im Exil.

Bis Ende der 80er Jahre entwickelte sich ein spezifisches Profil der Einrichtung, welches sich aus der bildungspolitischen Tradition der Falken und aus verschiedenen Konzepten der politischen Jugendbildung und der Gemeinwesenarbeit entwickelte. Diese ausgefeilte und praxiserprobte Konzeption der Bildungsarbeit lässt sich hier nur stichpunktartig skizzieren.

Zielgruppe waren vor allem „Arbeiterjugendliche" entsprechend dem damaligen Verständnis, Jugendliche, die Hauptschüler, Auszubildende oder auch arbeitslos sind und die von außerschulischer politischer Bildung nur sehr schwer erreicht werden. Ein Zugang wurde über langjährige Kooperationen mit Schulen, Projektträgern und Oberstufenzentren geschaffen. So war eine gewisse Kontinuität in der Arbeit gewährleistet. Die Erfahrungen, das Wissen und die Kompetenzen der Teilnehmenden waren Ausgangspunkt des Lernprozesses. Damit sollte radikal mit den bisherigen Lernerfahrungen der Teilnehmenden gebrochen werden. Ziel war auch immer die Herstellung von Handlungsfähigkeit. Die Produktorientierung der Seminararbeit sollte diese erfahrbar machen: „Wir entwickeln gemeinsam (politische) Aussagen und stellen diese der (Seminar-)Öffentlichkeit vor". Weitere wichtige Merkmale der Bildungskonzeption waren die geschlechtsbezogene Herangehensweise, die unterschiedliche Sozialisationshintergründe berücksichtigt, und die interkulturelle Bildung im Sinne des gegenseitigen kennen und verstehen Lernens.

Aufgrund eines Sonderprojekts wurde es über mehrere Jahre möglich, in enger Kooperation mit dem Jugendverband und dem Jugendzentrum „Potse" ein Verbundprojekt im Stadtteil zu etablieren. Ziel war es, den Kontakt zu den Seminarteilnehmern aufrecht zu erhalten, um so im Anschluss an die Seminare weiter zu arbeiten. Diese Bildungsangebote wurden von zwei bis fünf Bildungsreferenten (je nach Zahl der zusätzlichen ABM-geförderten Stellen) und einem Team von rund 15 Honorarmitarbeitern entwickelt und durchgeführt.

2. Erste Kontakte nach Ostberlin und Brandenburg

Ende 1989, Anfang 1990 gab es bei der SJD unterschiedliche Einschätzungen über den möglichen Entwicklungsweg der DDR. Dementsprechend war auch die Frage der Wiedergründung der Falken auf dem Gebiet der DDR umstritten. Doch sehr schnell wurde deutlich, dass es keine Chance für einen eigenständigen Entwicklungsweg gab, dass die DDR zum Beitrittsgebiet wurde und es damit auch keine Perspektive für eigenständige freiheitlich-sozialistische Jugendverbände gab. Als Konsequenz wurden in Ostberlin und den fünf neuen Bundesländern Landesverbände der SJD gegründet und in Ostberlin ein Ostbüro des Bundesverbandes eingerichtet, das diesen Prozess unterstützen und koordinieren sollte.

Die Jugendbildungsstätte versuchte unmittelbar nach der Maueröffnung erste Kontakte zu Ostberliner Gesamtschulen und zu den dann entstehenden ersten Hauptschulen aufzunehmen, um mit ihnen Begegnungsseminare mit Westberlinern durchzuführen. Am Anfang war die Neugierde der Teilnehmer aufeinander groß, die Bereitschaft sich auf das Ungewohnte und Neue einzulassen hoch. Die Ostberliner Schüler begannen die tradierte Rolle der Lehrer in Frage zu stellen und empfanden die Angebote der Bildungsstätte als große Bereicherung. Die anfängliche Neugierde ließ wegen der zunehmend negativen Erfahrungen mit der Vereinigung nach. So beklagten junge Ostberliner Auszubildende schon bald einen Verlust an Solidarität. Schulseminare fanden auch mit Brandenburger Teilnehmern statt, Bildungsurlaubsseminare waren aufgrund der noch fehlenden gesetzlichen Grundlage nicht möglich.

3. Brüche und Veränderungen

Ein Bruch war spätestens mit den Übergriffen von Hoyerswerda zu verzeichnen, Misstrauen und Vorurteile nahmen zu. Die Bildungsteams sahen sich mit ganz neuen Formen von rechtsextremen und rassistischen Einstellungen konfrontiert. Äußerungen von Vorurteilen, Ressentiments und Ängsten der Teilnehmenden waren in der Vergangenheit bewusst zugelassen worden, um diese im Rahmen eines interkulturellen Austauschs gemeinsam bearbeiten zu können. Durch die neue Qualität von Hass und Gewalt, die geäußert wurde, war dies so nicht mehr möglich. Interkultureller Bildung, die den Willen zur Verständigung und zur Überwindung von Grenzen voraussetzt, war die Grundlage entzogen. Gewalt – insbesondere auch strukturelle – wurde zu einem wichtigen Seminarthema. Zugleich wurde nach Möglichkeiten gesucht, einen Rassismus, „der ohne Ausländer auskommt", in Form von Wochenseminaren bearbeiten zu können.

Eine zweite Veränderung in der Konzeption bestand darin, dass mehr Augenmerk auf die Betonung von Individualität, persönlicher Freiheit und Autonomie gelegt wurde, während zuvor Solidarität und kollektive Interessensvertretung besonders im Mittelpunkt gestanden hatten.

Schon ab 1990/91 wurde versucht, der geänderten europapolitischen Situation Rechnung zu tragen, und eine erste deutsch-polnische Schulbegegnung mit einem Partner in Warschau durchgeführt. Weitere Begegnungen mit den baltischen Staaten mit offenem Austauschcharakter folgten gleich Anfang der 90er Jahre. Diese unterschieden sich alle deutlich von den eher offiziellen Jugendaustauschveranstaltungen vor 1989, die regelmäßig mit Partnern aus der Sowjetunion, CSSR und DDR stattgefunden hatten *(siehe den Beitrag von Hennig, Kap. II)*.

4. Neue Aufgaben und neues Domizil

Noch im Jahr 1990 entwickelte sich eine Diskussion bei der SJD und im Verein der Jugendbildungsstätte, die Einrichtung mit erweiterter Konzeption an einem neuen Standort fortzuführen. Eine ganze Reihe von Gründen sprachen für eine solche Entwicklung. Das alte Haus, das kein Eigentum des Vereins war, sollte Wohnungsneubauten weichen, eine Kündigung des Mietvertrages lag bereits vor. Außerdem wollte der Bundesverband der Falken eine zweite Bundesbildungsstätte (die erste befindet sich bei Recklinghausen in NRW) in den neuen Ländern und in der Nähe Berlins aufbauen. Es bot sich an, hier die bereits vorhandenen Ressourcen der Jugendbildungsstätte Kurt Löwenstein zu nutzen. Die schon diskutierte Länderfusion Berlin-Brandenburg legte es nahe, die neu gegründeten Brandenburger Falken einzubeziehen, zumal nicht zu erwarten war, dass man innerhalb der Stadtgrenze Berlins ein geeignetes Objekt fand, und so ohnehin von einem zukünftigen Brandenburger Standort auszugehen war. Zudem unterstützte die Bildungsstätte den Aufbau des Jugendverbands in Brandenburg durch verschiedene Projektangebote wie z.b. Erstellung einer Ausstellung zum Thema Rechtsextremismus, eine Theatergruppe, Wochenendseminare etc.

Vor allem ließen es die aktuellen Entwicklungen in Osteuropa sinnvoll erscheinen, die sich dort gründenden demokratisch-sozialistischen Jugendverbände mit in den Blick zu nehmen und eine neue Aufgabe in dem Austausch und der Unterstützung dieser Organisationen zu sehen. Schließlich spielten die Überlegungen eine Rolle, langfristig den Bestand der Einrichtung dadurch zu sichern, dass sie durch die Erweiterung künftig auf mehr Standbeinen stehen kann. Anfang der 90er Jahre veränderte sich die Zuschusssituation in Berlin grundlegend, Projektmittel wie z.B. aus dem Sonderprogramm der Bundesregierung gegen Aggression und Gewalt wurden zunehmend wichtiger zur Absicherung der eigenen Arbeit.

Bei der Realisierung der Planung mussten etliche Hürden überwunden werden: Ein neues Haus zu finden und umzubauen erwies sich als echte Odyssee, erst Anfang 2000 waren dann die letzten Umbauarbeiten beendet, ein Nutzungsvertrag mit der Senatsverwaltung Berlin abgeschlossen und das neue Domizil mit 110 Betten in Werftpfuhl (Landkreis Barnim, Brandenburg) bezogen. Vereinsintern war eine grundlegende Satzungsänderung zu bewältigen und die schwierige Frage zu klären, welche Auswirkung neue Schwerpunktsetzungen auf die Weiterführung der bisherigen Arbeit haben würden.

5. Bildung und Begegnung – die Jugendbildungsstätte Kurt Löwenstein im neuen Jahrtausend

Auf den ersten Blick hat sich in dem Jahrzehnt seit 1990 in der Bildungsarbeit der Jugendbildungsstätte Kurt Löwenstein nur wenig verändert. Weiterhin wird versucht, die Zielgruppe der ausgegrenzten Jugendlichen zu erreichen: Hauptschüler, Jugendliche ohne Ausbildungsplatz oder in Ausbildungsprojekten mit ungesicherter Zukunftsperspektive. Ziel ist es weiterhin, einen Ort zur Selbstreflexion und zur Erprobung von Handlungsfähigkeit zu bieten. Entsprechend wird mit biographischen, produkt- und prozessorientierten Methoden gearbeitet, stehen geschlechtsbezogene und erfahrungsnahe Herangehensweisen im Mittelpunkt. Die Kleingruppen während der Wochenseminare werden von einem Team von Bildungsreferenten und Honorarmitarbeitern betreut.

Genauer betrachtet sind grundlegende Veränderungen bei den Rahmenbedingungen und im Selbstverständnis der Arbeit festzustellen, von denen hier zumindest einige zentrale benannt werden sollen.

Antirassismus: Eine völlige Neubestimmung war im Bereich der Antirassismusarbeit notwendig. Die veränderten Rahmenbedingungen mit zunehmend offen und aggressiv geäußerten Ressentiments und Anfeindungen und eine erhöhte Gewaltbereitschaft machten eine gründliche Überprüfung der eigenen Praxis erforderlich. Dabei wurde auch die Gefahr reflektiert, selbst rassistische Stereotype, Ausgrenzungsmechanismen und Formen gesellschaftlicher Herrschaft zu reproduzieren. Nicht mehr die Vorurteile wurden in den Mittelpunkt der Auseinandersetzung gestellt, sondern die gesellschaftlich bestimmten Formen von Diskriminierung und Ausgrenzung. Durch diese Herangehensweise sind nicht mehr die Teilnehmer und ihre „Bilder im Kopf" das Problem, sondern die gesellschaftlichen Strukturen, die zu Diskriminierung und Ausgrenzung führen und somit zur Entstehung der Bilder im Kopf beitragen. Als Handlungsperspektive eröffnen sich so eine Reihe von Fragen: Wo werde ich selbst ausgegrenzt? Wo grenze ich andere aus? Wem nützt ein solches System der Herrschaft? Was kann ich selbst tun, um die Reproduktion des Systems zu durchbrechen? Es handelt sich hierbei weniger um ein eigenes Seminarthema als vielmehr um einen Bildungsansatz, der bei allen Seminaren relevant ist.

Zugleich wurden die Begegnungsseminare fortgeführt. Die Hürden, die dabei zu überwinden sind, haben zugenommen. Übergriffe auf Berliner Schulklassen in Brandenburg Ende der 90er Jahre haben die Verunsicherung der Teilnehmer verstärkt. Begegnung und Verständigung ist möglich, bedarf aber einer intensiven Vorbereitung, damit sie gelingt. Neue Aspekte – wie Stadt/Land, Geschlechtsspezifik – wurden in den vergangenen Jahren exemplarisch in die Konzeption einbezogen.

Jugend als Problem – Jugend als Zukunft? Die öffentliche Wahrnehmung von Jugend hat sich in den 90er Jahren deutlich verändert: Jugendliche werden über ihre Probleme definiert. Sie scheinen selbst zu einem gesellschaftlichen Problem geworden zu sein. Dies hat Auswirkungen auf die Selbstverortung bei den Jugendlichen. Nicht mehr die eigenen Wünsche, Bedürfnisse, Interessen, Fähigkeiten und Fertigkeiten stehen im Mittelpunkt, sondern Defizite, Probleme, Leistungserwartungen und Versagensängste. Eine politische Jugendbildung, die sich ganz bewusst auf die Teilnehmenden einlässt, deren Erfahrungen und Interessen zum Ausgangspunkt macht, steht vor neuen Herausforderungen: Was heißt dann Stärkung der Individualität und der persönlichen Autonomie? Wo kann kollektive Interessensvertretung noch ansetzen? Welchen Bezug haben die Teilnehmenden zur Gesellschaftspolitik? Selbstverständlich gilt dieser Befund nie für alle Jugendlichen, aber als Tendenz ist er gerade bei den Zielgruppen der JBS Kurt Löwenstein deutlich zu vermerken.

Internationale Bildung und Begegnung: Was 1990 mit einem ersten deutschpolnischen Seminar begann, ist inzwischen ein Arbeitsbereich mit über 4.500 Teilnahmetagen im Jahr geworden. Die internationale Bildungs- und Begegnungsarbeit hat den Gesamtcharakter der Einrichtung verändert, hat zumindest ansatzweise zur Europäisierung des Selbstverständnisses beigetragen. Diese Ausweitung ist möglich geworden, da sich in zahlreichen Ländern Osteuropas Partnerorganisationen der SJD etabliert haben, die versuchen eine demokratisch-sozialistische Jugendarbeit aufzubauen und die Partner für gemeinsame Projekte mit der Jugendbildungsstätte sind. Diese osteuropäischen Partner haben ein großes Interesse, durch die Erfahrungen der Westeuropäer bzw. der Jugendbildungsstätte Anregungen für die eigene Jugendarbeit zu erhalten. Das Spektrum der internationalen Bildungs- und Begegnungsangebote der Jugendbildungsstätte reicht von Begegnungen von Schülern und Auszubildenden, einem deutsch-polnischen Mädchenseminar zum Thema Selbstbehauptung bis zu Themenseminaren mit über 50 Teilnehmenden aus mehr als 20 Ländern Ost- und Westeuropas zu Ökologie, Rassismus, Europa, Equalität etc. Ebenfalls zum Angebot der internationalen Bildung gehören Kooperationsveranstaltungen mit der International Union of Socialist Youth (IUSY) wie seit mehreren Jahren die International Summerschool auch mit Teilnehmenden aus Amerika, Asien und Afrika, ferner das schwul-lesbische Seminar „Queer Easter" oder die EU-geförderte europäische Fortbildung „future leaders" für Aktive der Jugendarbeit aus West- und Osteuropa.

Wanderungsprozesse und Konflikvermittlung: Wird das Problem der zunehmend gewaltförmigen Konfliktaustragung nicht nur negativ auf der Ebene der vermeintlich gewaltbereiteren Jugendlichen betrachtet, sondern zukunftsorientiert auch nach den gesellschaftlichen Entwicklungsprozessen gefragt, die mit diesem Phänomen einhergehen, werden grundlegende Veränderungsprozesse sichtbar. Einer dieser Prozesse (als weitere wären z.B. noch zu nennen: die ungesicherte ökonomische und soziale Perspektive, die fehlenden Beteiligungsmöglichkeiten etc.) ist die Zunahme von Wanderungsbewegungen, die sich schon heute in der Region Berlin-Brandenburg abzeichnen: Wanderungen zwischen Ost und West, zwischen Stadt und Land, und zwar jeweils in beide Richtungen, aber auch Wanderungsprozesse innerhalb von Europa, die sich mit der EU-Osterweiterung noch ausdehen werden. Diese führen zu (neuen) Konflikten zwischen Bevölkerungsgruppen, die in nicht ausreichendem Maße über die Kompetenz der friedlichen Aushandlung und Konfliktvermittlung verfügen. Denn nicht die Konflikte sind das Problem, sondern die fehlende Erfahrung mit Mechanismen der Konfliktaushandlung – sprich Mediation. Für die politische Bildung stellt sich in diesem Zusammenhang die Frage, welchen Beitrag sie leisten kann, diese zu befördern. Mit einem peer-Mediationsprojekt in Kooperation mit der lokalen Jugendhilfe im Landkreis Barnim will die Jugendbildungsstätte Erfahrungen in diesem Bereich sammeln, die dann auch für andere Bereiche genutzt werden können.

6. Kontinuierliche Arbeit braucht dauerhafte Förderung

Die Förderbedingungen haben sich verändert. Als dramatisch zu bezeichnen ist dabei der Umfang der Veränderung. Während noch Anfang der 90er Jahre rund 60 Prozent der Gesamteinnahmen aus der Grundförderung des Senats Berlin bestritten wurden und eine solide Planungsgrundlage boten, trägt diese zehn Jahre später nur noch zu 30 Prozent zur Finanzierung der Bildungsstätte bei. Der Rest muss entweder aus Vermietungen erwirtschaftet oder als Projektmittel meist jährlich neu eingeworben werden. Dies bindet erhebliche Arbeitskapazitäten der Bildungsreferenten und schafft große Unsicherheiten für längerfristig angelegte Projekte. Dabei wäre gerade die Möglichkeit, neue Projekte finanziell abgesichert über mehrere Jahre erproben und verbessern zu können, dringend geboten, um auf die beschriebenen rasanten Veränderungen, die stattgefunden haben und die noch zu erwarten sind, angemessen reagieren zu können.

2. Schulische politische Bildung

Hans-Werner Kuhn
Lehrerfort- und -weiterbildung

1. Systemwechsel

Nach dem Fall der Mauer begann im November 1989 die grundsätzliche Infragestellung der bisherigen politischen Erziehung in der DDR. Bei der größten Protestkundgebung am Alexanderplatz in Ostberlin am 4. November 1989 brachte es die Schauspielerin Steffi Spira auf den Punkt: „Meine Enkel sollen aufwachsen ohne Fackelumzüge, mit schulfreiem Samstag und ohne Staatsbürgerkunde." Das Fach „Staatsbürgerkunde" galt als zentrales Fach der politisch-ideologischen Absicherung des politischen Systems. Das Fundament bröckelte seit Mitte der 80er Jahre, wie empirische Jugendstudien belegen. Der Neuanfang geriet nicht nur für die staatlichen Stellen zum Teil zum Rettungsversuch, zum Teil zum Experiment. Die Lehrerschaft bewegte sich „zwischen Verunsicherung, Politikverdrossenheit und Engagement" (Massing 1997). Die Schüler begrüßten die neuen Freiheiten: ohne verbindliche Lehrpläne konnten neue Inhalte behandelt und schülerzentrierte Methoden eingeführt werden.

Organisatorisch bot die Übergangsphase unterschiedliche Zuständigkeiten und Kompetenzen. Vieles war selbstorganisiert,[1] eine Reihe von Fortbildungen wurde nicht anerkannt. Erst nach und nach übernahmen zunächst das Gesamtdeutsche Ministerium, später sozusagen flächendeckend die Bundeszentrale für politische Bildung die Fort- und Weiterbildung zur Qualifizierung im Fach „Sozialkunde" (Sekundarstufe I) bzw. „Politische Weltkunde" (Sekundarstufe II). In kurzer Frist wurden die Lehrpläne der Westberliner Schulen auf den Ostteil der Stadt übertragen. Hierbei galt es, zwei Reformprozesse zeitlich zu organisieren: zum einen die Umgestaltung der Einheitsschule (Polytechnische Oberschule) zum dreigliedrigen Schulwesen mit Gesamtschulen, Realschulen und Gymnasien; zum zweiten die curriculare Erneuerung der Fächer.

Im Bereich der Lehrerfort- und -weiterbildung konnte dabei auf Konzepte zurückgegriffen werden, die an der Freien Universität Berlin im Fachbereich

Politische Wissenschaften (Otto-Suhr-Institut) im Referat für politische Bildungsarbeit seit den 60er Jahren entwickelt wurden.
Die Rahmenpläne für Sozialkunde und für politische Weltkunde galten für ganz Berlin. Für diese Fächer gab es jedoch im Ostteil der Stadt keine ausgebildeten Lehrer. Das Weiterbildungs- und Fortbildungsangebot des Fachbereichs Politische Wissenschaft der Freien Universität Berlin bildete zunächst die einzige Möglichkeit für die entsprechenden Lehrer aus dem Ostteil Berlins, die notwendige Qualifikation und Lehrbefähigung für das Fach Sozialkunde zu erwerben.

2. Das Fortbildungskonzept

Das zentrale Fortbildungskonzept sah eine politikwissenschaftliche Fortbildung in einem 4-Semester-Kurs vor. Diese Schwerpunktsetzung versteht sich ganz bewusst im Gegensatz zu eher soziologischen oder erziehungswissenschaftlichen Programmen. Von der Auseinandersetzung mit zentralen politikwissenschaftlichen Feldern wird erwartet, dass die Funktionsbedingungen der Demokratie ebenso erfahrbar werden wie die Mechanismen der politischen Willensbildung und Entscheidung. Dieses *Kerncurriculum* umfasst folgende Bausteine:

Im ersten Semester wurde das politische System der Bundesrepublik, insbesondere die politische Willensbildung angesprochen. Schon jetzt wurden Planung und Analyse von Politikunterricht eingeübt. Es folgten neben einer Einführung in die politische Bildung die historischen Grundlagen gegenwärtiger Politik (40 Jahre BRD im Vergleich zu 40 Jahren DDR). Im zweiten Semester standen das Verhältnis von Recht und Politik und Probleme des Sozialstaates im Mittelpunkt. Danach folgte die Zwischenprüfung. Das dritte Semester widmete sich der Analyse, wie sich Wirtschaft und Politik in der BRD zueinander verhalten, also Konzeption und Praxis der sozialen Marktwirtschaft und Themen der Sozialpolitik. Auch hiermit verbanden sich immer wieder Umsetzungsschritte für den Unterricht. Das vierte Semester erschloss die internationale Politik mit erheblichen Lehranteilen zu Europa, schulisch operationalisiert durch Konzepte von Friedenserziehung. Im Studienelement „Friedenserziehung" standen Ergebnisse der Friedensforschung und Unterrichtsstrategien im Vordergrund, u.a. in der Auseinandersetzung mit Antikriegsfilmen (z.B. Remarque: Im Westen nichts Neues). Das zweite und dritte Semester standen im Zeichen des angeleiteten Selbststudiums von Materialien zu „Historischen Grundlagen gegenwärtiger Politik" des Deutschen Instituts für Fernstudien (DIF) Tübingen *(siehe den Beitrag von Dürr, Kap. I)*.

Dieses Programm wurde von Fachwissenschaftlern des Otto-Suhr-Instituts als Vorlesung dargeboten. Daneben fanden begleitende Seminare statt. Nicht nur exemplarische Politikfeldanalysen wurden in Arbeitsgruppen erarbeitet, auch zentrale Instrumente der Politikwissenschaft wie die Dimensionen des Politischen oder der Politikzyklus bildeten eine Grundlage der Seminare.

Angereichert wurden die fachwissenschaftlichen Bausteine durch *fachdidaktische*. Diese Bausteine wurden in Wochenendseminaren erarbeitet, in denen die Teilnehmer sich mit Aufgaben der Unterrichtsplanung ebenso auseinander setzten wie sie konkrete Planungsskizzen für exemplarische Inhalte entwickelten. In Simulationen und Vorträgen wurden zugleich handlungsorientierte Methoden vorgestellt, die einen schülerorientierten Unterricht ermöglichen sollten. Die Planungsskizzen wurden an verschiedenen Schulen (von der Sonderschule für Lernbehinderte in Hellersdorf bis zum Gymnasium in Marzahn) umgesetzt, per Video aufgezeichnet und in der Gesamtgruppe in Zwei-Tage-Kursen gemeinsam fachdidaktisch ausgewertet. Durch diese Abfolge von der Politikwissenschaft über die Fachdidaktik hin zur Fachmethodik, die in der Auswertung der Videodokumentationen wieder umgekehrt beschritten werden konnte, sollte den Lehrenden die Komplexität des Faches ebenso verdeutlicht werden wie die Komplexität des Gegenstandes Politik.

Mitte der 1990er Jahre wurde dieses Fortbildungskonzept erweitert: im Rahmen eines dreisemestrigen Kurses, in dem Demokratietheorien und internationale Beziehungen im Vordergrund standen, wurde für Gymnasiallehrer die Grundlage gelegt, qualifikatorisch für die Abnahme des Abiturs ausreichend vorbereitet zu sein. Dieses Teilstudium endete mit dem Staatsexamen, das nicht nur Klausuren und mündliche Prüfungen umfasste, sondern auch die Anfertigung einer wissenschaftlichen Hausarbeit. Lehrer, die beide Fortbildungen auf sich nahmen und damit etwa 4 bis 5 Jahre ihrer Zeit neben der Schultätigkeit investierten, besitzen damit eine professionelle Grundlage zur Vermittlung politischer Bildung, die sich sowohl in eigenen Analysekompetenzen als auch in didaktischen Fähigkeiten niederschlägt. Insgesamt nahmen 406 Lehrer an der Nachqualifizierung der FU Berlin teil, außerdem wurden etwa 100 Fünf-Tage-Kurse zu Themen der politischen Bildung durchgeführt.[2]

3. Unterrichtsanalysen

In diesem Zusammenhang wurden auch eine Reihe von fachdidaktischen Unterrichtsanalysen erstellt (vgl. Kuhn 1995; Breit 1998, 151 ff.; Kroll 2001). Prototypisch kann die Analyse einer Talkshow zum Paragraphen 218 herangezogen werden, in der Ostberliner Schüler (Klasse 11) nicht nur einen kontroversen innenpolitischen Prozess rekonstruiert haben, sondern ebenso ihre Betroffenheit und ihre Fähigkeit beweisen konnten, sich in fremde Akteursrollen hineinzuversetzen. Dieser Zusammenklang von handlungsorientierten Methoden, politikfeldbezogenen Analysen und kategorialer Auswertung in den Fortbildungsveranstaltungen zielt darauf ab, die Wahrnehmungs-, Planungs- und Handlungskompetenz der Lehrenden zu stärken.

Parallel dazu entwickelten wir ein Instrumentarium, das unter der Bezeichnung „Politikwissenschaftliche Hermeneutik" eine Verknüpfung von fachdidaktischen Dimensionen (Fachwissenschaft, Fachdidaktik, Fachmethodik) und hermeneutischen Stufen (Verstehen, Auslegen, Anwenden) herstellt, um die Komplexität des Politikunterrichts zu rekonstruieren (vgl. Kuhn 1999).

Die Wirkung der 4-Semester-Kurse lässt sich prägnant an Statements von Teilnehmern nach Abschluss der Kurse aufzeigen. Hier zwei Beispiele:

„Die Mehrzahl der Dozenten war darum bemüht, die besondere Situation des ‚Abtastens und Aufeinanderzugehens von Ost- und Westlebenserfahrungen' in ihren Lehrveranstaltungen zu beachten und zu problematisieren."

„Als besonders wertvoll habe ich die methodischen Übungen erlebt, die entweder Bestandteil der Ausbildung waren oder auch zusätzlich als Fortbildung angeboten wurden. Ungewohnt und zunächst recht schwierig war es, Methoden der politischen Bildung wie Rollenspiele oder Planspiele im Kreis der Teilnehmer selbst durchzuführen. Es erleichterte den Zugang zu einer Art des Unterrichtens, die es in der DDR nicht gab. Mir haben sich damit ganz neue Möglichkeiten des Umgangs mit den Schülern erschlossen, die dem Lehrer und den Schülern Spaß machen, Wissen anders vermitteln, als die Schüler es meist gewöhnt waren, und soziales Verhalten trainieren.

Ein positives Ergebnis der Weiterbildung war m.E. auch die vielfältige Begegnung zwischen Menschen aus Ost und West. In vielen Diskussionen in den Lehrveranstaltungen und außerhalb war spürbar, dass sich hier ein gegenseitiges Geben und Nehmen entwickelte. Politische Vorurteile wurden sichtlich abgebaut und gegenseitig Verständnis für die unterschiedlichen und gegensätzlichen Sozialisationsprozesse aufgebaut und so in der gemeinsamen Tätigkeit das Zusammenwachsen der beiden Teile Deutschlands praktiziert. Mir haben diese Kontakte sehr geholfen, in das mir fremde Gesellschafts-, Studien- und Schulsystem hineinzuwachsen." (Fest 1996, 101 f.)

4. Evaluation

Mitte der 1990er Jahre wurden im Auftrag der Bundeszentrale für politische Bildung Intensivinterviews mit Teilnehmern der Fortbildungskurse durchgeführt (u.a. in Ostberlin). Diese explorativen Interviews ergeben keine repräsentativen Ergebnisse (vgl. Massing 1997). Allerdings lassen sich anhand von Einzelaussagen charakteristische Politikvorstellungen und Unterrichtsbilder skizzieren. Sie sind als Schlaglichter der damaligen Situation zu verstehen. Der Interviewleitfaden umfasst die drei thematischen Komplexe: Unterricht, Fachdidaktik und Weiterbildung.

Einige typische Ergebnisse: Bei den *Kollegen* spielt die Folie des Staatsbürgerkunde-Unterrichts Mitte der 1990er Jahre noch eine zentrale Rolle. In einigen Interviews wird Sozialkunde als „Ersatz für Staatsbürgerkunde" betrachtet. Nach dem Systemwechsel bedeutet diese Einschätzung „automatisch eine Abwertung" für das Fach Sozialkunde. Auf Rückfrage, ob diese Gleichsetzung inhaltlich begründet sei, werden zwei Faktoren genannt. Zum einen existiere wenig Interesse am Fach, zum zweiten musste man sich zu DDR-Zeiten für Politik interessieren (Parteilehrjahr), jetzt könne man sich raushalten („Dieser Druck ist jetzt weg.").

Anders sehe es dagegen bei den *Schülern* aus; bei denen spreche sich herum, dass Sozialkunde keine Staatsbürgerkunde sei. Diese in den Augen der Interviewten entscheidende Differenz gründet sich vor allem darauf, dass im Unterricht „keine Meinung zensiert wird". Für Unterrichtsprozesse sind allerdings die Argumente wichtig, mit denen die eigene Meinung begründet wird. Dieses „Programm" formuliert eine didaktische Zielsetzung.

In der Beurteilung des *Image des Faches* kann auch bereits ein eigenes Politikbild aufscheinen. In einer Reihe von Aussagen ist dies der Hinweis auf das Gesetzgebungsverfahren; in der Kenntnis des politischen Systems drückt sich nicht nur ein Kompetenzvorsprung gegenüber den Kollegen aus, sondern hierin seien vielfach auch Jugendliche in den neuen Bundesländern den Erwachsenen überlegen.

Innerhalb der fachdidaktischen Diskussion zur *Lehrerrolle* spielt die Frage der Parteilichkeit des Lehrers eine wichtige Rolle, insofern er zwischen Lehrerrolle und Staatsbürgerrolle balanciert und einen didaktisch begründeten Weg gehen muss. Die Meinungen sind geteilt: einige formulieren im Unterricht ihre eigene Meinung – bei bestimmten Fragen wie z.B. Ausländerfeindlichkeit ließe sich dies gar nicht vermeiden – andere halten sich heraus. Das Recht auf eigene Meinung wird auch den Schülern zugestanden, die davon Gebrauch machen. Bei Abweichung wird Verständnis gezeigt, aber nach Argumenten gefragt, die die Position begründen.

5. Forschungsdefizite

Die Mentalitäten der Lehrer und Schüler an Ostberliner Schulen sowie die Strukturen der alltäglichen Unterrichtsarbeit sind bislang weitgehend unerforscht. Ein vom Referat für politische Bildungsarbeit initiiertes Forschungsprojekt unter dem Titel „Schulische und außerschulische politische Bildung im Transformationsprozess: Die Beziehungen von Mentalitäten, Institutionen und Institutionenwandel" kam Ende der 1990er Jahre nicht zu Stande (vgl. Massing u.a. 1997).

Folgende Fragen einer Mentalitätsanalyse sind ungeklärt: Welche Mechanismen und Verfahren der Vermittlung gesellschaftlicher Konflikte werden eingesetzt und welche Strategien zur Erzeugung von Akzeptanz und Legitimation gegenüber den Akteuren (Lehrern) und den Betroffenen (Schülern bzw. Eltern) werden entwickelt? Wie reflektieren die Akteure ihre Rolle im alten System, wie definieren sie ihre Aufgaben im neuen und welche Faktoren (u.a. sozial-moralische Milieus, Sozialstruktur) bestimmen diese Auseinandersetzung? Wie verarbeiten die Akteure den Systemwechsel individuell und kollektiv? Welche Konflikte entstehen aus tradierten Verhaltensmustern und neuen Systemerfordernissen und welche Folgen ergeben sich daraus für das Gelingen bzw. Misslingen von Transformationsprozessen? Welches Selbstverständnis (berufliche Identität, Rollenverständnis, Professionalisierungsvorstellungen, fachwissenschaftliche und fachdidaktisch-methodische Kompetenzen) haben die jeweiligen Akteure ausgebildet und wie beeinflusst es ihr Verhalten? Welche gesamtgesellschaftlichen Einstellungen lassen sich nachweisen? Wie ist die Beziehung zwischen Mentalität und Unterricht? Welche Zusammenhänge existieren zwischen Selbstbild, Einstellungen gegenüber der Institution Schule und der Haltung gegenüber dem politischen System und demokratischen Werten?

Anmerkungen
[1] Z.B. eine Vorlesung zur Politikdidaktik, die zeitgleich an der Freien Universität Berlin und an der Humboldt-Universität durchgeführt wurde (vgl. Grammes/Kuhn 1992).
[2] Hinzu kommen 260 Teilnehmer an Sozialkunde-Kursen an der Technischen Universität Berlin, insgesamt also 666. In der Presseerklärung zum Sonderprogramm Sozialkunde des Berliner Instituts für Lehrerfort- und -weiterbildung und Schulentwicklung (BIL) vom 16.6.1997 heißt es dazu: „Mit dieser Maßnahme haben die Träger erreicht, dass eine fachlich fundierte Grundlage für die Politische Bildung im Schulwesen der östlichen Bezirke gelegt ist, die nicht nur für eine gleichwertige Ausbildung der Schüler sorgt, sondern auch für die Gleichstellung der Lehrkräfte und das Zusammenwachsen der Stadt."

Literatur
Breit, Gotthard: „Das erste steht uns frei, beim zweiten sind wie Knechte." Anmerkungen zum Planungsdenken im Implikationszusammenhang. In: Peter Henkenborg/Hans-Werner Kuhn (Hrsg.): Der alltägliche Politikunterricht. Opladen 1998, S. 151 ff.
Fest, Wilfried (Hrsg.): Weiterbildung und Wiedervereinigung. Ergebnisse und Erfahrungen in der Berliner Lehrerweiterbildung seit der Wiedervereinigung. Berlin 1996
Grammes, Tilman/Hans-Werner Kuhn (Hrsg.): OSI-Fachstudienführer Politische Bildung. Fachbereich Politische Wissenschaft. Berlin 1992
Kroll, Karin: Die unsichtbare Schülerin. Eine qualitative Studie zur Wahrnehmung und Deutung der Kommunikations- und Interaktionsstrukturen von Mädchen und jungen Frauen im Politikunterricht, Schwalbach/Ts. 2001
Kuhn, Hans-Werner: Politischer oder unpolitischer Unterricht? Rekonstruktion einer Talkshow im Politikunterricht. In: Peter Massing/Georg Weißeno (Hrsg.): Politik als Kern der politischen Bildung. Wege zur Überwindung unpolitischen Politikunterrichts. Opladen 1995, S. 161-204

Kuhn, Hans-Werner: Methodische Vorschläge für eine fachdidaktische Unterrichtsanalyse. In: Hans-Werner Kuhn/Peter Massing (Hrsg.): Politikunterricht. Kategorial + handlungsorientiert. Ein Videobuch, Schwalbach/Ts. 1999, S. 182-215

Massing, Peter: Zwischen Verunsicherung und Politikverdrossenheit und Engagement. Politiklehrerinnen und -lehrer in den neuen Bundesländern. In: DVPB aktuell. Report zur politischen Bildung 2, 1997, S. 21-26

Massing, Peter/Lück, Karin/Kuhn, Hans-Werner: Projektskizze: Strukturen und Funktionen der Institution Schule. Analyse von Transformationsprozessen und Transformationsproblemen in Phasen verstärkten sozialen Wandels und bei Systemwechsel (unveröff. Ms. Berlin 1997)

Die Europäische Akademie   153

Kapitel IV

Politische Bildung in Mecklenburg-Vorpommern

1. Außerschulische politische Bildung

Andreas Handy
Die Europäische Akademie

1. Start mit Idealismus ins Ungewisse

„Am Anfang war die Tat – die Gründung der Europäischen Akademie Mecklenburg-Vorpommern als eingetragener Verein im September 1990", beschrieb Dr. Ingrid Wölfel, Gründungsmitglied und seither stellvertretende Vorsitzende, den Beginn der außerschulischen politischen Erwachsenenbildung in Mecklenburg-Vorpommern – und ergänzend dazu das Wort „Was tun mit den Freizeitdomizilen von Honecker und Co. in der Müritzregion?". Das Nordfriesland-Tageblatt titulierte damals „Neuer Stern am Bildungshimmel". Diesen Stern galt es, zum Leuchten zu bringen, was mit großem Engagement und Unterstützung der Europäischen Akademie Schleswig-Holstein, dem Deutschen Grenzverein und der Bundeszentrale für politische Bildung sowie einzelner am Aufbau politischer Bildungsarbeit in Mecklenburg-Vorpommern Interessierter gelang.
Kann man damit Geld verdienen? Brauchen wir überhaupt politische Bildung? Diese und andere Fragen sind in der Anfangsphase häufig gestellt worden. Die Gründermütter und -väter der Europäischen Akademie stammten aus dem runden

Tisch des Müritzkreises. Sie erkannten die Notwendigkeit, den Menschen in dem beginnenden gesamtgesellschaftlichen Umstrukturierungsprozess Orientierungshilfen zu geben. Voraussetzung dafür war, ein pluralistisches, demokratisches Bildungsangebot zu schaffen, in dem die Bereiche der allgemeinen politischen und beruflichen Bildung nicht getrennt gesehen werden. Auch war ein Ort zu finden, an dem Menschen ohne Furcht vor Sanktionen an der Diskussion von Problemen teilnehmen können, die in der Öffentlichkeit von kontroversen Standpunkten diskutiert werden, mit dem Ziel, zu einem begründeten Urteil zu gelangen und somit Handlungsorientierung zu bekommen (aus der Satzung der Europäischen Akademie Mecklenburg-Vorpommern e.V.).

Wir alle, die wir aus dem „Osten" mit durch die Wende beseeltem Idealismus an die Aufgabe herangegangen sind, waren uns der Tragweite unseres Entschlusses nicht bewusst. Das Lernen nahm kein Ende, vom Prozedere einer Vereinsgründung über die Erstellung inhaltlicher Konzepte, eines Finanzierungskonzeptes, Verhandlungen über die Nutzung des Gebäudes mit der Treuhand, Liquiditätsprobleme durch fehlende finanzielle Unterstützung, Konfrontationen mit den allzu schnell „Gewendeten", die glaubwürdig versicherten, sie wüssten, wie demokratische Bildungsarbeit gemacht wird.

2. Die Arbeit beginnt

Dank vieler guter Partner und Freunde im Osten wie im Westen gelang es relativ schnell, ein tragfähiges Konzept für die Europäische Akademie aufzubauen. Sie war die erste Einrichtung in den neuen Bundesländern, die durch die Bundeszentrale für politische Bildung anerkannt wurde. Der Beginn der Arbeit der Akademie, mit ermöglicht durch die Bundesanstalt für Arbeit (elf ABM-Kräfte), war geprägt von dem Bemühen, den Aufbau einer kommunalen Selbstverwaltung zu unterstützen. Parallel dazu wurde die Einrichtung einer Begegnungsstätte für Menschen aus Ost und West vorangetrieben. Einander kennen lernen, aufeinander zugehen, miteinander reden, um einander verstehen zu können, das war das Anliegen und ist es bis heute geblieben. Die Aufgaben waren vielfältig, die Nachfrage groß, die Frage nach Problemlösungen der Gegenwart stand im Mittelpunkt. Politische Bildung hat sich immer an der Interessen- und Bedürfnislage des Menschen zu orientieren, an seinem gegenwärtigen Denken und Erkennen der Situation und dem daraus resultierenden Handeln. Denn sowohl ausschließlich historische als auch nur in die Zukunft gerichtete Betrachtungsweisen von Problemen müssen zwangsläufig an den Aufgaben der Zeit vorbeigehen. Aus der Geschichte zu schöpfen, in die Zukunft zu blicken und das Gegenwärtige zu fassen war und ist das Bemühen der Bildungsarbeit in der Europäischen Akademie. Sie ist durch ihre zentrale Lage im ländlich strukturierten Mecklenburg-Vorpommern geprägt.

3. Von einigen Schwierigkeiten

Politische Bildungsarbeit in einem Flächenland mit knapp 70 Einwohnern pro Quadratkilometer gestaltet sich manchmal schwierig. Waren es 1990 noch knapp 1,91 Mio., sind es 2002 nur noch 1,78 Mio. Einwohner, Tendenz weiter rückläufig.

800 bis 1200 Einladungen pro Seminar sind zu verschicken, um 20 bis 30 Teilnehmer in eine Veranstaltung zu bekommen. Zielgruppenorientiertes Arbeiten war in den ersten Jahren kaum möglich, da Vereine und Verbände als Ansprechpartner erst im Aufbau begriffen waren, und ist jetzt noch (oder schon wieder) schwierig, da entstandene Strukturen durch Wegfall von ABM bzw. Mittelkürzungen oder zurückgehendes ehrenamtliches Engagement wegbrechen. Die jahrzehntelange positive Erfahrung mit politischen Bildungsträgern, wie sie in den alten Bundesländern vorhanden ist, fehlt fast völlig. Dabei sind die Inhalte der politischen Bildungsarbeit ohnedies nicht leicht an die Adressaten zu bringen. Politische Bildung steht in den neuen Bundesländern nach wie vor automatisch unter Ideologieverdacht. Allerdings sollten die realen Verhältnisse eine Auseinandersetzung mit Politik geradezu erzwingen, obwohl eine zunehmende Politikverdrossenheit und ein Zurückziehen in alte bekannte Nischen wie zu DDR-Zeiten nicht zu übersehen sind. Chancen künftiger politischer Bildungsarbeit liegen wohl vor allem darin, nicht mehr reaktiv mit aktuellen Problemen umzugehen, sondern mit neuen Modellen Bildungsarbeit anzubieten.

Ein weiterer Aspekt, der hier nicht weiter vertieft werden soll, ist die aufgrund der geografischen Lage sowie der historischen und politischen Entwicklung des Landes gegebene knappe Ausstattung mit finanziellen Mitteln. Der Bedarf an politischer Bildung ist da, die finanziellen Möglichkeiten reichen aber nicht aus für ein flächendeckendes Angebot durch Bildungsträger (es gibt nur drei Einrichtungen politischer Erwachsenenbildung mit Beherbergungsbetrieb im Land), sondern sie erschöpfen sich oft in Feuerwehraktionen ohne nachhaltige Wirkung.

4. Aufgaben und Themen

Zwölf Jahre nach der Wiedervereinigung ist die Vorbildwirkung aus den alten Bundesländern nur noch teilweise gegeben. Die Anfangseuphorie der Bildungsarbeit in den neuen Bundesländern, auch in der Europäischen Akademie, wich schnell dem Arbeitsalltag, das aufmunternde Schulterklopfen, vor allem aus den alten Bundesländern, wurde seltener. Jetzt hat es sich in anerkennendes Schulterklopfen über das Erreichte verwandelt. Die wachsende Akzeptanz im eigenen Land gegenüber den Teilnehmern, den Kooperationspartnern, den Geldgebern in Kommunen, Land und Bund war es, die Mut machte, den erfolgreich begonnenen

Weg fortzusetzen. Aussagen von Teilnehmern, die sich bei einem Begegnungsseminar von Ost und West das erste Mal gegenüber saßen und freimütig bekannten, dass das jeweils andere Bundesland *Terra incognita* war, die feststellten, dass in Mecklenburg-Vorpommern durchaus schon seit über 100 Jahren Strom aus der Steckdose kommt und nicht alle Kommunisten waren, dass in Rheinland-Pfalz ein hervorragender Wein angebaut und seit über 50 Jahren mit den französischen Nachbarn europäische Integration gelebt wird, sind Erfolgserlebnisse der politischen Bildungsarbeit – genauso wie das Bekenntnis eines polnischen Referenten aus Stettin/Szczecin. Dieser kam nach den schrecklichen Ereignissen in Rostock-Lichtenhagen im Sommer 1992 mit einem Freund in die Akademie, in ein Seminar, in dem es um Fremden- und Ausländerfeindlichkeit, um den Abbau von Stereotypen ging. Er hätte Angst gehabt, alleine durch Mecklenburg-Vorpommern zu fahren. Die Befürchtung, ihm könnte Ähnliches wie dort in Rostock widerfahren, war zu groß. Er entschuldigte sich für sein Misstrauen, denn als er von Stettin/Szczecin kommend nach dem Weg fragte, bekam er freundlich Auskunft, wo die Akademie läge, und gute Wünsche für die Weiterfahrt.

Die Grenzlage zum Nachbarn Polen war es, die die europapolitische Bildungsarbeit des Hauses den Blick nach Osten richten ließ.

5. Brückenschläge in Europa

Mit der Namensgebung „Europäische Akademie Mecklenburg-Vorpommern e.V." sollte schon ausgedrückt werden, dass politische Erwachsenenbildung, dass die Demokratie in Mecklenburg-Vorpommern und die Wiedervereinigung ohne die europäischen Nachbarn nicht denkbar gewesen wäre und insbesondere Polen mit dazu beigetragen hat, dass das sozialistische System im Osten Europas zusammenbrach. Das Thema Grenzen in Europa betrifft nicht nur Staatsgrenzen. Es sind auch andere Aspekte, die greifen. Es geht dabei um die Grenzen im Geistigen und Wirtschaftlichen, deren Bedeutung den politischen und rechtlichen in nichts nachsteht. Sie sind noch vorhanden, bei uns wie anderswo, die Schlagbäume des Denkens, des Glaubens, der Vorurteile, Grenzen der Konfession, der Berufsstände, der sozialen Schichten *(siehe den Beitrag von Hennig, Kap. II)*. Hier galt es, von Beginn der Arbeit an, und gilt es selbstverständlich heute noch, Brücken zu schlagen über erstarrte politische, geistige, wirtschaftliche und kulturelle Ideologien, Vorurteile und Dogmen. Was nützt uns der Überfluss an materiellen Dingen, wenn darüber der Mensch in seiner unverschuldeten Situation durch das Aufwachsen und Leben im Ostblock angesichts der grundlegenden Umschichtung vieler Werte vergessen wird.

Wie stolz waren polnische Offiziere, als sie 1992 beim ersten deutsch-polnischen Generalstabsoffiziersseminar ihrem ehemaligen Gegner und künftigen Partner in

Die Europäische Akademie 157

den neuen Uniformen gegenüber saßen und den polnischen Adler mit der Krone auf den Uniformknöpfen (aus der eigenen Tasche bezahlt) präsentierten. Diese damals begonnene Seminarreihe geht 2002 in die 13. Runde, immer im Wechsel in der Akademie bzw. in Polen. Die Zahl der Veranstaltungen, die sich in der Akademie mit dem Nachbarn Polen beschäftigten bzw. wo es in Polen darum ging, den künftigen Partner in der Europäischen Union besser kennen- und verstehen zu lernen, lässt sich nicht mehr zählen. Von Jugendbegegnungsseminaren über den gemeinsamen kommunalpolitischen Erfahrungsaustausch bis hin zu Fragen einer künftigen gemeinsamen europäischen Sicherheitspolitik mit Soldaten aus Deutschland und Polen reicht die Palette der Veranstaltungen. Die Akademie war unter anderem maßgeblich beteiligt an dem Zustandekommen einer Kreispartnerschaft zwischen dem Landkreis Müritz und dem Landkreis Suwalki in Ostpolen (der ersten in Mecklenburg-Vorpommern). Und der Blick der Europäischen Akademie geht weiter nach Osten zu den Baltischen Staaten, auch nach Bulgarien und Ungarn.

6. Lernorte und Lernschwerpunkte

Politik ist da, wo Menschen sind. Das heißt, über das Haus hinaus betreibt die Europäische Akademie politische Bildungsarbeit an unterschiedlichen Lernorten in Mecklenburg-Vorpommern, in Deutschland, in Italien, Frankreich, Luxemburg, Belgien, Dänemark, Polen, Litauen, wobei die Wahl der Lernorte, was Veranstaltungen in Mecklenburg-Vorpommern bzw. in Deutschland betrifft, nicht immer die Zustimmung der Zuwendungsgeber findet. Zu oft wird sich an formalen Dingen festgehalten. Ein Vortrag über die Erfolge des Transformationsprozesses in Mecklenburg-Vorpommern auf der Fahrt in den Landtag nach Schwerin, der mit praktischen Beispielen und dem eigenen Erleben vor Ort gekoppelt ist, ist anschaulicher und nachhaltiger als ein im Seminarraum gehaltenes Referat.

Die Aufarbeitung der Vergangenheit beider deutscher Staaten bleibt neben der Aufgabe, den weiteren Integrationsprozess und die EU-Erweiterung durch Veranstaltungsangebote erleb- und erfahrbar zu machen, nach wie vor einer der Schwerpunkte der Akademie. An den Schulen in Mecklenburg-Vorpommern existiert eine erschreckende Unkenntniss über die deutsche Geschichte. Weder über die Zeit des Nationalsozialismus noch über das totalitäre System der Diktatur des Proletariats in der DDR sind ausreichend Kenntnisse vorhanden. Verständlich ist, dass das Bildungsministerium in Schwerin diese Tatsachen nicht als repräsentativ gewertet wissen will. Es schickt sich allerdings an, die Rahmenrichtlinien für den Geschichtsunterricht von 1992 neu zu bearbeiten. Die Änderungen der Richtlinien sind das eine, die Bereitschaft der Lehrer im Lande, sich diesen Themen zu widmen, sich damit auseinander zu setzen und das geistige Erbe der DDR zu überwinden, sind das andere.

7. Wie steht es um politische Bildung in Mecklenburg-Vorpommern?

Die Europäische Akademie ist eine der wenigen Einrichtungen, die sich kontinuierlich dieser Aufgabe widmet. Sie hat es in den vergangenen zwölf Jahren geschafft, tragfähige Strukturen aufzubauen und zu entwickeln, u.a. dadurch, dass sie auf die Erfahrungen der Erwachsenenbildungsarbeit in den alten Bundesländern zurückgegriffen hat. Von Beginn an arbeitete sie mit Partnern zusammen, so mit der Bundeszentrale für politische Bildung oder mit der Gesellschaft der Europäischen Akademien Deutschlands, in der sie im Vorstand vertreten ist. Ihr Erfolg beruht natürlich vor allem auf der Resonanz auf die Veranstaltungsangebote. Qualitätsmanagement und Selbstevaluation sind bei der Erzielung von und Bewertung der Qualität der Bildungsarbeit außerordentlich wichtig. Noch wichtiger sind die Teilnehmer. Es spricht für die Arbeit der Europäischen Akademie, wenn Teilnehmer sagen, sie nähmen ausschließlich in unserem Haus Weiterbildungsangebote wahr, da hier die Qualität der pädagogischen Arbeit und das Ambiente stimmen.

Was macht ihr da? Politische Bildung? Könnt ihr davon leben?

Ja, wir können und wir wollen und müssen.

Demokratie braucht politische Bildung.

Wolfgang Ahner-Tönnis
Das Bildungswerk Rostock der Konrad-Adenauer-Stiftung

1. Entstehung und Struktur

Die Geschichte der politischen Bildung der Konrad-Adenauer-Stiftung (KAS) in den neuen Bundesländern begann bereits vor den Wahlen am 18. März 1990. Schon im Januar 1990 stellte die Stiftung in Berlin ein Team von fünf Mitarbeitern zusammen, die den Prozess der Demokratisierung in der DDR begleitet haben. Durch Beratung und Bildungsmaßnahmen wurden in erster Linie Gruppen der Bürgerbewegung, aber auch die Ost-CDU dabei unterstützt, in dieser Phase des gewaltigen Umbruchs die Arbeit weg von einer zentralistischen Politik und Wirtschaftsverfassung zu demokratischen Strukturen zu bewältigen. Aus dieser Tätigkeit entstand das erste Bildungswerk in Leipzig – für Sachsen – im Juni des selben Jahres. Noch im August 1990 startete das zweite Bildungswerk in Rostock – für Mecklenburg-Vorpommern.

Zum Zeitpunkt der Vorbereitung der ersten Maßnahmen befand sich das neue Bundesland noch in seiner konstituierenden Phase. Gründe, die für den Standort Rostock und nicht die Landeshauptstadt Schwerin sprachen, waren die größere Nähe zu den Universitäten, die Lage als wirtschaftlicher Schwerpunkt des Landes und die kürzeren Entfernungen nach Vorpommern.

Zunächst galt es, die „1000 Mühseligkeiten des Alltags" zu überwinden und eine tragfähige Infrastruktur aufzubauen. Büroräume zu finden, war nicht so schwer, doch die übrigen Abläufe eines Büroalltags waren vor immer neue Schwierigkeiten gestellt. So musste sich der Leiter z.B. für ein Farbband der Schreibmaschine auf den Weg nach Lübeck machen. Um Kontakte zu halten, Absprachen zu treffen oder Veranstaltungen vorzubereiten, mussten Tausende von Kilometern zurückgelegt werden. Das Telefon verweigerte meist seinen Dienst. Doch die Gespräche, die Neugier und die Bereitwilligkeit, sich auf das Neue einzulassen, entschädigten für diese Mühseligkeiten. Es war eine sehr packende Arbeitsphase, in der es viel Freude bereitete, mit motivierten Referenten wie Teilnehmern Kontakt zu haben.

Allmählich entspannte sich die Lage. Ab November 1991 war die Mannschaft komplett. Am Bildungswerk waren vier Mitarbeiter angestellt: Außer dem Leiter waren dies ein junger Agraringenieur aus Rostock als wissenschaftlicher

Mitarbeiter, ein pädagogischer Mitarbeiter aus Bonn und eine Sekretärin und Sachbearbeiterin wiederum aus Rostock. Daneben wurden immer wieder Studenten oder junge Fachkräfte als Tagungsleiter eingesetzt. In der Folge wurden die Stellen wieder langsam abgebaut bis zum heutigen Stand von drei fest angestellten Mitarbeitern.

Auch die technische Ausstattung und Logistik der Veranstaltungsvorbereitung und Organisation verbesserte sich allmählich: Mussten sich 1991 und 1992 noch die vier Mitarbeiter eine Telefonleitung und ein Funknetz, das nur gelegentlich funktionierte, teilen, so konnte ab 1993 doch mit zwei Leitungen gearbeitet werden. Nachdem die erste EDV-Anlage noch privat vom Leiter angeschafft wurde, wurde Mitte 1992 eine Datenverarbeitung zur besseren Erfassung der Zielgruppen und für den Versand von Einladungen eingesetzt.

2. Ziele und Inhalte

Die Ziele der politischen Bildung in Mecklenburg-Vorpommern mussten neu überdacht und formuliert werden. Nicht nur die Rahmenbedingungen der politischen Meinungsbildung und Betätigung hatten sich geändert, die Koordinaten zur Bewältigung des gesamten Alltags hatten sich für die Bevölkerung verschoben. Ziel der Arbeit des Bildungswerks Rostock war daher in erster Linie, Informationen und Orientierung in der neuen politischen Ordnung zu geben. Aktuelle Fragestellungen mussten aufgegriffen und im Muster einer demokratischen Grundordnung erklärt werden, wobei sicher auch auf Defizite einzugehen war. Erst einmal musste deutlich werden, dass Demokratie vom Wettbewerb miteinander konkurrierender Parteien lebt und vom Dialog der Bürger untereinander. Dabei sollten die gemeinsamen Grundwerte herausgearbeitet werden. Auch – oder gerade – weil die meisten Bürger ihr Meinungsbild durch die Medien beziehen oder beeinflussen lassen, war es wichtig, dieses Bild zu vertiefen oder zu korrigieren. Dazu sollten unsere Veranstaltungen Möglichkeiten bieten.

Die Bildungsarbeit konzentrierte sich in den ersten Jahren neben der Durchführung von Veranstaltungen noch sehr auf die Beratung der Fraktionen im Landtag sowie in den Kreistags- und Stadtversammlungen. Zielgruppe waren nicht nur die Mitglieder der Unionsfraktionen, eingeladen waren auch die Mitglieder anderer Parteien oder der Verwaltung, die die Beschlüsse schließlich nachvollziehen musste, bevor sie umgesetzt werden konnten.

Die Vermittlung von Grundkenntnissen der Kommunalpolitik, der Aufgaben eines Mandatsträgers, der Ziele der Sozialpolitik oder ganz schlicht der wesentlichen Grundlagen unserer politischen Ordnung, wie sie im Grundgesetz verankert sind, standen im Vordergrund. In erster Linie waren es Lehrer, die mit uns in ihren Klassen über diese grundlegenden Fragen diskutieren wollten. Soweit es mit unseren Mitteln möglich war, führten wir für ganze Klassen Fahrten nach Schwerin durch, wo sich die Schüler vor Ort über das Funktionieren eines demokratischen Rechtsstaates auf Landesebene informieren konnten.

Die wichtigste Aufgabe bestand für das Bildungswerk Rostock im Grunde darin, den Bürgern im wieder neu geschaffenen Bundesland Mecklenburg-Vorpommern den politischen und rechtlichen Rahmen aufzuzeigen, in dem sie sich informieren, orientieren oder in demokratisch gewählten Gremien politisch betätigen konnten. Dabei entstand der Eindruck, dass in den ersten Jahren die Suche nach politischer Orientierung eine größere Rolle spielte als die Festigung einer bestimmten Richtung, deren Konsequenzen noch gar nicht ganz übersehen werden konnte. Das grundlegende Verständnis von Rechtsstaat und der Rechtssicherheit, die seinen Bürgern dabei geboten wird, war in dieser Phase daher nicht nur eines der großen Anliegen der politischen Bildung der KAS. Es entsprach auch den Erwartungen der Teilnehmer, die zu unseren Veranstaltungen kamen.

Ein weiterer Schwerpunkt waren Veranstaltungen zum deutsch-deutschen Dialog und die Aufarbeitung der Vergangenheit. Die Beschäftigung mit Formen und Auswirkungen der SED-Diktatur standen im Vordergrund, aber immer wieder wurden auch Fragen des Nationalsozialismus aufgearbeitet.

Doch entsprach der Bewältigung des politischen oder beruflichen Alltags auch ein umfangreiches Angebot an kommunal-, wirtschafts- und verkehrspolitischen Tagungen, Seminaren und Foren. Dazu gehörten der erste Verkehrspolitische Tag des Landes, gemeinsam mit den Industrie- und Handelskammern des Landes durchgeführt, oder die ersten wirtschaftspolitischen Foren in Mecklenburg-Vorpommern. Bedingt durch die gewaltigen Umbrüche in der Struktur der Landwirtschaft und durch die Perspektive, dass dies einer der wirtschaftlichen Schwerpunkte werden wird, bot die KAS in den ersten sechs Jahren auch eine große Anzahl agrarpolitischer Veranstaltungen an. Diskutiert wurden grundlegend wichtige Fragen der Bewirtschaftung, des rechtlichen Status von Betrieben, aber auch die Reformangebote der verschiedenen Parteien, wie diese die Wirtschaft – einschließlich Landwirtschaft – im Lande neu und erfolgreich umstrukturieren wollten.

Politischer Extremismus bei Jugendlichen zeigte sich leider schon früh und die Fragen der inneren Sicherheit wurden noch vor den Ereignissen in Rostock-Lichtenhagen im August 1992 aufgegriffen.

Ein weiterer Schwerpunkt der Arbeit der Konrad-Adenauer-Stiftung ist der Prozess der europäischen Einigung. War zunächst das Aufzeigen der Vorteile eines Zusammenwachsens in der bestehenden Europäischen Union ein besonderes Anliegen, zeigte sich schon ab Mitte der 90er Jahre, dass mit der EU-Osterweiterung, hier besonders mit der Zusammenarbeit mit dem Nachbarland Polen, eine neue Herausforderung auf das Land zukommen wird. Die zunehmende Globalisierung und Verantwortung für die Welt ist auch im Nordosten der Bundesrepublik ein Thema, für das Lehrer, Studenten und Jugendliche großes Interesse zeigen. Andererseits wird unter dem Moto „In der Region – Für die Region" Themen mit regionalem Bezug, etwa der Geschichte des Landes und der Hanse im Ostseeraum, viel Raum gegeben.

Bildungspolitik, Fragen der Erziehung oder Jugendarbeit haben sich im Laufe der Jahre von Veranstaltungen mit überwiegend informatorischem Charakter zu einem Bereich entwickelt, in dem die aktuellen Probleme der Bildungslandschaft und künftige Lösungen diskutiert wurden.

Die Teilnehmer hatten Gelegenheit, sich in unseren Veranstaltungen zu orientieren und sachkundig zu machen oder mit politischen Entscheidungs- und Meinungsträgern ins Gespräch zu kommen – wobei auch letztere Gruppe die Gelegenheit hatte, sich ein Bild von der Meinung der Wähler zu machen. Nicht wenige erhielten hier den entscheidenden Anstoß, selbst politische Verantwortung übernehmen zu wollen. Eingeladen wurden alle, die in irgendeinem Zusammenhang als politische Multiplikatoren eine Rolle spielen könnten: Mandats- und Funktionsträger aus verschiedenen Fraktionen und Organisationen, Lehrer, Sozialarbeiter, Rechtsanwälte, Unternehmer wie auch leitende Angestellte, Handwerker und Landwirte. Groß war auch das Interesse der Hochschulangehörigen, ob Studenten oder Mitglieder des Lehrkörpers. Eine Reihe von Veranstaltungen wird auch heute noch gemeinsam mit Instituten der Universitäten durchgeführt.

3. Veränderungen des politischen Klimas – Politische Bildung zu Beginn des 21. Jahrhunderts

Das Bildungswerk Rostock hat in seinem elfjährigen Bestehen darauf geachtet, sich im Lande einen guten Namen zu machen, der größtenteils unabhängig von der ihr nahe stehenden Christlich-Demokratischen Union ist, auch wenn die Verbreitung des Gedankens christlich-demokratischer Politik zu den wichtigsten Aufgaben gehört. Um sich eine Vorstellung vom Umfang der Aufgabe machen zu können: In den Jahren 1992 bis 1997 konnten in ca. 200 Veranstaltungen etwa sechs- bis siebentausend Teilnehmer erreicht werden.

Seit 1997 sind diese Zahlen rückläufig, nicht nur, weil die öffentlichen Mittel stark gekürzt wurden. Es gibt auch zunehmend mehr Anbieter auf diesem Feld – entsprechend der Pluralität der Meinungen und Organisationen in Mecklenburg-Vorpommern. Ab 1996 versuchte das Bildungswerk deshalb, sich thematisch und in der Zielgruppe mehr auf das Umfeld christlich-demokratischer Politik zu konzentrieren. Auch wuchsen die Erwartungen an unsere Veranstaltungen. War in den ersten Jahren die Information und Orientierung das Hauptanliegen, so ging es immer mehr um spezifizierte Fragen. Genügte etwa 1991 noch eine Einführung in die Flächennutzungsplanung oder das Haushaltsrecht, so stehen heute Fragen der Abstimmung von Kommunalentwicklung oder Kommunaler Agenda mit dem Flächennutzungsvertrag im Vordergrund. Trotzdem bleibt das Anliegen, Ansprechpartner für Bürger aus unterschiedlichen politischen Richtungen oder Berufsgruppen zu sein. Eine der wesentlichen Aufgaben ist es immer noch, das Gespräch zwischen Angehörigen der Unionsparteien und anderen Parteien aufrecht zu erhalten und nach Lösungen zu suchen, die einen größtmöglichen Konsens finden.

War der Beginn der Arbeit des Bildungswerks Rostock noch durch die Aufbruchstimmung geprägt, durch unvoreingenommenes Interesse an Veranstaltungen der politischen Bildung, ließ ab 1998 das Interesse an reiner Wissensvermittlung oder Information über den Transformationsprozess nach, ideologische Gegensätze nahmen wieder schärfere Konturen an, wobei doch sichtbar wurde, dass die Bereitschaft in den neuen Bundesländern, sich mit dem bürgerlichen Lager zu identifizieren, nach wie vor schwach ausgeprägt ist. Traditionen oder das Gefühl einer Bürgergesellschaft waren nach 40 Jahren zu sehr verschüttet.

Als besonderes Problem ist hier sicher der Umgang mit der PDS zu sehen. Das Bildungswerk Rostock steht für die Aussöhnung zwischen Opfern und Tätern, soweit man beide voneinander unterscheiden kann. Zu unseren Veranstaltungen wurden daher von Beginn an auch Mitglieder dieser Partei eingeladen – die auch häufig erschienen sind. Noch allerdings sehen wir nicht, dass sie in ihrer Mehrheit die Bedingungen einer für sie veränderten Welt akzeptiert haben. Auch wenn es in Sachfragen oft nicht so deutliche Differenzen gibt, in der uns wichtigen Frage zur Beurteilung der DDR-Vergangenheit sind die Unterschiede noch sehr groß. Selbst wenn die PDS ständig ihre Nähe zur Wirtschaft betont und angibt, keine Probleme mit der Sozialen Marktwirtschaft zu haben, bleibt sie in der Ideologie an sozialistischen Zielen orientiert.

Die Veränderung der Parteienlandschaft, in erster Linie die Umorientierung der SPD zu einem Bündnis mit der PDS in Mecklenburg-Vorpommern, ist daher eine weitere Herausforderung für unsere Arbeit, zumal schon deutlich wird, wie sich das Geschichtsbild durch das Wirken dieser Koalition zu verändern droht. Aber auch in dieser Herausforderung sieht sich das Bildungswerk Rostock verpflichtet, die Dialogfähigkeit der Menschen in Mecklenburg-Vorpommern weiter zu stärken.

Erik Gurgsdies

Die Arbeit des Landesbüros Mecklenburg-Vorpommern der Friedrich-Ebert-Stiftung

1. Merkmale politischer Stiftungen

Politische Stiftungen weisen wegen ihrer Eigenschaft als Stiftungen besondere Merkmale auf. Zum einen stehen sie jeweils einer im Bundestag vertretenen politischen Partei nahe: die Friedrich-Ebert-Stiftung als älteste politische Stiftung Deutschlands der SPD, die Konrad-Adenauer-Stiftung der CDU, die Friedrich-Naumann-Stiftung der FDP, die Hans-Seidel-Stiftung der CSU, die Heinrich-Böll-Stiftung der Partei Bündnis90/Die Grünen sowie als jüngste die Rosa-Luxemburg-Stiftung der PDS. Zum anderen sind politische Stiftungen in einem juristischen Sinne keine normalen Stiftungen, die ihre Aktivitäten aus den Erträgnissen eines zugrunde liegenden Stiftungskapitals bestreiten. Vielmehr finanzieren sie ihre vielfältigen Aktivitäten mit öffentlichen Mitteln, also Steuergeldern, sowie zu einem geringen Umfang durch private Spenden. Mit dieser weit gehenden öffentlichen Finanzierung geht auch ein öffentlicher Auftrag der politischen Stiftungen einher: Was immer sie auch tun, es hat in einem allgemeinen öffentlichen Sinne und nicht in einem engen parteipolitischen zu geschehen. Dies bedeutet, dass die im Bereich der politischen Bildung angebotenen Veranstaltungen offen sein müssen, so dass auch der politisch interessierte Normalbürger sie besuchen kann. Woran kann man dann aber die einzelne politische Stiftung erkennen? Betrachtet man die von den Stiftungen vorgelegten Programme zur politischen Bildung, so lassen sich bei vielen Themen keine großen Unterschiede erkennen. Die Unterschiede werden erst am Themenspektrum insgesamt deutlich, das sich bei den einzelnen Stiftungen auch an aktuellen und dominierenden Themen des jeweiligen parteipolitischen Umfeldes orientiert. Insgesamt betrachtet lässt sich konstatieren, dass die Unterschiede in den politischen Bildungsveranstaltungen der Stiftungen deutlich geringer ausfallen, als dies z.B. in den tagespolitischen Auseinandersetzungen der Parteien der Fall ist.

Die folgenden Ausführungen beziehen sich auf Erfahrungen im Bundesland Mecklenburg-Vorpommern, sie decken sich aber stark mit den Erfahrungen der übrigen Landesbüros der Friedrich-Ebert-Stiftung in den neuen Bundesländern.

2. Rückblick

Bereits kurz nach dem jähen Totalzusammenbruch des kommunistischen Machtbereichs orientierte die Friedrich-Ebert-Stiftung ihre Aktivitäten nach Osten. Dies kam sowohl in verstärkten bildungspolitischen Aktivitäten in den heutigen mittel- und osteuropäischen Ländern und der Gemeinschaft Unabhängiger Staaten wie auch in den neuen Bundesländern Deutschlands zum Ausdruck. Während sich im Westen der Bundesrepublik über die Jahrzehnte hin relativ unsystematisch eine Reihe fester Bildungsstandorte, so genannte Heimvolkshochschulen, herausgebildet hatte, wurde im Osten das ‚Büro-Prinzip' flächendeckend durchgesetzt. Bis auf Sachsen erhielt jede der neuen Landeshauptstädte ein so genanntes Landesbüro, dessen bildungspolitische Aktivitäten sich auf das gesamte Bundesland erstreckten. In Sachsen existierten anfangs Regionalbüros in Leipzig und Chemnitz, die dann Mitte der 90er Jahre durch ein Büro in der Landeshauptstadt Dresden ergänzt wurden.

Das Büro-Prinzip wurde einmal aus Kostengründen, zum anderen aber auch als Instrument der Dezentralisierung der politischen Bildungsarbeit durchgesetzt: Kleine Büros – personelle Standardausstattung: Leiter, Referent und zwei Sachbearbeiter – konnten wegen der gegenüber festen Häusern gegebenen Kostenersparnis flächendeckend eingerichtet werden und ihre bildungspolitischen Aktivitäten nicht nur am Bürostandort, sondern im ganzen Bundesland auch vor Ort entfalten.

3. Das Landesbüro Mecklenburg-Vorpommern

Das Landesbüro Mecklenburg-Vorpommern nahm seine Arbeit Anfang 1991 in der Landeshauptstadt Schwerin auf. Um den gegenüber dem Westen Deutschlands erschwerten Arbeitsbedingungen im Osten – ohne funktionierende Telekommunikationsstruktur waren Büros mit neu zu rekrutierenden Referenten wie erstmals anzusprechenden Zielgruppen einzurichten – gerecht zu werden, war die Leitungsebene zum Gründungszeitpunkt der Landesbüros durchgehend mit Personen besetzt, die bildungspolitische Erfahrungen in Entwicklungsländern gesammelt hatten. Die Referenten-Ebene bestand dagegen durchgehend aus Personen aus dem Osten Deutschlands, was auch auf der Sachbearbeiter-Ebene der Fall war.

Mit dem Büro-Konzept war gleichzeitig eine Erweiterung der Arbeitsschwerpunkte verbunden. In den neuen Landesbüros ging es nicht nur um „klassische" politische Bildung im Sinne eines organisierten Lernens politisch bedeutsamer Inhalte für jedermann. Dazu kamen zum einen öffentlichkeitswirksame Kurzveranstaltungen mit (Spitzen-)Politikern, um einen öffentlichen Dialog über Politikinhalte in Gang zu setzen, zum anderen Fachtagungen, auf denen wichtige Landesbelange zur öffentlichen Diskussion gestellt wurden.

Darüber hinaus ging es am Anfang schwerpunktmäßig auch um die Heranbildung politischer Persönlichkeiten für die Bundes-, Landes- und Kommunalebene: Durch Rhetorik-, Management- sowie inhaltliche (z.B. Wirtschafts-) Kurse sollten Bewerber um öffentliche Wahlämter mit dem nötigen Handwerkszeug ausgerüstet wurden. Während die Arbeit zur Heranbildung von Politikern nach und nach an Bedeutung verlor, bildeten bis heute Veranstaltungen mit jugendlichen Multiplikatoren im Bereich Schülerzeitungen und Schülermitbestimmung einen wichtigen Schwerpunkt des Landesbüros Mecklenburg-Vorpommern. Diese Veranstaltungen stellen wichtige Bausteine für die Bildung des Jugendmedienverbandes Mecklenburg-Vorpommern und von Kreisschülerräten sowie des Landesschülerrats dar.

In der Anfangsphase wurden auch Veranstaltungen etwa zur „Einführung in die Soziale Marktwirtschaft" durchgeführt, die auch Elemente praktischer Beratungen beinhalteten. Dieser aus der Notlage des wirtschaftlichen Strukturbruchs bedingte Bedarf wurde bis Mitte der 90er Jahre erfüllt. Danach beschränkten die immer strikter angewandten bundesgesetzlichen und die neu geschaffenen landesgesetzlichen Regelungen das Veranstaltungsspektrum auf politische Bildung im tradierten bundesrepublikanischen Sinne.

Schwerpunkt der Arbeit war und ist es, Bündnis- und Kooperationspartner auf Landesebene zu finden und die Beziehungen zu ihnen fortzuentwickeln. Über die Jahre hin entstanden Kooperationen mit landesgebundenen Trägern, die spezifische Themen wie z.B. Umweltfragen (BUND, Naturfreundejugend), Gleichstellungsprobleme (Frauenbildungsnetz Mecklenburg-Vorpommern, Frauenbildungsnetz Ostsee, Landesfrauenrat, Gleichstellungsbeauftragte in Städten und Kommunen), Europa-Themen (Europazentrum Rostock, Deutsch-Polnische Gesellschaft) usw. behandelten und so neue Teilnehmerkreise erschlossen wie auch zusätzliche Kontakte ermöglichten.

Auf Landesebene gründete sich bereits in einem frühen Stadium eine „Arbeitsgemeinschaft der freien Träger der politischen Bildung", die die Interessen der Träger gegenüber dem Land und insbesondere gegenüber der sich damals als sehr staatsnah verstehenden Landeszentrale für politische Bildung bündelte und vertrat. Als parteinahe Einrichtung wirkt das Landesbüro in dieser Arbeitsgemeinschaft als beratendes Mitglied ohne Stimmrecht mit.

4. Aktuelle Aufgabenfelder

Wie in den anderen ostdeutschen Büros der Friedrich-Ebert-Stiftung auch haben sich in Mecklenburg-Vorpommern im Laufe der Zeit folgende Aufgabenfelder herausgebildet: Distanz zur Politik überwinden, demokratische Werthaltungen entwickeln, wobei der Querschnittsaufgabe Kommunalpolitik ein besonderer Stellenwert zukommt; die multiethnische Gesellschaft befördern, Rechtsextremismus bekämpfen; regionale Zeitgeschichte aufarbeiten; gesellschaftlichen Wandel und Modernisierung befördern; grenzüberschreitende Nachbarschaft durch Kooperationsveranstaltungen mit Schweden, Dänen und Polen fördern.

Zielgruppen: Das Bildungsangebot der Friedrich-Ebert-Stiftung wendet sich an alle, die ihre politische Orientierungsfähigkeit und Handlungskompetenz verbessern bzw. sich mit ihrem Sachverstand, mit ihren Sichtweisen und Interessen an Dialogen zu gesellschaftspolitischen Aufgaben und Problemen beteiligen wollen, um so unser demokratisches Gemeinwesen auch in einem sozialen Sinne zu fördern.

Angesichts der Begrenztheit der personellen und finanziellen Ressourcen wendet sich das Landesbüro bevorzugt an politische, soziale und kulturelle Multiplikatoren. Hierbei handelt es sich insbesondere um: Schülervertreter, Schülerzeitungsredakteure; Mandats- und Funktionsträger in Land und Kommune; Vertreter von gesellschaftlichen und politischen Organisationen, Verbänden und Initiativen; Arbeitnehmer- und Arbeitslosenvertreter; Frauen; Journalisten; Bundeswehr- und Polizeiangehörige.

Erreicht werden diese Personengruppen durch eine mittlerweile 35.000 Personen umfassende Datei, die unter Zuhilfenahme solcher Datensammlungen wie „Handbuch Mecklenburg-Vorpommern" (hrsg. vom Innenministerium), durch Ausfüllen von Interessentenbögen sowie durch unsere Kontakte mit Kooperationspartnern gesammelt werden konnten.

5. Aktivitätsbereiche

Die Veranstaltungen des Landesbüro lassen sich folgenden Aktivitätsbereichen zuordnen:

‚Klassische' politische Bildung: Meist in Seminarform angeboten, zielt sie lernzielorientiert auf dauerhafte Einstellungen, auf die Vermittlung von Kenntnissen sowie auf Handlungskompetenz und Handlungsbereitschaft. Hier liegt der Aktivitätsschwerpunkt des Landesbüros. Um das inhaltliche Spektrum nur anzudeuten, seien hier die Themen genannt, zu denen im Jahr 2001 Seminare durchgeführt wurden: „Rechtsextremismus als alltagskulturelles Phänomen unter Jugendlichen – Analysen und Handlungshilfen für die pädagogische Praxis", „Interkulturelle Kompetenz als Strategie gegen Rassismus", „Layout für Schülerzeitungsredakteure", „Schülerinteressenvertretung – Redet mit und mischt Euch ein!", „Zukunftsfähige Gemeinde- und Ämterstrukturen in Mecklenburg-Vorpommern", „Handwerkszeug für ehrenamtliche Kommunalpolitiker – Sitzungen, Satzungen, Aufsicht", „Ökoregion Vorpommern", „Die Konzentrations- und Kriegsgefangenenlager von Barth – Erinnern und Gedenken" usw.

Politikberatung erfolgt häufig in Tagungsform und zielt auf die unmittelbare Verbesserung der Handlungsfähigkeit der politischen Akteure, auf die Qualifikation von Führungskräften im gesellschaftlich-politischen Raum. Dieser Aktivitätsbereich war unmittelbar nach der deutschen Einheit sehr dominant, pegelte sich mit zunehmender Ost-West-Angleichung aber auf das bundesdeutsche Normalniveau ein. In diesem Bereich werden hauptsächlich Management- und Rhetorikkurse angeboten, die sich über mehrere Tage erstrecken.

Politikvermittlung findet in Form meist kurzzeitiger Informationsveranstaltungen statt, in denen durch Vorträge oder Podiumsdiskussionen Fakten und Meinungen zu einzelnen politischen Fragen vermittelt werden. Hervorzuheben ist hier unser Gesprächskreis „Wirtschaftspolitischer Dialog Mecklenburg-Vorpommern", vor dem wichtige Politiker und Unternehmensvorstände zu aktuellen Entwicklung sprechen und dabei ihre Thesen zur Diskussion stellen. Die Veranstaltungsreihe begann 1991 mit dem Vorstandsvorsitzenden der Asea Brown Bovery AG und endet bislang mit dem Staatssekretär im Bundesministerium für Wirtschaft und Technologie, der zugleich Beauftragter für die maritime Wirtschaft ist. In den Veranstaltungen kommen im Einzelnen folgende Arbeitsformen zur Anwendung: Seminare, Workshops, Tagungen, Gesprächskreise, Podiumsdiskussionen, Vorträge mit Diskussion und Lesungen.

Zeitlich dominieren kompakte, meist auf das Wochenende beschränkte Veranstaltungen. Bisher hing das u.a. damit zusammen, dass es im Lande keinen Bildungsurlaubsanspruch gab. Am 1. Mai 2001 wurde ein Bildungsfreistellungsgesetz für die im Lande Erwerbstätigen verabschiedet. Seine finanzielle Ausstattung ist in der Erprobungsphase aber so gering ausgelegt, dass von ihm in näherer Zukunft kaum nennenswerte Veränderungsimpulse für die politische Bildungslandschaft zu erwarten sind.

Daneben organisieren wir Ausstellungen wie z.B. „Friedrich Ebert 1871-1925 – Vom Arbeiterführer zum Reichspräsidenten", die „Weiße Rose-Ausstellung", die „Anne-Frank-Ausstellung" usw. Des Weiteren geben wir eine broschierte Publikationsreihe unter dem Titel „Geschichte Mecklenburg-Vorpommern" heraus, in der bislang neun Titel erschienen sind. Die Reihe enthält u.a. Titel wie „Die Zwangsvereinigung von KPD und SPD in Mecklenburg-Vorpommern", „Spuren jüdischen Lebens in Mecklenburg", „Wurzeln, Traditionen und Identität der Sozialdemokratie in Mecklenburg und Vorpommern" sowie als bislang letzte Publikation „Beiträge zur Geschichte der Industrialisierung in Mecklenburg und Vorpommern". Neu aufgelegt wird die Reihe „Politik – kontrovers", deren erster Titel „Gibt es einen modernen Rechtsextremismus? Das Fallbeispiel Mecklenburg-Vorpommern" lautet.

Das in Ostdeutschland verbreitete Interesse an zeitlich kürzeren und oft auch wohnortnahen Veranstaltungen erfordert eine flexible Organisation politischer Bildung. Eine solche bewegliche Struktur hat sich die Stiftung mit den Landes- bzw. Regionalbüros gegeben. Mit dieser Struktur hat das Landesbüro in den letzten zehn Jahren im Jahr durchschnittlich 110 bis 130 Veranstaltungen mit rund 5.000 Teilnehmern im ganzen Lande durchgeführt. Im Jahr 2000 handelte es sich beispielsweise um 76 Seminare mit 2.351 Teilnehmern und 51 Fachkonferenzen, Tagungen und Gesprächskreise mit 2.631 Teilnehmern.

6. Ausblick

Abschließend einige kurze Bemerkungen zu Zukunftsaufgaben der politischen Bildung. Niemand kennt die Zukunft. Gleichwohl ist deutlich zu spüren, dass sich in der Welt tief greifende Veränderungsprozesse abspielen, denen sich auch Einrichtungen der politischen Erwachsenenbildung zu stellen haben. Demokratie als Lebens- wie politische Entscheidungsform hat sich unter verschärften Umfeldbedingungen zu bewähren und Entwicklungsfähigkeit zu beweisen. Einige künftige Hauptfelder der politischen Bildung lassen sich dabei benennen.

Prozesse der wirtschaftlichen Veränderung und Globalisierung entziehen demokratisch legitimierter nationaler Politik die Grundlage. Es ist deshalb zu diskutieren, auf welchen Ebenen – regional, national, inter- bzw. übernational – künftig Entscheidungsprozesse und demokratische Legitimation anzusiedeln sind.

Demokratische Kultur gründet auf der Überzeugung, dass die wichtigsten gesellschaftlichen Probleme demokratisch gelöst werden können. Angesichts anhaltender Arbeitslosigkeit und einem zunehmenden Anteil älterer Bürger ist deshalb deutlich zu machen, welche Optionen einer Veränderung unseres materiellen Existenzsicherungssystems (Erwerbsarbeit und soziale Sicherungssysteme) bestehen und welche Wege gangbar erscheinen.

Die Herausbildung einer multiethnischen Gesellschaft erfolgt in der Bundesrepublik bei anhaltender Arbeitslosigkeit und offensichtlicher Knappheit der „Güter" Toleranz und Solidarität. Akzeptanz für die Aufnahme und Integration von Migranten zu sichern, stellt deshalb eine große Herausforderung für die politische Bildung insbesondere in den neuen Bundesländern dar, wo „Fremdenfeindlichkeit ohne Fremde" immer noch auf der Tagesordnung steht.

Dies gilt insbesondere auch unter dem Eindruck der Terroranschläge in den USA, die den Eintritt in ein neues „Bedrohungszeitalter" markieren. Gesellschaftliches Zusammenleben in Demokratien wird demokratisch geregelt und respektiert dabei Menschen- wie Grundrechte. Deshalb ist die strikte Trennung deutlich zu machen, die zwischen der demokratischen Bestimmung von gesellschaftlichen und religiösen Postulaten liegt, die die Sphäre individueller Grundüberzeugungen über Sein und Nichtsein berühren. Diese Trennlinie ist als geschichtlich-zivilisatorische Grunderrungenschaft gegen Parolen wie „Kampf des Morgenlandes gegen das Abendland" kompromisslos durchzuhalten, um sowohl die Vielfalt gesellschaftlicher Lebensformen als auch religiöser Grundüberzeugungen in einer freiheitlichen Gesellschaft zu gewährleisten.

Die Mediengesellschaft eröffnet einerseits Chancen des Zuwachses an Öffentlichkeit und Informiertheit. Die im Wesentlichen medienvermittelte politische Kommunikation erfolgt andererseits zusehends unter Bedingungen, die die Medien selbst setzen. Die Folgen für die demokratische politische Kultur sind von den Einrichtungen der politischen Bildung aufzugreifen und zu diskutieren.

Die neuen Bundesländer stehen nach dem Strukturbruch der deutschen Einheit noch lange Zeit vor der Anpassungsaufgabe, eine nachholende Modernisierung unter den Bedingungen von Globalisierung und Europäisierung zu vollziehen. Zukunftsgerichtet hat sich die politische Bildung dabei am Zielbild der inneren Einheit bei föderaler Vielfalt Deutschlands in einer offenen Welt zu orientieren und Prozesse auf dem Weg dorthin durch vielfältige Aktivitäten zu befördern.

Anmerkung

Das jeweils aktuelle Halbjahresprogramm des Landesbüros sowie die herausgegebenen Publikationen sind erhältlich beim Landesbüro Mecklenburg-Vorpommern der Friedrich-Ebert-Stiftung, Arsenalstr. 8, 19053 Schwerin bzw. über das Internet unter www.fes.de/schwerin oder über E-Mail: SWNMail@fes.de.

Stephan Handy
Katholische Kirche in Mecklenburg

1. Einführung

Katholische Erwachsenenbildungsarbeit in Mecklenburg hat eine Tradition, die bis weit in die Vorkriegszeit reicht. Sie war an der Diasporasituation der kleinen Gemeinden orientiert und wurde vom Klerus selbst, aber auch von katholischen Vereinen und Verbänden getragen. Unter dem Nationalsozialismus, in der sowjetischen Besatzungszone und in der DDR wurde kirchliche Bildungsarbeit, die sich nicht auf religiöse Themen beschränkte, vom Staat massiv behindert bzw. verboten. Auch Veranstaltungen und Institutionen, die unter der Rubrik „Seelsorge" liefen, wurden überwacht, in der DDR aber selten direkt eingeschränkt. So gab es seit Beginn der 1970er Jahre in Mecklenburg, wie auch in den anderen Jurisdiktionsbezirken der DDR, eine Erwachsenenbildungsarbeit, die unter dem Titel „Akademikerseelsorge" veranstaltet wurde. In verschiedenen Orten wurden sogenannte „Akademikerkreise" gegründet, die eine mehr oder weniger regelmäßige Erwachsenenbildungsarbeit organisierten *(siehe den Beitrag von Wagner, Kap. I)*.

2. Die Zeit der Wende

In der Wendezeit führte die Akademikerseelsorge in Mecklenburg in Zusammenarbeit mit dem Katholischen Akademikerverband Deutschlands (KAVD) viele Veranstaltungen zu Themen wie z.B. „Parlamentarische Demokratie", „Kommunale Selbstverwaltung", „Soziale Marktwirtschaft", „Existenzgründungen", „Katholische Soziallehre" durch. Aber auch historische und aktuell politische Inhalte wurden aufgegriffen, um die sachliche Auseinandersetzung mit der DDR-Vergangenheit anzuregen. Diese Veranstaltungen richteten sich nicht nur an katholische Gemeinden, sondern an die breite Öffentlichkeit. In dieser Zeit wurde die materiell-technische Ausstattung der katholischen Bildungsträger durch Spenden des KAVD und anderer Vereine auf einen aktuellen Stand gebracht und der Bestand an Literatur erweitert und ergänzt.

Der Versuch, eigene christliche akademische Verbände oder Vereine der Erwachsenenbildung zu gründen, hatte nur geringen Erfolg. In Mecklenburg schloss sich nur der Rostocker Akademikerkreis dem KAVD an. Lehrer und Erzieher beider Konfessionen gründeten in Mecklenburg eine „Gemeinschaft christlicher Pädagogen", die trotz ihrer geringen Mitgliederzahl maßgeblich an der Erstellung von Gesetzen und Verordnungen zur Schulreform und Schulentwicklung mitgewirkt hat *(siehe den Beitrag von Dumrese, Kap. IV)*. Alle weiteren Versuche selbstständiger Gründungen scheiterten bzw. wurden von den Strukturen der alten Bundesländer übernommen.

3. Der Neuaufbau nach der Wiedervereinigung

Durch die Wende wurden bislang bestehende Strukturen der Erwachsenenbildungsarbeit stark geschwächt, denn diese basierten weitestgehend auf der Arbeit ehrenamtlicher Kräfte. Mit den nun vorhandenen Möglichkeiten einer freien Gesellschaft gingen viele aktive Mitstreiter in die Politik, Verwaltung und Wirtschaft, bauten sich neue Existenzen auf oder zogen in die alten Bundesländer, wo sie neue Arbeit fanden. Damit gingen sie zunächst für die ehrenamtliche Tätigkeit bzw. als Multiplikatoren der Erwachsenenbildungsarbeit verloren. Hinzu kam, dass nun verstärkt andere Bildungsträger bzw. Sinnangebote (Freizeitmöglichkeiten, Reisen, alternative Bildungsträger, berufliche Umschulung) auf den Markt drängten.

Bald begann man damit, in den neuen Ländern die gesetzlichen Grundlagen für eine neue Bildungslandschaft zu legen und neue Erwachsenenbildungsstrukturen aufzubauen. Wichtig war dabei die Neuverteilung bereits für die Bildungsarbeit oder anderweitig genutzter Immobilien. Im Rahmen dieses Neuaufbaus erhielten auch kirchliche Bildungsträger Mitsprachemöglichkeiten. Sie galten als ideologisch unbelastet, waren über westliche Partner mit der erforderlichen Lehr- und Beratungskompetenz ausgestattet und verfügten über klare Zielvorstellungen im Bildungsbereich.

In Mecklenburg wurde als Folge der neuen Situation 1994 ein Erwachsenenbildungswerk, das Thomas-Morus-Bildungswerk (TMB), gegründet, das die Bildungsarbeit der früheren katholischen Akademikerseelsorge fortführte. Träger dieses neuen Bildungswerkes ist – im Auftrag des Erzbistums Hamburg – das Erzbischöfliche Amt Schwerin. Der Träger wies dem Bildungswerk die Aufgabe zu, als gemeinsames Dach für jegliche katholische Bildungsarbeit in Mecklenburg zu fungieren.

Das TMB erschloss sich bald neue Zielgruppen und Kooperationspartner und wandte sich auch Themenfeldern zu, die in der DDR in kirchlicher Trägerschaft vom Staat nicht geduldet wurden, wie z.B. der politischen Bildung. Dabei wurde der Schwerpunkt zunächst auf Fakten und Zusammenhänge gelegt, die in der von der SED indoktrinierten staatlichen Bildungsarbeit bislang ideologisch verzerrt oder falsch dargestellt worden waren.

Parallel zur Gründung des Thomas-Morus-Bildungswerkes errichtete die Kirche ein neues Exerzitien- und Bildungshaus, das Edith-Stein-Haus (ESH) in

Parchim. Zunächst war vorgesehen, das Edith-Stein-Haus unter dem Dach des TMB zu führen. Es stellte sich aber bald als zweckmäßig heraus, beide Bildungseinrichtungen unabhängig voneinander zu organisieren und zu leiten. So wurde für beide die staatliche Anerkennung als Träger der Erwachsenenbildung in Mecklenburg beantragt und auch realisiert.

Katholische Erwachsenenbildung in Mecklenburg ist gerade im Bereich der politischen Bildung darauf ausgerichtet, den Prozess der deutschen Einheit zu unterstützen und trennende Barrieren zwischen Ost und West mit überwinden zu helfen. In den vergangenen Jahren wurde immer wieder festgestellt, dass viele Kursteilnehmer aus den alten Bundesländern über die Situation in der ehemaligen DDR, die Zeit der Wende und der Wiedervereinigung nur wenig informiert waren. Die unterschiedliche Sozialisation in Ost und West machte sich häufig in einer unterschiedlichen Nutzung und Bewertung von Begriffen und Formulierungen bemerkbar, was vielfach zu Missverständnissen führte und noch führt.

Daher wurden so genannte Ost-West-Seminare verstärkt angeboten, bei denen diese Themenbereiche behandelt und Dialogforen für Bewohner der alten und der neuen Bundesländer geschaffen wurden. Dabei erwiesen sich Gemeindepartnerschaften, die schon vor der Wende zwischen Ost und West bestanden hatten, als äußerst hilfreich, denn in einem vertrauten Rahmen wurden bestehende Differenzen offener und ehrlicher diskutiert. Bis etwa 1999 erfreuten sich die Ost-West-Veranstaltungen eines regen Zuspruchs. Seitdem ist die Beteiligung kontinuierlich zurückgegangen und diese Inhalte werden nur noch im Zusammenhang mit anderen Themen aufgegriffen und besprochen.

Weitere Themenschwerpunkte waren Informationsveranstaltungen, vor allen Dingen für Multiplikatoren, über in der DDR nur einseitig dargestellte Ereignisse der Geschichte, Geschichtsphilosophie, Religions- und Kirchengeschichte. Anfangs war die Beteiligung von Lehrern erfreulich hoch, ging jedoch Mitte der neunziger Jahre schnell zurück. Seitdem interessiert sich für diese Themen regelmäßig nur ein relativ eng begrenzter Kreis.

Die Erwartung aus der Wendezeit, dass der Zulauf zu den Kirchen bleiben und sich ein verstärktes Interesse an religiösen Fragen entwickeln würde, musste sehr bald korrigiert werden. Ebenso erwies sich die Befürchtung, dass dubiose Sekten oder pseudoreligiöse Vereinigungen wie z.B. Scientology in den neuen Ländern verstärkt Fuß fassen würden, bald als gegenstandslos.

Zunächst bot kirchliche Bildungsarbeit eine breite Palette an Veranstaltungen zu Erstinformationen über Religion und Kirche selbst an. Diese Themenkreise wurden kurz nach der Wiedervereinigung auch gut angenommen, jedoch sank die Beteiligung schon bald, so dass derartige Informationsveranstaltungen heute nur noch einen geringen Teil des Bildungsprogramms ausmachen. Ähnlich verhielt es sich mit Aufklärungsveranstaltungen über neue weltanschauliche und pseudoreligiöse Gruppen. Einem anfangs starken Interesse folgte bald der Rückgang. jedoch wird nach wie vor einmal im Jahr ein Wochenendseminar zu diesen Themen angeboten, das auch gut besucht ist.

4. Kirchliche Erwachsenenbildungsarbeit in pluraler Gesellschaft

Die beiden staatlich anerkannten Erwachsenenbildungseinrichtungen der katholischen Kirche in Mecklenburg befinden sich zwölf Jahre nach der Wende in einer Bildungslandschaft, die einerseits durch Kooperation, andererseits durch Konkurrenz geprägt ist. Kooperation im Lande ergibt sich durch die Zusammenarbeit mit Bildungseinrichtungen von Trägern, die eine ähnliche inhaltliche Ausrichtung ihrer Bildungsarbeit zum Ziel haben wie die Kirchen. Für den Bereich der politischen Bildung z.B. hat sich diese Zusammenarbeit in der „Landesarbeitsgemeinschaft der freien Träger der politischen Bildung" oder in informellen Zusammenschlüssen der staatlichen anerkannten Bildungseinrichtungen mit Beherbergungsbetrieb manifestiert. Dort werden gemeinsam interessierende Fragen diskutiert oder Stellungnahmen und Vorschläge für die zuständigen Ministerien und Behörden erarbeitet.

Die Konkurrenz folgt aus der Abhängigkeit von staatlichen Fördertöpfen, die – zumindest in Mecklenburg-Vorpommern – kleiner geworden sind bzw. aus denen eine gewachsene Anzahl von Interessenten schöpfen möchte. Konkurrenz ergibt sich auch aus den relativ kleinen Zielgruppen für bestimmte Themen. So entsteht ein Innovationsdruck, der zu produktiven und rationellen Lösungen führen kann. Andererseits werden neue Wirkungsfelder gesucht, die helfen, neue Zielgruppen zu erschließen, die Auslastung der Einrichtungen zu verbessern und die finanzielle Basis zu erweitern bzw. zu festigen.

Die katholischen Einrichtungen der Erwachsenenbildung pflegen Kooperationsbeziehungen über Landesgrenzen hinweg. Viele Bildungsprojekte werden gemeinsam mit den katholischen Akademien in Hamburg, Berlin und Trier veranstaltet. Gemeinsame Veranstaltungen mit der Bundeszentrale und der Landeszentrale für politische Bildung, aber auch mit den Bildungswerken der demokratischen Parteien werden in fast jedem Jahr durchgeführt.

Für das TMB und das ESH ist ein neuer Bereich beispielsweise die Betreuung von Spätaussiedlern. Mitte der neunziger Jahre begann das ESH mit jährlich vier Integrationsseminaren für Spätaussiedler, die in enger Zusammenarbeit mit den kirchlichen Spätaussiedlerbeauftragten geplant und durchgeführt wurden. Daraus entwickelte sich für das TMB ein flächendeckendes Netz von Deutschkursen für Spätaussiedler in ganz Mecklenburg. Diese Kurse werden zu äußerst günstigen Konditionen angeboten und sind für die Spätaussiedler und Migranten allgemein gedacht, die entweder nicht durch das Arbeitsamt gefördert werden oder in den geförderten Kursen nicht genug gelernt haben. Sie werden gut angenommen.

Für das ESH erwuchsen dadurch Deutsch-Lehrgänge nach SGB III § 419 (Sprachförderung), die helfen, freie Kapazitäten im Haus und in der Verwaltung besser auszulasten. Daneben werden im ESH weiterhin jährlich zwei Integrationsseminare angeboten, die besonders gerne von den Teilnehmern der Sprachkurse besucht werden.

Weitere Schwerpunkte in der Arbeit des Thomas-Morus-Bildungswerkes sind die Weiterbildung von ehrenamtlichen Helfern in der Telefonseelsorge und Fortbildungsveranstaltungen im Bereich der Religionspädagogik.

Insgesamt haben sich die beiden Erwachsenenbildungseinrichtungen der katholischen Kirche in Mecklenburg-Vorpommern eine anerkannte Stellung erarbeitet. Sie füllen mit ihren spezifischen Themen eine Lücke im Bildungsangebot und bereichern bei gleicher Themenstellung oft durch eigene Herangehensweisen die Bildungslandschaft.

2. Die Landeszentrale für politische Bildung

Heinrich-Christian Kuhn

Die Landeszentrale für politische Bildung Mecklenburg-Vorpommern

1. Vorbemerkung

Am 7. Mai 1991 wird die Landeszentrale für politische Bildung Mecklenburg-Vorpommern per Erlass des Ministerpräsidenten gegründet. In den seither elf Jahren wechselte die Leitung dreimal: Erster und kommissarischer Leiter von September 1991 bis Oktober 1992 war Prof. Dr. Udo Margedant. Von Januar 1993 bis September 1998 folgt ihm Frau Christa Drews von Steinsdorff. Seit Juni 1999 ist Frau Regine Marquardt die Direktorin. Administrativ ist die Landeszentrale der Staatskanzlei zugeordnet, inhaltlich kontrolliert wird ihre Arbeit von einem Kuratorium aus sechs Landtagsabgeordneten und sechs Personen des wissenschaftlichen und öffentlichen Lebens, die der politischen Bildung nahe stehen.

2. Start mit Hindernissen

Acht Stellen waren 1991 im Stellenplan vorgesehen, doch erst im Mai 1993 konnten diese besetzt werden. Gründe hierfür waren „Turbulenzen" innerhalb der Landesregierung, zuerst wegen unterschiedlicher Vorstellungen über die Rundfunklandschaft, später wegen der „Werftenkrise", in deren Verlauf Ministerpräsident Gomolka zurücktrat. Um Neuwahlen zu verhindern, wurde schnell eine neue Landesregierung gebildet.

Erst im Sommer 1992 erinnerte man sich seitens der Landesregierung wieder der Landeszentrale, schrieb die Stellen bundesweit aus und besetzte sie – anders als noch im Jahr zuvor erwogen – nach fachlicher Eignung und nicht nach Parteienproporz.

3. Die Akzeptanz der Landeszentrale musste errungen werden

Für die Akzeptanz der Landeszentrale, die politische Bildung im staatlichen Auftrag betreibt, war diese Zeit der sich selbst lähmenden Landesregierung nicht nur nicht hinderlich, sondern stärkte eher ihr Renommee als partei- und regierungsunabhängig.

Mit dem Begriff politische Bildung verbanden sich damals hierzulande unangenehme Erinnerungen an „FDJ-Studienjahre", „Parteilehrjahre" oder „Schulen der sozialistischen Arbeit". Und als staatliche Einrichtung wurde sie verdächtigt, Propagandainstrument der Landesregierung und der sie tragenden Parteien zu sein. Dies spiegelte sich in den Diskussionen auf den ersten von der Landeszentrale organisierten Seminaren wieder. Es war eher die Regel als die Ausnahme, wenn danach gefragt wurde, wie etwa die CDU zu gewissen historischen Epochen oder Wirtschafts-, Staats- und Gesellschaftstheorien stehe. Zudem bewegte die Menschen nach 60 Jahren Diktatur im Osten Deutschlands ein Misstrauen gegen staatliche Institutionen. Auch diejenigen, die sich der marxistischen Ideologie zu entziehen versucht hatten, waren dennoch geprägt vom Staat als „Überbau" und „Machtapparat (der herrschenden Klasse)".

Der damalige Leiter suchte den Kontakt zu den „Trägern" der politischen Bildung: den „klassischen", die im deutschen Vereinigungsprozess nach Vorbild der alten Bundesländer aufgebaut worden sind, aber auch zu den so genannten Neugründungen, in denen die Ideale und die Aufbruchstimmung der friedlichen Revolution des Jahres 1989 weiterlebten, die oft von eher regionaler Bedeutung waren, weil sie an konkrete, aber eingegrenzte Wendeereignisse anknüpften. Mit Unterstützung der Landeszentrale wurde eine Arbeitsgemeinschaft der Träger der politischen Bildung gegründet, in der Landeszentrale und die politischen Stiftungen bewusst nur assoziierte Mitglieder ohne Stimmrecht und Leitungsfunktion sein wollten. Bei der Verabschiedung des Haushalts 1992 (damals gut 1 Mio. DM) wurden auf Vorschlag der Landeszentrale die Mittel für die Politische Bildung neu verteilt zugunsten der Trägerförderung (Anhebung auf 50 Prozent des Gesamtetats). Ein solcher Schritt musste damals gegangen werden, um das Überleben der finanzschwachen Neugründungen in der politischen Bildung zu ermöglichen. Politische Bildung wurde in der Folge als Gemeinschaftsaufgabe verstanden. In Verhandlungen mit der Landesregierung stand die Landeszentrale auf Seiten der Träger, woraus ihr seitens der Verwaltung der Vorwurf gemacht wurde, sie „stehe auf der falschen Seite", als Landeseinrichtung hätte sie vielmehr „Landesinteressen" zu vertreten.

Insgesamt konnte sie jedoch in diesen Auseinandersetzungen nachweisen, dass eine etablierte politische Bildung beim Aufbau einer demokratischen Bürgergesellschaft sehr wohl ebenso im gesamtgesellschaftlichen wie im Landesinteresse liegt.

Denn nicht allein infrastrukturelle und wirtschaftliche Förderung löste Identitätsprobleme nach der deutschen Einheit und der bewussten Entscheidung für den demokratischen Staat aus. Politische Bildung half vielmehr, politisches Problembewusstsein, politische Urteilsfähigkeit zu entwickeln, um eigenverantwortlich an der Gestaltung der demokratischen Gesellschaft mitzuwirken, Möglichkeiten zur Um- und Neuorientierung im neu gegründeten Bundesland Mecklenburg-Vorpommern im wiedervereinigten Deutschland innerhalb eines geeinten Europa zu suchen. Und genau das war im Errichtungserlass von der Landeszentrale gefordert.

Vor eine erste Bewährungsprobe wurde diese Gemeinsamkeit bei der Abwehr rechtsextremen Gedankenguts und fremdenfeindlicher Straftaten gestellt. Auch wenn die Übergriffe von Rostock-Lichtenhagen im August 1992 nicht verhindert werden konnten, hat eine konzertierte Aktion der politischen Bildung diese Welle dumpfer Ausländerfeindlichkeit zurückgedrängt.

4. Historisch-politische Bildung

Nach ihrer Gründung musste die Landeszentrale nicht bei Null anfangen. Spätestens seit Sommer 1990 hatten die politischen Stiftungen, die Bundeszentrale und die Landeszentralen aus den Altbundesländern, insbesondere die schleswig-holsteinische, Bildungsarbeit im Land Mecklenburg-Vorpommern betrieben. Zumindest alle Multiplikatoren in weiteren Sinne wussten, wie die deutsche Demokratie aufgebaut ist und funktioniert.

Die Landeszentrale kam damals einem Wunsch des Geschichtslehrerverbandes nach und bot Weiterbildung zu den historischen Epochen an, die zu DDR-Zeiten völlig ausgeblendet oder falsch und einseitig gelehrt wurden: Zuerst beschränkt auf die deutsche Nachkriegsgeschichte, die Geschichte der beiden deutschen Staaten und den Prozess zur deutschen Einheit, später – als das Land sich auf das 1000-jährige Jubiläum der ersten urkundlichen Erwähnung vorbereitete – erweitert auch um frühere Epochen der Landesgeschichte. Nach Gründung der historischen Institute an den beiden Universitäten des Landes in Rostock und Greifswald und Besetzung der Lehrstühle wurden diese Bildungsangebote in Zusammenarbeit mit der Universität Rostock und dem Lehrerfortbildungsinstitut L.I.S.A. „institutionalisiert". Als jährlich wiederkehrende Veranstaltungsreihen „Geschichtsunterricht heute" und „Gedenkstättenarbeit heute" wurden sie fester Bestandteil der Jahresprogramme.

Die DDR war im gesamten Zeitraum seit 1991 Thema von Bildungsveranstaltungen der Landeszentrale. Denn wer für Engagement in der Bürgergesellschaft wirbt, darf Vergessen nicht zulassen. Zu schnell verblasst die Wahrheit über die DDR-Diktatur angesichts mancher Mühen im Transformationsprozess. Und gerade Jugendlichen, die nicht mehr bewusst diese Zeit miterlebten, muss ein authentisches Bild vermittelt werden. Sie sollen bewusst ihre Entscheidung für Freiheit und Demokratie, für Eigenverantwortung und Zivilcourage treffen.

Seit Juni 2001 ist die Landeszentrale zudem „Betreiberin" einer Gedenkstätte, des Schweriner Standorts des „Dokumentationszentrums des Landes für die Opfer deutscher Diktaturen". Im Gefangenenhaus des Amts- und Landgerichtes wird an Rechtsbeugung und die Opfer der zwei Diktaturen des vergangenen Jahrhunderts (NS- und SED-Diktatur) erinnert. Das Dokumentationszentrum ist zugleich Gedenkort und Bildungsstätte.

5. Mecklenburg-Vorpommern als Ostseeanrainer in Europa

Nach dem Fall der Mauer standen für die ehemaligen DDR-Bürger endlich die Türen zur Welt offen, sie konnten reisen, ihren Horizont erweitern und das sozialistisch-indoktrinierte Zerrbild wurde von der Wirklichkeit gesprengt. Und natürlich wollten die Menschen die „bunte Welt" hinter dem „eisernen Vorhang" sehen, also Westeuropa und Amerika.

Für Mecklenburg-Vorpommern als Ostseeanrainer war aber die Region um das *Mare Balticum* seit dem Mittelalter von entscheidender Bedeutung. Politische Bildung im staatlichen Auftrag hatte hier anzuknüpfen.

Studienreisen in die damals noch baltischen Sowjetrepubliken wurden schon im Sommer 1991 angeboten. Die sowjetische Botschaft, Außenstelle Berlin, und das Generalkonsulat in Rostock taten sich schwer, diese zu verhindern. Offiziell knüpfte die LpB an die so genannten Städtepartnerschaften aus sozialistischen Zeiten (Schwerin und Tallinn, Rostock und Riga, Ventspils und Stralsund) an und argumentierte, hier sollten in den letzten 50 Jahren gewachsene Kontakte lebendig erhalten werden für den Aufbau des gemeinsamen Europa. Doch das Programm dieser Studienreisen setzte andere Prioritäten: Nicht die alten Partnerschaften auf Partei- und Funktionärsebene wurden gepflegt, sondern Kontakte zu den zukünftigen freien baltischen Staaten wurden vorbereitet. 1993 übrigens eröffnete das Land Mecklenburg-Vorpommern in Tallinn ein Informationsbüro.

Ein weiterer Schwerpunkt waren die deutsch-polnischen Beziehungen. Pommern und Hinterpommern waren nach 1945 an Polen gefallen, die größte vorpommersche Stadt Stettin gehört seither zu Polen. Diese Region besitzt jedoch eine gemeinsame Geschichte und Zukunft. Zudem verläuft in Mecklenburg-Vorpommern die deutsch-polnische Grenze nicht in Flussmitte von Oder und Neiße wie in Brandenburg und Sachsen, sondern sie ist eine Landgrenze.

In den Sommermonaten 1991 initiierte deshalb die Landeszentrale deutsch-polnische Jugendbegegnungen. Ab 1992 wurden regelmäßig Studienreisen nach Polen angeboten. Schwerpunkt war der pommersche Raum, die heutige polnische Wojwodschaft Nordwestpommern. Begegnungsseminare für Journalisten, Studenten, Polizisten, Kommunalpolitiker und Jugendliche sind im Angebot der Landeszentrale und der von ihr geförderten Träger zu finden. Die Themenpalette erstreckt sich auf den gemeinsamen Lebensraum: die gemeinsame Geschichte und Zukunft, Infrastruktur, Umweltschutz, Wirtschaft und Kultur. So hat sich die Sicht auf den Nachbarn beiderseits der Grenze während der 90er Jahre verändert, weg von Konfrontation und Zerrbildern zu Miteinander auf dem Weg ins gemeinsame Europa. Deshalb führte die Landeszentrale auch Europaseminare und -studienreisen gemeinsam für Polen und Deutsche durch – auch wenn dem die Haushaltsordnung entgegenstand, wonach die Mittel nur für „Landeskinder" eingesetzt werden konnten.

6. Mecklenburgisch-vorpommersche Identität

Trotz vieler geografischer, siedlungsgeschichtlicher und kultureller Gemeinsamkeiten der beiden Landesteile Mecklenburg und Vorpommern im Norden Deutschlands wurden sie zu einer verwaltungsmäßigen Einheit erst durch die Eingliederung Hinterpommerns und Stettins in das polnische Staatsgebiet nach dem Zweiten Weltkrieg. 1952 kam es im Zuge der Zentralisierung der DDR zur Gründung der Bezirke und zur Auflösung des Landes. Mit dem Vollzug der deutschen Einheit am 3. Oktober 1990 entstand das Land 40 Jahre später erneut. Der Verwaltungsakt des Zusammenfügens der beiden historisch bedingt unterschiedlichen Teile war nicht ganz unproblematisch. Identitätsfindung und Zusammenwachsen wurden zu einer langfristigen zentralen Aufgabe. Erschwert wird dieser Prozess durch strukturelle Nachteile im vorpommerschen Landesteil, in deren Folge Eifersüchteleien gepflegt und Partikularinteressen formuliert werden.

Für eine ausgeglichene Strukturpolitik hat die Landesregierung zu sorgen, für das mentale Zusammenwachsen jedoch kann auch politische Bildung werben und es begleiten. Hierzu wurden mehrere Buchprojekte gefördert bzw. aufgelegt. Als Höhepunkt zum Landesjubiläum erachtete die Landeszentrale dabei die Herausgabe des „Historischen und geografischen Atlas von Mecklenburg und Pommern", ein Gemeinschaftswerk der Universitäten Rostock (Mecklenburg), Greifswald (Vorpommern) und Stettin (Polen).

7. Politische Bildung im ländlichen Raum

Mecklenburg-Vorpommern ist das dünnst besiedelte deutsche Bundesland. In beiden Landesteilen wird Bildung seit Jahrhunderten nicht sonderlich hoch geschätzt, auch wenn die beiden Landesuniversitäten die ältesten in Nordeuropa sind und bis heute einen hervorragenden Ruf haben. Die Landeshauptstadt Schwerin ist zudem kein Hochschulstandort.

Dem muss auch die Landeszentrale Rechnung tragen. Zu Beginn der 90er Jahre wurden mehrere Konzepte für politische Bildung im ländlichen Raum, also für das nicht gerade klassische Klientel politischer Bildung erarbeitet. Dabei wurde davon ausgegangen, dass das Land Mecklenburg-Vorpommern mittelfristig nicht die Wirtschaftskraft der Altbundesländer erreichen wird und deshalb über einen längeren Zeitraum von einer relativ hohen Arbeitslosigkeit auszugehen ist. Es wurde unter politischen Bildnern nicht angenommen, dass ein Anspringen der Konjunktur und eine deutliche Verbesserung der materiellen Lebensverhältnisse automatisch zur Akzeptanz der freiheitlich demokratischen Grundordnung führen würden. In bestimmten Problemregionen in Ostmecklenburg und Vorpommern wollte die Landeszentrale jedoch gemeinsam mit Partnern den Nachweis erbringen, dass dennoch eine demokratische Bürgergesellschaft erstrebenswertes Ziel für die Bewohner ist und das geflügelte Wort von Brecht widerlegen, dass das „Fressen vor der Moral" kommt. Hierfür schien die Errichtung einer Außenstelle der Landeszentrale in Vorpommern oder Ostmecklenburg sinnvoll. Und im Haushalt von 1991 war sie vorgesehen.

Vom Landtag unter Erfolgsdruck gesetzt, scheute die Landeszentrale letztendlich diesen Versuch, und nach drastischer Absenkung von Mittelausstattung und Stellenplan im Zuge „kostensenkender Strukturmaßnahmen" Mitte der 90er Jahre wurden weitere „Experimente" aus so genannten rationalen Überlegungen, man würde damit den Gegnern der Landeszentrale nur Munition liefern, endgültig ad acta gelegt.

Als Jahre später bei den Landtagswahlen 1998 trotz anders lautender Prognosen keine der rechtsextremen Parteien in den Landtag einzog, weil eine konzertierte Aktion von politischer Bildung, Medien, Verbänden und Politik dies verhindern konnte, wurde das *Sonderprogramm gegen Rechtsextremismus „Pro Zivilcourage – gegen Extremismus"* aufgelegt. Hierfür wurden zusätzlich zum Etat der Landeszentrale 300.000 DM eingestellt. In Kooperation mit allen Trägern der politischer Bildung wird dieses Programm umgesetzt. Hierbei wird auch wieder an die Idee der politischen Bildung im ländlichen Raum angeknüpft (jetzt auf Jugendliche beschränkt), indem Berufsausbildung und politische Bildung als Einheit betrachtet werden.

8. Resümee und Ausblick

Die Effektivität politischer Bildung zu messen scheint fragwürdig. Und dennoch wird im Falle mangelnder Wahlbeteiligung, rechtsextremistischer Ausschreitungen und Schändungen in Gedenkstätten vorschnell gefolgert, politische Bildung habe versagt. Während in der Vergangenheit durch „Feuerwehreinsätze" und kurzfristige Mittelaufstockungen Abhilfe geschaffen werden sollte, ist in Zeiten knapper Kassen in Mecklenburg-Vorpommern eher darüber diskutiert worden, politische Bildung zeitige keine Folgen, man könne auf sie verzichten und die frei werdenden Mittel besser in Wirtschafts- und Strukturförderung umleiten. Mit solchen Maßnahmen sei eher Zustimmung zur demokratischen Ordnung zu erreichen.

Wer so argumentiert, muss die Habenseite politischer Bildung berücksichtigen. Auf ihr stehen eine wachsende Zustimmung zu Europa, hoffnungsvolle Ansätze grenzüberschreitender Zusammenarbeit zwischen Polen und Vorpommern (u.a. ein Interesse an der polnischen Sprache unter Deutschen im Grenzgebiet), Beispiele von Zivilcourage gegen Extremismus und Populismus oder zunehmender Druck der Lehrerschaft auf die Schulverwaltung, NS- und DDR-Zeit müssten angemessen in der Stundentafel berücksichtigt werden. Und sicher haben hierzu politische Bildung und die Aktivitäten und Projekte der Landeszentrale mit beigetragen.

Schon angesichts der Schwäche der politischen Parteien im Lande (symptomatisch hierfür ist, dass es mehr Bürgermeisterposten gibt als Kandidaten aufgestellt werden können, einige Kommunen folglich durch das Innenministerium „zwangsverwaltet" werden) und der Gefahr, dass sie zunehmend zu „jugendfreien Gebilden" werden, müsste mehr in die politische Bildung investiert werden. Es geht nicht nur um mehr finanzielle Mitteln, sondern auch um eine höhere persönliche Präsenz von Politikern bei Veranstaltungen der Landeszentrale.

Zehn Jahre nach der deutschen Einheit scheint – so zumindest belegen es Analysen und Befragungen – die Akzeptanz der parlamentarischen Demokratie in Mecklenburg-Vorpommern abgenommen zu haben. Die Begründung der demokratischen politischen Kultur muss darum mit gleichem Nachdruck verfolgt werden wie der wirtschaftliche Aufbau. Deshalb muss der Institutionalisierung und Stärkung politischer Bildungsarbeit ein hoher Stellenwert seitens der Politik zugemessen werden (Werz 2001).

Literatur

Nikolaus Werz: Zehn Jahre Politik und politische Bildung in Mecklenburg-Vorpommern. Vortrag anlässlich einer Veranstaltung zum 10. Jahrestag der Gründung der Landeszentrale, Mai 2001

2. Schulische politische Bildung

Luise Dumrese
Entwicklung der Rahmenpläne für das Unterrichtsfach Sozialkunde

1. Vorbemerkung

Die Einführung der politischen Bildung als Unterrichtsfach in den allgemein bildenden Schulen Mecklenburg-Vorpommerns lässt sich in drei Phasen gliedern. Sie spiegeln den Demokratisierungsprozess der Schulen wieder.

Die erste Phase umfasste im letzten Abschnitt der friedlichen Revolution die beiden Schuljahre 1989/90 und 1990/91. Es war die Phase der Konzeptionssuche und -darstellung durch Basisgruppen. „Nichtregierungsorganisationen", Initiativgruppen und runde Tische engagierten sich in vielfältigen Aktivitäten für den Aufbau einer demokratischen Schule und die ihr adäquate Bildung und Erziehung. Kennzeichen der zweiten Phase war die totale Strukturveränderung des Schulsystems auf Grundlage des Ersten Schulreformgesetzes vom 26. April 1991 und der Übernahme der Fächerstruktur und -bezeichnung aus den allgemein bildenden Schulen der Bundesrepublik Deutschland. Die dritte Phase wird durch das neue Schulgesetz vom 15. Mai 1996 geprägt. Es passte das dreigliedrige Schulsystem den Verhältnissen eines dünn besiedelten Flächenlandes an und schuf die Voraussetzungen zur inhaltlichen *und* organisatorischen Verbindung von Haupt- und Realschulbildungsgängen und für die Anerkennung der Gesamtschule als gleichberechtigter Schulart. In seinem Rahmen wurden auch Struktur und Bezeichnung von Unterrichtsfächern verändert.

Die Entwicklung des Unterrichtsfaches Sozialkunde – in Verbindung mit der Erarbeitung und der Umsetzung von Lehrplänen für dieses Fach – verlief analog zur Dreiphasigkeit des Transformationsprozesses der Schule in Mecklenburg-Vorpommern. Eine besondere Rolle spielte dabei die erste Phase, die den Übergang von der Volksbildung der DDR und der Staatsbürgerkunde zur Demokratisierung der Schule im Rahmen des Einheitsprozesses zum Teil neben und außerhalb der offiziellen Bildungspolitik transparent gemacht hat.

Aber mit diesen drei Phasen ist nach dem zehnten Jahrestag des Mauerfalls die Entwicklung der politischen Bildung in der Schule nicht abgeschlossen. Die Schlussbemerkung versucht deshalb einen Ausblick auf die weitere Entwicklung.

2. Von der Staatsbürgerkunde zum Unterrichtsfach Gesellschaftskunde 1989/90 bis 1990/91

Von 1989 bis zur Konstituierung der „neuen Länder" stand die Entwicklung von neuen Lehrplänen mit dem Ziel, den Unterricht inhaltlich zu verändern, überall in der DDR im Zentrum öffentlicher Diskussionen. Dies gilt auch für die Regierungsbezirke Neubrandenburg, Rostock und Schwerin, ab 1990 Mecklenburg-Vorpommern. Vorerst forderten Schüler, Eltern, Lehrer, Kirchen und wissenschaftliche Mitarbeiter der Hochschulen in den drei Regierungsbezirken Schulveränderung, andere Lehrpläne, neue Unterrichtskonzepte (Schwerin 1998, 124 ff.). So melden sich im Februar 1989 30 junge Christen im Alter von 15 bis 18 Jahren von einer Rüstzeit aus Damm bei Parchim zu Wort. Ihr Brief war an das Volksbildungsministerium gerichtet, noch unter Margot Honecker, ebenso an die „Junge Welt", das FDJ-Zentralorgan. Ihre Diskussionsvorschläge bezogen sich alle auf eine Veränderung von Schule. Mit Veränderung meinten die Jugendlichen „Demokratisierung". Wenn auch der Ausdruck vermieden wurde, ging die Tendenz doch eindeutig aus den einzelnen Punkten hervor. Ähnliche Forderungen stellten Eltern in Initiativgruppen des Neuen Forums und der runden Tische auf. Artikuliert wurden sie beispielsweise auf dem Alten Markt in Stralsund Mitte November 1989 anlässlich des Abschlusses einer Demonstration nach vorausgegangenem Friedensgebet.

Auch unter Lehrern wurde heftig diskutiert. In Stralsund bildeten Lehrer Anfang November 1989 die „Gruppe der 20", später umbenannt in „Unabhängige Stralsunder Pädagogenvereinigung (USPV)". Sie traten Mitte November 1989 mit dem Aufruf „Wer sich jetzt nicht einbringt, darf später nicht klagen" an die Öffentlichkeit. Auch ihnen ging es um die Demokratisierung von Schule. Bald zählte die USPV mehr als 200 Lehrer. Mit Inkrafttreten des Ersten Schulreformgesetzes am 26. April 1991 löste sie sich auf.

Aus den Hochschulen des Landes meldete sich die Hochschulgruppe des Kulturbundes der Universität Rostock zu Wort. Im Frühsommer 1990, als die Vereinigung Deutschlands bereits in Sicht war, gründete sich der „Bildungsrat des Landes Mecklenburg-Vorpommern". Er bestand aus Vertretern der beiden Universitäten Greifswald und Rostock, der Pädagogischen Hochschulen Güstrow und Neubrandenburg, der Institute für Lehrerbildung und der neu gebildeten Bezirksschulämter. Er veröffentlichte am 24. Juli 1990 ein erstes Standpunktpapier.

Bereits am 21. Februar 1990 erfolgte durch die Modrow-Regierung die Inkraftsetzung der Anweisung 431 zur Einführung eines neuen Unterrichtsfaches „Gesellschaftskunde" für das Schuljahr 1989/90. Gemäß § 2 trat es an die Stelle des Faches Staatsbürgerkunde. In § 3 wird zur Zielsetzung ausgeführt, dass 1. durch das Unterrichtsfach „Gesellschaftskunde" ein spezifischer und inhaltlich breit gefächerter Beitrag zur Heranbildung von mündigen Bürgern geleistet (wird), die sich durch humanistische Bildung, demokratische Gesinnung und durch die Fähigkeit auszeichnen, in einer rechtsstaatlichen, demokratischen Gesellschaft eigenverantwortlich zu handeln", dass 2. die Schüler durch vielfältige Kenntnisse befähigt werden, „sich in allen Lebensbereichen kritisch und kulturvoll mit der Wirklichkeit auseinander zu setzen" und dass sie sich 3. „in Toleranz und Achtung gegenüber Menschen mit unterschiedlichen Weltanschauungen, konfessionellen Auffassungen und Bindungen" üben und „lernen, unduldsam zu sein gegenüber rassistischen, nationalistischen und faschistischen Positionen und Konzepten". „In diesem Sinne leistet das Unterrichtsfach einen Beitrag zur Friedenserziehung." (Verfügungen und Mitteilungen des Ministeriums für Bildung der DDR I, Nr. 2, S. 14)

Schon zu diesem frühen Zeitpunkt war also Gesellschaftskunde als ein Unterrichtsfach konzipiert, das klassische Politikbereiche wie Wirtschaft, Recht, Gesellschaft, Internationales, Staatsphilosophie und politische Theorie in sich versammelte. Des Weiteren wurde bestimmt, dass die das Fach unterrichtenden Lehrer die erforderliche Kompetenz besitzen mussten bzw. durch Qualifikationsmaßnahmen zu erwerben hatten.

Obwohl diese Anweisung deutliche Hinweise auf Probleme enthielt, begann der Unterricht in Gesellschaftskunde sofort – im zweiten Halbjahr des Schuljahres 1989/90 –, zwar ohne Benotung, aber mit Teilnahmebestätigung auf dem Zeugnis. Der Druck der Öffentlichkeit auf die Schulverwaltung, Veränderungen zur Demokratisierung in der Schule herbeizuführen, war in diesen Monaten übermächtig.

Anschließend wurden Rahmenrichtlinien, Handreichungen und Programme für Gesellschaftskunde erarbeitet und im Sommer 1990 an die Schulen ausgeliefert. Diese Pläne kennzeichnete bereits ein neues Unterrichts- und Rollenverständnis. In den Vorbemerkungen wird die „lebendige Zusammenarbeit von Lehrern und Schülern" im Unterricht gefordert, auf „Zielklarheit und Zielorientiertheit" gedrungen, es soll „an Interessen, Bedürfnisse, Erwartungen, bereits vorhandenes Wissen und Können der Schüler" angeknüpft werden. Weiter heißt es: „Im Zentrum des Unterrichts steht die freie Entfaltung der Persönlichkeit." (Schwerin 1997, 4 f.)

Überblickt man diese Entwicklung bis zum Sommer 1990 und dem Schuljahresbeginn 1990/91, so lässt sich unschwer feststellen, dass in der „Bildungsszene" der Noch-DDR ein Demokratisierungsprozess in Gang gekommen war, der die

Schulen und zumindest einen Teil ihrer Lehrer heftig erfasst hatte. Inhaltlich und didaktisch war das Thema der jüngsten Vergangenheit ein bedeutsamer Teil der konzeptionellen Überlegungen zur politischen Bildung durch das Fach Gesellschaftskunde. In diesem Fach sollte also zukünftig auch die historische Dimension berücksichtigt werden. Es wurde als Fach der historisch-politischen Bildung gedacht.

3. Entwicklung und Umsetzung der Vorläufigen Rahmenrichtlinien für Sozialkunde vom Schuljahr 1991/92 bis 1995/96

Ende August 1990 begannen die Vorbereitungen für die Entwicklung neuer Lehrpläne des Landes Mecklenburg-Vorpommern für alle Unterrichtsfächer. In einer ersten Beratung der Leiter der Lehrplankommissionen wurden neben allgemeinen Grundsätzen wichtige Politikbereiche aufgeführt (Schwerin 1994, 6), ohne sie ausdrücklich einem bestimmten Schulfach zuzuordnen. Doch wurde politische Bildung – thematisiert als Globalisierung, Umweltbildung, Friedenssicherung, Dritte-Welt-Problematik – zum allgemeinen schulischen Erziehungsauftrag und somit zur „Querschnittsaufgabe" gerechnet (ebd.). Zu Schuljahresbeginn bewarben sich mehr als 500 Lehrer um Mitarbeit in den 22 Lehrplankommissionen. Dieses Aufbruchsengagement hat sich im weiteren Verlauf der zweiten und vor allem während der dritten Phase bis heute in dieser Deutlichkeit und Stärke nicht erhalten.

Als am 26. April 1991 das Erste Schulreformgesetz des Landes Mecklenburg-Vorpommern verkündet wurde, war auch die Arbeit an den Lehrplänen, die die Bezeichnung „Vorläufige Rahmenrichtlinien Sozialkunde" erhalten hatten, bereits sechs Monate in vollem Gange. Die Umbenennung in „Sozialkunde" erfolgte vermutlich, weil in vielen Ländern der Bundesrepublik Deutschland das Fach so heißt. Inhaltlich wurden klassische Bereiche der Soziologie, Politikwissenschaft, Ökonomie und der Rechtswissenschaft berücksichtigt. Dieses umfassende Fachverständnis verlangte klare didaktisch-methodische Zielvorgaben, also einen „demokratischen, kommunikations- und kooperationsfördernden Unterrichtsstil" (Kultusministerin 1992, 5 f.), ebenso Projektverfahren.

Die Themenvorgaben sind in *Pflichtunterricht* für die Klassenstufen 8 bis 12 und *Wahlpflichtunterricht* für die Klassenstufen 9 und 10 am Gymnasium gegliedert. Aus den Pflichtthemen seien herausgegriffen: In Klassenstufe 8 *Demokratie vor Ort* mit „Demokratie in der Schule", „Demokratie im Heimatort" und „Demokratie in Mecklenburg-Vorpommern", ferner *Arbeit – Freizeit – Familie* und als dritter Komplex *Öffentlichkeit in einer Demokratie;* in der Klassenstufe 9 z.B. *Grundrechte, Rechtsfragen des Alltags* oder *das Rechts-, Bundes- und Sozialstaatsprinzip*. Die Klassenstufe 10 dient der Vertiefung des Gelernten anhand möglichst aktueller politischer Fragen, beispielsweise des Themas „Die deutschen Staaten in der europäischen Politik seit Beginn der 70er Jahre" (ebd., Anm. 7, 7 ff.).

Die Rahmenrichtlinien vermitteln den Eindruck eines solide, mit pädagogischem und fachwissenschaftlichem Sachverstand gearbeiteten Lehrplanwerkes, das mit größter Wahrscheinlichkeit in allen weiterführenden Schulen aller Bundesländer umsetzbar wäre. Jedoch fehlen Inhalte und Themen zur DDR-Geschichte, zum DDR-System, zur zweiten deutschen Diktatur, zu Widerstand und Verfolgung in der DDR u.ä. Dies wären besonders wichtige Inhalte, um Geschichte anschaulich und emotional glaubwürdig zu vermitteln. Die Zusammengehörigkeit von Demokratie- und Geschichtsbewusstsein kann nur so mit den Schülern bedacht und diskutiert werden. Dies kann erfolgreich gelingen unter Einbeziehung der eigenen biographischen Betroffenheiten von Schülern und Lehrern. Leider knüpfen die Vorläufigen Rahmenrichtlinien Sozialkunde an diesen Konzeptionsteil der Gesellschaftskunde nicht an.

Ab dem Schuljahr 1991/92 als verbindliche Unterrichtsgrundlage zur Erprobung in Kraft gesetzt, waren sie schnell vergriffen. Auf ihrer Grundlage erfolgten ab 1991/92 Weiterbildungskurse für Sozialkundelehrer, denn der Fachlehrermangel war eklatant. Das zu der Zeit bereits gegründete Landesinstitut für Schule und Ausbildung (L.I.S.A.) war für Organisation und Durchführung verantwortlich. Im Herbst 1993 erhielt das L.I.S.A. vom Kultusministerium zudem den Auftrag, „Empfehlungen zur Erarbeitung von Rahmenplänen für allgemein bildende Schulen in Mecklenburg-Vorpommern" zu erstellen, um die Erprobungsphase zu beenden (Landesinstitut 1993, 3).

Für Sozialkunde wurden auf dieser Grundlage Kommissionen eingesetzt, deren Arbeit 1994 begann. Das Ergebnis der Landtagswahlen Ende 1994 und der Koalitionsverhandlungen führte zur Erarbeitung eines Schulgesetzes für Mecklenburg-Vorpommern, das vom Landtag am 15. Mai 1996 beschlossen wurde. Für den Bereich soziale, politische, ökonomische und rechtskundliche Bildung schuf das Schulgesetz eine neue Struktur der Unterrichtsfächer. Deshalb wurde bis zur Inkraftsetzung des Schulgesetzes die Arbeit an den Rahmenplänen für Sozialkunde ausgesetzt.

4. Weiterentwicklung des Faches durch das Schulgesetz 1996

Das Schulgesetz legt neben den traditionellen Unterrichtsfächern noch Fächergruppen und Aufgabengebiete fest. So wird die Gruppenbildung der Fächer Geschichte, Geografie, Sozialkunde um das neue Fach Arbeit-Wirtschaft-Technik (AWT) erweitert. Weiter ersetzt es die bisherige Bezeichnung „Vorläufige Rahmenrichtlinien" der Lehrplangeneration von 1991/92 endgültig durch den Begriff „Rahmenplan" (GVOBl. 1999, 644, 652). Die Entscheidung für Rahmenpläne zielt auf eine präzisere Vergleichbarkeit der Schulen in Mecklenburg-Vorpommern und auf landesweite verbindliche Rahmen, die an der einzelnen Schule durch jeweils schulinterne Entscheidungen der Fachkonferenzen gefüllt werden. So kann jede Schule ein eigenes Profil entwickeln bzw. ihr besonderes Schulprogramm erstellen.

Sechzehn Lernziele formulieren oberhalb der Fächer, Fächergruppen, Lernbereiche oder Aufgabengebiete gesetzgeberische *Leitentscheidungen* (§ 3 SchulG M-V), unter denen die Lernziele vier bis dreizehn für die Zukunft der politischen Bildung von hoher Relevanz sind. „Die Schüler sollen in der Schule insbesondere lernen, ...

4. soziale und politische Mitverantwortung zu übernehmen sowie sich zusammenzuschließen, um gemeinsame Interessen wahrzunehmen, ...
6. die eigene Meinung zu vertreten und die Meinung anderer zu respektieren,
7. die grundlegenden Normen des Grundgesetzes zu verstehen und für ihre Wahrung sowie
8. für Gerechtigkeit, Frieden und Bewahrung der Schöpfung einzutreten, ...
12. Ursachen und Gefahren totalitärer und autoritärer Herrschaft zu erkennen, ihnen zu widerstehen und entgegenzuwirken,
13. Verständnis für die Eigenart und das Existenzrecht anderer Völker, für die Gleichheit und das Lebensrecht aller Menschen zu entwickeln ..."

Kern des Faches Sozialkunde ist *das Politische*, „also Probleme, Fälle oder konflikthafte Situationen, von aktueller oder latenter Brisanz, deren Lösung von einer Vielzahl von Menschen als dringlich erachtet wird. Indem der Sozialkundeunterricht soziale und politische Probleme und Konflikte bewusst macht und analysiert und die Schülerlösungen mit den in der Gesellschaft tatsächlich gefundenen Lösungen vergleicht, schärft er den Blick für Zusammenhänge, ermöglicht Rationalität des Urteils und fördert Motivation der Schüler für engagierte Anteilnahme an politischen und gesellschaftlichen Fragen." (Rahmenplan Sozialkunde 1999, 7 und 9).

Der Rahmenplan Sozialkunde sieht für den Sekundarbereich I in höherem Maße politische Bildung unter Berücksichtigung sozialpsychologischer und rechtskundlicher Themen vor. Die Unterrichtsgestaltung folgt dem „Prinzip des exemplarischen Lernens" (ebd., 9) und „geht von der didaktischen Leitvorstellung ‚vom Nahen zum Entfernten' bzw. ‚vom Konkreten zum Abstrakten' aus" (ebd., 5). Empfohlen werden forschendes Lernen, problemorientiertes, kommunikations- und kooperationsförderndes Arbeiten, handlungsorientierte und offene Lernverfahren sowie ein Unterrichtsstil, der regen Gedanken- und Meinungsaustausch fördert. Darum sind für die einzelnen Jahrgangsstufen fakultative neben verbindlichen Themen angegeben. Die Empfehlungen für das Gymnasium bauen darauf auf.

Mit Beginn des Schuljahres 1999/2000 werden die Rahmenpläne Sozialkunde verbindlich zur Erprobung in Kraft gesetzt. Nach einer Laufzeit von zwei Schuljahren soll i.d.R. ihre Evaluierung durch das L.I.S.A. erfolgen.

5. Kritische Schlussbemerkungen

1. Insgesamt ist kritisch anzumerken, dass die Rahmenpläne für Sozialkunde Sekundarbereich I die DDR-Thematik lediglich mit dem Satz erwähnen: „Chancen und Schwierigkeiten, die sich aus der *deutschen Wiedervereinigung* ergeben, sollten an geeigneter Stelle eingebracht werden." (ebd. 9) Auch diese Rahmenplangeneration berücksichtigt also die DDR-Thematik nicht ausdrücklich mit inhaltlichen Vorgaben. Der Rahmenplan für gymnasiale Oberstufe hat lediglich im Bereich der politischen Theorie unter dem Stichwort „Sozialismus" eine Möglichkeit, ein wenig ‚Marx etc.' unterzubringen.

2. Zur politischen Bildung in der Schule zählt neben den großen klassischen Bereichen Politik, Ökonomie, Recht und Soziologie die Geschichte. Letztere muss in den Rahmenplänen für die Schularten und Bildungsgänge in Mecklenburg-Vorpommern ihren Beitrag leisten, mit dem Ziel, die politische Bildung um die historische Dimension zu erweitern. Dies hatten die Basisgruppen in den Jahren 1989 bis 1991 in ihr Konzept für Gesellschaftskunde aufgenommen. Gegenwärtig gilt es, der historischen Dimension der politischen Bildung sowohl in der Sozialkunde als auch im Geschichtsunterricht vermehrt und deutlich Geltung zu verschaffen.

Im Rahmenplan Geschichte für Schüler des Gymnasiums der Jahrgangsstufen 6 bis 8 heißt es zwar in den didaktischen und unterrichtsorganisatorischen Prinzipien: „Ein deutlicheres Zeitbewusstsein der Schüler erleichtert das Verständnis historischer Veränderungen. Die Jahrgangsstufen 7 bis 8 behandeln aber noch gegenwartsferne Themen vom Mittelalter bis zum 19. Jahrhundert. Ihre Schülerrelevanz sollte durch immer wieder aufgezeigten *Gegenwartsbezug* ausdrücklich verdeutlicht werden." (Rahmenplan Geschichte 1996, 16) Damit steht sich die Rahmenplankommission jedoch selbst im Wege. Historische Bildung ja, aber chronologisch angelegt und der Gegenwartsbezug einigermaßen beliebig! Sie sollte baldmöglichst auch in den Jahrgangsstufen 7 und 8 die historisch-politische Thematik so wählen, dass für die Schüler selbst der Gegenwartsbezug augenfällig und deshalb nachdenkenswert erscheint. Der Rahmenplan muss strukturgeschichtliches, multiperspektivisches und themenorientiertes Arbeiten verlangen. Vermittlung von Vorratswissen motiviert Schüler wenig oder gar nicht und ist vom benötigten Zeitvolumen her kontraproduktiv. Unter Verzicht auf diese Art von „Stoffschüttung" kann Zeit frei werden, die DDR als eines der wichtigsten Themen der neuesten Zeitgeschichte in den Geschichtsunterricht der Schulen Mecklenburg-Vorpommerns zu integrieren.

3. Die Zeit ist günstig, an die Erarbeitung neuer Rahmenpläne für Geschichte und Sozialkunde unter dem Aspekt historisch-politischer Bildung heranzugehen. Denn gegenwärtig befindet sich eine Novelle zum Schulgesetz im Gesetzgebungsverfahren, die einerseits die Umstrukturierung des dreigliedrigen in ein zweigliedriges Schulsystem vorsieht mit der Zusammenfassung des Sekundarbereichs I ohne Gymnasium zur Regionalen Schule und andererseits das mit dem Schulgesetz vom 15. Mai 1996 eingeführte 13. Schuljahr wieder abschafft.

Folgerichtig entstehen auch neue Stundentafeln sowohl für das Gymnasium als auch für alle Bildungsgänge der Regionalen Schule. So soll für den Geschichtsunterricht im Sekundarbereich I eine Stundenerhöhung von ein bis zwei Wochenstunden pro Klasse erfolgen. Das Ziel: „Niemand verlässt mehr die Schule in MV, ohne sich im Unterricht mit den deutschen Diktaturen auseinander gesetzt zu haben." (Schweriner Volkszeitung, 20.11.2001, 4) Diese Bildungsoffensive ist nur zu begrüßen, zumal ein Pilotprojekt des Landesbeauftragten für MV für die Unterlagen des Staatssicherheitsdienstes der ehemaligen DDR mit dem Thema „Die DDR im Schulunterricht" auf großes Interesse bei Schülern und Lehrkräften stößt. Dieses Projekt ist als Angebot zur Ergänzung des Geschichts- und Sozialkundeunterrichts gedacht. Erfahrungen mit den einzelnen Themenbereichen „Politisches System der DDR, Ministerium für Staatssicherheit, Staat und Kirche in der DDR, die Rolle des Sports und Sportpolitik in der DDR, Opposition und Widerstand in der DDR, Vorbedingungen, Verlauf und Ergebnisse des Herbstes 1989 in der DDR" sind inzwischen über eine längere Zeit gemacht worden, so dass sie in die notwendigen neuen Rahmenpläne entsprechend integrierbar wären.

Das Land Mecklenburg-Vorpommern hätte zum gegenwärtigen Zeitpunkt die besondere Gelegenheit, Rahmenpläne für die Fächergruppe Sozialkunde, Geschichte, AWT und Geografie so zu gestalten, dass die historisch-politische und die ökonomisch-technische Bildung allen Schülern die Chance und die Motivation zu erfolgreicher Teilnahme an und Gestaltung von Gesellschaft und Wirtschaft ermöglichte.

Literatur

Kultusministerin des Landes Mecklenburg-Vorpommern (Hrsg.): Vorläufige Rahmenrichtlinien Hauptschule, Realschule, Gymnasium; Sozialkunde: Klassenstufen 8-9, Klassenstufen 8-10, Klassenstufen 8-12. (Nachdruck 1992)

Kultusministerin des Landes Mecklenburg-Vorpommern (Hrsg.): Rahmenplan Arbeit-Wirtschaft-Technik in der gymnasialen Oberstufe Jahrgangsstufen 11-13. 1999

Landesinstitut für Schule und Ausbildung Mecklenburg-Vorpommern (Hrsg.): Empfehlungen zur Erarbeitung von Rahmenplänen für die allgemein bildenden Schulen in Mecklenburg-Vorpommern. Handreichungen 4/1993. Dezember 1993

Ministerium für Bildung der DDR: Anweisung zur Einführung eines neuen Unterrichtsfaches Gesellschaftskunde vom 21. Februar 1990 (Verfügungen und Mitteilungen I, Nr. 2, S. 14) (430 Bestimmungen für einzelne Unterrichtsbereiche, 431 Gesellschaftskunde)

Ministerium für Bildung, Wissenschaft und Kultur M-V (Hrsg.): Rahmenplan Geschichte, Gymnasium Jahrgangsstufe 6-8, 1996

Ministerium für Bildung, Wissenschaft und Kultur M-V: GVOBl. 205. In: Mittl.bl.KM M-V 158, zuletzt geändert durch Art 3 des Gesetzes vom 21. Dezember 1999, GVOBl. 644, 652

Ministerium für Bildung, Wissenschaft und Kultur M-V (Hrsg.): Rahmenplan Sozialkunde in der gymnasialen Oberstufe Jahrgangsstufe 11-13. 1999

„Schule soll DDR-Geschichte nicht mehr ausklammern". In: Schweriner Volkszeitung v. 20.11.2001, S. 4

Schwerin, Hildebrand: „DDR-Schule" – Wohin? In: Eckart Schwerin, Hans-Hermann Wilke (Hrsg.): Aufbrüche und Umbrüche. Leipzig 1998, S. 124 ff.

Schwerin, Hildebrand: Eröffnung der Tagung. In: Kultusministerium Mecklenburg-Vorpommern (Hrsg.): Tagungsbericht – Anlässe und Kriterien für die Entwicklung von Lehrplänen. Curriculumtagung der Länder in der Bundesrepublik Deutschland. Güstrow 1997, 3-5

Nikolaus Werz
Politische Bildung an der Universität

1. Rahmenbedingungen

Für Mecklenburg-Vorpommern (MV) gelte die „Tradition des Verzögerungseffektes" (Landeszentrale 1990, 3). Diese Aussage lässt sich für die Anfangsjahre nicht bestätigen, obwohl die wirtschaftlichen Startbedingungen nach dem Wegfall eines erheblichen Teils von zu DDR-Zeiten aufgebauten Industrien als besonders schwierig galten. Auch in MV hat sich die Länderebene erstaunlich schnell konstituiert. Doch im Land der tausend Seen und Flüsse hat der Anglerverband mehr als doppelt so viele Mitglieder wie die politischen Parteien, die 1999 immerhin noch ca. 24.000 zählen konnten. Nach der Anfangsphase unter einer CDU/FDP Koalition (1990-94) verlief die Regierungstätigkeit unter der CDU/SPD-Koalition (1994-98) kontrovers, es folgte ab 1998 die erste Koalition aus SPD und PDS, die auf Bundesebene heftigere Kontroversen hervorrief als im Lande selbst. Die Landeshauptstadt Schwerin hat mittlerweile nur noch knapp 100.000 Einwohner, wirtschaftliches Oberzentrum ist Rostock mit ca. 200.000 Einwohnern, die zweite Landesuniversität befindet sich in Greifswald (55.000 Einwohner).

Die Tatsache, dass es sich um einen Flächenstaat handelt, erschwert die politische Bildungsarbeit nicht. Eine Konzentration auf Schwerin (Sitz der Landeszentrale, der Friedrich-Ebert-Stiftung), Rostock (Konrad-Adenauer-Stiftung, Heinrich-Böll-Stiftung) und insgesamt Mecklenburg ist feststellbar. Bei der Zeitungslektüre dominiert die Regionalpresse, beim Radio die privaten Kanäle.

Mehr als zehn Jahre nach der „friedlichen Revolution" sind die Herausforderungen für die politische Bildung in MV nicht geringer geworden. Stichwortartig seien erwähnt: Rechtsextremismus, Orientierungskrise und Abwanderung junger Menschen. Die Bürgergesellschaft ist schwach ausgeprägt, die politische Öffentlichkeit des Landes klein. So ist es erst im Frühjahr 2001 im dritten Anlauf und mit vereinten Kräften gelungen, die „Deutsche Vereinigung für politische Bildung in MV" zu gründen.

In der Folge der seit 1998 amtierenden SPD/PDS-Koalition wurden Befürchtungen über eine Entsorgung der jüngsten Geschichte geäußert (Werz 2001, vgl. Spiegel 34/2001). Die Reaktionen in Leserbriefen auf entsprechende Artikel verweisen auf durchaus gefestigte Meinungsbilder. Gleichzeitig ist es – u.a. aufgrund der finanziellen Lage – für Absolventen der Lehramtsstudiengänge nicht einfach, eine Anstellung im Lande zu erhalten. Bessere Gehälter in den alten Bundesländern und Berlin bilden einen zusätzlichen Abwanderungsanreiz. Aus den alten Bundesländern zugereiste, verbeamtete Lehrer werden – wie ihre Kollegen vor Ort – derzeit nicht in den Beamtendienst übernommen.

2. Die Gründung der politikwissenschaftlichen Institute in Rostock und Greifswald

Im Februar 1992 wurde das Institut für Politik- und Verwaltungswissenschaften (IPV) an der Universität Rostock gegründet. Bereits im Sommersemester (SS) konnte der Lehrbetrieb mit einer Vorlesung zur politischen Ideengeschichte aufgenommen werden. Das Institut für Politikwissenschaft der Universität Greifswald bezeichnet sich selbst als jüngstes politikwissenschaftliches Institut in Deutschland. Es wurde 1993 gegründet, bietet aber erst seit dem SS 1999 ein Lehrangebot an, das alle Teilgebiete der Politikwissenschaft umfasst. Am Institut standen im Sommer 2001 für etwa 200 Studierende drei Professoren, ein Lehrstuhlvertreter, eine Hochschulassistentin und zwei wissenschaftliche Mitarbeiter zur Verfügung.[1]

3. Global und regional: Politikwissenschaftliche Forschung und Lehre

Seit dem Wintersemester 1992/93 hat das IPV an der Universität Rostock – zunächst über Lehrstuhlvertretungen bzw. Lehraufträge – die Teilgebiete der Politikwissenschaft angeboten. Daneben präsentierte sich das Institut mit Veranstaltungen in der Öffentlichkeit, um seinen Beitrag zur öffentlichen politischen Diskussion zu leisten. Dazu gehörten im WS 1992/93 eine Podiumsdiskussion zum Thema „Lichtenhagen und die Folgen". Daran schloss sich eine Vortragsreihe über das Staatsverständnis Deutschlands und verschiedene Aspekte der Einwanderung an. Der Besuch war gut, das Presseecho wegen der Abendtermine eher gering. Die Außenaktivitäten des Institutes erfolgen in Zusammenarbeit mit dem Institut Français (Rostock), den vor Ort ansässigen Parteistiftungen, dem Max-Samuel-Haus (Stiftung und Begegnungsstätte für jüdische Kultur in Rostock) sowie der Landeszentrale für politische Bildung in Schwerin. Im Colloquium Politicum finden in loser Folge Vorträge statt. Einer der Professoren des IPV ist Mitorganisator der Vorlesungsreihe „Orientierung in der Moderne", die seit zehn Semestern stattfindet. Im Sommersemester 1999 stand sie z.B. unter dem Oberthema „Politik der Erinnerung" (Rostocker Philosophische Manuskripte, NF 8).

Um einen gezielten Beitrag zur politischen Bildungsarbeit zu leisten, wurden Ende der 90er Jahre zwei Bücher vorgelegt. In dem Band „Mecklenburg-Vorpommern im Wandel" (Werz/Schmidt 1998) wurden als Ergebnis einer interdisziplinären Analyse folgende Merkmale der ökonomischen, sozialen und politischen Transformation seit 1990 festgehalten: Die (bisherige) Randlage des Landes, der schwierige Übergang vom Staatssozialismus zur Marktwirtschaft aufgrund des Abbaus eines Teils der Werftindustrie, das Faktum eines Bindestrich-Landes mit Mecklenburg und Vorpommern, die vergleichsweise geringe Besiedlung in einem Flächenstaat und gleichwohl eine bundespolitische Bedeutung MVs nicht zuletzt aufgrund der relativ großen Zahl von in der Bundespolitik aktiven Politikern. Der Band richtete sich an die interessierte Öffentlichkeit, an Lehrer und Studenten. Zwei Jahre später folgte die Studie „Parteien und Politik in Mecklenburg-Vorpommern" (Werz/Hennecke 2000), die zum einen die Landesverbände der politischen Parteien im Porträt vorstellte, zum anderen Aspekte von Politik, Gesellschaft und Verwaltung behandelte. Dazu gehörten etwa die politischen Reaktionen auf den Rechtsextremismus, das kommunale Wahlverhalten sowie die Reformpläne auf der Gemeindeebene. Während die Studien in der überregionalen Presse eine durchaus wohlwollende Resonanz fanden, blieb das Interesse im Lande hinter den Erwartungen der Autoren zurück. Dies mag mit einer gewissen Politikverdrossenheit zusammenhängen, darüber hinaus stoßen politikwissenschaftliche Studien in den neuen Ländern teilweise noch nicht auf das Interesse, das sie in den alten Bundesländern besitzen. Ungeachtet dieser Erfahrung wird der an der politischen Praxis orientierte Ansatz u.a. mit Blick auf die Landespolitik fortgesetzt. Dazu gehören Arbeiten zur Abwanderung (Werz 2001) sowie ein laufendes Projekt zu den jüngsten Bürgermeister- und Landratswahlen in MV.

Zu den Lehrbeauftragten des IPV zählen z.B. der ehemalige Oberbürgermeister von Rostock, Prof. Dr. Dieter Schröder, der Landesbeauftragte für MV für die Unterlagen des Staatssicherheitsdienstes der ehemaligen DDR sowie Praktiker aus der Entwicklungshilfe und Tourismusbranche.

4. Der Lehramtsstudiengang Sozialwissenschaften an der Universität Rostock

Schon bevor es zur Eröffnung des Lehramtsstudiengangs kam, wurde an der Wirtschafts- und Sozialwissenschaftlichen Fakultät in Zusammenarbeit mit dem Lehrstuhl Wirtschaftspädagogik vor allem an Wochenenden ein „Aufbaustudium für Sozialkundelehrer" durchgeführt. Dazu konnten Sondermittel der Bundeszentrale für politische Bildung verwendet werden. Etwas mehr als 50 Lehrer erhielten ein entsprechendes Zertifikat.

Der Lehramtsstudiengang wurde im WS 1998/99 eröffnet. Die Mehrheit der Lehramtsstudiengänge in MV sind an der Universität Rostock angesiedelt. Auf Wunsch des Ministeriums und unter Beteiligung der Universitätsleitung, der

Wirtschafts- und Sozialwissenschaftlichen und der Juristischen Fakultät wird „Sozialwissenschaften als vertieft studiertes Fach mit Schwerpunkt Rechtswissenschaft oder mit Schwerpunkt Wirtschaft" angeboten (LehPrVO 2000, 44 f.). Die Beteiligung von insgesamt vier Fächern (Politikwissenschaft, Soziologie, Volkswirtschaftslehre und Rechtswissenschaft) hat eine ebenso interessante wie anspruchsvolle Kombination entstehen lassen. Die Studierenden sollen sich im Studium fundierte Kenntnisse zur Politik sowie zur Rechts- und Sozialordnung der Bundesrepublik Deutschland und der Europäischen Union (EU) aneignen. Sie sollen darüber hinaus die fachwissenschaftlichen Voraussetzungen erwerben, die sie befähigen, Probleme und Methoden der Politikwissenschaft, der Soziologie und der Rechts- bzw. Wirtschaftswissenschaft im Unterricht zu vermitteln. Die Kompetenzanforderungen sind damit hoch. Im Rahmen der Lehramtsausbildung „Sozialwissenschaften" für Gymnasial- bzw. Haupt- und Realschullehrer findet an der Universität Rostock die fachdidaktische Ausbildung im Hauptstudium statt. Ein Teil der schulpraktischen Übungen erfolgt damit – im Unterschied zu anderen Bundesländern – bereits im Studium, was u.a. eine starke Kooperation mit den Schulen erfordert.

Die Beteiligung von unterschiedlichen Fachkulturen, die Zusammensetzung der Studierenden – in der Mehrheit Studienanfänger, zu einem kleineren Teil Lehrer – und die unterschiedlichen Stundenpläne und Anforderungen in den vier beteiligten Fächern haben zu Problemen geführt. Von Nachteil erwies sich, dass in Rostock – im Unterschied zu nahezu allen anderen Universitäten in den neuen Ländern – keine Professur für Didaktik der politischen Bildung geschaffen wurde. So müssen in jedem Semester entsprechende Lehraufträge beantragt werden. Im Frühjahr 2001 wurde empfohlen, eine Stelle „Didaktik Sozialkunde" sowie eine Professur für Politische Bildung zu schaffen. Die Umsetzung dieser Maßnahmen steht jedoch noch aus. Zum WS 2001/02 sind 113 Studenten im Studiengang „Sozialwissenschaften" eingeschrieben.

An den beiden Landesuniversitäten zählen die politikwissenschaftlichen Einrichtungen jeweils zu den schlankesten Instituten. Im Zeichen von Personalknappheit bei den wissenschaftlichen Stellen und einer sowohl im Bund wie im Land feststellbaren Präferenz für die Naturwissenschaften und die Informationstechnologien wird es immer schwieriger, vakante Posten etwa im Bereich der Hochschuldidaktik zu besetzen. Die so genannte Globalisierung der Haushalte auf der Ebene der Fakultäten erweist sich für die kleinen Institute angesichts der Stimmenverhältnisse nicht als Vorteil. Auch der von der rot-roten Koalition häufig vorgetragene Einsatz gegen Rechtsextremismus hat keineswegs zu dauerhaften Stellenentscheidungen geführt. Trotz erheblicher Anstrengungen und Fortschritte ist von daher die Zukunft der politischen Bildung in MV nicht ohne eine gewisse Skepsis zu beurteilen.

Anmerkung

1 Im Sommersemester 2001 studierten insgesamt 514 Studenten Politikwissenschaft, davon 356 im Hauptfach, 71 im Nebenfach und 87 für das Lehramt, davon die meisten für das Gymnasium. Derzeit sind folgende Abschlüsse möglich: Magister Artium/Magistra Artium (M.A.), seit WS 2000/01 zusätzlich das integrierte Bakkalaureus-Artium und Magister-Artium-Studium (BA-MA) sowie das 1. Staatsexamen. Politikwissenschaft ist ein mögliches Wahlpflichtfach im BWL- und VWL-Studium und bei der Wirtschaftspädagogik, was die Betreuung der Abschlussarbeit mit einschließen kann.

Literatur

Hübner-Oberndörfer, Conchita: Transformation des Bildungswesens in Mecklenburg-Vorpommern seit 1990, Rostocker Informationen zu Politik und Verwaltung, 14/2001
Landeszentrale für politische Bildung Baden-Württemberg: Mecklenburg-Vorpommern. Stuttgart 1990, S. 3
Der Spiegel: Ost-Pädagogen drücken sich um das Unterrichtsthema DDR. In: Der Spiegel, 34/2001
Schoon, Steffen: Zwischen „Ostkompetenz" und Entzauberung. Die PDS und ihre Wähler in Mecklenburg-Vorpommern zwischen 1994 und 1998. In: Deutschland Archiv (2001) 5, S. 777-785
Verordnung über die Erste Staatsprüfung für Lehrämter an Schulen im Lande Mecklenburg-Vorpommern ab Matrikel 2000 (LehPrVO 2000 M-V), S. 44 f.
Wenz, Dieter: Rot-Rotes Geschichtsbild. In: Frankfurter Allgemeine Zeitung, 30.8.2001
Werz, Nikolaus: Nach den Wahlen. Das Problem des Rechtsextremismus ist nur aufgeschoben. In: Gegenwartskunde 47(1998) 4, S. 419-424
Werz, Nikolaus: Abwanderung aus den neuen Bundesländern von 1989 bis 2000. In: Aus Politik und Zeitgeschichte B 39-40/2001, S. 23-31
Werz, Nikolaus/Hennecke, Hans Jörg (Hrsg.): Parteien und Politik in Mecklenburg-Vorpommern. München 2000
Werz, Nikolaus/Schmidt, Jochen (Hrsg.): Mecklenburg-Vorpommern im Wandel. Bilanz und Ausblick. München 1998

Kapitel V

Politische Bildung in Sachsen

1. Außerschulische politische Bildung

Frank Ahlmann
Evangelische Akademie Görlitz – „östlichste Akademie Deutschlands"

1. Bildungsarbeit in unterschiedlicher Gestalt

In dem Restteil der Kirchenprovinz Schlesien, die sich nach dem Zweiten Weltkrieg mit Kirchenleitungssitz in Görlitz als Ev. Kirche von Schlesien (später: Ev. Kirche des Görlitzer Kirchengebietes, seit 1992 Ev. Kirche der schlesischen Oberlausitz) neu konstituierte, wurde sehr bald als Zentrum der Bildungsarbeit die Evangelische Akademie Görlitz ins Leben gerufen.

Die Bildungsaufgaben der um 90 Prozent ihrer territorialen Ausdehnung verkleinerten Landeskirche wurden bis in die 90er Jahre hinein von einzelnen Pfarrern wahrgenommen, die zusätzlich zu ihren sonstigen Aufgaben Vortragsabende für eine größere Öffentlichkeit abhielten. Dieser Gestalt von Erwachsenenbildung wurde in der so genannten Nach-Wende-Euphorie eine andere beiseite gestellt: Der Johann-Amos-Comenius e.V. wurde als Dachverband für die Bildungsarbeit der landeskirchlichen Einrichtungen und der Akademie gegründet und veranstaltete Bildungsarbeit unter der Führung von zwei, teilweise sogar drei, hauptamtlich tätigen Studienleitern. In dieser Zeit wurde dazu die der Landeskirche angebotene Kreuzbergbaude, ehemals eine Berggaststätte und zu DDR-Zeiten ein Kurhaus für geschwulsterkrankte Frauen, um- und ausgebaut und mit großem Aufwand auf die Belange eines modernen Tagungsbetriebes zugeschnitten. Schon bald musste man nüchtern feststellen, dass die kirchlichen Bildungsangebote keine so anziehende Kraft gehabt haben, wie man es sich in der Folge der gesellschaftspolitischen Umbrüche der Jahre 1989/90 erhofft hatte.

Konsequenterweise mussten die Zahl der Studienleiter und weiter reichende Nutzungskonzepte für die Tagungsstätte zurückgefahren werden. Hinzu kamen zwar Freizeitangebote im Innen- und Außenbereich, auf einen zweiten Ausbauabschnitt wurde hingegen verzichtet. Das Bildungswerk Johann-Amos-Comenius wurde 1996 als Verein aufgelöst und in eine rechtlich unselbstständige Einrichtung der Landeskirche überführt.

Im Zuge der Konsolidierung musste man noch zu weiteren einschneidenden Maßnahmen greifen, die im schwierigen Prozess der Entscheidungsfindung von Anfang an ein Grundsatzproblem in der Ausrichtung und Gestaltung von Bildungsarbeit rührten: Im Zuge des Klärungsprozesses erfolgte die Trennung von einem anderen, kleineren Tagungshaus, das jedoch im Gegensatz zu der neu erworbenen Tagungsstätte gut an die Stadt Görlitz angebunden war. Aufgrund der damit einhergehenden größeren Fluktuation der Teilnehmer hatte es eher den Charakter einer Stadtakademie mit zeitlich eng begrenzten Veranstaltungen. Die Entscheidung zugunsten der außerhalb von Görlitz liegenden Tagungsstätte (mit Übernachtungsbetrieb für über 40 Personen) ist anfangs verständlicherweise nicht ausschließlich auf Gegenliebe getroffen. Erst im Verlauf der letzten Jahre wurde das moderne und idyllisch auf einem Berg liegende Haus auch von der eigenen, ehemals mit dem anderen Tagungshaus verbundenen Bevölkerung mehr und mehr angenommen und dessen multifunktionaler Charakter und Charme gewürdigt.

Anteil an diesen Konsolidierungsmaßnahmen und den damit verbundenen Problemen für die Gestaltung von Bildungsarbeit hat die immer deutlicher zu Tage tretende Strukturschwäche der Region Ostsachsen. So hat z.B. die Arbeitslosenquote 20 Prozent überschritten und nicht wenige Menschen wandern ab in die Altbundesländer, um dort Ausbildung und/oder Arbeit zu erhalten.

2. Klärungen

Die eigentliche Tagungsarbeit der Akademie und des Bildungswerkes wurde seit 1997 im Wesentlichen von zwei Personen getragen: einem Pfarrer für Bildungs- und Öffentlichkeitsarbeit als Akademieleiter und einem ehrenamtlich arbeitenden Studienleiter. Während der eine Bildungsarbeit überwiegend an die Menschen vor Ort adressierte, versuchte der andere, ein aus den Altbundesländern stammender Akademieleiter i.R., der Akademie Görlitz sachzieldominant, z.B. in Form von

Evangelische Akademie Görlitz

Fachtagungen, ein überregionales Gepräge zu verleihen, deren Ausstrahlungskraft sich vor allem auf die Versöhnung mit den im Dreiländereck (‚Euroregion Neiße') gelegenen Nachbarländern Polen und Tschechien konzentrierte. Faktisch existierten damit zwei unterschiedliche Verständnisse und Konzeptionen von Bildungsarbeit nebeneinander, die miteinander abgeglichen werden sollten.

3. Arbeitsschwerpunkte

Die Arbeit der Akademie, die Mitglied im Netzwerk Evangelischer Akademien in Deutschland ist, konzentriert sich vor allem auf vier Schwerpunkte:
- *Verständigung in Mittel- und Osteuropa:* In Zusammenarbeit mit kirchlichen und gesellschaftlichen Partnern nimmt die östlichste Akademie Deutschlands eine Brückenfunktion zu den Nachbarländern Polen und Tschechien wahr.
- *Kirche und Gesellschaft:* Mit Abgeordneten und Pädagogen, Vertretern der Wirtschaft und Polizei, der Jugend und Sozialarbeit wird das Gespräch gesucht. Frühzeitig werden Trends aufgespürt, insbesondere die Themen des konziliaren Prozesses für Gerechtigkeit, Frieden und Bewahrung der Schöpfung diskutiert.
- *Kirche und Theologie:* Es werden Projekte für eine veränderbare Kirche in einer veränderten Welt sowie Darstellungen von Religionen, Sekten und Weltanschauungen angeboten.
- *Christlich-jüdisches Gespräch:* Das christlich-jüdische Gespräch wird neu belebt und die jüdische Tradition der Stadt Görlitz erschlossen.

Die „Arbeitsstelle für Kirche, Kunst und Tourismus" bereitet Tagungen, Studienfahrten und Einzelveranstaltungen der Akademie vor und führt sie durch, um insbesondere zur kirchen-, kunst- und kulturgeschichtlichen Erschließung der Region Oberlausitz und Schlesien beizutragen.

4. Rohgedanken zu einem veränderten Verständnis von Bildung

Angesichts des Wegbrechens sozialer Orte der Zusammenkunft, besonders in ländlichen Regionen, können die Ev. Akademien in den Neubundesländern einladen zu gemeinsamen Suchbewegungen in Zeiten dauernden Umbruchs. Sie können zu Orten ‚zweiter Nähe' werden, die zur gesellschaftlichen Orientierungsfähigkeit wie auch zur Entdeckung der spirituellen Dimension des Lebens in einem weitgehend atheistisch geprägten Umfeld beitragen.

Wolfgang Bartel
Evangelische Erwachsenenbildung Sachsen

1. Wurzeln und Anfänge

Die Wurzeln der Evangelischen Erwachsenenbildung (EEB) Sachsen reichen tief in die DDR-Zeit hinein. Trotz des Bildungsmonopols der Sozialistischen Einheitspartei gab es de facto evangelische Erwachsenenbildung in verschiedenen interessanten Formen, darunter auch Angebote „politischer Bildung". Ihre Unkonventionalität war eine Reaktion auf das repressive System der DDR.

Kongress und Kirchentag: Im Zusammenhang mit regionalen Kirchentagen hat sich in Sachsen die Kongressarbeit herausgebildet. In zahlreichen Gesprächsgruppen wurde das Kirchentagsthema unter verschiedenen Aspekten bearbeitet. Im Juli 1989 fand in Leipzig ein Kirchentag statt unter dem Motto: „Was ist der Mensch, dass Du seiner gedenkst?" Bereits am Donnerstag trafen sich einige tausend Kongressteilnehmer in kleinen Gruppen von je zehn bis zwanzig Personen. Sie konnten zwischen zwölf verschiedenen Themenbereichen wählen, wie z.B.: „Der Mensch lebt nicht vom Brot allein" oder „Mensch sein in Arbeit und Freizeit". Die oft recht intensive Arbeit ging bis Samstag Mittag. Die Gruppenarbeit wurde jeweils von zwei Gesprächsleitern moderiert. Bei der großen Resonanz der Kongressarbeit mussten Hunderte von Gesprächsleitern zur Verfügung stehen. Diese Moderatoren hatten sich in kleinen regionalen Gruppen etwa ein Jahr lang auf ihre Aufgabe vorbereitet, sich selbst mit dem Thema auseinander gesetzt, Methoden für die Umsetzung erprobt und Gesprächsleitung geübt. Damit wurde eine Gesprächs- und Diskussionskultur gefördert, die in den politischen Auseinandersetzungen der Wendezeit von großer Bedeutung war.

Gruppenorientierte Gemeindearbeit (GOG): Dieser Arbeitsbereich war ebenfalls eine sächsische Spezialität. Ende der 60er Jahre wurde die GOG zur Unterstützung kirchlicher Gruppenarbeit ins Leben gerufen. Sie sah ihre Aufgabe vor allem darin, ein „lebendiges Lernen" (Ruth Cohn) zu fördern, also Pfarrer, Mitarbeiter und Interessenten hierzu anzuregen und zu befähigen. In den 80er Jahren hat die GOG versucht, mit den Methoden lebendigen Lernens nicht nur persönliche, sondern auch gesellschaftlich relevante Themen zu bearbeiten. Rollenspiel und Soziodrama waren dafür geeignete Methoden.

Bei einem Kurs Anfang Oktober 1989 haben wir (ich gehörte zum Leitungsteam) als Soziodrama den Schluss des montäglichen Friedensgebetes in der

Nikolaikirche Leipzig gespielt. Wir haben die Rollen unter uns verteilt: Polizisten und Gottesdienstbesucher. Wir haben das gleiche Geschehen in unterschiedlichen Rollen erlebt und konnten nun unsere Ängste und Aggressionen miteinander austauschen und uns für die Ernstsituation stärken.

2. Wende und Neuanfang

Mit der Wende taten sich plötzlich vielfältige neue Möglichkeiten auf. Das gilt gerade auch für den Bildungsbereich. Das Bildungsmonopol der Partei war aufgehoben. Eine Bildungsreform gehörte zu den wichtigen Vorhaben der Bürgerbewegung. Die Situation wurde im April 1990 von mir so beschrieben: „Die Angebote kirchlicher Erwachsenenbildung konnten in der Vergangenheit kaum in den säkularen Raum vorstoßen. Dort gab es zwar Volkshochschulen, Urania und Kulturbund, aber trotzdem fielen ganze Bereiche der Erwachsenenbildung wegen ideologischer Vorbehalte aus. Philosophie gab es praktisch nur als Marxismus-Leninismus. Ökologische Themen wurden nur äußerst vorsichtig und ohne reale Situationsanalyse diskutiert. Von europäischer oder gar Weltoffenheit war nichts zu spüren. Psychologische und soziologische Fragestellungen wurden fast nur in kleinen Fachzirkeln bearbeitet."

Der Bedarf an Erwachsenenbildung im Allgemeinen und politischer Bildung im Besonderen war groß. In einem Diskussionsentwurf (April 1990) für die gerade gegründete Arbeitsgemeinschaft Evangelische Erwachsenenbildung heißt es: „Die künftige Gestaltung unserer Gesellschaft und Gemeinden wird uns in dem Maße gelingen, wie Menschen bereit sind, neue Fähigkeiten und neues Wissen zu erwerben. Evangelische Erwachsenenbildung möchte von ihrem Wertehintergrund zu solchem Lernen beitragen. Sie versteht sich als Handlungsfeld für die Gesellschaft in kirchlicher Trägerschaft und Verantwortung."

Bereits im Mai 1990 – zwei Jahre vor der Gründung der EEB Sachsen im Jahre 1992 – gründeten evangelische und katholische Christen in Pirna, einer Kleinstadt bei Dresden, einen Verein für Erwachsenenbildung mit dem Namen „Zentrum für Begegnung, Beratung und Bildung e.V." (ZBBB). Die Ziele waren hoch gesteckt und weit gefächert, von der Arbeitswelt bis zu Problemen der inneren und der internationalen Politik. In einem Entwurf werden als *Ziele* genannt: Bearbeitung anstehender gesellschaftlicher, beruflicher und persönlicher Probleme; Verbesserung beruflicher Kompetenz; Hilfen für die Leitung und Arbeit in Unternehmen, Organisationen/sozialen Systemen; Bewusstseinsbildung in den Bereichen Ökologie, Frieden und Abrüstung, Zweidrittelwelt; Kontakte und Kooperation mit unseren Nachbarn und der dritten Welt."

Das erste Programm vom Herbst 1990 spiegelt eine realistischere, auf die Gegenwartsprobleme bezogene Perspektive: „Heimweh nach der Zukunft"; „Miteinander wohnen in Stadt und Dorf – wie wir es erträumen"; „Gewaltfreie Konfliktlösung"; „Gesellschaft im Umbruch – Werte in der Krise"; „Schule in unserem Land – neue Spielräume oder neuer Leistungsdruck?"; „Arbeitslos – das Los ohne Arbeit zu sein".

Die Ziele und Angebote des Zentrums aus dieser Anfangszeit gehen auf die Probleme dieser turbulenten Wendezeit ein. Manche der Themen und Probleme begleiten uns im Osten Deutschlands bis zum heutigen Tag (Gewalt, Arbeitslosigkeit). Trotz erheblicher finanzieller Probleme konnte sich das Zentrum entwickeln. Für seine Arbeit erhielt es bereits im Jahre 1992 den Kübelpreis.

3. Gründung der Evangelischen Erwachsenenbildung Sachsen

Die Gründung der EEB Sachsen wurde von der schon erwähnten Arbeitsgemeinschaft geplant und vorbereitet. Besonderes Interesse am Aufbau der EEB Sachsen hatten die Mitarbeiter der GOG. Sie wollten ihre bisherige Arbeit in der EEB fortsetzen und weiterentwickeln. Die EEB Sachsen sollte gegründet werden, damit die Landeskirche im Bereich der Erwachsenenbildung ihren Beitrag zur Umgestaltung der Gesellschaft leisten kann.

Am 4.1.1992 wurde die Evangelische Erwachsenenbildung Sachsen aus der Taufe gehoben. In ihr waren kirchliche Werke und Einrichtungen vertreten, die mit Erwachsenen arbeiteten. „Im Konzert dieser verschiedenen Stimmen und Angebote vertritt die Evangelische Erwachsenenbildung Sachsen das Recht eines jeden Menschen, selbst zu denken und deshalb für die eigene Bildung und Entwicklung sowie für seine Lebens- und Weltgestaltung Verantwortung zu übernehmen."

Beratung und Unterstützung bei den konzeptionellen Überlegungen zum Aufbau einer adäquaten Struktur erhielten wir von Partnern der EEB Niedersachsen. So war es wohl fast unvermeidbar, dass das ausgebaute Netz der EEB Niedersachsen für uns eine Vorbildfunktion bekam. Wie dort wollten wir auch in Sachsen ein dichtes Netz von Regionalstellen Evangelischer Erwachsenenbildung aufbauen, am besten in jedem Kreis bzw. Kirchenbezirk. Das war natürlich für unsere geringen personellen und finanziellen Möglichkeiten ein zu gewaltiges Vorhaben, obwohl die Überzeugung, die dahinter stand, schwer zu widerlegen ist. Erwachsenenbildung sollte vor Ort geschehen, denn dort entstehen die aktuellen Themen und Probleme in der Lebenswelt der Menschen. Unsere Regionalisierungsbemühungen blieben auf halbem Wege stecken und an manchen Stellen sind sogar Rückschläge zu beklagen.

In Dresden entwickelte sich im Haus der Kirche eine äußerst interessante und erfolgreiche Erwachsenenbildungsstätte. In Leipzig entstand eine ökumenische Stadtakademie mit großer Ausstrahlung und Breitenwirkung. Leider haben Sparmaßnahmen dazu geführt, dass diese blühende Pflanze verdorrte. In Chemnitz

Evangelische Erwachsenenbildung Sachsen 203

arbeitet das Evangelische Forum mit vielfältigen Angeboten, auch der politischen Bildung. Die Regionalstelle in Zwickau konnte ihre positive Entwicklung wegen Personaleinsparung nur sehr reduziert fortsetzen. Das schon erwähnte ZBBB in Pirna ist als Mitglied der EEB Sachsen eine weitere Regionalstelle. Weitere Arbeitskreise der EEB bestehen in Freiberg und Zschopau.

4. Situationen und Angebote

Die Anerkennung der EEB Sachsen als Träger öffentlicher Erwachsenenbildung verstärkte die Überzeugung, dass es notwendig war, im Bildungsangebot einen deutlichen Akzent auf die Bearbeitung gesellschaftlicher Probleme zu setzen. Die Themenbereiche politischer Bildung mussten nicht erst mühsam gesucht werden, sie ergaben sich vielmehr aus der Situation nach der Wende und dem Beitritt. Daneben bemühten wir uns, die Traditionen aus der Zeit vor der Wende nicht zu vergessen und zu vernachlässigen. Auf diesem Hintergrund zeichneten sich u.a. folgende Themenbereiche ab, zu deren Bearbeitung wir beitragen wollten:

Umgestaltung der Gesellschaft: In Zusammenarbeit mit der Landeszentrale für politische Bildung bemühten wir uns um einen „Grundkurs Politik" zum Kennenlernen und zur Reflexion der demokratischen Institutionen, Strukturen und Verfahren. Gemeinsam mit der Katholischen Erwachsenenbildung wurden „Soziale Seminare" angeboten, die Orientierungshilfen geben und zur aktiven Mitgestaltung anregen wollten. Ein für uns besonders nahes und wichtiges Anliegen war die Bildungsreform. Mit Lehrer- und Elternseminaren versuchten wir zur Mitgestaltung der Reform anzuregen und die eigene Rolle in Bildungs- und Erziehungsprozessen zu überdenken.

Hilfen beim Umgestaltungsprozess: Wir betrachteten es auch als unsere Aufgabe, Menschen in Zeiten der Verunsicherung und Neuorientierung zu unterstützen und zu stärken. Dem dienten Seminarangebote wie z.B.: „Orientierung und Befähigung für die neue Gesellschaft", „Schritte auf dem Weg zu Selbstbewusstsein und Mündigkeit". Rückblickend muss festgestellt werden, dass die anfänglich hohe Lernmotivation in dem Maße nachließ, wie die Angst um den Arbeitsplatz zunahm bzw. die Angebote und Möglichkeiten der Erlebnisgesellschaft wuchsen.

Opfer der Umgestaltung: Wie bei jedem gesellschaftlichen Umbruch dieses Ausmaßes gab und gibt es Gewinner und Verlierer. Zu den Verlierern oder Opfern der Wende und Vereinigung gehörten vor allem auch ältere Menschen jenseits des 50. Lebensjahres. Wer in diesem Alter seinen Arbeitsplatz verliert, hat kaum eine Chance einen neuen zu finden. Für Vorruheständler wurde in Pirna ein Projekt unter der Überschrift „Leben nach der Berufsarbeit" konzipiert. Das Projekt begann 1993 in der Trägerschaft des ZBBB. Vorruheständler sollten angeregt werden, ihren Schmerz und ihre Verletzung im gemeinsamen Gespräch zu bearbeiten, um sich dann neue Betätigungsmöglichkeiten zu erschließen. Der Versuch, mit einer gemeinsamen Bearbeitung der Lebenskrise zu beginnen, scheiterte jedoch. Die Beteiligten waren nicht bereit, sich so direkt mit ihren schmerzlichen Emotionen auseinander zu setzen.

Andere Startmöglichkeiten: Ein ehemaliger Kindergarten wurde gemeinsam zu einem Begegnungshaus ausgebaut. Im gemeinsamen praktischen Tun wuchs Vertrauen untereinander und Zuversicht – Voraussetzungen für Gespräche, die auch eine Auseinandersetzung mit dem nicht gewollten Vorruhestand ermöglichten. Damit wurde auch die Sicht frei für neue Möglichkeiten. Die Projektteilnehmer entwickelten und übernahmen eine ganze Reihe kreativer und gemeinnütziger Tätigkeiten. Ein Malzirkel, ein Singekreis und eine Werkstatt für Kinder entstanden. In Zusammenarbeit mit einer Schule wurde eine ökologische Arbeitsgemeinschaft gegründet. Für die Bewohner eines Alten- und Pflegeheimes wurde ein Besuchsdienst organisiert. Einige arbeiten im Eine-Welt-Laden mit. Regelmäßig finden gemeinsame Wanderungen statt.

Ehrenamt im Ruhestand: Eine ideale Unterstützung fand das Projekt durch die „Aktion 55" der sächsischen Staatsregierung. Diese Aktion fördert das ehrenamtliche Engagement von Menschen im Vorruhestand (55 bis 60 Jahre) mit einer monatlichen Aufwandsentschädigung von ursprünglich 200,- DM, gegenwärtig 150,- DM.

5. Brennpunkte gesellschaftlicher Prozesse

Die Umgestaltung der Gesellschaft und die damit verbundene Öffnung hat Probleme hervorgebracht oder verstärkt, vor denen nicht die Augen verschlossen werden dürfen. Das Fremde und die Fremden lösen vielfach Ängste und dann Aggressionen aus. Sehr bald nach der Vereinigung haben Gewaltausbrüche viele Menschen überrascht und erschüttert. Mit schnellen Aktivitäten und Aktionen wollte man die Gewalt überwinden. Bereits 1991 entstanden an vielen Orten runde Tische gegen die Gewalt. Als die Aktualität verblasste, versickerten auch die Aktivitäten. Das Problem aber blieb und hat sich in letzter Zeit neu zugespitzt.

Die EEB Sachsen sieht hier für sich eine wichtige Aufgabe. Sie war am landesweiten runden Tisch der Bildungsträger zur Überwindung der Gewalt vertreten. Gemeinsam mit der EEB der ländergrenzenübergreifenden Kirchenprovinz Sachsen hat sie einen Grundkurs „In Konflikten vermitteln, zum Frieden erziehen" (2000/2001) entwickelt und verantwortet. Im Zusammenhang mit der „Dekade zur Überwindung der Gewalt", die von 2001 bis 2011 reicht, entwirft eine Arbeitsgruppe eine langfristige Konzeption friedenspolitischer Bemühungen und Angebote.

Ein weiterer Bereich soll hier noch erwähnt werden: *Spätaussiedler in Sachsen.* Die Integration in die deutsche Gesellschaft ist für die meisten Aussiedler aus Russland und Kasachstan eine schwierige, sie oft überfordernde Aufgabe. Deshalb hat sich die EEB Sachsen auch hier engagiert. In Zusammenarbeit mit der Landeszentrale für politische Bildung wurden regelmäßig Aussiedlertage angeboten.

6. Themen des konziliaren Prozesses

Für die Kirchen in der DDR war die aktive Beteiligung am konziliaren Prozess für Frieden, Gerechtigkeit und Bewahrung der Schöpfung ein wichtiges Anliegen. Dabei entstanden viele der Umwelt-, Friedens- und Eine-Welt-Gruppen, die später die Wende mitgestalteten. Diesem Erbe fühlt sich die EEB Sachsen verpflichtet. Die Themen und Probleme sind weiter virulent, auch wenn sich heute im Osten Deutschlands eher weniger als mehr dafür interessieren und engagieren.

Stellvertretend für die verschiedenen Bemühungen in diesem Bereich sei folgende erwähnt: Unter der Überschrift „Auf dem Weg der Gerechtigkeit ist Zukunft" wurde ein Fernkurs mit 4 Studienbriefen konzipiert und angeboten (1998): Von der Zukunft der Arbeit – Von der Sorge der Generationen – Von der Macht des Geldes – Von der Schönheit der Gerechtigkeit.

7. Wege zu den Nachbarn

Mit dem Ende des Kalten Krieges durch die Umgestaltung der sozialistischen Staaten in Mittel- und Osteuropa wird der Blick freier für die Probleme auf dem Weg in die Zukunft wie Hass und Unversöhnlichkeit zwischen Völkern und Nationen, Gefährdung unserer Existenzgrundlagen, Spaltung zwischen arm und reich in unserer Gesellschaft und weltweit.

Wir können und wollen uns nicht diesen Problemen entziehen, aber unsere personellen Möglichkeiten sind begrenzt. Im Jahr 1998 haben wir mit einem grenzüberschreitenden Dialog begonnen, einen kleinen Beitrag zur Verständigung zwischen Deutschen und Tschechen zu leisten. Das Projekt hieß „Lebenswege – diesseits und jenseits der Grenze". In den Begegnungstreffen ging es um den Austausch von Erfahrungen und von Lebensgeschichten. Es folgten zwei weitere deutsch-tschechische Projekte.

8. Ausblick

Die EEB hat als relativ kleiner Bildungsträger – in der Landesstelle arbeiten drei Pädagogische Mitarbeiter – ihre Chance im Bereich der politischen Bildung genutzt und die relevanten Themenbereiche aufgespürt. Viele der Angebote der Landesstelle waren gleichzeitig Anregungen für die Mitglieder der EEB Sachsen, die insgesamt 1999 im Bereich Gesellschaft/Geschichte/Politik 1468 Bildungsstunden abrechneten. Das Interesse an politischer Bildung ist in den letzten Jahren in Sachsen keineswegs gewachsen. Enttäuschungen, Gefühle von Ohnmacht und Hilflosigkeit sowie Rückzug in die private Welt sind ungünstige Voraussetzungen für politisches Interesse, wie die abnehmende Wahlbeteiligung beweist.

Auf diesem Hintergrund ist es für die Zukunft der politischen Bildung eine entscheidende Frage, wie es den Bildungsträgern und damit auch uns gelingen wird, das Interesse möglichst vieler Menschen für die Mitgestaltung unserer Gesellschaft zu wecken.

Joachim Klose
Kathedralforum

1. Katholische Bildungsarbeit

Zwischen Hofkirche, Georgentor und den glatten Fassaden unlängst errichteter Hotels und Geschäftshäuser, an diesem Schnittpunkt städtischen Lebens zwischen Innen und Außen, Einwohnern und Besuchern, hat sich seit März 2000 das „Kathedralforum Dresden" eingerichtet. Es hat seine Räumlichkeiten im Haus der Kathedrale, dem ehemaligen Kanzleihaus in der Schlossstraße 24, verfügt über eine Wohneinheit mit Büro- und Gästezimmern, mit einer Küche und einem kleinen Konferenzraum sowie über eine kleine Bibliothek.

Was soll und was will das Kathedralforum? Zunächst könnte man anführen, es ginge ihm um katholische Bildungsarbeit, wobei es sinnvoll ist, die beiden Begriffe erst einmal auseinander zu halten. Bildungsarbeit – das ist wohl eingängiger und legt den Akzent doch gleich anders als Schule, Hochschule oder Volkshochschule. Wissen ist keine individuelle, vielmehr eine eminent soziale Größe. Der Gebrauch des Wissens, die Möglichkeiten des Wissenserwerbs müssen verantwortet werden können, und das nicht allein unter Spezialisten. Das Kathedralforum Dresden will dazu einladen, mit Vorträgen, Seminaren und Diskussionsabenden, die den Teilnehmern möglichst viel Eigeninitiative einräumen sollen.

Dass diese Arbeit von einem katholischen Hintergrund ausgeht, ist hierzulande eigenartig, in den alten Bundesländern dagegen nicht ungewöhnlich. Die Bildungsangebote zum Beispiel Katholischer Akademien haben sich immer von einem christlichen Selbstverständnis aufgefasst. Von Vorteil war dabei, dass sie von der Mehrzahl der Bevölkerung in der Thematisierung ihrer Probleme verstanden wurden. In einer Region aber, in der sich mehr als zwei Drittel als „Atheisten" bezeichnen, die trotzdem zur „Zielgruppe" gehören und in der entsprechende christliche Erfahrungen über zwei Generationen nicht oder nur rudimentär vermittelt worden sind, mag ein Erklärungsnotstand aufkommen. Welchen Anspruch hat eine katholische Bildungseinrichtung in Hinblick auf die Stadt? Sie möchte Brücken zum Religiösen bauen, wie sie auch die Binnenstruktur bereits bestehender katholischer Kreise – erwähnt seien hier die Früchte der Akademikerarbeit in der ehemaligen DDR – wenngleich nicht integrieren, sondern mittragen helfen will *(siehe den Beitrag von Wagner, Kap. I).*

2. Themen

Für ein breites Programm ist das Kathedralforum angewiesen auf die Zusammenarbeit mit bestehenden Einrichtungen und Trägern in Dresden und auf bestimmte, öffentlich besonders diskutierte Themen. Die rapide Beschleunigung des Wissens zeitigt Auswirkungen auf viele gesellschaftliche Bereiche; so hat beispielsweise die Medizinethik heute eine für jeden unbestreitbare Relevanz. Diesem Thema widmet sich das Kathedralforum mit einem besonderen Fokus. Gemeinsam mit der Sächsischen Landeszentrale für politische Bildung und Dresdner Krankenhäusern werden Tagungen, Gesprächsforen, runder-Tisch-Gespräche zwischen Ärzten, Pflegekräften und Patienten sowie Vortragsabende organisiert, die der Auseinandersetzung mit den ethisch-moralischen Grundlagen der Gesellschaft dienen. Dabei geht es schnell auch um praktische Fragen, zum Beispiel inwiefern eine „Patientenverfügung" eine rechtlich verbindliche Absicherung gegen ein als entwürdigend empfundenes Sterben abgibt.

Weiterhin im Blickpunkt stehen die vielfältigen Formen, Erscheinungen und Konflikte im sozialen Miteinander. So geht es neben der Erörterung sozialer Tugenden, der für eine Zivilgesellschaft unabdingbaren Courage und dem Mut, Positionen zu beziehen, wie es in ganz unterschiedlichen Erfahrungen zum Ausdruck gekommen ist, dem Aufzeigen empirisch belegter Brennpunkte – wie des Bevölkerungsschwunds in Ostdeutschland, der ganze Regionen sowie das Sozialsystem vor unlösbar scheinende Aufgaben stellt – nicht zuletzt um staatenübergreifende Gerechtigkeit unter den Stichworten „gerechter Friede" und „gerechter Krieg". Ein ökumenischer oder religionsübergreifender Themenkreis dient der Klärung genuin christlicher Glaubensinhalte.

3. Zukunftsplanung

Für die nähere Zukunft plant das Kathedralforum Dresden einen engeren Kontakt mit ähnlichen Institutionen in Tschechien (Prag, Brno) und Polen (Krakau, Wroclaw). Ein solches Netzwerk könnte die Gestaltungs- und Integrationsprozesse der jungen osteuropäischen Demokratien noch einmal reflektieren, die Veränderungen der letzten zehn Jahre rekapitulieren und Optionen für die Zukunft überdenken. Besonders in Polen kommt bekanntlich einem katholischen Umfeld eine nicht zu unterschätzende gesellschaftsprägende Rolle zu.

Wolfgang Nicht
Arbeitnehmerorientierte Bildungsarbeit in Sachsen

1. Einleitung

Der gesellschaftliche Umbruch 1989/90 bedeutete das Ende des SED-geführten Freien Deutschen Gewerkschaftsbundes und damit auch der ideologischen Bildungsarbeit, wie sie von den Gewerkschaften für alle Beschäftigten in den Betrieben und Institutionen der DDR geleistet wurde. Politische Indoktrination hatte nach dem politischen Umschwung in Ostdeutschland keine Legitimation und erst recht keine Akzeptanz.

Beim Aufbau der demokratischen Gewerkschaftsbewegung des DGB und seiner Mitgliedsgewerkschaften in Ostdeutschland galt es, Bildungsarbeit neu zu strukturieren und Bildungsziele neu zu definieren. Dabei ging es um zwei hauptsächliche Ziele: (1) Vertreter der Arbeitnehmer in den Betriebsräten, den Personalräten und den Vertrauensleutekörperschaften mussten in ihren Rechten und Pflichten geschult werden. Ihnen musste das praktische Handwerkszeug vermittelt werden, um Arbeitnehmervertretung effektiv zu gestalten. (2) Es galt allen Arbeitnehmern – also nicht nur den Mitgliedern der Gewerkschaften – die Möglichkeit zu geben, die politischen Veränderungen zu diskutieren, ihnen die politische Logik der Bundesrepublik Deutschland begreiflich zu machen und sie letztlich zu befähigen, sich als politische Akteure an der Gestaltung der Gesellschaft zu beteiligen.

Um diese Ziele zu erfüllen, mussten entsprechende Strukturen der arbeitnehmerorientierten Bildung geschaffen werden. Dabei ging man von den in den westlichen Bundesländern entstandenen Strukturen aus und versuchte diese auf Ostdeutschland zu übertragen. Dabei wurde teilweise übersehen, dass die 90er Jahre nicht mit den 60er und 70er Jahren vergleichbar sind, in denen in der westlichen Bundesrepublik die Strukturen der Erwachsenenbildung ausgebaut und die rechtlichen Grundlagen geschaffen worden waren.

2. Das DGB-Bildungswerk

Die Bildungswerke des Deutschen Gewerkschaftsbundes sind in der Regel eingetragene Vereine, deren Vereinsmitglieder die Gewerkschaften bzw. Vertreter dieser Gewerkschaften sind. Das DGB-Bildungswerk Sachsen wurde geschaffen, um Seminare für Arbeitnehmerinnen und Arbeitnehmer zu konzipieren und anzubieten. Als arbeitnehmerorientiertes Bildungswerk und in Kooperation mit und Konkurrenz zu anderen öffentlich geförderten Bildungsträgern nimmt es eine gesamtgesellschaftliche Aufgabe wahr. Es soll die Bildungsarbeit der Mitgliedsgesellschaften des DGB koordinieren und nach außen (z.b. gegenüber dem Kultusministerium) Bildungsarbeit und Bildungspolitik der Gewerkschaften vertreten.

Die Gründung wurde im Jahr 1991 vollzogen. Im Januar fasste der DGB-Landesbezirk Sachsen den Beschluss, das DGB-Bildungswerk Sachsen e.V. zu gründen, die Gründung erfolgte dann im Juni. Gründungsmitglieder waren die Gewerkschaften. Zum ersten Vorstand wurden der DGB-Landesbezirksvorsitzende Hanjo Lucassen als Vorsitzender gewählt und als Mitglieder des Vorstandes die Bildungssekretäre der IG Metall und der GEW. In den ersten Jahren war die Kooperation mit dem DGB-Bildungswerk Düsseldorf und Bildungswerken westlicher Landesbezirke von großer Bedeutung.

Zu den Problemen in der Anfangsphase gehörte die jahrzehntelange Diskriminierung des Begriffes „Politische Bildung", der nach der Wende oft als ideologische Indoktrination interpretiert wurde. Nach der Inanspruchnahme aller Bereiche (bis hinein in die Familie) durch die Politik in der DDR bestand das Bedürfnis oder die irrige Annahme, dass es besser sei, „unpolitisch" zu sein. Auch Arbeitnehmer waren der politischen Diskussion überdrüssig. Insofern wurde in den Seminaren reines Faktenwissen nachgefragt. Für die Teilnehmer stand beim Besuch von Bildungsveranstaltungen die Frage im Vordergrund, inwiefern sie ihr erworbenes Wissen beruflich verwerten konnten. Teilnahme an Bildungsveranstaltungen diente auch zur beruflichen Neuorientierung von inzwischen arbeitslos gewordenen Kollegen. Deshalb hatten Mitglieder von Betriebsräten vor allem ein großes Interesse an Seminaren zum Arbeitsrecht, zum Tarifrecht, zur Wahlordnung zu den Betriebsräten, zum Kündigungsschutz usw. Seminare wie Moderation und Verhandeln, Rhetorikseminare, aber auch Diskussionen über die zukünftige Entwicklung von Arbeitswelt und Gewerkschaften galten als nicht up to date, weil die Ergebnisse nicht bei der Arbeit verwertbar schienen. Dies sei an einem Beispiel erläutert. In einem bundesweiten Projekt wurde ein Seminar angeboten, in dem es um arbeitsrechtliche Konsequenzen aus der AIDS-Erkrankung ging. Der Umgang mit diesem neuen Problem für Betriebsräte und Personalräte stand zwar im Vordergrund; angenommen wurde dieses Seminar aber weniger von den Arbeitnehmervertretern als vielmehr von Mitarbeitern des medizinischen Bereichs und der Schule, da sie eine unmittelbare berufliche Fortbildung damit verbanden.

Eine weitere Spezifik, die sich in den ersten Jahren zeigte, war die Dauer der Bildungsveranstaltungen. In dieser sehr hektischen Zeit der Umstrukturierung von Betrieben waren Betriebsräte kaum bereit, für eine ganze Woche zum Lehrgang zu fahren. Man bevorzugte mehrere zwei- und dreitägige Seminare, denn „Wenn ich eine Woche vom Betrieb weg bin, ist dieser Betrieb vielleicht schon nicht mehr da", wie es ein Betriebsrat formulierte. Darüber hinaus wurden lieber Bildungsangebote in unmittelbarer Nähe wahrgenommen, als in Bildungszentren nach Westdeutschland zu fahren. Dies geschah zum einem aus dem Bedürfnis heraus, sehr spezifisch über ostdeutsche Probleme zu sprechen und sich mit Kollegen aus dem gleichen Erfahrungsumfeld auszutauschen. Darüber hinaus wurde oft der weniger auf Frontalunterricht als auf neue Kommunikationsformen ausgerichtete Unterrichtsstil an den DGB-Bildungszentren als nicht effektiv eingeschätzt. Diese Einschätzung galt allerdings nur für die Anfangsjahre.

3. Förderung der Weiterbildung

Der Tradition der meisten westdeutschen Landesbezirke folgend wurde auch in Sachsen parallel das DGB-Bildungswerk Sachsen e.V. und die Landesarbeitsgemeinschaft Arbeit und Leben gegründet. Bei der Gründung von Arbeit und Leben ist besonders die hilfreiche Unterstützung der LAG Bayern und der LAG Hamburg (Hamburg als Partnerstadt zu Dresden) zu erwähnen *(siehe den Beitrag von Gersdorf, Kap. I)*. Nach der jahrzehntelangen Indoktrination durch die SED bestand die Notwendigkeit der politischen Bildungsarbeit für alle Bürger. Aus diesem Grunde haben die sächsischen Gewerkschaften angestrebt, eine streng paritätische Bildungsvereinigung ins Leben zu rufen. Mitglieder von Arbeit und Leben sind die Gewerkschaften, der DGB, die Volkshochschulen und der Sächsische Volkshochschulverband.

Sowohl das DGB-Bildungswerk als auch Arbeit und Leben wurden vom Sächsischen Kultusministerium (SMK) als Bildungsträger anerkannt und erhielten die Gemeinnützigkeit. Beide Bildungswerke wurden in Sachsen auch durch Zuschüsse des SMK gefördert. Zu diesem Zeitpunkt gab es in Sachsen kein Weiterbildungsgesetz, sondern die Förderung erfolgte auf der Basis einer Richtlinie. Dem SMK war es von Anfang an schwer zu vermitteln, welches die Spezifik von Arbeit und Leben ist und worin die Unterschiede zum DGB-Bildungswerk bestehen. Vertreter des SMK bezeichneten immer wieder beide Bildungswerke als gewerkschaftliche Bildungswerke. Die gleichzeitige Förderung von DGB-Bildungswerk und Arbeit und Leben wurde seit 1994 immer wieder hinterfragt und die Rechtmäßigkeit angezweifelt. Dies geschah trotz der Tatsache, dass in den meisten Bundesländern beide Bildungswerke mit ihrer jeweils spezifischen Konstruktion, Aufgabenstellung und Arbeitsweise existieren und gefördert werden.

4. Bildungszentrum Radebeul

Nach Aufbau der gewerkschaftlichen Strukturen in Sachsen und Gründung des Bildungswerkes stand sehr schnell die Frage auf der Tagesordnung, wie ein eigenständiges Bildungszentrum geschaffen werden könne. In den Jahren 1992 bis 1995 wurde das DGB-Bildungszentrum Radebeul als Einrichtung des Gemeinnützigen Bildungswerkes des DGB Düsseldorf (also des bundesweiten gewerkschaftlichen Bildungswerkes) geführt. Neben Seminaren, die das Düsseldorfer Bildungswerk anbot, wurde Radebeul auch für Bildungsveranstaltungen in der Verantwortung der sächsischen Bildungswerke und der sächsischen Gewerkschaften genutzt. In den nächsten Jahren ging es für das DGB-Bildungswerk darum, das Bildungszentrum Radebeul als die Bildungsstätte der sächsischen Gewerkschaften bekannt zu machen und Kooperationspartner zu finden, die dieses Bildungszentrum ebenfalls nutzen. Damit die Erhöhung der Auslastung und die wirtschaftliche Absicherung garantiert wird, war ein spezifisches Bildungsangebot für Radebeul zu entwickeln, das den aktuellen Anforderungen in Ostdeutschland und Sachsen gerecht wird und ein spezielles Angebot auch für andere Landesbezirke anbietet. Außerdem mussten Konzept und Arbeitsweise zu einer wirtschaftlich tragfähigen Basis für das Bildungszentrum führen.

Die hier skizzierten Aufgaben sind im Prinzip in anderthalb Jahren erfüllt worden. Zu einem Zeitpunkt, da in Westdeutschland Bildungszentren geschlossen wurden, war es nicht selbstverständlich, dass ein neues Bildungszentrum entstand. Dafür gab es aber gute Gründe. Es ging nicht nur darum, ein Haus der Gewerkschaften in Ostdeutschland zu haben, sondern es ging auch darum, Pädagogen zu gewinnen, die in Ostdeutschland leben und spezifische Bildungsprogramme hier entwickeln. Ein generelles Problem für die Bildungsarbeit in Ostdeutschland (und sicher nicht nur für die Gewerkschaften) war es, dass viele didaktisch sehr überlegte Bildungsmaterialen und Seminarkonzepte nur modifiziert angewendet werden konnten, weil die Teilnehmer aus anderen Erfahrungen heraus an den Seminaren teilnahmen, weil andere Lebenszusammenhänge für sie bedeutend waren. Der Slogan, den Teilnehmer dort abzuholen, wo er steht, hatte hier sein besonderes Gewicht.

Die inhaltlichen Spezifika für dieses Zentrum ergaben sich eindeutig aus der Lage. Es ging in besonderem Maße darum, deutsch-deutsche Seminare zu entwickeln. Dieser Bildungsschwerpunkt, wie er im DGB-Bildungszentrum Hattingen seit Jahren aktuell war, wurde in Radebeul fortgeführt. Dabei konnte man auch den Teilnehmern aus Westdeutschland durch Exkursionen in der Region oder Besuchen von Betrieben sehr anschaulich Probleme des Einigungsprozesses vermitteln.

5. Grenzüberschreitende Kooperationen

Schon seit Beginn der Tätigkeit des DGB in Sachsen war allen klar, dass die spezifische Lage Sachsens im Dreiländereck zu Polen und Böhmen eine besondere Aufgabe für die Gewerkschaften und erst recht für die gewerkschaftliche Bildungsarbeit war und ist. Von Anfang an hat der DGB intensiv mit den Gewerkschaften Solidarnosc im polnischen Niederschlesien und den Nordböhmischen Gewerkschaften CMKOS zusammengearbeitet. Die Chance der sächsischen Wirtschaft, sich in ihrer Brückenfunktion zu den osteuropäischen Märkten neu zu profilieren, und die Einbeziehung Polens und Tschechiens in die Europäischen Strukturen waren ein Schwerpunkt der Aufgabe von Radebeul. Zunehmend spielten auch bi- und trilaterale Seminare mit Kollegen aus Polen und Böhmen eine große Rolle. Auch hier ging es darum, für diese spezifischen Seminare Konzepte zu entwickeln. Mit dieser Zielsetzung der Osteuropa-Seminare hat das DGB-Bildungswerk ab 1995 ganz klar die entsprechende Arbeit des Düsseldorfer Bildungswerkes fortgeführt.

Völlig überraschend erfolgte im Herbst 1996 die Kündigung des Mietvertrages durch die Treuhandanstalt. Die dafür entscheidenden Gründe sind bis heute nicht bekannt. Damit war ein großes Stück der Aufbauarbeit für die gewerkschaftliche Bildungsarbeit in Ostdeutschland zunichte gemacht worden.

Das DGB-Bildungswerk stand also vor der Frage, ob es sinnvoll war, erneut ein Bildungszentrum in Sachsen aufzubauen. Wegen der verschärften Finanzsituation, Problemen mit der Förderung durch den Freistaat Sachsen und wegen der inzwischen großen Kapazität an anderen Tagungshotels und Bildungszentren wurde darauf verzichtet, ein Nachfolgeobjekt für Radebeul zu organisieren. Dabei muss aber eindeutig unterstrichen werden, dass die Spezifik eines eigenen Bildungszentrums, in dem die Gewerkschaften das Fluidum bestimmen, das von den Kollegen als Ort der Bildung angenommen wird, verloren gegangen ist.

6. Inhaltliche Schwerpunkte der Bildungsarbeit

Schulung von Mitarbeitervertretungen: Einen Schwerpunkt gewerkschaftlicher Bildungsarbeit bildete bisher – und bildet auch weiterhin – die Schulung der Mitglieder in Betriebs- und Personalräten. Diese Bildungsarbeit wird weitgehend, aber nicht ausschließlich von den Einzelgewerkschaften wahrgenommen, weil dadurch eine branchenspezifische Schulung erfolgen kann. Diese Tendenz trägt auch den Beschlüssen des DGB Rechnung, Bildungsarbeit als mitgliederorientierte Arbeit zu definieren, die in den Bereich der Aufgaben der Einzelgewerkschaften und nicht des Bundes fällt.

Dreiländereck: Die Ost-Erweiterung der Europäischen Union und insbesondere der Beitritt Polens und Tschechiens zur Europäischen Union ist für die sächsischen Gewerkschaften seit Jahren ein wichtiges Thema. Es ist wichtig, dass die Gewerkschaften, und hierbei insbesondere der Interregionale Gewerkschaftsrat Elbe/ Neiße, als „Soziales Gewissen der Region" den Prozess gestalten. Dabei geht es um die Vertretung von Interessen der Arbeitnehmer im Zusammenhang mit der grenzüberschreitenden Regionalpolitik, bei der Ausgestaltung von Förderprogrammen der Europäischen Union (z.B. Interreg, EQUAL, Far) und bei der Entwicklung grenzüberschreitender Strukturen (Euroregionen, Partnerschaften usw.).

Umfragen zeigen, dass der Beitritt der Nachbarländer zur Europäischen Union bei der sächsischen Bevölkerung auf eine hohe Akzeptanz stößt. Andererseits ist vor dem Hintergrund der hohen Arbeitslosigkeit in Sachsen (die Grenzkreise sind davon besonders betroffen) die Angst vor der Öffnung des Arbeitsmarktes und der Arbeitskräftemigration ein allgegenwärtiges Thema. Es ist wichtig, dem Einzelnen aufzuzeigen, was die Erweiterung der Europäischen Union für ihn bedeutet. Es muss aber auch betont werden, dass das Solidarprinzip für Arbeitnehmerinnen und Arbeitnehmer nicht an den Grenzen halt macht. Gemeinsam mit unseren Nachbarn wollen wir (z.b. durch die Zusammenarbeit von Betriebsräten in grenzüberschreitenden Unternehmen) diese Prozesse mitgestalten. Dazu muss den Kollegen viel Sachinformation vermittelt werden. Gleichzeitig sind Referenten der Gewerkschaften auch gefragte Gesprächspartner bei entsprechenden europapolitischen Foren anderer Bildungsträger in Sachsen.

Demokratie und Extremismus: Ein weiteres Schwerpunktthema ist die Auseinandersetzung mit Rechtsextremismus und fremdenfeindlicher Gewalt. Die DGB-Jugend hat mit anderen Jugendbildungsverbänden in Sachsen dazu 1998 das Projekt „Für Demokratie Courage zeigen" ins Leben gerufen. Innerhalb des Courage-Projektes werden Seminare zur Auseinandersetzung mit dem Rechtsextremismus und Anti-Gewalt-Training für junge Leute angeboten. Der Schwerpunkt liegt aber in Schulprojekttagen.

7. Weiterbildungspolitik

Eine wichtige Aufgabe des DGB-Bildungswerkes Sachsen e.V. war es von Anfang an, in enger Kooperation mit anderen landesweiten Bildungsträgern die Arbeitnehmerinteressen in der Bildungspolitik zu artikulieren. Mit den Jahren hatte sich als lockerer Zusammenschluss der „Gesprächskreis freier Träger der Erwachsenenbildung Sachsens" herausgebildet, in dem die beiden Bildungswerke der katholischen und der evangelischen Kirche, die sächsischen Volkshochschulen, die ländliche Erwachsenenbildung Sachsen, Arbeit und Leben und das DGB-Bildungswerk zusammenarbeiten. Dass es keine Berührungsängste in der Kooperation zwischen konfessionellen und gewerkschaftlichen Bildungswerken gibt, folgt aus den spezifischen Erfahrungen der friedlichen Revolution.

Für die politische Öffentlichkeit in Sachsen war es überraschend und teilweise unverständlich, dass diese sechs Bildungsträger mit einem Memorandum zur Erwachsenenbildung an die Öffentlichkeit traten. Vorangegangene Einzelgespräche mit Vertretern von Ministerien oder Fraktionen hatten keinen Schub in Richtung auf eine politische Aufwertung der Erwachsenenbildung gebracht. Unabhängig von dieser Diskussion kam es aber von Seiten des Ministeriums zu einem wachsenden Druck auf die beiden voneinander unabhängigen Bildungswerke Arbeit und Leben Sachsen und dem DGB-Bildungswerk. Da das Kultusministerium nicht bereit war, beide Bildungswerke, in denen die Gewerkschaften mitarbeiten, zu fördern, wurde seitens des DGB-Bildungswerkes auf einen Antrag auf weitere Grundförderung verzichtet. Damit wurde versucht, die Stellung von Arbeit und Leben zu stabilisieren.

Bereits 1992 wurden erste Anstrengungen unternommen, ein *Weiterbildungsgesetz* zu entwickeln. Diese Initiative ging einerseits im parlamentarischen Raum von der Landtagsfraktion der SPD und von der Landtagsfraktion Bündnis 90 aus, die jeweils eigene Gesetzesentwürfe vorlegten. Unabhängig davon wurden von Bildungsträgern eigene Gesetzentwürfe erarbeitet. Das DGB-Bildungswerk legte dabei seinen Schwerpunkt vor allem auf die Arbeitnehmerfreistellung und auf die stärkere Integration von beruflicher, allgemeiner und politischer Bildung. Die Wirtschaftsverbände in Sachsen polemisierten heftigst gegen das Vorhaben eines Weiterbildungsgesetzes. Deshalb konzentrierten sich die parlamentarischen und außerparlamentarischen Initiativen, insbesondere auch die Vorstöße des DGB-Bildungswerkes darauf, ein modernes Weiterbildungsgesetz zu schaffen, ohne zu diesem Zeitpunkt die Frage des Bildungsurlaubs mit der Gesetzgebung zu verknüpfen. Dennoch hörte das massive Störfeuer der Arbeitgeberverbände gegen dieses Gesetzesvorhaben nicht auf.

Mit dem Memorandum des Gesprächskreises freier Träger war der Druck auf die Fraktionen erhöht worden. So kam es in der Folgezeit auch zum Dialog des Gesprächskreises mit verschiedenen Fraktionen, unter anderem mit der Mehrheitsfraktion der CDU. Ein zuvor erarbeiteter Referentenentwurf für ein sächsisches Weiterbildungsgesetz kam nie in den parlamentarischen Geschäftsgang. Relativ überraschend wurde am Vorabend des 1. Weiterbildungstages der sächsischen Staatsregierung ein eigener Entwurf der CDU-Fraktion für ein Weiterbildungsgesetz präsentiert. Eine direkte Einbeziehung von Bildungsträgern bei der Erarbeitung dieses Entwurfes war genauso wenig erfolgt, wie eine Konsultation der Wissenschaftsbereiche Erwachsenenbildung an den sächsischen Universitäten.

Jochen Gersdorf
Die Bildungsvereinigung Arbeit und Leben Sachsen e.V.

1. Gründung und Anfang

Den Hintergrund der Gründung von Arbeit und Leben (AuL) Sachsen bildete der politische Mainstream des Jahres 1990, westdeutsche Strukturen so rasch und umfassend wie möglich in Ostdeutschland zu übernehmen. Darum kamen die aus Westdeutschland stammenden und mit AuL vertrauten Entscheidungsträger des DGB Sachsen, der im Aufbau war, und der Vorstand des eben erst gegründeten sächsischen Volkshochschulverbandes zusammen, um die gemeinsame Arbeitsgemeinschaft für politische Bildung in Sachsen zu gründen. Die Absprachen wurden von entsprechenden Aktivitäten des Bundesarbeitskreises AuL als Dachverband und der für den Freistaat zuständigen „Paten"-Landesarbeitsgemeinschaft Bayern flankiert. Zwischenzeitlich arbeitete in Dresden von 1990 bis Mitte 1991 ein über Projektmittel des Bundesarbeitskreises finanziertes Gründungsbüro, besetzt mit einem Bildungsreferenten, welches mit dem Ende der Förderung aber seine Tätigkeit einstellte und ohne nachhaltige Wirkung blieb.

Im Frühjahr 1991 waren die vorbereitenden Gespräche soweit gediehen, dass am 27.6.1991 im damaligen DGB-Bildungszentrum Radebeul bei Dresden die Gründung durch Vertreter der sächsischen Volkshochschulen sowie des DGB Sachsen und seiner Mitgliedsgewerkschaften vollzogen werden konnte *(siehe den Beitrag von Nicht, Kap. V)*.

Problemlos verlief die Geburt des „Kindes" AuL aber nicht. Die Gewerkschaftsseite hatte keine prinzipiellen Vorbehalte, ihre Akteure differierten nur hinsichtlich des konkreten Entwicklungsweges des Vereins. Beim anderen „Eltern"-Teil sah es schon komplizierter aus. Denn die meist ostdeutschen Leiter der Volkshochschulen besaßen keine Erfahrungen mit der freien Trägerlandschaft der politischen Bildung in Westdeutschland. Ihnen fiel auf die Frage „Wozu AuL?" keine ergiebige Antwort ein, mussten sie alle doch in dieser Zeit selbst um die Existenz der eigenen Einrichtung und ihre eigene berufliche Position ringen. Sie empfanden die vielen neuen Weiterbildungseinrichtungen, die – oft als „West-Importe" – förmlich aus dem Boden schossen, als Bedrohung. Diese Konkurrenzängste sollten das „Kind" AuL Sachsen noch bis in die jüngste Vergangenheit begleiten.

Arbeit und Leben Sachsen e.V.

Der Aufbau der Bildungsarbeit gestaltete sich spannend und behaftet mit allen Merkmalen der Spontaneität, als der Verein zunächst zwar eine Satzung und einen Vorstand, aber keinen einzigen angestellten Mitarbeiter hatte. So war es eher Zufall und durch entsprechende Bemühungen des damaligen Leiters der dortigen Volkshochschule bedingt, dass AuL in Sachsen seine Tätigkeit in einem Regionalbüro in Leipzig mit sechs Mitarbeitern begann, die über eine ABM finanziert wurden, befristet auf zwei Jahre, qualifikationsgerecht eingruppiert und vollzeitbeschäftigt – ein „Luxus", den es nur Anfang der 90er Jahre gab. Die Geschäftsführung wurde zunächst interimistisch von dem für die gewerkschaftliche Bildung zuständigen Sekretär des DGB-Landesbezirkes wahrgenommen; er verkörperte zugleich das ansonsten personell nicht existente Landesbüro in Dresden.

Die pädagogischen Mitarbeiter im Büro Leipzig, arbeitslos gewordene Lehrer und eine diplomierte Ökonomin, standen vor der Frage: Was ist und was will AuL? Antworten darauf gab es erstens vom Dachverband und der für den Aufbau der AuL-Strukturen in den neuen Ländern verantwortlichen Tutorin. Weitere Antworten ergaben sich aus den Kooperationswünschen der Gewerkschaften und aus Erwartungen der Volkshochschulen. Zweitens „wiesen" bestimmte Förderprogramme des Dachverbandes insofern die Richtung, als sie auf konkrete Veranstaltungsinhalte orientiert waren, beispielsweise Mittel des Bundesministeriums für Arbeit und Soziales für Seminare zum Mitbestimmungs- und Tarifrecht und zum Arbeits- und Sozialrecht. Drittens war die soziale und regionale Verankerung der allesamt ostdeutschen Mitarbeiter bestimmend für ein richtiges „Bauchgefühl", mit welchen Themen man die ostdeutschen Zielgruppen innerhalb der politischen Bildung erreichen kann.

Inhaltlich war die Tätigkeit von AuL in den ersten beiden Jahren durch die bereits genannten Themen und durch Veranstaltungen zu neuen Medien und Kommunikationstechnologien, Sekten und Drogen, AIDS, durch erste Angebote im westeuropäischen Ausland (Begegnungen, Seminare Sprache und Politik) und durch die politisch bildende, integrative Arbeit mit der rasch anwachsenden Zahl von Aussiedlern aus der ehemaligen Sowjetunion geprägt.

2. „Mit hochgekrempelten Ärmeln" – ein Aufbau frohen Mutes hatte begonnen

Im April 1992 wurde durch den DGB ein hauptamtlicher Mitarbeiter zum Geschäftsführer von AuL Sachsen bestellt. Im März 1993 nahm im Landesbüro Dresden ein beim Bundesarbeitskreis angestellter Jugendbildungsreferent seine Tätigkeit auf, der dort zunächst als Einzelkämpfer agierte und die Aufgabe hatte, die politische Jugendbildung des Vereins weiter zu profilieren. Da Ende 1993 der bisherige Geschäftsführer seine Tätigkeit niederlegte, fielen in sein Aufgabenfeld nun zusätzlich die pädagogische Leitung von AuL Sachsen, verbunden mit der Übernahme der geschäftsführenden Tätigkeiten, und der Aufbau des Landesbüros in Dresden. Auch für ihn als ehemals an einer Hochschule wissenschaftlich und lehrend Tätigen konnte bei der Bewältigung dieses bunt schillernden Spektrums an Herausforderungen nur die „learning by doing"-Methode die der ersten Wahl sein. Weitere Einstellungen folgten, ab 1994 konsolidierte sich die Personalausstattung, das galt auch für den Bildungsbereich.

Der Umfang der Bildungsarbeit von AuL Sachsen nahm von 1992 bis 1996 um mehr als das Dreifache zu. Inhaltlich und didaktisch-methodisch prägte sich in diesen Jahren jene Struktur der Bildungsarbeit aus, die noch heute für die Einrichtung kennzeichnend ist und die im letzten Abschnitt näher betrachtet wird. Diese zunehmende Leistungsfähigkeit gewann zunächst eine positive förderpolitische Relevanz. Denn seit 1992 erhielt der Verein als nunmehr landesstaatlich anerkannte Weiterbildungseinrichtung eine institutionelle Förderung durch das Sächsische Staatsministerium für Kultus.

Der Verein finanziert sich aus verschiedenen Quellen. Zuerst stehen Fördermittel aus Bundes- und europäischen Programmen zur Verfügung, die über den Dachverband weitergereicht werden. Sie dienen aber fast ausschließlich der Fehlbedarfsfinanzierung der *Bildungsveranstaltungen*, und fließen nicht der Institution zu. Der Verein verfügt damit nur über die öffentlichen Finanzierungsquellen der Landesförderung. Eine Ausnahme stellen die von der Arbeitsverwaltung getragenen, für die kontinuierliche Arbeit aber äußerst problematischen Anstellungsverhältnisse dar. Trotzdem arbeitete der Verein zunächst frohen Mutes an seiner schwierigen Materie, bedenkt man die spezifischen Zielgruppen einerseits und die generell besonders komplizierten Bedingungen für politische Bildung in Ostdeutschland andererseits *(siehe den Beitrag von Gersdorf, Kap. I)*. Als wahrscheinlich galt eine zwar im Bundesvergleich auffallend bescheidene, aber die notdürftigste Existenz sichernde Grundförderung durch das Land und eine darauf fußende mittelfristige Konsolidierung der personell-institutionellen Struktur von AuL in Sachsen bis zum Ende des Dezenniums.

3. Wahrheitserfahrungen im neuen System: Sonntagsreden und Realität

Die Jahre 1996 und 1997 wurden Schicksalsjahre von AuL Sachsen. Zuerst entfiel 1996 die Förderung der über den Landesjugendplan finanzierten Personalstelle in Leipzig mit der Begründung, sie würde angesichts der generellen Förderung der Einrichtung aus dem Weiterbildungsetat des Landes eine unzulässige Doppelförderung darstellen. Im Juli 1997 wurden die Richtlinien der Weiterbildungsförderung des Landes grundlegend geändert. An die Stelle der Bezuschussung realer Kosten der Einrichtung trat die Förderung auf der Grundlage anerkennungsfähiger so genannter Unterrichtsstunden in Höhe von 18 DM pro Quantum.

Wirft schon die absolute Höhe dieser Förderung Fragen an die tatsächliche gesellschaftliche Wertschätzung von Bildung auf, so ist dieser Förderungsmodus, gerade weil er alle gleich behandelt und scheinbar gerecht ist, für die politische Bildung wortwörtlich tödlich. Denn politische Bildung ist post priori jener Weiterbildungsbereich, bei dem sich eine Förderung nach Mengenkriterien verbietet. Jeder hier Tätige weiß, dass sich hinter dieser Feststellung ein außerordentliches Engagement der pädagogisch Tätigen verbirgt, welches politische Bildung überhaupt erst ermöglicht. Für AuL Sachsen jedenfalls bedeuteten diese Veränderungen, dass sich die entscheidende landesseitige Förderung kurzfristig und unerwartet summarisch *um fast 65 Prozent (!)* reduzierte.

Bei der weiteren Entwicklung der Institution ging es von diesem Moment an zwangsläufig nur noch um die Sicherung der „nackten" Existenz. Manche andere Einrichtung schließt ihre Tore bei weitaus geringeren Kürzungen. Zeitweilig sank der Anteil der Landesförderung bezogen auf den Gesamtbedarf der Einrichtung auf etwas über 6 Prozent. Rund 45 Prozent der Einnahmen mussten selbst erwirtschaftet werden, etwa durch „nebenher" betriebene Maßnahmen der beruflichen Fortbildung.

Zunächst stand fest: Mittelfristig ist die generelle Arbeitsfähigkeit des Vereins daran gebunden, in welchem Maße über ABM geförderte Beschäftigungsverhältnisse ermöglicht werden. An eine Konsolidierung, geschweige denn an einen Aufbau einer soliden Personalstruktur war nun überhaupt nicht mehr zu denken. Vielmehr wurden angesichts des ersten drastisch defizitären Wirtschaftsjahres 1997 im Frühjahr 1998 alle, d.h. die zwei beim Verein bestehenden Vollzeitanstellungen in Teilzeitverhältnisse umgewandelt. Die Jugendbildungsreferentin des Regionalbüros Leipzig (s.o.) konnte im Sommer 1999 durch den Wechsel in ein neues Arbeitsverhältnis aus dem Verein ausscheiden, ihre Kündigung stand unmittelbar bevor.

Das zweite „Standbein" des Vereins, das Regionalbüro in Leipzig, konnte nur dadurch erhalten werden, dass eine Mitarbeiterin aus einer ABM heraus durch eine Förderung vom Jugendamt ab 1996 angestellt wurde. Sie ist seitdem Einzelkämpferin an diesem Standort, allerdings förderrechtlich auf das Wirkungsfeld des Stadtgebietes begrenzt.

Damit verfügt AuL in Sachsen in eigener Festanstellung seitdem für seine landesweite Arbeit de facto nur über eine Pädagogin im Landesbüro Dresden mit einem Wochenarbeitszeitvolumen von 25 Stunden.

4. Erfolge und neue Herausforderungen – Entwicklung als Hochseilakt ohne Netz

Die letzten Jahre waren durch vielfältigste Bemühungen geprägt, die im Laufe der ersten Hälfte des beschriebenen Dezenniums aufgebauten Felder der politischen Bildungsarbeit zu erhalten und zugleich neue Themengebiete zu erschließen, insbesondere auch die Möglichkeit der Arbeit im Rahmen von Projekten zu nutzen. Stets erhielt natürlich angesichts der geschilderten Fördersituation der Einrichtung das Ringen um die Zahl der abrechenbaren Stunden eine existentielle Dimension. Die Vorstellung, Dinge entspannt anzugehen, mutierte zu einer exotischen Mixtur: die Arbeit in Gremien, Gespräche, Kontaktpflege, die Wahrnehmung vereinsinterner Verpflichtungen und insbesondere die inflationär sich vermehrenden Verwaltungsvorgänge – geförderte Weiterbildung (und bei AuL wird *fast jede einzelne* Veranstaltung separat beantragt und abgerechnet!) ist quantitativ betrachtet vor allem auch ein Verwaltungsvorgang! – erhielten so quasi den Charakter selbstmörderischer Aktivitäten, da sie angesichts der Förderung nach Veranstaltungsstunden aus der Sicht der Einrichtung gleichbedeutend sind wie „den ganzen Tag im Bett gelegen".

Es ist ein Ergebnis des außerordentlichen Engagements nahezu aller beim Verein Tätigen und – bedingt durch die erläuterte Personalsituation – der Meisterung der Belastungen einer immensen Arbeitsverdichtung, dass es gelang, nicht nur das bestehende Niveau zu erhalten, sondern kontinuierlich in qualitativer und quantitativer Hinsicht Entwicklungen ermöglicht zu haben.

Gesellschaftspolitik/Erwachsenenbildung, Jugendbildung, Bildung für demokratische Partizipation in der Arbeitswelt, Seminare für Arbeitslose, Vorruheständler und Senioren, Seminare für Frauen und Mädchen, Seminare und Projekte für Spätaussiedler und Auslandsseminare, also Bildung für ein geeintes Europa, sind heute die wesentlichen Arbeitsbereiche von AuL Sachsen als Träger der politischen Bildung.

Parallel konnte der Verein auch über Projekte neue Arbeitsbereiche aufbauen bzw. Themen erschließen. So wird seit Ende 1999 ein sozialintegratives, wohnumfeldbezogenes Projekt für (seit 2001 jugendliche) Spätaussiedler im Großraum Dresden mit großem Erfolg durchgeführt. 2001 fanden allein im Rahmen dieses Projektes 65 Einzelveranstaltungen statt, und dies zusätzlich zur Arbeit in den üblichen Förderbereichen. Durch Trainees und Workshops realisierte der Verein im Jahre 2001 ein Teilprojekt des Gesamtprojekts „Wem gehört der öffentliche Raum?" des Bundesarbeitskreises AuL. Damit leistete er einen Beitrag zur Minimierung von fremdenfeindlichen und gewaltbejahenden Einstellungen und für die Ausprägung demokratischer Verhaltensweisen unter Jugendlichen, aber auch in der Erwachsenengeneration. Im März 2001 schuf AuL Sachsen mit seinem Projekt

Arbeit und Leben Sachsen e.V.

„Leben und Arbeiten – Möglichkeiten der Gestaltung im 21. Jahrhundert" ein Netzwerk von Einrichtungen der Weiterbildung, der Wissenschaft und staatlicher Institutionen, das sich mit der gesellschaftlichen Brisanz der Massen- und Langzeitarbeitslosigkeit in Ostdeutschland auf regionaler Ebene auseinander setzt. Derzeit sind zwölf Partner beteiligt. Damit will der Verein auch auf die veränderten Ansprüche an politische Bildung reagieren, als Moderator im gesellschaftlichen Diskurs auftreten und so wie in diesem Projekt Vordenker, Betroffene und Entscheidungsträger zusammenführen. Als beispielhaft können das Projekt „Ökologisch und selbstbestimmt" und der Theaterworkshop „Barfuß nackt Herz in der Hand" gelten (Gersdorf 1997, 2002).

Unter den geschilderten Umständen war es eine eminente Herausforderung, als – initiiert durch die Vertreter der sächsischen Volkshochschulen – Ende 1998 in den Gremien des Vereins der Beschluss gefasst wurde, AuL Sachsen noch stärker als Landesorganisation der politischen Bildung zu profilieren, die von ihrer Landesgeschäftsstelle aus nicht nur die Zusammenarbeit mit einzelnen Gewerkschaften betreibt, sondern vor allem die kontinuierliche Kooperation mit den 30 sächsischen Volkshochschulen als deren Dienstleister auf dem Gebiet der politischen Bildung zentral leitet und organisiert.

Auf der Basis beiderseitiger Kooperationsvereinbarungen konnte in den Folgejahren gemeinsam mit etwa der Hälfte aller Volkshochschulen diese Aufgabe mit guten Erfolgen bewältigt werden – in dieser Konsequenz eine Novität innerhalb der bundesrepublikanischen AuL-Strukturen in einem Flächenstaat, vor allem angesichts der personellen Voraussetzungen der Einrichtung. Denn die personelle Lage hat sich nicht verbessert, obwohl dies ursprünglich eine Voraussetzung des Beschlusses Ende 1998 war. Immerhin ermöglichten Spitzengespräche des Vorstandes im Sächsischen Kultusministerium, dass der Verein seit 1999 auf der Basis förderrechtlicher Möglichkeiten eine Zusatzförderung erhält, die bis zu 25 Prozent der Grundförderung durch das Land betragen kann.

Als landesweit tätige Einrichtung arbeitet der Verein heute dezentral im gesamten Freistaat, in den letzten drei Jahren stets an über 40 verschiedenen Orten in Sachsen. Zum Vergleich: 1994 gab es erst 14 Veranstaltungsorte. Auf einer Fachtagung und festlichen Mitgliederversammlung zum zehnjährigen Bestehen konnte AuL Sachsen 2001 hinsichtlich der Resultate der Bildungsarbeit eine beeindruckende Bilanz seiner Entwicklung ziehen *(siehe die Grafiken am Schluss des Beitrags).*

Permanent sieht sich aber die Einrichtung mit dem schier nicht lösbaren Problem konfrontiert, seine völlig unzureichende Personalausstattung an unbefristeten Stellen zu konsolidieren. Aktuelle Entwicklungen gemahnen eher, dass die äußerst bescheidenen „Besitzstände" immer wieder neu gefährdet sind. Aber die mittelfristige Entwicklung soll an dieser Stelle nicht schwarz gemalt werden: sie ist so offen und ungesichert, wie in den letzten Jahren für einen freien Träger der politischen Bildung wohl üblich und scheinbar unabhängig von der außerordentlich hohen gesellschaftlichen Relevanz der geleisteten Arbeit.

Eines der akuten Probleme des Vereins besteht darin, dass durch diverse Novellierungen in der Arbeitsförderung die Nutzung des Instrumentariums ABM kaum mehr möglich ist. So wurde beispielsweise die Verweildauer jedes auf diese Weise finanzierten pädagogischen Mitarbeiters auf strikt ein Jahr begrenzt, während bis ca. 1999 meist Verlängerungen in ein zweites Förderjahr möglich waren. Als Folge waren auf den fünf bis sechs ABM-Stellen bei AuL Sachsen im Jahr 2001 *zwölf* verschiedene Personen tätig. Bedenkt man die Länge der notwendigen Einarbeitungsfristen, die damit verbundenen hohen Aufwendungen des Vereins, logischerweise fehlende berufliche Erfahrungen bei einem freien Träger der politischen Bildung und mögliche Motivationsprobleme der über ABM Beschäftigten, werden die damit verbundenen Problemfelder sicher verständlich.

So mischt sich in den Stolz über das unter sehr schwierigen Bedingungen Erreichte und das gute Gefühl angesichts stets neu erarbeiteter überzeugender Resultate der politischen Bildung stets die Frage nach der selbst nur mittelfristigen Zukunft. Aber die Mitarbeiter bei AuL Sachsen können sicher mit Recht für sich verbuchen: hohe Leistungsbereitschaft, Flexibilität und Kreativität wurden stets unter Beweis gestellt. Das offene Benennen von Problemen und Missständen ist kein Klagen.

Literatur
Gersdorf, Jochen: „Ökologisch und selbstbestimmt" – Bericht von einem Jugendbildungscamp. In: Praxis Politische Bildung, 1 (1997) 2, S. 128-136
Gersdorf, Jochen: Barfuß nackt Herz in der Hand. Ein (Theater)-workshop für Jugendliche zur Gewaltprävention, für Toleranz und gegen Fremdenfeindlichkeit. In: Barbara Menke u.a. (Hrsg.): Politische Bildung als Ermutigung zur Zivilcourage. Schwalbach 2002 (i.E.)

Arbeit und Leben Sachsen e.V.

AuL Sachsen – Entwicklung der Bildungsarbeit 1992-2001

Unterrichtsstunden

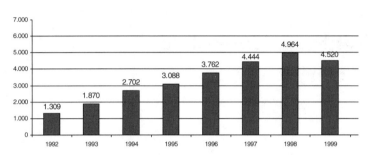

Anzahl der Maßnahmen

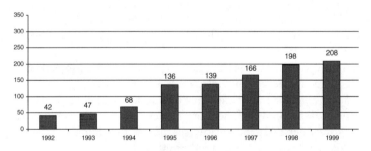

Zahl der Teilnehmer

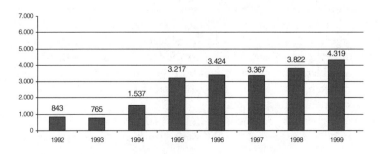

2. Die Landeszentrale für politische Bildung

Werner Rellecke
Die Sächsische Landeszentrale für politische Bildung

1. Grundlagen der Arbeit

Der Bundesrichter Dieter Hesselberger schrieb in seinem Grundgesetz-Kommentar, die politische Bildung müsse davon ausgehen, „dass sie einerseits zur Übernahme der gesellschaftlichen Normen erziehen, andererseits aber die Fähigkeit zur Überprüfung der Normen wecken und zur Kritik an denselben ausbilden soll". Der Bürger soll sich demnach seiner politischen Veranlagung und Möglichkeiten bewusst werden über den Weg der entsprechenden Wissensaufnahme und Reflexion. Politische Bildung muss sich – wie jede Bildung – auf einen kontinuierlichen Prozess mit Teilerfolgen als Zielstellung einlassen. In Diktaturen kennen wir keine politische Bildung, da eine offene und kritische Prüfung des politischen Rahmens, der politischen Institutionen und Entscheidungen unerwünscht oder verboten ist. Die Staatsbürgerkunde der DDR beispielsweise, die der Erziehung der jungen Bürger zu sozialistischen Menschen dienen sollte und zumeist von Indoktrination geprägt war, steht im Gegensatz zu einer politischen Bildung im demokratischen Staat.

Die theoretische Maxime geht davon aus, dass die Gemeinschaft politisch gebildeter Bürger unter freiheitlichen Bedingungen den demokratischen Staat in eigenem Interesse konstituiert und sichert. Dieser Automatismus schließt aus, dass der Staat seine Bürger zu Staatsbürgern nach einem Idealbild formen will. Letzteres wäre eine Trennung zwischen Staat und Bürgern, die dem Demokratieprinzip und der Repräsentation widersprächen. Diese Funktionsmechanismen theoretisch und praktisch zu vermitteln, war und ist eine grundsätzliche Aufgabe staatlicher politischer Erwachsenenbildung in Sachsen.

Die allgemeine Zielsetzung der Sächsischen Landeszentrale für politische Bildung (SLpB) lautet dementsprechend: 1. Wissensvermittlung; 2. Förderung der

Kritikfähigkeit und Meinungsbildung; 3. Motivation zu politischer Beteiligung. Sie machen in gegenseitiger Bedingtheit die politische Bildung aus.

2. Genese und Organisationsstruktur der SLpB

Die Sächsische Landeszentrale für politische Bildung nahm ihre Arbeit offiziell am 1. Juli 1991 auf. Zuvor existierte ein „Büro in Sachsen" der Landeszentrale des Partnerlandes Baden-Württemberg. Seit dem Frühjahr 1990 führte die baden-württembergische Landeszentrale eigene Bildungsveranstaltungen in Sachsen durch. Aus dem Büro wurde dann mit einem Personalstamm von zwei Personen die sächsische Landeszentrale. An die Übernahme des baden-württembergischen Büros schloss sich eine intensive gemeinsame Tätigkeit an. Bis heute findet das besondere Verhältnis in persönlichen Kontakten der Mitarbeiter, konzeptionellen Abstimmungen und einzelnen Kooperationen seinen Niederschlag.

Bereits Anfang 1992 waren acht Mitarbeiter in der Landeszentrale beschäftigt, wovon die Hälfte aus den alten Bundesländern stammte. Heute sind es 22 Mitarbeiter in Leitung/Verwaltung und drei Referaten. Da es im sensiblen Bereich der politischen Bildung undenkbar gewesen wäre, pädagogisches geisteswissenschaftliches Fachpersonal einzustellen, das in die DDR-„Volksbildung" eingebunden war, können beinahe alle Mitarbeiter mit DDR-Biographien im höheren Dienst als Quereinsteiger bezeichnet werden. Die friedliche Revolution bedeutete für sie auch einen beruflichen Wechsel vom naturwissenschaftlichen oder theologischen Arbeitsfeld in die politische Bildungsarbeit. Demgegenüber haben die Mitarbeiter aus den alten Ländern Politikwissenschaft studiert. Da die politische Bildung insbesondere in Form von Veranstaltungsarbeit in hohem Maße persönliche Glaubwürdigkeit und Moderationsfähigkeit erfordert, bilden aber wissenschaftliche Fachkenntnisse nicht die entscheidende Voraussetzung für ein Gelingen der Arbeit.

Die Rahmenbedingungen der Anfangsjahre lassen sich mit zwei zentralen Merkmalen beschreiben: Zum einen war die Aufgabenstellung zwar in Anlehnung an Baden-Württemberg grob umrissen, in der Praxis jedoch hinsichtlich der Schwerpunktsetzungen noch weitgehend gestaltbar. Zum zweiten war das Verhältnis zwischen personeller und finanzieller Ausstattung auf der Angebotsseite und den Notwendigkeiten und Defiziten auf der Nachfrageseite kaum kalkulierbar.

Es wurde dann eine Struktur etabliert, die der Ausrichtung der Landeszentrale Baden-Württembergs entspricht. Dazu zählt insbesondere der Verzicht auf die Zuweisung von Fördermitteln zur Vergabe an Dritte (z.B. Bewilligung von Zuwendungen und Druckkostenzuschüssen). Hierdurch wird der Charakter als Bildungsstätte anstelle einer Behörde betont. Erst 1994/1995 wurde die Organisationsstruktur durch die Einrichtung von drei Referaten mit unterstellten Fachbereichen vertieft. Etwa zeitgleich verlief der Wechsel vom Geschäftsbereich der Staatskanzlei in den des Kultusministeriums Anfang 1995 und – mit der Berufung eines neuen Direktors – ein Leitungswechsel Anfang 1996.

Die inhaltliche Arbeit findet in zwei Veranstaltungsreferaten (nach Zielgruppen und Themen) und einem Referat Publikationen/Bildungsservice statt. Ein eigenes Verwaltungsreferat (u.a. wegen der externen Personalzuständigkeit des Ministeriums) war von der Quantität her nicht geboten, so dass die Verwaltung in die Leitung des Hauses eingebunden ist. Auf die Einrichtung von Außenstellen, die ursprünglich geplant und besonders von Landtagsabgeordneten gewünscht war, wurde in erster Linie aus finanziellen Gründen verzichtet.

Zum Leitungsbereich gehören die Durchführung von Großveranstaltungen und die Aufgaben der Öffentlichkeitsarbeit. In den Veranstaltungsreferaten wird nach je drei Fachbereichen zwischen Themen- und Zielgruppen unterschieden: Die Fachbereiche des Referates 1 (Zielgruppen) sind a) Soziale Bewegungen/ Gleichstellung, b) Jugend, c) Öffentlicher Dienst. Die Fachbereiche des Referates 2 (Themenschwerpunkte) sind a) Landeskunde/Zeitgeschichte, b) Wirtschaft/ Umwelt und c) Europa/Internationale Fragen. Je Referat werden die Fachbereiche vom Referatsleiter und zwei Referenten betreut. Das Referat 3 (Publikationen/ Bildungsservice) ist ebenfalls in drei Fachbereiche untergliedert, nämlich a) Publikationsarbeit einschließlich Lagerung und Vertrieb, b) Bibliothek mit dem Sonderbereich EDV-Koordination und c) Neue Medien mit einem Sonderbereich Maßnahmen zur Aufarbeitung der DDR-Geschichte.

Diese 1995/1996 eingeführte Hierarchie griff kaum in die vorherigen Arbeitsschwerpunkte ein, ermöglichte aber gleichwohl eine effektivere interne Organisation und Kommunikation. Im Grunde war 1996 der expansive Aufbauprozess der Landeszentrale abgeschlossen, so dass – begleitet u.a. von verschiedenen Arbeitsrichtlinien, einer neuen Geschäftsordnung und erheblichen Einbußen im Haushaltsplan – die Anpassung an die übliche sächsische Behördengliederung auch eine stärkere Hinwendung zur Qualitätsentwicklung zum Ausdruck brachte. Somit wurde einerseits Bewährtes fest- und fortgeschrieben, andererseits wurden Diskussionen und Rahmenvorgaben aus Kuratorium, Ministerialverwaltung und nicht zuletzt Einschätzungen seitens der Bürger zur Arbeit der Landeszentrale berücksichtigt.

3. Aufgabenstellung

Vom Namen der „Zentralen" für politische Bildung her ließe sich ableiten, dass diese Institution Anspruch auf eine landesweite Regelungskompetenz politischer Bildung erhebe. Das Selbstverständnis der SLpB ist jedoch ein anderes:
Sie versteht sich als Koordinatorin mit unterstützendem, hilfestellendem Cha-

rakter für andere staatliche und nichtstaatliche Träger politischer Bildung. Die nichtstaatlichen Träger (z.B. Vereine, Volkshochschulen) leisten das Gros politischer Bildungsarbeit bezogen auf die Veranstaltungstätigkeit im Bereich der Erwachsenenbildung.

Das westliche Demokratie-Verständnis mit seinen Implikationen für offenen Meinungsaustausch und die Bürgernähe öffentlicher Institutionen war den Bürgern der ehemaligen DDR als Idealbild bekannt. Dies schloss die Funktionsweisen, Entscheidungsmechanismen und Mitwirkungsmöglichkeiten des politischen Systems allerdings nicht mit ein. In Analogie zur Vorstellung einer Allzuständigkeit auch des demokratischen Staates und seiner Institutionen wurden Bedeutung und Stellenwert der Sächsischen Landeszentrale vielfach überschätzt. Es ging somit auch darum zu verdeutlichen, dass die Landeszentrale keine Kontroll- und Koordinationsstelle des Staates für nichtstaatliche Einrichtungen ist, sondern dass die Arbeit der nichtstaatlichen Einrichtungen die Orientierungsgröße darstellt, um staatliche Unterstützung zu erhalten, damit das eigene Angebot im Bereich der politischen Weiterbildung ergänzt werden kann.

Der interne Prozess, der zu einer klaren Aufgabendefinition der Landeszentrale führte, musste begleitet werden von der nach außen gerichteten Vermittlung eines Gesamtkonzeptes von Bildungspolitik mit dem Schwerpunkt politische Bildung. Ihr besonderes Profil entwickelt die Landeszentrale dementsprechend außerhalb des laufenden Unterrichtsbetriebs in Schulen, Hochschulen, Ausbildungs- und Fortbildungseinrichtungen, somit im Bereich der allgemeinen und wissenschaftlichen Weiterbildung, die durch Freiwilligkeit und ein hohes Maß an nicht zweckgebundenem Bildungsbedarf gekennzeichnet ist.

Um einer Parteilichkeit der Landeszentrale vorzubeugen, ist sie mit einem unabhängigen Kontrollgremium ausgestattet, das auf die Ausgewogenheit der inhaltlichen Arbeit zu achten und Anstöße für die Programmatik zu geben hat. Diese Funktion obliegt dem Kuratorium, das aus 21 Mitgliedern (elf Landtagsabgeordneten und zehn Sachverständigen) besteht und etwa vierteljährlich zusammentritt. Darin kommt zum Ausdruck, dass die Landeszentrale eine öffentliche Einrichtung des Freistaates darstellt, verwaltungstechnisch an das Kultusministerium angelehnt ist und parteipolitisch neutral agiert.

Die Bildungsarbeit in den östlichen Bundesländern muss sich zudem davor hüten, die persönlichen Erfahrungen der Menschen und ihre alltägliche Lebenswelt, die natürlich eine gewisse Identifikation mit der DDR beinhalten, zu tabuisieren oder gar als Mitschuld am System zu werten. In diesem Zusammenhang steht „Aufarbeitung" neben der kritischen Analyse der Vergangenheit auch für die deutliche Trennung des Privaten vom Öffentlichen. Eine vielfach ausgeprägte landsmannschaftliche Bindung und die Tradition einer historisch fundierten Landesidentität bergen in diesem Zusammenhang große Chancen für die politische Bildung in Sachsen. Unterhalb der Ebene einer so genannten „ostdeutschen" Identität, die naturgemäß im Zusammenhang mit der „ehemaligen DDR" steht, hat sich in den neunziger Jahren ein neues sächsisches Landesbewusstsein entwickelt, das in der politischen Bildung an dem großen Interesse an Landes- und Regionalgeschichte erkennbar geworden ist. So feiern z.B. einerseits landeshistorische und regionalgeschichtliche Ausstellungen große Erfolge, andererseits ist vielerorts der Wille erkennbar, an die Innovationskraft Sachsens für das deutsche Wirtschafts- und Kulturleben unter modernen Rahmenbedingungen anzuknüpfen.

4. Leistungsbilanz

Veranstaltungen: Als Höhepunkte der Arbeit sind in erster Linie Großveranstaltungen zu nennen. 1994 und 1996 wurden mit der Landeszentrale Baden-Württemberg in Fellbach und Meißen „Tage der Begegnung" durchgeführt. Hierzu kamen jeweils etwa 1.000 Teilnehmer aus Sachsen und Baden-Württemberg. Die SLpB führt auch recht regelmäßig Partnerkonferenzen mit den sächsischen Bildungsträgern, zweiwöchige Israel-Studienreisen, mehrtätige Bundesratsreisen, Tage der offenen Tür oder Landtagsseminare durch, die stets großen Anklang finden.

Insgesamt werden in Form von Seminaren, Studienreisen, Vorträgen etc. jährlich etwa 250 Veranstaltungen angeboten, die von beinahe 11.000 Teilnehmern besucht werden.

Publikationen: Über ein halbjährlich erscheinendes Schriftenverzeichnis, das etwa 100 Titel enthält, bestellen jährlich ca. 20.000 sächsische Bürger kostenlose politische und historische Literatur. Die Besteller werden in drei Gruppen unterteilt. Ihre Multiplikatorenfunktion grenzt die Quantität des Bestellvolumens ein: Aktive politische Bildner der Erwachsenenbildung können das höchste Kontingent (7 Titel) anfordern, Studenten und Lehrer das mittlere Kontingent (5 Titel) und interessierte Bürger aller Art das Standardkontingent (3 Titel). Es gibt hierbei keine inhaltlichen Beschränkungen, das heißt, dass alle vorrätigen Bücher von allen Bestellergruppen nachgefragt werden können.

Zwei Elemente sind für die Publikationsarbeit entscheidend: Der von Kosten und Nachfrage unabhängige, weil fixe Finanz- und Organisationsrahmen und die inhaltliche Profilierung des Publikationsprogrammes im Abgleich zu anderen offenen Angeboten, wie z.B. der Bundeszentrale für politische Bildung.

Auf dieser Basis wurden drei Grundsätze für die Arbeit festgeschrieben:
1. Das Prinzip der Reaktion auf Bürgeranfragen, nach dem die Publikationen nicht unaufgefordert abgegeben werden ohne zu wissen, ob ein akuter Bedarf besteht.
2. Das Weiterbildungsprinzip, nach dem die Publikationen zwar für die persön-

liche Allgemeinbildung, aber weder für laufende Unterrichtszwecke an Schulen noch für die berufliche Fortbildung konzipiert sind.
3. Das Multiplikatorenprinzip, nach dem Personen mit besonderen gesellschaftlichen, wirtschaftlichen oder politischen Funktionen bevorzugt behandelt werden.

Diese Prinzipien ermöglichen eine pragmatische Synthese der teilweise gegenläufigen Rahmenbedingungen, die z.B. zwischen steigendem Umfang und Qualität der Nachfrage einerseits und stagnierenden Haushaltsmitteln und Personalkapazitäten andererseits bestehen.

Der inhaltliche Schwerpunkt des Programmes liegt bei Themen mit sächsischem oder Landesbezug im weiteren Sinne. Hierzu zählen ebenso Ausgaben der Landesverfassung und Publikationen zur Landespolitik und -geschichte wie zum Föderalismus oder zu den Nachbarländern Polen und Tschechien.

Weitere Serviceleistungen: Neben Veranstaltungen und Publikationen stehen in der SLpB eine Präsenzbibliothek und ein Videoverleih für interne und externe Nutzung zur Verfügung. Ein erheblicher Teil der Arbeitszeit ist der Kontaktpflege oder -vermittlung, der Bildungsberatung, der Öffentlichkeitsarbeit und der Internetpräsentation gewidmet.

Der Internetauftritt der SLpB wird als Ergänzung zu den übrigen Serviceleistungen verstanden. So sollen hier mittelfristig insbesondere aktuelle Informationen mit kurzer „Verfallszeit" oder grundlegende Inhalte, die kontinuierlich nachgefragt werden, in knapper Form präsentiert werden.

Als staatliche Einrichtung wird die SLpB gerade im Bereich Bürgerberatung und -information ihrem Namen gerecht, da dies von freien Trägern zumeist weder erwartet noch geboten wird. Diese Dienste lassen sich statistisch schwer erfassen oder in Zusammenstellungen wenig eindrucksvoll darstellen, sie haben aber als originäre Dienstleistungen des Hauses zu gelten.

5. Ausblick

Die SLpB ist hinsichtlich ihrer Ausstattung und Aufgabenstellung im Bundesvergleich angemessen vertreten. Politische Bildung wird in der SLpB verstanden als Anwaltschaft der Demokratie. Sie ist dadurch dem Pluralismus in Politik und Gesellschaft verpflichtet. Eine Bevormundung durch politische Bildungsarbeit wäre in sich widersprüchlich, politische Meinungen müssen offen diskutiert werden dürfen, wobei allein die Gewaltlosigkeit einen absolut notwendigen Konsens darstellt.

Die Identifikation der bundesdeutschen Bevölkerung mit der parlamentarischen Demokratie seit 1949 stieg in der Langzeitbetrachtung kontinuierlich. Vielleicht darf dies auch als Erfolg der Bildungsarbeit betrachtet werden. In den neuen Ländern gilt es, die andersartige Ausgangslage angemessen zu berücksichtigen. Insbesondere muss der Unterschied zwischen der demokratischen Ordnung als solcher und den vielfach gestaltbaren und veränderbaren Funktionsmechanismen des politischen Systems bewusst gemacht werden.

Auch wenn die SLpB formal den Landeszentralen in den alten Ländern sehr ähnlich ist, ist beispielsweise ihre praktische Arbeit wegen der und für die politische Kultur Sachsen recht verschieden. Hierbei sollte es – wie in anderen Politikbereichen auch – nun vorrangig darum gehen, den weitgehend erreichten Vergleichsstatus der alten Länder als Ausgangspunkt zu nehmen, um neue Ansätze, Formen und Modelle eigenständig zu entwickeln und umzusetzen.

3. Schulische politische Bildung

Wilfried Burger, Regine Kunde, Ralf Tramm
Sächsische Gemeinschaftskunde in der Lehrerfort- und -weiterbildung

Was Max Weber 1919 in seinem berühmten „Vortrag über den Beruf zur Politik" formulierte, gilt in abgewandelter Form auch für die politische Bildung. Auch sie bedeutet nämlich „ein starkes, langsames Bohren von harten Brettern mit Leidenschaft und Augenmaß zugleich".

1. Struktur, Rolle und Funktion des Schulfaches Gemeinschaftskunde am allgemein bildenden Gymnasium und an der Mittelschule

Das Schulfach Gemeinschaftskunde (im Folgenden auch abgekürzt GK) ruht auf mehreren inhaltlichen Säulen und besitzt strukturelle Eigenanteile an Gemeinschaftskunde und Rechtserziehung (bei Mittelschulen und Gymnasien) sowie zusätzlich Wirtschaftslehre (nur bei Gymnasien). Es orientiert sich am „klassischen" Verständnis der Sozialwissenschaften mit einer deutlichen inhaltlichen Schwerpunktsetzung in politologischen, rechtlichen und ökonomischen Themenbereichen.

Der Schwerpunkt des Faches GK/Rechtserziehung in der Mittelschule liegt im Erwerb von Kenntnissen der Grundzüge des freiheitlich demokratischen Gemeinwesens. Hierzu gehören vor allem die rechtlichen Grundzüge des politischen Systems, seine politischen und sozialen Aufgaben im föderalen Staatsaufbau der Bundesrepublik sowie deren Einbindung in die westlichen Demokratien. Weiterhin werden Kenntnisse des Rechtswesens vermittelt. Dabei handelt es sich insbesondere um die Wertvorstellungen des Grundgesetzes und der Verfassung des Freistaates Sachsen. Enge Bezüge zu aktuellen Themen aus dem persönlichen Erfahrungsbereich der Schüler sollen das Erreichen der Lernziele fördern.[1] In der gymnasialen Grundkonzeption nimmt das Fach GK/Rechtserziehung/Wirtschaftslehre als eigenständiges Fach in der Mittelstufe und als Disziplin im gesellschaftswissenschaftlichen Aufgabenfeld in der Oberstufe eine spezielle Position ein. Sachsen entschied sich für den achtjährigen gymnasialen Bildungsgang. Dies verlangt, sich verstärkt auf Grundlagenwissen zu besinnen und den Beitrag der einzelnen Fächer entsprechend zu gewichten. Für die Entwicklung der Studierfähigkeit kommt vor allem den Grundlagenkenntnissen eine herausragende Bedeutung zu. Die Fächer Deutsch, Mathematik und Fremdsprache, ergänzt durch Naturwissenschaften, Geschichte, GK und Geografie, gehören daher zum gymnasialen Kernbestand. Eine allzu frühe Spezialisierung, Zersplitterung und eine zur Orientierungslosigkeit führende Beliebigkeit der Wahlmöglichkeiten wird durch die Kernfachbindung vermieden.[2]

Eine Einrichtung mit besonderer Bedeutung für GK ist die Besondere Lernleistung, bei der die Themenfelder Forschendes Lernen und Demokratisch-soziales Handeln eine wichtige Rolle spielen. Die Besondere Lernleistung stellt für die Schüler der gymnasialen Oberstufe eine Möglichkeit dar, mit gemeinschaftskundlichen Inhalten selbstständiges, studienvorbereitendes Arbeiten zur Erlangung der Studierfähigkeit zu üben. Die Öffnung nach außen, zu den Hochschulen, Instituten, Unternehmen, Verbänden, Vereinen usw. ist also ausdrücklich erwünscht. Bei einer Einbringung in die Abiturprüfung als fünftes Prüfungsfach wird eine schriftliche Arbeit als Dokumentation und eine Verteidigung und Präsentation im Kolloquium verlangt.

2. Ein breites Angebotsspektrum

Der inhaltliche Schwerpunkt des Faches liegt sowohl am Gymnasium als auch in der Mittelschule im *politischen Bereich*. Hier steht der Erwerb von Kenntnissen der Grundzüge des freiheitlichen demokratischen Gemeinwesens und seines politischen Selbstverständnisses im Mittelpunkt. Die Auseinandersetzung mit Politik erfolgt nicht nur auf theoretischer Ebene, sondern bezieht die *Lebenswelt* der Jugendlichen ein. So heißt ein Lernbereich „Politik im Erfahrungsbereich Jugendlicher". In der gymnasialen Oberstufe spielen politische Systeme und Demokratietheorien und deren rechtliche, gesellschaftliche und wirtschaftliche Implikationen eine wichtige Rolle. Um darüber hinaus ein weitergehendes politisches Verständnis zu gewährleisten und zu sichern, ergänzen den schulischen Bereich zunehmend Projekte, Arbeitsgemeinschaften und Wettbewerbe, die auf das praktische politische Handeln abzielen, z.B. das Förderprogramm „Demokratisch handeln". Ein interessantes Vorhaben stellt die *Hospitation bei Abgeordneten* dar, die die Begleitung von Abgeordneten durch Schüler vorsieht und damit das Kennenlernen des politischen Alltags in Sachsen zum Ziel hat.

Erste Teilnahme- und Mitbestimmungsmöglichkeiten am politischen Leben können die Schüler in der im Schulgesetz verankerten *Schülermitwirkung* erfahren, die im überschaubaren Rahmen von Schule die Beteiligung der Schüler an der Gestaltung des Schullebens, d.h. aber auch deren Interessenvertretung und Übernahme von Verantwortung zum Ziel hat.

Eine große Bedeutung wird dem *Rechtskundeunterricht* an Gymnasien und Mittelschulen zugemessen. Die Staatsministerien für Justiz und für Kultus vereinbarten in einer Lernortkooperation, dass die Gemeinschaftskundelehrer in Zusammenarbeit mit Richtern und Staatsanwälten die tragenden Prinzipien des Rechtsstaates im Unterricht und bei Gerichtsverhandlungen vermitteln. Darüber hinaus erstreckt sich die Zusammenarbeit auf Besuche in Justizvollzugsanstalten, Vorträgen von Richtern und Staatsanwälten vor Lehrern und Schülern. In der Rechtserziehung ist wichtig, dass die Jurisprudenz mithilft, die von Bärbel Boley einst konstatierte Differenz auszugleichen, wonach man nach der friedlichen Revolution Gerechtigkeit wollte und den Rechtsstaat bekommen habe.

Dem *wirtschaftlichen Aspekt* wird an Gymnasien dadurch Rechnung getragen, dass im Lehrplan im Rahmen dieses Schulfachs ökonomischen Inhalten ein eigenständiger Platz reserviert wurde. Eine tragende Säule des gemeinschaftskundlichen Unterrichts an allgemein bildenden Gymnasien – ausgewiesen durch die Fachbezeichnung – ist Ökonomie. Um wirtschaftliches Grundwissen erfahrungsbezogen und alltagsnah zu erwerben, nehmen alle Schüler am Gymnasium in den Klassenstufen 9 oder 10 an *Betriebspraktika* teil.

Auch an Mittelschulen können die Schüler der Klassen 8 bis 10 insgesamt zwei Betriebspraktika absolvieren. Die Mittelschule bietet durch die profilbezogene Ausbildung ab der Klassenstufe 7 eine Vorbereitung auf künftige Anforderungen in der Lebens- und Arbeitswelt an. Die profilbezogene Ausbildung ist im Wahlpflichtbereich angesiedelt. Entsprechend seinen Neigungen und seinem Leistungsvermögen entscheidet sich der Schüler für ein Profil aus folgenden Bereichen: Wirtschaft/Technik, Haushalt/Soziales, Musik/Kunst, Naturwissenschaft und Sprachen. Zur Zeit wird der Profilbereich weiterentwickelt.

Bei den Betriebspraktika handelt es sich um „verbindliche Schulveranstaltungen". Für viele Schüler ist dies ein wichtiger Bestandteil der Berufsorientierung. In den Klassenstufen 8, 9 und 10 findet an Gymnasien und Mittelschulen eine Zusammenarbeit mit der Berufsberatung der Arbeitsämter statt, um die Jugendlichen bei ihrem Berufsfindungsprozess zu unterstützen. Ein wichtiger Bestandteil des handlungsorientierten Unterrichts ist es, zur Entwicklung und Förderung der sozialen und personalen Kompetenzen beizutragen, vor allem der Teamfähigkeit und Selbstständigkeit im Bearbeiten von komplexen Anforderungen. Dem wird verstärkt durch Projektunterricht und fächerverbindenden Unterricht bzw. durch die Förderung zahlreicher Schülerfirmen durch das Förderprogramm „Schuljugendarbeit" und durch Teilnahme der Schüler an Wettbewerben Rechnung getragen.

Im Hinblick auf die Vermittlung von politischem, rechtlichem und wirtschaftlichem Wissen, die Entwicklung von Grundlagenwissen und Schlüsselqualifikationen und eine Stärkung der Berufswahlkompetenzen und der Studierfähigkeit werden in Gymnasien und Mittelschulen durch vielfältige Maßnahmen, Projekte und Modellversuche Kooperationsstrukturen aufgebaut und ständig weiterentwickelt.

3. Projekte

Stellvertretend für viele Projekte seien im Folgenden einige skizziert, die wichtige Impulse geben:

Mit dem Projekt *„TRANS-JOB – mehr ökonomische Bildung in der Schule"* der Stiftung der deutschen Wirtschaft steht eine enge Kooperation mit Unternehmen in der Region im Mittelpunkt. Dabei sollen Schüler nicht nur theoretisch, sondern auch praktisch mit der ökonomischen und unternehmerischen Realität konfrontiert werden. Ziel dieses Projektes ist es, ein Netzwerk von ökonomisch profilierten Schulen aufzubauen. Im Rahmen dieses Projekts werden vorerst an Gymnasien computergestützte Wirtschaftsplanspiele („WIWAG" und „OEKOWI") eingesetzt.

Das Projekt *„JUNIOR"* des Instituts der deutschen Wirtschaft zielt darauf ab, dass Schulen Wirtschaftsunternehmen gründen, für die Dauer eines Jahres betreiben und an Landes- und Bundeswettbewerben teilnehmen. Im Projekt *„Fit for future"* mit Praktikumsbörse, Betriebsbesichtigung, Assessment-Training etc. werden Schüler vorwiegend aus Mittelschulen sowie der gymnasialen Mittelstufe mit der Arbeitswelt konfrontiert. Bei dem Projekt *„Sozial Handeln – Sozial tätig sein – Sich engagieren"*, einer vom Bundesministerium für Bildung und Forschung geförderten Initiative Schule – Wirtschaft/Arbeitsleben, beteiligen sich sächsische Gymnasien und Mittelschulen an Kooperationsprojekten mit außerschulischen Partnern aus dem sozialen Bereich. Dieses Projekt hat im Rahmen der allgemeinen Diskussion über die Notwendigkeit einer Intensivierung zivil- und bürgergesellschaftlicher Aktivitäten einen wichtigen Stellenwert.

Die Sächsische Arbeitsstelle für Schule und Jugendhilfe fungiert dabei im Auftrag des Sächsische Staatsministeriums für Kultus (SMK) als Projektträger. Über einen Zeitraum von ca. vier Jahren sollen in Zusammenarbeit mit Sanitätsdiensten, Feuerwehren, der Diakonie, Caritas, der Senioren- und Behindertenhilfe, dem THW u.a. durch praktische Tätigkeit und Einsätze Erfahrungen in diesen sozialen Tätigkeitsbereichen gewonnen werden.

Auch im Projekt *„business-at-school"* der Boston Consulting Group Düsseldorf können Schüler an Gymnasien Schülerfirmen gründen und sich virtuell oder real auf dem Markt etablieren. Den Schülern eröffnen sich dabei zahlreiche Erfahrungsfelder im eigeninitiativen Handeln. Ihnen wird auf diesem Wege das Berufsfeld des eigenständigen Unternehmers anschaulich gemacht und die Möglichkeit zur Vorbereitung auf eine selbstständige Tätigkeit nahe gebracht.

Mit dem Projekt „Jugend und Wirtschaft" der Frankfurter Allgemeinen Zeitung und des Bundesverbandes der deutschen Banken soll ebenfalls der direkte Kontakt zwischen Schule und Wirtschaft, hier v.a. unter Nutzung der Möglichkeiten der Medienwelt unterstützt werden. Dabei wird die Kommunikation über Internet erprobt. Dieses Angebot gilt für die gymnasiale Oberstufe an allgemein bildenden und beruflichen Gymnasien sowie für Fachoberschulen.

Durch eine Rahmenvereinbarung des sächsischen Staatsministeriums für Kultus mit den sächsischen Technologiezentren soll eine Kooperation dieser Zentren mit den Gymnasien aufgebaut und gefördert werden.

4. Lehrerfort- und -weiterbildung

Für das Fach Gemeinschaftskunde[3] (GK) galten wie in allen neuen Bundesländern so auch im Freistaat Sachsen besondere Bedingungen. Es gab nahezu keine Lehrkräfte, die über die Lehrbefähigung verfügten. Der Unterricht wurde daher anfangs fast ausschließlich fachfremd erteilt. Das SMK und die nachgeordneten Schulaufsichtsbehörden haben in den Jahren 1991 und 1993 vor allem in Zusammenarbeit mit Baden-Württemberg, aber auch mit Universitäten, dem DIFF Tübingen, der Bundeszentrale und der Landeszentrale für politische Bildung Lehrerfortbildungen angeboten. Gleichzeitig begann die Entwicklung eines besonderen Weiterbildungsprogramms für diesen Fachbereich *(siehe den folgenden Beitrag von Lange)*.

Es bestand großer Bedarf an qualifizierten Lehrkräften, der in der ersten Hälfte der 90er Jahre nicht annähernd über die grundständige Lehrerausbildung bedient werden konnte. Das SMK bot daher in Zusammenarbeit mit dem Sächsischen Staatsministerium für Wissenschaft und Kunst sowie anderen Bildungsträgern – erwähnt sei hier die Bundeszentrale für politische Bildung – seit 1991/92 eine gesonderte universitäre Weiterbildungsmaßnahme für Lehrkräfte an. Im Rahmen dieser berufsbegleitenden Weiterbildung wurden zwei Konzepte umgesetzt.

Zum einen war dies ein *Präsenzkurs* zur Qualifizierung bis zur zehnten Klasse in Mittelschule und Gymnasium, der über vier Semester mit einem Umfang von acht Unterrichtsstunden pro Woche lief. Dabei konzentrierte man die Veranstaltungen auf einen Wochentag, für den die Lehrkräfte von ihren dienstlichen Verpflichtungen freigestellt wurden. Ergänzend wurden Wochenendseminare und Elemente des Selbststudiums integriert, so dass letztlich 40 Semesterwochenstunden auf dem Programm standen. Die Qualifizierung für den Unterricht in der gymnasialen Oberstufe verlangte von den Lehrkräften zusätzlich zwei Semester mit 18 Semesterwochenstunden.

Bei der anderen Variante handelte es sich um einen *Fernstudiengang*, dessen Inhalte und Umfang mit dem des Präsenzkurses vergleichbar waren. Hier bildete das angeleitete Selbststudium den Kern der Qualifizierung, ergänzt durch mehrtägige Kompaktseminare und eintägige Kolloquien. Auch hier forderte man zwei zusätzliche Semester von Lehrkräften, die die Lehrbefähigung für die gymnasiale Oberstufe erwerben wollten. Die Fernstudiengänge dienten im Wesentlichen der Abdeckung des dringenden Bedarfs in der Übergangsphase, bis die berufsbegleitende Weiterbildung an den Hochschulen integriert werden konnte.

Bis zum Sommer 2001, also nach zehn Jahren berufsbegleitender Weiterbildung, wurden 524 Lehrkräfte im Fach Gemeinschaftskunde ausgebildet. Ziel dieser berufsqualifizierenden Maßnahme war und ist die Reduzierung des fachfremden Unterrichts. Es konnte erreicht werden, dass seit dem Schuljahr 1998/99 kein fachfremder Unterricht in der Oberstufe der allgemein bildenden Gymnasien mehr stattfindet. Die Präsenzkurs-Variante für das Fach Gemeinschaftskunde wird weiterhin angeboten, da die Unterrichtsversorgung in der Mittelschule und in der Mittelstufe des Gymnasiums durch ausgebildete Lehrer nach wie vor nicht vollständig abgesichert werden kann, so dass weiterhin Bedarf an qualifizierten Lehrkräften besteht.

5. Lehrerfortbildung

Neben der berufsbegleitenden Weiterbildung konzentrieren sich die Anstrengungen auf die Durchführung *berufsbegleitender Lehrerfortbildung* auf zentraler, regionaler sowie lokaler Ebene (schulinterne Fortbildungen, SCHILF), die flexibler auf neue Themen und somit auch auf kurz- und mittelfristigen Fortbildungsbedarf reagieren kann.

Besonders zu Beginn der 90er Jahre haben das SMK und die Oberschulämter Dresden, Chemnitz und Leipzig selbst Fortbildungen für Lehrkräfte angeboten, um den fachfremd unterrichtenden Lehrkräften inhaltliche und methodisch-didaktische Hilfen bieten zu können. Neben den Bildungseinrichtungen Baden-Württembergs (beispielsweise die Akademien in Comburg und Donaueschingen), die mit intensiven Fortbildungen die Professionalisierung von Fortbildungsreferenten der Sächsischen Akademie für Lehrerfortbildung (SALF) und Schulleitern unterstützten, gehörten vor allem Stiftungen sowie verschiedene Landeszentralen und die Bundeszentrale für politische Bildung zu den Partnern Sachsens. Daneben hat auch die Bundeswehr mit „Sicherheitspolitischen Seminaren", verbunden mit Exkursionen zu den Entscheidungszentren und Besuchen von Einrichtungen der Teilstreitkräfte das Angebotsspektrum erweitern können. Das Fortbildungsangebot umfasste Einzelveranstaltungen, spezielle Lehrerseminare und ganzjährige Seminarangebote.

Besondere Erwähnung verdient die Länderpartnerschaft des Freistaates Sachsen mit Israel, in deren Rahmen bis heute Austauschbesuche stattfinden. Von sächsischer Seite werden diese vom SMK, von der Sächsischen Landeszentrale für politische Bildung sowie von der SALF angeboten.

Während in der ersten Hälfte der 90er Jahre, bedingt durch die Einführung als neues Unterrichtsfach, Fragen des Curriculums, der Bewertung und Zensierung sowie der Didaktik der politischen Bildung im Vordergrund standen, erhielten in den letzten Jahren zudem folgende Themenbereiche besonderes Gewicht: Ursachen und Erscheinungsformen politischen Extremismus (mit Schwerpunkt Rechtsextremismus) und Möglichkeiten seiner Bekämpfung; Aufarbeitung der SED-Diktatur; Europäische Union (mit Konzentration auf die Wirtschafts- und Währungsunion sowie Osterweiterung) und Wirtschaft im Zeitalter der Globalisierung.

Anmerkungen

[1] Das Fach umfasst in der Klassenstufe 8 eine Unterrichtsstunde, in den Klassenstufen 9 und 10 jeweils zwei Unterrichtsstunden.

[2] In der gymnasialen Mittelstufe ist das Fach in der Klassenstufe 9 und 10 zweistündig verankert, wo es z.B. Referenzfach für das verpflichtende Betriebspraktikum ist. Gleichzeitig erfährt es am Gymnasium aber eine andere Gewichtung als die anderen Grundlagenfächer.

[3] Bis zum Erscheinen der Lehrpläne 1992 hieß das Unterrichtsfach „Gesellschaftskunde". Seitdem wird in der Mittelschule Gemeinschaftskunde/Rechtserziehung, im allgemein bildenden Gymnasium Gemeinschaftskunde/Rechtserziehung/Wirtschaft und im beruflichen Gymnasium Geschichte/Gemeinschaftskunde unterrichtet.

Bärbel Lange
Die Sächsische Akademie für Lehrerfortbildung

1. Struktur, Aufgaben und Kooperationen

Die Sächsische Akademie für Lehrerfortbildung (SALF) wurde am 1.7.1991 zeitgleich mit dem Sächsischen Staatsinstitut für Bildung und Schulentwicklung (Comenius-Institut) gegründet. Sie ist eine nachgeordnete Einrichtung des Sächsischen Staatsministeriums für Kultus (SMK). Als zentrale Einrichtung ist die SALF zuständig für die Fortbildung von Pädagogen aus ganz Sachsen. Neben der Fortbildung aller sächsischen Lehrer sah die Akademie ihre besondere Aufgabe darin, Multiplikatoren zu schulen, die das hier erworbene Wissen und Können in der regionalen und schulinternen Fortbildung erwachsenendidaktisch angemessen an ihre Kollegen weitergeben sollten, so dass neue Inhalte und Methoden möglichst schnell und flächendeckend an die Lehrerschaft vermittelt werden konnten.

Das Fortbildungsprogramm der Sächsischen Akademie für Lehrerfortbildung erhalten alle Schulen. Die dominierende Fortbildungsform ist der 2 1/2-Tage-Lehrgang, der ca. 20 Unterrichtsstunden umfasst. Dazu kommen Wochenkurse, Wochenendkurse, Exkursionen und vereinzelt Tagesveranstaltungen.

Im gesellschaftswissenschaftlichen Bereich hat sich eine enge Zusammenarbeit mit der sächsischen Landeszentrale für politische Bildung entwickelt. Neben der Arbeit in Seminarform werden gemeinsame Studienfahrten durchgeführt, die den Vorzug der praxisnahen Vermittlung an authentischen Orten bieten. Besondere Unterstützung bei der Bearbeitung europapolitischer Themen erfährt die Akademie durch das Europa-Haus Leipzig.

2. Programm der Akademie

Mit den fünf Regionalschulämtern (Bautzen, Chemnitz, Dresden, Leipzig und Zwickau), die ihre Arbeit mit Beginn des Jahres 1999 aufgenommen haben, verfügt die staatliche Lehrerfortbildung Sachsens über Standorte, an denen Fortbildungen in den Regionen konzentriert organisiert und durchgeführt werden können. Zu diesem Zweck beauftragen die Schulfachreferate und das Referat Lehrerbildung des SMK die SALF mit der Erarbeitung fachspezifischer Fortbildungsschwerpunkte jeweils für ein Schuljahr. Orientiert an diesen inhaltlichen Schwerpunkten schreiben die Regionalschulämter fachspezifische und fachübergreifende sowie schulartspezifische und schulartübergreifende Veranstaltungen in eigenen Fortbildungskatalogen aus. Als Fortbildner sind heute in erster Linie qualifizierte Lehrkräfte, häufig aber auch Dozenten der sächsischen Universitäten tätig.

Anhand von zwei Ausschreibungstexten aus dem ersten und dem derzeitigen Programm soll exemplarisch die Widerspiegelung der Entwicklung der Akademie in ihren Angeboten demonstriert werden. Es handelt sich jeweils um Beispiele aus den Fachangeboten für Gemeinschaftskundelehrer. Im Programm vom Oktober bis Dezember 1991 finden sich „Möglichkeiten und Methoden der politischen Bildung in der Schule, dargestellt am Beispiel des Themas Wahlen". Im Programm vom September 2001 bis September 2002 wird u.a. das Thema „Wirtschaft – handlungs- und praxisorientiert unterrichten" behandelt. Anliegen dieses Seminars ist es, die Methodenkompetenz der Lehrer zu erweitern, um bei den Schülern Interesse und Freude am Lernen zu fördern. Auf der Basis ausgewählter Lehrplaninhalte zum Thema Wirtschaft sollen handlungsorientierte Methoden vorgestellt, selbst erfahren und anschließend reflektiert werden. Des Weiteren sollen Möglichkeiten der Visualisierung, Präsentation und Bewertung von Schülerleistungen erörtert werden. Die Zielgruppe besteht aus Fortbildnern und Lehrern an Mittelschulen.

3. Gemeinschaftskunde im Angebotskanon der Akademie

Die *Lehrerfortbildung* erhielt im Frühjahr 1991 den Auftrag, den dringend notwendigen inhaltlichen Umgestaltungsprozess im Sächsischen Schulsystem zu fördern. Das betraf insbesondere das Hineinwachsen der Schule in eine freiheitlich demokratische Grundordnung. Das Fach Gemeinschaftskunde mit seinen Hauptfeldern Politik, Wirtschaft und Recht erhielt in diesem Prozess eine besondere Verantwortung. Dieser Umgestaltungsprozess in der zentralen Fortbildung soll exemplarisch am Beispiel des Faches Gemeinschaftskunde dargestellt werden.

Gemeinschaftskunde war – wie Ethik und Religion – ein neues Fach im Fächerkanon der Schularten. Ausgebildete Fachlehrer standen nicht zur Verfügung. Lehrer der unterschiedlichsten Fächer unterrichteten in diesem Fach, die in DDR-Zeit ausgebildeten Staatsbürgerkundelehrer durften nicht eingesetzt werden *(siehe den folgenden Beitrag von Patzelt)*. Die zu vermittelnden Inhalte waren in einem Lehrplan fixiert, der speziell für die Übergangssituation im Schuljahr 1991/92 erstellt wurde. Das Fortbildungsprogramm von März bis Juni 1991 mit Referenten ausnahmslos aus den alten Bundesländern enthielt Angebote zu den folgenden Themen: „Werte, Werteerziehung im politischen Unterricht, das Konzept der Wertsynthese", „Philosophie im 20. Jahrhundert – Krise und Neubestimmung", „Werkstatt-Seminar – Demokratie in Sachsen", „Der Janssensche

Lehr- und Lernweg bei der Bearbeitung gesellschaftlicher Probleme im Gesellschaftskundeunterricht".

Zu Beginn des Schuljahres 1992/93 war die Schaffung des gegliederten Schulsystems abgeschlossen. Die neuen Lehrpläne mit ihrer fach- und schulartspezifischen Differenzierung traten in Kraft. Sie bildeten die Grundlage für die bedarfsgerechte Kursplanung.

Um eine schnelle und flächendeckende Schulung über die regionale und schulinterne Fortbildung zu realisieren, war die Herausbildung von *Multiplikatoren* notwendig. Diese Gruppe bestand aus besonders engagierten Lehrern im Fach Gemeinschaftskunde, die auch die erste Möglichkeit des berufsbegleitenden Studiums nutzten. Initiiert vom Staatsministerium für Kultus, den Regionalschulämtern und der Bundeszentrale für politische Bildung, erhielten sie in einer ersten Phase in Kursen, die zum Teil in Baden-Württemberg stattfanden, das wichtigste inhaltliche Rüstzeug. In speziellen „Fortbildung für Fortbildner"-Kursen, die an der Akademie stattfanden, wurden erwachsenendidaktische Grundelemente vorgestellt und von den Teilnehmern geübt, um somit auch ihre Kompetenz als Fortbildner zu stärken. Die regionalen Veranstaltungen wurden von Multiplikatorenteams geleitet. Jedes Team spezialisierte sich auf einen Themenkomplex und bot diesen in den Fortbildungsveranstaltungen in den verschiedenen Regionen an. Diese Veranstaltungen fanden vorwiegend an den Wochenenden statt. Damit konnte innerhalb kurzer Zeit der grundlegende Fortbildungsbedarf zur Umsetzung der neuen Lehrplaninhalte gedeckt werden.

Die in dieser Zeit ausgebildeten Multiplikatoren waren auch weiterhin in der regionalen bzw. zentralen Fortbildung als Referenten tätig. Ihre Qualifikation erfolgte im Weiteren individuell nach eigenem Bedarf. Sie nutzten die Möglichkeiten an der SALF oder die Bildungsangebote anderer Einrichtungen.

Eine relativ „junge" Zielgruppe für die Fortbildung sind die *Fachberater*. Für das Fach Gemeinschaftskunde an Gymnasien gibt es bereits Fachberater, die Berufung der Fachberater an Mittelschulen steht noch aus. Fachberater sollen die Lehrer in fachlicher, fachdidaktischer und methodischer Hinsicht beraten. In regelmäßigen Zusammenkünften analysieren die Teilnehmer ihre Arbeit, ermitteln Qualitätskriterien für das Fach und legen die Schwerpunkte für die zukünftige Arbeit fest. Von den Fachberatern wurden folgende Thesen zur Qualitätsentwicklung im Fach Gemeinschaftskunde entwickelt:

- Befähigung der Schüler zum selbstständigen Denken und Handeln,
- Entwicklung der Kommunikationsfähigkeit beim Schüler als Voraussetzung für Politikfähigkeit,
- Handlungsorientierte Unterrichtsführung durch den Lehrer,
- Stärkung der pädagogischen Freiheit der Lehrer.

In den zurückliegenden Jahren wurden zu Themenschwerpunkten in den Lehrplänen der Mittelschule und des Gymnasiums die nachfolgend genannten *Fortbildungskurse* angeboten: Jugend und Politik, Jugend und Recht, Friedliche Revolution und die Herausbildung des Freistaates Sachsen, Freistaat Sachsen/Wirtschaft in Sachsen, Aufarbeitung der DDR-Geschichte, Staatsaufbau und politische Willensbildung, Marktwirtschaft/Soziale Marktwirtschaft, Europa, Internationale Beziehungen und Friedenssicherung, Politische Theorien. Die didaktisch-methodische Umsetzung von inhaltlichen Schwerpunkten ist ein immanenter Bestandteil der Kurse.

Besonders nachhaltig auf die Teilnehmer wirken *Kooperationskurse* mit Partnern aus anderen Bundesländern. Höhepunkte waren Aufenthalte sächsischer Lehrer im Frühjahr 1992 und 1993 in der Bildungsstätte der baden-württembergischen Landeszentrale für politische Bildung in Bad Urach. In dieser noch relativ kurzen Zeit nach der Wende war es für die Teilnehmer aufschlussreich, das politische und wirtschaftliche System des Partnerlandes in einigen Details vor Ort kennen zu lernen.

An den fachübergreifenden Kursen „Das wiedervereinigte Deutschland – Erwartungen, Erfahrungen, neue Aufgaben" (1998) und „Das wiedervereinigte Deutschland – europäische Perspektiven" (1999) nahmen Lehrer aus Thüringen, Bayern und Sachsen teil. Im ersten Kurs fand der Versuch einer Bilanz der zurückliegenden Jahre seit der deutschen Einheit statt, und es wurde über die Zukunftsperspektiven nachgedacht. Der besondere Schwerpunkt des zweiten Kurses lag auf dem europäischen Integrationsprozess. Diese Seminare dienten ferner dem Erfahrungsaustausch der Kollegen aus den drei Bundesländern. Ihre Leitung lag in den Händen der zentralen Lehrerfortbildungseinrichtungen der drei Bundesländer und des Ost-West-Kollegs der Bundeszentrale für politische Bildung. Veranstaltungsorte waren das Thüringer Institut für Lehrerfortbildung, Lehrplanentwicklung und Medien in Bad Berka und die Sächsische Akademie für Lehrerfortbildung in Meißen. Von den Teilnehmern wurden beide Kurse positiv bewertet. Eine Fortführung wurde gewünscht. Die Realisierung dieses Wunsches ist geplant.

4. Förderprogramm „Demokratisch Handeln"

Einen bedeutenden Beitrag zur politischen Bildung leistet die SALF durch ihre Unterstützung des Förderprogramms „Demokratisch Handeln". Das Programm unterstützt Initiativen und Projekte von Schülern und Jugendlichen, in denen sie sich gemeinschaftlich für öffentliche Belange engagieren, sich in politische Fragen innerhalb und außerhalb der Schule einmischen und so zu prägenden Erfahrungen bei der Herausbildung von demokratischen Grundwerten gelangen. Die SALF unterstützt das Förderprogramm durch den Aufbau von regionalen und zentralen Vernetzungen, indem die Initiatoren Kenntnis von solchen sächsischen und deutschlandweiten Initiativen erhalten. Ein Höhepunkt des Förderprogramms ist die jährlich stattfindende Lernwerkstatt „Demokratie", in der in ähnlicher Weise innovative Schüler und Lehrer aus ganz Deutschland zusammenkommen.

Überzeugender Beleg für die Entwicklung der politischen Bildung am Beispiel des Faches Gemeinschaftskunde ist die ständig gewachsene Anzahl der Referenten aus Sachsen. Dabei ist der Anteil derer, die aus der Lehrerschaft hervorgehen, steigend. Fachinhalte vermitteln, didaktisch-methodische Umsetzung anregen, kontroverse Diskussionen leiten und lenken sind Anforderungen, die nur von Referenten mit hoher Kompetenz bewältigt werden können.

Mit allen für das Fach Gemeinschaftskunde engagierten Partnern wird die Akademie auch zukünftig zusammenarbeiten und somit die weitere Entwicklung des Faches in den sächsischen Schulen voranbringen.

Werner J. Patzelt
Der Aufbau politischer Bildungsarbeit in Sachsen.
Zehn Jahre im persönlichen Rückblick

1. Einsichten

Die Gründer der westdeutschen Politikwissenschaft nach dem Zweiten Weltkrieg trieb eine zweifache Motivation. Sowohl um den institutionellen Aufbau der Politikwissenschaft und um politikwissenschaftliches Forschen ging es ihnen als auch um den Aufbau einer lebenstüchtigen Demokratie, das letztere betrieben als politische Bildungsarbeit und als Politikberatung. Das eine dem anderen über- oder unterzuordnen, erschien ihnen unangemessen angesichts der Aufgaben, die zu bewältigen waren. Als Student konnte ich in den siebziger Jahren eine solche Haltung nur äußerlich nachvollziehen, nicht aber von innen heraus verstehen. Jetzt aber empfinde ich nichts als selbstverständlicher, prägte sie doch im ersten Jahrzehnt nach der Wiedervereinigung meine eigene Laufbahn und Arbeit. Da ich aus vielen Gesprächen weiß, dass meine Versuche und Aktivitäten für gar nicht wenige typisch sind, die in den neuen Bundesländern politische Bildungsarbeit aufbauten, wird ein persönlich gehaltener Rückblick wohl am besten geeignet sein, die Absichten und Arbeit jener Jahre einzufangen.

2. Nach der Wende

Gleich nach dem Fall der Mauer war für mich klar, dass ich so bald wie möglich in Ostdeutschland tätig sein und dort einen möglichst wirkungsvollen Beitrag zum Aufbau eines liberalen demokratischen Verfassungsstaates leisten wollte. Da mein Habilitationsverfahren ohnehin im Sommer 1990 abgeschlossen sein sollte, saß ich gewissermaßen auf gepackten Koffern. Dann fügte sich rasch das eine zum anderen. Der Passauer Politikwissenschaftler Heinrich Oberreuter, an der Jahreswende 1990/91 eingesetzt als Gründungsdekan der Fakultät für Geistes- und Sozialwissenschaften der Technischen Universität Dresden, fragte mich als seinen langjährigen Assistenten, ob ich bereit sei, im Rahmen des Gastprofessorenprogramms der Konrad-Adenauer-Stiftung in Dresden politikwissenschaftliche Lehrveranstaltungen abzuhalten. Das tat ich gerne ab März 1991, mit wöchentlichem Pendeln zwischen Passau und Dresden, mit Lehrveranstaltungen an der TU Dresden, an der

– damals noch bestehenden – LPG-Hochschule in Meißen und in verschiedenen Umschulungskursen für Verwaltungsangestellte, die ihren Arbeitsplatz verloren hatten. Aus dieser Gastprofessorentätigkeit entstand im Herbst die vertretungsweise, ein Jahr später die endgültige Berufung auf den Dresdner Lehrstuhl für politische Systeme und Systemvergleich und die Rolle eines Gründungsdirektors des Dresdner Instituts für Politikwissenschaft. In solchen Funktionen nahe dem Sitz der Landesregierung tätig, hatte ich natürlich gute Möglichkeiten, auf den Aufbau politischer Bildung in Sachsen Einfluss zu nehmen: auf die Ausgestaltung des Schulfachs Gemeinschaftskunde, auf die Ausbildung von Lehrern für dieses Fach, auf den Aufbau politischer Erwachsenenbildung und auf die Schaffung dafür geeigneter Institutionen.

3. Die Weiterbildung der Lehrer

Mit eigenen Kräften, allein mit Personen aus dem Lande, war das alles nicht zu leisten. Wohl fehlte es vielerorts nicht an gutem Willen. Doch politikwissenschaftliche Kompetenz, Kern aller politischen Bildung, wächst nicht auf Bäumen. Darum galt es, Dozenten aus den Altbundesländern zu gewinnen. Zunächst besaßen die neuen Bundesländer nicht einmal dafür die nötigen Voraussetzungen an Expertise und Geld; später sollte sich nachteilig bemerkbar machen, dass im Sächsischen Kultusministerium die Verantwortlichen für das Schulfach Gemeinschaftskunde sowie für die Ausbildung der entsprechenden Lehrer immer wieder wechselten. Darum sprang, im Zusammenwirken mit der Deutschen Vereinigung für Politische Wissenschaft, die Bundeszentrale für politische Bildung ein. Die letztere finanzierte und organisierte, die erstere warb um Dozenten für ein an der FU Berlin ausgearbeitetes Seminarprogramm zur berufsbegleitenden Umschulung ostdeutscher Pädagogen zu Gemeinschaftskundelehrern.

Im Frühsommer 1991 gefragt, erklärte ich mich gerne bereit, in Sachsen für dieses Programm tätig zu sein. Ab dem Herbst des gleichen Jahres war ich dann – und bin das bis heute – an derartigen Fort- und Weiterbildungsmaßnahmen beteiligt, vor allem im Regierungsbezirk Dresden.

Ziemlich improvisiert fing diese Kernaufgabe politischer Bildung in Sachsen an. Weder die Teilnehmer des Weiterbildungsprogramms noch ich als Seminarleiter und Zuständiger für die Systemlehre, verständlicherweise viel weniger noch die für politische Theorie, internationale Politik, Gesellschaftsanalyse sowie Rechts- und Wirtschaftslehre fallweise hinzugezogenen Dozenten, wussten am Anfang, was genau auf uns alle zukommen würde und welche unserer ost- bzw. westdeutschen Erfahrungen eine belastbare Grundlage unseres Zusammenwirkens sein könnten. Mitunter fielen die wechselseitigen Lern- und Anpassungsprozesse schwierig aus und zogen gar Verletzungen nach sich (Patzelt 1994a, 1995). In vielen Fällen

entstanden aber auch nachhaltige Begeisterung und Motivation, wenn nämlich Lust am Lehren und Lernen zusammenpassten wie Kolben und Zylinder.
Gemeinschaftskundelehrer auszubilden war ja objektiv schwierig. Erstens gab es nach 40 Jahren DDR keine Vorstellung von einer zwar klar für das eigene Staatswesen engagierten, zugleich aber pluralistischen und gerade nicht parteipolitischen Bildungsarbeit. Weder die Anlehnung an den DDR-bekannten Staatsbürgerkundeunterricht noch dessen reine Antithese konnten den ostdeutschen Teilnehmern ein Leitbild liefern. Zweitens wurden durch die Schulämter sowohl ehemalige Staatsbürgerkundelehrer als auch die Geschichtslehrer von den gemeinschaftskundlichen Weiterbildungskursen ferngehalten: die ersteren, weil sie für politische Bildungsarbeit – meist aus guten Gründen – nicht mehr akzeptabel waren, die letzteren, weil Geschichte als ‚unpolitisches' Fach behandelt wurde, das sich nach dem Ende des Sozialismus lehren ließe wie zuvor. Darum fanden sich in den Kursen sehr viele bisherige Ein-Fach-Lehrer für Russisch, Sport oder technische Disziplinen, die zur beruflichen Existenzsicherung ein zweites und – dank entsprechender Konkurrenzvorteile – am besten jetzt überhaupt neu eingerichtetes Fach brauchten. Das aber waren nicht die besten Voraussetzungen für die Rekrutierung solcher Lehrer, die keine am Fach selbst orientierte Motivation und keine spezielle Begabung institutionellen, empirisch-kritischen und politisch-analytischen Denkens besaßen, die man sich für politische Bildner wünschen muss. Drittens war von den Teilnehmern die Ausbildung zusätzlich zum kaum verringerten schulischen Lehrdeputat zu absolvieren: anfangs mit je einem Studientag pro Woche, später im – vom Deutschen Institut für Fernstudien in Tübingen organisierten – Selbststudium *(siehe den Beitrag von Dürr, Kap. I)* mit einer Reihe von Wochenendseminaren, inzwischen wieder in Gestalt von ins normale universitäre Lehrangebot integrierten Studientagen. Das brachte und bringt selbst die begabtesten und gutwilligsten Lehrer an die Grenzen ihrer Leistungsfähigkeit. Viertens war gerade in den Anfangsjahren eine so große Fülle an sachlich ganz neuen Dingen zu vermitteln. Die Teilnehmer mussten die Struktur des deutschen politischen, wirtschaftlichen und gesellschaftlichen Systems bis hin zur veränderten deutschen Außenpolitik in einer umgestalteten Welt verstehen und deren Einbettung in – ihnen weitestgehend unvertraute – geschichtliche und geistesgeschichtliche Zusammenhänge. Aus dem vordringlichen Tatsachenlernen entstand recht selten die angestrebte Fähigkeit zum analytischen und bewertenden Verwenden des Gelernten. Fünftens kam die für ehemalige DDR-Lehrer ganz selbstverständliche Akzeptanz des realsozialistischen Systems den für ein Verständnis freiheitlicher Systeme eigentlich nötigen Einsichten immer wieder in die Quere. Den diktatorischen Charakter der DDR wirklich zu erkennen, dessen herrschaftstechnisch so enge Verwandtschaft mit dem Nationalsozialismus zu begreifen, die freiheitliche demokratische Ordnung Bundesdeutschlands nicht als der DDR

allenfalls ‚gleichwertige' Antithese zum deutschen Faschismus, sondern als der national- *und* der realsozialistischen Diktatur normativ wie funktionslogisch überlegene Alternative eines monistischen Herrschaftssystems zu verstehen: Das alles traf nicht weniger auf emotionale Blockaden als auf – oft gar hartnäckig gegen ihre Schließung verteidigte – Wissenslücken.

4. Weitere Aufgaben

Viele der in so widrigen Umständen ausgebildeten Gemeinschaftskundelehrer kann man hinsichtlich ihrer Motivation, ihrer Leistungen und ihres Engagements nur bewundern. Doch bei nicht weniger vielen darf man sich über das Erreichte keinerlei Illusionen hingeben. Noch weniger sollte man sich täuschen über die durchschnittliche Qualität des inzwischen zur Routine gewordenen Gemeinschaftskundeunterrichts an sächsischen Schulen: Überwiegend wird er bis heute fachfremd erteilt und ein wirkungsvolles System von Fachberatern, Supervision und professioneller Weiterbildung ist erst im Aufbau.

Als einer der ersten hauptamtlich in Sachsen arbeitenden Politikwissenschaftler, tätig überdies in der Hauptstadt, blieb es nicht aus, dass mein Rat auch für die praktische Anwendung und Anpassung der Lehramtsprüfungsordnung sowie für die Ausarbeitung von Lehrplänen für das Fach Gemeinschaftskunde gesucht wurde. Diese entstanden unter gewaltigem Zeitdruck letztlich im Zusammenwirken zwischen dem zuständigen Referenten des Kultusministeriums und mir. Der Ausnahmesituation der Aufbauzeit angepasst, waren die Lehrpläne eher gemeint als mit Autorität vorgegebene Auflistung des von den – überwiegend ja *nicht* fort- und weitergebildeten! – Lehrern sich selbstständig anzueignenden Wissens denn als Grundlage für die unmittelbare Unterrichtsplanung (Patzelt 1993). Wie so manches Provisorium hielten sie sich aber länger als geplant: nämlich bis heute.

5. Kooperationen

Alle genannten Tätigkeiten machten mich unter denen bekannt, die sich in Sachsen ebenfalls um den Aufbau politischer Bildung bemühten. Vor allem darum wurde ich im Herbst 1992 gebeten, den Vorsitz des Landesverbandes Sachsen der Deutschen Vereinigung für politische Bildung (DVpB) zu übernehmen. Der zwei Jahre zuvor in Leipzig – vor allem mit bayerischer Hilfe – gegründete Verband war in eine Krise geraten. Zusammengeschlossen hatten sich nicht zuletzt viele Staatsbürgerkundelehrer in der Erwartung, im neuen politischen System werde politischer Bildung ein ebenso hoher Rang eingeräumt wie im alten, und wer glaubwürdig daran mitwirke, sichere so seine Stellung als Lehrer. Nichts davon trat ein. Zur politischen Bildung bekennt sich auch die sächsische Politik vor allem in Form

Aufbau politischer Bildungsarbeit in Sachsen

symbolischen Handelns sowie nach Maßgabe von Kostenneutralität und ehemalige Staatsbürgerkundelehrer wurden – wie es doch eigentlich zu erwarten war – systematisch vom Fach Gemeinschaftskunde ferngehalten. Nach dem Zusammenbruch der alten Mitgliederstruktur und der ursprünglichen Hoffnungen galt es darum, den Verband als Interessenvereinigung engagierter Gemeinschaftskundelehrer und politischen Erwachsenenbildner neu aufzubauen, zu konsolidieren und zum Ansprechpartner anderer Institutionen politischer Bildung zu machen. Im Großen und Ganzen gelang das auch,[1] vor allem im Zusammenwirken mit dem bayerischen Landesverband der DVpB und der Sächsischen Landeszentrale für politische Bildung.

Auch diese war – im Wesentlichen unter Hilfestellung aus Baden-Württemberg – seit Beginn der 90er Jahre im Aufbau begriffen. Sowohl mit ihrem ersten Direktor als auch mit seinem Nachfolger, der sie inzwischen ganz vorbildlich zum Aufblühen brachte, strebte ich erfolgreich ein enges fachliches und persönliches Verhältnis an. Solches Zusammenwirken, institutionalisiert seit der Mitte der 90er Jahre in meiner Mitgliedschaft im Kuratorium der Landeszentrale, sicherte dem Landesverband Sachsen der DVpB eine wirkungsvolle Tagungstätigkeit, der Landeszentrale festen Kontakt zu einer wichtigen Zielgruppe und mir vielfältige Einwirkungsmöglichkeiten auf immer neue Gruppen politischer Multiplikatoren.

6. Wissenschaftliche Lehrerausbildung

Auf letzteres legte ich von Beginn an Wert. Die Ausbildung von Gemeinschaftskundelehrern war mir deshalb wichtig, weil ich so – über *meine* Lehre, Lesehinweise und (vor allem!) die Mitschriften aus meinen Kursen – auf das Unterrichtsgeschehen in vielen Schulklassen über viele Jahre Einfluss nehmen konnte. Vom gleichen Anliegen getragen verfasste ich ein später von der Landeszentrale für politische Bildung kostenlos vertriebenes Büchlein zu den Aufgaben politischer Bildung, das zumal für Lehrer zentrale Themen knapp behandelte (Patzelt 1994b). Darüber hinaus bemühte ich mich im Lauf der Jahre auch ziemlich erfolgreich um Präsenz in leserreichen sächsischen Zeitungen, in den sächsischen Hörfunkstationen sowie im Fernsehen, um auch als Interviewpartner und politischer Kommentator auf praktisch wichtiges politisches Denken Einfluss nehmen zu können.

Enttäuscht hat mich in diesen Jahren vor allem die mangelnde Bereitschaft nicht weniger Kollegen, in der politischen Bildungsarbeit, in der Weiterbildung von Multiplikatoren, in durchaus schlecht bezahlten und dafür recht zeitaufwendigen Vortrags- und Seminaraufgaben eine wichtige, mit überzeugender Rechtfertigung eigentlich nicht abzuweisende Aufgabe jedes in Ostdeutschland tätigen Sozialwissenschaftlers zu sehen. Zwar habe auch ich mich hier inzwischen zurückgenommen – doch *nach* getaner Arbeit und nach einigem Erfolg bei der Hilfe zur Selbsthilfe.

Anmerkung

[1] Über die Tätigkeit als Landesvorsitzender vermochte ich auch auf Bundesebene mancherlei Einfluss zu nehmen, so etwa auf die Erarbeitung des – leider folgenlos gebliebenen – „Darmstädter Appells zur Politischen Bildung in der Schule". Nachdem die Dresdner Professur für Didaktik der politischen Bildung dauerhaft besetzt war, konnte ich im Herbst 1999 das Amt des Landesvorsitzenden abgeben. Zu meinem Nachfolger wurde mein Dresdner Kollege Prof. Dr. Peter Henkenborg gewählt, der zuvor als Beisitzer im Landesvorstand tätig gewesen war.

Literatur

Patzelt, Werner J.: Der Sächsische Lehrplan für Gemeinschaftskunde. In: Forum Politikunterricht, 1, 1993, S. 59-67

Patzelt, Werner J.: Die berufsbegleitende Ausbildung von Gemeinschaftskundelehrern. Skeptisches aus der sächsischen Praxis. In: Forum Politikunterricht, 2, 1994, S. 79-87 (1994a)

Patzelt, Werner J.: Aufgaben politischer Bildung in den neuen Bundesländern, Dresden 1994 (1994b)

Patzelt, Werner J.: Bilanz einer Debatte: Weniger Skeptisches zur Ausbildung von sächsischen Gemeinschaftskundelehrern. In: Forum Politikunterreicht, 1, 1995, S. 100-103

Kapitel VI

Politische Bildung in Sachsen-Anhalt

1. Außerschulische politische Bildung

Stephan Dorgerloh, Martin Kramer
Evangelische Akademie Sachsen-Anhalt e.V. in Lutherstadt Wittenberg

1. Geschichte

Evangelische Akademien sind „Werkstätten protestantischer Freiheit" und im Geiste weltoffen und streitbar. Dr. Lothar Kreyssig, engagierter Präses der Synode der Evangelischen Kirche der Kirchenprovinz Sachsen und später Gründer von Aktion Sühnezeichen, erkannte früh, dass auch unter den Bedingungen in der sowjetischen Besatzungszone Deutschlands die Arbeit der Evangelischen Akademien, wie sie beispielhaft in Bad Boll begann, aufgenommen werden musste. Nach der dunklen Zeit der Nazidiktatur sollte ein Ort entstehen, an dem die Erziehung für Demokratie, Weltoffenheit und Toleranz die Schatten des Hitlerfaschismus vertreibt.

Lange fehlte eine *feste Tagungsstätte*. Die Evangelische Akademie Sachsen-Anhalt (kurz: Akademie) war deshalb in vielen Gemeinden zu Gast. Dann wurde ein Haus in Darlingerode/Harz als feste Tagungsstätte eingerichtet, das Anfang der 90er Jahre wieder aufgegeben wurde. Aus Magdeburg zog 1997 die Geschäftsstelle nach Lutherstadt Wittenberg um. Mit diesem Umzug wurde die erste Bauphase für ein großes Tagungs- und Begegnungszentrum im Bereich des Wittenberger Schlosses abgeschlossen. Mit Fertigstellung der Geschäftsstelle und des Tagungshauses verfügt die Akademie in der Lutherstadt über moderne Tagungs- und Büroräume. Der Bau eigener Unterbringungsmöglichkeiten ist bisher nicht realisiert worden. Bei mehrtägigen Veranstaltungen wird mit den örtlichen Hotels kooperiert. Das fehlende Bettenhaus verhindert einerseits den für evangelische Akademiearbeit typischen Zusammenhang von gemeinsamem Arbeiten und Wohnen. Andererseits eröffnet es neue Perspektiven, weil es der Akademie nun leichter fällt, mit ihren Angeboten auch an anderen Orten präsent zu sein, und sich so ein Konzept aufsuchender Akademiearbeit verwirklichen lässt. Außerhalb Wittenbergs werden heute vorrangig in Halle, Dessau und Magdeburg Tagungen und Akademieabende veranstaltet.

2. Personen und Themen

Die Schwerpunkte der Akademiearbeit verbanden sich immer mit Personen. Deshalb lohnt es sich, sie und ihre Themen vorzustellen, um einen genaueren Eindruck vom Profil des Hauses zu vermitteln.

Im Amt des Direktors folgte auf Pfarrer Hans-Jochen Tschiche, der 1990 in die Volkskammer gewählt wurde, bis 1998 Heidemarie Wüst. Danach wurde die Akademie ehrenamtlich von Pfarrer i.R. Martin Kramer geleitet, bis am 1. Juli 2000 Pfarrer Stephan Dorgerloh Akademiedirektor wurde. Während der Zeit der DDR war die Akademie in besonderer Weise ein Ort des freien Meinungsaustausches und der Beschäftigung auch mit Themen, die in der Gesellschaft nicht oder kaum besprochen wurden. Im Gegensatz etwa zur Akademie in Berlin-Ost konnten so gut wie keine Referenten aus der Bundesrepublik an Tagungen beteiligt werden. Das führte aber nicht zu thematischen Einschränkungen. Diese Freimütigkeit erregte allerdings auch den Argwohn staatlicher Stellen. Bereits in den 80er Jahren wurden der Kirchenleitung durch den Vertreter des Rates des Bezirks Magdeburg konspirativ erlangte Nachschriften von Vorträgen und Gesprächen mit dem Ziel vorgelegt, die Abberufung von Hans-Jochen Tschiche durch die Kirchenleitung zu erreichen. Tschiche war von Anfang an gesellschaftspolitisch stark interessiert und arbeitete neben seiner Leitungsaufgabe in den unabhängigen Friedens- und Menschenrechtsgruppen in der DDR mit. Er engagierte sich z.B. stark bei den jährlichen Treffen „Frieden konkret". Darüber hinaus veröffentlichte er systemkritische Aufsätze in der Bundesrepublik.

Im Herbst 1989 wurde die Geschäftsstelle der Evangelischen Akademie in Magdeburg zu einem Zentrum für das Neue Forum und die beginnenden Veränderungen der Gesellschaft. Besonders durch den Studienleiter Pfarrer Friedrich Schorlemmer, der bereits vor seiner Berufung in die Akademie (1992) als gesellschaftlich aktiver Kritiker bekannt geworden war, ist die Akademie auch in den 90er Jahren weiter im Blickpunkt der Öffentlichkeit geblieben. Als theologischer Studienleiter betreut er vorrangig die Themenfelder Theologie, Geschichte und Literatur. Seine Gespräche mit prominenten Zeitgenossen in der Reihe „Lebenswege" sind in drei Bänden veröffentlicht worden. Neben seiner Tagungs- und Vortragsarbeit tritt er besonders als Publizist in Erscheinung.

Ein besonderes Augenmerk richtet er auf die Herausforderungen, vor die uns der Umgang mit der 45jährigen Teilungszeit stellt. Den politischen Nachlass des Sowjetkommunismus in historischen Zusammenhängen genau zu reflektieren, die Opfer zu Wort kommen zu lassen, die Verantwortlichen zu benennen, die zerbrochenen Ideale und Irrtümer aufzuzeigen und einen Prozess differenzierender Wahrheitsfindung mit Nachsicht und Voraussicht in Gang zu halten, gehört zu den zentralen Feldern seiner Arbeit. Den noch längeren Weg zur Einheit zu verkürzen, hilft eine feste Partnerschaft mit der „Links-Rheinischen" Akademie in Landau/Pfalz zu uns „Ostelbischen". Zur Mitwirkung in den demokratischen Institutionen zu ermutigen ist ihm ebenso wichtig, wie es unerlässlich ist, kritisch die Verwerfungen im System wahrzunehmen: durch die Zuschauerdemokratie, durch mediale Vermarktung aller Vorgänge, durch rechtsextremistischen Populismus. Der Verbindung von Literatur und Theologie widmen sich viele seiner Tagungs- und Vortragsprojekte. Friedrich Schorlemmer ist u.a. Mitglied der deutschen UNESCO-Kommission und des PEN.

Der heutige Direktor der Evangelischen Akademie, Stephan Dorgerloh, ist in der Studienarbeit vor allem in den Bereichen der politischen Jugendbildung und der Politik engagiert. Seit 1999 leitet er das praxisnahe Forschungsprojekt der Evangelischen Akademien zu Chancen, Erwartungen und Möglichkeiten der politischen Jugendbildung in Ostdeutschland (www.jugendbildung-ost.de). Jugendseminare zu aktuellen Themen und Fragen junger Leute sowie internationale Begegnungen mit Jugendlichen aus Israel und Osteuropa sind ein wichtiger Bestandteil seines Arbeitsfeldes. An Bedeutung gewonnen hat die Arbeit mit Multiplikatoren der Jugendarbeit, die auf Fachtagungen Fragen des Jugendaustausches beraten, sich gegenseitig gelungene Praxismodelle vorstellen und neue Wege in der politischen Jugendbildung diskutieren, z.B. in Fragen der Partizipation Jugendlicher oder im Vorgehen gegen rechter Jugendkulturen. Seit der Gründung der Schülerakademie 1998 werden besonders Jugendliche aus der näheren Umgebung für aktuelle gesellschaftliche Fragen und Themen interessiert.

In seiner Arbeit für Weltoffenheit und Toleranz wurde er zum Mitbegründer des landesweit tätigen Vereins „Miteinander – Netzwerk für Demokratie und Weltoffenheit in Sachsen-Anhalt e.V.", in dessen Vorstand er seit Gründung des Vereins mitarbeitet. Der Verein mit Sitz in Magdeburg und mittlerweile vier im Land verteilten Regionalstellen versteht sich als Verstärker und Unterstützer zivilgesellschaftlicher Akteure. Mit seiner Arbeit will er Menschen und Initiativen im Land ermuntern, die demokratische und weltoffene Alltagskultur in den Städten und vor allem auch im ländlichen Bereich zu fördern. In den Regionalstellen werden nicht nur lokale Initiativen unterstützt und beraten, sondern die Referenten sind bemüht, neue Ansätze und Praxismodelle zu erproben und zu multiplizieren. Jede Regionalstelle entwickelt einen eigenen thematischen Schwerpunkt. Der Verein will Menschen ermutigen, aktiv zu werden, sich einzubringen und das eigene Lebensumfeld weltoffen und demokratisch zu gestalten und rechtsextremem und rassistischem Gedankengut entschlossen entgegen zu treten. Opfern rechtsextremer Gewalt wird geholfen! Sie werden in einem Opferberatungsprojekt betreut. Bei der inhaltlichen Konzeption des Vereins, dessen Vorsitzender Hans-Jochen Tschiche ist, fanden mehrfach runde Tische in der Evangelischen Akademie statt.

Stephan Dorgerlohs Schwerpunkte im Bereich internationaler Jugendarbeit sind Austausch- und Begegnungsprogramme mit Israel, Osteuropa und Nigeria. Er ist Mitglied der Landessynode der Evangelischen Kirche der Kirchenprovinz Sachsen und der Kirchenleitung.

Seit Januar 2000 ist der Wissenschaftsjournalist und diplomierte Umweltingenieur Jörg Göpfert mit der Studienleitung der Themenbereiche Umwelt, Naturwissenschaft, Gesundheit und Soziales betraut. Er führt die sehr erfolgreiche Arbeit mit Ökolandwirten fort und hat eine intensive Kooperation mit dem Kirchlichen Forschungsheim in Wittenberg aufgebaut. Schwerpunkte dieser Zusammenarbeit sind der Klima- und Ressourcenschutz sowie die nachhaltige Entwicklung. Aus seinen Tagungsangeboten zur Weltausstellung EXPO 2000 hat sich eine Initiative entwickelt, die sich für eine bessere innere und äußere Wahrnehmung der Industrie- und Kulturregion Anhalt-Bitterfeld-Wittenberg einsetzt. Sehr unterschiedliche lokale Akteure wie das Arbeitsamt, die Cranachstiftung, das Berufsschulzentrum oder die Wittenberg-Information haben sich zum „RegioTisch Wittenberg" zusammengeschlossen, dessen Ziel es ist, eine „lernende Region" zu entwickeln. Mit Hilfe erlebnisorientierter Angebote können sich die Einheimischen das kulturelle Erbe ihrer Region erschließen und seine Potenziale entdecken, so dass durch die Menschen vor Ort, vom „Bäckerlehrling bis zum Bürgermeister", der Reichtum der Region nach außen kompetent vermittelt werden kann.

Veranstaltungen zur Bioethik und Hospizarbeit bilden einen weiteren Schwerpunkt seiner Arbeit. In einer Abendreihe in Dessau werden fortlaufend die aktuellen Entwicklungen und ethischen Probleme der Gen- und Biotechnik diskutiert. Angehende Pfarrer werden in Zusammenarbeit mit dem Predigerseminar für diese Fragen sensibilisiert. Eine lokale Hospizinitiative wird durch inhaltliche Angebote unterstützt. Ethische Fragestellungen bilden auch den Hintergrund für seine Auseinandersetzung mit dem Menschenbild der Zukunft, das zunehmend durch den naturwissenschaftlich-technischen Fortschritt geprägt sein wird.

Die Religions- und Gemeindepädagogin Katharina Doyé leitet seit Sommer 2001 die Studienarbeit im Bereich Frauen- und Familienarbeit sowie politische Jugendbildung mit 50 Prozent Stellenumfang. Ihr Augenmerk richtet sie verstärkt auch auf die Kooperation zwischen Schule und außerschulischer Bildungsarbeit. Mit dem Konzept „Religionsphilosophischer Schulprojekttage" gelingt ein authentischer Erstkontakt der SchülerInnen mit den Weltreligionen. Die erlebnis- und erfahrungsorientiert konzipierten Projekttage vermitteln Jugendlichen nicht nur Kenntnisse über die großen Religionen, sondern bringen sie mit Vertretern der jeweiligen Religionen in ein Gespräch über die Grundfragen des Lebens, über Weltansichten und ermöglichen oft erstmals interkulturelle Erfahrungen.

Den Veränderungen und Herausforderungen, vor denen die Familie in der heutigen Gesellschaft steht, wird sich die jährliche Familienakademie zuwenden. Mit dem neu gegründeten „Wittenberger Frauensalon" startet Katharina Doyé eine Initiative, um Frauen die Möglichkeit des wechselseitigen Austauschs, der Vernetzung und Unterstützung zu geben.

3. Programmwandel

Die Teilnehmer der Akademieveranstaltungen in den 70er und 80er Jahren rekrutierten sich zunehmend aus verschiedenen Gruppen. Gemeindemitglieder, die an bestimmten Themenbereichen interessiert waren, kamen ebenso wie Menschen, die nicht der Kirche angehörten, aber mit ihr sympathisierten. Manche wollten oder konnten ihrer Meinung nach aus Furcht vor der Bespitzelung durch den Geheimdienst nicht am örtlichen Gemeindeleben teilnehmen und wählten deshalb die Tagung an einem entfernten Ort. Wie weit sie sich darüber klar waren, dass dies auch nicht garantierte, der Überwachung durch den Staatssicherheitsdienst zu entgehen, muss dahingestellt bleiben.

Seit der Wende richten sich die Akademieangebote verstärkt an thematisch geprägte Zielgruppen. Es werden Fachleute ebenso eingeladen, wie am Thema interessierte Bürgerinnen und Bürger bzw. Menschen, die in besonderer Weise mit den jeweiligen Fragestellungen befasst sind. Zu unseren Veranstaltungen laden wir Menschen aller Altersgruppen von innerhalb und außerhalb der Kirche ein. Wir bieten einen Raum, sich in der persönlichen Begegnung, im Gespräch und der Auseinandersetzung mit Referenten und anderen Experten den bedrängenden Fragen unserer Zeit zu stellen. Die Akademie ist ein Ort des Dialogs. Mit unserem Angebot wollen wir zu gegenseitigem Verstehen, wechselseitiger Information und zu Entscheidungshilfen beitragen.

Praktisch verfahren wir so, dass die derzeit vier Studienleiter im interdisziplinären Fachteam frühzeitig künftige Fragestellungen aufspüren und bearbeiten. Die klassischen Arbeitsformen der Akademiearbeit sind Wochenendtagungen, Abendveranstaltungen und Fachtage sowie Studien- und Begegnungsreisen. Je nach Thematik werden auch neue Veranstaltungsformen erprobt. Das aktuelle Halbjahresprogramm (www.ev-akademie.Wittenberg.de) gibt Auskunft über die jeweiligen thematischen Schwerpunkte.

Um dem besonderen Charakter des deutsch-israelischen Jugendaustausches auch in Zukunft gerecht werden zu können, ist auf Initiative des Bundespräsidenten Johannes Rau mit Beginn des Jahres 2001 in der Evangelischen Akademie das bundesweit agierende Koordinierungsbüro für den deutsch-israelischen Jugendaustausch eingerichtet worden. Dieses mit vier Personen besetzte Büro wird hauptsächlich vom Bund sowie den Ländern Sachsen-Anhalt und Mecklenburg-Vorpommern finanziert. Von hier sollen neue Impulse, Kontakte und Programme den Jugendaustausch zwischen Deutschland und Israel beleben. Das Koordinierungszentrum Deutsch-Israelischer Jugendaustausch mit dem Namen „ConAct" versteht sich als Service und Informations-Knotenpunkt im Feld der deutsch-israelischen Jugendkontakte. Zu den Aufgaben von „ConAct" gehören: die fachliche Beratung, die Recherche und das Erstellen von Informationsmaterialien, die Organisation von Fachtagungen, die Vergabe der Fördermittel für den deutsch-israelischen Jugendaustausch, die Vermittlung von Kontakten und ganz konkrete Hilfe bei Begegnungsprogrammen, Praktika etc. Jugendorganisationen und Träger finden in dem Büro eine Servicestelle, die sie bei Projekten zur Begegnung zwischen jungen Deutschen und Israelis unterstützt.

4. Arbeitsziele

Demokratien brauchen Orte des konstruktiven Streitens, der Erneuerung und der Hoffnung. Die Akademie versteht sich seit ihrer Gründung in der Lutherstadt Wittenberg als ein solcher Ort. Nach der Wende ist deutlich geworden, wie wichtig der behutsame Aufbau tragfähiger zivilgesellschaftlicher Strukturen ist. Die Akademie will mit ihren Angeboten Menschen ermutigen und befähigen, sich in die gesellschaftlichen Prozesse kompetent einzumischen. In Tagungen und Abendveranstaltungen werden Referenten gebeten, ihr Fachwissen weiterzugeben und mit Hintergrundinformationen politische Prozesse zu erhellen. Verschiedene gesellschaftliche Akteure werden mit dem Ziel der Vernetzung, Weiterbildung und kritischen Diskussion eingeladen. Die Begleitung und Beratung von Bürgerinitiativen, der Aufbau von lokalen und bundesweiten Netzwerken gehört darum ebenso zum Profil unserer Arbeit wie die Politikberatung. Am Beispiel der Initiierung des RegioTisches und des Vereins Miteinander e.V. sowie der Servicestelle für den

Evangelische Akademie Sachsen-Anhalt e.V. 255

deutsch-israelischen Jugendaustausch wird deutlich, wie Impulse aus der Tagungsarbeit weiterwirken. Das Entwickeln von Beiträgen zu Konzepten für eine nachhaltige Entwicklung wird zusätzlich zur Tagungsarbeit zur Aufgabe der Studienleitung.

Beispielhaft kann hier die Tagungsarbeit zum Balkankonflikt genannt werden, die sich in Tagungen wie „Kommt der Krieg wieder?" oder einem Gesprächsabend mit dem OSZE-General Heinz Loquai niedergeschlagen hat. Aber auch die Fragen des interreligiösen Dialogs haben einen festen Platz im Profil unserer Arbeit – und das nicht erst seit dem 11. September 2001. In der Akademiearbeit werden darum nicht nur aktuelle Fragestellungen wie Gentechnik, Sterbehilfe, EU-Osterweiterung u.Ä. begleitet, sondern Akademien verstehen sich auch als Seismographen sich abzeichnender gesellschaftlicher Prozesse.

In einer Gesellschaft, in der viele Diskussionen nur geführt werden, wenn sie medial aufbereitet bzw. begleitet werden, kommt es zunehmend darauf an, wichtigen Fragestellungen außerhalb der medialen Tagesaufmerksamkeit zu einer Stimme und zu Beachtung zu verhelfen. Die nötige kritische Distanz zu Themen und Entwicklungen erwächst aus dem Wunsch, stets auch die Kehrseite eines Problems oder einer gesellschaftlichen, wirtschaftlichen, politischen etc. Entwicklung zu sehen. Damit werden Akademieveranstaltungen wichtige wertebildende Orte für die Gesellschaft, in denen um Positionen und Einschätzungen gerungen wird. Der Reflexionsort Evangelische Akademie öffnet sich nicht nur Eliten. Er bringt auch Entscheider, Strategen und Visionäre zusammen, überwindet dabei Hierarchien, Milieus und Alters- und Geschlechtergruppen.

5. Strukturen

Die Akademie arbeitet in der weltweiten ökumenischen Vereinigung der Laienzentren ebenso mit wie im bundesweiten Zusammenschluss der Evangelischen Akademien und in verschiedenen lokalen und themenbezogenen Netzwerken. Sie ist anerkannter freier Träger der Erwachsenenbildung und der gesellschaftspolitischen Jugendbildung. In diesem Zusammenhang werden immer wieder bundesweite Projekte von der Studienleitung in Kooperation mit anderen Trägern bearbeitet und initiiert.

Von 1999-2001 wurde auf Eigeninitiative ein Verfahren zur Qualitätssicherung durchgeführt. Wie bei anderen kirchlichen Werken (Jugendarbeit, Frauenhilfe) wurde darauf verzichtet, das ganze Gebiet der Kirchenprovinz Sachsen einzubeziehen. Die im Land Thüringen liegenden Propstsprengel Erfurt und Südharz wurden den entsprechenden Aktivitäten der Evangelisch-Lutherischen Landeskirche in Thüringen zugeordnet, in diesem Falle der Evangelischen Akademie Thüringen. Andererseits verzichtete die Evangelische Landeskirche Anhalts auf Begründung einer eigenen Akademie, so dass die Akademie von zwei Landeskirchen getragen wird. 1997 wurde die Akademie – einmalig unter den Evangelischen Akademien in Deutschland – in einen gemeinnützigen Verein umgewandelt.

2. Politische Bildung im Landtag

Hans-Jochen Tschiche
Politische Bildung im Landtag von Sachsen-Anhalt

1. Wurzeln

Nach der Auflösung Preußens am Ende des Zweiten Weltkrieges entstand das Land Sachsen-Anhalt, ein Kunstgebilde, wie eine Reihe anderer Länder in der deutschen Nachkriegsgeschichte. Bei den Wahlen 1946 konnte man in der damaligen sowjetischen Besatzungszone noch auf eine demokratische Entwicklung hoffen. Neben der bereits aus Kommunisten und Sozialdemokraten zusammengeschlossenen Sozialistischen Einheitspartei Deutschlands bestanden zwei bürgerliche Parteien, die unabhängig zur Wahl antraten. Die CDU und die LDPD hatten im Landtag die Mehrheit. Das Land bekam einen liberalen Ministerpräsidenten. Das zarte demokratische Pflänzchen blieb nicht lange am Leben. Die SED riss die Macht an sich. So kam die Demokratie auf den vormundschaftlichen Staat. Mündige Bürger waren unerwünscht. Politische Bildung, die den Einzelnen zur differenzierten Betrachtung der Gesellschaft und der demokratischen Parteien befähigte und eigenständiges Handeln förderte, galt als Erfindung des westlichen Klassenfeindes. An Stelle von Bildung trat Indoktrination. Die Bevölkerung in Ostdeutschland war im 20. Jahrhundert bis auf ein kurzes Zwischenspiel in der Weimarer Republik einem autoritären Staatswesen ausgeliefert. Sie hat die Anpassung trainiert. Ihr Leben spielte sich in den privaten Nischen ab. Widerspruch gegen die Mächtigen erschien ihr als sinnlos, als leichtfertiges Geschwätz, das die eigene Existenz und das Fortkommen der Angehörigen bedrohte. Die DDR war die Neuauflage eines feudalen Systems, das Untertanen produzierte. Diese Tradition hat die Ostdeutschen bestimmt. Wer immer hier gelebt hat, wird diese Prägung auch nach dem Verschwinden der DDR in sich tragen. Wer sich im Osten mit politischer Bildung beschäftigt, muss diese Wurzeln der Bevölkerung vor Augen haben. Das ist ein Erbe, das nicht von heute auf morgen verschwindet. Das bedeutet nicht, dass die Ostdeutschen keine Lebensleistung vollbracht hätten, aber es zeigt klar, dass hier eine andere Sozialisation stattgefunden hat als bei den westdeutschen Landsleuten. Die Erwartungen an die Politik und die Gestaltung von Politik wird sich daher anders vollziehen als im Westen.

2. Erfahrungen im Petitionsausschuss

Ich war von 1990 bis 1998 Vorsitzender des Petitionsausschusses im Landtag von Sachsen-Anhalt. Da wurde mir in besonderer Weise klar, welche Schwierigkeiten die Menschen im Osten mit dem demokratischen Rechtsstaat haben. Jeder hier erinnert sich an das Eingabewesen zu DDR-Zeiten. „Dann schreibe ich eben an Erich!", hieß es, wenn jemand etwas erreichen wollte, was bisher unmöglich war. Gemeint war Honecker und das Gesellschaftsspiel fand vor allem im Vorfeld von Wahlen statt. Natürlich konnte man nicht zwischen Alternativen wählen, aber der Staat legte Wert darauf, dass alle Bürger an der Urne erschienen und ihre Treue zu Partei und Staat bekundeten. Funktionäre vor Ort wurden jedoch ganz nervös, wenn jemand drohte, nicht zur Wahl zu gehen, weil er dieses oder jenes nicht bekommen hätte. So machten die Menschen manchmal, nicht immer, die Erfahrung, dass die Mächtigen ihren Wunsch erfüllten, auch wenn er dem geschriebenen Recht nicht entsprach. Der Feudalherr entschied zugunsten des Untertanen, wenn ihm danach war.

Mit einer so geprägten Erwartungshaltung traten die Petenten nach 1990 auch an den Ausschuss heran. Sie meinten, es hinge vom guten Willen ab, ob ihr Anliegen positiv beschieden würde. Sie sahen nicht ein, dass verbindliche Rechtsnormen, auf die man sich verlassen kann, zur Grundausstattung des demokratischen Staates gehören. Selbst Bärbel Bohley hatte abschätzig erklärt, wir hätten Gerechtigkeit gewollt und den Rechtsstaat bekommen. Dabei weiß die christliche Tradition davon zu reden, dass die absolute Gerechtigkeit allein von Gott hergestellt wird. Alles was Menschen tun, ist dagegen vorläufig. Auch Gesetze haben ihre Tücken. Trotzdem kann man die demokratisch zustande gekommenen Gesetze nicht diffamieren. Ich will ein Beispiel nennen. Die Vertriebenen hatten in der DDR keinen Lastenausgleich erhalten. Sie sollten nach 1990 einige tausend DM bekommen. Der Anspruch musste bis zu einem bestimmten Stichtag angemeldet sein. Wer das nicht tat, verlor seinen Anspruch. Als wir die Petition der Säumigen nicht positiv bescheiden konnten, haben wir viel Unverständnis geerntet und sind beschimpft worden. Manchmal bekamen wir dann zu hören: „Bei Erich war das besser!" Im Gespräch mit dem Petenten begann ein mühseliger Prozess politischer Bildung. Ohne Institution versuchten wir, das Funktionieren der Demokratie im Alltag zu vermitteln.

3. Neue und alte Traditionsbestände

Im Jahre 1991 hatte die Landesregierung die Landeszentrale für politische Bildung eingerichtet. CDU, SPD und FDP haben damals die Referentenstellen unter sich aufgeteilt. Dennoch wurde ich als Vertreter einer kleinen Partei gefragt, ob ich auch einen Personalvorschlag hätte. Als ich eine feministisch geprägte Frau vorschlug, waren alle Messen gesungen. Die Ansiedlung einer solchen Einrichtung in der Staatskanzlei verstärkt die Versuchung der Regierung als vorgesetzter Dienstbehörde, sie zum willenlosen Anhängsel zu degradieren. Vielleicht sollten die Zentralen für politische Bildung in Stiftungen verwandelt werden, bei der ein Stiftungsrat die Unabhängigkeit garantiert.

Auch im Landtag von Sachsen-Anhalt fand man nach seiner Konstituierung im Herbst 1990 Spuren einer undemokratischen Mentalität, die nicht durch die reine Lehre, sondern durch Erfahrung und Training überwunden werden kann. Innerhalb des Parlaments blieb das DDR-Erbe spürbar. Viele jammerten um die verloren gegangenen runden Tische. Dieses vorparlamentarische Möbelstück hatte in der untergehenden DDR ein heilloses Durcheinander verhindert. Seine Legitimation ergab sich aus der Notsituation. Er war nicht durch demokratische Wahlen legitimiert. Im Konsens wollte man handeln.

4. Erwachsenenbildungsgesetz und Konsensbedürfnis

Aber normalerweise gibt es nicht nur einen Weg für Lösungen von politischen und gesellschaftlichen Problemen. Von Königswegen träumen nur Ideologen. Die parlamentarische Demokratie lebt davon, dass die Lösungsangebote strittig sind und der Streit auch öffentlich ausgetragen wird. Damit hatten die Abgeordneten im Landtag ihre Schwierigkeiten.

Am 6. Februar 1992 wurde das Gesetz zur Förderung der Erwachsenenbildung im Land Sachsen-Anhalt verabschiedet. Es bildet die Grundlage der Weiterbildung und umfasst sämtliche Bildungsinhalte von der allgemeinen und politischen bis zur kulturellen und wissenschaftlichen Weiterbildung. Die Erwachsenenbildung wurde als eigenständiger, gleichberechtigter Teil des gesamten Bildungswesens beschrieben. Die Förderungsmöglichkeiten wurden festgelegt und die Bildung eines Landesausschusses für Erwachsenenbildung beschlossen. Dazu fand am 9. Oktober 1991 eine Anhörung im zuständigen Ausschuss statt. Vertreter von Einrichtungen und Institutionen der Erwachsenenbildung nahmen die Gelegenheit wahr, sich zu den eingebrachten Gesetzesentwürfen zu äußern. Ihre Wünsche wurden teilweise eingearbeitet. Als es zur abschließenden Aussprache kam, entbrannte zwischen den Regierungsparteien und der Opposition ein heftiger Streit. Das störte das Konsensbedürfnis des damaligen Fraktionsvorsitzenden der CDU. Er führte aus: „Es war die erklärte Absicht der CDU-Fraktion, das Erwachsenenbildungsgesetz so zu bearbeiten, dass es hier im Plenum eine breite Mehrheit – breiter als die Regierungsfraktionen – finden kann. Wir glaubten dafür auch gute Voraussetzungen zu haben; denn anders als im Bereich der Schule war hier gar nicht erkennbar, dass grundsätzliche Unterschiede in den politischen Intentionen bestanden ... Um so verwunderter bin ich über diesen Schaukampf. Ich will bloß darauf aufmerksam machen: Wenn wir jetzt nach dieser doch extrem kontroversen Darstellung in einer Sache, in der eigentlich schon einmal Einigkeit bestanden hatte, zu einem Grabenkrieg kommen, könnte dies zur Folge haben, dass wir uns in Zukunft bei einem Rollenverständnis finden, das sicher in altbundesdeutschen Landtagen üblich ist, wo nämlich von vornherein klar ist, dass Opposition und Regierungsfraktion in der Regel verschiedener Meinung sein müssen. Dies wäre aber in unserer Situation des Neuaufbaus eines demokratischen Gemeinwesens aus meiner Sicht unangemessen." (aus: Protokoll der 28. Tagung des Landtages Sachsen-Anhalt, 6.2.1992) Ausgerechnet bei einem Gesetz, in dem es auch um die politische Bildung ging, brach die Konsensideologie wieder durch. Die Diffamierung des politischen Streites als Schaukampf war dafür bezeichnend.

5. Der Streit um die Arbeitnehmerbildung

Die Demokratisierung der Gesellschaft voranzutreiben, war ursprünglich die erklärte Absicht aller Akteure im Landtag. Aber bald wurden Hindernisse durch Gesetzesverfahren aufgerichtet, die die Beteiligungschancen und -rechte der Bürger verschlechterten. Bei der Verabschiedung des Erwachsenenbildungsgesetzes bestand im Parlament noch Einvernehmen, dass in absehbarer Zeit ein Gesetz erlassen werden sollte, durch das Arbeitnehmern grundsätzlich eine Freistellung für die Bildungsangebote garantiert werden sollte. Damals regierte eine Mehrheit aus CDU und FDP. Sechs Jahre später hat sich das Bild geändert. Unterdessen war eine Minderheitsregierung aus SPD und Bündnis 90/Die Grünen gebildet worden. Die katastrophale Arbeitslosigkeit im Osten verstärkte die Macht der Arbeitgeber. Der Versuchung, die Lohnabhängigen auszubeuten, wurde kaum widerstanden. Niedrige Löhne, zahlreiche Überstunden, Drohung mit dem Rausschmiss – das war der jetzige Arbeitsalltag.

Diese Machtstellung der Wirtschaft schlug sich bei der Debatte um das Arbeitsfreistellungsgesetz nieder. Jetzt fragte die CDU plötzlich durch ihren wirtschaftspolitischen Sprecher: „Was trägt dieses Gesetz dazu bei, bestehende Arbeitsplätze sicherer zu machen, die Wettbewerbsfähigkeit zu erhöhen und neue Arbeitsplätze zu schaffen?" Er zitierte das Gesetz: „Anerkennungsfähig sind Bildungsveranstaltungen, die sich thematisch mit den gegenwärtigen und zukunftsbezogenen Gestaltungsmöglichkeiten der Arbeitswelt und ihren gesellschaftlichen

Auswirkungen befassen." Zusammenfassend erklärte er: „Dieses Gesetz kommt zur Unzeit, ist eine Belastung für die bestehenden Arbeitsplätze und für die Unternehmen, und es ist absoluter Unsinn, so etwas zu dieser Zeit zu verabschieden." (aus: Protokoll der Tagung des Landtages von Sachsen-Anhalt am 3.9.1997). Die Mehrheit des Parlaments bestand auf diesem Gesetz. Aber der Wirtschaftsminister der SPD stimmte der Opposition zu und der Ministerpräsident soll das Gesetz seiner Fraktion vor Arbeitgebern als nicht so glücklich und unnötig bezeichnet haben. Ein CDU-Abgeordneter nannte das Gesetz ein „gewerkschaftliches Gesetz".

Der Streit zeigte, wie das Bildungsangebot für die Beschäftigten und die Interessen der Arbeitgeber aufeinanderstoßen. Und wenn im Jahre 2002 der Ruf nach Wirtschaftskunde in den Schulen auf Kosten der Sozialkunde laut wird, zeichnet sich eine Veränderung des gesellschaftlichen Klimas ab, die an Dramatik dem Herbst 1989 nicht nachsteht. Aus dem Traum einer demokratischen Gesellschaft, in der die Schwachen durch staatliche Maßnahmen gefördert und geschützt werden, wird die Realität eines von Profitinteressen der Wirtschaft gesteuerten Gemeinwesens sichtbar. Ich denke, die Landtagsabgeordneten trugen dazu bei, dass politische Bildung leicht zum Lernstoff über Institutionen verkommt und nicht zur Aufklärung und Verwandlung gesellschaftlicher Verhältnisse beiträgt.

6. Die Landesverfassung

In der ersten Wahlperiode wurde auch die Verfassung verabschiedet. Sie ist die Stiftungsurkunde eines demokratischen Gemeinwesens. Die Veränderung des Grundgesetzes war nicht gelungen. Dadurch dass die DDR zum Beitrittsgebiet wurde und nach Artikel 23 des Grundgesetzes der westlichen Bundesrepublik beitrat, entfiel die zwingende Notwendigkeit einer neuen Verfassung auf Bundesebene, die für den Fall der Wiedervereinigung vorgesehen war. Die Landesverfassungen in Ostdeutschland haben dann eine Reihe von Staatszielen und plebiszitären Elementen aufgenommen, die den veränderten Einsichten und Problemen der 90er Jahre entsprachen.

Die Fraktion von Bündnis 90/ Die Grünen hat der Verfassung von Sachsen-Anhalt trotzdem nicht zugestimmt, weil wir an bestimmten Punkten Ausrufungszeichen setzen wollten. Erstens ging es um den Streit um die sozialen Menschenrechte – etwa das Recht auf Arbeit, das Recht auf Wohnen oder das Recht auf eine unversehrte Umwelt –, die bei den Staatszielen und nicht bei den Grundrechten standen. Wenn die Welt gerechter werden sollte, müssten die sozialen und die Freiheitsrechte gleichrangig und einklagbar sein. Noch war das ein Traum und zehn Jahre später sind wir weiter denn je von seiner Erfüllung entfernt. Zweitens wollten wir die männliche und weibliche Sprachform in der Verfassung haben.

Emanzipation der Frauen sollte durch die Sprache zur selbstverständlichen Alltagswirklichkeit werden. Drittens erschienen uns die Quoren für die plebiszitären Elemente zu hoch. Demokratie kann nicht aus Wahlbeteiligung allein bestehen. Viertens hätten wir die Verfassung gern durch eine Volksabstimmung bestätigen lassen. Unsere kleine Fraktion hat an diesem Punkt wie auch an anderen für Möglichkeiten gestritten, Strukturen bereitzustellen, damit aus Landeskindern mündige Bürgerinnen und Bürger werden. Politische Bildung kann nicht nur für Aufklärung streiten, sie muss auch um gesellschaftliche und gesetzliche Rahmenbedingungen kämpfen, damit die Schwelle für die eigene Beteiligung nicht durch bürokratische Hemmnisse unnötig hoch gehalten wird.

7. Regierungswechsel, Parlamentarier – und politische Bildung

In der Umbruchzeit 1989/90 saß das ostdeutsche Volk hinter den Fernsehern und folgte fasziniert den öffentlichen Sitzungen des zentralen runden Tisches und später denen der Volkskammer. So ein hohes Maß an Politisierung der Bevölkerung ist sicher eine Ausnahme. Unterdessen hatte sich die Euphorie verloren. Das Erscheinungsbild des ersten Landtages von Sachsen-Anhalt bestätigte die alten Vorurteile gegen den Parlamentarismus. Drei Regierungschefs in einer Wahlperiode, Abgeordnete, die ihre Fraktionen verließen und eigene Fraktionen bildeten, Skandale wie die Gehälteraffäre der Westminister, Intrigen mit windigen Geheimdienstlern, öffentlich weinende Abgeordnete und Erpressungsversuche durch Parteivorsitzende – so ging es damals zu. Den Medien bot das Land aufregende Vorstellungen, bis schließlich nach der Wahl des letzten Ministerpräsidenten in dieser Wahlperiode im Landtag das Licht ausging. Ein bemerkenswertes Symbol für die unglaublichen Zustände dieser Zeit.

In der zweiten Wahlperiode 1994-98 kam es zu der schon genannten Minderheitsregierung zwischen SPD und Bündnis 90/Die Grünen. Das allein schon war für den westlichen Teil der Bundesrepublik ungewöhnlich. Zu heftigen Reaktionen kam es allerdings dann, als klar wurde, dass die Regierung nur Bestand haben würde, wenn sie von der PDS toleriert werden würde. Ein Sturm der Entrüstung ging durch die Republik. Es gab die Rote-Socken-Kampagne der CDU. Ostdeutsche Bürgerrechtler fühlten sich tief verletzt. Dabei war dieser Vorgang ein Lehrstück der Politik. Er lieferte Anschauungsmaterial für politische Bildner: Wie gehe ich mit den Eliten eines friedlich untergegangenen Staates um? Gehören die Mitglieder der ostdeutschen Blockparteien auch zu den Eliten? Sind Parteien von damals wirklich wandlungsfähig? Ist der Traum der Linken von einer sozial gerechten Welt ausgeträumt? Hat der real existierende Sozialismus daran Schuld? So können Landtage und Politik einfach durch ihr Dasein und ihr Sosein Beiträge zur politischen Bildung leisten.

Landtag von Sachsen-Anhalt

Das gilt auch für die dritte Wahlperiode. Mit einem Mal saßen 16 DVU-Abgeordnete im Parlament. Dumpfen Stammtischparolen hatten Hunderttausende von Wählerinnen und Wählern zugestimmt. Es erhob sich die Frage, wie man mit dem Phänomen umgehen sollte. Es gab nicht wenige, die weitermachen wollten wie bisher. Sie hofften, das Problem totschweigen zu können. Sie fürchteten, die Decke zu heben, weil Unheimliches zu Gesicht kommen könnte. Die SPD-Regierung aber handelte. Sie hat mit allen Ministern ein Aktionsprogramm gegen Rechts aufgelegt. Außerdem entstand ein Verein „Miteinander e.V.", Netzwerk für Demokratie und Weltoffenheit in Sachsen-Anhalt", der mit erheblicher finanzieller Unterstützung des Landes die zivilgesellschaftlichen Kräften stärken und sammeln sollte. Überflüssig wie ein Kropf sei der Verein, meinten die Konservativen. Die Rechtsextremen kreischten vor Wut. Die Veränderungen, an denen der Verein mitwirken soll, sind ein Langzeitprogramm. Man kann nicht in eine Vereinskasse heute oben 2 Millionen hineinfüllen und morgen kommen unten Hunderttausend demokratiegestählte Bürgerinnen und Bürger heraus. Denn die rechten Versatzstücke sitzen tief im Zentrum der Gesellschaft und gehen in den Köpfen der Leute um.

Bleibt zum Schluss noch ein Blick auf die Landtagsverwaltung und ihren Beitrag zur politischen Bildung. Es finden regelmäßige Führungen durch das Gebäude statt. Bei Landtagssitzungen ist die Tribüne für Zuschauer immer mit Gruppen gefüllt. Von Seniorenklubs bis zu den Schulen reichen die Interessenten. Manchmal werden auch mit den Abgeordneten Gespräche geführt. Ich halte das alles für sehr verdienstvoll. Wie hoch die pädagogischen Erfolge solcher Sightseeingtouren sind, kann ich nicht einschätzen. Ich hoffe, sie sind größer, als ich vermute.

3. Die Landeszentrale für politische Bildung

Wilfried Welz
Die Landeszentrale für politische Bildung Sachsen-Anhalt

1. Rückblick

Im Sommer 2001 konnten die Mitarbeiter und Mitarbeiterinnen auf das zehnjährige Bestehen der Landeszentrale für politische Bildung des Landes Sachsen-Anhalt zurückblicken. Anlass genug, nicht nur zur persönlichen Rückschau unter dem Motto „Weißt Du noch?", sondern auch zu einer Bestandsaufnahme der geleisteten Arbeit in den zurückliegenden zehn Jahren.

Der Beschluss der Landesregierung zur Errichtung einer Landeszentrale für politische Bildung des Landes Sachsen-Anhalt datiert vom 22. Mai 1991. Ohne die tatkräftige Unterstützung der Kollegen aus der Bundeszentrale und den Landeszentralen für politische Bildung der „alten" Bundesländer, insbesondere der des Partnerlandes Niedersachsen, wäre die erfolgreiche Aufbauarbeit in den Anfangsjahren kaum möglich gewesen. Denn die Mehrzahl der Mitarbeiter – Ost wie West – waren keine „gelernten" Vermittler politischer Bildung, sondern arbeiteten vor der Wende in anderen beruflichen Bereichen.

Am 1. Juli 1991 nahm die Landeszentrale mit Sitz in Magdeburg offiziell ihre Arbeit auf. Grundlage für ihre unabhängige und überparteiliche Bildungsarbeit waren die in dem schon erwähnten Beschluss der Landesregierung genannten Ziele und Wertvorstellungen der Verfassung des Landes Sachsen-Anhalt und des Grundgesetzes für die Bundesrepublik Deutschland sowie die Allgemeine Erklärung der Menschenrechte der Vereinten Nationen. Vorrangige Aufgabe der Landeszentrale ist es, durch ihre politische Bildungsarbeit die Entwicklung des freiheitlich-demokratischen Bewusstseins zu fördern und die Bereitschaft zur politischen Mitarbeit zu stärken.

Die Landeszentrale als Institution und auch ihre Mitarbeiter mussten natürlich in den ersten Jahren mit Vorbehalten der von ihr angesprochenen Zielgruppen rechnen. Es galt zu verdeutlichen, dass die Landeszentrale im Gegensatz zu der jahrzehntelang praktizierten politischen Indoktrination in der DDR kein Instrument zur Verbreitung von parteipolitischen Interessen und keine Einrichtung zur politischen Umerziehung der Bürger des Landes Sachsen-Anhalt sein sollte.

Zunächst noch bestehende Vorurteile konnten durch die konkrete geistig-politische Auseinandersetzung mit allen Formen des politischen Extremismus abgebaut werden. Auch die vielfältigen Aktivitäten und Kontakte in so unterschiedlichen Bereichen wie der Lehrerfortbildung, der Fortbildung von kommunalen Mandatsträgern oder durch die Zusammenarbeit mit unterschiedlichen Trägern politischer Bildungsarbeit trugen zur Überwindung anfänglicher Vorbehalte bei. Nach mehr als zehn Jahren kann festgestellt werden, dass sich die Landeszentrale für politische Bildung zu einer allgemein anerkannten Bildungseinrichtung des Landes entwickelt hat.

2. Organisation und Arbeitsschwerpunkte

Die Landeszentrale für politische Bildung ist eine der Staatskanzlei des Landes Sachsen-Anhalt nachgeordnete Behörde. Ein Kuratorium, bestehend aus 13 Mitgliedern des Landtages von Sachsen-Anhalt, gewährleistet die parteipolitische Ausgewogenheit bei der Erfüllung ihrer Aufgaben. Nach dem offiziellen Arbeitsbeginn im Sommer 1991 zog sich der organisatorische Aufbau über die beiden folgenden Jahre hin. Ein Direktor wurde bestimmt, Mitarbeiter mussten ausgewählt, die technischen Voraussetzungen für die zukünftige Arbeit geschaffen werden. Insbesondere Improvisationstalent und Flexibilität waren in diesen ersten Jahren von allen Mitarbeitern gefragt. 1994 konnten dann neue Räumlichkeiten bezogen werden, die die Voraussetzungen für eine erfolgreiche Arbeit wesentlich verbesserten.

Die politische Bildungsarbeit der Landeszentrale wird von *fünf Referaten* geleistet, wobei die inhaltlichen Schwerpunkte dieser Referate in den zurückliegenden Jahren den Bedürfnissen der jeweiligen Zielgruppen angepasst wurden. Im *Referat 0*, das vom Direktor geleitet wird, stehen im Vordergrund der Arbeit Sondermaßnahmen und Projekte der politischen Bildung, die politische Bildung für den öffentlichen Dienst und Verantwortungsträger in der Gesellschaft sowie die Studienreisen nach Israel. In diesem Referat sind auch die politische Bildung für Frauen und Gleichstellungsfragen angesiedelt. Zu den Sondermaßnahmen gehören z.B. Lesungen mit verschiedenen Autoren, Reiseseminare auf den Spuren des Judentums in Sachsen-Anhalt oder Berlin oder auch groß angelegte Werbekampagnen zur Beteiligung an den Landtags- oder Kommunalwahlen in Sachsen-Anhalt.

Im *Referat II* (ein Referat I ist bisher nicht eingerichtet worden) steht die politische Bildung von Schulen und Hochschulen im Vordergrund. Darunter fallen Lehrerfortbildung, Schülerbildung/Schülerwettbewerbe, politische Bildung für Hochschulangehörige und Materialien für Schulen und Hochschulen. Hier hat sich in den zurückliegenden Jahren eine sehr erfolgreiche Zusammenarbeit mit dem Landesinstitut für Lehrerfortbildung, Lehrerweiterbildung und Unterrichtsforschung von Sachsen-Anhalt (LISA) herausgebildet *(siehe den folgenden Beitrag von Both)*, stand doch die Weiterbildung Hunderter von fachfremden Lehrern zu Sozialkundelehrern im Vordergrund der Tätigkeit. Zu den erfolgreichsten Veranstaltungen dieses Referates gehören die jährlich stattfindenden Politiklehrer- und Geschichtslehrertage mit jeweils mehr als 100 Teilnehmern.

Zum Aufgabengebiet des *Referates III* gehörten zunächst die politische Bildung für den öffentlichen Dienst und für Verantwortungsträger in Staat und Gesellschaft. Gerade die Seminare für politische Funktions- und Mandatsträger besaßen in den ersten Jahren einen besonderen Stellenwert, mussten doch die neuen Regelungen der Kommunalverfassung erst erlernt und eingeübt werden. Seit 2001 ist im Referat III die Auseinandersetzung mit allen Formen des Extremismus, insbesondere des Rechtsextremismus, der Fremdenfeindlichkeit, des Antisemitismus und der Intoleranz verankert.

Zum Arbeitsbereich des *Referates IV* gehören die Themen Landes-, Bundes- und Europapolitik. Dazu gehören auch die Landtagsseminare und die Studienreisen zu Institutionen des Bundes und der Europäischen Union.

Im *Referat V* schließlich steht die Betreuung des Publikationsangebotes der Landeszentrale im Vordergrund der Tätigkeit. Das (noch kostenfreie) Literaturangebot der Landeszentrale wird von der Bevölkerung in Sachsen-Anhalt gut angenommen. Spitzenreiter bei der Nachfrage ist die inzwischen in dritter Auflage vorliegende Landesgeschichte mit über 25.000 Exemplaren. Das Literaturangebot der Landeszentrale unterteilt sich in Eigenpublikationen der Landeszentrale, Ankäufe bei verschiedenen Verlagen und Mitdrucke bei anderen Landeszentralen sowie der Bundeszentrale. Das Angebot hat sich seit 1991 wesentlich verbreitert. Standen im ersten Jahr nach Errichtung der Landeszentrale ca. 50 Titel zur Verfügung, so werden heute rund 200 Titel unterschiedlichster Art angeboten. Dieses Angebot kann grundsätzlich von allen Bürgern des Landes Sachsen-Anhalt genutzt werden, die landesspezifischen Titel werden darüber hinaus auch über die Landesgrenzen hinweg abgegeben. Das Angebot wird durch ein jährlich erscheinendes Publikationsverzeichnis der Öffentlichkeit bekannt gemacht. Wurden 1992 15.000 Publikationen ausgegeben, so steigerte sich diese Zahl auf inzwischen auf ca. 100.000 Exemplare pro Jahr.

Auch das Angebot an Seminaren konnte die Landeszentrale seit 1991 wesentlich erweitern. 1992 wurden insgesamt 37 Seminare mit rund 1.100 Teilnehmer durchgeführt, 1993 bereits 123 Seminare mit 2.500 Teilnehmern. Im Jahre 2001 wurden insgesamt 165 Seminare (davon 3 Studienreisen) mit 11.131 Teilnehmern gezählt. Bei dieser erfreulichen Zahl soll aber nicht verschwiegen werden, dass zahlreiche Bürgerforen und Leseseminare mit dazu beigetragen haben.

Die Landeszentrale fördert aber auch die *politische Bildungsarbeit anderer Institutionen*. Nach der Richtlinie der Landeszentrale über die Gewährung von Zuwendungen unterstützt sie Einrichtungen, Organisationen und Vereinigungen in Sachsen-Anhalt, die sich der allgemeinen politischen Bildung widmen. Dabei werden Zuschüsse gewährt für Tagesveranstaltungen, Internatsveranstaltungen und Studienreisen. Voraussetzung für eine Förderung ist, dass die Bildungsarbeit auf der Grundlage der inhaltlichen Schwerpunkte erfolgt, die auch für die Arbeit der Landeszentrale Geltung haben.

Die Landeszentrale hat zur Zeit noch 17 Mitarbeiter und Mitarbeiterinnen. Hier sind aufgrund des allgemeinen Personalabbaus in der Landesverwaltung, Veränderungen zu erwarten.

3. Ausblick

Die Welt verändert sich in rasanter Geschwindigkeit. Es wächst eine Generation heran, für die die Wiedererlangung der deutschen Einheit eine Selbstverständlichkeit ist. Der Gebrauch von Handy, PC und Internet ist Allgemeingut geworden. Die politische Bildung muss sich diesen Herausforderungen stellen. Die Landeszentrale für politische Bildung des Landes Sachsen-Anhalt tut dies auch, vor allem mit der Beteiligung am gemeinsamen Internet-Portal www.politische-bildung.de oder ihrem eigenen Internet-Angebot unter www.lpb.sachsen-anhalt.de. Zur Landtagswahl 2002 in Sachsen-Anhalt hat sie ein eigenes Portal www.sachsen-anhalt-wahl.de ins Netz gestellt. Dabei darf nicht vergessen werden, dass die Landeszentrale kein kommerzieller Anbieter, sondern auf Kooperation mit anderen staatlichen und nichtstaatlichen Institutionen angewiesen ist. Die Nutzung der Möglichkeiten des Internets bedeutet nicht, dass die Landeszentrale die alten Formen der politischen Bildungsarbeit hintanstellen will, die technischen Möglichkeiten werden vielmehr als Ergänzung verstanden.

Die Landeszentrale für politische Bildung Sachsen-Anhalt hat sich in den zurückliegenden Jahren als ein wichtiger Bestandteil der politischen Bildungsarbeit in Sachsen-Anhalt etabliert. Die fruchtbare Zusammenarbeit mit anderen Trägern wird sie auch in Zukunft fortsetzen.

4. Schulische politische Bildung

Siegfried Both
Die Förderung politischer Bildung in Sachsen-Anhalt durch das LISA

Die Gründung des Landesinstituts für Lehrerfortbildung, Lehrerweiterbildung und Unterrichtsforschung von Sachsen-Anhalt (LISA) datiert sich auf den 1.1.1991. Im Wesentlichen sind es drei Aufgabenfelder, die dem Institut von Anfang an zugeordnet waren:
- Lehrerfortbildung und Lehrerweiterbildung
- Schul- und Curriculumentwicklung
- Medienpädagogik.

In allen Schwerpunkten sind Bezüge zur politischen Bildung erkennbar, sie bündeln sich in dem Bemühen, zeitgemäße politische Bildung in Sachsen-Anhalt voranzubringen.

1. Der erste Schwerpunkt: Fortbildungen zu neuen Rahmenrichtlinien

In Fortbildungskursen galt es 1991 zunächst, das neue Unterrichtsfach Sozialkunde zu etablieren und den Lehrkräften zu helfen, die drängenden Tagesaufgaben zu bewältigen. Folgerichtig thematisierten die ersten Kurse die neuen Rahmenrichtlinien Sozialkunde, die mit Beginn des Schuljahres 1991/1992 zur Einführung anstanden. Die Gruppe der Fachmoderatoren, also derjenigen Multiplikatoren, die regional begrenzt mit Lehrern Fortbildungen durchführen, fand sich ebenfalls in dieser Zeit in diesen Veranstaltungen. Sie sind, entsprechend der Erlasslage in Sachsen-Anhalt, die eigentlichen Adressaten der Veranstaltungen des LISA. Das Institut bemühte sich in diesen Kursen von Anfang an, eine enge Verzahnung von fachlichen, fachdidaktischen und methodischen Inhalten zu erreichen. So sind reine Theoriekurse ebenso die Ausnahme geblieben wie Veranstaltungen, bei denen nur bestimmten didaktische oder methodische Aspekte im Zentrum standen (Methodentraining, Zukunftswerkstatt). Betrachtet man rückblickend die Kursthemen, so fällt auf, dass zwar ein umfassendes Themenspektrum angeboten wurde, welches alle gängigen Inhalte abdeckt, dass es aber trotz der Breite zu Schwerpunktbildungen gekommen ist. „Sozialisation in der Gesellschaft" gehört dazu ebenso wie Fragen des Rechts bzw. Rechtsstaates und die mit Medien zusammenhängenden Fragen politischer Bildung, insbesondere „Medien machen Meinung". Seit Mitte der 90er Jahre finden sich darüber hinaus regelmäßig Angebote zur Auseinandersetzung mit dem politischen System der DDR im LISA-Angebot für die Lehrkräfte unseres Landes.

2. Kooperationen und ihre Wandlungen

Das LISA kooperierte gerade in der politischen Bildung mit einer Vielzahl von Partnern, wobei sich im Laufe der Entwicklung eine Reihe von Veränderungen ergaben. In den ersten Jahren konnte die Mehrzahl der Kurse nur durch die Hilfe unserer Partnereinrichtung in Niedersachsen realisiert werden. Das Niedersächsische Landesinstitut für Fortbildung und Weiterbildung im Schulwesen und Medienpädagogik (NLI) stellte nicht nur Referenten und Materialien, sondern auch Räumlichkeiten zur Verfügung. Ähnliches kann über die Unterstützung durch die Landeszentrale für politische Bildung Niedersachsens gesagt werden. Als wichtiger Partner der Anfangszeit erwiesen sich auch die Ostakademien in Lüneburg und Königstein. Insbesondere in der Arbeit mit den niedersächsischen Einrichtungen bildeten gemeinsame Kurse von Lehrkräften aus diesem Bundesland und aus Sachsen-Anhalt zu Themen, die beide Länder berührten, den Schwerpunkt. Als Beispiele seien „Politische Herausforderungen bei der Überwindung des Ost-West-Gefälles" (mehrere Kurse zu einzelnen Aspekten, 1992) und „Politische Herausforderungen beim Ausgleich ökonomischer und ökologischer Interessen" (mehrere Kurse zu verschiedenen Problemen, 1993-1994, 1996-1997) genannt.

Die finanzielle, inhaltliche und personelle Unterstützung wie die gemeinsamen Kurse resultierten aus der Situation Anfang der 90er Jahre und bildeten eine unverzichtbare Grundlage, um die politische Bildung in Sachsen-Anhalt zu entwickeln. Der Anteil niedersächsischer Hilfestellungen ging nach wenigen Jahren in dem Maße zurück, wie es die Bedingungen im Land gestatteten, auf eigene personelle und institutionelle Ressourcen zurückzugreifen. Mit der Aufnahme der Arbeit der hiesigen Landeszentrale für politische Bildung und der Einrichtung von Büros der Friedrich-Ebert-Stiftung wie der Konrad-Adenauer-Stiftung kam es zu einer immer engeren Verflechtung der Einrichtungen politischer Bildung in Sachsen-Anhalt mit der Arbeit des LISA.

Parallel zu diesen Fortbildungen betreute das Institut mit Unterstützung der Bundeszentrale für politische Bildung zwei berufsbegleitende Studiengänge für

Lehrer an Sekundarschulen, die mit einer Prüfung vor dem Landesprüfungsamt für Lehrämter endeten. Mit Hilfe dieser zweijährigen Weiterbildung konnten etwa 100 Lehrkräfte eine Ausbildung für das Fach Sozialkunde erhalten. Dass eine solche Aufgaben dem Landesinstitut übertragen wurde, ist ein Spezifikum damaliger Zeit, heute übernehmen diese Qualifizierungen die Universitäten des Landes.

3. Rahmenrichtlinien (RRL) als gegenwärtiger Schwerpunkt

Das LISA erhielt bereits mit seiner Gründung die Aufgabe, Rahmenrichtlinienkommissionen zu betreuen, was sich zu den umfangreichsten Angelegenheiten des Institutes entwickelte. Insbesondere die rasch aufeinander folgende Frequenz der Kommissionsberufungen verdeutlicht, wie schnelllebig und unruhig damalige politische Bildung war *(siehe den folgenden Beitrag von Both/Reinhardt)*.

Die ersten RRL von 1991 orientierten sich sehr stark an niedersächsischen Lehrplänen, aber auch an Richtlinien aus Nordrhein-Westfalen. Dieses ist den RRL-Kommissionen gelegentlich zum Vorwurf gemacht worden, obwohl es aus der Sicht der betreuenden LISA-Mitarbeiter wie der Kommissionsmitglieder der einzig vernünftige Weg war, politische Bildung auf erprobte und stabile Ausgangspunkte zu stellen. Immerhin gab es seinerzeit auch eine Diskussion, die politische Bildung in der Schule zeitlich befristet auszusetzen, weil die personellen und inhaltlichen Grundlagen nicht in dem Maße vorhanden waren, wie es wünschenswert erschien. In Zeiten, in denen das Misstrauen gegen Schule und Lehrer ziemlich groß war, gab es für die damalige Kommission wohl kaum eine andere Entscheidungsmöglichkeit. Außerdem gab es keine Curriculumexperten für die politische Bildung in der DDR. Fehlendes Wissen konnte darüber hinaus nicht durch Sozialisationserfahrungen kompensiert werden, weil die noch nicht vorhanden waren.

Nach den ersten Versuchen zeigt sich in den Richtlinien eine klare Tendenz hin zur stärkeren Orientierung an politischen Inhalten, sozialwissenschaftlichen Methoden und einer stärkeren Offenheit. Dies ist auf das Ansteigen der Zahl ausgebildeter Sozialkundelehrer zurückzuführen.

Das LISA wird den Weg zur Förderung politischer Bildung in Sachsen-Anhalt weitergehen. Dies betrifft insbesondere die enge Verzahnung fachwissenschaftlicher, fachdidaktischer und methodischer Aspekte in der Lehrerfortbildung und die Ausschärfung eines originären fachspezifischen Profils in den Rahmenrichtlinien.

Siegfried Both, Sibylle Reinhardt
Die Richtlinien für Sozialkunde

1. Jugendliche im Systemwechsel

1992 wurde das Thema „Politische Bildung nach der Vereinigung" von Autoren aus Ost und West in der Zeitschrift „Politische Bildung" (Heft 2) behandelt. Die einen analysierten die Bedingungen für Demokratie-Lernen auf dem Hintergrund von Erfahrungen besonders in Sachsen-Anhalt (Both; Schubarth); die anderen skizzierten Ziele und Aufgaben (Breit; Gagel; Reinhardt). Die Darstellung der Entwicklung der Richtlinienarbeit in Sachsen-Anhalt kann hier anknüpfen.

Daten aus dem Leipziger Zentralinstitut für Jugendforschung zeigten schon für die 80er Jahre das Zusammenbrechen der Loyalität gegenüber dem SED-Staat bei den Jugendlichen, als „Stagnations- und Krisenerscheinungen immer deutlicher wurden" (Schubarth 1992, 26). Erziehungsziele wie die des festen Klassenstandpunkts und des unerschütterlichen Vertrauens in die SED fanden keine oder wenig Resonanz mehr, womit auch die eindeutigen Formen der Ideologievermittlung an Legitimität verloren. Mit dem Wegfall des politisch eindeutig bestimmten Erziehungsziels hatte auch die politisch-pädagogische Führung und Anleitung durch die Lehrenden ausgedient.

Der Systemwechsel stellte auch die Jugendlichen vor die Aufgabe, sich für ihre Lebensplanung und Lebensgestaltung selbst zu orientieren, zu entscheiden und zu handeln. An die Stelle einer relativ geplanten Biographie traten Ungewissheit und die Notwendigkeit von Eigeninitiative. Im Dezember 1990 äußerten viele Jugendliche anstelle von Euphorie über das Ende des alten Systems nun Klagen über die Gegenwart und Ängste vor der Zukunft (Schubarth 1992, 29). Dass in den Fächern Gesellschaftskunde und Sozialkunde in den ersten Jahren lebenskundliche Themen wichtig waren, findet hier sicher eine teilweise Erklärung.

Der Systemwechsel stellte die Jugendlichen wie alle Staatsbürger vor die politische Aufgabe, den Pluralismus der Interessen und Meinungen, die Vielfalt von Lebenssituationen und konkreten Werten zu tolerieren und sich zur eigenen Auffassung begründet zu entscheiden. Damit wurde ein Freiheitsraum eröffnet, der nach unserem Eindruck faszinierte und fasziniert. In der alten Bundesrepublik sind die Prinzipien des Indoktrinationsverbots, des Kontroversgebots und der Achtung der subjektiven Interessenlagen im Beutelsbacher Konsens 1976 formuliert worden und stoßen auf allgemeine Anerkennung unter Wissenschaftlern und Lehrern (Schneider 1999).

Dass der Beutelsbacher Konsens in der Lehrerfortbildung nach der Wende ein „Renner" war – und im Übrigen auch heute noch in der universitären Lehre der Fachdidaktik ist –, erklärt sich sicherlich zum Teil durch diese Öffnung der Möglichkeiten. Zugleich bedeutete diese Öffnung, dass keine inhaltlich klaren Orientierungen mehr verordnet werden können – auch wenn sie nachgefragt werden.

Aus der Verpflichtung auf die direkte Vermittlung klarer Wahrheiten entlassen, konnte sich der Unterricht stärker auf die Situation von Schülern einlassen. Ein solcher Paradigmenwechsel kam vermutlich vielen Lehrern und ihren pädagogischen Interessen entgegen, woraus sich wohl der Anklang erklärt, den Schüler- und Handlungsorientierung fanden. Auch das große Interesse für kommunikative Verfahren und Methoden im Unterricht findet hier eine Erklärung.

2. Die Rahmenrichtlinien im Überblick

Reflexionen über die Ziele der Richtlinien und über die Wahl von Inhalten für den Unterricht wurden notwendig, weil die Setzungen durch Staat und Partei mit festem Klassenstandpunkt weggefallen waren. Damit wurde in den Entscheidungen über Unterricht nun die Didaktik zum Thema, wo früher allein die Methodik für die zweckmäßige Umsetzung zu sorgen hatte. Ziele und Inhalte können nicht einfach aus Wissenschaften oder Traditionen übernommen werden (womöglich „reduziert"), sondern wertende Überzeugungen, wissenschaftliche Erkenntnisse, Alltagszugänge der Lernenden und das praktische Berufswissen der Lehrenden werden im Professionswissen miteinander in ein Verhältnis gesetzt. Das bedeutete nach der Wende: Streiten und Entscheiden über Ziele, über Werte und Normen, über die Auswahl von Inhalten und über die Wege des unterrichtlichen Arrangements wurden möglich und nötig, wodurch Richtlinien einerseits neue Elemente erhielten und andererseits letzten Endes den Lehrenden und Lernenden mehr Entscheidungen überließen.

In recht kurzer Zeit erarbeiteten Kommissionen eine Reihe von Richtlinien. Der folgende Überblick benennt außer dem Jahr des Erscheinens die Schulformen, für die die Richtlinien galten oder noch gelten. Daneben stehen zentrale Zielvorstellungen und knappe Angaben zu inhaltlichen Vorgaben.

Überblick über RRL Sozialkunde in Sachsen-Anhalt

1991 Entwurf von Rahmenrichtlinien Hauptschule Realschule Gymnasium (Abitur nach 12 Schuljahren)
„Im Fach Sozialkunde sollen die Schülerinnen und Schüler lernen, eigene und fremde Interessen zu erkennen, zu entwickeln und im Rahmen der verfassungsmäßigen Ordnung zu vertreten." 8 fachbezogene Leitziele, jeweils untersetzt durch Lernziele; Themen werden mit verbindlichen Situationen, leitenden Aspekten und Inhalten beschrieben; Einführungsphase: Einführung in die Wirtschaftsordnung, Beruf und Berufswahl, Qualifikationsphase: Auswahl aus 5 Lernfeldern mit Inhalten und theoretischen Erklärungsansätzen

1993 Vorläufige Rahmenrichtlinien Fachoberschule
„... hat die Aufgabe, die Schülerinnen und Schüler zur selbständigen Informationsgewinnung, zu alternativem Denken, zur Urteilsbildung und zum selbständigen Handeln zu befähigen..."; themenbezogene Lernziele; 8 Pflichtthemen, 4 Wahlthemen

Rahmenrichtlinien Berufsfachschule, Berufsschule, Berufsaufbauschule
„... soll das Verständnis der Schülerinnen und Schüler für soziales, wirtschaftliches und politisches Geschehen gefördert werden"; themenbezogene Lernziele; allgemeinverbindliche Themen, berufsfeldspezifische Themen, wahlfreie Themen

1994 Rahmenrichtlinien Sekundarschule (Haupt- und Realschulbildungsgang), Gymnasium (Abitur nach 12 Schuljahren)
„... soll das Verständnis der Schülerinnen und Schüler für soziales, wirtschaftliches und politisches Geschehen gefördert werden..."; allgemeine Lernziele und themenbezogene Lernziele; Pflicht- und Wahlthemen (einschl. Einführungsphase); Qualifikationsphase: Rahmenthemen mit Kursvarianten ohne Schwerpunkt „Wirtschaft" (Forderung des MK)

1999 Rahmenrichtlinien Sekundarschule Gymnasium (Abitur nach 13 Schuljahren)
„... hat die Aufgabe, eine eigenständige Auseinandersetzung der Lernenden mit der Politik zu fördern"; fachspezifische und themenbezogene Lernziele; 6 verbindliche Lernfelder (Demokratie, Gesellschaft, Recht, Wirtschaft, Internationale Beziehungen, Medien); Themen durch Lehrkraft; Einführungsphase: selbstgewählte Probleme politischen Handelns werden u.a. mit sozialwissenschaftlichen Methoden (Experiment, Befragung, Beobachtung) bearbeitet; Qualifikationsphase: Auswahl aus thematischen Einheiten, die zu Kurs ausgebaut werden müssen

Rahmenrichtlinien Berufsfachschule, Berufsschule, Berufsgrundbildungsjahr
„... zur Ausprägung demokratischer Verhaltensnormen..." beizutragen; fachspezifische und themenbezogene Lernziele; verbindliche Lerngebiete und Lerneinheiten

Rückblickend lassen sich, obwohl nur einen historisch kurzen Zeitraum umfassend, für die Richtlinien übergreifende Entwicklungstrends konstatieren:

Bezugspunkt	Entwicklungsrichtung		
Gegenstandsbereich	Lebenswelt/Lebenskunde	→	Politik
inhaltliche Struktur	Themen	→	Lernfelder
Grad der Verbindlichkeit	geringe Offenheit	→	große Offenheit
Stellenwert der Methoden	Unterstützung für Stoff	→	werden zusätzlich selbst Gegenstand

Um diese generalisierten Prozesse zu verdeutlichen, werden zwei aufeinanderfolgende Richtlinien gleicher Schulform (Gymnasium) näher beleuchtet: Die Rahmenrichtlinien für das Gymnasium schrieben ab 1994 ganz bestimmte Themen fest (z.B. „Gewalt im täglichen Leben") und ordneten ihnen methodische Möglichkeiten auf der Ebene von Mikrostrukturen zu (also einzelne Verfahren wie z.B. „Rollenspiel").

RRL (Gymnasium) 1994

8. Schuljahrgang	9. Schuljahrgang	10. Schuljahrgang
Zusammenleben in der Familie Gewalt im täglichen Leben Ausländer in der Bundesrepublik Suchtgefahren begegnen	Schüler – Schule – Freizeit Dem. Grundrechte i. Rechtsstaat Politik in der Kommune Beziehungen zw. Industrie- und Entwicklungsländern	Demokratie im Parlament Wahlen Europa wächst zusammen Umgang mit Rechten
methodische Möglichkeiten (an Themen gebundene Mikrostrukturen)		

Die 1999 folgenden Rahmenrichtlinien schreiben Lernfelder vor, die im Zusammenwirken von Lehrenden und Lernenden auf der Ebene von Themen konkretisiert werden; hierfür werden Vorschläge bzw. Anregungen gemacht. Als Lernwege werden Methoden angegeben; einzelne Verfahren (Ebene der Mikrostruktur) werden erwähnt. – Die Klammer zwischen Themen und Methoden sind so genannte fachdidaktische Prinzipien wie z.B. Zukunftsorientierung. Zur Zukunftsorientierung, die hier als ein Beispiel dient, gehören die Methoden der Zukunftswerkstatt und der Szenario-Technik.

RL (Gymnasium) 1999

Lernfelder	Schuljahrgang 8	Schuljahrgänge 9/10
Demokratie	verbindlich	verbindlich
Gesellschaft	verbindlich	verbindlich
Recht	verbindlich	verbindlich
Wirtschaft	nicht verbindlich	verbindlich
Internationale Beziehungen	nicht verbindlich	verbindlich
Medien	nicht verbindlich	verbindlich

Die Richtlinien für Sozialkunde

Die didaktische Verklammerung zwischen den Lernfeldern und den Methoden wird durch die fachdidaktischen Prinzipien geleistet; mindestens eine Methode pro Schuljahrgang als Makrostruktur; in ihrer Struktur bewusst machen, an Inhalten anwenden und Vorgehen reflektieren;

Fallanalyse, Fallstudie, Konfliktanalyse, Problemstudie, Planspiel, Projekt, Zukunftswerkstatt, Szenario-Technik

3. Die verschiedenen Aufgaben der Rahmenrichtlinien

Die Lehrer, die zu Zeiten der DDR ausgebildet und berufstätig gewesen waren, wurden durch das Fach Sozialkunde mit dem Ziel „Demokratie-Lernen" vor Herausforderungen gestellt. Ihnen war genauso wenig wie ihren Schülern das neue System bekannt und geläufig. Nicht einmal die Alltagssozialisation konnte helfen, wo die Fachausbildung ohnehin fehlen musste. Der Faszination durch neue Freiräume stand die Überforderung zur Seite: Fachlich-inhaltlich ging es um neue Gegenstände, pädagogisch-kommunikativ ging es um eine neue Lehrerrolle, die weniger dirigieren und eher ermöglichen sollte. Den Beutelsbacher Konsens zu kennen und überzeugend zu finden bedeutet noch nicht, die entsprechenden Kommunikationsprozesse im Unterricht in Gang setzen und in Gang halten zu können.

Die Richtlinien hatten demnach auch die Aufgabe, die Lehrer fortzubilden. Eine Frage an die Abfolge der Richtlinien seit der Wende kann deshalb sein, wie sie die Umstellung von klarer Zielgerichtetheit und Stofforientierung mit eindeutigen Vorschriften bis in die Abfolge der Einzelstunden hinein zu qualifikationsorientierten Rahmenrichtlinien mit vielfältigen Spielräumen für die schulischen Akteure vornehmen. Eine zweite Frage an die Abfolge von Richtlinien seit der Wende könnte sein, wie diese Richtlinien es leisten, die im Westen zu unterschiedlichen Zeiten gegebenen Schwerpunkte zu verknüpfen. Werden die normativen Debatten der 70er Jahre und die handwerklich-pragmatischen Ratschläge der 90er Jahre in einem Konzept von Professionswissen zusammengeführt?

Die „großen" Debatten um Emanzipation als Richtziel, um Anpassung oder Widerstand als vermeintliche Alternativen für den Sinn politischer Bildung brauchten nicht wiederholt zu werden, sondern sie können in ihrem Ergebnis genutzt werden, also im vorhandenen Konsens zum „Demokratie-Lernen". Gleichfalls braucht das Nachdenken über Methoden nicht bei handwerklichen Klein-Klein-Verfahren, z.B. der Handlungsorientierung, stehen zu bleiben. Heute können wir, auch mit Hilfe der Konstruktion fachdidaktischer Prinzipien, die Transformation unterschiedlicher Wissensformen in eine Gestalt des Unterrichtsprozesses versuchen; das Ergebnis nennen wir Professionswissen.

4. Fort- und Weiterbildung

Fachdidaktisches Professionswissen bedeutet die Transformation verschiedener Wissenstypen: Normatives Wissen und Wissenschaftswissen und Alltagswissen und Berufswissen werden miteinander in Bezug gesetzt, woraus eine Realität eigener Art (und nicht etwa die Reduktion von Wissenschaftswissen) hervorgeht. Das Konzept des fachdidaktischen Professionswissens ist komplexer und anspruchsvoller als ein Konzept von didaktischer Reduktion, das sich auf die Verkleinerung von Stoffen begrenzen könnte. Die Verfasser von Richtlinien müssen eine Entscheidung treffen über ihre Adressaten: Setzen sie den professionellen Fachlehrer bzw. die kompetente Fachlehrerin voraus oder schreiben sie für die fachfremd unterrichtenden Kollegen? Da Rahmenrichtlinien dem Fach Identität geben müssen, dürfen sie nicht auf die Tücken der unvollkommenen Versorgung mit Fachlehrern bezogen sein.

Die Fort- und Weiterbildung fachfremd unterrichtender Lehrer ist vornehmlich Aufgabe von Universitäten und Landesinstituten, auch wird die kollegiale schulinterne Fortbildung in den Fachgruppen von großer Bedeutung sein, ganz abgesehen von den individuellen Bemühungen dieser Lehrkräfte. Rahmenrichtlinien geben die Richtung auch hierfür an, können aber Studium und Fortbildung nicht ersetzen.

5. Die Herausforderung durch den Rechtsradikalismus

Eine Herausforderung an die Rahmenrichtlinien stellt die Entwicklung rechtsradikaler Einstellungen in Sachsen-Anhalt dar. So hat z.B. Schubarth 1992 die Zunahme von Gewalt, Rechtsextremismus und Ausländerfeindlichkeit besonders unter Jugendlichen geschildert, die er auf einen wechselseitigen Verstärkungseffekt zurückführte: Aktuelle Krisenlagen, Beeinträchtigungen des Selbstwertgefühls, Bedrohungsgefühle und der Verlust gewohnter Orientierungs- und Handlungssicherheiten trafen auf Verarbeitungsstrukturen, die aus einem autoritären System stammten. Diese intoleranten und ausländerfeindlichen Einstellungen konnten politisch instrumentalisiert werden, was sich schon in der Bundestagswahl 1990 zeigte, als von den 18-25-jährigen Männern ca. 7 Prozent die Partei der Republikaner wählten.

Die Situation in Sachsen-Anhalt war fast zehn Jahre später eher noch schwieriger geworden. In der Landtagswahl 1998 wählten von den 18-24-jährigen Männern fast ein Drittel die Deutsche Volksunion (DVU) (Holtmann 1998, 32). In der Wahl 2002 hat sich die Lage wieder entspannt. Doch ist Ausländerfeindlichkeit bei den Jugendlichen keine Außenseiterposition (Krüger/Pfaff 2001). Der „rechte" Weg zur Politik nutzt die Instrumente der Demokratie instrumentell, aber teilt nicht ihre normativen Grundlagen (Reinhardt/Tillmann 2001). Für die Beurteilung von Richtlinien ergibt sich hieraus zum einen die Betonung ihrer normativen Bezüge. Ohne die Selbstvergewisserung über den Sinn des Unterrichts ist seine Verortung in der Gesellschaft nicht möglich. Zum zweiten stellt sich die Frage, ob die Richtlinien den Lehrern und Schülern die Möglichkeit einräumen, solche Problemsituationen, auch wenn sie sich nicht in allen Schulen und Klassen in identischer Weise stellen, zu sehen und zu bearbeiten.

Literatur
Both, Siegfried: Probleme des Neubeginns in der politischen Bildung (nicht nur) in Ostdeutschland. In: Politische Bildung 2, 1992, S. 12-20
Breit, Gotthard: Unterricht im Westen Deutschlands: Unterrichtsplanung zum Thema „Der Streit um das Asylrecht (Art. 16 II 2 GG) im Herbst 1991". In: Politische Bildung 2, 1992, S. 73-87
Gagel, Walter: Zum Selbstverständnis der politischen Bildung in Deutschland nach der Vereinigung. In: Politische Bildung 2, 1992, S. 3-11
Holtmann, Everhard: Protestpartei am rechten Rand. Die DVU in der Wählerlandschaft Sachsen-Anhalts. Magdeburg: Landeszentrale für politische Bildung Sachsen-Anhalt 1998
Krüger, Heinz-Hermann/Pfaff, Nicolle: Jugendkulturelle Orientierungen, Gewaltaffinität und Ausländerfeindlichkeit. Rechtsextremismus an Schulen in Sachsen-Anhalt. In: Aus Politik und Zeitgeschichte 45, 2001, S. 14-23
Reinhardt, Sibylle: Schule und Unterricht als Bedingungen von Demokratie-Lernen: Formen politischer Streitkultur als Bildungsaufgabe. In: Politische Bildung 2, 1992, S. 33-46
Reinhardt, Sibylle/Tillmann, Frank: Politische Orientierungen Jugendlicher – Ergebnisse und Interpretationen der Sachsen-Anhalt-Studie „Jugend und Demokratie". In: Aus Politik und Zeitgeschichte 45, 2001, S. 3-13
Schneider, Herbert: Der Beutelsbacher Konsens, in: Wolfgang W. Mickel (Hrsg.): Handbuch zur Politischen Bildung. Bonn 1999, S. 171-178
Schubarth, Wilfried: Zur politischen Sozialisation der Schuljugend in Ostdeutschland. In: Politische Bildung 2, 1992, S. 21-32

Gotthard Breit
Politiklehrerausbildung

1. Aufgaben der politischen Bildung bzw. des Politikunterrichts

Aufgabe des Politikunterrichts in den Schulen und der politischen Bildung allgemein ist es, Jugendliche zum sozialen und politischen Denken und Handeln in einer Demokratie zu befähigen. Beim *sozialen Lernen* sollen die Jugendlichen lernen, nicht nur sich selbst und die eigenen Schwierigkeiten, sondern auch den Mitmenschen und dessen Probleme wahrzunehmen. Gewöhnen sich Heranwachsende daran, den anderen als prinzipiell gleichwertig und gleichberechtigt anzuerkennen, dann wird durch soziales Lernen die Basis für ein selbstständiges und wertgeleitetes politisches Denken und Handeln gelegt.

Im *politischen Lernen* sollen die Heranwachsenden die Kompetenz erwerben, selbstständig politische Sachverhalte mit dem Ziel einer eigenen Handlungsorientierung zu analysieren und zu beurteilen, wie Wolfgang Hilligen es mit seinem Schulbuchtitel „sehen, beurteilen, handeln" schon früh vorzüglich formuliert hat. Daneben soll den Jugendlichen Gelegenheit gegeben werden, über die Bedeutung von Freiheit und Demokratie nachzudenken (Breit 1996a, 100). „Ziel politischer Bildungsarbeit muß die Befähigung von Schülerinnen und Schülern zur Wahrnehmung ihrer Bürgerrolle in der Demokratie sein." (Darmstädter Appell 1995, 140)

Auf der Grundlage meiner Erfahrungen in der Lehrerausbildung möchte ich versuchen, zu den Möglichkeiten und Schwierigkeiten der politischen Bildung in den neuen Bundesländern etwas zu sagen.

2. Hindernisse für die Ausbildung eines Demokratieverständnisses

Die meisten Ostdeutschen, die vor 1989 das Leben in der Bundesrepublik nur aus dem Fernsehen, nicht zuletzt aus dem Werbefernsehen kannten, mussten sich nach der Wende völlig unvorbereitet in einem für sie neuen Wirtschafts- und Gesellschaftssystem zurechtfinden. In keinem Land des Ostens fiel der industrielle Strukturwandel nach der Wende dramatischer aus als in Sachsen-Anhalt. Dessen Jugendliche erlebten die Ohnmacht ihrer Eltern beim Verlust des Arbeitsplatzes. Die meisten entwickelten sich von selbstbewussten Arbeitern und Angestellten zu Empfängern von Arbeitslosengeld und Sozialhilfe. Viele Menschen, auch viele

Jugendliche in den neuen Bundesländern verbinden daher mit der deutschen Einheit, mit der sozialen Marktwirtschaft und mit der Demokratie negative Zukunftsperspektiven. Die Aussage einer Lehrerin illustriert das: „Ein Leben lang habe ich gelernt, dass der Kapitalismus fürchterlich sei. Aber dass er so schlimm ist, wie ich ihn jetzt erlebe, das hätte ich mir nicht träumen lassen." Folglich wird die beste und wirksamste Maßnahme der politischen Bildung die Schaffung von Arbeitsplätzen sein.

Viele Bürger Ostdeutschlands haben sich nach 1989 umorientiert, aber oft in einer für den Westen beschämenden Weise. Nicht Individualisierung, sondern Egoismus heißt die neue Ausrichtung. Für viele ehemalige DDR-Bürger ergibt sich aus der Zugehörigkeit zu der neuen Staats- und Gesellschaftsordnung die Notwendigkeit, „die Ellenbogen auszufahren" (so die häufig zu hörende Standardformulierung).

3. Politiklehrerausbildung in Sachsen-Anhalt

Nach der Wende fiel schon früh die Entscheidung, ehemalige Staatsbürgerkundelehrer, von wenigen Ausnahmen abgesehen, nicht im Politikunterricht einzusetzen. Für den Sozialkunde- bzw. Politikunterricht fehlten also Lehrer. Um sie auszubilden, wurden mancherorts Studiengänge in Eigeninitiative eingerichtet, so auch in Magdeburg. Diese „wilden" Studiengänge besaßen kein langes Leben; sie wurden rasch unterbunden.

Mit Geschick und einigem Aufwand organisierte dann die Bundeszentrale für politische Bildung Ausbildungsmöglichkeiten. Eine große Anzahl von Fachwissenschaftlern und Fachdidaktikern reiste („flog") für wenige Tage in die neuen Bundesländer ein, hielt – gut bezahlte – Lehrveranstaltungen ab und begab sich dann wieder zurück in den Westen. Am Ende dieser Ausbildung stand eine Prüfung, die heute als eine Art Staatsexamen anerkannt wird. Zugleich wurden an den Universitäten innerhalb sehr kurzer Zeit die geisteswissenschaftlichen Fakultäten neu gegründet, in die jeweils ein politikwissenschaftliches Institut aufgenommen wurde.

Da angesichts des großen Lehrerüberschusses in den neuen Bundesländern in den nächsten Jahren und Jahrzehnten kaum Aussicht auf die Aufnahme von jungen Lehrern in den Schuldienst besteht, eröffnete das Kultusministerium von Sachsen-Anhalt ähnlich wie in anderen Bundesländern Lehrern die Möglichkeit, neben ihrem täglichen Unterricht in der Schule an den politikwissenschaftlichen Instituten der Universitäten Halle und Magdeburg das neue Fach Politikwissenschaft (einschließlich Didaktik des Politikunterrichts) zu studieren. Viele machten von dieser Studienmöglichkeit Gebrauch. Heute wird der Politikunterricht in Sachsen-Anhalt überwiegend von dazu ausgebildeten Lehrern erteilt *(siehe den folgenden Beitrag von Makk).*

Lernbereitschaft: Ein Studium bei gleichzeitigem Schuldienst stellt eine Leistung dar, die Anerkennung verdient. Neben der täglichen Unterrichtsvorbereitung, den vielen Korrekturarbeiten und den Anforderungen, die die eigene Familie an einen stellt, noch ein Studium zu absolvieren, erfordert eine große, beinahe eine übergroße Anstrengung. An einem Tag in der Woche – oftmals nach einer langen Anfahrt – mindestens zwei Vorlesungen und mehrere Seminare zu besuchen und am nächsten Tag wieder den regulären Unterricht zu erteilen und an den Seminararbeiten bzw. für die Prüfungsvorbereitung zu arbeiten, bedarf nicht geringer Selbstüberwindung. Wer diesen Studiengang erfolgreich mit einem Examen abschließt, kann auf sich stolz sein. Die Lehrenden der Hochschule erfüllt es oftmals mit Sorge, wie abgehetzt und überarbeitet ihre „Lehrer-Studenten" besonders gegen Ende eines Semesters in den Veranstaltungen erscheinen. Dennoch legen sowohl die Lehrenden als auch die Studierenden Wert darauf, dass die Anforderungen nicht verwässert werden. Der Standard bundesdeutscher Studiengänge und Examina soll eingehalten werden – und er wird erreicht. Das Examen in den berufsbegleitenden Studiengängen für das Fach Sozialkunde ist mit dem an anderen Universitäten der Bundesrepublik gleichwertig.

Voraussetzungen und Vorkenntnisse: Lehrenden in den politikwissenschaftlichen Instituten der neuen Bundesländern war von vornherein klar, dass ihre Lehrer-Studenten zu Beginn ihres Studiums nur über ein geringes Vorwissen verfügten. Grundkenntnisse des politischen Systems der Bundesrepublik Deutschland mussten erst erworben werden. Was viele sich nicht klar machten, war das Fehlen von Politikverständnis. Einige Beispiele:

Über Zeitungen zu sprechen, erwies sich als ebenso notwendig wie mühsam. Dabei stellte sich heraus, dass überregionale Tages- und Wochenzeitungen weitgehend unbekannt waren.

- Lehrer nahmen mit Verwunderung und mit Ärger zur Kenntnis, dass es Politikern nicht nur um die Lösung von Problemen, sondern auch um die Durchsetzung von Interessen und um Machterhalt und -erwerb geht. Hier sahen sie eine Ursache für zahlreiche Fehlentwicklungen. Wenn alle Verantwortlichen sich vernünftig an einen Tisch setzen würden und wenn dieser Tisch dann auch noch rund wäre, dann ließen sich doch anstehende Probleme rasch lösen.
- Auffällig war der Wunsch zu erfahren, was richtig und was falsch sei. Es fiel den Seminarteilnehmern schwer, eine eigene Meinung zu entwickeln und diese gegenüber anderen Ansichten offensiv zu vertreten.
- Wohl war der Begriff ‚Pluralismus' bekannt, doch war es für viele Lehrer unverständlich, dass man als Anhänger der Partei X die Partei Y ablehnt, zugleich sich aber mit deren Politik ernsthaft auseinander setzen und deren Anhänger respektieren, ja geradezu schätzen kann wegen des gemeinsamen Interesses an Politik.

- Merkwürdig zwiespältig sah das Verhältnis vieler Lehrer-Studenten zur Politik aus. Auf der einen Seite waren sie von dem Verhalten der Politiker bitter enttäuscht; sie hielten sie für unfähig und nur an ihren Diäten interessiert (Breit 1996b, 105). Die Gleichgültigkeit, ja Verachtung gegenüber Politikern saß (und sitzt) tief und war (und ist noch) weit verbreitet. Auf der anderen Seite hatten viele überzogene Anforderungen an die Politiker. Viele lebten mit dem festen Glauben daran, die Politik verfüge über beinahe unbegrenzte Gestaltungsmöglichkeiten. Die Komplexität vieler Probleme blieb ihnen verborgen. Nur zu gern war man dazu bereit, die Versprechungen von Politikern („blühende Landschaften") für bare Münze zu nehmen.

- *Aber:* Mit der Aufnahme und der erfolgreichen Absolvierung des Studiums stellten die Lehrer ihre individuelle Leistungsstärke und ihre Selbstständigkeit eindrucksvoll unter Beweis. Sie widerlegten das im Westen leider weit verbreitete „Bild des obrigkeitlich orientierten, unselbständigen und unterindividualisierten Ostdeutschen" (Pollack 1997, 10).

Die wichtigste Aufgabe des Studiums bestand darin, den Teilnehmern Gelegenheit zur eigenständigen politischen Reflexion zu geben. Dadurch sollte es ihnen ermöglicht werden, frei und ohne Druck über Beibehaltung oder Revision gewohnter Vorstellungen und Denkweisen und über die „Wahrnehmung ihrer Bürgerrolle in der Demokratie" (Darmstädter Appell 1995, 140) nachzudenken.

Erwartungen an das Studium: Die Lehrer-Studenten lösten sich nur schwer von der Auffassung, Politikunterricht diene in erster Linie der Wissensvermittlung. Entsprechend sahen auch ihre Vorstellungen von einem Studium aus. Nicht wenige gingen davon aus, den „Stoff", den sie laut Rahmenrichtlinien an ihre Schüler zu vermitteln haben, in ihrem Studium von den Lehrenden vorgestellt zu bekommen. Die Anforderungen, mit denen sie in den Seminaren konfrontiert werden, kamen daher für sie überraschend. Die selbstständige Auseinandersetzung mit unterschiedlichen wissenschaftlichen Positionen war für sie ungewohnt und fiel ihnen lange Zeit recht schwer („Was ist denn nun eigentlich richtig?").

Es bedurfte einiger Zeit und Überzeugungsarbeit, bis die Lehrer die Zielsetzung des Faches Sozialkunde akzeptierten, Schüler zum selbstständigen sozialen und politischen Denken und Handeln zu befähigen. War dies gelungen, dann sahen sie auch die Notwendigkeit eines politikwissenschaftlichen Studiums ein. Wer zusammen mit seinen Schülern soziale und politische Sachverhalte analysieren und beurteilen möchte, muss selbst politikwissenschaftliche Analyse- und Beurteilungsverfahren beherrschen. Diese Kompetenz vermittelte das Studium.

Für den Politikunterricht besitzt das *fachwissenschaftliche* Studium zentrale Bedeutung. Die Lehrer besitzen Unterrichtserfahrung; sie können Unterricht planen und durchführen. Die meisten von ihnen weisen großes methodisches Geschick auf. Für sie ist es – im Gegensatz zu Studenten und Referendaren –

selbstverständlich, bei allen Überlegungen und Entscheidungen die Unterrichtsbedingungen, und das sind in erster Linie die Kenntnisse, Einstellungen und Interessen ihrer Schüler, in den Planungs- und Entscheidungsprozess einzubeziehen. Ist den Lehrern nach einer didaktischen Analyse und nach einer gründlichen Sachanalyse klar, was sie unterrichten wollen, dann entwickeln sie kreative und phantasievolle Vorstellungen von der methodischen Umsetzung der erarbeiteten Inhalte in Unterricht.

Die Einstellung der Lehrer zum neuen politischen System: Unter den Lehrer-Studenten gibt es kaum jemand, der die Demokratie ablehnt. Die hohen Erwartungen, die Lehrer ebenso wie die meisten Bewohner der neuen Bundesländer zur Zeit der Wende mit der neuen Regierungsform verbanden, erfüllten sich nicht, konnten sich gar nicht erfüllen. An der „Demokratie", so wie sie dem Bürger im Alltag in den neuen Bundesländern begegnet, wird daher mitunter harte Kritik geübt, und zwar aus Enttäuschung über nicht erfüllte Hoffnungen heraus. Die Arbeitslosigkeit, vor allem die Lehrstellen- und Studienprobleme ihrer Schüler, lösen bei den Lehrern tiefe Verbitterung aus. Die düsteren Zukunftsaussichten der Jugendlichen erfüllen sie mit Sorge. Es spricht m.E. nur für das pädagogische Ethos der Lehrer, wenn sie ihren heutigen Schülern die „frühere" Sicherheit und Übersichtlichkeit bei der Lebensgestaltung wünschen. Gesucht wird ein System, in dem sich die Vorteile der „DDR" mit den Vorteilen der neuen Zeit verbinden.

4. Schluss

„Es ist nicht selbstverständlich, daß eine Gesellschaft demokratisch organisiert ist. Und es ist ebensowenig selbstverständlich, daß ein demokratischer Verfassungsstaat in der Zukunft Bestand hat. Eine offene Gesellschaft und ihre demokratische Ordnung verlangen von ihren Bürgerinnen und Bürgern mehr als andere Gesellschaften. Es kommt wesentlich auf ihr politisches Engagement, ihre Handlungskompetenz und ihre Identifikation mit den Zielen der Demokratie an" (Darmstädter Appell 1995, 143). Ohne ein zivilgesellschaftliches Fundament wird eine Demokratie auf Dauer keinen Bestand haben (Forndran 1993). Lehrer, die bereit und fähig sind, ihre Schüler zum selbstständigen und wertgeleiteten politisches Denken und Handeln zu befähigen, leisten einen wichtigen Beitrag, „aus der alten DDR überkommene Einstellungen, Verhaltensweisen, Routinen und Befindlichkeiten zu ändern" (Pollack 1997, 3) und ein demokratisches Staats- und Gesellschaftsverständnis zu verankern. Auch Jahre nach der Wende sind solche Lehrer nur in geringer Zahl vorhanden. Sie können nicht in Schnellkursen oder Wochenendseminaren herangebildet werden. Fachwissenschaftliche Kompetenz zur politischen Analyse und Urteilsbildung können sich Lehrer nur in einem mehrjährigen

Studium durch selbstbestimmte Auseinandersetzung mit politikwissenschaftlicher Forschung, insbesondere mit politischen Theorien, aneignen.

Noch mehr gilt dies für das Überdenken von Einstellungen und Mentalitäten. Undemokratische, autoritäre und obrigkeitsstaatliche Denk- und Verhaltensgewohnheiten lassen sich bei Lehrern nicht einfach per Diktat abstellen. Sie können sie nur selbst in freier Entscheidung nach sicherlich oftmals schmerzhaften inneren Auseinandersetzungen, in die sie zwangsläufig bei der Beschäftigung mit politikwissenschaftlichen Abhandlungen und Theorien hineingezogen werden, ablegen. Mündigkeit bedarf der Reflexivität, die am besten an einer Universität gedeiht. Nur hier besitzt der angehende Politiklehrer Gelegenheit, sich kritisch mit Fragen von Macht und Herrschaft und mit grundsätzlichen Problemen des menschlichen Zusammenlebens auseinander zu setzen und über die Bedeutung von Gerechtigkeit, Toleranz und Fairness (Reich 1996, 361) nachzudenken.

Die Wirkung politikwissenschaftlicher Forschung und Lehre an den Universitäten und des Politikunterrichts an den Schulen darf aber nicht überschätzt werden. Wird der Massenarbeitslosigkeit nicht solidarisch begegnet, dann gefährden auf Dauer ihre Auswirkungen den Bestand von Freiheit und Demokratie. „Eine Demokratie, die Menschen ausgrenzt, verliert an Substanz." (Schiele 1996, 3) Gegen diese Herausforderung wird auch ein guter Politikunterricht wenig ausrichten können. Das letzte Mal scheiterte die Demokratie in Deutschland 1933, weil zu ihrer Verteidigung Demokraten fehlten.

Literatur

Breit, Gotthard: Kann die „Westorientierung" der politischen Bildung die Grundlage für einen inhaltlichen Konsens bilden? In: Siegfried Schiele, Herbert Schneider (Hrsg.): Reicht der Beutelsbacher Konsens? Schwalbach/Ts. 1996, S. 81-106 (1996a)

Breit, Gotthard: Unterrichtseinheit: Der Bürger in der Demokratie. In: Politische Bildung 2, 1996, S. 97-126 (1996b)

Darmstädter Appell. Aufruf zur Reform der ‚Politischen Bildung' in der Schule. In: Politische Bildung 4, 1995, S. 139-143

Forndran, Erhard: Demokratie in der Krise? In: Gegenwartskunde, 4, 1993, S. 495-525

Forndran, Erhard: Bürger, Gemeinsinn und Verfassungsstaat. In: Gotthard Breit (Hrsg.): Die Bedeutung des Grundgesetzes für die politische Bildung. Schwalbach/Ts. 1996, S. 51-70

Pollack, Detlef: Das Bedürfnis nach sozialer Anerkennung. Der Wandel der Akzeptanz von Demokratie und Marktwirtschaft in Ostdeutschland. In: Aus Politik und Zeitgeschichte, 13, 1997, S. 3-14

Reich, Robert B.: Die neue Weltwirtschaft. Das Ende der nationalen Ökonomie. Frankfurt/M. 1996

Schiele, Siegfried: Politische Bildung in schwierigen Zeiten. In: Aus Politik und Zeitgeschichte, 47, 1996, S. 3-8

Heike Makk
Wie wird und wie bleibt frau/man Sozialkundelehrer/in?

1. An Stelle einer Einleitung

Wie *wird* man Sozialkundelehrer? Die Frage ruft im Allgemeinen wenig spektakuläre Antworten hervor: So wie man Lehrer eines jeden anderen Faches wird – Studium, erste Staatsprüfung, Referendariat, zweite Staatsprüfung ... Interessant wird diese Frage allerdings, wenn man sie Sozialkundelehrern in den neuen Bundesländern stellt. Wie wird bzw. wurde man hier Sozialkundelehrer?

Wie bin ich Sozialkundelehrerin geworden? Durch Zufall! Während des Einstellungsgespräches 1994 fragte mich mein Schulleiter mit Blick auf meine beiden Fächer Deutsch und Russisch und aus ganz praktischen Erwägungen, was ich denn „sonst noch so" könne. „Theater spielen", war meine Antwort. Und nach kurzem Überlegen bekundete ich Interesse für „diese neuen Fächer" Ethik und Sozialkunde, wobei mir zu diesem Zeitpunkt der Unterschied zwischen beidem noch nicht recht klar war. So hatte ich am Ende dieses Gesprächs mit dem für Anfänger typischen Enthusiasmus zwei achte und drei neunte Klassen, die ich in Sozialkunde unterrichten sollte.

Ich ließ mir die Rahmenrichtlinien geben und begann, mich mit diesem neuen Fach auseinander zu setzen, plante meinen Unterricht und war meinen Schülern immer eine Stunde voraus, machte sicherlich einige Fehler, gewann aber mehr und mehr Interesse an der politischen Bildung.

So wie mir ist es wahrscheinlich zahlreichen Kollegen ergangen. Äußere Umstände – z.B. Lehrermangel oder ein fehlendes bzw. nicht mehr gefragtes Zweitfach und damit manchmal auch Angst vor Abordnung oder Entlassung – haben sie, häufig ganz plötzlich, zu Sozialkundelehrern ‚gemacht'. Einige betrachteten dies nur als Übergangszeit, aber viele sind es geblieben.

Da drängt sich eine zweite Frage auf: Wie und warum *bleibt* man Sozialkundelehrer? Auch hier möchte ich von meinen Erfahrungen ausgehen. Weil man beginnt, sich für dieses Fach zu interessieren, weil sich aus anfänglicher Neugier der Wunsch entwickelt, ein neues Gebiet für sich selbst zu erschließen und damit seinen Horizont und die Fächerkombination zu erweitern. Und so habe ich wie viele Kollegen erneut ein Studium aufgenommen und mich weitergebildet.

Dieser Beitrag soll sich genau mit diesem Prozess beschäftigen: wie das Fach Sozialkunde in die ursprüngliche Lebens- und Arbeitssituation von Lehrern im Land Sachsen-Anhalt integriert wurde, wie Qualifizierungsprozesse abliefen, wie mit Rahmenrichtlinien und Medien gearbeitet und umgegangen wurde, welche pädagogischen und didaktischen Herausforderungen sich dabei und im Unterricht ergaben und nicht zuletzt, welche Probleme in diesem Zusammenhang auftraten.

Obwohl die Sicht auf die Dinge natürlich immer eine subjektive sein wird, werde ich versuchen, Gemeinsamkeiten dieser Entwicklung aufzuzeigen. Deshalb stütze ich mich nicht nur auf meine eigenen Erfahrungen, sondern auch auf Gespräche mit Lehrern und auf deren Auskünfte in einem Fragebogen.[1]

2. Einbindung des Faches Sozialkunde in die bisherige Lebens- und Arbeitssituation

Die wenigsten der in Sachsen-Anhalt tätigen Sozialkundelehrer haben dieses Fach in ihrer Erstausbildung studiert, da es die Fachrichtung in der DDR nicht gab.[2] Die Mehrheit hat ihr Studium vor 1990 in zwei Fächern der Stundentafel der POS[3] abgeschlossen und das Fach Sozialkunde nach der Wende als Drittfach übernommen. Dafür gab es, wie bereits erwähnt, mehrere Gründe. Eine Vielzahl der Kollegen war durch die Wende quasi oder de facto zum ‚Ein-Fach-Lehrer' geworden. So fielen in den neuen Stundentafeln des Gymnasiums einige der alten DDR-Fächer weg, wie z.B. Technisches Zeichnen, Einführung in die Sozialistische Produktionswirtschaft oder Staatsbürgerkunde, bzw. sie verloren an Bedeutung, wie Russisch, das vor der Wende für alle Schüler ab der fünften Klasse obligatorische erste Fremdsprache war.

Wollten diese Kollegen weiterhin am Gymnasium unterrichten, mussten sie sich neu orientieren. Hinzu kam, dass an den Schulen im Fach Sozialkunde ein Lehrkräftemangel herrschte, denn nur wenige Sozialkundelehrer aus den alten Bundesländern wurden in den sachsen-anhaltischen Schuldienst eingestellt. Aufgrund der akuten Mangelsituation übernahmen an manchen Gymnasien auch Kollegen mit zwei anerkannten Fächern den Sozialkundeunterricht, teils weil sie sich dafür interessierten, teils weil es in ihrer Fächerkombination einen Lehrerüberhang an der Schule gab oder weil sie aufgrund ihrer Ausbildung z.B. als Geschichts- bzw. Geografielehrer für Sozialkunde prädestiniert schienen.

Manche Kollegen unterrichteten das Fach nur vorübergehend, andere begannen später mit einem berufsbegleitenden Studium, worüber noch zu sprechen sein wird. Zusammenfassend kann man jedoch davon ausgehen, dass Sozialkunde in den ersten Jahren nach ihrer Einführung am Gymnasium im Jahre 1991 hauptsächlich von Nicht-Fachlehrern unterrichtet wurde.

3. Pädagogische und didaktische Herausforderungen

Welche Konsequenzen hatte dies für den Unterricht? Man kann sich vorstellen, dass ein Nicht-Fachlehrer wesentlich mehr Probleme zu bewältigen hat als ein ausgebildeter Kollege. So muss er die Rahmenrichtlinien kennen (lernen) und richtig interpretieren. Er muss sich den Lehrstoff aneignen und – was oft wesentlich schwieriger ist – die didaktischen Besonderheiten des neuen Faches beachten. Meist ist er seinen Schülern nur ein paar Stunden voraus und ihm fehlt der Überblick über die Anforderungen in den einzelnen Schuljahren, also der beim Unterrichten so notwendige Weitblick. Er macht bestimmt Fehler fachlicher oder didaktischer Natur, wobei er im Vergleich mit einem ausgebildeten Fachkollegen nicht zwangsläufig den schlechteren Unterricht erteilt, denn viele Kollegen verfügten über jahrelange Unterrichtserfahrungen in ihren anderen Fächern und bereiteten sich sehr gründlich auf ihren Unterricht vor.

Dies sind die für alle Fächer typischen Probleme eines Quereinsteigers. Doch bei Sozialkunde kam noch ein weiteres hinzu. Es handelte sich für die ehemaligen DDR-Lehrer nicht nur um ein neues Fach, sondern auch der Unterrichtsgegenstand war neu. Denn mit der Wende war den ehemaligen DDR-Bürgern ein völlig anderes politisches System übergestülpt worden, das viele Unsicherheiten und Unwägbarkeiten mit sich brachte *(siehe den Beitrag von Breit, Kap. VI)*.

Das in der DDR vermittelte Wissen über *polity, policy und politics* des „Klassenfeindes" Bundesrepublik Deutschland war einseitig ideologisiert und stellte ein Zerrbild der Wirklichkeit dar. Die Schwierigkeiten begannen schon auf der sprachlich-begrifflichen Ebene. Hieß es früher z.B. „Bourgeoisie" und „Arbeiterklasse", war nun von „Arbeitgebern" und „Arbeitnehmern" die Rede. So mussten die Kollegen parallel zum Unterrichtsgegenstand auch die fachspezifischen Begriffe neu lernen und in ihre Unterrichtssprache integrieren.

Auch der Beutelsbacher Konsens stellte in diesem Zusammenhang für manche Lehrer eine Herausforderung dar. So äußerte beispielsweise ein Kollege, er würde im Unterricht auf Kontroversen verzichten, da dies die Schüler seiner Ansicht nach zu sehr verwirre. Ein anderer Lehrer bekannte, er habe am Anfang Schwierigkeiten mit dem Überwältigungsverbot gehabt. Die Erkenntnis, dass es zu einem Problem mehrere Auffassungen geben kann und diese auch gemeinsam mit den Schülern diskutiert und bewertet werden, war für einige Kollegen ein wichtiger Lernprozess, waren sie es doch gewöhnt, dass es nur eine zu unterrichtende ‚Wahrheit' gab, nämlich die vorgegebene Parteilinie. Ein anderer Teil der Lehrer hatte dieses Problem nicht, da sie die Wende als Befreiung von politischer Bevormundung empfanden und nun endlich frei das sagen und unterrichten konnten, was sie bereits immer gedacht hatten.

Auch die methodische Aufbereitung des Unterrichtes stellte viele Kollegen vor neue Schwierigkeiten. Zum einen unterscheidet sich die Didaktik des Politikunterrichtes doch in vielerlei Hinsicht von der anderer Fächer, in denen sie ausgebildet waren (z.B. Sprachen, Sport, Naturwissenschaften), zum anderen waren neue fachdidaktische Erkenntnisse zu berücksichtigen, die im DDR-Lehrerstudium keine oder nur eine untergeordnete Rolle gespielt hatten, wie z.B. handlungsorientierter Unterricht u.ä. Und nicht zuletzt waren – wie bereits erwähnt – viele Lehrer vorrangig mit den Unterrichtsinhalten beschäftigt, so dass kaum Zeit blieb für die Unterrichtsgestaltung.

Als didaktische Problemschwerpunkte wurden von den Kollegen z.B. die Gestaltung eines lebendigen Unterrichts, Abwechslung und Methodenvielfalt sowie die Einbeziehung der Schüler in das Unterrichtsgeschehen genannt. Doch die meisten Lehrer erwiesen sich als außerordentlich kreativ und engagiert und scheuten weder Arbeit noch Mühe bei der Unterrichtsvorbereitung und -gestaltung. Es wurden zahlreiche Methoden und Sozialformen ausprobiert und in den Unterricht einbezogen – z.B. Rollen- und Planspiele, Projektarbeit, Exkursionen zu Land- und Bundestag, Unterrichtsgänge in die örtlichen Stadtverwaltungen oder Angebote freier und öffentlicher Träger, beispielsweise der Bundeswehr oder des Arbeitsamtes.

Vieles wurde zum methodischen Standardrepertoire, anderes wegen des zu hohen zeitlichen und finanziellen Aufwandes wieder verworfen. Eine Kollegin äußerte mir gegenüber, intuitiv viele Dinge didaktisch richtig gemacht zu haben, wie ihr später während des berufsbegleitenden Studiums bewusst geworden sei. Und so ist es sicher einer Vielzahl von Kollegen ergangen.

Auch die Leistungsbewertung brachte Probleme mit sich. So stand für viele Kollegen am Anfang häufig die Frage: Wie können Schülerleistungen zensiert werden, wenn Meinungen nicht bewertet werden dürfen. Wo ist die Grenze zwischen Lerninhalten und Standpunkt des Schülers zu ziehen?

Hier war das berufsbegleitende Studium eine große Hilfe. Es vermittelte wichtiges didaktisches Wissen über die Unterrichtsgestaltung, die Grundintentionen des Politikunterrichtes, die Entwicklung didaktischer Perspektiven, die Arbeit mit den politischen Analysekategorien Form, Inhalt und Prozess, ferner über die politische Urteilsbildung der Schüler, über ganz konkrete Unterrichtsmethoden, etwa die Arbeit mit aktuellen Zeitungstexten, oder schließlich über Formen der Leistungsbewertung. Es sensibilisierte außerdem für die daraus resultierenden Schwierigkeiten und regte die Kollegen zur kritischen Auseinandersetzung mit sich selbst an.

Eine besondere Problematik stellte die Beschaffung von Lehrbüchern und anderen Unterrichtsmaterialien dar. Von fast allen Kollegen wird die Lehrmittelsituation zu Beginn der neunziger Jahre als sehr schlecht beschrieben. Zum Teil waren gar keine Lehrbücher vorhanden, zum Teil lediglich Klassensätze meist veralteter Exemplare, die von Schulen aus den alten Bundesländern gespendet worden waren. Diese erwiesen sich größtenteils als nicht auf die Rahmenrichtlinien des Landes Sachsen-Anhalt zugeschnitten und waren auch nicht immer in ausreichendem Maße verfügbar.

Eine gern genutzte Fundgrube, weil kostenlos und zu diesem Zeitpunkt noch großzügig verschickt, stellten deshalb Veröffentlichungen der Bundes- und Landeszentralen für politische Bildung wie beispielsweise „Informationen zur politischen Bildung", „Zeitlupe" oder „Thema im Unterricht" dar. Zur eigenen Information diente Fachliteratur der Bundes- und Landeszentralen. Auch aktuelle Zeitungs- und Zeitschriftenartikel sowie alle sonstigen thematisch adäquaten Broschüren anderer Träger wurden eingesetzt. Findige Kollegen schrieben Verlage an und baten um Probeexemplare und nutzten auch jegliche weiteren verfügbaren Quellen. Man befand sich praktisch ständig auf der ‚Jagd' nach brauchbaren Medien.

Eine Kollegin antwortete – befragt zur Lehrmittelbeschaffung – sehr kurz und sehr zutreffend: „Kopieren, kopieren, kopieren." Wobei diese Kopien häufig von den Kollegen selbst oder von den Schülern zu tragen sind, da entweder nur sehr geringe oder gar keine Kopiergeldkontingente vorhanden sind.

Die Unterrichtsvorbereitung sah oftmals so aus: ein Schreibtisch voller verschiedener Lehrbücher, Zeitschriften und anderer Materialien, aus denen nach Bedarf die einzelnen Puzzleteile der Unterrichtsgestaltung herausgesucht und entsprechend neu zusammengestellt wurden.

Es lässt sich resümieren, dass die ersten Jahre der Entwicklung der politischen Bildung an den Schulen des Landes Sachsen-Anhalt sowohl in Bezug auf die Unterrichtssituation als auch für die unterrichtenden Lehrkräfte persönlich sehr problembehaftet waren. Es herrschte jedoch auch eine große Aufbruchstimmung und die Kollegen stellten sich mit viel Engagement diesen Herausforderungen. Hilfreich waren ihnen dabei die vorhandenen jahrelangen Unterrichtserfahrungen in ihren anderen Fächern sowie eine ausgeprägte Flexibilität und Bereitschaft sich weiterzuentwickeln.

4. Neue Herausforderungen

Im Laufe der Zeit und mit wachsender Erfahrung wurden dann für die Sekundarstufe I zumeist Lehrbücher beantragt und eingeführt. In Sekundarstufe II wird häufig nicht nur mit einem, sondern mit Klassensätzen unterschiedlicher Lehrwerke – meist Kursbücher zu verschiedenen Themen – gearbeitet.

Waren die finanziellen Lehrmittelzuweisungen für das Fach Sozialkunde zu Beginn der neunziger Jahre noch von der Notwendigkeit des Neuanfangs bestimmt und entsprechend großzügig, werden die Mittel aufgrund der allgemein angespannten Finanzsituation jetzt immer knapper. Sozialkundelehrbücher veralten jedoch sehr schnell, so dass ständig nach aktuellen Daten gesucht werden muss und Kopierarbeiten wieder zunehmen. Hier stellt heute das Internet eine wichtige Informationsquelle dar. Allerdings lässt die technische Ausstattung der Schulen eine direkte Einbindung dieses Mediums in den Unterricht meist noch nicht zu.

Die erste Fassung der Rahmenrichtlinien für das Fach Sozialkunde im Land Sachsen-Anhalt wurde von vielen Lehrern als gut und sehr praktikabel bewertet. Sie boten eine brauchbare Mischung aus Verbindlichkeit und Wahlmöglichkeiten an. Von den Kollegen als besonders positiv hervorgehoben wurden die Themenvielfalt und die zur Verfügung stehenden Freiräume.

Die neuen Richtlinien empfinden sehr viele Lehrkräfte dagegen als kompliziert und praxisfern. Hier sind pro Schuljahr mehrere Lernfelder mit den entsprechenden Lernzielen obligatorisch vorgeschrieben, deren inhaltliche Ausgestaltung ist den Unterrichtenden jedoch völlig freigestellt. Der Schwerpunkt liegt auf der Vermittlung von Methodenkompetenz. So ist in jedem Schuljahr zusätzlich zur Form des Lehrganges mindestens eine Unterrichtsmethode wie beispielsweise Fallstudie, Konfliktanalyse, Expertenbefragung, Szenario-Technik, Zukunftswerkstatt o.ä. einzuführen. Ganzheitlichkeit und ein fächerübergreifender Unterricht sind ebenfalls wichtige Forderungen.

Positiv an dieser Herangehensweise ist, dass so flexibel auf aktuelle politische Ereignisse reagiert werden kann und Vorlieben und Interessen einzelner Lerngruppen ihre Berücksichtigung finden, was erklärtermaßen Ziel der Rahmenrichtlinien ist. Außerdem erhöht die angestrebte Methodenkompetenz die Demokratiefähigkeit und politische Mündigkeit der Jugendlichen. Der in der Theorie von vielen Kollegen durchaus gebilligte Ansatz stellt sie aber in der Unterrichtspraxis vor große Probleme. Er verlangt beispielsweise, einen Fachlehrerwechsel möglichst zu vermeiden oder umfangreiche Absprachen zwischen den verschiedenen Fachkollegen zu treffen, die nicht immer in ausreichendem Maße stattfinden. Problematisch ist auch, welche Inhalte später in Sekundarstufe II als bekannt vorausgesetzt werden und damit unter Umständen auch Gegenstand der mündlichen Abiturprüfung sein können.

Dieser hohe Grad an Unverbindlichkeit der Lerninhalte ermöglicht es m.E. auch nicht, Sozialkunde in Zukunft eventuell als Leistungskursfach mit schriftlicher Abiturprüfung zu konzipieren, da es in Sachsen-Anhalt ein Zentralabitur gibt. So ist das Fach Sozialkunde zum Bedauern mancher Kollegen auch weiterhin nur Grundkursfach und büßt damit an Bedeutung ein, vor allem im Gegensatz zum Fach Geografie, das ab Klasse 12 alternativ zu Sozialkunde gewählt werden kann, und zwar sowohl als Grund- als auch als Leistungskurs.

Fächerübergreifende Elemente sind aufgrund des vorhandenen Unterrichtssystems (Fachunterrichtsprinzip, 45-Minuten-Rhythmus etc.) und der dazu notwendigen Absprachen mit Kollegen anderer Fächer nur wenig praktikabel. Der häufige Wechsel der Klassen, die Probleme eines Ein-Stunden-Faches[4], die einseitige Auslastung nur mit dem Fach Sozialkunde sowie räumliche, finanzielle und zeitliche Hindernisse begrenzen also den Handlungsfreiraum der Lehrer.

5. Qualifizierungs- und Weiterbildungsprozesse

Im Laufe der Jahre haben viele Kollegen ein berufsbegleitendes Studium an den Universitäten Magdeburg oder Halle aufgenommen, um damit ihre fachlichen und didaktischen Kompetenzen zu erweitern.

Bei den im Land Sachsen-Anhalt angebotenen Studiengängen an den Universitäten Halle und Magdeburg handelt es sich um ein so genanntes Kontaktstudium, bei dem an einem Wochentag ein kompaktes ganztägiges Vorlesungs- und Seminarangebot zu besuchen ist. Voraussetzungen sind ein Abschluss als DDR-Diplomlehrer oder die Erste und Zweite Staatsprüfung für das Lehramt an Gymnasien in mindestens einem Fach der amtlichen Stundentafel sowie eine bestehende Lehrtätigkeit am Gymnasium.

Für das Lehramt an Gymnasien sind sechs Fachsemester (insgesamt 60 Semesterwochenstunden) und ein Prüfungssemester (Teilprüfung bzw. Ergänzungsprüfung zur Ersten Staatsprüfung) zu absolvieren. Die Ausbildung erfolgt nur im Fach Sozialkunde. Am Studientag (ca. 10 Zeitstunden) besteht Präsenzpflicht. Alle weiteren Arbeiten (Vor- und Nachbereiten von Seminaren, Literaturstudium, Anfertigen von Seminar- und anderen Hausarbeiten etc.) müssen neben der beruflichen Tätigkeit abends, an Wochenenden oder in den Ferien erledigt werden.

Dies stellte für die Kollegen, die sich – wie bereits beschrieben – erst in ihr neues Fach einarbeiten mussten, neben dem üblichen schulischen Arbeitspensum von 25 Unterrichtsstunden pro Woche, Unterrichtsvor- und -nachbereitungen, Aufsichten, Beratungen, Konferenzen, Klassenleiter- und zumeist noch Fachschaftsleitertätigkeit eine enorme zusätzliche Belastung dar. Drei Abminderungsstunden als Kompensation konnten diese kaum reduzieren. Hinzu kam, dass die meisten Lehrer von außerhalb zum Studienort anreisten und Fahrwege von bis zu zwei Stunden in Kauf nahmen. Da die Lehrer jedoch in die Lehrveranstaltungen der Direktstudenten integriert waren, nahm man auf diese besondere Situation kaum Rücksicht, was von vielen Kollegen als sehr negativ empfunden wurde.

Die Studieninhalte wurden aufgrund dieser starken Arbeitsbelastung deshalb in erster Linie in Hinblick auf ihre Anwendungstauglichkeit im Unterricht beurteilt und gute Noten erhielten unterrichtsdidaktische Lehrveranstaltungen und solche, deren Unterrichtsrelevanz offensichtlich war.

Trotz aller Schwierigkeiten absolvierten fast alle Kollegen ihr Studium erfolgreich. Diese Lehrer geben heute zu einem großen Teil den gesamten Sozialkundeunterricht an den Gymnasien. Die meisten Kollegen berichten von einem überwiegenden bis fast ausschließlichen Einsatz in ihrem neuen Fach. Sie sind Multiplikatoren für die noch immer fachfremd eingesetzten Kollegen und viele bekleiden die Funktion des Fachschaftsleiters.

Um jedoch die Überlastung und den ständigen Zeitdruck, die solch ein berufsbegleitendes Kompaktstudium mit sich bringt, zu verhindern, wäre es überlegenswert, alternativ neue Studienformen zu entwickeln. So könnten Lehrkräfte für einen überschaubaren Zeitraum von ihrer Unterrichtstätigkeit beurlaubt werden, um sich in dieser Zeit einem intensiven Direktstudium widmen zu können.

Die ständige gesellschaftliche Entwicklung macht eine regelmäßige Weiterbildung im Fach Sozialkunde unumgänglich. Die Möglichkeiten dafür sind sehr vielfältig, da Veranstaltungen der staatlichen Schulämter oder Angebote anderer Träger wie z.b. parteinaher Stiftungen oder auch der Landes- und Bundeszentrale für politische Bildung besucht werden können. Beliebt sind die Politiklehrertage, da hier sowohl Informationen vermittelt als auch Erfahrungen ausgetauscht werden. Doch auch hier gilt, dass Weiterbildung und Zeitknappheit aufeinander abgestimmt werden müssen. Deshalb sind kompakte dezentrale Veranstaltungen sinnvoll, bei denen lange und mehrmalige Anfahrten vermieden werden.

6. Die Einstellung der Schüler zum Fach Sozialkunde

Jeden Lehrer beschäftigt die Frage, wie seine Schüler sein Unterrichtsfach und natürlich ebenso seine Unterrichtsgestaltung aufnehmen. Häufig wird von Kollegen beklagt, dass viele Schüler dem Fach Sozialkunde wenig Interesse entgegenbringen oder es als so genanntes „Laberfach" abtun. Zahlreiche Schüler sind zweifellos politisch desinteressiert und messen dem Politikunterricht keinerlei Bedeutung bei. Ein Schüler, befragt zur persönlichen Bedeutsamkeit des Sozialkundeunterrichtes, äußerte, dieser sei ihm immer „eine Qual" gewesen.

Doch betrachtet man die Sachlage differenzierter, eröffnet sich eine ganze Spannbreite von Einstellungen. Eine Vielzahl von Schülern arbeitet auch im Fach Sozialkunde sehr interessengeleitet und zeigt sich bei fesselnden Themen außerordentlich diskussionsfreudig. Die zahlreichen Möglichkeiten des Praxisbezugs und die Aktualität der Themen motivieren sie für das Fach. Sie stehen politischen Prozessen und Entwicklungen sehr kritisch gegenüber und ziehen einen problemorientierten Unterricht der bloßen Wissensvermittlung vor. In Sekundarstufe II entscheiden sich immer mehr Schüler für den wahlweise-obligatorischen Kurs Sozialkunde anstatt für Geografie und die Zahl der Prüflinge im Fach nimmt immer mehr zu.

Bei einer nicht repräsentativen Befragung von Schülern der 12. Klasse,[5] die in Sekundarstufe II Sozialkunde gewählt hatten, wurde deutlich, dass die Mehrheit dem Fach sowohl im Allgemeinen als auch für sich persönlich einen besonderen Stellenwert beimisst. Der Politikunterricht wird als wichtige Voraussetzung für die Orientierung in der Gesellschaft und im politischen Prozess gesehen. Die Schüler betonen immer wieder die Wichtigkeit des Faches und geben an, politische Entscheidungen jetzt leichter verstehen zu können und wichtiges Hintergrundwissen erworben zu haben, das sie befähigt, ihre Partizipationschancen zu erkennen und besser wahrzunehmen. So wurde mehrfach geäußert, man wisse nun, welche Parteien es gäbe und welche Interessen diese verträten. Eine Wahlentscheidung würde deshalb leichter fallen. Bedauerlich ist es vor diesem Hintergrund, dass Sozialkunde, wie schon erwähnt, im Gegensatz zu Geografie auch nach den neuen Rahmenrichtlinien nach wie vor nicht als Leistungskurs angeboten werden kann, obwohl das Interesse mancher Schüler dafür durchaus vorhanden wäre.

7. Fazit

Zehn Jahre Politikunterricht an den Gymnasien des Landes Sachsen-Anhalt – die Anfangsschwierigkeiten sind weitgehend überwunden, die Problemlagen haben sich verändert. Standen in den 90er Jahren zunächst die Schwierigkeiten des Neuaufbaus der politischen Bildung an den Schulen im Vordergrund, nehmen heute außerschulische Probleme wie die wachsende Gewaltbereitschaft von Jugendlichen, die Ausbreitung rechten Gedankengutes oder die zunehmende Politikverdrossenheit immer breiteren Raum ein.

Hinzu kommen aufgrund beruflicher Perspektivlosigkeit ein ansteigendes Desinteresse sowie mangelnde Leistungsbereitschaft und Motivation der Schüler, die nicht nur Sozialkundelehrern zu schaffen machen. Auf Seiten der Lehrer lässt sich eine zunehmende Belastung bis hin zum so genannten *burn-out*-Syndrom sowie Motivationsverlust und Frustration beobachten. Geschuldet ist dies den steigenden beruflichen Anforderungen – Schule als Feuerwehrmann der Gesellschaft –, der noch immer offenen Frage der Verbeamtung und Angleichung an Westgehalt und nicht zuletzt den besonderen tariflichen Regelungen im Land Sachsen-Anhalt.[6]

Um die politische Bildung an Schulen in ihrer Bedeutung aufzuwerten, ist m.E. sowohl über eine Ausweitung des Stundenvolumens als auch über eine Verbesserung der Arbeits- und Unterrichtsbedingungen (z.B. Vorhandensein von Lehrmitteln oder Schaffung von Möglichkeiten des Internet-Einsatzes im Unterricht) nachzudenken. Auf der Seite der Lehrerschaft stellt sich insbesondere die Anforderung, durch eine problemorientierte Unterrichtsgestaltung sowie den Einsatz moderner Unterrichtsmethoden (z.B. Projektunterricht, Szenario-Techniken) Politikunterricht fesselnd und lebensnah zu gestalten, um Schüler an Politik und für das „Politik-Machen" zu interessieren. Dazu bedarf es des Engagements der Kollegen aber auch der entsprechenden bildungspolitischen Rahmenbedingungen.

Anmerkungen

1 Befragt habe ich Kollegen, seit wann sie das Fach Sozialkunde unterrichten, wie sie dazu gekommen sind und welche Stellung das Fach innerhalb ihrer Fächerkombination einnimmt. Weiterhin bat ich um Auskünfte zur Lehrmittelsituation, zur Arbeit mit den Rahmenrichtlinien, zu Weiterbildungsprozessen sowie zu Schwierigkeiten und Problemen zu Beginn der Unterrichtstätigkeit im Fach Sozialkunde. Außerdem interessierte mich, wie die Schüler dieses Fach auf- und angenommen haben. Für die Beantwortung des Fragebogens danke ich allen Kollegen sehr herzlich.
2 Obgleich so etwas wie Politikunterricht existierte – und zwar im sogenannten Fach Staatsbürgerkunde –, war dieser im Gegensatz zum heutigen auf die Indoktrination der herrschenden Ideologie gerichtet.
3 Polytechnische Oberschule, die alle Schüler von der ersten bis zur zehnten Klasse besuchten und in der eine breite Allgemeinbildung mit Schwerpunktsetzung auf naturwissenschaftlich-technischen Fächern vermittelt wurde.
4 Die Stundentafel für das Fach Sozialkunde an Gymnasien im Land Sachsen-Anhalt sieht folgende Stundenverteilung in den einzelnen Schuljahren vor: Klasse 8, 9, 10: 1 Wochenstunde; Klasse 11, 12, 13: 2 Wochenstunden.
5 Ich befragte die Schüler nach der Bedeutsamkeit des Faches Sozialkunde für sie persönlich.
6 Die tariflichen Regelungen für Gymnasiallehrer in Sachsen-Anhalt beinhalten ein so genanntes Arbeitszeitkonto. Die Lehrer arbeiten im Moment zu 100 Prozent, erhalten jedoch nur 87 Prozent der Bezüge nach dem BAT-Ost. Die angesparten Überstunden sollen bei sinkender Schülerzahl durch Freizeit ausgeglichen werden. Dies ist jedoch durch die Einführung des 13. Schuljahres zur Zeit nicht in Sicht, der Tarifvertrag soll bis über das Jahr 2003 hinaus verlängert werden. Viele Lehrer sind mit diesem Modell sehr unzufrieden und haben wenig Vertrauen in die Landesregierung, was die Abgeltung der geleisteten Mehrstunden anbelangt.

Kapitel VII

Politische Bildung in Thüringen

1. Außerschulische politische Bildung

Thomas A. Seidel

„... ein Akt der Befreiung". Anmerkungen zur Arbeit der Evangelischen Akademie Thüringen

1947 wurde die Evangelische Akademie Thüringen gegründet. Sie hat ihren Sitz im Neudietendorfer Zinzendorfhaus, dem ehemaligen Schwesternhaus der dort heute noch ansässigen Herrnhuter Brüdergemeinde. Auch in den Jahren totalitärer SED-Herrschaft war die Akademie bemüht, besondere Inseln der Toleranz und des offenen Dialogs zu schaffen. Ihre Bildungsarbeit, die gegen den Strich des Regimes ging, hatte zur Folge, dass sie gegen Ende der DDR zeitweise nur noch symbolisch existierte.

1. Demokratische Aufbrüche und Analysen

Mit der friedlichen Revolution 1989/90 gewann der Gründungsimpuls der Evangelischen Akademien wieder an Aktualität und Kraft. Es wurde offenbar, dass massive Traditionsbrüche sowohl in den christlichen Kirchen als auch in der demokratischen Kultur Ostdeutschlands zu beklagen waren. 1990 ermöglichte die Evangelisch-Lutherische Kirche in Thüringen durch den Beschluss der Landessynode einen deutlichen und weitbeachteten Neuanfang der Akademiearbeit im „Stammland der Reformation". Mit der Gründung der Stiftung Evangelische

Akademie Thüringen am 12. Februar 2001 sollte der Akademie eine sichere Zukunft eröffnet und eine Entlastung des landeskirchlichen Haushalts erreicht werden (Seidel/Gauck 2000, 155 ff.). Von ihrer Entstehungsgeschichte her richtet die Akademie ihr besonderes Augenmerk auf die Weiterentwicklung des demokratischen Dialogs. Als „ein Ort der Begegnung der gebrannten Kinder der Diktatur und der frustrierten Erwachsenen der Demokratie sowie der Begegnung von Theologie und Prophetie mit der Ratio von Politik- und Wirtschaftsprozessen" (Gauck 1997, 27) will sie für die Gesellschaft eine eigensinnige protestantische Zeitansage leisten, die aus den biblischen Quellen der Weisheit und des Lebensmutes gespeist wird. Ostdeutsche Akademien glauben an die kleinen Erfolge neuer Erkenntnis und neuer Befähigung zu Gewissen und Politik. So wird aus Erinnern, Durcharbeiten, Analysieren und Durchleiden von Vergangenem ein Akt der Befreiung (Gauck 1997, 28). Dass der Blick zurück die Wahrnehmung der aktuellen Probleme schärfen kann, ist für die Akademie nicht nur hinsichtlich der DDR-Vergangenheit von Bedeutung. Die internationale Tagung unter der Überschrift „Die unverkrampfte Nation" hat sowohl den Rückblick auf deutsche und europäische Geschichte im 20. Jahrhundert als auch einen sehr spannenden Ausblick auf deutsche Politik im zusammenwachsenden Europa unternommen (vgl. Seidel 1996). Mitte der 90er Jahre wurde das Projekt „Holocaust und Moderne" gestartet, das der Frage nach den angemessenen Formen des Gedenkens nachgeht und sich dabei konkret auf die Erfurter Stadt- und Industriegeschichte bezieht – eine Auseinandersetzung, die angesichts rechtsradikaler Vorkommnisse im Land Thüringen eine besondere Brisanz erhalten hatte (vgl. Kleine Synagoge Erfurt).

Die Akademie hat sich häufig der Kontroversen angenommen, die sich an Fragen der Geschichtspolitik im vereinigten Deutschland entzündeten. In diesen Themenzusammenhang gehören unter anderem auch die Buchenwald-Geschichtsseminare, die wir seit 1990 gemeinsam mit dem Kuratorium Schloss Ettersburg/Weimar und der Gedenkstätte Buchenwald veranstaltet haben.[1]. Die Buchenwald-Seminare und die Reihe der „Landschafts"-Tagungen sind konzeptionell und didaktisch immer mit Exkursionen und Expertenbefragungen verbunden. Hervorhebung verdient eine Tagung über die „Kunstlandschaft Ost" Ende 1999. Anknüpfungspunkt war hier die heftige, bundesweit geführte Auseinandersetzung über die Weimarer Ausstellung „Aufstieg und Fall der Moderne", die für viele ein pauschales Verdikt über die künstlerische Tradition der DDR zu intendieren schien. Der komparative Ansatz, der thematisch und veranstaltungsdramaturgisch inszenierte Dialog zwischen ost- und westdeutschen Künstlern, Kunstwissenschaftlern und kunstsinnigen Zeitgenossen hat wesentlich zur Versachlichung der Debatte und zum Verständnis vergangener und gegenwärtiger kultureller Ähnlichkeiten wie Unterschiede beigetragen.

2. Demokratische Abbrüche und Interventionen

Für öffentliche Aufregung sorgte besonders der „Thüringer Kanzelstreit", der sich an dem Weimarer Kulturstadtprojekt der Akademie mit 22 Kirchengemeinden entzündete (Hiddemann/Reifahrt 2000). Der Stein des Anstoßes bestand vor allem darin, dass einer der von den Kirchengemeinden eingeladenen „Prediger" Gregor Gysi war. Provoziert wurde eine lebhafte Debatte, die nicht nur partei- und geschichtspolitische Implikationen aufwies. Zum großen Erstaunen vieler wurden im weitgehend entkirchlichten Umfeld der neuen Bundesländer plötzlich fundamentale theologische Fragestellungen auf die Tagesordnung gesetzt und öffentlich diskutiert.

An diese Erfahrungen anknüpfend nahmen wir im Sommer 2000 die christentumskritischen Thesen des Berliner Philosophen Herbert Schnädelbach zum Anlass, seine „Sieben Geburtsfehler des Christentums" in abendlichen Pro- und Kontra-Debatten zu bedenken.[2] Das eigens dafür geschaffene Veranstaltungsformat der „Disputationes" legten wir ganz bewusst nicht in kirchliche Räume, sondern in das geschichtsträchtige Weimarer Hotel „Elephant", um dadurch die Schwelle für kirchenferne und dennoch an theologischen Fragen interessierte Zeitgenossen möglichst niedrig zu halten. Nicht erst die Spendenskandale der politischen Parteien, insbesondere die der CDU Ende 1999/Anfang 2000, gaben für die Akademie den Anlass, ihre Anstrengungen auf dem steinigen Feld der Demokratieentwicklung zu verstärken. So werden im *Jugendbildungsbereich* seit 1991 Seminare und Workshops angeboten, die die Beteiligung Jugendlicher an gesellschaftlichen Fragen und Aufgaben fördern sollen. Auf dem Hintergrund des schwierigen Themas rechtsradikaler Gewalt durch Heranwachsende gibt es nicht nur einen von uns gestalteten und moderierten Arbeitskreis mit Eltern und Lehrern unter der Überschrift „Konflikte an der Schule". Darüber hinaus haben sich die Studienleiter für gesellschaftspolitische Jugendbildung der evangelischen Akademien in den neuen Bundesländern zu einem Arbeitszusammenhang unter der Projektbezeichnung „Jugendbildung Ost" zusammengefunden, um auf diese Weise vielfältige Synergieeffekte in der Arbeit mit Jugendbildnern und Jugendlichen selbst zu erzielen.

In den Zusammenhang der Demokratieentwicklung gehört auch eine Veranstaltungsfolge unter dem Thema „Die Krise der Demokratie als Chance der Demokratie", die im Frühjahr 2000 gemeinsam mit dem Europäischen Kulturzentrum in Erfurt veranstaltet wurde. Diese Folge hatten wir in den Rahmen der „Consultationes" aufgenommen, einer Veranstaltungsform, die interessierte Menschen und interessante Initiativen zu Tagesthemen versammeln will. Die Consultationes-Titel in diesem Jahr lauteten u.a.: „Wir spielen Gott – Biotechnologie als Schöpfungsbewahrung?", „König Fußball – Zur religiösen Bedeutung eines Volkssports", „Arbeitswelt@Lebenswelt – Kenntnisse, Kompetenzen und Persönlichkeit im 21. Jahrhundert" oder „Geld regiert die Welt – Herkunft, Wirkung und Nebenwirkung eines alten Steuermediums".

Die Resonanz, die die Akademiearbeit erfährt, unterstreicht die Einsicht: Es bedarf besonderer „geschützter Orte", die einen Dialog über aktuelle und über Grundfragen unserer Zeit ermöglichen. Die politische Bildungsarbeit der Evangelischen Akademien in Deutschland hat hierbei ihre besondere Aufgabe: mit Eigensinn, kompetent und streitbar auf den Sachthemen zu beharren und gezielt nach den Partizipations-, weniger nach den Unterhaltungs-Bedürfnissen des Publikums zu fragen. Evangelische Akademien gründen ihr bildungspolitisches und kulturelles Engagement in der spezifischen Motivation protestantischer Christen. Sie sind bestrebt, Weltoffenheit und Gottvertrauen im Dienste eines lebendigen Miteinanders von Kirche und Gesellschaft zu verknüpfen und zu praktizieren.

Anmerkungen

1 Vgl. dazu die jeweiligen Tagungsdokumentationen, insbesondere: Erinnerung ist das Geheimnis der Versöhnung (1992); Der einäugige Blick. Vom Mißbrauch der Geschichte im Nachkriegsdeutschland (1993); Nachbarn auf dem Ettersberg. Menschenverachtung und Erziehung zur Ehrfurcht (1995).
2 Zur „Schnädelbach-Kontroverse" vgl. die entsprechenden Beiträge in www.ZEIT.de vom Mai/Juni/Juli 2000.

Literatur

Gauck, Joachim: Fürchtet euch nicht. Zum Bildungsauftrag evangelischer Akademien im Osten Deutschlands. Hrsg. von der Evangelischen Akademie Thüringen 1997

Hiddemann, Frank/Reifarth, Jürgen (Hrsg.): Öffentlich Predigen – Prominente Predigten aus dem Thüringer Kanzelstreit. Hrsg. im Auftrag der Evangelischen Akademie Thüringen. Gütersloh 2000

Kleine Synagoge Erfurt: Was geschieht mit der Brache des Erfurter Krematoriumsherstellers Topf & Söhne? – Gedenken an semiauthentischen Orten. In: Aleida Assmann/Frank Hiddemann/Eckhard Schwarzenberger (Hrsg.): Firma Topf und Söhne. Ein Fabrikgelände als Erinnerungsort? Frankfurt 2002

Seidel, Thomas A. (Hrsg.): Die unverkrampfte Nation. Dokumentation einer Tagung der Evangelischen Akademie Thüringen, der Evangelischen Akademie Sachsen-Anhalt und des Kuratoriums Schloss Ettersburg. Jena 1996

Seidel, Thomas A./Gauck, Joachim: Die „Stiftung Evangelische Akademie Thüringen" in der herrnhutischen Oase Neudietendorf. In: Beer, Wolfgang/Hanusch, Rolf/Seidel, Thomas A. (Hrsg.): Stiftungen als bürgerschaftliches Engagement. Bad Boll 2000, S. 155 ff.

Michael Wohlfahrt

Altenburger Akademie – Offene Kirche

1. Wurzeln

1988 haben Kaplan Mothes, Pastor Fleischmann (Methodistische Kirche) und ich damit begonnen, konspirativ und unter Beobachtung des Ministeriums für Staatssicherheit im thüringischen Altenburg in der Deutschen Demokratischen Republik die Altenburger Akademie (AA) aufzubauen unter dem Motto „Weltbild, Menschenbild, Gottesbild". Im illegal hergestellten Eröffnungsbrief – Druckgenehmigung wurde uns versagt – stand zu lesen, dass wir „Offenheit in Kirche und Gesellschaft" demonstrieren wollten in unserer Jugendweihegesellschaft und dass wir bei „allem Neuen Denken und Handeln" verhindern wollten, dass die Herzensbildung verloren geht.

Dieser Brief hat mir und meiner Frau zwanzig Informanten (IM) eingebracht in der Stasi-Akte „Operativer Vorgang Altenburger Akademie" – Umfang 500 Seiten in einem Jahr – mit dem Ziel der Zersetzung der Persönlichkeit, Inhaftierung bzw. Abschiebung oder Internierung auf der Leuchtenburg bei Kahla. Bildung war gefährlich!

Ein Jahr, von Herbst 1988 bis Herbst 1989, arbeitete die Altenburger Akademie unter dem Schutzschild der Kirchen, halb im Untergrund, halb geschützt durch die Garantien gegenüber den Kirchen, die der sozialistische Staat nicht einfach aufheben konnte und wollte. Der Versuch sie unabhängig zu machen misslang. Eine Vereinsgründung zugunsten der Altenburger Akademie im Sinne eines Trägers wurde verboten.

Es waren die spannendsten Monate.

Wir sind sehr stolz darauf, dass viele Bürger, die noch nicht nach dem Westen gegangen waren, – Handwerker, Ärzte, Rechtsanwälte etc. – unsere Veranstaltungen besuchten und dass aus diesem Kreis quer durch die Parteien die Politiker gestellt werden konnten, die wir nach 1989 brauchten, um von einem konstruktiven Politikverständnis aus die neue Gesellschaft gestalten zu können, von der Volkskammer bis zum Bundestag, Landtag, Stadtparlament, Landkreistag bis zur Staatssekretärin in der letzten demokratisch gewählten Regierung der DDR.

Diese erste Politikgeneration nach der Wende zieht sich jetzt immer mehr zurück. Wir haben deshalb erkannt, dass wir eine Verantwortung gegenüber der Jugend haben in der Weitergabe von für uns Gegenwärtigem, das für die Jugend

Geschichte ist. Das geschieht in der Schule und in der Kirchlichen und Freien Jugendarbeit. Ich selber unterrichte seit 1991 elfte und zwölfte Klassen in Religion, Philosophie und Ethik in engem Austausch mit den Benediktinern in Wechselburg im Sächsischen und in Zusammenarbeit mit der Ländlichen Heimvolkshochschule in Kohren-Sahlis. Das ist für uns die eigentliche Geburtssekunde für die politische Bildung gewesen.

2. Neugründung

Als wir nach 1989 vor der Frage standen, ob wir einen Träger- oder Förderverein für die Altenburger Akademie gründen sollten, haben wir uns für den Förderverein entschieden und sind jetzt angegliedert an die Evangelische Erwachsenenbildung in Thüringen, wobei wir den Osten Thüringens im Leitungskreis Thüringen vertreten. In Anlehnung an die AA hatte sich die Geraer Stadtakademie gegründet. Zwei hervorragende Mitarbeiterinnen, die auf ABM-Basis hier arbeiten – eine Historikerin und eine Chemikerin –, sorgen dafür, dass die auf dem Land vorhandenen kirchlichen Strukturen genutzt werden können.

Letztendlich stehen wir zur Zeit an der Stelle, dass einerseits durch die Einrichtung einer *Offenen Werkstatt* der Werkstattcharakter (Homo faber – also der werktätige Mensch) unserer Arbeit unterstrichen wird und auch der soziale Charakter! Andererseits, dass durch die Gründung eines *Weltladens* sehr erfolgreich gegen Rassismus und Provinzialismus in der Residenzstadt Altenburg angegangen wird. Durch die Einrichtung einer *Galerie im Turm* und eines *Jazzkellers*, in dem auch Gesprächsrunden, Seminare und Filmveranstaltungen stattfinden, wird außerdem erfolgreich gezeigt: Es geht um die Gewinnung einer ganzheitlichen Sicht von Politik, Spiritualität und Kultur.

3. Außerschulische politische Bildung

Das Ganze rangiert unter *Politische Bildung, außerschulisch*. Außerschulisch verstehe ich als freies Angebot. Das Politische möchte ich vom Wortsinn her erklärt wissen. Meine Methode in Philosophiestunden im Gymnasium: *Polis* gleich Stadt – Suchet der Stadt Bestes, steht in der Bibel bei einem Propheten. Von *polis* kommt Polizist und Politik. Wir wollen nicht nur politisch bilden im umfassenden Sinne. Sondern wir wollten und wollen Politiker begleiten.

Auch Politiker brauchen Ortsnähe, Bildungsangebote im Sinne von Austausch und kommunikativer Seelsorge. Das hatte zur Folge, dass aus unserer Arbeit Politiker hervorgegangen sind. Und das hat zur Folge, dass wir durch Gemeindenähe und offene Arbeit Menschen ermutigen, Verantwortung übernehmen zu wollen – auch heute noch – und nicht in Re-Signation zu verfallen, sondern

Signalgeber zu werden. Wir wollen auf diese Weise auch selber Politik machen, jedenfalls im Vorfeld. Wenn wir diesen Anspruch nicht hätten, hätten wir schon längst aufgehört. Ein Grundprinzip ist die Zusammenarbeit. Das haben wir in den frühen Neunzigern ausprobiert in der *Rumänienarbeit* und praktizieren es heute mit dem *Jazzclub*, der Evangelischen Jugend, der Diakonie, den Schulen, dem Rathaus, der *Nietzschegesellschaft* in Deutschland, um nur einige Beispiele zu nennen. Erwähnt werden muss besonders das *Theater*. Das war von Anfang an dabei und in der Wendezeit bei den Fürbittgebeten überaus politisch tätig.

4. Ein breites Arbeits- und Programmspektrum

Ediert haben wir mehrere kleinere Veröffentlichungen. Ein gemeinsames Religionsbuch Altenburg-Offenburg ist entstanden, in dem von Wolfgang Schäuble bis zum örtlichen SPD-Bundestagsabgeordneten Peter Friedrich Pfarrer, einem Lehrer, darüber hinaus von Verantwortlichen aus Politik und Kultur, Staat, Bundeswehr und Wirtschaft Zeugnis abgelegt wird von den Geschehnissen des Jahres 1989 und davon, worin die Autoren den Sinn ihres Lebens sehen. Das Lesebuch richtet sich vor allem an Schüler in beiden Städten. Zu erwähnen ist die Mitarbeit der Genannten von Anfang an im Altenburger Hauskalender in seinem politischen und spirituellen Teil.

Ob nun Sozialarbeit mit Jugendlichen, Präsentation von Engelbildern und Kirchenbildern eines ehemaligen Alkoholikers unter Berufung auf den Heiligen Franz, Diskussionen vor Ort in Zusammenarbeit mit dem Jugendring zu Fragen der politischen Moral und individuellen Fairness, Ausstellungen von Künstlern der Region und von Gemeindegliedern, Exkursionen auf Luthers Spuren, Israelreisen und Theologie nach dem Holocaust – immer wird es das Gespräch sein in der Hoffnung auf seine heilenden Kräfte in einer überschaubaren Lehr- und Lerngruppe (Lernen durch Lehren, Lehren durch Lernen – altes Prinzip der universitas), so wie wir es von dem Rabbiner Jesus von Nazareth lernen könnten.

Und wir meinen, dass dieses Gespräch die Grundlage jeglicher Bildung ist und damit die Grundlage jeglicher Demokratie ... Und jeglicher Stadtkultur. Und Streitkultur. Also machen wir vorerst weiter – jeden Dienstag 10 Uhr trifft sich die Arbeitsgemeinschaft Offene Kirche – Altenburger Akademie.

Steffi Mehnert
Der Thüringer Volkshochschulverband e.V.

1. Einleitung

Der Thüringer Volkshochschulverband (TVV) e.V. ist die Landesorganisation der kommunalen Träger der Volkshochschulen in Thüringen. Seine Mitglieder sind die Landkreise und kreisfreien Städte Thüringens oder die von ihnen beauftragten Träger einer Volkshochschule sowie der Thüringische Landkreistag. Der Verband verfolgt das Ziel, die Volkshochschulen als die Einrichtungen der öffentlich verantworteten Erwachsenenbildung so zu unterstützen, dass sie ihre für die Zukunft unserer Gesellschaft notwendigen Aufgaben erfüllen können.

Der Thüringer Volkshochschulverband e.V. vertritt die Volkshochschulen vor der Öffentlichkeit, dem Parlament und der Landesregierung sowie anderen Trägern der Weiterbildung. Er ist Mitglied des Deutschen Volkshochschul-Verbandes e.V. (DVV) und bietet seinen Mitgliedern pädagogische und organisatorische Hilfe und Beratung, z.B. durch Veranstaltung von Tagungen und Fachkonferenzen zu allgemeinen und grundsätzlichen Fragen und Problemen der Erwachsenenbildung, die Durchführung exemplarischer Arbeitsvorhaben und -modelle, Beratung in pädagogischen, organisatorischen und administrativen Fragen, Erstellung von Dokumentationen, Statistiken, Materialsammlungen und Untersuchungen zur Erwachsenenbildung, speziell zur Arbeit der Volkshochschulen.

2. Die Geschichte des TVV

In allen Kreisen der DDR gab es Volkshochschulen, die als staatliche Einrichtungen für Erwachsenenbildung den Stadt- bzw. Kreisschulräten direkt unterstellt waren. Die Volkshochschulen arbeiteten seit dem 5. Mai 1982 nach einer neuen zentralen Volkshochschulordnung, die auf vier Arbeitsbereiche orientierte: Abschluss der zehnklassigen allgemein bildenden polytechnischen Oberschule und Erwerb der Hochschulreife; Vermittlung fremdsprachlichen Wissens und Könnens; Erweiterung und Vertiefung der Allgemeinbildung auf mathematischem, naturwissenschaftlich-technischem, gesellschaftlichem und kulturell-ästhetischem Gebiet; Ausbildung von Grundfertigkeiten im Stenografieren und Maschineschreiben.

Durch die Ereignisse im November 1989 ergaben sich für die gesamtgesellschaftliche Entwicklung in der damaligen DDR und damit auch für die Volkshochschulen neue Perspektiven. Bereits ab dem 23. November 1989 trafen sich die Leiter der Thüringer Volkshochschulen, die bisher ihre Konferenzen auf Bezirksbasis (Erfurt, Gera, Suhl) durchführten, um jetzt gemeinsam über die Zukunft ihrer Einrichtungen zu beraten. Bei der Beratung der Direktoren der Bezirke Erfurt, Gera und Suhl am 17. Januar 1990 im Erfurter Kalininhaus wurden erstmalig die zukünftigen Aufgaben der Volkshochschulen und der Inhalt einer neuen Arbeitsordnung diskutiert.

Am 28./29. Januar 1990 fand in Hannover die erste große Begegnung der Volkshochschulen zwischen den beiden Teilen Deutschlands statt. Diese Begegnung brachte für die Teilnehmer aus der DDR viele neue Erkenntnisse, unter anderem auch, dass die Volkshochschulen unter den sich neu entwickelnden politischen Verhältnissen eine Interessenvertretung schaffen sollten. In Fortsetzung dieser Begegnung fand am 17./18. Februar 1990 eine Arbeitstagung in Magdeburg statt. Im Anschluss an die Tagung regten Mitglieder einer Arbeitsgruppe, bestehend aus Direktoren von Volkshochschulen der Bezirke Gera, Erfurt und Suhl sowie Vertretern der Räte der Bezirke Erfurt, Gera und Suhl die Gründung eines Volkshochschulverbandes für Thüringen an.

Die Gründung des Verbandes drängte, weil ein Gremium und autorisierte Sprecher benötigt wurden, um die Interessen in der sich schnell verändernden politischen Landschaft vertreten zu können. Beispielsweise waren Fragen der Zusammenarbeit und Abgrenzung zu den in den ersten Wochen des Jahres 1990 in vielen Städten der DDR entstandenen gesellschaftlichen und privaten Bildungseinrichtungen zu klären, deren Angebot in einigen Fällen dem der Volkshochschulen entsprach.

Auf Einladung der drei Vertreter der Abteilung Volksbildung der Bezirke Erfurt, Gera und Suhl trafen sich am 14. März 1990 im Erfurter Kalinenhaus 35 Volkshochschuldirektoren. In dieser Veranstaltung wurde der Volkshochschulverband für das Land Thüringen gegründet. Die gewählten Direktoren und Beisitzer repräsentieren die drei Thüringer Bezirke. Der Vorsitzende, Dr. Walter Schug, unterbreitete den Vorschlag, der Tradition zu folgen und den neu gegründeten Verband „Thüringer Volkshochschulverband" zu nennen.

Zur gleichen Zeit stand in Berlin die Frage der Schaffung eines DDR-Verbandes auf der Tagesordnung. Sie wurde auch von den Mitgliedern des Thüringer Volkshochschulverbandes sehr intensiv diskutiert. Mehrheitlich wurde jedoch die Gründung eines DDR-Verbandes abgelehnt, da die Vereinigung der beiden Teile Deutschlands sichtbar wurde. Am 23. Mai 1990 wurde nach eingehender Diskussion von den Mitgliedern die erarbeitete Satzung beschlossen und der Antrag auf Registrierung beim Kreisgericht Erfurt gestellt.

3. Rahmenbedingungen nach der Neugründung und personelle Entwicklung

Die Arbeit gestaltete sich äußerst schwierig. Sie musste von den Vorstandsmitgliedern ehrenamtlich, ohne Erfahrung, ohne finanzielle Mittel und ausreichende Kommunikationsmittel durchgeführt werden. Ein Telefongespräch in die alten Bundesländer war mit langen Wartezeiten verbunden. Ein Brief war drei bis vier Tage unterwegs. Für die Dienstreisen standen kaum finanzielle Mittel zur Verfügung. Fahrgelder usw. mussten vielfach persönlich aufgebracht werden, DM-Beträge gab es nicht. In den Kommunen existierten für die Volkshochschulbelange keine Ansprechpartner. Erst nachdem am 6. Mai 1990 die Kommunalwahlen in der DDR stattfanden, konnten sich die Volkshochschuldirektoren mit ihren Problemen an legitimierte Abgeordnete in den Städten und Kreisen wenden. Das Land Thüringen wurde am 14. Oktober 1990 geschaffen. Ein direkter Kontakt zum Kultusministerium des Landes konnte erst am 21.11.1990 aufgenommen werden, um das Anliegen des Verbandes vorzutragen. Viele Dinge vollzogen sich damals im raschen Tempo, fast hektisch.

Der Vorstand des TVV e.V. führte regelmäßig Beratungen durch. Leider war auf vielen Gebieten nur schwer einen Konsens zu erreichen. Die bis jetzt durchgeführten Regionalkonferenzen auf Bezirksebene, ihre Beschlüsse und Leitungsstrukturen förderten nicht immer eine einheitliche Handlungsweise. Viele Volkshochschuldirektoren schieden in den folgenden Wochen aus den unterschiedlichsten Gründen aus ihrer Dienststellung aus. Die neuen mussten sich erst mit den Problemen der Volkshochschularbeit vertraut machen und brachten neue Vorstellungen mit.

Der Vorstand des TVV e.V. wurde in jenen Wochen von verschiedenen Seiten hart bedrängt, eine Geschäftsstelle mit hauptamtlichen Mitarbeitern nach dem Vorbild in den alten Bundesländern einzurichten. Die Vorstellungen waren illusorisch. Es gab keine finanzielle Basis.

Der 3. Oktober 1990, der Tag der Einheit, stellte ohne Zweifel auch für die Volkshochschulen einen Höhepunkt dar. Gemeinsam, mit neuer Perspektive, aber bestimmt nicht ohne Schwierigkeiten, konnten die neuen Aufgaben in Angriff genommen werden. Es war ein großer Fortschritt für die Volkshochschulen, dass sie in den folgenden Wochen in kommunale Obhut genommen wurden. Die Zeit der Spekulation und der Unsicherheit für ihr Fortbestehen war vorbei. Der Grundstein für die Zukunft war gelegt.[1]

Der erste Verbandsdirektor, Walter Voß, wurde im Jahr 1991 für die Ausübung dieser Funktion von der Stadt Jena freigestellt. Von ihm wurden alle anfallenden Arbeiten zur konzeptionellen und strukturellen Entwicklung des TVV e.V. durchgeführt.

Auch die darauf folgenden Jahre waren wegen der fehlenden Förderung durch das Land Thüringen von personellen Engpässen geprägt. Aufgaben wurden auf Honorarbasis oder durch ABM-Kräfte ausgeführt. Nach dem Ausscheiden des Verbandsdirektors im Juni 1998 war die Geschäftsstelle hauptamtlich nur mit einer Person, der amtierenden Verbandsdirektorin Sylvia Kränke, besetzt. Erst im Jahr 1999 erfolgte erstmalig eine angemessene Förderung durch das Land, die eine personelle Aufstockung in der Verbandsgeschäftsstelle ermöglichte, um die zunehmenden, von den Mitgliedern beschlossenen Aufgaben bewältigen zu können. Neben der Verbandsdirektorin erfüllen seitdem zwei pädagogische Mitarbeiter und zwei Verwaltungsangestellte die verbands- und bildungspolitischen Aufgaben.

4. Politische Bildung als Teil der Fachbereichsarbeit

Im Freistaat Thüringen gibt es 23 Volkshochschulen. Jede Einrichtung hält ein Angebot in den bundesweit etablierten Fachbereichen bereit: Sprachen, Gesundheit, Kultur/Gestalten, Arbeit/Beruf, Grundbildung/Schulbildung, Politik/Gesellschaft/Umwelt.

Ein Blick in die statistischen Auswertungen des Verbandes belegt einen positiven Trend im Fachbereich Politik/Gesellschaft/Umwelt, der mit den allgemein steigenden Teilnehmerzahlen an Bildungsveranstaltungen korrespondiert. Doch im Vergleich zu anderen Fachbereichen, wie Sprachen, Gesundheit oder Beruf, sind das Programmangebot und die Nachfrage nach Veranstaltungen im Bereich Politik/Gesellschaft/Umwelt eher gering. Trotzdem hat politische Bildung eine lange Tradition an Volkshochschulen, der sich die Thüringer Einrichtungen auch heute weiter verpflichtet fühlen.

Dahinter steht der Gedanke, dass gerade in einer komplexer und globaler werdenden Umwelt, in Zeiten der Informationsüberflutung und strukturellen Unsicherheit das Bedürfnis vieler Menschen nach Information steigt, z.B. über politische, gesellschaftliche, historische und ökonomische Zusammenhänge und Prozesse, ebenso nach Reflexion und Orientierung, z.B. im Kontext rascher Veränderungen der Arbeitswelt, nach Gestaltungsfähigkeit z.B. zum Erkennen und Nutzen der Chancen politischer und gesellschaftlicher Einflussnahme. Informiertheit, Orientierungs- und Urteilsfähigkeit – das sind Kompetenzen, die für eine umfassende Teilhabe an der Gesellschaft notwendig sind.

Die Volkshochschulen in Thüringen bieten dazu ein vielgestaltiges und interessantes Programm (u.a. in Form von Vorträgen, Diskussionsrunden, Geschichts- und Zukunftswerkstätten). Die Veranstaltungen sind offen für alle Bürger, unabhängig von Weltanschauung, sozialer Herkunft, Alter und Geschlecht. Volkshochschulen sind deshalb ein traditioneller Ort für offene, überparteiliche und gruppen-

Der Thüringer Volkshochschulverband e.V.

übergreifende Diskurse, für interkulturelle und interreligiöse Verständigung. Wichtig für das Zustandekommen von Angeboten im Bereich politischer Bildung ist, dass aktuelle gesellschaftliche Themen aufgegriffen werden. Dabei geht es nicht um puren Aktionismus. Im Gegenteil, die Volkshochschulmitarbeiter bemühen sich um ein kontinuierliches Bildungsangebot. Ein Beispiel soll dies verdeutlichen:
Als in Rostock die Unterkünfte der Vietnamesen brannten, rief der Deutsche Volkshochschulverband e.V. bundesweit zu Aktionen gegen Rechtsextremismus, Fremdenfeindlichkeit und Gewalt auf. Selbstverständlich beteiligten sich auch zahlreiche Thüringer Volkshochschulen daran. Für die Mitarbeiter der Volkshochschule des Landkreises Saale-Orla unter der Leitung von Klaus Kramer stand jedoch von Anfang an fest, dass sie keine einmaligen Aktionen durchführen, sondern ein Projekt schaffen wollten, welches dauerhaften Bestand haben sollte. Mit Hilfe des damals noch in Leipzig ansässigen türkischen Generalkonsuls, Herrn Özbek, veranstaltete die VHS in Pößneck „Kulturtage der Türkei". Gleichzeitig bat sie den Generalkonsul, der VHS bei der Suche nach einer türkischen Partnervolkshochschule behilflich zu sein. So wurde der Kontakt zur VHS Antalya vermittelt. 1994 konnte zum ersten Mal eine kleine Delegation dieser Schule in Pößneck begrüßt werden, und zwar anlässlich der Feierlichkeiten zum 75. Jubiläum der deutschen VHS.

In langen Beratungen kam ein Partnerschaftsvertrag und ein daraus resultierendes Arbeitsprogramm für die Folgejahre zustande. Im jährlichen Rhythmus finden seitdem regelmäßig einmal in Antalya, einmal in Pößneck Veranstaltungen und Treffen statt. Dazu gehören Veranstaltungsreihen (z.B. „Türkei – Land und Leute"), Studienreisen mit Vor-Ort-Betreuung durch die jeweilige Partnereinrichtung, Ausstellungen (z.B. Dokumentation zum Engagement der VHS Pößneck gegen Fremdenfeindlichkeit, Rechtsextremismus und Gewalt), Jugend- und Kulturaustausch mit Unterkunft in Gastfamilien (z.B. Schüler des Pößnecker Gymnasiums und der Förderschule für Lernbehinderte fahren nach Antalya, Aufenthalt des Folkloreensembles der VHS Antalya und Auftritte im gesamten Saale-Orla Kreisgebiet, Workshop „Orientalischer Tanz"). Das Anliegen dieser partnerschaftlichen Arbeit war und ist, möglichst vielen jungen Leuten beider Staaten den anderen Lebensraum begreifbar zu machen, Vorurteile abzubauen und Toleranz, Achtung und persönliche Kontakte zu vermitteln. Besonders durch die Studienreisen und Jugendbegegnungen haben die Teilnehmer ein sehr reales Bild der Türkei und Deutschlands erworben. Dies brachte eine sehr breite Außenwirkung mit sich, die zu weiteren durch die VHS vermittelten Schulpartnerschaften geführt hat. Das Anliegen der VHS wurde erfüllt. Fremdenfeindliche Aktionen sind in der Gegend relativ selten. Die Einbeziehung von Schulen, Kindern und Jugendlichen überhaupt, hat sich als erfolgreich erwiesen. Die Kreisvolkshochschule Saale-Orla ist die einzige Volkshochschule bundesweit, die über eine solche Partnerschaft verfügt.

Für diese vorbildliche Aktivität erhielt sie vom „Bündnis für Demokratie und Toleranz – gegen Extremismus und Gewalt" im Februar 2002 die Auszeichnung „Aktiv für Demokratie und Toleranz".

Die Reihe der guten Beispiele könnte fortgesetzt werden. Sie zeigen auch, dass politische Bildung einer ständigen Überprüfung der Methoden, einer Offenheit gegenüber neuen Herausforderungen der Gesellschaft, der Medien und neuer Technologien bedarf – Aufgaben, die von den Einrichtungen nur in Kooperation gelöst werden können. Allerdings kann der Thüringer Volkshochschulverband neben der Vielzahl seiner verbands- und bildungspolitischen Aufgaben eine solche konzeptionelle Arbeit zur Unterstützung des Fachbereichs Politik/Gesellschaft/ Umwelt an den Volkshochschulen kaum leisten.

Erst 1999, in Verbindung mit der Verbesserung der personellen Situation, wurde begonnen, den Fachbereich Politik/Gesellschaft/Umwelt konzeptionell zu fundieren und Angebote für die Volkshochschulen zu unterbreiten. Eine Teilnahme am Bundesarbeitskreis Politische Bildung wurde möglich. Kontakte wurden z.B. zur Landeszentrale für politische Bildung aufgenommen, um ab dem Jahr 2000 gemeinsam Veranstaltungen durchzuführen. Für das Jahr 2000 wurde der Bereich der politischen Bildung zum Schwerpunkt der Verbandsaktivitäten erklärt. Aus dieser Initiative entstand eine Projektidee, welche vom Thüringer Kultusministerium unterstützt und im Mai 2000 bewilligt wurde.

5. Projektarbeit in der politischen Bildung

Das Projekt „Entwicklung, Erprobung und Umsetzung neuer Lehr- und Lernarrangements in der politischen Bildung" ist Teil des Programms „Lebenslanges Lernen" und wird von der Bund-Länder-Kommission für Bildungsplanung und Forschungsförderung für 3 Jahre vom Bund und dem Land Thüringen gefördert. Die wissenschaftliche Gesamtbetreuung liegt beim Deutschen Institut für Erwachsenenbildung und Prof. Dr. Jörg Knoll von der Universität Leipzig.

Um neue zeitgemäße Lehr- und Lernarrangements anbieten zu können, startete der TVV e.V. im Oktober 2000 eine offene Workshopreihe, an der sich die verschiedenen Akteure der politischen Bildung in Thüringen beteiligen. Das Spektrum der zur Zeit 27 Kooperationspartner reicht von der Landeszentrale für politische Bildung über die Bildungswerke des DGB und verdi.DAG bis hin zu alternativen Trägern wie Philosophia e.V. oder Diskurs e.V. sowie den einzelnen Volkshochschulen. Ziel der Initiative ist es, gemeinsam Ideen für neue Lehr- und Lernarrangements zu entwickeln (2000-2001), zu erproben (2001-2002) und umzusetzen (2002-2003).

Die Initiative startete mit einer Open-Space-Veranstaltung im Oktober 2000, auf der sich die Partner fanden und die Projektidee vom TVV e.V. vorgestellt

Der Thüringer Volkshochschulverband e. V. 307

wurde. Es folgten zwei weitere Workshops im Dezember und März, wo auf der Grundlage einer Soll-Ist-Analyse Ideen ausgetauscht und in Arbeitsgruppen weiterentwickelt wurden. Im Juni und Dezember 2001 widmeten sich die Workshops vorrangig den Methoden der Evaluation für die inzwischen ausgefeilten Konzeptideen. Seit März 2002 werden diese von den Bildungsträgern erprobt und im Rahmen eines seit Projektstart etablierten Projektbegleitseminars an der Fachhochschule Jena, unter der Leitung von Prof. Dr. Schäfer, wissenschaftlich begleitet. Am Ende des Projekts sollen dann die erprobten und bewerteten Konzepte den Volkshochschulen und anderen Bildungseinrichtungen zur Verfügung gestellt werden. Schulungen von Kursleiterinnen und Kursleitern, die Erstellung von Arbeitshilfen sowie Veröffentlichungen sollen dazu beitragen, die Konzepte in der Breite umzusetzen, um so das Angebot, die Qualität und die Nachfrage nach politischer Bildung zu erhöhen.

Die Konzepte verbindet das Leitmotiv: „Das Politische ist nicht alles, aber es ist in allem ..." (Alfred Grosser). Mit diesem Motto empfängt der Thüringer Volkshochschulverband e. V. seit Juni die Besucher im Internet. Die homepage www.vhs-th.de informiert über das Projekt. In Zukunft – und das ist eine der Konzeptideen – soll das Internet auch stärker als Forum für gesellschaftliche Grundfragen genutzt, sollen virtuelle und reelle Lernräume gekoppelt werden. Dazu wird seit März 2002 das Kurskonzept „PIN – Politische Partizipation in Neuen Lernorten" an der VHS Gera erprobt. Am Beispiel eines kommunalpolitisch relevanten Themas erarbeiten die Teilnehmer Möglichkeiten der politischen Partizipation und erwerben die dafür erforderlichen Kompetenzen. Dazu gehört ein Argumentationstraining ebenso wie der Umgang mit Medien.

Das Besondere an PIN ist, dass die Teilnehmer das Thema, die Art und den Umfang der Beschäftigung mit den angebotenen fünf unterstützenden Modulen selbst bestimmen. Im Abstand von zwei Wochen finden reale Treffen der Teilnehmer statt, in der Zwischenzeit gibt es virtuelle Treffen auf der Lernplattform im Internet. Der Besitz eines eigenen PC und die Erfahrung mit dem Medium Internet sind keine entscheidenden Voraussetzungen für die Teilnahme am Kurs. Im Gegenteil, die VHS Gera möchte gerade auch den im Umgang mit den neuen Medien benachteiligten Zielgruppen die Möglichkeit zur Beteiligung einräumen. Deshalb hält die VHS für die Teilnehmer ohne eigenen PC den Computerpool zu bestimmten Zeiten frei. Der Lernberater ist vor Ort und bietet bei Bedarf Information und Hilfeleistungen. Beraten und begleitet wird die heterogen zusammengesetzte Lerngruppe in allen Phasen durch Wolfgang Volkmer, Student der FH Jena. Im Juni wird die Erprobungsphase abgeschlossen sein. Die Erfahrungen sollen sowohl den Thüringer Volkshochschulen und ihren Partnereinrichtungen bei der Etablierung solcher Online-Lernangebote dienlich sein, als auch den Fachdialog auf bundesweiter Ebene bereichern.

6. Ausblick

Das beschriebene Projekt ist das erste Drittmittel-Projekt beim Thüringer Volkshochschulverband e.V. Die damit verbundenen Mittel für Personal- und Sachkosten ermöglichen einen Entwicklungsschritt in der Fachbereichsarbeit. Es bietet die Chance, Themen und Problemfelder der politischen Bildung aufzugreifen, ein Netzwerk der Akteure der politischen Bildung auf- und auszubauen sowie gemeinsam mit den Volkshochschulen und den Kooperationspartnern konzeptionell zu arbeiten.

Die Finanzierung über Projektmittel ist wertvoll für innovative Wege und neue Formen der Zusammenarbeit. Für die Fortsetzung der geleisteten Aufbauarbeit wäre auch nach Ablauf des Projektes eine kontinuierliche Fachbereichsbetreuung der richtige Weg für die Zukunft.

Anmerkung

[1] Die Aussagen basieren auf den Erinnerungen von Dr. Walter Schug, erster Vorstandsvorsitzender des TVV e.V., anlässlich der Jubiläumsfeier „10 Jahre Thüringer Volkshochschulverband e.V." am 28. September 2000 im Jenaer Rathaussaal.

Kathrin Vitzthum
Das DGB-Bildungswerk Thüringen e.V.

1. Die Entwicklung des DGB-Bildungswerkes seit 1990

Im September 1990 wurde von fünfzehn Einzelpersonen der „Verein für Arbeitnehmerbildung – Bildungswerk Thüringen e.V." als freier Träger der Erwachsenenbildung gegründet. Zielsetzung war, Angebote der Erwachsenenbildung im gewerkschaftlichen Zusammenhang autonom in Thüringen zu unterbreiten. Durch die politischen, ökonomischen, sozialen und kulturellen Umbrüche ergaben sich neue Herausforderungen an die Bildung und Qualifizierung jugendlicher und erwachsener Arbeitnehmer. Angesichts der enormen gesellschaftlichen Veränderungen, die sich mit dem Ende der DDR abzeichneten, wurde die Notwendigkeit einer politischen Erwachsenenbildung in Thüringen deutlich sichtbar und von den Gründungsmitgliedern in einen neuen Kontext gebracht.

In die Überlegungen zur Gründung des Vereins für Arbeitnehmerbildung floss auf Initiative des hessischen DGB-Bildungswerkes die Perspektive einer Umwandlung in ein DGB-Bildungswerk Thüringen e.V. (bwt) von Anfang an mit ein. Da sich aber die Einzelgewerkschaften noch im Aufbau befanden, war der „Umweg" über eine Vereinsgründung von Einzelpersonen notwendig. Schließlich wurde im Dezember 1991 der Verein in ein DGB-Bildungswerk umgewandelt. Seitdem nimmt er seine Aufgaben auf der Ebene seiner Mitgliedsorganisationen und der Landesgeschäftsstelle wahr. Dazu organisiert das DGB-Bildungswerk für den DGB-Landesbezirk, dessen Gliederungen und für die Einzelgewerkschaften, die Mitglieder im Verein sind, gewerkschaftliche Bildungsarbeit. Grundsätzlich stellen die Positionen des Deutschen Gewerkschaftsbundes sowie der Einzelgewerkschaft die Leitlinie für die Arbeit der Geschäftsstelle dar. Dennoch versteht sich das bwt nicht nur als Dienstleister für den DGB und die Gewerkschaften, sondern initiiert in und mit seinen Seminaren auch selbst wichtige gewerkschaftliche und gesellschaftliche Prozesse.

Die Aufbauphase wurde durch das DGB-Bildungswerk Hessen e.V. unterstützt, es musste vor allem auf zahlreiche Referenten aus den alten Bundesländern zurückgegriffen werden, da sich in Thüringen die Strukturen gewerkschaftlicher Bildungsarbeit und damit qualifizierter ehrenamtlicher Referenten und Teamer erst im Aufbau befanden. Rückblickend wird deutlich, dass das Engagement der westdeutschen Teamer in Thüringen auch auf Schwierigkeiten gestoßen ist. Das lag (und liegt) auch an einem anderen Verständnis von politischer Bildung. In der DDR fand politische Bildung in fast allen Sphären des gesellschaftlichen Lebens statt, hatte häufig die Funktion von Staatsbürgerkunde und ideologischer Indoktrination. Politische Bildung als Wahrnehmung von Interessen und Erweiterung von individuellen und gesellschaftlichen Handlungsoptionen zu begreifen, war und ist ein Prozess, dem sich Teamer und Teilnehmer auch heute noch stellen müssen. Die Auseinandersetzung mit der eigenen Geschichte gestaltet sich noch immer schwierig, betrifft jedoch nicht ausschließlich das Verhältnis von West und Ost, sondern auch das Verhältnis der Generationen. Die ehrenamtlich getragene Bildungsarbeit muss auch unter diesen Gesichtspunkten nach wie vor ausgebaut werden. Das Problem hierbei ist u.a., dass es kein Bildungsfreistellungsgesetz (vgl. Punkt 6), also keine Freistellungen für die Seminare und für die Teamerqualifizierung und Fortbildung gibt. Es wird aber immer mehr „Spezialwissen" gefordert, das sich gerade Ehrenamtliche nicht nebenbei aneignen können. Hierfür wären Rahmenbedingungen nötig, um neben dem Fachwissen auch methodische und didaktische Handlungsoptionen der ehrenamtlichen Teamer zu ermöglichen.

2. Finanzierung und Struktur des bwt

Der Verein finanziert seine Aufgaben durch die Leistungen seiner Mitglieder, durch Leistungen Dritter, Zuschüsse, Teilnahmebeiträge und öffentliche Zuwendungen. Aufgrund der sozialen Situation Anfang der 90er Jahre stammten die Finanzmittel des Vereins zum größten Teil aus Spenden. Das Gehalt für die Beschäftigten wurde bis zum Oktober 1992 zu 100 Prozent vom Arbeitsamt bezahlt. Mit der Umwandlung in ein DGB-Bildungswerk, der Verabschiedung des Thüringer Erwachsenenbildungsgesetzes sowie der Anerkennung durch das Thüringer Kultusministerium (TKM) als freier Träger der Erwachsenenbildung verbesserten sich allmählich die Rahmenbedingungen. Pädagogische Mitarbeiter und eine Verwaltungsangestellte konnten nun über das TKM gefördert und durch die Kooperation mit den Einzelgewerkschaften und anderen freien Trägern mehr Seminare durchgeführt und (co-)finanziert werden. Zu Beginn des Jahres 2001 sind mit Ausnahme von ÖTV und BCE alle DGB-Gewerkschaften und der DGB selbst Mitglieder des Vereins.

Weitere Mitglieder sind die Arbeitsloseninitiative Thüringen, das Berufsfortbildungswerk des DGB, ran e.V. für die DGB-Jugend, START e.V. (Struktur- und Technologieberatungsagentur für Arbeitnehmer Thüringen) sowie BAUT e.V. (Verein zur Förderung von Bildung, Arbeit, Umwelt und Jugendkultur Thüringen). Daneben sucht das bwt bewusst auch die Kooperation mit Einrichtungen außerhalb der Gewerkschaften und arbeitet sehr eng mit verschiedensten Trägern, Vereinen, Arbeits- und Projektgruppen zusammen. Durch diese Kooperationen

Das DGB-Bildungswerk Thüringen e.V.

fließt in die Bildungsarbeit des bwt immer auch eine gesamtgesellschaftliche Perspektive mit ein und eröffnet damit gewerkschaftlichen Debatten neue Hintergründe und Alternativen.

3. Schaffung der gesetzlichen Grundlagen zur politischen Erwachsenenbildung

Die wesentlichen Aufgaben des Vereins bestanden zunächst in der Schaffung der organisatorischen Voraussetzung gewerkschaftlicher Bildungsarbeit, dem Ausbau von Kooperationen sowie dem Entwurf für ein Thüringer Erwachsenenbildungsgesetz. Dazu ergriff der Verein im Oktober 1990 die Initiative, um mit anderen Trägern der Erwachsenenbildung einen Gesetzentwurf für ein Erwachsenenbildungsgesetz zu erarbeiten. Dieser Entwurf wurde im Dezember 1990 der damaligen Kultusministerin überreicht. Im April 1992 wurde schließlich das Thüringer Erwachsenenbildungsgesetz verabschiedet und im November 1997 nochmals geändert. Auch wenn damit die Basis für eine Erwachsenenbildungslandschaft in Thüringen geschaffen wurde, so ist dieses Gesetz bzw. dessen Ausführung nicht unkritisch zu betrachten *(siehe Punkt 6)*.

4. Aufgabenfelder und Projekte des bwt

Zum Grundverständnis der politischen Bildungsarbeit: Das DGB-Bildungswerk Thüringen e.V. versteht sich ausdrücklich als Träger der politischen Bildung und ist damit einzigartig und fast schon ein „Fossil" in der Thüringer Erwachsenenbildungslandschaft. Aus Sicht der Arbeitnehmer und ihrer Organisationen muss sich politische Bildung an humanen und demokratischen Prinzipien orientieren. Dazu gehören u.a. Beiträge zur Frage, wie menschliches Leben und Arbeiten aussehen soll, zur Demokratisierung der Gesellschaft und Selbstbestimmung der Individuen, aber auch das Vorantreiben gesellschaftlicher Mitbestimmung und Mitverantwortung. Es geht um subjektbezogene Bildung in politischen Zusammenhängen, um die Entwicklung von Staat und Gesellschaft, Politik und Ökonomie zu verstehen und handelnd eingreifen zu können. Dabei soll die gegenwärtige Situation nicht nur erklärt und beschrieben werden, sondern es sollen vielmehr Möglichkeiten geboten werden, eigene Gestaltungsräume zu entdecken und alternative Entwürfe zu entwickeln. Ein besonderes Merkmal der Arbeit des bwt ist das Engagement in langfristigen Projekten, die den Teilnehmern Handlungsräume eröffnen. Dazu gehört die bewusste Wahl von Lernorten, die immer auch den Bezug zur eigenen Geschichte und zur Lebenswelt herstellen. So werden z.B. auf Alternativen Stadtrundgängen thematische Schwerpunkte gesetzt, die anhand geschichtlicher Zeugnisse vor Ort diskutiert werden.

Nicht-rassistische und antirassistische Bildungsarbeit: Hier engagiert sich das bwt besonders. Es macht Angebote zur NS-Geschichte vor allem in Thüringen. Als Koordinator der Landesarbeitsgemeinschaft Antifa/Antirassismus trägt es wesentlich zu deren kontinuierlicher Arbeit bei und setzt damit die Aktivitäten gegen Rechtsextremismus und Neofaschismus in seinen eigenen Projekten und Bildungsveranstaltungen fort. Der Verein initiierte eine Reihe von Veranstaltungen und Aktionen. Aus der Zusammenarbeit verschiedenster Vereine mit Parteien- und Kirchenvertretern, Gewerkschaften und Auszubildenden sowie dem Künstler Thomas Nicolai entstand das Erfurter DenkMal für den unbekannten Wehrmachtsdeserteur, welches seitdem nicht nur zur lokalgeschichtlichen Auseinandersetzung, sondern auch zur politischen Forderung nach der Rehabilitierung der Opfer der NS-Militärjustiz beiträgt.

Seit 1991 findet einmal im Jahr ein antirassistischer/antifaschistischer Ratschlag in Verbindung mit Mahngängen statt. Dabei werden zum Beispiel Antisemitismus und Faschismus historisch reflektiert, aber auch Aspekte der Gegenwartskultur oder das Verhältnis der Geschlechter diskutiert. An den Ratschlägen, die mittlerweile in verschiedenen Thüringer Städten stattfinden, nehmen bis zu 500 Bürger, Gewerkschafter und Jugendliche teil, um gemeinsam Handlungsstrategien für eine demokratische, tolerante und gewaltfreie Gesellschaft zu entwickeln.

Seit Mitte 1998 ist das bwt aktiv am Projekt *Topf & Söhne* beteiligt. Unterstützt von der Heinrich-Böll-Stiftung Thüringen, dem Europäischen Kulturzentrum und der Evangelischen Akademie Thüringen geht es in diesem Projekt um die Auseinandersetzung mit der Verwicklung des Erfurter Unternehmens J.A. Topf & Söhne in den Bau von Großkrematorien der nationalsozialistischen Konzentrationslager. Ein aktuelles Ergebnis ist u.a. die Ausstellung „Unort Brache", in der fünf Fotografen ihre ganz persönliche Perspektive auf die Industriebrache zeigen.

Im September 1998 erschien der *Baustein zur nicht-rassistischen Bildungsarbeit.* Der Baustein ist kein Konzept für ein weiteres Antirassismus-Seminar, sondern will Nicht-Rassismus als Prinzip der Bildungsarbeit verankern. Hierzu gehört auch, die bestehenden (gewerkschaftlichen) Konzepte gegen den Strich zu bürsten: Standortlogik, Leistungsdenken, die Norm des „männlichen deutschen Facharbeiters". Von einer Projektgruppe und einer Arbeitsgruppe erarbeitet und in verschiedenen Pilotseminaren in Kooperation mit Einzelgewerkschaften getestet, wird dieses Material (inzwischen vergriffen) seitdem kontinuierlich und bundesweit angefordert. Zum Kreis der Interessenten gehören neben den Gewerkschaften auch andere Träger der Jugend- und Erwachsenenbildung, Hochschulen und kirchliche Einrichtungen. Die Mitglieder der Arbeitsgruppe werden wiederholt angefragt, das Konzept bei Seminaren, Tagungen und Teamerfortbildungen zu erläutern. Im Jahr 2001 hat eine Tagung mit Teilnehmern aus verschiedenen Bildungsbereichen u.a. zur konzeptionellen Weiterentwicklung, Erprobung neuer Ansätze nichtrassistischer oder interkultureller Bildungsarbeit stattgefunden. Die Nachfrage zu dieser Tagung übertraf die Erwartungen der Organisatoren und stellte sie vor dem Hintergrund der Ablehnung fast aller Anträge auf öffentliche Förderung vor ein enormes finanzielles Problem.[1]

Flüchtlingsrat Thüringen e. V. – Ein Projekt des bwt: Der Flüchtlingsrat, an dessen Gründung und Arbeit das DGB-Bildungswerk maßgeblich beteiligt ist, ist zu einer akzeptierten Anlaufstelle für Flüchtlinge und Asylbewerber geworden. Gemeinsam mit dem bwt und einem anderen freien Träger wurde im Januar 2001 ein Projekt zur beruflichen Qualifizierung vorbereitet und die Förderung bei der EU-Gemeinschaftsinitiative EQUAL beantragt.

In der Veranstaltungsreihe ‚Politische Bildung für Asylbewerber' wurden in Exkursionen zu verschiedenen Einrichtungen wie der Polizeidienststelle, dem Thüringer Landtag und den Gewerkschaften Einsichten in das politische System der Bundesrepublik ermöglicht. Dabei wurde auch der Versuch unternommen, Berührungsängste abzubauen und Asylbewerber in der Wahrnehmung ihrer Rechte zu bestärken.

Seminare für Betriebs- und Personalräte und weitere Gruppen: Diese Seminare müssen oft mangels Anmeldungen abgesagt werden, weil Betriebs- und Personalräte vorwiegend Seminare der eigenen Gewerkschaft besuchen oder weil sie ihren Arbeitgebern ihre Abwesenheit und die Kosten der Seminare nicht zumuten wollen. Das fehlende Bildungsfreistellungsgesetz verschärft diese Situation zusätzlich. Weitere zielgruppenorientierte Seminare finden in den Bereichen Frauen, Vertrauensleute der Schwerbehinderten, ehrenamtliche Arbeits- und Sozialrichter, Senioren und für Arbeitslose statt. Die themenorientierten Veranstaltungen umfassen die Bereiche Arbeit und Gesundheit, moderne Kommunikationstechnologien, Kultur und Geschichte sowie schwerpunktmäßig Rechtsextremismus sowohl als (inner-)gewerkschaftliche Debatte als auch in gesamtgesellschaftlichen Zusammenhängen. Informationen und Termine können über www.dgb-bwt.de eingeholt werden.

5. Fortbildung der Teamer

Zur Qualifizierung haupt- und ehrenamtlicher Teamer werden durch das DGB-Bildungswerk spezielle Angebote unterbreitet. Das ist zum einen der monatlich stattfindende Teamerarbeitskreis (TAK) und die jährliche Teamerqualifizierung. Gegenstand des TAK sind inhaltliche und methodische Fragen der Bildungsarbeit und der Gewerkschaftspolitik sowie die aktuelle Vor- und Nachbereitung von Bildungsveranstaltungen. Ziel ist, mit der anhaltenden Reflexion und Weiterentwicklung von Inhalten und Konzeptionen die gewerkschaftliche Bildungsarbeit zu optimieren. Dieser Bereich muss zur Stabilisierung der pädagogischen Arbeit weiter intensiviert und ausgebaut werden. Den Rahmen dazu geben die jährlichen Seminare zur Teamerqualifizierung, die durch das Erleben, Erfahren und Erproben methodischer Zugänge zunehmend die Erfahrungen bisheriger Seminare reflektieren. Die Abendstunden des TAK und die Wochenenden der Teamerqualifizierung reichen jedoch für eine nachhaltige Entwicklung pädagogischer Kompetenzen nicht aus. In diesem Zusammenhang wird das Fehlen eines Bildungsfreistellungsgesetzes in Thüringen besonders deutlich.

6. Der Konflikt um ein Thüringer Bildungsfreistellungsgesetz

Als Begründer einer breit angelegten bildungspolitischen Initiative für ein Bildungsfreistellungsgesetz für Thüringen fordert das DGB-Bildungswerk gemeinsam mit Gewerkschaften, Jugendverbänden und Bildungsträgern die Verabschiedung eines solchen Gesetzes, damit Bildung kein Privileg derer wird, die sie sich leisten können. In den meisten Bundesländern können sich Arbeitnehmer fünf Tage für die politische und/oder berufliche Bildung bei Fortzahlung des Entgeltes freistellen lassen. In Thüringen beschloss die SPD/CDU-Koalition nach der Landtagswahl 1994, Bildungsfreistellung anzustreben. Bei dieser formalen Zusage ist es allerdings geblieben, seit 1999 verfügt die CDU im Landtag über die absolute Mehrheit. Die Chancen, in Thüringen ein Bildungsfreistellungsgesetz durchzusetzen, sinken damit erheblich, da sich die CDU zwar für lebenslanges Lernen ausspricht, aber gegen eine arbeitgeber- oder regierungsfinanzierte Freistellung ist. Zur nächsten Landtagswahl wird die Initiative das Thema Bildungsurlaub wieder ins Zentrum der Debatte rücken und in die Öffentlichkeit gehen, um Kollegen und Bürger dafür zu sensibilisieren, sich für ihr Recht auf Bildung einzusetzen.

Nicht nur das Fehlen von Freistellungsmöglichkeiten für Arbeitnehmer für politische oder berufliche Bildung erschweren die Tätigkeit des Bildungswerkes, sondern auch die Kürzungen der Sachmittelzuschüsse des Thüringer Kultusministeriums. Beispielrechnungen[2] machen deutlich, dass unter solchen Umständen qualitativ hochwertige, pädagogisch sinnvolle politische Bildungsarbeit zu leisten, fast unmöglich ist. Deshalb fordert das bwt nicht nur die Rücknahme der Mittelkürzungen, sondern umfassende Maßnahmen zur Förderung der politischen Erwachsenenbildung.

7. Perspektiven

In den nächsten Jahren wird sich das DGB-Bildungswerk unter veränderten Rahmenbedingungen neu orientieren müssen. Zum einen werden aufgrund der Strukturreform des Deutschen Gewerkschaftsbundes die DGB-Landesbezirke Hessen und Thüringen zusammengefasst. Zum anderen hat sich im April 2001 aus

Das DGB-Bildungswerk Thüringen e.V.

den Gewerkschaften HBV, ÖTV, DPG, IG Medien sowie der DAG die Dienstleistungsgewerkschaft ver.di gegründet.
In diesem Sinne ist die Zukunft des DGB-Bildungswerkes Thüringen e.V. relativ offen. Es wird neue Wege und Kooperationen geben, deren Verläufe heute noch nicht deutlich erkennbar sind.

Anmerkung

[1] Dank der Spenden von Teilnehmern und dem Ausschöpfen der Eigenmittel beteiligter Organisationen konnte die Durchführung realisiert werden.
[2] Während bereits 1997 der Zuschuss pro Unterrichtseinheit von 11,- DM auf 7,- DM gesenkt wurde, wird er bei den Freien Trägern in den Jahren 2001/2002 auf 5,60 zurückgeschraubt. Gemäß der Thüringer Erwachsenenbildungsförderungsverordnung gewährt das Land den anerkannten Einrichtungen für sächliche Zuwendungen Zuschüsse in Höhe von 40 Prozent. Die finanzielle Förderung der Bildungsmaßnahmen erfolgt pauschal und beträgt gegenwärtig noch 7,- DM pro Unterrichtseinheit unabhängig von der tatsächlichen Teilnehmerzahl ab acht Personen. Das bedeutet, dass ein Wochenendseminar, welches mit Unterkunft und Verpflegung für 15 TeilnehmerInnen, einem Referenten bei einem Tagessatz von 95,- DM, Seminarmaterial, Fahrtkosten und Honorar insgesamt 5.510,- DM kostet, letztlich vom Land mit 98,- DM gefördert wird. Dies entspricht einem Förderungsanteil von 1,78 Prozent.

Uwe Rossbach
Arbeit und Leben Thüringen

1. Organisation und Personalstruktur

Arbeit und Leben (A&L) Thüringen entstand 1991 als „Landesarbeitsgemeinschaft (LAG) für politische Bildung e.V." zwischen Thüringer Volkshochschulen und dem Deutschen Gewerkschaftsbund. Bis zur Anerkennung als Freier Träger der Erwachsenenbildung 1993 arbeitete A&L weitgehend auf ehrenamtlicher Basis. Es gelang, getragen von in der politischen Bildung engagierten VHS-Direktoren und den Bildungsverantwortlichen im DGB und den Einzelgewerkschaften, ein Netz aus örtlichen Arbeitsgemeinschaften nach westdeutschem Organisationsmuster aufzubauen. Dieses Netz fand v.a. auch Unterstützung durch „PartnerLAGen" in Rheinland-Pfalz, Hessen und Niedersachsen und den Bundesarbeitskreis A&L. Eine vom Kinder- und Jugendplan finanzierte Jugendbildungsreferentenstelle ermöglichte die Einstellung einer ersten hauptamtlichen Pädagogin. In der Folge wurden mehrere zeitlich befristete Stellen eingerichtet, die sich über den „zweiten Arbeitsmarkt" finanzierten. Ab 1993 erfolgte eine Stellenfinanzierung aus dem Thüringer Erwachsenenbildungsgesetz (ThEBG). Zum gegenwärtigen Zeitpunkt beschäftigt A&L Thüringen vier Pädagogen und drei Verwaltungsangestellte, die durch das Thüringer Erwachsenenbildungsgesetz, und zwei Pädagogen, die durch den Kinder- und Jugendplan und das Thüringer Sozialministerium (Jugendbildungsreferenten) (teil-)finanziert werden. Neben dieser Stammbelegschaft wurden in der Vergangenheit immer wieder zeitlich befristete Projektmitarbeiter eingestellt.

Im Zuge der Professionalisierung der Bildungsarbeit wurde ab 1995/96 weitgehend auf die Rekrutierung von pädagogisch eingesetzten Arbeitskräften über den zweiten Arbeitsmarkt verzichtet. Die bis dahin ehrenamtliche Geschäftsführung durch die Vereinsvorsitzenden wurde 1997/98 zugunsten einer hauptamtlichen Geschäftsführung aufgegeben. 1997/98 markiert im Rahmen des Aufbauprozesses von A&L Thüringen in mehrfacher Hinsicht eine entscheidende Wegmarke. Zu diesem Zeitpunkt konzentrierte sich die Personalrekrutierung ausschließlich auf einschlägige Fachqualifikationen, eine hauptamtliche und mit weitgehenden Kompetenzen ausgestattete Geschäftsführung wurde installiert und das Organisationsmodell der Arbeit wurde weitgehend verbetrieblicht. Der Bereich der ehrenamtlichen (Bildungs-)Arbeit konzentrierte sich nun ausschließlich nur noch auf die Arbeit des Vorstands.

Damit wird die Profil- und Programmentwicklung verstärkt innerbetrieblich gesteuert, der Vorstand zieht sich aus der (Mit-)Arbeit im operativen Bildungsgeschäft zunehmend zurück und nutzt sein Mitspracherecht allenfalls noch in Haushalts- und Personalangelegenheiten oder wenn berechtigte Interessen der beiden Träger tangiert werden.

Im Rahmen des betriebsinternen Qualitätssicherungskonzepts (ab 1998) erfolgen weitere Schritte in Richtung Organisationsentwicklung (Aufhebung der fachlichen Spezialisierungsgrenzen, Neuzuschnitt der Arbeitsteilung zwischen Pädagogen und Verwaltungskräften; Herausbildung team- und projektförmiger Arbeitsprozesse intern wie extern; neue Führungskonzeption), die ohne die entsprechende Rekrutierung einschlägig qualifizierter Hochschulabsolventen und deren permanenter berufsbegleitender Fortbildung nicht realisierbar wären.

2. Die Fallstricke der Profilbildung

Als vergleichsweise späte Neugründung gewerkschaftsnaher Bildungseinrichtungen nach der Wende hatte es A&L von Anfang an schwer, ein klar umrissenes Betätigungsfeld zu definieren. Allgemeinbildung blieb argwöhnisch behauptetes Feld der „Mutter" VHS, berufliche Bildung die Domäne des gewerkschaftseigenen Berufsfortbildungswerkes, die (inner)gewerkschaftliche Bildungsarbeit dem DGB-Bildungswerk Thüringen vorbehalten; darüber besteht Einigkeit zwischen den tragenden Institutionen. Daher galt es zunächst, von Seiten des Vorstands und später v.a. der Geschäftsführung, in den so genannte Nischen (Bildungsarbeit mit Benachteiligten, Jugendbildung, Umweltbildung) ein Profil auszubilden, das späterhin durch beharrliche und qualitativ hochwertige arbeitsweltbezogene politische Bildungsarbeit erweitert werden konnte. Damit hat sich A&L Thüringen zunehmend ein Terrain erobert, das über den einst eng definierten Rahmen hinausreicht.

3. (K)ein Institutionentransfer

Betrachtet man A&L Thüringen im Hinblick auf die Frage nach dem Weg des Institutionentransfers von West nach Ost, fällt auf, dass es kaum bewusste westdeutsche Strategien gab, die Gründung der Arbeitsgemeinschaft zu initialisieren. Viel eher waren es Ostdeutsche, die in Kenntnis westdeutscher Modelle, initiativ wurden, örtliche Arbeitsgemeinschaften gründeten und mit der notwendigen Arbeit begannen. Der Aufbau gewerkschaftlicher bzw. gewerkschaftsnaher Bildungseinrichtungen verlief zudem in Thüringen weitgehend ohne einheitliches, strategisch orientiertes, langfristig tragfähiges Konzept. Insbesondere die Verfügbarkeit öffentlicher Ressourcen in der Frühphase der Transformation ermöglichte den Aufbau vielfältiger unterschiedlich orientierter Einrichtungen, für die es weder eine planmäßige Konzeptualisierung noch ein langfristiges Organisationsmodell gab. Der regionale Gewerkschaftsapparat verfügte in der Frühphase auch kaum über profilierte Experten in der Organisation von Bildungseinrichtungen, allenfalls dem vielfach ehrenamtlich wahrgenommenen Engagement des DGB-Bildungssekretärs war es zu verdanken, dass systematisch Einfluss auf das Organisationsgeschehen genommen wurde. Bei der Wahl des Organisationsmodells der gewerkschaftlichen Bildung orientierte man sich auch nicht an jenen westdeutschen Modellen (A&L Niedersachsen), die stärker auf eine Integration unterschiedlicher Bildungsfelder in einer Organisation setzten, sondern griff weitgehend auf das eher vielgestaltig institutionalisierte hessische Modell zurück.

Für den „Latecomer" A&L brachte das die oben erwähnten Schwierigkeiten mit sich. Für die Zukunftsperspektive der gewerkschaftlichen Bildungseinrichtungen in toto mag die bunte Vielfalt eine schwere Hypothek darstellen, da sich die begrenzten und eher zersplitterten Ressourcen in einem nicht gerade gewerkschaftsfreundlichen landespolitischen Umfeld kaum strategisch konsistent nutzbar machen lassen. Für A&L bedeutet dies, dass neben der Austarierung verschiedener Interessen – nach innen wie nach außen – der einzig gangbare Weg der einer eigenständigen inhaltlichen Profilbildung mit hohem Professionalitätsstandard sein wird.

4. Facetten der Profilbildung

Entscheidend war seit Beginn vor allem die Profilierung in den Bereichen der internationalen politischen und beruflichen Bildung, der Herausbildung von Kompetenzen zu extern vernetzten Arbeitsstrukturen mit heimischen und ausländischen Partnern und des Handlings langfristig angelegter großvolumiger Bildungsprojekte. Gegenüber den anderen Anbietern am Weiterbildungsmarkt versteht sich A&L als Bildungseinrichtung, die in der Lage ist, in den jeweiligen Bildungsprozessen und -projekten, aber auch in Seminaren allgemeine, berufliche *und* politische Bildung sinnvoll zu integrieren. Hierfür stehen die für das Profil von A&L zentralen Bereiche:
- gewerkschaftliche und politische Arbeitnehmerbildung
- internationale und interkulturelle Bildung
- Fremdsprachenbildung
- Medienbildung.

Besonders hervorzuheben sind Bildungsprozesse und -konzepte, die sich auf *benachteiligte Zielgruppen* beziehen: Migranten, Spätaussiedler, lern- und sozial benachteiligte junge Erwachsene, Behinderte. Vom Bildungsumfang her bemessen bilden sie die größte Zielgruppe. Die Arbeit mit diesen Gruppen erfolgt überwiegend mit langjährigen Kooperationspartnern (Schulen, Ausbildungszentren, anderen Trägern der Berufsbildung). Synergieeffekte werden durch Kompetenzbündelung und -ergänzung bewusst angestrebt und genutzt. Aus der Not, nicht eigenständig in den Bereichen allgemeiner und beruflicher Bildung tätig sein zu können, entwickelte sich im Laufe der Jahre die Tugend einer stark auf externe Kooperation angelegten stabil vernetzten Bildungsarbeit. Die Voraussetzung dafür war neben der Herausbildung einer modernen internen Organisation und eines hoch qualifizierten flexiblen Mitarbeiterpotenzials die Spezialisierung auf Konzeptentwicklung in den oben genannten Themenbereichen.

Darüber hinaus entwickelten sich verstärkt seit 1999 neue Themenfelder und der Zugang zu neuen Zielgruppen: Ältere Erwachsene und Senioren sind, z.T. mit internationalem Zuschnitt, eine feste Zielruppe.

Das hat vor allen Dingen den Hintergrund, dass sich die 30- bis 55-jährigen in Ostdeutschland – so die Beobachtung – durch berufliche Umorientierung und die wirtschaftlichen Rahmenbedingungen weitgehend auf rein berufliche Weiterbildung orientieren. Sowohl traditionelle Bildungskonzepte wie auch Formen handlungsorientierter politischer Bildung treffen kaum auf Nachfrage, die verinnerlichten äußeren Zwänge des harten Arbeitsmarktkonkurrenzdrucks schlagen sich hier deutlich in geringer Nachfrage im traditionellen Feld von politischer Arbeitnehmerbildung nieder. Demgegenüber besteht ein vergleichsweise hohes politisches Bildungsinteresse bei diesen Gruppen. Sie verfügen nicht nur über Zeit, sondern häufig auch über finanzielle Ressourcen und breite intellektuelle Interessen, die durch entsprechende Bildungsangebote angesprochen werden. Überwiegend wird von A&L hier konzeptuell um ein Korsett von kultureller und Allgemeinbildung ein allgemein arbeitsweltbezogener politischer Rahmen gezogen, vornehmlich realisiert in mehrtägigen Bildungsreisen. Die Tatsache, dass in Thüringen ein Bildungsurlaubsanspruch nicht gesetzlich realisiert ist, liefert einen weiteren Grund, dass längerfristige Bildungsveranstaltungen fast ausschließlich nur mit dieser Zielgruppe realisiert werden können.

Darüber hinaus ergeben sich hier Synergieeffekte, die in Zukunft bedeutsam werden: Angesichts des Rückzugs der Gewerkschaften aus der Fläche, werden zukünftig handlungsfähige politische Strukturen nur noch über eine verstärkte Integration aus dem Berufsleben ausgeschiedener und ehrenamtlich tätiger Mitglieder aufrechterhalten werden können. Dieser Zusammenhang wird aktuell in einem laufenden Forschungsprojekt analysiert, das der Bundesarbeitskreis und A&L Thüringen gemeinsam durchführen. In der Perspektive geht es darum, im Rahmen von (politischen) Bildungsprozessen die gewerkschaftliche Organisationskultur auf die Herausforderungen einer alternden Mitgliedschaft vorzubereiten

– ein Angebot, das sich an ehrenamtlich Tätige in Gesellschaft und Gewerkschaften richtet.

5. Geschichtsarbeit

Neben der traditionellen, seminaristisch-historischen Bildungsarbeit für Jugendliche und Erwachsene steht seit 2000 auch die Arbeit in Jugendgeschichtswerkstätten, als in Ostdeutschland neuer Form von aktiver Erinnerungsarbeit, im Vordergrund der Angebote von A&L Thüringen. Hier wird vor allen Dingen versucht, eine durch die beiden deutschen Diktaturen und den – geschichtliche Zusammenhänge wenig reflektierenden – Vereinigungsprozess verschüttete regional fundierte demokratische Tradition freizulegen.

Über kleinere Projekte regionaler Geschichtsarbeit entstanden im Kontext der historischen Vergegenwärtigung der demokratischen Kultur der nichtstalinistischen Arbeiterbewegung (Sozialdemokratie, ADGB, Anarchosyndikalisten etc.), entwickeln sich zunächst durch A&L angestoßene regionale (Jugend-)Geschichtswerkstätten zu einer zunehmend festen Größe. Gegen den Trend einer allzu sehr auf abstrakte Normen und Werte setzenden offiziösen Ethikvermittlung, wird in diesen Geschichtswerkstätten und -projekten der lokale bzw. regionale Erinnerungs- und Erfahrungskontext zum Gegenstand einer pädagogisch und historisch angeleiteten Bildungspraxis gemacht. Ausgehend vom noch wirkmächtigen DDR-Geschichtsbild und der weitgehend unterbliebenen Auseinandersetzung mit ihm und seinem westdeutschen Pendant, soll v.a. ein geschichtspolitischer Diskurs zu wichtigen historischen Wegmarken angestoßen werden. Parallel hierzu werden Medienkompetenzen in der Aufbereitung des historischen Materials vermittelt, um in die öffentliche geschichtspolitische Auseinandersetzung wirksam eingreifen zu können.

6. Internationale Arbeit

Jahrelang stand die Westeuropaorientierung im Vordergrund der internationalen Arbeit. Sie spiegelte weitgehend die Interessenlage der jeweiligen Zielgruppen (Auszubildende, Weiterbildungsteilnehmer, Arbeitnehmer und ihre gewerkschaftlichen Vertreter). Derzeit erfolgt im Zuge des EU-Erweiterungsprozesses eine (Re-)Orientierung in den mittelosteuropäischen Raum. Sie knüpft zum Teil bewusst an noch zu DDR-Zeiten begründete Regionalbeziehungen an und bezieht ebenso langjährige westeuropäische Partner zur Stärkung des Multilateralismus ein.

Entwickelt aus dem klassischen Programm politischer Bildungsreisen, hat sich das Profil von A&L im internationalen Bereich in mehreren Dimensionen zunehmend in eine eher handlungsorientierte Richtung entwickelt:

- Im berufsbildenden Bereich werden klassische „Kennenlernseminare" kaum noch angeboten. An ihre Stelle tritt die projektförmige Kooperation zwischen unterschiedlichen nationalen Bildungsträgern und die Initialisierung europaweiter Entwicklungskonzeptionen (z.B. berufsbezogenes Fremdsprachenlernen, Entwicklung nachhaltiger Tourismusstrukturen, Konzepte für die Integration benachteiligter Jugendlicher in Ausbildung und Beruf).
- Im Bereich gewerkschaftlicher Bildung entwickeln sich langfristige Bildungskooperationen mit MOE-Staaten (Litauen, Polen), die mit traditionellen Partnern (Frankreich) vernetzt sind.
- Im Jugendbildungsbereich bilden sich langfristig orientierte Partnernetzwerke im Bereich historischer und Medienbildung mit den Schwerpunkten Migration, Antirassismus und Aufbau lokaler Medienstrukturen (Frankreich, Polen, Jugoslawien).

In all diesen Bereichen operiert A&L in den unterschiedlichsten nationalen und internationalen Förderprogrammen.

Aktuelle politische Herausforderungen wie Rechtsextremismus, Informations- und Wissensgesellschaft und Globalisierung haben einen hohen Stellenwert im Rahmen der Bildungsarbeit. Dies geht allerdings mit einer Abkehr von traditionellen Bildungsformen einher, bei denen die Rezeption und Diskussion von Fachwissen im Vordergrund stand.

7. Befähigung zur Selbstorganisation der „Klienten"

Im Rahmen eines handlungsorientierten politischen Bildungsansatzes kommt der Befähigung zur Selbstorganisation der „Klienten" und ihrer Unterstützung im Rahmen projektförmiger politischer Arbeit ein hoher Stellenwert zu. Diese Ansätze sind nicht vollständig neu. Erinnert sei an die Tradition der gewerkschaftlichen Bildungsarbeit seit den sechziger Jahren in Westdeutschland, die mit den Konzepten von Oskar Negt u.a. verknüpft sind. Gleichwohl finden sie in einer anderen politischen Konstellation und mit historisch anders geprägten Akteuren statt. Betriebliche Kontexte sind aus vielerlei Gründen nicht mehr der einzige Bezugspunkt. Der Fokus liegt deutlich stärker auf zivilgesellschaftlichem Engagement in lokalen politische Arenen, auf der Bildung für politisches Handeln und der Initiierung politischer Prozesse:
- Der Aufbau Freier Radios in Thüringen wurde maßgeblich durch A&L mitbefördert.
- A&L ist in Thüringen Bildungsträger des Projektes für Demokratie und Toleranz. Neben der Qualifizierung von Teamern und der Organisation von Seminaren und Tagungen stellt A&L finanzielle, technische und infrastrukturelle Hilfe zur Verfügung.

- Langfristig angelegte Medienprojekte sind rund um ein offenes Jugendbüro („Filler") organisiert und „im Netz" präsent (www.radiowelten-lebenswelten.de; www.arbeitundleben-thueringen.de/bunt/index.htm).
- Im Jugendprojekt PAL („Bildung kommt von Bild") organisieren sich junge „Sprüher", die seit 1996 eine Art Interessensgemeinschaft im Bereich Grafitti/Hip-Hop bilden und ihre Arbeiten vorstellen und z.T. auch kommerziell verwerten.

8. Ausblick auf eine Zukunft mit Herausforderungen

A&L Thüringen ist innerhalb der Bundesorganisation deutlich unterscheidbar, insbesondere aus der Perspektive westdeutscher LAGen. Die Adaptionsphase wurde relativ schnell durch eine Phase der eigenständigen Entwicklung abgelöst. Innerhalb Thüringens hat sich A&L zum größten (freien) Träger Politischer Jugend- und Erwachsenenbildung entwickelt. Im Kern macht die originäre politische Bildung ca. ein Drittel des gesamten Bildungsgeschäfts aus. Das sind zwischen fünf- und achttausend Unterrichtsstunden im Jahr. Das Konzept der Integration von allgemeiner, beruflicher, kultureller und politischer Bildung wird auch in Zukunft das Profil der Einrichtung bestimmen. Die Dimension der politischen Bildung wird sich in dem Maße deutlicher ausweisen müssen, je stärker über die Grenzen der Bildungsbereiche hinweg gearbeitet werden muss. Damit entfallen formale Differenzierungskriterien, wie sie häufig von außen an die Träger herangetragen werden.

Exemplarisch lässt sich dies am Feld Medienbildung betrachten, wo gesellschaftliche Entwicklungstendenzen, Teilnehmerinteressen und allgemeine und berufliche Anforderungsprofile vieldimensional geworden sind. Handlungsorientierende Basiskompetenzen, die von den Teilnehmern erwartet werden, lassen sich nur noch in integrierten Bildungskonzeptionen realisieren. Diesen Herausforderungen wird sich A&L im zukünftigen Schwerpunktbereich Medienkompetenz vordringlich widmen.

Ulrich Ballhausen, Stephan Eschler
Lernort Weimar – Die Europäische Jugendbildungs- und Jugendbegegnungsstätte Weimar

1. Die Gründung

Die Fachdiskussionen in Thüringen um die Einrichtung einer international orientierten Jugendbildungsstätte in oder im Umfeld der Stadt Weimar reichen zurück bis zum Beginn der 1990er Jahre. Dabei spielten vor allem die Herausforderungen, die der *Lernort Weimar* mit seiner Tradition und in der Gegenwart bietet, eine besondere Rolle. Nach langen Verhandlungen und verschiedenen Standortüberlegungen gründeten im Sommer 1997 der Freistaat Thüringen und die Stadt Weimar die *Stiftung Europäische Jugendbildungs- und Jugendbegegnungsstätte Weimar* mit dem Ziel, eine Jugendbildungsstätte in der Stadt Weimar zu bauen und zu betreiben. Die Gremien der Stiftung werden vom Freistaat Thüringen (vertreten durch das Thüringer Ministerium für Soziales, Familie und Gesundheit) und die Stadt Weimar besetzt. Neben dem Stiftungsrat arbeitet ein ehrenamtlich geschäftsführender Vorstand; ein Programmbeirat aus Fachleuten der Jugendbildungsarbeit berät in grundsätzlichen konzeptionellen Fragen.

Neben dem Engagement der Landeszentrale für politische Bildung Thüringen ist es vor allem dem Arbeitskreis deutscher Bildungsstätten zu verdanken, dass die Bemühungen um die Errichtung der Bildungsstätte in der Stadt zum Erfolg geführt haben.

Gebaut und saniert wurde die Einrichtung mit Mitteln des Freistaates Thüringen, des Bundesministeriums für Familie, Senioren, Frauen und Jugend und der Arbeitsverwaltung ab Anfang 1998. Im September 1999 wurde die Europäische Jugendbildungs- und Jugendbegegnungsstätte Weimar (EJBW) als ein zentrales Projekt des Landes Thüringen für die Kinder- und Jugendarbeit im Rahmen des Europäischen Kulturstadtjahres Weimar 1999 eröffnet.

2. Der Standort

Für den Standort der EJBW wurde aus „konzeptionellen Gründen" bewusst eine innerstädtische Lage ausgewählt. Am Standort *Musäuspark*, der nur wenige Minuten vom Stadtzentrum entfernt liegt, befinden sich insgesamt sieben Gebäude, neben zwei Jugendstilvillen mit Büros und Seminarräumen noch vier „Gartenhäuser" für die Unterbringung der Gäste sowie ein zentrales Gebäude mit Rezeption, Mensa, Küche und einem großen Tagungsraum. Hier spielt sich das zentrale Leben der Bildungsstätte ab.

In unmittelbarer Nachbarschaft zum Stadtschloss und zur Herzogin-Anna-Amalia-Bibliothek liegt der zweite Standort der EJBW, das historische *Reithaus*. Ursprünglich als Reithalle für den Großherzog erbaut, wurde es in der DDR als Pionierhaus genutzt. Nach 1989/90 konnte das Haus dank einer engagierten Bürgerinitiative für die Kinder- und Jugendarbeit erhalten werden. Um es auch weiterhin für diese Nutzung zur Verfügung zu haben, wurde es an die Stiftung übergeben. Heute befindet sich dort die Kinder- und Jugendkulturwerkstatt der EJBW. Das Haus ist Teil der Bildungsstätte und wird sowohl für die überregionale Arbeit als auch für kommunale und regionale Angebote genutzt.

Die Bildungsstätte verfügt mit diesen beiden Standorten über sehr gute Seminar- und Tagungsmöglichkeiten für unterschiedlichste Zielgruppen. Insgesamt 134 Betten stehen in 45 Zimmern zur Verfügung. Tagungs- und Seminarräume mit Kapazitäten zwischen 10 und 250 Personen, Kreativwerkstätten, Video- und Audiostudio, Theater- und Musikraum sowie verschiedene Freizeitmöglichkeiten ergänzen die Möglichkeiten für erfolgreiche pädagogische Arbeit.

Die Architektur der Einrichtung stellt eine Verbindung zwischen Klassik und Moderne dar. Neben den denkmalgeschützen Villen und dem klassizistischen Reithaus im Weltkulturerbe „Goethepark" stehen konsequent an der Tradition des Weimarer Bauhauses orientierte Neubauten. Mit diesem Spannungsbogen wird die Bildungsarbeit in der Einrichtung gleichzeitig herausgefordert und unterstützt.

3. Das Profil

Wie kaum ein anderer Ort steht Weimar für Demokratie und Barbarei, für Klassik und Moderne, für Weltoffenheit und Nationalismus. Der *Lernort Weimar* fordert damit zur politischen, kulturellen und internationalen Bildung heraus. Ausgehend von Themen, die die Stadt Weimar und ihre Geschichte in den vergangenen Jahrhunderten geprägt haben, und den damit zusammenhängenden aktuellen Fragen, hat sich ein breit gefächertes pädagogisches Profil entwickelt. Die EJBW versteht sich primär als Einrichtung der politischen Jugendbildung, die mit unterschiedlichen Methoden und Zugängen, insbesondere auch aus dem Bereich der Kulturpädagogik, diesen Auftrag umsetzt: Politische Bildung im Kontext internationaler, interkultureller und kultureller Zusammenhänge ist die „Klammer" um die Gesamtangebote der Einrichtung.

Im Zentrum der pädagogischen Arbeit steht dabei die Frage, wie Demokratie (weiter-)entwickelt werden kann und welchen aktuellen Gefährdungen die Demokratie ausgesetzt ist. Unter *Demokratieentwicklung* werden dabei jene Prozesse, Themen und Inhalte verstanden, die auf der Ebene der großen Politik wie auch auf der Ebene des Alltagsumfeldes von Kindern und Jugendlichen ein Mehr an Beteiligung und Einflussmöglichkeit ermöglichen. Als *Demokratiegefährdung* gelten jene Prozesse, Themen und Inhalte, die zur Entmündigung des Einzelnen und zur Gefährdung des demokratischen Systems beitragen. Die politische, kulturelle, geisteswissenschaftliche Geschichte des Lernortes Weimar (Weimarer Klassik, Weimarer Republik, Weimar und Buchenwald, Geschichte der DDR etc.) ist also der historisch-aktuelle Bezugsrahmen, um Fragen der Gegenwart und der zukünftigen gesellschaftlichen Entwicklung mit Kindern und Jugendlichen zu diskutieren und um Realisierungsideen und Motivationen für die Gestaltung der Zukunft zu entwickeln.

Die Auseinandersetzung mit dieser „Kernfrage" geschieht in drei Bereichen, für die jeweils pädagogische Mitarbeiter verantwortlich sind:
- *Politische Bildung:* Politisch-historische Bildung als Auseinandersetzung mit der Geschichte der Stadt Weimar und den Konsequenzen, die sich daraus für die Gegenwart und Zukunft ergeben; politisch-soziale Bildung als Demokratie- und Toleranzerziehung, Demokratieentwicklung in der Schule;
- *Interkulturelles Lernen und Internationale Begegnungen* als multinationale Begegnungen und Seminare in Weimar und im Ausland, als Interkulturelles Lernen in der Schule;
- *Kulturpädagogik* als Medien- und Theaterpädagogik.

Vor diesem inhaltlich-konzeptionellen Hintergrund ist die EJBW mehr als andere Jugendbildungsstätten durch fünf Besonderheiten gekennzeichnet:
- mit der Ausweitung der Angebote auch auf *Kinder ab 8 Jahre* wird deutlich, dass außerschulische politische, kulturelle und interkulturelle Bildung möglichst früh beginnen sollte;
- mit dem *Reithaus als Kulturwerkstatt* ist eine Verzahnung zwischen kommunaler und überregionaler/internationaler Bildungsarbeit geschaffen worden;
- mit der Verknüpfung von politischen Themen und kulturpädagogischen Methoden findet *ganzheitliches Lernen* statt; gerade diese Verknüpfung ist ein wesentliches Qualitätselement der politischen Jugendbildung in den neuen Bundesländern;
- mit der *Implementierung neuer Formate* in die außerschulische Bildungsarbeit (z.B. Kulturcafe, Samstagabendshows etc.) experimentiert die EJBW offensiv mit neuen und innovativen Formen der Bildungsarbeit;
- mit der bewussten Entscheidung, primär eine Einrichtung für Kinder und Jugendliche und weniger für Fachkräfte zu sein, wird deutlich, dass die EJBW ein *Lernort für jungen Menschen* – und keine Fortbildungsakademie – ist und bleiben wird.

4. Die Angebote

Gäste der Bildungsstätte sind in erster Linie Kinder, Jugendliche und junge Erwachsene, Schulklassen sowie Kinder- und Jugendgruppen aus allen Teilen der Bundesrepublik. Im Rahmen von Projekten in den Schwerpunkten der Einrichtung werden zielgruppenorientierte Seminare und Veranstaltungen entwickelt und durchgeführt. Die EJBW hat sich in der kurzen Zeit ihrer Arbeit zu einem interessanten und wichtigen Kooperationspartner für Schulen, Träger und Facheinrichtungen der Jugendarbeit entwickelt.

An internationalen Begegnungen nehmen Kinder und Jugendliche aus verschiedenen Ländern Europas gemeinsam mit jungen Menschen aus Deutschland teil. Dabei liegt der Schwerpunkt der Kooperationen vor allem bei den Ländern Ost- und Südosteuropas, bei den internationalen Partnerstädten und Regionen Weimars bzw. Thüringens sowie im Bereich des „Weimarer Dreiecks". Weimar und die EJBW verstehen sich als „Schnittstelle zwischen West und Ost", dazu gehört auch, dass gerade bei internationalen und überregionalen Veranstaltungen Jugendliche aus den alten und den neuen Bundesländern teilnehmen.

Die Angebote im kommunalen Bereich richten sich inhaltlich und organisatorisch an Kinder- und Jugendliche der Stadt Weimar und dem unmittelbaren Umland. Darüber hinaus wird die EJBW auf Grund der vorhandenen Kapazitäten und der Attraktivität des Ortes von vielen Gruppen als Seminar- und Tagungshaus genutzt.

5. Besondere Konzepte, Projekte und Veranstaltungen

Zum Konzept der EJBW gehört nicht nur die Entwicklung neuer Konzepte für die außerschulische Bildungsarbeit, sondern auch die Realisierung von längerfristigen Projekten und Modellmaßnahmen, die Weiterentwicklung der Qualität von politischer Jugendbildung in Thüringen sowie die Vernetzung von jugendlichen Akteuren, Trägern der Bildungsarbeit und Projekten in verschiedenen Themenbereichen.

So hatte die Stiftung bereits vor der Eröffnung der Einrichtung die Trägerschaft für das auch überregional bedeutsame *Projektbüro Jugend 2000* übernommen. Die Aufgabe dieses Koordinationsbüros für das Kinder- und Jugendprogramm während des Europäischen Kulturstadtjahrs Weimar 1999 reichte von Beratungsarbeit mit Projektträgern über die Finanzierung der Vorhaben bis hin zur Entwicklung und Umsetzung eines gemeinsamen Marketing- und PR-Konzeptes der Projekte für junge Menschen. Die Arbeit des Projektes endete im März 2000. Das Projekt wurde aus Bundes- und Landesmitteln finanziert.

Anfang 2002 hat die Trägerschaft für zwei neue Projekte begonnen. In Kooperation mit bzw. im Auftrag der Deutschen Agentur für das EU-Aktionsprogramm „Jugend" werden Seminare für Jugendliche aus europäischen Ländern durchgeführt, die im Rahmen des *Europäischen Freiwilligendienstes* in die Bundesrepublik kommen. Neben Einführungs- bzw. Mid-Term-Seminaren werden auch Fortbildungen für Tutoren aus Aufnahmeorganisationen für Freiwillige durchgeführt. Das Projekt wird aus Mitteln der Europäischen Kommission im Rahmen des Aktionsprogramms „Jugend" finanziert.

Im Rahmen der Initiative der Bundesregierung „XENOS – Leben und Arbeiten in Vielfalt" hat eines der Thüringer Projekte begonnen: *Schule und Ausbildung für Toleranz und Demokratie*. Bis Ende 2004 werden Schulklassen verschiedener Thüringer Schulen jährlich an einem Seminar zur Demokratie- und Toleranzerziehung teilnehmen. Parallel dazu sind Fortbildungen für Lehrer und Seminare für die Eltern der beteiligten Jugendlichen geplant. Ziele des Projektes sind die individuelle Kompetenzerweiterung im Bereich sozialer Schlüsselqualifikationen und die Veränderung des demokratischen Miteinanders in den Projektschulen. Das Projekt wird aus Mitteln des Europäischen Sozialfonds, des Freistaates Thüringen und der Bertelsmann Stiftung finanziert.

Darüber hinaus ist die EJBW auch in anderen Zusammenhängen ein engagierter Träger im Bereich der *Bildungsarbeit für Demokratie und Toleranz – gegen Fremdenfeindlichkeit und Rechtsextremismus*. Einige Beispiele aus der vielfältigen Arbeit sind: Überregionale Jugendkongresse, Aufbau eines Internetportals durch selbstständig arbeitende Jugendgruppen, Unterstützung der bundesweiten Initiative Schule ohne Rassismus, Bildungs-Aktionen gegen die versuchten Aufmärsche der NPD und freier Kameradschaften in Weimar, kreative medien- und theaterpädagogische Angebote, Multiplikatorenfortbildungen und Netzwerkbildung im Bereich Demokratie- und Toleranzerziehung.

Im *theater- und medienpädagogischen Bereich* hat sich die Bildungsstätte zu einem wichtigen Kooperationspartner vor allem für Schultheaterprojekte, Theatermodellprojekte mit ausgewählten Gruppen, Theater- und Filmfestivals sowie Projekte im Kontext des deutschen Jugend-Fotopreises entwickelt.

Politische Bildung in der EJBW bedeutet nicht zuletzt auch, sich für die Intensivierung der Zusammenarbeit freier Träger in diesem Bereich zu engagieren, um die Qualität der Arbeit und ihren gesellschaftlichen Status weiterzuentwickeln.

6. Facts and Figures

Die Einrichtung finanziert sich aus Teilnahmebeiträgen und Gastbelegungen, Fördermitteln aus Projektförderung sowie Zuschüssen der Stadt Weimar und des Landes Thüringen (institutioneller Zuschuss).

In der EJBW arbeiten neben acht Pädagogen weitere Mitarbeiter in den Bereichen Verwaltung, Öffentlichkeitsarbeit/Marketing, Küche, Gästeservice und

Haustechnik. Die Einrichtung ist anerkannte Zivildienststelle, Aufnahmeorganisation im Rahmen des Europäischen Freiwilligendienstes und des Bundesmodellprojektes „Freiwilliges Soziales Jahr im kulturellen Bereich" und Praktikumsstelle für Studierende verschiedener Hoch- und Fachhochschulen.

Stephan Eschler
FRIZ – Bildungswerk für Friedenserziehung und Jugendarbeit Jena e.V.

1. Anfänge und Konzeption

Zwischen 1994 und 1999 arbeitete in Thüringen der Verein „FRIZ – Bildungswerk für Friedenserziehung und Jugendarbeit Jena e.V." an der Nahtstelle zwischen schulischer und außerschulischer Bildungsarbeit.

Seit Mitte der achtziger Jahre gab es in Jena den Arbeitskreis Wehrdienstfragen unter dem Dach des evangelischen Stadtjugendpfarramtes. Neben der Beratung für Kriegsdienstverweigerer war auch Bildungsarbeit ein wesentlicher Bereich der Arbeit. Nach 1990 gab es immer wieder Überlegungen zur Gründung eines Bildungswerkes für friedenspädagogische Bildung. Kontakte zum Tübinger „Verein für Friedenspädagogik" gaben wichtige Impulse für diese Überlegungen. Seit Ende 1992 hatte der Landesjugendring Thüringen (LJRT) das Thema Friedenspädagogik in der öffentlichen Diskussion in Thüringen vorangetrieben. Auf Initiative der Fraktionen der SPD und von Bündnis 90/Die Grünen stellte der Bildungsausschuss des Thüringer Landtages eine Beschlussvorlage zur „Friedenserziehung in Thüringer Schulen" vor, die im Mai 1993 mit seltener Einstimmigkeit durch den Landtag verabschiedet wurde (Körting/ Eschler 1993). Im Beschluss „Friedenserziehung und Erziehung gegen Gewalt und Extremismus" heißt es u.a.: „Friedenserziehung und Erziehung gegen Gewalt sind zentrale fächerübergreifende Themen im Rahmen des pädagogischen und sozialen Auftrags in allen Schularten, Schulstufen und Jahrgängen ... Im Rahmen der Lehrplanarbeit sind entsprechende Kernthemen zu formulieren. Handreichungen sind zu erstellen und den Schulen zugänglich zu machen."

Durch den LJRT wurde eine Arbeitsmappe „Konfliktlösung" als pädagogisches Arbeitsmaterial für Thüringer Schulen herausgegeben und mit einer Vielzahl von schulinternen und überregionalen Lehrerfortbildungen in der Praxis begleitet. Doch konnten diese thematischen Angebote nicht auf Dauer Aufgabe des Landesjugendringes bleiben. Angesichts des Bedarfes für friedenspädagogische Themen in der Jugendarbeit war das Thüringer Ministerium für Soziales und Gesundheit im Herbst 1994 bereit, einen Verein für Jugendarbeit und Friedenspädagogik als Modellprojekt der Jugendarbeit für zunächst drei Jahre zu fördern. Theologen der

Thüringer Landeskirche, Politiker und Praktiker aus der Jugend(bildungs)arbeit gründeten im November 1994 in Jena den Verein „FRIZ – Bildungswerk für Friedenserziehung und Jugendarbeit e.V.". Die Verbindung zwischen Schule und außerschulischer politischer Bildung stellte für eine Initiative in Ostdeutschland, wo sich Schulen bisher strikt gegen solche Impulse abgegrenzt hatten, eine besondere Herausforderung dar.

2. Arbeitsfelder

Lehrerfortbildung: In Folge des Landtagsbeschlusses forderten Schulen verstärkt interne Fortbildungen zur Konfliktbearbeitung an Schulen an. FRIZ war lange Zeit der einzige Anbieter zu diesem Thema, das zu Beginn der neunziger Jahre an Bedeutung gewann. Auslöser waren Veränderungen, die sich im Zuge der Umstrukturierung des Schulsystems ergaben, zunehmende Unsicherheiten bei Lehrern im Umgang mit Gewalt unter Schülern und der Mangel an funktionierender Kommunikation zwischen Lehrern untereinander und mit den Schülern. Im Laufe der Jahre führten Mitarbeiter des Vereins mehrere hundert solcher Fortbildungen durch. Zunächst wurde die vom LJRT herausgegebene Arbeitsmappe „Konfliktlösung" verwendet. Die Pädagogen in den Schulen warteten z.T. sehnsüchtig auf Handlungsorientierungen und praktische Umsetzungsmöglichkeiten im Schulalltag.

Die FRIZ-Blätter: Was mit der Arbeitsmappe „Konfliktlösung" begonnen hatte, versuchte FRIZ mit dem Projekt der FRIZ-Blätter auf anderem Wege fortzusetzen. Dem Landtagsbeschluss entsprechend widmete sich der Verein sehr frühzeitig diesem Arbeitsfeld. Das Thüringer Kultusministerium äußerte großes Interesse an der Erstellung von Material zur Umsetzung der Anforderungen, die die Parlamentarier festgeschrieben hatten. In vier Jahren erschienen insgesamt 12 Hefte der FRIZ-Blätter u.a. zu den Themenfeldern: Schulentwicklung und Schulgestaltung; Geschichte das Pazifismus; Zeitgeschichte zu DDR-spezifischen Themen, aktuelle friedenspädagogische Fragestellungen.[1] Jedes Heft enthält einen umfangreichen Material- und Quellenteil und methodische Anregungen für die Umsetzung der Themen im Rahmen des Unterrichts. Die Themen sind einzelnen Unterrichtsfächern oder Stoffeinheiten der (vorläufigen) Thüringer Lehrpläne zugeordnet.

Mit den FRIZ-Blättern bekamen die Thüringer Schulen informatives, umfassendes und methodisch-didaktisch aufbereitetes Arbeitsmaterial an die Hand. Die Resonanz auf die Hefte war beim Kultusministerium grundsätzlich sehr positiv. Zum Abschluss des Projektes fand 1998 eine stichprobenartige Evaluation bei den Schulen statt. Die überwiegende Mehrheit der Schulen, in denen die Hefte bekannt sind und mit ihnen gearbeitet wurde, gaben eine positive Rückmeldung. Parallel zu den Themenheften wurden Konzeptionen für Lehrerfortbildungen entwickelt, um die Hefte für die Praxis vorzustellen. Trotz des Interesses des Kultusministeriums und der Evaluation fand sich kein Geldgeber für eine feste Personalstelle, um die Herausgabe der Hefte fortzusetzen. Nachdem auch die Förderung für eine Stelle aus dem zweiten Arbeitsmarkt ablief und die letzten beiden Hefte nur noch aus ehrenamtlicher Kraft erarbeitet und hergestellt wurden, wurde das Projekt FRIZ-Blätter Ende 1998 eingestellt.

Jugendarbeit an Thüringer Schulen: Das Land Thüringen hatte 1993 mit einem viel beachteten Landesmodellprojekt begonnen, um freien Trägern der Jugendhilfe die Kooperation mit Schulen zu ermöglichen. In 44 Projektschulen wurden jeweils zwei Mitarbeiter der Jugendarbeit angestellt. Mit diesem Projekt wurden neue Akzente im Verhältnis von Jugendhilfe und Schule gesetzt. FRIZ hat an der Fortbildung und Qualifizierung der Mitarbeiter während der gesamten Projektlaufzeit mitgearbeitet.

Arbeit mit Schülervertretern: Ebenfalls von Anfang an begleitete der Verein die Qualifikation von Klassen- und Schülersprechern Thüringer Schulen. Im Auftrag der Landeszentrale für politische Bildung Thüringen erstellte FRIZ zunächst ein Konzept für eine einwöchige Fortbildung für Schülervertreter. Der Erfolg dieses Seminarkonzeptes war aber sofort umstritten. Der Wunsch nach Freizeit überwog bei den Teilnehmern der Testseminare. Die Seminarteamer waren mehr mit der Aufsichtspflicht für die zumeist minderjährigen Teilnehmer beschäftigt als mit der inhaltlichen Qualifizierung. Deswegen entwickelte FRIZ nach einem Testjahr ein neues, dreitägiges Konzept. Neben dem Umgang mit unterschiedlichen Erwartungshaltungen, denen Schülervertreter in der Schule ausgesetzt sind (den eigenen, denen der Lehrer, denen der Mitschüler), stand die Grundqualifikation in den Bereichen „Schülerrechte/Schülerpflichten"; „Gesprächsführung"; „Konfliktbearbeitung"; „Projektplanung" im Mittelpunkt der Fortbildungsseminare.

Mit einem hohen inhaltlichen Anspruch und entsprechend hohem Niveau führte FRIZ nach dem Konzept der so genannten „SV-UNI" zwischen 1995 und 1999 etwa 20 solcher Seminare mit über 350 Teilnehmern durch. „SV-UNI" ist ein Modell der Schülervertreter-Fortbildung, bei der in Kleingruppen thematisch gearbeitet wird und allen Teilnehmern die gleichen Inhalte (ähnlich wie im wirklichen Uni-System) von jeweils einem fachkompetenten Teamer vermittelt werden. Dieses System und die Form der Arbeit in Kleingruppen mit je fünf Teilnehmern hat von Anfang an bei den Jugendlichen zu einer sehr hohen Motivation des Mittuns und Mitarbeitens geführt. Im Mittelpunkt der Kleingruppenarbeit stand die selbstständige Aneignung von Wissen und Können durch die Jugendlichen. Bei den Teamern hatte die Begleitung des Lernprozesses Vorrang vor der Wissensvermittlung. Dieser Arbeitsstil wurde als die positivste Lernerfahrung der Seminare bewertet. Innerhalb der Arbeitseinheiten gab es immer wieder Korrekturen. Vor allem die Frage des Transfers des Gelernten und Erfahrenen in die Praxis der Teilnehmer war und ist ein Feld ständiger Weiterentwicklung des methodisch-didaktischen Ansatzes. Die Seminare wurden im Laufe der Jahre, in denen sie in Verantwortung von FRIZ stattgefunden haben, ebenfalls einer Evaluation unterzogen.

3. Die Bedeutung der Kooperation von Schule und politischer Jugendbildung

Der Verein FRIZ e. V. hat immer an der Nahtstelle zwischen Schule und politischer Bildung agiert. Er unterbreitete den Schulen Angebote, war Kooperationspartner, Vermittler, Berater, Initiator und Vertrauter, immer in anderen Bezügen, immer im Miteinander oder im Gegenüber mit wechselnden Partnern.

Als kleinem, unabhängigen, aber innovativ arbeitenden Träger war es dem Bildungswerk möglich, an vielen (entscheidenden) Stellen zwischen Schule und politischer Bildung nachgefragt und aktiv zu werden. Die größte Bedeutung der Arbeit von FRIZ lag wohl darin, dass sich die Mitarbeiter aus unterschiedlichen Feldern der Jugend- und Erwachsenenbildung und der Jugendarbeit, mit jeweils spezifischen Kenntnissen und Fähigkeiten in die Entwicklung von Konzeptionen, Durchführung von Veranstaltungen oder Projekten einbringen konnten. Dieses breit gefächerte Know-how führte zu einer Vielfalt an Methoden und Ideen für die Bildungspraxis. Davon konnten viele Akteure des Thüringer Schulalltages profitieren.

4. Das Ende einer Idee

Die Gründung von FRIZ geschah zu einem Zeitpunkt, als noch nicht alle Strukturen in der Jugendhilfe nach dem althergebrachten westdeutschen Muster festgelegt waren. Sehr bald musste sich der Verein aber mit diesen sich weiter etablierenden Strukturen auseinander setzen. Dabei wurden sicherlich manche Chancen auf der administrativen Ebene zu Gunsten von noch mehr inhaltlicher Projektarbeit vertan.

Durch das Thüringer Sozialministerium gab es für FRIZ nach dem Auslaufen der Modellprojektphase Ende 1997 nur noch eine begrenzte und sehr spezielle Projektförderung in den Jahren 1998 und 1999 (Fortbildung für die vom Land Thüringen finanzierten Jugendbildungsreferenten). Schließlich geriet der Verein in jugendpolitische Auseinandersetzungen zwischen dem Ministerium und den Thüringer Jugendverbänden. Niemand war wirklich zufrieden – die Zielgruppe des Projektes nicht, die Geldgeber nicht, der Verein nicht. Deswegen wurde Mitte 1999 entschieden, dieses Projekt nicht fortzusetzen. Die ABM-Stelle für die Herausgabe der FRIZ-Blätter war lange ausgelaufen, ehrenamtlich konnten nicht drei bis vier anspruchsvolle Materialhefte pro Jahr produziert werden und das Kultusministerium sah sich nach wie vor nicht in der Lage, eine Stelle zu finanzieren. Damit war auch dieses Arbeitsfeld beendet. Die Arbeit mit Schülervertretern wird auf Wunsch der Landeszentrale für politische Bildung Thüringen an der Europäischen Jugendbildungs- und Jugendbegegnungsstätte Weimar fortgesetzt.

Die Arbeit in den Projekten und im Vereinsbüro wurde Ende 1999 endgültig eingestellt. Der Verein hat seine Bedeutung für die politische Bildung, die Friedenspädagogik und auch die Kooperation zwischen Schule und außerschulischer politischer Bildung in Thüringen durchaus gehabt. Mit den Jahren aber verschwand seine Lobby. Neue Verbündete ließen sich nicht finden. So ist die Idee, dass friedenspädagogisches Handeln und die Kooperation zwischen politischer Bildung und Schule neben den üblichen Trägern in diesem Bereich auch bei kleinen Trägern institutionalisiert und finanziert werden müsste, zu Grabe getragen worden. Allein über ehrenamtliches Engagement sind die notwendigen Aufgaben nicht zu erfüllen.

Anmerkung

[1] Fast alle Hefte sind noch verfügbar und können gegen Übernahme der Portokosten bestellt werden bei: FRIZ e.V., Herderstr. 11, 07743 Jena. Die Titelliste kann auch per E-Mail über bildungswerk.friz@gmx.de angefordert werden.

Literatur

Körting, Matthias/Eschler, Stephan (Hrsg.): Gewalt und Friedenserziehung – Ein Reader zur Anhörung des Thüringer Landtags. Im Auftrag des LJRT. Erfurt 1993

2. Die Landeszentrale für politische Bildung

Michael Siegel

Die Landeszentrale für politische Bildung Thüringen

1. Gründung und leitende Prinzipien

Die Errichtung der Landeszentrale für politische Bildung in Thüringen geht zurück auf eine Anordnung der Landesregierung vom 26. Februar 1991. Diese Anordnung definiert auch die Aufgaben und inhaltlichen Schwerpunkte der Arbeit der Landeszentrale. Sie hat eine Vorgeschichte.

Am 29. Oktober 1990 schrieben die damaligen Direktoren der Landeszentralen für politische Bildung in Rheinland-Pfalz, Frau Christa Drews-von Steinsdorff, und Hessen, Dr. Werner Wolf, einen Brief an den Thüringer Ministerpräsidenten Josef Duchac und empfehlen zur Stabilisierung der demokratischen Verhältnisse die Errichtung einer Landeszentrale in Thüringen. Ihrem Schreiben fügten sie ein gemeinsam verfasstes Papier mit dem Titel „Politische Bildung im öffentlichen Auftrag" bei, das entsprechende Zielvorstellungen formulierte. Danach versteht sich politische Bildung als zentraler Bestandteil demokratischer Kultur und bedarf auch und vor allem der staatlichen Verfasstheit. Allerdings dürfe es darin kein staatliches Monopol geben, sondern das Verhältnis zwischen politischer Bildung im öffentlichen Auftrag und den freien Trägern politischer Bildungsarbeit sollte von produktiver Kommunikation und Kooperation geprägt sein.

Aus den Erfahrungen der Landeszentralen der alten Länder sollten bei der Errichtung der Landeszentralen in den jungen Ländern folgende Punkte unbedingt beachtet und gewährleistet werden:
1. die parteipolitische Unabhängigkeit, d.h. vermieden werden sollte zum einen Erfüllungsgehilfe irgendwelcher Parteiinteressen zu sein, zum anderen aber auch ein Operieren im politikfreien Raum. Es galt ein ausgewogenes Verhältnis von Distanz und Nähe zur Politik zu finden;
2. die Zuordnung zum Amt des Ministerpräsidenten bzw. der Staatskanzlei als weitgehend eigenständiger Landesbehörde;

3. die Ausstattung mit Sachmitteln in Eigenverwaltung;
4. die Gewährleistung der überparteilichen Arbeit durch ein Kuratorium aus Abgeordneten aller Fraktionen im Landtag;
5. die innere Verfassung sollte dem Ziel der Arbeit entsprechen, d.h. eine Mischung aus Direktorial- und Kollegialprinzip (Referentenkonferenz);
6. unbeschadet eines parteipolitischen Engagements muss bei den hauptamtlichen Referentinnen und Referenten deren Fähigkeiten und die Bereitschaft zu überparteilicher Bildungsarbeit im Vordergrund stehen;
7. in der Arbeit der Landeszentrale sollten die Eigenveranstaltungen dominieren und im Regelfall von modellhaftem Charakter sein;
8. inhaltlich sollten die Schwerpunkte liegen bei der Entwicklung und Sicherung demokratischer Strukturen und Verhaltensweisen einschließlich der Abwehr extremistischer Positionen, bei der Aufarbeitung der deutschen Geschichte mit besonderem Augenmerk auf die beiden deutschen Diktaturen, bei Fragen der Gleichberechtigung, der Probleme der Umwelt sowie der gesamteuropäischen Entwicklung.

2. Aufgaben und inhaltliche Schwerpunkte

Mit der eingangs genannten Anordnung der Thüringer Landesregierung vom 26. Februar 1991 wurde die Errichtung der Landeszentrale für politische Bildung in Thüringen beschlossen und der Beginn der Tätigkeit auf den 15. April 1991 festgelegt.[1] Der Minister für besondere Aufgaben, Jochen Lengemann, wurde mit der Koordination der Vorbereitungsarbeiten durch die Partnerländer Hessen und Rheinland-Pfalz sowie die Bundeszentrale beauftragt. Die Anordnung folgt in ihren Festlegungen bezüglich Organisation, Aufgaben und inhaltlichen Schwerpunkten der Arbeit der Landeszentrale sehr deutlich den genannten Punkten aus dem Arbeitspapier „Politische Bildung im öffentlichen Auftrag". So wurde die Landeszentrale bei der Staatskanzlei errichtet als parteipolitisch unabhängig wirkende Institution politischer Bildung. Ihre Aufgabe war und ist es:
1. die politische Bildungsarbeit der im Lande Thüringen vorhandenen Einrichtungen und Organisationen anzuregen und zu fördern;
2. die Zusammenarbeit und den Erfahrungsaustausch unter den öffentlichen Einrichtungen und freien Vereinigungen, die sich der politischen Bildung widmen, zu verbessern mit dem Ziel, das Bildungsangebot zu erweitern, sowie
3. zur politischen Bildung der Bürger des Landes durch eigene Maßnahmen – vor allem solche modellhaften Charakters – sowie durch Erarbeitung und Bereitstellung von Informations- und Lehrmaterial und durch Publikationen beizutragen.

Die inhaltlichen Schwerpunkte der Arbeit der Landeszentrale sind nach dieser Anordnung
- die Entwicklung des freiheitlichen demokratischen Bewusstseins durch politische Bildungsarbeit zu fördern;
- das Verhältnis zwischen dem Bürger und seinem Bundesland durch Informationen über die landeskundlichen und landesgeschichtlichen Gegebenheiten des Landes Thüringen zu festigen sowie das Verständnis für die föderalistische Struktur der Bundesrepublik zu fördern;
- über zeitgeschichtliche Vorgänge und deren historische Voraussetzungen zu unterrichten;
- Kenntnisse über internationale politische Zusammenhänge zu vermitteln;
- die Rolle der Bundesrepublik Deutschland im europäischen Vereinigungsprozess zu bestimmen und mit den Nachbarn in Ost und West eine gemeinsame friedliche Zukunft zu entwickeln;
- die geistig-politische Auseinandersetzung mit anti-demokratischen Bestrebungen, besonders solchen in den Formen des politischen Extremismus, zu führen und das Verständnis für den wirtschaftlichen, technischen und sozialen Entwicklungsprozess zu fördern.

Grundlage und Rahmen dieser Tätigkeit ist die im Grundgesetz für die Bundesrepublik Deutschland und in der Verfassung des Freistaats Thüringen niedergelegte politische Grundordnung.

3. Beginn unter schwierigen räumlichen Bedingungen

Am 23. März 1990 hatte das Land Hessen ein Informationsbüro in der Lutherstraße in Erfurt eröffnet. In dieses Büro wurde eine Außenstelle Thüringen der Hessischen Landeszentrale für politische Bildung integriert und seit dem 2. Mai 1990 durch Frau Hannelore Janssen repräsentiert. Diese Außenstelle wird am 15. April 1991 zur Landeszentrale für politische Bildung Thüringen und Frau Janssen als kommissarische Leiterin zu dieser abgeordnet.

Am 2. Mai 1991 nahm Michael Siegel seine Tätigkeit als Leiter der Landeszentrale für politische Bildung Thüringen auf. Der ehemalige Bausoldat kam aus der Bewegung „Demokratischer Aufbruch". Er wurde von Ministerpräsident Duchac in diese Funktion berufen. Am gleichen Tag zog die Landeszentrale von der Lutherstraße 5 in die Bahnhofstraße 33/34 um, in die ehemalige Kreisgeschäftsstelle des Demokratischen Aufbruch Erfurt, dessen Geschäftsführer Michael Siegel war. Diese gut ausgestattete Geschäftsstelle bot eine solide Ausgangsbasis, nunmehr im Rahmen politischer Bildung den Aufbruch in die Demokratie fortzusetzen. Doch schon im August des gleichen Jahres zwangen die Mietvorstellungen der neuen Alteigentümer des Hauses in der Bahnhofstraße erneut zum Umzug und die

Landeszentrale fand ihr neues Domizil im Steinplatz 1. Auch wenn dies nicht der endgültige Standort blieb, denn im Oktober 1993 stand der Umzug in die Bergstraße 4 an, begann hier zunächst der personelle und inhaltliche Aufbau der Landeszentrale.

4. Personelle und finanzielle Ausstattung

Die personelle Ausstattung wuchs von drei auf derzeit elf Stellen, die für die Arbeit verfügbaren Sachmittel von 300.000 DM im Jahr 1991 auf 1.105.000 DM im Haushalt 2001. Für die Anfangsjahre 1991/92 müssen allerdings auch die umfangreichen finanziellen und personellen Hilfen durch die Landeszentralen der Partnerländer Hessen und Rheinland-Pfalz und auch der Bundeszentrale für politische Bildung Erwähnung finden, die nicht unerheblich zum guten Start unserer Arbeit beitrugen. Die bereits erwähnte Abordnung von Frau Hannelore Janssen lief zum 30.6.91 ab; dafür kam ab 1.7.91 Herr Dr. Antonio Peter von der Hessischen Landeszentrale nach Thüringen und seine Abordnung, in 1992 um ein weiteres Jahr verlängert, mündete in eine Festanstellung in unserer Landeszentrale, wo er seitdem das Publikationsreferat leitet. Vom 18.5.1992 bis zum 17.10.1992 war Herr Lothar G. Kopp von der Bundeszentrale in Bonn zu uns abgeordnet und half beim Aufbau der ersten Kontakte zu Bundeswehr und Polizei in Thüringen, zwei Zielgruppen politischer Bildungsarbeit, die heute mehr denn je in unserer Arbeit Berücksichtigung finden.

5. Praktische Arbeit von 1991 bis heute

Am 22.4.1991 wählte der Thüringer Landtag fünf Abgeordnete der CDU, zwei der SPD, einen der FDP und je einen vom NF/GR/DJ und von der LL/PDS zu Mitgliedern des ersten Kuratoriums der Landeszentrale. Bis heute hat das Kuratorium mit wechselnden Mitgliedern und unter wechselndem Vorsitz die Arbeit der Landeszentrale begleitet und unterstützt.

Diese Arbeit ist darauf ausgerichtet, „Werbeagentur" für die Demokratie zu sein. Erstmalig versuchte sie diesem Anspruch durch entsprechende Aufklärungsarbeit im Vorfeld der Verabschiedung der Verfassung durch den Landtag und des Volksentscheides zur Landesverfassung gerecht zu werden. Die am 25. Oktober 1993 auf der Wartburg vom Landtag verabschiedete Verfassung musste nach Art. 106 am Tag der nächsten Landtagswahl per Volksentscheid bestätigt werden, das war der 16. Oktober 1994. In dieser Zeit gab es, abgesehen von einmaligen Abdrucken des Verfassungstextes in den Tageszeitungen so gut wie keine Textausgaben. In Kooperation mit dem Landtag brachte die Landeszentrale sowohl den Entwurf 1993 als auch die verabschiedete Fassung 1994 jeweils in einer Auflagenhöhe von 5.000 unter das Volk. Nach der Annahme der Verfassung durch den Volksentscheid am 16.10.1994 durch 70,1 Prozent Ja-Stimmen bei einer Wahlbeteiligung von 74,7 Prozent brachte die Landeszentrale die Landesverfassung in Verbindung mit dem Grundgesetz in einem Band heraus. Diese Publikation ist mit fast 200.000 Exemplaren sozusagen der „Bestseller" der Landeszentrale und wohl in fast allen Thüringer Regelschulen und Gymnasien als Klassensatz verfügbar. So kommen schon die Schüler über diese Ausgabe mit der Landeszentrale in Kontakt, der dann in vielen Fällen weiter fortgesetzt wird.

Gegenwärtig erreichen wir mit unseren Veranstaltungen im Jahr ca. 8.000 interessierte Thüringer, wobei die Seminar- und Veranstaltungsangebote sich vorzugsweise an Multiplikatoren politischer Bildung richten. Dazu kommen etwa 8.000 bis 10.000 Personen, vorwiegend Schüler und Studenten, die sich für unsere Publikationen interessieren (Besteller und Direktabholer). Immer mehr Bedeutung bekommt auch das Internet; die Zahl derjenigen, die unsere Web-Site besuchen und sich auf diesem Weg Informationen zur politischen Bildung beschaffen, steigt ständig.

„Demokratie braucht politische Bildung" – so haben die Landeszentralen und die Bundeszentrale ein gemeinsames Papier überschrieben, das sich mit ihrem Auftrag auseinander setzt. Und darin heißt es u.a.: „Der demokratische Rechtsstaat lebt vom mündigen Mitdenken und Mittun seiner Bürgerinnen und Bürger und ihrer Bereitschaft, sich selbst- und sozialverantwortlich ein Urteil zu bilden, in der Verfassung normierte Regeln und Werte zu respektieren und sich für sie zu engagieren. Demokratie muss in jeder Generation neu erworben werden: gerade in Deutschland aufgrund der Erfahrungen der jüngsten Geschichte. Politische Bildung im öffentlichen Auftrag leistet insbesondere hier einen fortdauernden und unverzichtbaren Beitrag zu persönlicher und gesellschaftlicher Orientierung sowie zur Entwicklung und Festigung demokratischer Einstellungen und Verhaltensweisen.

Daher war und ist die historisch-politische Bildung zum Nationalsozialismus von Anfang an ein wichtiger Bestandteil unserer Arbeit und gegenwärtig wird als gleichwertiger Schwerpunkt die historisch-politische Bildung zur SED-Diktatur auf- und ausgebaut."

Anmerkung

[1] Veröffentlicht im Gesetz- und Verordnungsblatt für das Land Thüringen, Nr. 4/1991 vom 15.3.1991, S. 59 f.

3. Schulische politische Bildung

Sigrid Biskupek
Entwicklung der Lehrpläne für Sozialkunde

1. Etappen der Lehrplanentwicklung im Fach Sozialkunde

Die Entwicklung der Thüringer Lehrpläne lässt sich zeitlich in drei Phasen gliedern:
* die Vorläufigen Lehrplanhinweise (1991)
* die Vorläufigen Lehrpläne (1993)
* die Thüringer Lehrpläne (1999).

Im Frühjahr 1991 berief das Thüringer Kultusministerium Lehrplangruppen, um für die innere Ausgestaltung der neuen Schulstrukturen[1] im Schuljahr 1991/92 mit den „Vorläufigen Lehrplanhinweisen" eine Planungsgrundlage für alle Schularten und Unterrichtsfächer zu erarbeiten. Die Rahmenbedingungen für die Vorläufigen Lehrplanhinweise im Fach Sozialkunde waren mit dem Vorläufigen Bildungsgesetz und der Stundentafel[2] vorgegeben. Da sich das Thüringer Institut für Lehrerfortbildung, Lehrplanentwicklung und Medien (ThILLM) noch im Aufbau befand, lag die Erarbeitung der Vorläufigen Lehrplanhinweise in der Verantwortung des Thüringer Kultusministeriums.

Für den Politikunterricht in Thüringen wurde die Fachbezeichnung „Sozialkunde" festgelegt. Die 1991 eingeführte Stundentafel gliederte die klassischen Politikbereiche „Wirtschaft" und „Recht" aus der Sozialkunde aus. Es werden gegenwärtig an der Thüringer Regelschule, neben der Sozialkunde, die Fächer Wirtschaft/Recht und Wirtschaft-Umwelt-Europa und am Thüringer Gymnasium das Fach Wirtschaft/Recht unterrichtet.

2. Die Vorläufigen Lehrplanhinweise für Sozialkunde (1991)

Im April 1991 traf sich die Lehrplankommission Sozialkunde zu ihrer ersten Beratung. Zu ihr gehörten acht Thüringer Lehrerinnen und Lehrer, für die Lehrplanentwicklung ein völlig neues Arbeitsfeld bedeutete. Für die Konzeption der ersten Thüringer Lehrpläne stand ein Zeitrahmen von nur acht Wochen zur Verfügung. Unter diesem Zeitdruck war für die neue Lehrplankommission keine qualifizierende Einführung in die Lehrplanarbeit möglich. Bis zu diesem Zeitpunkt hatten die Mitglieder der Lehrplangruppe nur einige Fortbildungen in politischer Bildung besucht. Daher waren, gemessen an westdeutschen Standards, ihre fachwissenschaftlichen und fachdidaktischen Vorkenntnisse höchst unvollkommen. Diesem Defizit stand die hohe Motivation der Gruppe gegenüber. Aus persönlichen Erfahrungen im Transformationsprozess der politischen Bildung wussten die Gruppenmitglieder, dass nur ein offener, kontroverser Unterricht ohne politische Indoktrination die Schüler zur aktiven Beteiligung am gesellschaftlichen Leben befähigen konnte.

In den Aufgaben und Zielen der Vorläufigen Lehrplanhinweise (Thüringer Kultusministerium 1991) wurde u.a. formuliert, dass der „Sozialkundeunterricht niemals indoktrinieren ..., aber auch nicht wertneutral sein" darf. Als „Voraussetzung für eine gelebte Demokratie" sollte er den Schülern „fundierte Kenntnisse vermitteln" und „Haltungen aufbauen, die für die politische Beteiligung in der Demokratie bedeutsam sind." (ebd., 5-7).

Die Struktur, die Zielbestimmung und die Auswahl der Unterrichtsinhalte orientierte sich an Sozialkundelehrplänen von Rheinland-Pfalz und Bayern. Aus diesen Ländern erhielt die Lehrplankommission in der kurzen Erarbeitungsphase fachliche Hinweise und Beratung.

Als die Vorläufigen Lehrplanhinweise im September 1991 eingeführt wurden, besaßen die neuen Sozialkundelehrer kaum fachwissenschaftliche und fachdidaktische Vorkenntnisse für den Politikunterricht. Um die Unterrichtsplanung zu erleichtern, wurden deshalb die Lehrplanthemen durch fein gegliederte „Teilziele" und „Hinweise für den Unterricht" erläutert. In den Aufgaben und Zielen wurde die Bindung an die im Grundgesetz verankerten Grundwerte betont. Die „Hinweise für den Unterricht" enthielten entsprechende Bezüge zu Artikeln des Grundgesetzes. Zu allen Themen wurden „Grundbegriffe" ausgewiesen, die den Lehrern eine Orientierung über das zu vermittelnde politische Grundwissen geben sollte. Für alle Klassenstufen und beide Schularten gaben die Vorläufigen Lehrplanhinweise Zeitrichtwerte für eine zeitliche Einordnung der Lerninhalte vor.

Die Vorläufigen Lehrplanhinweise für Sozialkunde waren als „Stofflehrpläne" konzipiert und auf die Vermittlung von politischem Sachwissen ausgerichtet. Der Umgang mit Methoden der politischen Bildung, die das eigenverantwortliche und selbstständige Handeln der Schüler fördern können, wurde nur punktuell in den „Hinweisen für den Unterricht" angeregt. Die didaktischen Prinzipien des Politikunterrichts, z.B. Kontroversität und Problemorientierung, wurden nur in Ansätzen aufgenommen. Angesichts der Ausgangssituation für das neue Fach, das überwiegend fachfremd unterrichtet wurde, waren die Vorläufigen Lehrplanhinweise eine wichtige Grundlage zur Etablierung des Faches Sozialkunde in Thüringen (Mickel 1992).

3. Die Vorläufigen Lehrpläne für Sozialkunde (1993)

Im Schuljahr 1993/94 folgte die nächste Lehrplangeneration mit den „Vorläufigen Lehrplänen" (Thüringer Kultusministerium 1993). In die Lehrplankommission Sozialkunde wurden durch das Kultusministerium vier Thüringer Lehrer berufen, die berufsbegleitende Weiterbildungskurse für den Politikunterricht absolviert hatten. Für die fachliche und organisatorische Beratung sowie die wissenschaftliche Begleitung der Lehrplankommission war der Fachreferent für Sozialkunde des ThILLM zuständig. Auch die Erarbeitung der Vorläufigen Lehrpläne für Sozialkunde erfolgte in nur einem halben Jahr. Über eine Fragebogenaktion wurden Erfahrungen der Sozialkundelehrer mit der Umsetzung der Vorläufigen Lehrplanhinweise im Unterricht aufgenommen. Die Vorläufigen Lehrpläne für Sozialkunde enthielten jedoch keinen qualitativ neuen Ansatz. Sie waren lediglich eine Fortschreibung und Modifikation ihrer Vorgänger.

4. Thüringer Lehrpläne für Sozialkunde (1999)

Der Qualitätssprung zu einem eigenständigen Thüringer Lehrplan für das Fach Sozialkunde (Thüringer Kultusministerium 1999) konnte nur über einen längeren Zeitraum von der Lehrplankommission in Zusammenarbeit mit dem ThILLM realisiert werden. Vor der konzeptionellen Arbeit an den neuen Sozialkundelehrplänen stand zunächst eine fachwissenschaftliche und fachdidaktische Qualifikationsphase der Lehrplangruppe. Im Ergebnis der damit verbundenen Diskussionen um bildungstheoretische und fachdidaktische Ansätze für den künftigen Lehrplan, erschienen das fachdidaktische Konzept Wolfgang Hilligens und der bildungstheoretische Ansatz Wolfgang Klafkis als mögliche Auswahlkriterien für die Lerngegenstände im Politikunterricht geeignet (Sander 1997, 66 ff.). Die Inhaltsstruktur der Thüringer Sozialkundelehrpläne ging auf „Schlüsselprobleme der Gegenwart und absehbaren Zukunft" zurück. Diese Orientierung konnte in der unübersichtlichen Fülle von politischen Einzelinformationen Strukturen und Zusammenhänge von Politik erkennbar machen. So sollte der Sozialkundeunterricht zur Erschließung bestimmter Schlüsselprobleme einen Beitrag leisten: Sicherung und Weiterentwicklung der Demokratie, Verwirklichung sozialer Gerechtigkeit, Sicherung der natürlichen Lebensgrundlagen, Diskussion von Auswirkungen neuer technologischer Entwicklungen oder transnationaler Strukturen, schließlich Entwicklung von Mündigkeit und Verantwortung in personalen sozialen Beziehungen" (Thüringer Kultusministerium 1999, 15).

Die Erarbeitung des Fachlehrplans für Sozialkunde erfolgte im Zusammenhang mit der Entwicklung einer Gesamtkonzeption für die neue Thüringer Lehrplangeneration, die für alle Schularten und Fächer gemeinsame Grundsätze formulierte. Im Mittelpunkt der Gesamtkonzeption steht das „Kompetenzmodell", das auf die „Entwicklung von Lernkompetenz fokussiert ist" (ThILLM 1998).

Die Vorläufigen Lehrpläne waren noch „Stoffpläne" und hatten den Schwerpunkt auf die Vermittlung von politischem Sachwissen gelegt. Die neuen Sozialkundelehrpläne leisten in ihrer Zielbestimmung (Thüringer Kultusministerium 1999, 11-13) einen fachspezifischen Beitrag zur „Vermittlung von Lernkompetenz". Der Gesamtkonzeption der Thüringer Lehrpläne folgend wird Lernkompetenz durch Sach-, Sozial-, Selbst- und Methodenkompetenz determiniert, wobei es zwischen den Kompetenzbereichen keine Hierarchien gibt (Thüringer Kultusministerium 1999, 11, 12). Die Kompetenzen werden durch den Ausbau von Fähigkeiten erworben:

- „Sachkompetenz durch die Fähigkeit, auf der Grundlage erworbenen politischen und sozialwissenschaftlichen Wissens Politik beurteilen und politische Einzelphänomene in Zusammenhänge einordnen zu können sowie politisch handlungsfähig zu werden.
- Sozialkompetenz durch die Fähigkeit zum reflektierten sozialen Handeln sowie durch eine auf Teamarbeit und Kooperation angelegte Arbeitsweise und die Fähigkeit, Verantwortung für den gemeinsamen Lernprozess zu übernehmen sowie Konflikte argumentativ und tolerant zu lösen.
- Selbstkompetenz durch die Betonung von Selbstständigkeit in allen Zielbereichen und die Fähigkeit, eigene Interessen in und an der Politik wahrzunehmen und angemessen zu vertreten sowie das eigene Handeln kritisch einzuschätzen.
- Methodenkompetenz durch das besondere Gewicht methodenorientierten Lernens, wie zum Beispiel der sichere Umgang mit Wissensspeichern, die Nutzung neuer Medien, die Art der Aufnahme, Verarbeitung und Bewertung von Informationen oder die Fähigkeit zur Präsentation von Arbeitsergebnissen".

Die Thüringer Sozialkundelehrpläne knüpfen an die neueren wissenschaftlichen Diskussionen in der politischen Bildung an. Auf der Grundlage der seit 1990 gemachten Erfahrungen und der Evaluation der Vorläufigen Lehrpläne entwickelte die Lehrplangruppe ein eigenständiges fachdidaktisch begründetes Konzept für das Fach Sozialkunde (Sander 2000).

Die drei Phasen der Lehrplanentwicklung, von den Vorläufigen Lehrplanhinweisen (1991), über die Vorläufigen Lehrpläne (1993) zu den Thüringer Lehrplänen (1999) sind eng mit dem Aufbau und der Etablierung der Sozialkunde als Grundfach der politischen Bildung in Thüringen verbunden.

Anmerkungen

1 Die Thüringer Schullandschaft wurde nach dem „Vorläufigen Bildungsgesetz" vom 21. 3. 1991 in folgende Schularten unterteilt: Grundschule, Regelschule, Gymnasium, berufsbildende Schule, Kolleg und Förderschule.
2 In der Regelschule wurde Sozialkunde ab Klasse 8 mit zwei Wochenstunden, in Klasse 9 und 10 mit je einer Wochenstunde erteilt. Im Gymnasium setzte Sozialkunde in Klasse 9 ein und wurde zunächst mit je einer Wochenstunde bis zur Klasse 12 unterrichtet. Mit der Einführung des Kurssystems wurde der Grundkurs Sozialkunde in den Klassen 11 und 12 mit je zwei Wochenstunden erteilt.

Literatur

Biskupek, Sigrid: Transformationsprozesse in der politischen Bildung. Von der Staatsbürgerkunde in der DDR zum Politikunterricht in den neuen Ländern. Schwalbach/Ts. 2002
Mickel, Wolfgang W.: Die Lehrpläne für politischen Unterricht an allgemeinbildenden Schulen in Sachsen und Thüringen. In: Geschichte – Erziehung – Politik, 9, 1992, S. 545-553
Sander, Wolfgang (Hrsg.): Handbuch politische Bildung. Schwalbach/Ts. 1997
Sander, Wolfgang: Abschied von der Stofforientierung. Zum politikdidaktischen Hintergrund der Lehrpläne für Sozialkunde in Thüringen. In: Reihe Materialien Nr. 37. ThILLM Bad Berka 2000
ThILLM (Hrsg.): Was ist neu an den Thüringer Lehrplänen für Grundschule, Regelschule, für Gymnasien? Bad Berka 1998
Thüringer Kultusministerium: Vorläufige Lehrplanhinweise für Regelschule und Gymnasium Sozialkunde. Juli 1991
Thüringer Kultusministerium: Vorläufiger Lehrplan für die Regelschule. Sozialkunde. Juli 1993 und: Vorläufiger Lehrplan für das Gymnasium. Sozialkunde. Juli 1993
Thüringer Kultusministerium: Lehrplan für die Regelschule und für die Förderschule mit dem Bildungsgang der Regelschule. Sozialkunde. 1999 und: Lehrplan für das Gymnasium. Sozialkunde. 1999

Wolfgang Sander
Politische Bildung an der Universität

1. Vorbemerkung[1]

Anders als in Westdeutschland lässt sich in den neuen Bundesländern die Entwicklung der Politikdidaktik an den Universitäten nur sehr bedingt von den anderen Handlungsfeldern – insbesondere der Lehrerfortbildung – trennen. Dies gilt jedenfalls für die ersten Jahre und in ganz besonderem Maße für Thüringen. Denn dort waren in den 1990er Jahren die Akteure, die in diesem Feld besonderen Einfluss gewonnen haben, schon früh miteinander in verschiedenen Kooperationsformen verbunden. Diese Verbindungen blieben auch nach der Besetzung der Professur für Didaktik der Politik an der Friedrich-Schiller-Universität Jena bestehen, der einzigen einschlägigen Professur in Thüringen. Die politikdidaktischen Lernangebote, die mit durchaus ähnlichen Konzepten innerhalb wie außerhalb der Universität bereits gemacht wurden, richteten sich an die gleiche Zielgruppe: an Lehrer, die das neue Fach Sozialkunde ohne eine entsprechende fachliche und didaktische Vorbildung in der Praxis unterrichteten. Aufgabe der universitären Politikdidaktik war es anfangs weniger, im abgegrenzten Bereich der Hochschule junge Studierende auf eine spätere Aufgabe als Politiklehrer vorzubereiten, sondern in erster Linie, den Aufbau des Faches im Lande durch Engagement in Lehrerfortbildung und Lehrplanentwicklung zu unterstützen.

Von 1994 bis 1998 war ich auf der Professur für Didaktik der Politik in Jena tätig; die weiter zurück reichende Kontinuität in der Kooperation mit Partnern in Thüringen resultierte aus der Zufallskonstellation, dass Hessen eines der Partnerländer Thüringens nach der deutschen Vereinigung war und ich in diesen Jahren den Vorsitz des Landesverbands Hessen der Deutschen Vereinigung für politische Bildung (DVPB) innehatte, der sich als Partnerverband bei der Gründung und dem Aufbau des Landesverbands Thüringen der DVPB engagierte. Auf diesem Wege haben sich bereits ab 1990 enge Kooperationsbeziehungen entwickelt, die sich in den Folgejahren zu einem kleinen Netzwerk mit dem Ziel verdichteten, den Aufbau einer Fachkultur für die demokratische politische Bildung zu fördern.[2]

2. Zwischenzeit von 1990 bis 1994

Nach der demokratischen Revolution in der DDR zeigte sich sehr schnell, dass es im fachlichen Zusammenhang der Staatsbürgerkunde an den Hochschulen der

DDR faktisch keine „subversive" Debatte über mögliche Alternativen zum dominierenden Aufgabenverständnis des Faches gegeben hatte. Wer – wie nicht wenige westdeutsche Politikdidaktiker, mich selbst eingeschlossen – sich ab Ende 1989/ Anfang 1990 auf einen Diskurs mit den Hochschulinstituten für Methodik der Staatsbürgerkunde in der DDR mit der Erwartung eingelassen hatte, nun würden jene Entwürfe und Konzeptideen für eine demokratische politische Bildung als Alternative zur ideologischen Legitimation der SED-Herrschaft, die in der DDR nicht offen diskutiert werden durften, aus den Schubladen gezogen und einen wechselseitig anregenden innerdeutschen Diskurs zur Politikdidaktik ermöglichen, sah sich schnell enttäuscht – die Schubladen waren leer. Spätestens im Frühsommer 1990 war unübersehbar, dass es bei einem demokratischen Neubeginn der politischen Bildung in Ostdeutschland zu einer Übernahme westdeutscher Konzepte der Politikdidaktik und zum Neuaufbau einer entsprechenden wissenschaftlichen Infrastruktur an den Hochschulen der neuen Bundesländer keine Alternative geben würde (vgl. ausführlich Biskupek 2002).

Dennoch sollte es mehrere Jahre dauern, bis es in Thüringen (und anderen neuen Ländern) tatsächlich zu diesem Neuaufbau kam. Der Zeitverlust, der damit einherging, war für die politische Bildung denkbar ungünstig; bis sich eine Infrastruktur etablieren konnte, waren der Schwung und die Motivation aus der „Wendezeit" vielerorts schon verflogen. Dass die frühen 1990er Jahre für die Neugründung der politischen Bildung in Ostdeutschland nicht völlig zu einer verlorenen Zeit wurden, ist ganz wesentlich der Initiative der Bundeszentrale für politische Bildung zu verdanken, die ab 1992 viersemestrige berufsbegleitende Studienkurse für Lehrer finanzierte und in Kooperation mit weiteren Trägern durchführte.[3]

Die Bundeszentrale war auch in Thüringen in den ersten Jahren nach der deutschen Vereinigung der wichtigste Weg, auf dem Perspektiven der wissenschaftlichen Politikdidaktik in den Prozess der Neugründung demokratischer politischer Bildung eingebracht werden konnten. Zwei weitere Veranstaltungsformen kamen hinzu: ein von mir in Zusammenarbeit mit dem ThILLM konzipiertes Tagesseminar zu Konzeptionen der Politikdidaktik und ein gemeinsam mit Peter Henkenborg entwickeltes fünftägiges Kompaktseminar „Lehrertraining für den Sozialkunde-Unterricht", beides unterstützt von der Thüringer Landeszentrale für politische Bildung und der Bundeszentrale. Die Kompaktseminare waren in starkem Maße trainingsorientiert und dienten auch der praktischen Erprobung handlungs- und schülerorientierter Lernmethoden – unter anderem Elemente aus der Moderationsmethode, Brainstorming, Mind-mapping, Collage, Pro- und Contra-Diskussion, Rollenspiel, Zukunftswerkstatt, Blitzlicht, Brief an sich selbst –, die den Teilnehmenden weitgehend nicht vertraut waren und die ihnen dabei helfen sollten, in ihrem Unterricht neue Lernkulturen zu entwickeln.

Im meiner Erinnerung zeigt sich eine sehr deutliche Entwicklung. In den Wochenendseminaren war die Lernsituation noch sehr stark von der autoritären Lernkultur in Schule und Lehrerfortbildung der DDR vorgeprägt: Die Sitzordnung war wie selbstverständlich frontal auf die Referenten hin ausgerichtet, die Teilnehmer saßen gewissermaßen mit gespitztem Bleistift in Erwartung des Vortrags auf ihren Plätzen. Kontroversen innerhalb der Teilnehmergruppe gab es so gut wie nicht (bzw. sie wurden nicht offen ausgesprochen). Dafür zeigte sich meist schnell ein „Sprecher", der für „die Teilnehmer" gegenüber den Referenten zu sprechen in Anspruch nahm. Auch bei der abendlichen Freizeitgestaltung war der Konformitätsdruck hoch; sich „abzusetzen" galt allenfalls für die Männer in der Gruppe für die Zeit einer Fußballübertragung im Fernsehen als akzeptabel.

Mitte der 90er Jahre war die Situation dann sehr verändert: Die Teilnehmer traten offener auf, die Gruppen wirkten differenzierter, die Personen individueller, es gab deutlicher artikulierte Meinungsunterschiede und eine erheblich größer gewordene Offenheit für neue Lernmethoden jenseits der autoritären Unterrichtskultur. Allerdings galt dies nach meinem Eindruck erkennbar stärker für solche Lehrer, die im neuen Fach bereits eine „Fortbildungskarriere" gemacht hatten. Dies spricht für die Annahme, dass sich in diesen Veränderungen Fortbildungserfolge spiegeln.

3. Politikdidaktik an den Hochschulen in Thüringen

Schon früh hat sich in Thüringen die DVPB sehr stark für die Einrichtung politikdidaktischer Professuren an den beiden Hochschulen, die ein Sozialkundestudium anbieten sollten – der Friedrich-Schiller-Universität Jena sowie der Pädagogischen Hochschule und späteren Universität Erfurt –, eingesetzt. Nur in Jena gelang letztlich die Einrichtung und Besetzung einer politikdidaktischen Professur, auch hier nach einigen Widerständen, die ihre Gründe nicht in spezifischen thüringischen Ursachen, sondern eher in für viele westdeutsche Universitäten typischen Bedenken gegenüber den Fachdidaktiken hatten. In Erfurt steht die Besetzung bisher aus.

In Jena ist die Professur für Didaktik der Politik dem Institut für Politikwissenschaft zugeordnet. In der Politikwissenschaft wurde der Lehrbetrieb im WS 1992/93 aufgenommen, in der Politikdidaktik im Frühjahr 1994. Die Zahl der Studierenden stieg von knapp 30 bei Aufnahme des Lehrbetriebs 1992 auf ca. 900 im Jahr 1999. Nur eine Minderheit davon (1999 waren es 14 Prozent) studiert das Fach Sozialkunde für ein Lehramt (an Gymnasien oder Regelschulen), die große Mehrheit studiert Politikwissenschaft im Haupt- oder Nebenfach im Rahmen des Magisterstudiengangs.

In den Jahren 1994 bis 1996 veranstaltete das Institut in Zusammenarbeit mit dem ThILLM und dem Thüringer Kulturministerium drei jeweils einjährige Studienkurse für Lehrer zur Vorbereitung auf das Staatsexamen für Sozialkunde an Gymnasien. Für diese Lehrer wurden in Gruppen von 30 Teilnehmern, die von den sonstigen Studierenden getrennt waren, universitäre Lehrveranstaltungen durchgeführt. In jedem Kurs gab es ein Hauptseminar zur Politikdidaktik, in dem ein Leistungsnachweis zu erwerben war. Diese Lehrergruppen waren für einen Tag in der Woche für den Aufenthalt an der Universität von schulischen Unterrichtsverpflichtungen freigestellt. Weitere Lehrer, die außerhalb dieser Kurse berufsbegleitend im Rahmen des regulären Studienangebots – zumeist für das Lehramt an Regelschulen – studierten, kamen hinzu. Insgesamt dürfte in diesen Jahren die Zahl der berufsbegleitend studierenden Lehrer die der grundständig Studierenden im Fach Sozialkunde überstiegen haben.

In Erfurt führte es zeitweise zu erheblichen Problemen, dass eine politikdidaktische Professur nicht vorhanden war. So hatte die Pädagogische Hochschule die Abschlussprüfungen für die viersemestrigen Studienkurse der Bundeszentrale im Lehramt an Regelschulen zwar übernommen, aber keine eigenen Ressourcen für die politikdidaktischen Aufgaben bereit gestellt, die sich im Zusammenhang mit Prüfungen und der fachdidaktischen Ausbildung weiterer studierender Lehrer ergaben. Um den dringendsten Bedarf zu decken, mussten 1994 und 1995 mehrere Wochenendveranstaltungen zur Einführung in die Politikdidaktik und zur Vorbereitung auf die politikdidaktischen Prüfungen mit teilweise über 60 Teilnehmern, die zum Teil heterogene Fortbildungsbiografien im Fach mitbrachten, konzipiert werden, die von Peter Henkenborg und mir durchgeführt wurden. Später bestand zeitweise ein Lehrauftrag für Politikdidaktik, aktuell gibt es jedoch in Erfurt kein politikdidaktisches Lehrangebot mehr.

4. Belastungen und Erfolge

Die Situation des berufsbegleitenden Studiums brachte für die betroffenen Lehrer erhebliche Belastungen mit sich und erforderte ein hohes Maß an Engagement. Die Studienleistungen mussten in der Regel neben einer vollen, allenfalls stundenplantechnisch den Erfordernissen des Studiums angepassten Unterrichtsverpflichtung in der Schule erbracht werden. Häufig fiel die Orientierung im neuen Fach nicht nur deshalb schwer, weil man in einem anderen politischen, wirtschaftlichen und gesellschaftlichen System aufgewachsen war als in dem, das nun Gegenstand eigener Unterrichtstätigkeit werden sollte. Hinzu kam, dass viele Teilnehmer, die jetzt das Fach studierten, aus politikfernen Fächern wie Naturwissenschaften oder Fremdsprachen kamen, was sich zum Teil daraus erklärt, dass die politisch als belastet geltenden Staatsbürgerkundelehrer in Thüringen in aller Regel das neue

Fach weder unterrichten noch studieren durften, zum Teil aber auch daraus, dass manchen Lehrern (z.B. für Russisch oder Polytechnik) ihr zweites Fach abhanden gekommen war und sie um ihren Arbeitsplatz fürchteten.

Die teils latente, manchmal auch offen thematisierte Ost-West-Problematik erschwerte die Situation weiter: Es brauchte manchmal Zeit, bis Befürchtungen ausgeräumt werden konnten, die Westdozenten wollten nun in den Köpfen der Lehrer gewissermaßen die alte Ideologie durch eine neue ersetzen, oder es gehe darum, die „Ostbiografien" zu entwerten. Weiterhin erforderte es Mut, sich in teilweise fortgeschrittenem Alter und nach langjähriger Berufspraxis erneut einer Prüfung zu stellen, zumal dann, wenn man dies gegenüber jüngeren Prüfern aus dem Westen tun musste. Nicht wenige Prüfungskandidaten waren aus diesen Gründen in der Prüfungssituation emotional stark belastet und mehr als einmal kam es zu Tränenausbrüchen.

Trotz dieser Belastungen hat die große Mehrheit der in Thüringen berufsbegleitend studierenden Lehrer die Abschlussprüfungen nicht nur bestanden, sondern ausgesprochen gute Leistungen gezeigt. Einige der Absolventen aus diesen Jahren haben später Aufgaben in der Lehrerausbildung und Lehrerfortbildung in Thüringen übernommen, so als Ausbildungsleiter in der Zweiten Phase oder als Fachberater, auch sind Promotionsvorhaben aus diesen berufsbegleitenden Studien erwachsen.

5. „Jenaer Gespräche zur politischen Bildung" und anderes

Dem Kontakt zu den Schulen, insbesondere aber auch zu den Absolventen dient die Veranstaltungsreihe „Jenaer Gespräche zur politischen Bildung", die vom Institut für Politikwissenschaft in Kooperation mit dem ThILMM und der DVPB 1995 begründet wurde und weiterhin fortgeführt wird. Es handelt sich hierbei um Abendveranstaltungen in lockerer Folge zu aktuellen und grundsätzlichen Fragen politischer Bildung, zumeist mit externen Referenten, zu denen landesweit eingeladen wird.

Ein weiteres wichtiges Arbeitsfeld für die Politikdidaktik in Jena war in den Jahren von 1994 bis 1998 die wissenschaftliche Begleitung der Lehrplanentwicklung im Fach Sozialkunde, die mit dem neuen Thüringer Lehrplanwerk von 1999 ihren Abschluss fand *(siehe den Beitrag von Biskupek, Kap. VII)*.

6. Versuch einer Bilanz

In einer – besonders im Vergleich zu Westdeutschland – ungewöhnlich engen Weise war die universitäre Politikdidaktik in Thüringen in die Entwicklung und Profilierung des Faches Sozialkunde in den Schulen verwickelt. Über weite

Strecken waren etwa bis Mitte der 1990er Jahre in der Hauptsache Lehrer, die berufsbegleitend Studienabschlüsse für das neue Fach erwerben wollten, die Adressaten politikdidaktischer Lernangebote, und zwar innerhalb und außerhalb des Lernortes Universität. Erst in der zweiten Hälfte der 1990er Jahre normalisierte sich die Situation in dem Sinn, dass sich die universitäre Politikdidaktik im konventionellen Sinn auf das grundständige Studium in der ersten Phase der Lehrerausbildung konzentrieren konnte.

Aufs Ganze gesehen erscheint es mir rückblickend im Rahmen der damaligen Möglichkeiten gelungen zu sein, das neue Fach Sozialkunde in enger Kooperation zwischen universitärer Politikdidaktik und anderen Institutionen im Lande in Thüringen zu profilieren und eine tragfähige Fachkultur zu entwickeln. Nicht selten konnte beobachtet werden, dass Lehrer, die sich zunächst mit einer gewissen Skepsis und Zurückhaltung auf für sie ungewohnte Perspektiven der Politikdidaktik und auf Lehren und Lernen eingelassen hatten, später in ihren Schulen in die Rolle von Innovatoren gelangten. Denn vielfach waren sie die einzigen Mitglieder des Kollegiums, die mit neuen didaktischen und methodischen Ansätzen aus der westdeutschen und internationalen Diskussion in intensiveren Kontakt gekommen waren.

Gleichwohl ist damit nur eine kleine Minderheit der Lehrer in Thüringen insgesamt erreicht worden und auch im Fach Sozialkunde muss der Anteil der fachfremd unterrichtenden Lehrer trotz der skizzierten Anstrengungen noch immer als bedeutsam eingeschätzt werden.

Anmerkungen

[1] Dieser Beitrag basiert im Wesentlichen auf meinen eigenen Erfahrungen als Beteiligter im Prozess der Neugründung und Etablierung des Faches Sozialkunde in Thüringen in den Jahren von 1990 bis 1999. Neben persönlichen Erinnerungen sind es vor allem nicht veröffentlichte Materialien wie Veranstaltungskonzepte, Terminkalender, Briefe und Notizen unterschiedlicher Art, die ich bei der Vorbereitung dieses Beitrags durchgesehen und ausgewertet habe. Repräsentative empirische Daten standen mir nicht zur Verfügung. Es ist daher unvermeidbar, dass in diesem Beitrag eine durchaus subjektive Perspektive auf die Entwicklung der politischen Bildung in Thüringen dominiert.

[2] Dabei wirkten insbesondere mit: der im Thüringer Institut für Lehrerfortbildung, Lehrplanentwicklung und Medien (ThILLM) für die Sozialkunde zuständige Fachreferent, Hans-Peter Ehrentraut, aus der Thüringer Landeszentrale für politische Bildung Eva Müller sowie deren Leiter Michael Siegel, aus dem Landesverband Thüringen der DVPB (neben vielen anderen) dessen langjährige Vorsitzende Sabine Geißler sowie Sigrid Biskupek, die auch Leiterin der Arbeitsgruppen zur Erarbeitung der Thüringer Lehrpläne für das Fach sowie von 1996 bis 1998 wissenschaftliche Mitarbeiterin an der Professur für Didaktik der Politik in Jena war.

[3] Diese Kurse, die inhaltlich auf einem Konzept von Peter Massing und Werner Skuhr von der Freien Universität Berlin basierten, enthielten auch Studienelemente zur Politikdidaktik in Form von Wochenend- und Tagesseminaren *(siehe u.a. den Beitrag von Kuhn, Kap. III)*.

Literatur

Biskupek, Sigrid: Transformationsprozesse in der politischen Bildung. Von der Staatsbürgerkunde in der DDR zum Politikunterricht in den neuen Ländern. Schwalbach/Ts. 2002

Kapitel VIII

Klaus Peter Wallraven

Politische Bildung im Transformationsprozess.
Nachlese, Streitschrift und spätes Plädoyer

1. Der offene Transformationsprozess und das Dilemma Politischer Bildung

Auch nach mehr als zehn Jahren ist die Frage nach der Rolle berechtigt, die die Vertreter der Politischen Bildung während des unmittelbaren Transformationsprozesses gespielt haben. Denn damit fällt ihnen ein wenn auch bescheidener Anteil an der Herausbildung von Strukturen politischer Kultur zu. Und hier sagt die empirische Forschung seit Jahren ganz eindeutig, dass es eine abgrenzbare „ostdeutsche Identität" (Pollack/Pickel 1998) gibt, die an sozialistische Deutungsmuster politischer Systeme anschließt. Die Kluft zwischen Ostdeutschen und Westdeutschen in der Beurteilung der realen Lebensumstände sei noch lange nicht geschlossen, fanden Brähler und Richter (1999) heraus; auch die Normenwelt existierte weiter, in welche die Bilder von sozialer Gerechtigkeit eingebettet sind, die den Fortbestand des traditionellen *cleavage* zwischen Arm und Reich, zwischen Arbeiterschaft und Kapitalisten garantieren (Mau 1997). Vor allem bestätigt sich von Jahr zu Jahr die Kontinuität der Zustimmungsdistanz vieler Menschen zum konkreten Parlamentarismus deutscher Provenienz, ja zum Modell der westlichen Demokratie (Gabriel 1996; vgl. Thumfart 2002).

Bei Jugendlichen entdeckt Rausch (1999) eine tiefgreifende Ambivalenz. Auf der einen Seite leben sie die Eigenheiten des westlichen Modernisierungsprozesses aus, doch auf der anderen Seite revitalisieren sie immer wieder „nostalgisch" untergegangene Strukturen der DDR-Gesellschaft. Dem Vorbild ihrer Eltern folgend, demonstrieren sie ihre Abneigung, unbefangen bundesrepublikanische Demokratie, Sozialstaat und das intermediäre System zu bejahen. Die Distanz verschärft sich in auffälliger Weise (Förster/Friedrich 1996; Gaiser/Gille/Krüger/ de Rijke 2000; Reinhardt/Tillmann 2001).

Fuchs/Roller/Weßels (1997) erklären das Nachlassen von Vertrauen und Zustimmung, ja von allgemeinem Interesse an Politik mit dem nachwirkenden Bewusstseinserbe aus der DDR. Pollack bestätigt diesen Befund in einer Untersuchung von 1998 (Pollack 2000). Die ambivalente Haltung gegenüber dem politischen Institutionensystem wird von großen Gruppen der ostdeutschen Bevölkerung durch die negative ökonomische Entwicklung, durch Breitenarbeitslosigkeit und fehlende konstruktive Langzeitperspektiven bei vielen Menschen untermauert (Buhlman 2000). Laurence McFalls teilt die Auffassung, die in zahlreichen Studien vertreten wird, wenn er auf den „grundlegenden Widerspruch ... zwischen einerseits Stabilität und Kongruenz, andererseits Divergenz und Autonomie von Gesellschaftsstruktur und Kultur" hinweist (McFalls 2001, 26). Die Menschen in den neuen Bundesländern, so der durchgehende Befund, sind einerseits in der Bundesrepublik angekommen. Sie nehmen „nachholend" (Geißler 2000) am Modernisierungsprozess entsprechend ihrer materiellen Ressourcen teil. Aber sie wenden spezifische ostdeutsche Deutungsmuster auf ihn und damit auch auf sich selbst an. Ihre soziale Identität definieren sie „ostdeutsch", ihre politischen Orientierungen sind durch Distanz, Ambivalenz, sogar durch entschiedene Ablehnung zum westdeutsch interpretierten Handlungsrahmen geprägt (Reißig 2000).

Solche Forschungsergebnisse sind nicht überraschend. Mentaler und sozioökonomischer Wandel vollziehen sich nicht im Gleichschritt. Selbst wenn sich die „blühenden Landschaften" eingestellt hätten, wären die subjektiven Interpretationen in ihrem Eigensinn noch lange konstant geblieben und hätten nachwirkende Verbindungen zur DDR-Sozialisation hergestellt. Doch die zutiefst unbefriedigende ökonomische Situation der neuen Bundesländer, ihre Abhängigkeit von westlichen Finanztransfers noch auf Jahre hinaus, hat zwei subjektive Auswirkungen. Sie erzeugt offenbar kein Gefühl von „Dankbarkeit" gegenüber den Westdeutschen, und ebenso augenscheinlich verstegigt sie bei vielen Menschen eine Mischung aus Distanz und Nostalgie. Margit Weihrich betont von daher die immer noch „prinzipielle Offenheit" des ostdeutschen Transformationsprozesses. Sie stellt neben die nachwirkende, innerfamiliär reproduzierte DDR-Sozialisation eine weitere Steuerungsgröße für die spezifischen Deutungsmuster. Nicht die makrostrukturellen Systemvorgaben, sondern die mikrostrukturelle „alltägliche Lebensführung" (Weihrich 1999) reguliert die Wahrnehmungen, Interpretationen und selbstreferentiellen Muster. Aus den traditionellen Sozialisationsmustern hervorgegangen, verstärkt sie diese im Rückbezug.

Diese und zahlreiche vergleichbare Forschungsergebnisse lösen Bestürzung und Ratlosigkeit aus. Was muss passieren, um immer mehr Menschen in den neuen Bundesländern von der Einzigartigkeit des demokratisch-parlamentarischen Systems zu überzeugen? Würden kleine, aber stetige wirtschaftliche Fortschritte genügen, die sich messbar im Alltag niederschlagen und von den Menschen als Beweis herangezogen werden können, dass sich ihr Alltagsrahmen positiv ändert? Diese Betrachtung entspricht einem maßgeblichen Zweig der modernen Staatstheorie, wonach sich die Legitimation des Nationalstaates in erster Linie aus seiner praktischen Performanz, ja Effizienz ableitet (Nitzschke 2000).

Betrachtet man aber die vorhandene Fülle der Investitionen und realen, sicht- und zählbaren Veränderungen seit 1990, so muss in den neuen Bundesländern die Frage offenbar anders gestellt werden. Bedarf es eines weiteren Schubs struktureller Veränderungen? Oder müssen es solche Veränderungen sein, die sich die Bevölkerung als Frucht ihrer eigenen Anstrengungen, ihrer eigenen Leistungsfähigkeit selbst zuschreibt? Die Paradoxie der „Ostalgie" scheint darin zu liegen, dass ungeachtet der breit geteilten Einsicht in das marode DDR-System und ungeachtet der Weigerung, dahin je wieder zurück zu wollen, die DDR dennoch als die „eigene", selbstgeschaffene Gesellschaft, als „Heimat" begriffen wird (Lindenberger 2000). Diese Heimat wird dynamisch gegen die Bundesrepublik, gegen dieses „übergestülpte" System ausgespielt.

Obwohl es sich in beiden Fällen um kollektive Konstruktionen handelt und obwohl die abgeleitete Empfindung von Entfremdung nicht mit der realgesellschaftlichen Lebensweise in der Moderne synchronisiert ist, reguliert sie dennoch die soziopolitische Perspektivenwelt. Eine Änderung der Perspektive kann also nur über Prozesse der Selbstbearbeitung eingeleitet werden. Lautet also das Hauptstichwort nicht „Bildung", sondern „Arbeit"? Denn ausschließlich der Abbau der enormen Massenarbeitslosigkeit, die ganze Regionen strukturell und mental prägt, würde die Einstellung erzeugen, am Aufbau einer eigenen Gesellschaft mitzuwirken. Es wird darauf verwiesen, dass nur dank des „Wirtschaftswunders" die bunt zusammengewürfelte westdeutsche Gesellschaft letztlich von der Demokratie überzeugt wurde. Nicht Demokratie schlechthin, sondern erfolgreiche Demokratie, die mehr leistet, als die basalen Lebensbedürfnisse zu befriedigen, sondern die gesellschaftlichen und individuellen Wohlstand mehrt, kann auf Zustimmung rechnen.

Erinnern wir uns an Margrit Weihrichs Schlüsselthese. Über die geglückte Performanz von Demokratie wird im Rahmen eines Konzepts von „alltäglicher Lebensführung" entschieden, das in makrostrukturelle Entwicklungen eingebettet ist. Wo sind Standort und Verantwortung der Politischen Bildung in einem solchen Kräfteparallelogramm? Die nachfolgende Rekonstruktion des Übertragungsprozesses westdeutscher Politischer Bildung nach Ostdeutschland wird Beweisstücke dafür zusammentragen, dass am Anfang des Prozesses vernünftige Einsichten standen, doch ebenfalls entscheidende Fehler gemacht wurden, und zwar aus verständlicher Ungeduld und Empathie, vielleicht auch aus Motiven, die näher am ‚Haben' als am ‚Sein' lagen. Keiner kann sich davon frei sprechen. Die ‚Handlungsbevollmächtigten' der westdeutschen Politischen Bildung konnten nicht und sie wollten nicht abwarten, Politische Bildung *just in time* zu exportieren.

Das sollte sich bald als erster Fehler heraus stellen – auch wenn er immer noch nicht eingeräumt wird, wie verschiedene schulbezogene Beiträge in diesem Band unterstreichen. Ihm folgte der zweite, als so gut wie alle pädagogischen Akteure die Warnungen bekannter Sozialwissenschaftler wie Zapf (1994) oder Lehmbruch (1992, 1993) vor der revolutionären Wucht der Veränderungsprozesse in den Wind schlugen. In ihrer Begeisterung über die enorme Nachfrage nach westlicher Pädagogik ignorierten sie die verfügbaren sozialwissenschaftlichen Expertisen, die auf die völlige Abwesenheit westlich geeichter Verarbeitungsressourcen der Menschen hinwiesen (Schäfers 1991). Als dann das „Katastrophische" der Situation nicht mehr übersehen werden konnte, war an ein Innehalten oder einen Neubeginn höchstens dort zu denken, wo Flexibilität die Grundlage des Geschäftserfolges bildet, nämlich in der freien Jugend- und Erwachsenenbildung. Hingegen hätte die fast abgeschlossene Institutionalisierung der Bildungsstrukturen eine Prozessrevision auch dann verhindert, wenn sie gewollt worden wäre. Aber sie stand nicht auf der Agenda. Die Gründe werden später dargelegt.

2. Vorfragen und Zielsetzungen[1]

Politische Bildner als Berater: Schulfach und universitärer Lehrbereich Politische Bildung gehören zu den wertbehafteten Gütern, die ab 1990 von West nach Ost exportiert wurden (vgl. Wallraven 1995, 203 ff.). Das Handeln der westdeutschen Akteure der Politischen Bildung in den Jahren nach 1990 lässt sich als eine spezifische Form der Politikberatung begreifen. Politikberatung dient nach Kevenhörster zwei Funktionen: der Information und der Legitimation. Die erste Funktion setzt den sachkundigen Experten voraus, der Informationsdefizite beseitigt; mit der zweiten, eher politischen Funktion wird Politikhandeln antizipativ oder nachträglich legitimiert. Dieses mehrschichtige „Wechselspiel zwischen Wissenschaft und Politik" besteht verkürzt aus drei Phasen: nachdem Problem und gesamtes Umfeld analytisch durchdrungen sind, werden Problembeschreibung und -bewältigungsstrategie begrifflich formuliert; es folgen die Umsetzungsschritte (vgl. Kevenhörster 1995, 449 ff.). Idealtypisch auf den in Rede stehenden Gegenstand angewendet: Westdeutschen Politikdidaktikern wird eine eingehende

Beschäftigung mit den Menschen als Voraussetzung ihrer Beratungstätigkeit abverlangt, ebenso gründliche Fach- und Sachkenntnis über den Transformationsprozess und die Beherrschung des fachlichen Begriffsapparates, um ihn in Beratungsgesprächen und in Expertisen anzuwenden. Dies alles stellt die Ressourcengrundlage dar.

In der Realsituation geraten die westdeutschen Akteure in ein konstruktives Dilemma, das den Beratungsvorgang kompliziert. Politische Bildung wird durch die Vereinigung der beiden deutschen Staaten mit einer nie gekannten politischen und wissenschaftlichen Herausforderung konfrontiert. Wie kann man darauf reagieren? Ein normales Verfahren wäre, eine *benchmarking*-Arbeitsgruppe zu bilden, alternative Szenarien zu entwerfen, ‚neue' oder sinnvoll umkonstruierte Theorien, Kategorien, Begriffe aus dem Bestand auf ihre Verwendbarkeit zu prüfen usw. Spiegelt der faktische ‚Übertragungsvorgang' eine solche Innovationsoffenheit wieder? Haben die Beteiligten auf die phänomenologische Neuartigkeit mit neuer Phrasierung und Grammatik reagiert?

Die Quellenlage zur Rekonstruktion dieser Vorgänge ist vorzüglich. Eine Fülle von Aufsätzen und Büchern kann herangezogen werden, um Antworten auf die soeben gestellten Fragen zu erhalten.

Überlegungen zu Phasen: Die skizzierten Fragestellungen lassen sich auf eine Zeitschiene bringen. Zwischen 1990 und 1995 müsste sich ein beträchtlicher Themen- und Konnotationenwandel im politikdidaktischen Schrifttum vollzogen haben. Ihn möchte ich in bestimmte Transformationsphasen einbauen. Welche Phasen lassen sich unterscheiden (vgl. Händle/Nitsch/Uhlig 1994, 309 f.; Fuchs/Reuter 1995; Lehmbruch 1992, 23; Wiesenthal 1996b, 281; Eisen/Kaase, 1996)? Die *erste Phase* ist durch bildungsreformerische und -politische Aktivitäten in der DDR, durch zahlreiche offene Begegnungen und Sondierungen gekennzeichnet. Sie reicht bis zur ersten gesamtdeutschen Wahl am 3. Oktober 1990. Vorhandene Institutionen der Erwachsenenbildung beginnen sich zu transformieren.

Die *zweite Phase* erstreckt sich vom Institutionentransfer, der zur Gründung der Kultusministerien, zur Etablierung neuer Schulformen, zu ‚Abwicklungen', zu ersten Weiterbildungsangeboten usw. führte, bis zum Erscheinen erster „vorläufiger" Richtlinien, also etwa bis Mitte 1993. Einrichtungen und Akteure der Politischen Bildung gestalten diesen Prozess aktiv mit; die Priorität geht von der Schul- und Bildungspolitik der jeweiligen Partnerländer aus, also in Brandenburg von Nordrhein-Westfalen, in Sachsen von Bayern usw. Landeszentralen für politische Bildung werden gegründet, Einrichtungen der Jugend- und Erwachsenenbildung blühen auf. Im Mittelpunkt der *dritten Phase*, die teils bereits während der zweiten Phase vorbereitet wird, steht dann die Anpassungsweiterbildung von Lehrkräften aus der ehemaligen DDR; sie ermöglicht die praktische Etablierung des Faches in den Schulen der neuen Bundesländer.

Die *vierte* und letzte *Phase* liegt gerade hinter uns. Ihre Kennzeichen sind: Entfaltetete Curricula, ein verringertes Weiterbildungsangebot an Lehrer, ein zunehmend komplizierter schulischer Unterrichtsalltag, erste Reduktion der Politischen Bildung in den gymnasialen Stundentafeln, schließlich ein Angebot der Erwachsenenbildungsträger, mehr oder weniger unterstützt von den Landeszentralen für politische Bildung und überschattet von rückläufiger Nachfrage und finanziellen Sorgen. Folgt man der Literatur, ist ein Zustand schlechter Normalität erreicht (vgl. Händle/Nitsch/ Uhlig 1994, 314). In dieser Zeit entstehen erste empirische Analysen zum Zustand Politischer Bildung (Massing 1995; Schelle 1997).[2]

3. Perspektiven Politischer Bildung zwischen 1990 und 1993

Handlungsalternativen politischer Didaktik: Das Hauptmotiv der Bonner Politik für die inkorporative Transformation lag, wie wir mit Wiesenthal und Lehmbruch gesehen haben, in der möglichst ungeschmälerten Übertragung der vorhandenen Strukturen in Bund, Ländern und Gemeinden. Für die Politische Bildung als Bestandteil des Bildungs- und Wissenschaftssystems konnte sich aus dieser Vorgabe eigentlich nur eine einzige Konsequenz ergeben – sich nach kurzem Innehalten voll auf die Übertragung westdeutscher Denk- und Organisationstraditionen zu werfen.

Theoretisch bestand noch ein anderer Entscheidungspfad. Angesichts der Einmaligkeit der historischen Phase konnte man gemeinsam mit solchen Gruppen, die im Endstadium der DDR innovative Pläne an runden Tischen geprobt hatten, über den kompletten Neubau des politikdidaktischen Hauses nachdenken. Immerhin kamen West- und Ostdeutsche aus je eigenen Krisen, das verbindet. Warum also nicht zum Zweck der Selbst-, Partner- und Geschichtsvergewisserung erst einmal meditativ innehalten? Demokratisches Potential der Montagsdemonstrationen meets demokratische politische Kultur der frühen Neunziger! Waren nicht neue Politisierung und ein Stück Systemdistanz angebracht, um einen didaktischen Qualitätssprung einzuleiten? Politische Bildung als ‚Neue soziale Bewegung'?

Die selbst erzeugte Paradoxie: Tatsächlich schafften es die politischen Didaktiker in der Anfangszeit, sich in eine paradoxe Situation hinein zu manövrieren. Während sie einerseits curriculare (Vor-)Gaben austeilten, befruchteten sie die Diskussion über eine autonome Ost-Didaktik. Einerseits wurden Verbindungen von Bundesland zu Bundesland und von Kultusministerium zu Kultusministerium geknüpft und dabei die Organisationskompetenz und Finanzhilfen der Bundeszentrale für politische Bildung ausgeschöpft (Wallraven 1996, 206 f.; Künzel 1997, 538). Andererseits häuften sich zwischen 1990 und 1992, zum Teil auch noch danach, die Argumente für den Vorzug eines eigenen didaktischen Weges im Osten.

Schauen wir uns die wichtigsten dieser Überlegungen an. Die Losung gab Rolf Wernstedt aus, niedersächsischer Kultusminister und damit Chef eines kräftig mit dem Export von Beamten, Plänen und Finanzen befassten Hauses. In griffiger Formulierung, seine paradoxe Situation verbergend, stellte er 1990 fest: „Die Politische Bildung in Deutschland steht, ob sie will oder nicht, vor einer Neukonstituierung ... Nach meiner Auffassung wird die Politische Bildung in den nächsten Jahren durch spezifische Bedingungen gekennzeichnet sein, die mit der unterschiedlichen Geschichte, aus der die beiden Teile des Volkes kommen, zusammenhängen." (1990, Wernstedt, 451) Deshalb kann er sich „nicht vorstellen, dass Lehrbücher der Geschichte und der Politischen Bildung weiterhin so geschrieben werden wie bisher. Sie müssen mindestens zweiperspektivisch konzipiert werden" (ebd., 458).

Die von Wernstedt angedeutete Konzeptualisierung der besten Strategie erscheint in zahlreichen Variationen auch bei anderen Autoren. Beruhigend meint Schörken 1990, man solle es erst einmal langsam angehen lassen. „Ein didaktischer Rückstand von Jahrzehnten kann nicht im Eiltempo völlig aufgeholt werden. Nichts ist nötiger in der DDR als Zeit zum gründlichen Nachdenken." Die „radikale Reflexion auf die politischen und ideellen Grundlagen der DDR" habe überhaupt noch nicht begonnen. „Die nervöse Geschäftigkeit, die jetzt dort herrscht, behindert eine solche Reflexion wahrscheinlich noch." (1990, Schörken, 33) Kendscheck und Winkler warnten plastisch vor einem „Überstülpen" durch westliche Bildungskonzepte und fordern, dass „Spezifika" in den Ländern der ehemaligen DDR die politische Bildung mitprägen müssten (1990, Kendscheck, 201; 1990, Winkler, 309).

Roloff geht sogar noch weiter und zieht aus der historisch einmaligen Herausforderung den Schluss, der politischen Bildung die erforderliche Reifungspause verschaffen zu müssen. Denn nicht anders ist sein sensationeller Vorschlag eines Moratoriums auf zwei Jahre zu verstehen. Er brachte ihn vor dem Hintergrund der sich abzeichnenden dynamischen Arbeit an Lehrplänen etc. unter westlicher Anleitung ein. Beachtlich ist seine Begründung: „Was *noch vor dem Vollzug des Anschlusses* (Kursivdruck von mir; K.W.) an Rahmenrichtlinien, Empfehlungen für Inhalte und Methoden ... gekommen ist, halte ich größtenteils weder für wissenschaftlich und pädagogisch noch politisch überzeugend legitimiert oder einfach unpraktikabel" (1991, Roloff, 25 f.). Roloff raubt allen Betrachtern jeden Zweifel: Der Transformationsexpress der Politischen Bildung rollte offenbar bereits in der ersten Hälfte des Jahres 1990. Entsprechend vehement wurde er zurückgewiesen, u.a. von Claußen (1991b, Claußen).

Zweimal politische Bildung? Welche Begründungen wurden im Einzelnen dafür genannt, nicht eine „gemeinsame", „sondern jeweils eine ‚spezifische' politische Bildung im vereinten Deutschland zu haben?" (1991, Gagel, 55) Es lassen sich *demokratie-, didaktik-, sozialisations-, politiktheoretische und psychologische* Argumente unterscheiden. Ich beschäftige mich nur mit der ersten und zweiten Argumentationsfigur.

Auf Beachtung *demokratischer* Standards der ‚civil society' dringen solche Autoren, die gegen Inkorporationsgelüste darauf aufmerksam machen, dass „die Demokratie als Denk- und Arbeitsrahmen auszugehen hat von unterschiedlicher Problemverarbeitungsnotwendigkeit" (1990, Wernstedt, 458). Also muss „für Politische Bildung ... Pluralität konstitutiv sein" (1991, Wellie, 300). Das bedeutet praktisch-politisch: „Offenheit ist ... gefordert für alle Bewegungen des Denkens, wenn es um gemeinsames Denken gehen soll. Es darf keine Denkverbote geben. Nicht nur keine Tradition, sondern, in dieser unübersichtlichen Phase, vor allem auch kein Ansatz von neuem Denken darf unterdrückt werden." (1992, Hanusch, 124)

Wer in dieser Zeit Nicht-Unterdrückung, also Anti-Repressivität einfordert, hat natürlich die Befreiungsbewegung von 1989 und die Diskurserfahrung der runden Tische vor Augen. Damit wächst entsprechenden Forderungen eine hohe ideelle Legitimität zu, wie sie in dem zu dieser Zeit formulierten programmatischen Motto prägnanten Ausdruck findet: „Politische Bildung muss sich ... im Osten erst selbst neu begründen, und zwar als Veranstaltung praktischer Demokratie." (1991, Misselwitz, 5) Kaum ein Gedanke erscheint nahe liegender als dieser, entspricht er doch der Handlungslogik aller evolutionären politischen Systeme. Muss daran erinnert werden, dass sich die bundesrepublikanische Politische Bildung erst allmählich und in gewisser Analogie zur Ausdifferenzierung ‚ihrer' demokratischen Umgebung entwickelt hat (vgl. Wallraven 1976, 35 ff.; Gagel 1995; Schmiederer 1972)? Der Start war, daran erinnert Wernstedt, durchaus geglückt: „Das, was ich in den ersten Wochen nach dem 9. November 1989 in der DDR gelernt habe, war die Entdeckung der Subjektivität der Schülerinnen und Schüler durch die DDR-Pädagogik. Das war in den ersten Monaten das Hauptthema; es sollte auch in den fünf neuen Ländern nicht verlorengehen." (1990, Wernstedt, 453)

Didaktikkritische Argumente scheinen geeignet, das Nachdenken über einen Kerngedanken der Systemtheorie anzuregen, wonach gesellschaftliche Teilsysteme sich durch eine bestimmte selbstreferentielle Geschlossenheit auszeichnen, die u.a. auch über je eigene Codes hergestellt wird (vgl. Schimank 1996, 172 ff.). Wie hätte ein Code für die Politische Bildung lauten können, sofern man ihr spielerisch zugestanden hätte, ein Untersystem des Teilsystems Bildung darzustellen? Partizipation, Mündigkeit, Aufklärung? Innovation wäre in der frühen Phase des Transformationsprozesses gefordert gewesen. Nicht bloß die Staatsbürgerkunde der DDR war diskreditiert, auch die westdeutsche Politische Bildung kam mit einem kräftigen Fragezeichen versehen daher. Am deutlichsten hat Claußen darauf aufmerksam gemacht, als er sich über die Art mokierte, in der sich die westdeutsche

Mainstream-Didaktik im Osten kräftig anpries, während sie noch kurz vorher ihre eigene Krise bejammerte. Ihre Einführung in den neuen Bundesländern, so konstatiert er 1991 provokant, stellt einen „weiteren Verzicht auf Eigenständigkeit" dar. „... weder gibt es dafür Vorbilder, die sich auf einen allgemeinen Konsens stützen, noch kann die heterogene Politische Bildung in der Bundesrepublik Deutschland wegen ihrer zahlreichen historischen und aktuellen Unzulänglichkeiten überhaupt anmaßenderweise Modellfunktion wahrnehmen." (1991a, Claußen, 78)

Mit ähnlicher Zielrichtung variiert Misselwitz fundamentale Bedenken. In einem verbreiteten Aufsatz findet er aus ostdeutscher Perspektive ebenso vernünftige wie umfassende Begründungen, warum man die neuen Bundesländer mit westlichem Didaktik-Gut verschonen solle. „Politische Bildung ist als Begriff wie als praktisches Handlungsfeld in den neuen Ländern ebenso unbekannt wie die Geschichte, die sich um dieses Unternehmen im Westen rankt. Die im Westen geführten Debatten über Theorie und Praxis, Konzeptionen, Didaktik und Methodik der politischen Bildung sind hier weder nachvollzogen worden, noch müssen sie es werden. Die Freiheit von diesen Prägungen kann als eine Chance aufgefaßt werden, dass dieses Unternehmen hier von Anfang an den Blick weiter richtet als auf die Aufarbeitung altbundesdeutscher Merkwürdigkeiten." (1991, Misselwitz, 6)

An späterer Stelle paraphrasiert und erweitert er: „Nicht zu bezweifeln ist ..., dass das in den letzten 40 Jahren dominierende politische Wissen von den Herausforderungen der jüngsten Zeit überholt wird. Eine Neuorientierung unseres politischen Wissens steht für die Deutschen in Ost und West auf der Tagesordnung" (1996, Misselwitz, 573), logischerweise auch eine Neuorientierung des Wissensbestandes der Politischen Bildung. Von den Westdeutschen wird Offenheit für diese Perspektive und die Einsicht erwartet, dass sich mit den im Osten eingetretenen gesamtdeutschen Veränderungen ungeahnte „Chancen" auftun. „U.E. könnte ein von Sachverstand und Verantwortung getragener langfristiger Profilierungsprozess in den ostdeutschen Bundesländern durchaus positive Wirkungen auf den Stellenwert der politischen Bildung in der westlichen Bundesrepublik haben, solche Impulse zeigen sich bereits jetzt. Nach unseren Beobachtungen ist dort auch etwas in Bewegung geraten – Nachdenken über politische Bildung hat Konjunktur." (1990, Nordhausen/Both, 14)

Lassen wir abschließend zum gesamten Begründungskomplex, warum Ostdeutschland ganz allmählich eine eigene Politische Bildung entwickeln und warum die Didaktik auf Dekonstruktion der gegenwärtigen Gegebenheiten, auf Evolution und nicht auf Transfer setzen müsste, noch einmal Misselwitz zu Wort kommen – einen gelernten und erprobten „89er". Er benennt im Jahr 1991 „drei Herausforderungen, denen sich die politische Bildungsarbeit im Osten theoretisch und praktisch gegenübersieht". Die Dominanz bürokratischer Entscheidungen hat zu einem „Verlust ... an Gestaltungskraft von unten" geführt, weil „arrogantes Administrieren ... den Betroffenen nach neuer Diktatur" schmeckt. „Die funktionierende Demokratie des deutschen Westens droht so zur Gefahr für die noch nicht funktionierende Demokratie im Osten zu werden." Darauf gibt es für ihn nur eine Antwort: Stärkung der demokratischen Institutionen durch „wirksame und engagierte Nutzung durch die Bürgerinnen und Bürger". Ferner müsse im Osten die Bedeutung der demokratischen und rechtsstaatlichen Prinzipien des Grundgesetzes „erst noch praktisch erschlossen werden". Vor allem treibt ihn um, dass „die schnelle deutsche Einigung ... im Osten die Herausbildung einer selbstbestimmten demokratischen politischen Kultur von unten her unterbrochen" hat. „Politisches Selbstbewußtsein entsteht aber nur im Medium intakter gesellschaftlicher Kommunikation; in einer kulturellen Infrastruktur, deren Abschaffung oder westliche Entfremdung Brücken abbrechen ließ." (1991, Misselwitz, 4 f.)

Konzeptumrisse einer autonomen Politischen Bildung in Ostdeutschland: Der kritische Begründungsaufwand zur Abwehr von westlicher Modell-Implantation hat, wie wir wissen, nicht nur nichts gefruchtet, sondern lief bereits 1990 ins Leere. Dennoch verdient um der Rekonstruktion der jüngsten Vergangenheit willen festgehalten zu werden, was in und für Ostdeutschland in der zweiten Phase an didaktischen, d.h. politisch-kulturellen Präferenzen angedacht wurde. Die Auskunftslage ist spärlich. Bei genauem Hinsehen werden zwei Konzeptrichtungen erkennbar, die sich graduell danach unterscheiden, wie sie Beiträge zur Möglichkeit und Wünschbarkeit einer eigenständigen ostdeutschen Politischen Bildung liefern.

a) Erwachsenenbildung: Partizipation, Kommunikation: Autonomieorientierten Stimmen begegnen wir am stärksten in der freien Jugend- und Erwachsenenbildung. Das Grundgesetz und die demokratischen Strukturen des Bonner Staates soll als ‚Arbeitsgrundlage' genutzt werden. Im Vordergrund steht aber weiter die Herausbildung einer „ostdeutschen politischen Identität", und zwar als „kollektive" und nicht als individuelle Identität (1993, Dümcke, 37). Autonome Politische Bildung soll die langsame Entwicklung demokratischer Institutionen ergänzen, vor allem solcher, die an die Vitalität der Bürgerbewegung anknüpfen: „Orte und Formen der Politikvermittlung ... (sind) das Forum, das Gespräch und die Diskussion ... Belehrungen sind nur noch selten gefragt, parteiliche Wahlveranstaltungen leiden an gähnender Leere. Authentische politische Begegnung und Auseinandersetzung, dialogische Veranstaltungen sind, wenn das Thema die Interessen trifft, attraktiv" (1994, Misselwitz, 11). Nur hier entstehen Plattform und Ferment politischer Kultur, und es lohnt die Unterstützung durch gezielten Einsatz finanzieller und anderer Mittel.

Allerdings ist der Weg in eine eigene politische Kultur nicht umsonst zu haben: Die ostdeutsche politische Identität muss sich durch Verarbeitung der kompletten jüngsten Geschichte – von der SED-Herrschaft über die 89er-Revolution und alle Erfahrungen mit der deutschen Vereinigung und ihren Folgen – sodann durch die Entwicklung einer „demokratischen Streitkultur" und durch „mentale Modernisierung" allmählich herausbilden. Ausweichen und Verdrängen kommen nicht in Betracht (1991a, Claußen, 86).

Die Ideen, Vorschläge und Forderungen kranken nicht nur an ihrer geringen Zahl, sondern ebenso daran, dass ihre Autoren zwar wissen, wohin sie nicht wollen, und auch ihre Hauptinhalte und -ziele andeuten, doch diese in keinem systematischen Konzept vernetzen, das konkurrenzfähig auftreten könnte. Dieses Manko ist ihnen indes nicht vorzuwerfen, bedenkt man die Zeit und ihre Umstände. Es waren ja eher Monate für kreative Projekte und für Herumprobieren und weniger für Konzeptualisierung.

Deshalb könnte man nachträglich auf die Idee verfallen, die vorhandene Lücke mit dem auf seine Weise recht kompletten Didaktik-Modell von Hanusch zu schließen. Dialogisch angelegt, zählte es konzeptionell zur ‚subjektivitätsorientierten' politischen Bildung (vgl. Hufer 1992, 55 ff.): variable Inszenierungen von Gesprächen und ostdeutsch-westdeutscher Biographiearbeit, teilnehmerorientiert angelegt, stark auf die Balance von Kognition und Emotionalität achtend. „Die Mehrzahl der Teilnehmerinnen und Teilnehmer empfand ... die Verbindung von Themenzentrierung auf die Konfliktfelder der inneren Einigung und die angebotene, Distanz ermöglichende, Form des Einbringens von Biographie als ideale Mischung für eine Veranstaltung der politischen Bildung. Persönliche Motivationen, biographische Eindrücke und Beziehungsstrukturen konnten so selbstbestimmt dargelegt werden." (1992, Hanusch, 81 f.)

Auf ähnlichen Anstößen, aber anderen Prinzipien beruhte Meiers west-ostdeutsches Projekt mit Studierenden aus Göttingen und Halle, durchgeführt im Jahr 1992 (1996, Meier, 253 ff.). Es muss hier neben dem von Hanusch angezeigt werden, damit niemand später behaupten kann, es hätten keine alternativen Modelle und Ideen zur Verfügung gestanden. Das Gegenteil ist der Fall. Der zulässige Einwand, in beiden (wie auch in anderen Projekten) habe es sich um westdeutsche Aktionen gehandelt und deshalb könnten sie für eine autonome ostdeutsche Bildungsarbeit nicht herangezogen werden, greift insofern nicht, als sie sich im Sinne von Meueler durch „Geben" und nicht durch „Nehmen" auszeichnen, so wie es auch Siebert gefordert hatte. Deshalb werden sie hier auch in einer potentiellen ‚Geburtshelferrolle' eingeführt.

b) Schule: Emanzipation und Lebenskunde: Alle Ansätze, mit offenen Sinnen und vorurteilsfrei in „unentdecktes Land" vorzudringen, blieben offenbar auf die Zeit kurz nach der Vereinigung beschränkt (1995, Donner). Außerdem waren sie der Erwachsenenbildung vorbehalten. Schule muss mit anderen Teilnehmern und anderen Bedingungen als Erwachsenenbildung rechnen. Variationen des Umgangs damit lassen sich an den brandenburgischen Rahmenrichtlinien „Politik" ablesen. Obwohl unter beträchtlicher Hilfestellung aus Nordrhein-Westfalen zustande gekommen, verraten sie dennoch hier und da eine eigene ostdeutsche Handschrift. Im Vergleich mit anderen Richtlinien wird ihnen eine einzigartige Stellung bescheinigt (1992a, Mickel; vgl. 1992 Cremer). So beharren sie unter dem Richtziel „Emanzipation" auf einer bestimmten Erinnerung an bewahrenswerte DDR-Vergangenheit, indem sie u.a. an die „Ideen der Aufklärung, der Arbeiterbewegung" anknüpfen, modern ergänzt durch die Beschäftigung mit neuen sozialen, d.h. emanzipatorischen Bewegungen (Fuchs/Reuter 1995, 365). Desgleichen schlagen sie vor, sich im Unterricht mit der Geschichte der DDR und ihrem politischen System zu beschäftigen. Ein Stück Staatsbürgerkunde und Geschichtsunterricht der DDR-Schulen erhält auf diese Weise eine Chance, erinnert zu werden, kritisch verknüpft mit neuem, basisnahem, demokratischem Gedankengut – womit wiederum der Praxisarbeit der Landeszentrale zugearbeitet wird.

Die tastende Suche nach einer eigenständigen, offenen, experimentellen Mischung verschiedener Elemente Politischer Bildung, abseits jeglicher Konzept-Orthodoxie, schlug sich vor allem in Diskussionen mit dem Ziel nieder, zwischen Dezember 1989 und März 1990 einen Rahmenlehrplan zu erstellen. Dies löste bekanntlich den heftigen „Lebenskunde"-Streit zwischen ostdeutschen und westdeutschen Didaktikern aus. Dabei ging es um einen Ansatz, der von Both auf die runden Tische zurückgeführt wird, um eine „erhebliche ... Erweiterung der Gesellschaftskunde auf Philosophie und Lebenskunde" zu kreieren. „Dieses Konglomerat aus politischen, ethischen, philosophischen, lebenskundlichen ... Elementen war *damals unverzichtbar* für die Legitimation eines Faches, das an die Stelle der Staatsbürgerkunde treten sollte." (1990, Both, 388 f.; vgl. Grammes 1993, 8 ff.; Fuchs/Reuter 1995, 144 ff.)

Zwei Positionen prallten aufeinander: Hier der konstruktive Elan von Akteuren, die alle aus der DDR stammten und für die Schüler der aktuellen Gesellschaft eine optimale Fachlösung konzipieren wollten, dort die vehemente Kritik der meisten westlichen Didaktiker. Aus prinzipiellen wie historisch abgeleiteten Gründen verschlossen sie sich Feiges Erläuterung, dass die Ausklammerung vor allem der „großen Politik" bzw. deren Nicht-Aufnahme als „Kerninhalte" nur „als verständliches Anliegen nach jahrzehntelanger Diskriminierung des Politischen und Vernachlässigung individueller Lebensansprüche" zu begreifen sei. Die Abkehr von einem „stringenten Politikunterricht" müsse als „Übergangskonzept bis zum Wirksamwerden länderspezifischer Rahmenrichtlinien" und als „Kompromiß" verstanden werden (1990, Feige, 369).

Der westliche Blick jedoch richtete sich auf das Aufsteigen einer „vielleicht größeren Gefahr, – (der) Gefahr einer drohenden Entpolitisierung der politischen Bildung", realisiert durch „eine Art Philosophie- oder Ethikunterricht" und eine

„altertümelnde Gemeinschaftserziehung". Dass dieses „Allerlei im Unterricht ... für die Profilierung politischen Unterrichts nicht förderlich ist, liegt auf der Hand" (1991, Schörken, 37). Allen westlichen Vorhaltungen und allen Rahmenrichtlinien zum Trotz setzt sich der „heimliche Lehrplan" auch 1996 noch durch: „Die Interviews legen den Schluss nahe, dass in der Unterrichtsrealität politische Bildung häufig auf der Ebene des ‚sozialen Lernens' und der ‚Lebenskunde' stattfindet (Massing 1995, 23).

Aushandeln von Integration: Die Strategie jener Didaktiker, die sich des Zukunftsweges noch nicht sicher waren, formulierte Both in symptomatisch vorsichtige Fragen: „Sind wir – die ostdeutschen Kolleginnen und Kollegen – auf der richtigen oder falschen Fährte, wenn wir versuchen, politische Bildung der alten Bundesländer nachzuvollziehen? Kann oder soll sogar der vierzigjährige Lernprozess des Westens nachgeholt werden? Eng damit verbunden ist die Frage: Wo bleibt die Spezifik der politischen Bildung in den fünf neuen Bundesländern – so es denn eine gibt!" (1992, Both, 12). Wer so dachte, fußte auf einer doppelten Einsicht: einerseits in die Vorbildlichkeit der westlichen Demokratie und in die Machtgegebenheiten, andererseits in die Nützlichkeit von ebenso eigenständigen östlichen wie mit dem Westen verkoppelten Kommunikationsstrukturen. Wege der Vermittlung waren zu entwickeln, verbindende Formeln mussten geprägt werden.

Auf Boths Fragen geben westliche Didaktiker die programmatischen Antworten. Ihnen lieferte Wernstedts Formel von der „Zweiperspektivität" fruchtbare Anregung. Denn sie bot die Grundlage für eine Reihe von Vorschlägen, die Politische Bildung als Begleiterin der großen „politischen Aufgabe" innerhalb eines Konzepts „interkulturellen Lernens" (1991, Siebert, 328) zu konzipieren, „die Integration der beiden Gesellschaften" voranzutreiben (1991, Meyer, 9), die „Mauer in den Köpfen" (1993, Rüther, 3) einzureißen und den „inneren Einigungsprozess" zu vollenden (1992, Hanusch, 83). In diesem Zusammenhang wurde die Analogie vom „friedlichen Zusammenleben in einer multikulturellen Gesellschaft" bemüht und betont, dass Integration zuerst einmal „die Besinnung auf die Differenz" voraussetzt: sie sei „die Voraussetzung dafür, dass das Verschiedene zusammenkommen kann, ohne einander vollends gleich werden zu müssen." (ebd.) Ähnlich wie Siebert warnte aber auch Meyer davor, Integration zu sagen und Assimilation durchzusetzen.

Man kann es West-Didaktikern nicht verübeln, ihre als vernünftig erkannten integrativen, auf Gemeinsamkeit angelegten Konzepte anzubieten und zur Diskussion zu stellen. Wie die ostdeutsche Lehrerschaft damit umgehen sollte, hob Petra Moritz hervor: „Ohne Zweifel: Politische Bildung Ost kommt nicht ohne die zumindest partielle Kenntnisnahme – hier im Sinne von ‚Verständnis für' und ‚kritische Reflexion von' – unter den heutigen Bedingungen gewonnener, konsensfähiger wie umstrittener Positionen zu Inhalten und Fragen der Fachwissenschaft und Fachdidaktik, zu Unterrichtsstil und Methodik politischer Bildung aus. Historisch Gewachsenes verstehen zu wollen (und das trifft zu für Ost wie West) und dies durchaus kritisch zu hinterfragen schließt ein, Bewahrenswertes aus der didaktischen Diskussion aufzugreifen und zugleich eigene Ansätze zu entwickeln und in die Diskussion einzubringen." (1995, Moritz, 19) Höflich, aber dezidiert wurden Diskussion und kritische Prüfung zugesagt, doch wurde zugleich auf Eigenständigkeit gepocht, wo sie angebracht war. „Es gilt ein Wechselverhältnis der jeweils spezifischen ostdeutschen bzw. westdeutschen politischen Bildung mit der gesamtdeutschen politischen Bildung zu gestalten. Das Miteinander-Umgehen-Lernen ist die erste Herausforderung zukünftiger gemeinsamer politischer Bildung." (1992, Both, 18) So ging es in der Hauptsache nicht um Abgrenzung oder gar Abwehr, sondern um Prüfung bei Gewährung der Freiheit, authentische Entwicklungen anzubahnen.

4. Das Gesetz des Handelns liegt im Westen

Die Autonomie-Idee war zu diesem Zeitpunkt schon lange außer Kraft gesetzt. Nicht zuletzt wurde sie unter der Masse teils durchaus wohlwollenden, teils rigiden West-Angebots begraben, das – so ist festzuhalten – auch durch die Nachfrage vor allem aus der Lehrerschaft und durch Bildungspolitiker dynamisiert wurde. Den entsprechenden Sprach- und Denkformen kommt die objektive Bedeutung zu, den Transformationsprozess für die politische Bildung vollendet zu haben.

Für kurze Zeit legte die pädagogische ‚Zeitenwende' nahe, den Blick zurück zu werfen und sich bestimmte Besonderheiten der DDR-Pädagogik vor Augen zu führen, so die „Erziehung zum doppelten Gesicht" (1990, Wernstedt, 451), die diktatorische Zurichtung wichtiger und großer „Gedanken des Humanismus, der Arbeiterbewegung und der Philosophie" (ders., 453) oder die Unterwerfung des Wissenschaftspluralismus unter den „Monopolanspruch des Marxismus-Leninismus" (1990, Sander, 260). Doch wäre sich die westdeutsche Politische Bildung untreu geworden, wenn sie sich allzu lange bei der Retrospektive aufgehalten hätte. Der Blick ist nach vorn gerichtet, wo die neue Zukunft winkt.

Am Anfang stand die Feststellung, dass die „Westorientierung der Politischen Bildung" unvermeidlich war, weil nur sie die Garantie bildete, den Weg von einer „geschlossenen" zu einer „offenen Gesellschaft" (Dahrendorf) erfolgreich zu beschreiten (1991, Wellie, 289). Darauf fußend ließen sich verschiedene Herausforderungen bezeichnen. So hatte didaktisches Nachdenken zuerst einmal allen Wegen zu gelten, zu einer neuen, modernen „Identität" (1993, Dümcke, 37) zu kommen (1990, Sander, 260). Gelegentlich, auch in Verbindung mit der „Integrations"-Problematik (1991, Meyer, 9), war von „deutscher Identität" die Rede; in diesem Zusammenhang darf die Patriotismus-Diskussion mit ihrer kreativ-euphemistischen Variante, der Erörterung des Verfassungs-Patriotismus, nicht unerwähnt bleiben (vgl. 1992, Hättich; Sarcinelli 1993). Doch kreiste die Argumentation selten um nationale, stattdessen fast immer um demokratische Einstellungen: um den „demokratischen Gedanken" als „Lebensgestaltungsprinzip" (1990, Wernstedt, 452), um das Sicht-Zurechtfinden im „demokratischen Pluralismus" (1990, Wellie, 287), um die Identifikation mit westlicher „Zivilkultur", also mit den ausgebildeten „Handlungsformen des politischen Diskurses" (1992b, Gagel, 9), die im Osten auf den Weg zu bringen waren.

Als Begleiterin auf diesem Weg wurde eine komplementäre *Strategie der Einübung in Mitbestimmung* empfohlen: in der Schule ein „neuer Unterrichtsstil mit erheblich mehr Schülerinitiative, Selbstermutigung, Freiräumen des Lernens" (1991, Schörken, 44), in der Gesellschaft die Ermutigung zu „Konfliktbereitschaft" (1995, Wüst, 372) und demokratischer „Streitkultur" (Sarcinelli 1993). Die Erinnerung an den schweren Weg des historischen Erinnerns gab die Idee ein, die Demokratisierung des Bewusstseins und des Handelns durch *„Vergangenheitsbewältigung"* zu unterstützen, und zwar bezogen auf die des Ostens und die des Westens (1991a, Claußen, 86; vgl. Schelle, 34 ff.; Grammes). In abgestimmten, transparenten Schritten sollten die DDR-Geschichte im Westen und die bundesrepublikanische Geschichte im Osten kritisch bearbeitet werden (1994, Patzelt, 51). Dies wäre in der Tat ein beachtliches gesamtdeutsches Projekt gewesen. Im vorliegenden Reflexionszusammenhang dürfte es als Beitrag aufgefasst worden sein, die *„Mauer in den Köpfen" niederzureißen,* mit deren Existenz vor allem bei den Schülern, gestützt auf Erfahrungen und jugendsoziologische Untersuchungen, gerechnet werden muss.

5. Die Misere der Politischen Bildung und die Suche nach den Schuldigen

Es konnte dem westlichen Blick nicht verborgen bleiben, dass die relativ umfangreichen Investitionen in den Faktor Politische Bildung nicht den gewünschten Effekt erzielt hatten, dem Produkt eine sichere Marktposition zu erobern. Worauf war der Mangel an Akzeptanz zurückzuführen? Zahlreiche Erklärungen kamen und wurden bemüht. Verständlich, dass bis heute eine Beschäftigung mit den Ursachen fehlt, die man zur Erklärung der Krise von Politischer Bildung in Westdeutschland heranziehen könnte. Auch wird die Frage der ‚Passung' westlicher politischer Bildung in Ostdeutschland nicht gestellt, obwohl alle empirischen, eingangs erwähnten Untersuchungen über die beiden „politischen Kulturen" in West und Ost diesen Weg doch nahe legen würden.

An die spezifischen Ursachen für die prekäre Lage der politischen Bildung war so überhaupt nicht heranzukommen (dagegen 1991, 1995 Muszynski). So folgte die politische Didaktik hauptsächlich dem Muster, individuelle Befindlichkeiten heranzuziehen, um das Denken und Handeln der Menschen im Osten zu erklären, auch dies weitgehend ohne Verwendung sozialwissenschaftlicher Forschungsbefunde. So lässt sich unschwer ausrechnen, was uns nachfolgend erwartet: freihändige Situationsdeutung aus westlichem Blickwinkel. Dies demonstriere ich am Umgang mit zwei Gruppen – den Schülern und den Lehrern –, die beide im unmittelbaren Blickfeld der politischen Didaktik liegen, wenn sie sich der Frage zuwendet: Wer trägt die Hauptschuld daran, dass die westliche Politische Bildung im Osten so schwer daniederliegt?

a) Die Schüler: Ostdeutsche Schüler unterscheiden sich in Motivation und Einstellung zum politischen Unterricht wenig von westdeutschen, soweit die Erscheinungsformen betrachtet werden. Doch in den Ursachen weichen Ost und West gewaltig voneinander ab (Hoffmann-Lange 1995; Friedrich/Förster 1995; Förster/Friedrich 1996; Henschel 1996; Schubarth 1992, 29 f.). Vor allem sind westdeutsche Schüler von der Überlegung freigestellt, wie sie eigentlich zu ihrer ehemaligen Gesellschaft und politischen Ordnung stehen. Anders ostdeutsche Schüler: „Für die einen war die DDR trotz aller Mängel und Mißstände das bessere System (‚Die DDR mit all ihren Vor- und Nachteilen ist ein auf alle Fälle humanerer Staat als alle westlichen Staaten gewesen') Für andere ist ‚beides der gleiche Schwindel' (‚Früher herrschte die SED, jetzt herrscht das Kapital ... Die DDR-Bürger sind von einer korrupten Regierung zur nächsten gekommen'). Für die dritte Gruppe verdient trotz aller Probleme doch die neue Ordnung den Vorzug (‚Auch wenn es viele Menschen gibt, die jammern und klagen und sich alte DDR-Zeiten zurückwünschen, so meine ich doch, dass sich die Wende gelohnt hat') (1995, Möbus, 82). Bedarf es noch weiterer Worte, um die Tiefe der kulturellen Differenz sinnfällig zu machen?

Auch die folgende Stelle unterstreicht plastisch diese Differenz zwischen Ost und West: „Es ist erwähnenswert, dass die Schüler in ihrer Entwicklung von drei Formen politischer Bildung betroffen waren. Sie erlebten in Klasse 7 die unterschiedlich ausgeprägte Indoktrination in Staatsbürgerkunde. Nach Absetzung dieses Fachs im Herbst 1989 wurden sie ab März 1990 im eklektizistisch angelegten Fach Gesellschaftskunde unterrichtet, in dem vorwiegend lebenskundliche Themen diskutiert wurden. Kenntnisse über das politische System der Bundesrepublik, über das Funktionieren von Demokratie und Modalitäten politischer Entscheidungsfindung wurden zumindest im Unterricht nicht gelegt. Ab September 1991 gab es dann das neue Fach Sozialkunde." (1992, Nordhausen/Bien, 58 f.)

Diese Lehrerberichte stehen stellvertretend für andere, ähnlich drastische. Wie unter einem Vergrößerungsglas machen sie uns mit aktuellen Problemen des politischen Unterrichts vertraut, indem sie situativ den Zusammenhang zwischen jugendlicher Lebenserfahrung, politischen Einstellungen und deren Sichtbarwerden im Unterricht herstellen. Dabei ist alles, was mit dem Tagesablauf, mit Mode- und Musikorientierungen, mit Kino- und Discobesuch, also mit der Innenwelt der Lebensstile zu tun hat, noch nicht einmal einbezogen. Nun wäre es übertrieben, den gerade gewonnenen Eindruck zu verallgemeinern. So notieren andere Beobachter, dass es „schon heute (d.i. 1995; K.W.) ... den Jugendlichen schwer(fällt), ‚früher' mit ‚heute' zu vergleichen. Vieles ist ihnen nicht präsent ... Je mehr Zeit nach 1989 vergeht, desto unverständlicher wird für die Heranwachsenden" die Retrospektive (1995, Breit, 136). Viel eher machen sie – ebenso wie offenbar ihre Lehrer (SPIEGEL) – „einen großen Bogen um die Themen, die in irgendeiner Weise mit der untergegangenen DDR-Gesellschaft zu tun haben" (1996, Dümcke, 59).

Den politischen Unterricht bringt das keinen Schritt vorwärts. Hauptbelastung aller didaktischen Arbeit ist die ostdeutsche Soziale Frage, der niemand ausweichen kann (1991, Misselwitz, 6; 1993, Rödiger, 19). Unser Blick wird auf eine vertrackte Schülerstrategie gelenkt. Die Schüler nutzen Unterrichtsangebote, kritikwürdige politische Zustände in der Bundesrepublik zu problematisieren, zum Beweis dafür, „dass Politik in der Bundesrepublik genau so ein schmutziges Geschäft ist, wie sie es in den vergangenen DDR-Zeiten war" (1993, Rödiger, 17). Politischer Unterricht verkommt zum Kampfplatz zwischen Schülern und Lehrern, womit jede Chance zum sachlichen Gespräch vertan ist. Welche Motive bewegen die Schüler, den kommunikativen Konsens aufzukündigen? Den Texten sind keine wissenschaftlich stichhaltigen Erklärungen zu entnehmen, wie sie beispielsweise das Verständnis der Wende als eines „kritischen Lebensereignisses" nahegelegt hatte (1995, Endres, 232). Stattdessen wird von meist unerfreulichen, durch Konfrontation oder Apathie (1995, Moritz, 17) charakterisierten Situationen berichtet.

Sind mit den Schülern die subjektiv Schuldigen an der Misere der schulischen Politischen Bildung identifiziert? Sicher nicht; denn erstens müsste man bei den Eltern und den Freundescliquen nachfragen und die düsteren Zukunftsaussichten berücksichtigen. Und zweitens steht ja noch die Kritik an den Lehrern aus.

b) Die Lehrer: Die folgende Beschäftigung mit (überwiegend) westlicher Kritik an den LehrerInnen in Ostdeutschland steht unter dem Vorbehalt, dass alle nachfolgenden Einschätzungen bestimmter fachwissenschaftlicher und fachdidaktischer Defizite ostdeutscher Lehrer auf dem Boden der fast fünfzigjährigen, bewegten Didaktikentwicklung in Westdeutschland gewachsen sind (Wallraven 1976, 32 ff.; Schmiederer 1972). Deshalb könnte man auf den Gedanken verfallen, solche Kritik für unangemessen zu halten und ihr jede Berechtigung abzusprechen. Soweit gehe ich nicht. Denn die Kritik kann ihre Adressaten sehr wohl treffen, wenn auch nur soweit, wie sie sich auf deren frisch in der Weiterbildung erworbene Qualifikationen sowie auf allgemeine pädagogisch-didaktische Fähigkeiten richtet.

Ferner dürfte sie geeignet sein, in allgemeiner Weise eine objektive Mängellage zu bezeichnen.

Lehrerschelte ist ein beliebtes und nicht unbedingt immer ernst zu nehmendes Gesellschaftsspiel in der Bundesrepublik. An ihr versuchen sich Eltern, Politiker, Journalisten, Wissenschaftler und Kollegen. Die kritische Beschäftigung mit der Ost-Lehrerschaft ist in jeder Hinsicht von anderem Kaliber. Das geht schlagartig aus einem Vergleich hervor, den Gutte zwischen der Lehrersituation 1990 und der nach 1949 anstellt: „Vierzig Jahre lang nicht nur einem falschen Herrn, sondern einem feindlichen System gedient zu haben, mit diesem Manko belastet zu sein, setzt die Lehrerschaft der ehemaligen DDR ganz anderen und hartnäckigeren Verdächtigungen aus (im Vergleich zu den entnazifizierten Kollegen; K.W.), zumal offensichtlich auch das Amt, das ein Lehrer im realen Sozialismus wahrgenommen hat, nach Überzeugung des neuen Dienstherrn aller Lehrer durch das sozialistische System umfunktioniert worden ist. Also sind DDR-Lehrer doppelt belastet." (Gutte 1994, 196)

Die vertrackte Ausgangslage legte umsichtiges Vorgehen nahe. Wer sich diesen Lehrern näherte, musste sich ihre Ausgangsbedingungen, ihre Lage, ihre Zielsetzungen und ihre Ressourcen vor Augen führen, damit die Kritik Bestand hatte. Sie richtete sich auf bestimmte Einstellungs- und Qualifikationsdimensionen: *demokratische Einstellung, fachlich-inhaltliche Kompetenzen, didaktische Qualifikationen und methodisch-kommunikative Fähigkeiten.* Sie waren zu beurteilen.

Stellungnahmen zur *demokratischen Einstellung von Politiklehrern* in Ostdeutschland reichten von glatten Zweifeln bis zur Akzeptanz, die gelegentlich unter Vorbehalt und als Vertrauensvorschuss formuliert wurde. Voller Ablehnung war der Bürgerrechtler Tschiche: „Die Staatsbürgerkundelehrer waren ja beauftragt, die Staatsidee voranzutreiben. Und ich beobachte sehr viele von denen, die jetzt absolute Demokraten sind, die das Vokabular voll drauf haben, und ich habe ganz große Schwierigkeiten, es wirklich als einen Bekehrungsvorgang zu begreifen. Ich habe vielmehr die Vermutung, es ist Anpassung. Das ist menschlich verständlich. Natürlich will jeder seinen Beruf behalten. Aber ob es wirklich für die politische Bildung günstig ist, dass Leute in einer zunehmend schwierigen Situation die heranwachsende Jugend in demokratischem Verhalten trainieren sollen, die es selber nie verinnerlicht haben, sondern immer begriffen haben, nur wer mit den Wölfen heult, bleibt in der Herde und wird nicht weggebissen?" (1990, Tschiche, 53)

Wenn auch kurz nach der Wende formuliert, büßten die Bedenken über Jahre hinweg bei bestimmten Beobachtern nichts von ihrem Gewicht ein. So fiel Muszynski während seiner Mitarbeit in der Weiterbildung das Rationalisierungspotential auf, das dem von Tschiche konstatierten spezifischen ‚Anpassungsprozess' innewohnte. Vor allem stieß er auf den eklatanten Gegensatz zwischen der allgemeinen Auffassung, dass Lehrer im DDR-Bildungssystem hoch angepasste Funktionäre waren, und dem gänzlich anderen Deutungsmuster, das sich die Pädagogengruppe über sich selbst zurechtgelegt hatte. Wer sich darauf berufen konnte, nicht Staatsbürgerkunde oder ML unterrichtet zu haben, betrachtete sich als unbelastet von früheren „Gängelungen": „Da habe man ein ohnehin ‚unpolitisches' Fach unterrichtet ... Indoktrination und Anpassung habe eigentlich nicht stattgefunden – sei es, dass entsprechende äußere Einflussnahmen mangels Linientreue der Lehrer und/oder Widerständigkeit der Schüler nicht zum Tragen kamen, sei es, dass man die vielen Inszenierungen der DDR-Errungenschaften im gegenseitigen Einvernehmen als Mummenschanz abgetan habe, kurz: Lehrer und Schüler gemeinsam auf dem privaten, dem ‚normalen' Ufer der oft beschriebenen Schizophrenie von DDR-Alltagsexistenzen." (1995, Muszinsky, 11) Muszinsky hielt dem ohne Wenn und Aber entgegen, dass Lehrer „Hoheitsträger" waren, dass die „pädagogischen Vermittlungsformen auf „Steuerungsprozesse" zielten und dass sich Pädagogen „unter strenger Kuratel der Schul- und Parteiaufsicht" befanden (ebd.).

Die Aktualisierung *fachlich-inhaltlicher Qualifikationen* angesichts gesellschaftlicher Entwicklungen, lokaler und globaler Wandlungen und sich verändernder Schülerinteressen stellt eine ständige Herausforderung für Politiklehrer dar. Fortbildung geschieht überwiegend in Eigenregie. Neben dem Blick ins Lokalblatt und in die ARD-Nachrichten gehört die Lektüre einer anspruchsvollen überregionalen Tageszeitung dazu. Die Beschäftigung mit Schulbuchtexten und Unterrichtsmaterialien gehört ebenso zum Pflichtprogramm wie die Lektüre von Büchern zur politikdidaktischen Theorie und zu aktuellen Entwicklungen. So wird beständig politisch-soziale Wirklichkeit konstruiert und rekonstruiert. Diese Art der persönlichen Fortbildung sollte auf dem Fundament erarbeiteter demokratischer Werthaltungen, theoretischer Überzeugungen und didaktischer Kompetenzen ruhen – anders ist Komplexitätsreduktion nicht zu bewerkstelligen und Unterricht nicht vorzubereiten (vgl. Grammes 1993, 43).

Entdecken die kritischen West-Didaktiker ein Stück verwissenschaftlicher Professionalisierung bei Ost-Pädagogen, attestieren sie ihnen einen angemessenen Stand fachlich-inhaltlicher Qualifikationen? Es ist davon auszugehen, dass die neuen Politiklehrer durch die fachbezogene Anpassungsweiterbildung in eigene Fortbildungsroutinen von der oben angedeuteten Art eingeführt wurden. Erneut entsteht ein ambivalentes Bild. Tatsächlich scheint die fachwissenschaftliche Orientierung stark ausgeprägt: „Noch vielfach ist die Ansicht anzutreffen, man habe ja jetzt die Fachwissenschaft ... studiert und brauche nicht bei Null anzufangen." (1995, Moritz, 16) Doch trotz fachlicher Orientierung wird der sozialwissenschaftliche Gehalt des Unterrichts „prinzipiell kaum reflektiert" und stattdessen in enzyklopädischer Manier „ein relativ geschlossenes Theoriegebäude" angeboten

(1996, Dümcke, 58). So steht das Fachwissen – ohne wissenschaftstheoretisches Fundament – wie ein Haus ohne Versorgungsleitungen da. Weitere Abstriche ergeben sich daraus, dass insbesondere in den Anfangsjahren „enorme fachliche Defizite" auftraten, „besonders bei der Beherrschung gymnasialen Lehrstoffes ... Es entsteht deshalb die Situation, in der (fachlich gesehen) fast alle Lehrerinnen und Lehrer den Schülerinnen und Schülern oft nur ein paar Stunden in ihrem Wissen voraus sind." (1992, Both, 15)

Hat die professionelle Sozialisation der Lehrer innerhalb des geschlossenen, nicht-kontroversen Theoriezusammenhangs der DDR-Pädagogik ihre nachwirkende Kraft eingebüßt? Im Umgang mit dieser Frage bzw. These begegnet uns ein Kernmotiv der Lehrerkritik, die Persistenzannahme (Pollack) bzw. die Sozialisationshypothese (Fuchs/Roller/Weßels, 5 f.). Dafür würde ein Theorem von Ernst Fraenkel sprechen, wonach Pluralismus als Grundprinzip westlicher Gesellschaften – über die Blaupausen des politischen Systems hinaus – auch die Matrix unserer (politischen und wissenschaftlichen) Sozialisation liefert (Fraenkel, 165 ff.) und somit gewissermaßen zur Grundausstattung des modernisierten „westeners" zählt (Claußen).[3]

Folglich lässt sich an fünf Fingern ausrechnen, dass erst eine längere, umfassende und vor allem positive Pluralismus-Erfahrung das Erbe der DDR-„Gleichschaltung" (Fraenkel) überwinden kann (Roller, 146). Davon würden dann nur wenige Lehrer ausgenommen sein, die bereits zu DDR-Zeiten oppositionellen Gruppen nahe standen. Dann käme noch „nachholende Modernisierung" in Betracht, um die Entwicklung zur „demokratischen Persönlichkeit" zu verkürzen. So schwebt Brandenburg mit der Verbindung aus Weiterbildung und anschließender Fortbildung ein sozialisatorisches Begleitprogramm vor. In permanenten Kursangeboten könnte der Weg bis zum guten Ende abgeschritten und die eigentliche Herausforderung an die neue Lehrerrolle bestanden werden, „die analytisch-erklärenden Formen und die subjektiv-interpretierenden Formen des Wissens ‚in ihrer Widersprüchlichkeit mittels kommunikativer Praktiken zu entfalten'" (1995, Muszinsky, 10). Die Größe der Aufgabe, im Fachlichen wie im Didaktischen voranzuschreiten, skizziert Both auf einfühlsame Weise: „Die Lehrerinnen und Lehrer wollen ihren Schülerinnen und Schülern in der Orientierungssuche helfen und der einzige Weg dazu, das *Selbst*finden durch *Selbst*suchen aus einem Angebot, wird von den Lernenden (noch) nicht akzeptiert. Oder verfügen die Lehrenden (noch) nicht über die Substanz, um das überzeugend zu verdeutlichen?" (1992, Both, 13)

„Worauf es ankommt", um einen berühmten Hilligen-Titel in Erinnerung zu bringen, ist nach Meinung vieler Kritiker, den Politiklehrern in den neuen Bundesländern zum Verständnis des „Politischen" zu verhelfen. Keine Kritik am konkreten politischen Unterricht kann vernichtender ausfallen als die folgende: „Letztlich ist ... der Politikunterricht unpolitisch. Politisch wird er oftmals nur durch Zufall, nicht aber vermittels politikwissenschaftlicher und politikdidaktischer Kompetenz der LehrerInnen. Kaum verfügbar ... ist ein Verständnis der Dimensionen des Politikbegriffs. Policy und politics werden kaum beachtet. Vielfach igelt man/frau sich im Reservat der polity-Dimension ein." (1996, Dümcke, 58; vgl. Massing 1995, 24)

Politiklehrer ohne Politik? Lauter Fehlentscheidungen der Einstellungsbehörden, lauter Fehlbesetzungen im Unterricht? Weiterbildungsmillionen zum Fenster hinausgeworfen? Die Lehrer, diese Annahme wird nahe gelegt, vermeiden jede politische Aufklärung der Schüler, jede Behandlung kontroverser Themen, jede Politisierung. Stattdessen praktizieren sie formale „Kunde", wie Giesecke sie nennt (Giesecke 1997, 20 f.). Berichtet wird auch von der „Scheu", auf die Akzeptanz demokratischer Werte hinzuarbeiten (Massing 1995, 24). Der Rechtsextremismus-Kenner Schröder hält diese Abstinenz für katastrophal und sieht in ihr eine Voraussetzung für die Ausbreitung einer lähmenden Hinnahme von Rassismus und Gewalt. Aufgrund seiner langjährigen Erfahrungen in der Lehrerfortbildung übt er fundamentale Kritik an den Politiklehrern: „Die Schule ist eine der wichtigsten Institutionen, in der moralisches Handeln gelernt wird und in der politische Überzeugungen ‚geübt' werden können. Das geht nur, wenn die Lehrer und Lehrerinnen auch eine Überzeugung haben, an der man sich abarbeiten kann. An der mangelt es in vielen Fällen." (Schröder 1997, 20 f.) Maßgeblich dafür scheinen neben einem hochformalen Politikverständnis und der Weigerung, wie zu DDR-Zeiten in der Schule Weltanschauung zu vermitteln, vor allem ein Selbstverständnisdefizit als Politiklehrer und als Bürger zu sein; insofern dürfte Schröders Kritik nur diejenigen treffen, die zwischen Lehrbuchwissen und Stammtischparolen einen spannungslosen, entdidaktisierten Unterricht durchziehen.

Wolfgang Hilligen hat einmal von Anfeindungen durch Fachwissenschaftler berichtet, die sich an der von ihm verfochtenen Position entzündeten, es sei der Fachdidaktiker, der über Auswahl und Präsentation der für den Unterricht geeigneten Wissensbestände entscheide (vgl. Hilligen 1976, 23, 36). Hans-Herrmann Hartwich meinte bei dem Thema trocken, wer denn sonst, wenn nicht der Didaktiker (Hartwich 1987b, 32). Am Beispiel der Diskussion über die *didaktischen Qualifikationen* von ostdeutschen Lehrern lässt sich Hilligens Ansatz noch einmal optimal verifizieren. Denn als Dreh- und Angelpunkt für die Herstellung gelungener Lehr-Lern-Situationen führte er die Fähigkeit der „didaktischen Reflexion" ein (1990, Breit, 16; 1992, Hilligen, 124). Erst der Lehrer als Didaktiker der Politischen Bildung verknüpfe wissenschaftstheoretische und fachwissenschaftliche mit kommunikativer Kompetenz, ruhend in subjektiver Kontrollüberzeugung. Aus dieser professionellen Kombination gehe ein Unterricht hervor, der „das Politische" sichtbar macht (1996, Dümcke, 58).

Diese Feststellungen erscheinen vor dem Hintergrund der langwährenden allgemein- und fachdidaktischen Diskussion für die Altbundesrepublik plausibel, ja zwingend. Eine ähnliche Tradition fehlte in den neuen Bundesländern. Nachträglich erscheint es unverständlich, dass der Vereinigungsprozess als Anlass offenbar nicht ausreichte, eine kontextspezifische Neubestimmung von Fachdidaktik anzubahnen – wobei ‚Kontext' sowohl modernisierungstheoretisch wie lebenswelt- und adressatenorientiert gemeint ist. Das didaktische Beratungsrepertoire bediente sich aus dem inhaltlichen und methodischen Fundus präfabrizierten westlichen Theoriebestandes, der im Osten kaum anwendbar war.[4]

Wie wenig die Maßstäbe passten, erkannte Hilligen: „Gezwungen und jahrzehntelang gewöhnt, verbale Reproduktionen vorgegebener, ideologischer Formeln zu vermitteln, fühlen sich die Lehrenden in den neuen Bundesländern oft unsicher angesichts einer scheinbar grenzenlosen Unverbindlichkeit, solange sie Verfahren der didaktischen Reflexion sich nicht haben zueigen machen können." (1992, Hilligen, 124) Aber er vermochte nicht einzusehen, dass sein Verständnis von „didaktischer Reflexion" nicht funktionieren konnte. Er entwickelte die Steuerung der Reflexion mittels seiner drei bekannten Optionen in einem Aufsatz und reflektierte ihre Übertragbarkeit auf die neuen Bundesländer. Das war zwar anerkennenswert, doch zum damaligen Zeitpunkt völlig unbrauchbar. Welcher politikdidaktische Neuling konnte die pädagogischen und wissenschaftlichen Grundlagen der drei Optionen begreifen, von der komplexen Didaktik Hilligens ganz zu schweigen, deren Eisberg sie gewissermaßen sind (zehn Prozent über, neunzig Prozent unter Wasser). Das Beispiel ist wegen der in ihm zum Ausdruck kommenden Naivität symptomatisch. Die Kritik an didaktischen Defiziten der Ost-Lehrerschaft lief Gefahr, uneingeschränkt auf die Kritiker zurückzufallen.

Es bleibt der Blick auf eine weitere Grundbedingung für gelingenden oder misslingenden Unterricht, die *Lehrer-Schüler-Kommunikation*. Sie wird überwiegend als komplementär, kaum je als symmetrisch angesehen, also typisch für Schulunterricht. Verursacher der Symmetrie sind Schüler *und* Lehrer. In bestimmten Darstellungen wurden die Schüler als Täter beschrieben. Doch warum ließ sie der Unterricht kalt oder verführte sie zur Opposition? Bestimmte Texte stellten entweder die Lehrer als unfähig dar, Schülerimpulse aufzugreifen, etwa weil sie nicht in ihre Stundenplanung passten, oder die Schüler ließen die Lehrer unverhohlen ihre Abneigung gegen die ganze, also westliche Richtung des Angebots spüren (1992, Cremer/George, 48). Letzteres erscheint im Zusammenhang mit Kritik an der bundesrepublikanischen Demokratie plausibel (vgl. Fuchs 1997). Eine problematische Form von Lehrer-Schüler-Kommunikation kam in der Behauptung zum Ausdruck, dass zahlreiche Lehrer ihre Einstellung zum Fach vom Schülerurteil ableiten würden. Dieser Erscheinungsform von Unsicherheit und externalem Kontrollbewusstsein ist Massing 1996 in einer Befragung nachgegangen. Er fand heraus, dass es nicht positive oder negative Schülerurteile sind, auf die die bezeichneten Einschätzungen zurückgehen. Vielmehr sind solche Attribuierungen eine abhängige Variable von etwas ganz anderem, nämlich dem Verhältnis der Lehrer zur Politik: „Lehrerinnen und Lehrer, die wenig an Politik interessiert sind ... oder die selbst Politikverdrossenheit zeigen ..., beschreiben das Fach als nicht besonders wichtig (Randfach) und gehen davon aus, dass auch Kollegen, Eltern sowie Schülerinnen und Schüler das Fach gering bewerten." Schwierigkeiten im Unterricht führen sie auf die Politikverdrossenheit der Schüler, auf gesellschaftliche Problemlagen und andere Mängel wie schlechte Rahmenpläne zurück (1997 Massing, 23).

Dieser Befund wurde dadurch erhärtet, dass umgekehrt politisch interessierte und aktive Lehrer von der großen Bedeutung des Faches für alle anderen überzeugt sind. Erfolge wurden also, dem allgemeinen Muster folgend, internal, Misserfolge dagegen external erklärt und attribuiert. Auf alle freilich traf die Feststellung zu, dass ihnen „das politische System der Bundesrepublik ... äußerlich geblieben zu sein" schien (ebd.) und dass ihr Urteil darüber formal, institutionenorientiert und emotional ausfiel.

6. Zwischen deutsch-deutscher Empathie und westdeutscher Prädominanz – Argumentationswandel in den drei Phasen zwischen 1990 und 1995

Für die Zeit zwischen 1990 und 1997 gehe ich von vier Entwicklungsphasen aus. Ich beleuchte die ersten drei Phasen bis 1995, um wichtige Veränderungen im politikdidaktischen Schrifttum darauf zu prüfen, ob der Transformationsprozess seine Spuren auf phasenspezifische Weise hinterlassen hat.

Die *erste Phase* war durch bildungsreformerische und bildungspolitische Aktivitäten im reformerischen DDR-Netzwerk charakterisiert, ferner durch viele Begegnungen und Sondierungen zwischen Didaktikern aus Ost und West. Zeitlich reichte sie bis zur ersten gesamtdeutschen Wahl am 3. Oktober 1990. Gagel erinnert an diese Zeit, indem er von der „Scheu" spricht, „die eigenen Positionen den Mittlern der politischen Bildung in den neuen Bundesländern aufzunötigen" (1992b, Gagel, 3).

Zu den signifikanten didaktischen Ost-West-Dialogen jener Tage gehörte die Auseinandersetzung zwischen Mickel und Both: Mickel kritisierte Überlegungen von Ost-Didaktikern, die ein Fach „Lebenskunde" an die Stelle eines Schulfaches „Politik" o.ä. setzen wollen. Both reagierte informierend, aber zugleich dezent zurückweisend; darin wurde er von Feige und Christel Nordhausen unterstützt, während auf der westdeutschen Seite Schörken dem Kollegen Mickel zur Seite trat.

Der Dialog als Mittel symmetrischer Verständigung zwischen Gleichberechtigten funktionierte aber bereits zu diesem frühen Zeitpunkt nicht (mehr). Die Westseite attackierte und kritisierte, berief sich auf didaktische Traditionen; die Ostseite erläuterte defensiv ihren eigenen Arbeitskontext, relativierte, schwächte ab. Eine Verständigung zwischen den Kontrahenten kam nicht zustande. Doch dokumentierte die produktive Nachlese zum „Lebenskunde"-Streit von Grammes aus dem Jahr 1991 immerhin die zu diesem Zeitpunkt noch vorhandene Fähigkeit, in produktiver Offenheit auf andere zu hören und die Brauchbarkeit eines konzeptionellen Ansatzes aus dem Osten für Westdeutschland festzustellen.

In der gleichen Zeit treffen wir auf zahlreiche Tagungsberichte. Hauptenor ist Verständnis für die DDR-Vergangenheit der Kollegen und Suche nach Möglichkeiten, sie irgendwie als Oppositionelle einordnen zu können, sodann neben der Wiedergabe einer guten Gesprächsstimmung doch Andeutungen der Notwendigkeit von Anschlusslernen (im doppelten Wortsinn) (1990, George; Grammes 1993; 1990, Schörken). Einzig Tschiche verdarb die freundliche Stimmung und schleuderte die Lanze des Anpassungsverdachts gegen alle Staatsbürgerkundelehrer: jeglicher Abweichung von einer harten Linie und aller Übernahmeliberalität aus sozialpolitischen Gründen wollte er den Weg verlegen.

Die *zweite Phase* erstreckte sich vom Institutionentransfer, der zur Gründung der Kultusministerien und ihnen nachgeordneter Behörden, der Landeszentralen für politische Bildung, der Akademien für Erwachsenenbildung usw. führte, bis zum Erscheinen erster „vorläufiger" Richtlinien, also etwa bis Mitte 1993. Das Jahr *1991* steuerte mit den Aufsätzen von Gagel, Wernstedt, Meyer und Misselwitz einige Arbeiten bei, die zu lesen auch noch nach Jahren lohnen wird, weil sie Fragen an Gegenwart und Geschichte richten und dies mit Gedanken zum Zukunftsweg der Politischen Bildung verknüpfen. Ihr Tenor ist geistes-, nicht sozialwissenschaftlich. Von späteren blanken Transfergewissheiten ist in den westlichen Aufsätzen noch nichts zu spüren, allerdings auch nichts von einem Verzicht auf Beratung und Export. Zu den seltenen schriftlichen Einmischungen der Erwachsenenbildung in den Transformationsprozess zählte neben der kreativen Hommage von Hanusch an dialogische Begegnungen zwischen Ost- und Westdeutschen auch Hufers Büchlein und die Warnung von Siebert vor dem aufkeimenden Dualismus zwischen omnipotenten Westdeutschen und unterlegenen Ostdeutschen. Die Zurückhaltung dieser Texte steht in krassem Gegensatz zum andragogischen Elan aus der gleichen Zeit, über die frühere Grenze hinweg massenhaft praxeologische Fortbildungsangebote westlicher Provenienz durchzuführen.

Von Misselwitz wissen wir, dass er pointierten Widerstand gegen die unkorrigierte Übernahme altbundesrepublikanischer Standards ankündigte; auf westlicher Seite sekundierten ihm Birgit Wellie, Claußen oder Schwarze in einem von Wellie herausgegebenen Sammelband und leisteten Formulierungsarbeit für den

Generalvorwurf an die Adresse der Politischen Bildner, von ihren strukturellen Schwächen im Westen mit leicht errungenen Siegen im Osten abzulenken. Hierher gehört auch Dümckes Versuch, gleichzeitig mit der Herauslösung der politischen Bildung in den neuen Bundesländern aus westlicher Bevormundung auch die Politische Bildung in Gesamtdeutschland zu modernisieren. Die Extremposition auf westlicher Seite verdanken wir indessen Roloffs „Moratoriums"-Vorschlag. Dessen essentielle Bedeutung lag darin, dass er als einziger mit den Forderungen der Autonomie-Verfechter (als Vertreter der Kommunikationsform „runder Tische)" völlig übereinstimmte; insofern hat er es weder verdient, als flüchtiger Erinnerungsposten notiert, noch wie ein Renegat angesehen zu werden.

Im Rückblick stellt sich heraus, dass zwischen den Texten der Jahre 1990 und 1991 stärkere innere Verknüpfungen bestehen als zwischen denen von 1991 und 1992: Während der erste Zeitraum noch durch eine Brücke des fundamentalen Fragens verbunden war, vollzog sich im zweiten Zeitraum der folgenreiche Einstellungs- und Argumentationsbruch: an die Stelle von Fragen traten Antworten.

Das Schrifttum des Jahres *1992* stieg kraftvoll in den rollenden Transformationsexpress ein. Richtungweisend waren Publikationen der Bundeszentrale für politische Bildung, die sich mit ihrer Rolle bei den ostdeutschen Weiterbildungen eine über föderalistische Zuständigkeiten hinausreichende Leitfunktion erarbeitete. Symptomatisch ist die Synopse von Cremer und Uta George über die von den Kultusministerien vorgelegten „Vorläufigen Rahmenrichtlinien" für die verschiedenen Schularten und -stufen (1992, Cremer/George, 47 ff.). Der Aufsatz spiegelte ebenso wie der dazu gehörende, von Cremer herausgegebene Sammelband der Bundeszentrale für politische Bildung die neue Realität wider: Der Institutionentransfer strebte samt den schulischen Regularien seiner Vollendung entgegen. Die Zeit der Nachdenklichkeit, des Fragens und der Unsicherheit war vorbei, alle Weichenstellungen für die Zukunft waren vorgenommen. Es häuften sich Belege für die hegemoniale Gewalt des westdeutschen Blicks auf ostdeutsches Unterwerfungshandeln.

Das lässt sich in der Tendenz an dem Sammelband von Breit/Massing ablesen. Er entstand aus der Notwendigkeit, Texte für die Lehrerweiterbildungen in den neuen Bundesländern verfügbar zu machen. So präsentierte er in Gestalt hochwissenschaftlicher ‚Ratgeberliteratur' den etablierten Stand der Politischen Bildung unter Einschluss von Querbezügen zur fachwissenschaftlichen Politikfeldanalyse. Weil Claußen, Wellie bzw. Autoren ihres Umfeldes nicht zur Mainstream-Didaktik zählen (wie ich unter Berufung auf Claußens stete Anklagen ungeprüft hinschreibe), waren sie mitsamt ihrer Ablehnung der Transformationspraxis nicht vertreten. Der dadurch entstandene Reflexionsschaden mag begrenzt sein.

Doch die Ausklammerung solcher transformationskritischer Analysen, auch solcher von Gerhard Lehmbruch, oder die Nichterwähnung der soziologischen

Forschungsdebatte könnte den Verdacht schüren, dass lästige Diskurspartner und damit ein Stück Aufklärung ferngehalten werden sollten. Warum wurden in dem erwähnten Band von Breit/Massing zwar die beiden ‚klassischen' Texte von Gagel und Wernstedt abgedruckt, nicht jedoch der streitbare Misselwitz-Aufsatz – auch er sicher ein ‚Klassiker'? Weit mehr als eine Randnotiz dürfte auch die Feststellung bedeuten, dass Mickel zur gleichen Zeit eine umfangreiche Reihe mit Besprechungen aller relevanten Rahmenrichtlinien der neuen Bundesländer vorlegte, ohne dass seinen recht dezidierten (Ab-)Urteilen irgendein Widerspruch entgegengesetzt wurde. Der ungleiche Kampf war ausgefochten.

Im Jahr *1993* zeichneten sich zwei Grundströmungen ab. Einerseits schien die Zeit angebrochen, sich Gedanken über die problematische Schülerschaft und Bevölkerung der ehemaligen DDR zu machen; erste empirische Untersuchungen prophezeiten der Demokratie und in ihrem Gefolge den Politiklehrern einen schweren Stand. Rödigers analytische Reportage über seinen Sozialkundeunterricht in Magdeburger Gymnasialklassen zeigte neben der Dünnhäutigkeit der Schüler auch ihren aufkeimenden ‚ostalgischen' Traditionalismus. Dümcke, Fritzsche/Knepper und Rüther widmeten sich mit sozialpsychologischen Herleitungen der Adaption von Deformations- und Persistenzannahmen (Pollack) für die Politische Bildung. Sie stellten gewissermaßen die Dysfunktionalität der Menschen in den neuen Bundesländern für die bedeutsamen Politik- und Bildungsangebote aus dem Westen fest. Zugleich – und sicher nicht zufällig – erfuhr die Werteproblematik in der Diskussion um die Chancen eines zeitgemäßen Verfassungspatriotismus neue Nahrung (Behrmann/Schiele). So fiel im gleichen Zeitraum Licht auf das empirisch Trennende wie auf das didaktisch herzustellende Verbindende.

Im Mittelpunkt der *dritten Phase* (1994 und 1995) stand die „Anpassungsweiterbildung" von Lehrkräften aus der ehemaligen DDR; sie ermöglichte die formale Etablierung des Faches in den Schulen der neuen Bundesländer. Aus den von mir herangezogenen Schriften des Jahres 1994 ragte ein weiterer Aufsatz von Misselwitz hervor, der aus heutiger Sicht wie ein Hilfeschrei anmutet, sich aber auch als Agenda für Angebote Politischer Bildung jenseits des Mainstreams lesen lässt.

Das Hauptereignis aber war ein von Claußen und Wellie herausgegebener Sammelband. Unter dem erzdeutschen Titel „Bewältigungen" griffen auf 1.000 Seiten 34 Autoren die kritische Linie von Wellies Band aus dem Jahr 1991 auf. Doch die Zeit des produktiven Streitens war vorüber. Soweit es diesen Band betrifft, tragen die Schuld sicher auch – neben dem schieren Volumen des Unternehmens – die umfangreichen, schwer lesbaren Beiträge von Claußen. Dennoch wird seine Kritik am Handeln von Politik und Politischer Bildung erkennbar. Im Dunkeln hingegen bleiben konkrete Konturen eines gesamtdeutschen Gegenkonzepts zur Mainstream-Politikdidaktik. So hinterlässt dieses im

Politische Bildung im Transformationsprozess 377

Grunde bedeutende Buch letztlich das Bild einer hoffnungslos festgefahrenen Disziplin, der es nicht an scharfsinnigen Wissenschaftlern mangelt, wohl aber an einer autonomen Diskurs- und Infrastruktur, die als Grundlage für ein dialogisches Netzwerk funktionieren kann. Es reden durchaus nicht alle mit allen. Die Verstrickung der Politikdidaktik in die Politik wurde durch diesen großen literarischen Kraftakt endgültig sinnfällig; der Rückzug der widerständigen Potentiale war unwiderruflich. Wie leise Begleitmusik zu diesem systemischen Befund mutete der Aussagegehalt der Aufsätze von Muszinsky und Moritz an, die tiefe Skepsis über die neue Lehrerschaft in Ostdeutschland verrieten, sowie der Erfahrungsbericht von Möbus über die Eigenwelt ostdeutscher Schüler, dem die Schulerkundungen Dümckes von 1996 an die Seite zu stellen sind.

So scheint die dritte Phase des Entwicklungsweges der Politischen Bildung mit dem Doppelbefund zu enden, dass es weder im Westen noch im Osten etwas Neues zu entdecken gibt. Oder zeichnet die dialogische Materialsammlung von Lay/ Potting inhaltlich und didaktisch eine hoffnungsvolle Zukunftslinie vor?

7. Abwicklungshandeln bei Theorieverzicht

Die meisten Texte aus den Jahren 1990 bis 1995 strahlen demokratische Zuversicht und didaktische Standortsicherheit aus. Damit wählen sie allerdings ihren Standort außerhalb der völlig unübersichtlichen gesellschaftlichen Situation in den neuen Bundesländern, auf die sie angeblich Bezug nehmen. Dass sie kaum je Suchbewegungen, Unsicherheit, Bedenklichkeit, auch Ängste verraten, mutet wie das Pfeifen im dunklen Wald an. Wie konnte die Didaktik ihrer Sache so sicher sein, obwohl der Transformationsprozess keinen eindeutigen Beginn und keinen vorhersehbaren Verlauf haben würde, von einem eindeutig prognostizierbaren Ende ganz zu schweigen? So scheinen kategoriale Eindeutigkeit und inhaltliche Griffigkeit die Funktion zu besitzen, die Brüchigkeit des pädagogischen Bedingungsfeldes zu verdecken. Die politischen Didaktiker haben sich von der allgemeinen Zuversicht der politischen Eliten mitziehen und sich in ihren Auffassungen auch dann nicht beirren lassen, als sie sich selbst eingestehen mussten, dass der von ihnen aufgeschüttete Grund und Boden voller Unebenheiten, gefährlicher Löcher, Treibsand und Erosionen war.

Da das Ergebnis des Transferprojekts bekannt ist, kann sich die Nachlese im Weiteren auf den Umgangsstil konzentrieren, den die Westdeutschen praktizierten.[5] Frappierend ist die Urteilslegitimation und -sicherheit, die sich die westdeutsche Didaktik (kraft ihrer Einbettung in den unhinterfragten Transformationskontext) zumisst. Fast in der gesamten gesichteten Literatur unterbleibt jede kritische Erwägung der nicht auszuschließenden Möglichkeit, die von ihr exportierte Modellvielfalt sei nicht Ausdruck von demokratischem Pluralismus und

Stärke, sondern vielleicht Ausdruck von Beliebigkeit, Enttheoretisierung und Schwäche.

Noch problematischer ist die im Abschnitt 3 beschriebene Erscheinungsform der Paradoxie. Während die linke Hand großzügig Pluralismusparolen oder Prinzipien wie Schülerorientierung, Erfahrungsorientierung und Lebensweltbezug austeilte, sammelte die rechte alles wieder ein, sobald es um Machtpotentiale, Einflusssphären und Steuerungsgrößen für Schule, Lehrer, Schüler und Unterricht ging. Fatal war auch, dass diese Paradoxie bisher – außer bei Claußen/Wellie – keine kritische Würdigung erfahren und zu einer reflexiven Bestandsaufnahme des policy-Feldes „Politische Bildung" geführt hat. Waren die Beteiligten damit überfordert?

Meine Hauptkritik an die Adresse der politischen Bildner lässt sich auf die Doppelformel bringen: Tätige Mitwirkung an der „Abwicklung" ohne Beachtung des sozialwissenschaftlichen Diskussionstandes jener Jahre! Von der transformations- bzw. der akteurstheoretischen Debatte ist im politikdidaktischen Schrifttum nicht mal ein Grundrauschen zu vernehmen. Wo Schäfers, Merkel, Eisen/Kaase, vor allem Lehmbruch und Zapf, aber auch Solga, Jann, Lutz oder Geissler, später Wiesenthal, nicht zitiert, affirmative oder kritische Theoreme nicht erörtert, empirische Befunde nicht zur Kenntnis genommen werden, wird die sozialwissenschaftliche Diskussionsarena nicht einmal betreten.

Das hat eine verhängnisvolle Trübung des Blicks auf die Realität zur Folge, erkennbar an Klischees und Stereotypenbildungen. Die politikdidaktischen Schriften aus jenen Jahren hinterlassen den Eindruck, als ob ihre Autoren die Köpfe nach der Devise zusammengesteckt hätten: Wir wollen unter uns bleiben. Dieses Bild ändert sich nicht einmal, als mit solchen Großveröffentlichungen wie dem „Handbuch zur Deutschen Einheit" populäre Transportmittel für spezialistische Forschungsergebnisse durch die Bundeszentrale für politische Bildung vermarktet werden. Zum Zeitpunkt ihres Erscheinens lohnt sich eine rezipierende Annäherung offenbar nicht mehr.

Daran schließt sich die Frage an, wie es zur Hermetik gegenüber den Bezugswissenschaften kommen konnte und was sie bedeuten könnte. Die Frage müsste nicht gestellt werden, wenn die politische Didaktik auf andere Weise – etwa durch eine Kombination aus Beobachtung, Analyse und kollektiver Einflussnahme – ihren eigenen Ausbruch aus dem konventionellen Abwicklungsschema inszeniert hätte. Ich kann nicht überblicken, welche politisch-bürokratischen Widerstände dabei zu überwinden gewesen wären; sicher keine geringen. Auf jeden Fall hätte es eines heroischen Entschlusses aller Verantwortlichen und Beteiligten bedurft, um sich auf ein Verhalten zu verständigen, das ich mit „utilitaristischer Dialogbereitschaft" bezeichne. Dazu hätte dann gut die Rolle als Berater gepasst, die ich am Anfang dieser kleinen Studie den Politischen Bildnern zuweisen wollte. Deren Aufgabe sollte ja in einer Kombination aus Informieren und Legitimieren bestehen. Legt man diesen Erwartungshintergrund zugrunde, haben sich die politischen Didaktiker eher als problematische Berater entpuppt. Sie haben informiert, aber hauptsächlich über sich und ihre Welt. Sie haben legitimiert, aber vor allem ihre Mitwirkung bei der Praxis verschiedener Transfers: Organisationstransfer, Institutionentransfer, Elitenoktroi, Transfer von didaktischen Theorien, Kategorien, Prinzipien und Sichtweisen.

Die politischen Didaktiker können zu ihrer Verteidigung ins Feld führen, dass die Vertreter fast aller wissenschaftlichen Zünfte eine ähnliche Interessendurchsetzung praktiziert haben. Ja, was die Politische Bildung von anderen Wissenschaften, wie beispielsweise der Pädagogik, vorteilhaft unterscheidet, ist die zu würdigende Eigentümlichkeit ihres Verdrängungswettbewerbs. Zwischen den Pädagogiken in der DDR und in der Bundesrepublik lassen sich bei ruhiger Betrachtung Übereinstimmungen ausmachen, die eine differenzierte Handhabung von ‚Abwicklung‘ nahegelegt hätten (vgl. Hoffmann/Neumann 1996); Teilaspekte der erziehungswissenschaftlichen Theoriebildung zu DDR-Zeiten verdienten offenbar, bewahrt und weitergedacht zu werden, zumal sie in einer demokratischen Gesellschaft wie der Bundesrepublik keinen Fremdkörper darstellen.

Nichts Vergleichbares muss man über die Theorie der Staatsbürgerkunde sagen. Was an ihr wertvoll sein könnte, nämlich die Erinnerung an Traditionen der Arbeiterbewegung und des revolutionären Bürgertums im 19. Jahrhundert oder die Friedenserziehung (Uhlig), war von bestimmten Strömungen der Politischen und Geschichtsdidaktik des Westens seit den siebziger Jahren eingehender und besser entfaltet worden. Vor allem passte die Staatsbürgerkunde in gar keiner Weise in die westliche Demokratie; dies entspricht ihrer genuinen Konzeption als Gegendisziplin. Wenn wir dies in Rechnung stellen, dann wäre es absurd, von politischen Bildnern im Zuge der von ihnen mitvollzogenen Beseitigung der Staatsbürgerkunde irgendein Bedauern oder gar „Unrechtsbewusstsein" zu erwarten. Auch die Mitwirkung an der Errichtung einer demokratischen Politischen Didaktik verdient unseren Beifall – aber eben (und das ist meine Kernthese) nicht dieser westlichen und im Osten ganz und gar unpassenden Politischen Bildung. Damit könnte zugleich das Geheimnis der oben angesprochenen Abschottung gegen aufklärende Wissenschaft gelüftet sein. Solche Aufklärung war strikt zu vermeiden, weil sie entweder Handeln unter schlechtem Gewissen oder gänzlich anderes Handeln hätte bewirken müssen.

Es ist allerdings auch die Variante einer taktischen Versöhnung von Wissenschaftsrezeption und Abwicklungshandeln in Betracht zu ziehen. Die Soziologie lieferte hierfür das Paradebeispiel. Zuerst entwickelte sie in ihren eigenen Reihen wissenschaftliche Aufklärung, dann konstruierte sie zweckdienliche Evaluationskriterien für Abwicklung, zuletzt sorgten ihre Repräsentanten für den Elitentransfer: eine optimale Zirkelpraxis. Der befreiende Kunstgriff bestand in der Verwendung des Modernisierungsparadigmas, dessen Kernaussage darin besteht, dass der gesamte Osten latent oder manifest nach westlicher Marktwirtschaft und Demokratie strebe.

So gelang es bestimmten Wissenschaften, ihre eigennützigen Transformationsinteressen mit denen des politischen Systems reibungslos abzustimmen. Solche im Rampenlicht stehenden Beispiele lehren uns, dass es fahrlässig wäre anzunehmen, das Ergebnis von Aufklärung müsse immer kritisches Handeln sein. Deshalb ist auch die Unterstellung letztlich nicht zwingend, eine transformationskritisch aufgeklärte westliche Politische Bildung hätte sich im solidarischen Einvernehmen daran gemacht, gemeinsam mit den legitimierten Partnern aus DDR bzw. neuen Bundesländern eine neue Politische Bildung zu konzipieren. Doch nicht einmal die Probe aufs Exempel fand statt. Es gab keinen Mut zum Experiment (wenn ich das große Projekt der „Anpassungsweiterbildung" ausnehme). Die durchaus vorhandenen Spielräume in den schulischen und universitären Strukturen wurden nicht genutzt. Das demokratische Sendungssyndrom der Jahre 1990 und 1991, das sich ja nicht nur aus egoistischen, sondern auch aus altruistischen Anteilen zusammensetzte, verkümmerte zunehmend und machte der Karrierepflege des Faches und häufig der eigenen Person Platz.

8. Eine eigene politische Didaktik für die neuen Bundesländer?

Die Frage mag sich erübrigen, wie dieser Aufsatz zu beweisen scheint. Die Entwicklung, gespiegelt in den Handbuch-Artikeln indessen beweist, dass die Thematik seit einigen Jahren neuen Anstößen gehorcht. Wir stehen vor einem funktionierenden unabgeschlossenen Projekt. So dürfen als Beweise aus dem Raum der Schule neue Generationen von Richtlinien gelten, die eigene, ostdeutsche Handschriften verraten (Wallraven 1999. – *Siehe etwa die Artikel von Biskupek, Dumrese, Reinhardt, Tomaszek in diesem Band*).

Noch erheblich ungezwungener entfalteten sich Konzepte Politischer Bildung innerhalb der Jugend- und Erwachsenenbildung; hier schälen sich sehr deutlich ostdeutsche, d.h. regionalspezifische Muster heraus. Der außerschulische Beitrag wirkt also unverwechselbarer, gewissermaßen „ostdeutscher" als der schulische. Die Einleitung dieses Bandes verfolgte das Ziel, den allgemeinen Begründungsrahmen für diese Konstellation zu formulieren und zugleich die Essenz zahlreicher Texte des Bandes zu systematisieren, um dominante Muster zu entdecken. Ein Ergebnis war, dass die schulischen Regularien deutlicher als die außerschulischen Konzepte eine westdeutsche Handschrift verraten. Trotzdem werden sich auf Dauer die überregionalen und die regionalen Elemente in einer gemeinsamen Architektur der Politischen Bildung verbinden, auch wenn diese Einheit sich derzeit erst schemenhaft abzeichnet. Denn

Politische Bildung im Transformationsprozess

was immer in irgendwelchen Papieren fixiert wurde, es braucht Menschen aus ostdeutschen Bundesländern und Gemeinden sowohl als Multiplikatoren wie als Adressaten. So kann man mit Blick auf die im Abschnitt 1 aufgeführten empirischen Untersuchungen formulieren, dass es die Menschen sind, die durch ihre Subjektivität die Kluft definieren, die durch die Politische Bildung Deutschlands geht, die sie aber auch wieder zu überbrücken versuchen.

Ebenso wie der Transformationsprozess noch lange als unabgeschlossen zu gelten hat, muss auch die Entwicklung Politischer Bildung weiter als offen verstanden werden. Zu wünschen ist allen Einrichtungen – Curriculumkommissionen, Landeszentralen, freien Trägern –, dass sie ihre Arbeit durch eine Kombination aus didaktischen Erfahrungen und Ergebnissen sozialwissenschaftlicher Forschungen befruchten lassen. Der didaktische Impetus wurde soeben angedeutet. Blickt man auf die Hauptbotschaft der Ostdeutschland-Forschung, so lautet diese unüberhörbar: Die politische Kultur in den neuen Bundesländern ist wesentlich anders formiert als in Westdeutschland, sie ist spezifisch ostdeutsch. Auf Lehrer und Bildungspolitiker dürften solche empirischen Ergebnisse alles andere als erfreulich wirken, für Demokratietheoretiker aber sind sie es nicht. Sie begreifen Andersartigkeit als Differenzierung oder als Ausdruck von Pluralität. Ähnlich gehen die Didaktiker der Praxis, in den freien Trägern, mit den Befunden der politischen Kulturforschung um – ihre Programme beweisen es. Jedes gegen Rechtsextremismus gerichtete Projekt trägt eine ostdeutsche Handschrift. Systematisch lassen sich Lehrer und Schulklassen auf diese Ansätze ein und tragen ebenfalls dazu bei, einen eigenen regionalspezifischen didaktischen Handlungsraum zu errichten. Die Wirklichkeit Politischer Bildung hat mittlerweile eine eigene Qualität gewonnen, diese muss nur als solche erkannt und als solche unverhohlen benannt werden.

Dennoch, auch wenn man die durch praktische Erfahrungen erhärteten Forschungsbefunde in diesem Sinne interpretiert und sieht, wie sie die Varianz deutscher politischer Kultur erweitern, bleiben doch Politikdistanz und Politikverdrossenheit, Zustimmungsverweigerung und Systemgleichgültigkeit, wachsende Unzufriedenheit und Zweifel an institutioneller Ineffizienz. Diese bilden eine gewaltige Herausforderung für die Politische Bildung. Antworten darauf können aber nicht generell, gewissermaßen bundesweit, sondern müssen regionalspezifisch gegeben werden. Die Zweifel an der Tauglichkeit des demokratischen Systems für die Lösung sowohl struktureller wie alltäglicher Probleme haben in der Oberpfalz eine gänzlich andere historische Tradition und gesellschaftliche Verankerung als in ländlichen Räumen der neuen Bundesländer.

Wer das nachwirkende DDR-Erbe aus der Konzeptualisierung von Politischer Bildung für die neuen Bundesländer herauslöst, wird den Zweifeln in die Problemlösungsfähigkeit des Systems neuen Nahrung zuführen.

Dieses Plädoyer für einen neuen Anlauf zugunsten einer ostdeutschen Politischen Bildung verzichtet nicht auf das gesamte konzeptionelle und praktische Material aus Ost- und Westdeutschland. Es wird aber im transformatorischen Sinne verstanden, um es in eine ostdeutsche Form zu gießen und ihm damit eine ostdeutsche Identität zu verleihen.

Anmerkungen

[1] Ich danke Dietrich Zitzlaff, der für mich eine umfassende Bibliographie des Schrifttums der Politischen Bildung zwischen 1990 und 1995 erstellt hat. Vor allem hat er mir versteckte Literatur zugänglich gemacht. Erst durch diese Unterstützung wurde der Aufsatz möglich.

[2] Literaturhinweise mit vorangestellten Jahreszahlen deuten darauf hin, dass es sich um ‚Primärliteratur' handelt, worunter ich Texte von Politikdidaktikern verstehe, die ich als Dokumente eingestuft und kritisch beleuchtet habe.

[3] Dass die Anerkennung von Pluralismus als Wert im pädagogischen Feld zu wünschen übrig lässt, stellen „Überwältigungsverbot" und „Kontroversitätsgebot" des „Beutelsbacher Konsenses" unter Beweis.

[4] So stellte Sander einen Katalog allgemeiner Prinzipien des politischen Unterrichts zur Verfügung (1990, Sander, 259), Dümcke registrierte die fehlende ‚policy'-Dimension im Unterricht (1996, Dümcke, 58), Denkewitz (1992, Denkewitz, 353) und Breit (1993, Breit, 190) empfahlen Schülerorientierung im Sinne des Beutelsbach-Konsenses und bei der Anbahnung diskursiver Beschäftigung mit den Folgeproblemen der deutschen Einheit.

[5] Ich habe verschiedentlich Texte nach dem Vier-Seiten-Schema einer Botschaft analysiert und mich dabei an F. Schulz von Thun gehalten; die Ergebnisse bewiesen Asymmetrie der Kommunikation und nicht Komplementarität (vgl. Schulz v. Thun 1991).

Literatur

(APuZ = Aus Politik und Zeitgeschichte)

a) Primärliteratur

Andersen, Uwe (Hrsg.): Zwischenbilanz nach der Vereinigung Deutschlands. Stuttgart 1992

Behrmann, Günter C./Schiele, Siegfried (Hrsg.): Verfassungspatriotismus als Ziel politischer Bildung? Schwalbach/Ts. 1993

Both, Siegfried: Anmerkungen zu einem Beitrag von W. Mickel aus „DDR"-deutscher Sicht. In: Geschichte. Erziehung. Politik, 5, 1990, S. 388 ff.

Both, Siegfried: Probleme des Neubeginns in der politischen Bildung (nicht nur) in Ostdeutschland. In: Gagel 1992, S. 12 ff.

Breit, Gotthard: Gesellschaftskunde – eine Herausforderung für Unterrichtsteilnehmer in der DDR. In: Forum Politische Bildung, 2, 1990, S. 13 ff.

Breit, Gotthard: Die Auseinandersetzung mit der Vergangenheit – eine Aufgabe des Politikunterrichts in den neuen Bundesländern. In: Forum Politische Bildung, 3, 1995, S. 135 ff.

Breit, Gotthard/Massing, Peter (Hrsg.): Grundfragen und Praxisprobleme der politischen Bildung. Bonn 1992

Claußen, Bernhard: Politik-Unterricht: demokratische Bildung jenseits von Kunde und Erziehung. In: Wellie 1991, S. 77 ff. (1991a)
Claußen, Bernhard: Kein Moratorium für den Politikunterricht! Eine Entgegnung auf Ernst-August Roloff. In: Politik-Unterrichten, 1, 1991, S. 29 ff. (1991b)
Claußen, Bernhard: Politik-Bewältigungen im vereinigten Deutschland: Problemstellungen mit Relevanz für die Politische Bildung. In: Claußen/Wellie 1995, S. 15 ff. (1995b)
Claußen, Bernhard/Wellie, Birgit (Hrsg.): Bewältigungen. Politik und Politische Bildung im vereinigten Deutschland. Hamburg 1995
Cremer, Will: Das Fach Sozialkunde/Politische Bildung in den neuen Bundesländern – eine Inhaltsanalyse der Lehrpläne. In: Cremer 1992, S. 545 ff.
Cremer, Will (Hrsg.): Lernfeld Politik. Eine Handreichung zur Aus- und Weiterbildung. Bonn 1992
Cremer, Will/George, Uta: Zur Situation des Faches Sozialkunde/Politik in den neuen Bundesländern. Eine Bestandsaufnahme des Jahres 1991. In: Breit/Massing 1992, S. 47 ff.
Denkewitz, Sabine: Identität und Befindlichkeit der Politiklehrerinnen und -lehrer in den neuen Bundesländern. In: Lernfeld Politik, 1992, S. 346 ff.
Donner, Wolfgang: Politische Erwachsenenbildung im Ost-West-Dialog: Notwendigkeiten, Schwierigkeiten und Aufgaben. In: Claußen/Wellie 1995, S. 965 ff.
Dümcke, Wolfgang: Politische Bildung in den neuen Bundesländern: Versuch einer Problematisierung der Voraussetzungen und Perspektiven. Hamburg 1991
Dümcke, Wolfgang: Politische Bildung und Identitätskrisen. In: Noll/Reuter 1993, S. 36 ff.
Dümcke, Wolfgang: Kollektive Identität im vereinigten Deutschland jenseits nationalistischer Verengung: Kritische Anmerkungen zum Vereinigungsprozess. In: Claußen/Wellie 1995, S. 252 ff.
Dümcke, Wolfgang: Schulerkundungen im Fach Politische Bildung in Brandenburg. In: Politik-Unterrichten, 2, 1996, S. 55 ff.
Endres, Wolfgang: Politische Bildung im vereinigten Deutschland: eine Skizze aus östlicher Sicht. In: Claußen/Wellie 1995, S. 227 ff.
Feige, Wolfgang: Gesellschaftskunde – das neue Fach in den Schulen der DDR. In: Gegenwartskunde, 3, 1990, S. 369 f.
Firch, Angelika/Herbst, Ernst: Politische Bildung in Sachsen-Anhalt: wie ernst ist die Lage? In: Politik-Unterrichten, 1, 1996, S. 55 ff.
Fritzsche, K. Peter/Knepper, Herbert: Die neue Furcht vor der Freiheit. Eine Herausforderung an die politische Bildung. In: ApuZ, 34, 1993, S. 13 ff.
Gagel, Walter: Vereinigung: Ist gemeinsame politische Bildung möglich? In: Breit/Massing 1992, S. 255 ff. (1992a)
Gagel, Walter (Hrsg.): Politische Bildung nach der Vereinigung. Stuttgart 1992
Gagel, Walter: Zum Selbstverständnis der politischen Bildung in Deutschland nach der Vereinigung. In: Gagel 1992, S. 3 ff. (1992b)
George, Siegfried: Beobachtungen zum Stand der politischen Bildung in der DDR. In: Forum Politische Bildung, 2, 1990, S. 3 ff.
Grammes, Tilman: Politische Bildung in der DDR – gegen den Strich gebürstet. Ein Tagungsbericht. In: Gegenwartskunde, 2, 1990, S. 237

Grammes, Tilman: Unpolitischer Gesellschaftskundeunterricht? Anregungen zur Verknüpfung von Lebenskundeunterricht und Politik. Schwalbach/Ts. 1991
Hättich, Manfred (Hrsg.): Politische Bildung nach der Wiedervereinigung. München 1992
Hättich, Manfred: Verfassungspatriotismus, nationales Gemeinschaftsbewußtsein und universale politische Ethik. In: Behrmann/Schiele 1993, S. 25 ff.
Hanusch, Rolf: Gemeinsam denken lernen. Politische Erwachsenenbildung als Vorreiterin im Prozess der inneren Einigung. München 1992
Harms, Hermann/Breit, Gotthard: Zur Situation des Unterrichtsfachs Sozialkunde/Politik und der Didaktik des politischen Unterrichts aus der Sicht von Sozialkundelehrerinnen und -lehrern. Eine Bestandsaufnahme des Jahres 1989. In: Breit/Massing 1992, S. 53 ff.
Hilligen, Wolfgang: Optionen zur politischen Bildung, neu durchdacht angesichts der Vereinigung Deutschlands. In: Gegenwartskunde, 1, 1992, S. 117 ff.
Hufer, Klaus-Peter: Herausforderungen für die politische Erwachsenenbildung. Schwalbach/Ts. 1991
Kendscheck, Hardo: Die „Staatsbürgerkunde" in der DDR – Handlungsspielräume zwischen Staatsideologie und gesellschaftlichem Alltag. In: Gegenwartskunde, 2, 1990, S. 191 ff.
Lay, Conrad/Potting, Christoph (Hrsg.): Gemeinsam sind wir unterschiedlich. Deutschdeutsche Annäherungen. Bonn 1995
Lay, Conrad/Potting, Christoph: Lernen von Mauerspechten – innere Einheit und politische Bildung. In: dies. 1995, S. 9 ff.
Massing, Peter: Zwischen Verunsicherung, Politikverdrossenheit und Engagement. Politiklehrerinnen und -lehrer in den neuen Bundesländern. In: DVPB aktuell, 2, 1997, S. 21
Meier, Gustav: ‚Zurück zu den Wurzeln' – Bericht über ein pädagogisches Projekt mit Studierenden aus Ost und West. In: Hoffmann/Neumann 1996, S. 253 ff.
Meyer, Thomas: Die Gleichzeitigkeit des Ungleichzeitigen. PB im vereinigten Deutschland. In: APuZ 37-38, 1991, S. 9 ff.
Mickel, Wolfgang: Rahmenplan „Politische Bildung" an allgemeinbildenden Schulen in Brandenburg. In: Geschichte. Erziehung. Politik, 3, 1992, S. 748 ff. (1992a)
Mickel, Wolfgang: Lehrpläne an allgemeinbildenden Schulen in Sachsen und Thüringen. In: GEP 3, 1992, S. 545 ff. (1992b)
Mickel, Wolfgang: Rahmenrichtlinien „Sozialkunde" an allgemeinbildenden Schulen in Sachsen-Anhalt. In: GEP 3, 1992, S. 319 ff. (1992c)
Misselwitz, Hans.-J.: Politische Bildung in den neuen Ländern: In Verantwortung für die Demokratie in ganz Deutschland. In: ApuZ 37-38, 1991, S. 3 ff.
Misselwitz, Hans.-J.: Politikwahrnehmung und Politikvermittlung in den neuen Bundesländern. In: APuZ 45-46, 1994, S. 3 ff.
Misselwitz, Hans.-J.: Politische Bildung. In: Weidenfeld/Korte 1996, S. 570 ff.
Möbus, Hans-Dietrich: „Politik ist ein Gaukler toter Werte" – Probleme der politischen Bildung in den neuen Bundesländern. In: Dialog, Dezember 1995, S. 79 ff.
Moritz, Petra: Politische Bildung aus ostdeutscher Sicht. In: ApuZ, 47, 1995, S. 13 ff.
Muszynski, Bernhard: Deutsche Vereinigung: Probleme der Integration und Identifikation. Sonderheft der Gegenwartskunde. Opladen 1991
Muszynski, Bernhard: Politische Bildung im vereinigten Deutschland. In: ApuZ, 47, 1995, S. 3 ff.

Noll, Adolf: Die Ambivalenz der zweiten Mediatisierung: Nation und Nationale Identität. In: Noll/Reuter 1993, S. 106 ff.
Noll, Adolf/Reuter, Lutz R. (Hrsg.): Politische Bildung im vereinten Deutschland. Geschichte – Konzeptionen – Perspektiven. Opladen 1993
Nordhausen, Christel/Bien, Lutz: Unterricht im Osten Deutschlands: Das Thema „Asylanten/ Flüchtlinge in Deutschland – werden wir von Ausländern überschwemmt?" im Unterricht. In: Gagel 1992, S. 58 ff.
Nordhausen, Christel/Both, Siegfried: Profilierungsprobleme für das Fach Gesellschaftskunde und den politischen Unterricht in den neuen Bundesländern. In: Politisches Lernen, 3, 1990, S. 11 ff.
Patzelt, Werner J.: Aufgaben politischer Bildung in den neuen Bundesländern. Dresden 1994
Reuter, Lutz R.: Verfassungspatriotismus und Verfassungsreform. In: Behrmann/Schiele 1993, S. 79 ff.
Richter, Sabine: Zur Akzeptanz der Politischen Bildung bei Berufsschülerinnen und -schülern in Brandenburg: eine Fallstudie. In: Claußen/Wellie 1995, S. 573 ff.
Rödiger, H.J.: Zur Situation der politischen Bildung in den fünf neuen Bundesländern: Sozialkunde in Sachsen-Anhalt. In: Politik-Unterrichten, 2, 1993, S. 15 ff.
Roloff, Ernst-August: Ein Moratorium für den Politikunterricht? In: Politik-Unterrichten, 1, 1991, S. 25 ff.
Rüther, Günther: Politische Bildung und politische Kultur im vereinigten Deutschland. In: ApuZ, 34, 1993, S. 3 ff.
Sander, Wolfgang: Von der Staatsbürgerkunde zur demokratischen politischen Bildung. In: Geschichte und Gesellschaftskunde, 4, 1990, S. 257 ff.
Sarcinelli, Ulrich: ‚Demokratielernen' als Aufgabe der politischen Bildung in den alten und neuen Bundesländern. In: Politische Bildung in Schleswig-Holstein, 1, 1991, S. 13 ff.
Schörken, Rolf: Gemeinsame Arbeit an der Politischen Bildung mit DDR-Didaktikern. In: Geschichte und Politik in der Schule, 28, 1990, 30, S. 32 ff.
Schörken, Rolf: Zur Ausgangslage der politischen Bildung in den neuen Bundesländern. In: APuZ, 9, 1991, S. 37 ff.
Schubarth, Wilfried: Gesellschaftlicher Umbruch und subjektive Verarbeitungsformen bei ostdeutschen Jugendlichen. In: Forum Politik-Unterricht, 4, 1991, S. 67 ff.
Schwarze, Thomas: Die Krise des Politischen: zur neuen Lage der Politischen Bildung in Deutschland. In: Claußen/Wellie 1995, S. 208 ff.
Tschiche, Hans-Joachim: Der gesellschaftliche Umbruch in den neuen Bundesländern als Aufgabe der politischen Bildung. In: Politisches Lernen, 3, 1990, S. 46 ff.
Wellie, Birgit (Hrsg.): Perspektiven für die politische Bildung nach der Vereinigung der beiden deutschen Staaten: Diskussionsanstöße aus Ost und West. Hamburg 1991
Wellie, Birgit: Bewältigungs-Verluste durch Amnesie? Oder: Die Depotenzierung Politischer Bildung zum Phantom – eine exemplarische Umschau. In: Claußen/Wellie 1995, S. 281 ff.
Wernstedt, Rolf: Erblast und Mitgift, Umrisse der Politischen Bildung im vereinigten Deutschland der neunziger Jahre. In: Gegenwartskunde, 4, 1990, S. 451 ff.
Wernstedt, Rolf: Zur Lage der politischen Bildung in Deutschland. In: Noll/Reuter 1993, S. 52 ff.
Winkler, Rainer: Lernen, aber nicht akzeptieren. In: Geschichte. Erziehung. Politik, 1, 1990, S. 309

Wüst, Heidemarie: Möglichkeiten und Grenzen emanzipatorischer Politischer Erwachsenenbildung in Ostdeutschland. In: Claußen/Wellie 1995, S. 363 ff.

b) Sekundärliteratur

Brähler, Elmar/Richter, Horst-Eberhard: Deutsche Befindlichkeiten im Ost-West-Vergleich. Ergebnisse einer empirischen Untersuchung. In: ApuZ, 40, 1995, S. 13 ff.

Brähler, Elmar/Richter, Horst-Eberhard: Deutsche – zehn Jahre nach der Wende. In: ApuZ, 45, 1999, S. 24 ff.

Buhlman, Thomas: Zur Entwicklung der Lebensqualität im vereinten Deutschland. In: ApuZ, 40, 2000, S. 30 ff.

Darmstädter Appell: Aufruf zur Reform der Politischen Bildung in der Schule. In: ApuZ, 47, 1996, S. 34 ff.

Diewald, Martin/Mayer, Karl-Ulrich (Hrsg.): Zwischenbilanz der Wiedervereinigung. Opladen 1996

Diewald, Martin/Solga, Heike: Ordnung im Umbruch? Strukturwandel, berufliche Mobilität und Stabilität im Transformationsprozess. In: Gesellschaften im Umbruch. Verhandlungen des 27. Kongresses der deutschen Gesellschaft für Soziologie, Frankfurt/M. 1996, S. 259 ff.

Eisen, Andreas/Kaase, Max: Transformation und Transition: Zur politikwissenschaftlichen Analyse des Prozesses der deutschen Vereinigung. In: Kaase u.a. 1996, S. 5 ff.

Förster, Peter/Friedrich, Walter: Jugendliche in den neuen Bundesländern. In: ApuZ, 19, 1996, S. 18 ff.

Fraenkel, Ernst: Deutschland und die westlichen Demokratien. Stuttgart 1968

Friedrich, Walter/Förster, Peter: Politische Orientierungen ostdeutscher Jugendlicher und junger Erwachsener im Transformationsprozeß. Leipzig 1995

Fuchs, Dieter: Welche Demokratie wollen die Deutschen? Einstellungen zur Demokratie im vereinigten Deutschland. In: Gabriel (Hrsg.) 1997, S. 81 ff.

Fuchs, Dieter/Roller, Edeltraud/Weßels, Bernard: Die Akzeptanz der Demokratie des vereinigten Deutschland. Oder: Wann ist der Unterschied ein Unterschied? In: ApuZ, 51, 1997, S. 3 ff.

Fuchs, Hans-Werner/Reuter, Lutz R. (Hrsg.): Bildungspolitik seit der Wende. Dokumente zum Umbau des ostdeutschen Bildungssystems (1898-1994). Opladen 1995

Gabriel, Oscar W.: Politische Orientierungen und Verhaltensweisen. In: Kaase u.a. 1996, S. 231 ff.

Gabriel, Oscar W. (Hrsg.): Politische Orientierungen und Verhaltensweisen im vereinigten Deutschland. Opladen 1997

Gagel, Walter: Geschichte der politischen Bildung in der Bundesrepublik Deutschland 1945-1989. Opladen 1995

Gaiser, Wolfgang/Gille, Martina/Krüger, Winfried/de Rijke, Johann: Politikverdrossenheit in Ost und West? Einstellungen von Jugendlichen und jungen Erwachsenen. In: ApuZ, 19-20, 2000, S. 12 ff.

Geißler, Rainer: Nachholende Modernisierung mit Widersprüchen. In: ApuZ, 40, 2000, S. 22 ff.

Giesecke, Hermann: Kleine Didaktik des politischen Unterrichts. Schwalbach/Ts. 1997

Gille, Martina/Krüger, Winfried/de Rijke, Johann/Willems, Helmut: Das Verhältnis Jugendlicher und junger Erwachsener zur Politik: Normalisierung oder Krisenentwicklung? In: ApuZ, 19, 1996, S. 3 ff.

Grammes, Tilman: Kommunikative Fachdidaktik. In: Sander 1993, S. 79 ff.
Gutte, Rolf: Lehrer – Ein Beruf auf dem Prüfstand. Reinbek 1994
Händle, Christa/Nitsch, Wolfgang/Uhlig, Christa: Beziehungen zwischen pädagogischer Wissenschaft und Schulpraxis aus der Sicht von Lehrerinnen/Lehrern und Lehrerbildnerinnen/ Lehrerbildnern in den neuen Ländern. In: Adolf Kell/Jan Hendrik Olbertz (Hrsg.): Vom Wünschbaren zum Machbaren. Weinheim 1994, S. 301 ff.
Hartwich, Hans-Hermann: Politik und Politikwissenschaft im Jahre 1987. In: Gegenwartskunde, 1, 1987, S. 5 ff. (1987a)
Hartwich, Hans-Hermann: Politikwissenschaft und politische Bildung. In: Hans Tietgens: Wissenschaft und Berufserfahrung. Bad Heilbrunn 1987, S. 27 ff. (1987b)
Henschel, T.R.: Jugend. In: Weidenfeld/Korte 1996, S. 409 ff.
Hoffmann, Dietrich: ‚Identität' als Ideologie. In: Hoffmann,Dietrich/Neuner, Gerhart (Hrsg.): Auf der Suche nach Idenität. Pädagogische und politische Erörterungen eines gegenwärtigen Problems. Weinheim 1997, S. 29 ff.
Hoffmann, Dietrich/Neumann, Karl (Hrsg.): Erziehung und Erziehungswissenschaft in der BRD und der DDR. Band 3: Die Vereinigung der Pädagogiken (1989-1995). Weinheim 1996
Hoffmann-Lange, U. (Hrsg.): Jugend und Demokratie in Deutschland. DJI-Jugendsurvey. Opladen 1995
Hufer, Klaus-Peter: Politische Erwachsenenbildung. Schwalbach 1992
Jann, Werner: Öffentliche Verwaltung. In: Weidenfeld/ Korte 1996, S. 526 ff.
Jugendwerk der Deutschen Shell: Jugend '92. Bd. 3: Die neuen Länder: Rückblick und Perspektiven. Opladen 1992
Jugendwerk der Deutschen Shell: Jugend '97. Zukunftsperspektiven. Gesellschaftliches Engagement. Politische Orientierungen. Opladen 1997
Kaase, Max/Eisen, Andreas/Gabriel, Oscar W./Niedermayer, Oskar/Wollmann, Hellmut: Politisches System. Opladen 1996
Kade, Sylvia: Deutungsblockaden – Verständnisbarrieren im innerdeutschen Dialog. In: Ekkehard Nuissl u.a.: Verunsicherungen in der Politischen Bildung. Bad Heilbrunn 1992, S. 129 ff.
Kevenhörster, Paul: Politikberatung. In: Uwe Andersen und Wichard Woyke (Hrsg.): Handwörterbuch des politischen Systems der Bundesrepublik Deutschland. Opladen1995, S. 449 ff.
Künzel, Werner: Politische Bildung im Übergang zur Demokratie. Die Entwicklung der politischen Bildung in den neuen Bundesländern seit der Vereinigung. In: Wolfgang Sander (Hrsg.): Handbuch politische Bildung, Schwalbach/Ts. 1997, S. 528 ff.
Lehmbruch, Gerhard: Die deutsche Vereinigung. Strukturen der Politikentwicklung und strategische Anpassungsprozesse. In: Beate Kohler-Koch (Hrsg.): Staat und Demokratie in Europa. Opladen 1992, S. 22 ff.
Lehmbruch, Gerhard: Der Staat des vereinigten Deutschland und die Transformationsdynamik der Schnittstellen von Staat und Wirtschaft in der ehemaligen DDR. In: BISS Public, 10, 1993, S. 21 ff.
Lindenberger, Thomas: Herrschaft und Eigen-Sinn in der Diktatur. In: ApuZ, 40, 2000, 5 ff.
Lutz, Burkart/Nickel, Hildegard M./Schmidt, Rudi/Sorge, Arndt (Hrsg.): Arbeit, Arbeitsmarkt und Betriebe. Opladen 1996

Massing, Peter: Wege zum Politischen. In: Peter Massing/Georg Weißeno (Hrsg.): Politik als Kern der politischen Bildung. Opladen 1995, S. 61 ff.

Mau, Steffen: Ungleichheits- und Gerechtigkeitsorientierungen in modernen Wohlfahrtsstaaten. WZB-Papier Berlin 1997

McFalls, Laurence: Die kulturelle Vereinigung Deutschlands. In: ApuZ, 11, 2001, S. 23 ff.

Merkel, Wolfgang: Theorien der Transformation: Die demokratische Konsolidierung postautoritärer Gesellschaften. In: PVS Sonderheft 26, 1995, S. 30 ff.

Nassmacher, Hiltrud/Niedermayer, Oskar/Wollmann, Hellmut (Hrsg.): Politische Strukturen im Umbruch. Berlin 1994

Nitzschke, Peter: Der Nationalstaat und seine klassischen Funktionen. In: Irene Gerlach/Peter Nitzschke (Hrsg.): Metamorphosen des Leviathan? Staatsaufgabe im Umbruch. Opladen 2000, S. 11 ff.

Pollack, Detlef: Das Bedürfnis nach sozialer Anerkennung. Der Wandel der Akzeptanz von Demokratie und Markwirtschaft in Ostdeutschland. In: APuZ, 13, 1997, S. 3 ff.

Pollack, Detlef: Wirtschaftlicher, sozialer und mentaler Wandel in Ostdeutschland. In: ApuZ, 40, 2000, S. 13 ff.

Pollack, Detlef/Pickel, Gert: Die ostdeutsche Identität – Erbe des DDR-Sozialismus oder Produkt der Wiedervereinigung? In: ApuZ, 41-42, 1998, S. 9 ff.

Rausch, Thomas: Zwischen Freiheitssuche und DDR-Nostalgie. Lebensentwürfe und Gesellschaftsbilder ostdeutscher Jugendlicher. In: ApuZ, 45, 1999, S. 32 ff.

Reinhardt, Sibylle: Kontroverses Denken, Überwältigungsverbot und Lehrerrolle. In: Breit/Massing 1992, S. 140 ff.

Reinhardt, Sibylle/Tillmann, Frank: Politische Orientierungen Jugendlicher. Ergebnisse und Interpretationen der Sachsen-Anhalt-Studie „Jugend und Demokratie". In: ApuZ, 45, 2001, S. 3 ff.

Reißig, Rolf: Die gespaltene Vereinigungsgesellschaft. Bilanz und Perspektiven der Transformation Ostdeutschlands und der deutschen Vereinigung. Berlin 2000

Roller, Edeltraud: Sozialpolitische Orientierungen nach der deutschen Vereinigung. In: Gabriel 1997, S. 115 ff.

Sander, Wolfgang (Hrsg.): Konzepte der Politikdidaktik. Aktueller Stand, neue Ansätze und Perspektiven. Stuttgart 1993

Sarcinelli, Ulrich (Hrsg.): Demokratische Streitkultur. Theoretische Grundpositionen und Handlungsalternativen in Politikfeldern. Bonn 1990 (1990a)

Sarcinelli, Ulrich: Politikvermittlung im Blickfeld politischer Bildung – Ein Ansatz zur Analyse politischer Wirklichkeit. In: ders. u.a.: Politikvermittlung und Politische Bildung. Herausforderungen für die außerschulische politische Bildung. Bad Heilbrunn, 1990, S. 11 ff. (1990b)

Sarcinelli, Ulrich: „Verfassungspatriotismus" und „Bürgergesellschaft" oder: Was das demokratische Gemeinwesen zusammenhält. In: APUZ, 34, 1993, S. 25 ff.

Schäfers, Bernhard: Der Vereinigungsprozeß in sozialwissenschaftlichen Deutungsversuchen. In: Gegenwartskunde 3, 1991, S. 273 ff.

Schelle, Carla: Politische Bildung in den neuen Bundesländern. Schwierigkeiten des Neubeginns im Spiegel von Studenten- und Lehreräußerungen. In: kursiv. Journal für Politische Bildung, 1, 1997, S. 32 ff.

Schimank, Uwe: Theorien gesellschaftlicher Differenzierung. Opladen 1996
Schmiederer, Rolf: Zwischen Affirmation und Reformismus. Politische Bildung in Westdeutschland seit 1945. Frankfurt 1972
Schmiederer, Rolf: Politische Bildung im Interesse der Schüler. Frankfurt 1977
Schröder, Burkhard: Im Griff der rechten Szene. Ostdeutsche Städte in Angst. Reinbek 1997
Schubarth, Wilfried: Zur politischen Sozialisation der Schuljugend in Ostdeutschland. In: Gagel 1992, S. 21 ff.
Schulz v. Thun, Friedemann: Miteinander reden. Störungen und Klärungen. Band 1. Reinbek 1991
Solga, Heike: Der Elitenimport nach Ostdeutschland. Transformationstypen und Veränderungen der Elitenrekrutierung. In: Diewald/Mayer 1996, S. 89 ff.
SPIEGEL, Nr. 31/1997, S. 44 f.
Statistisches Bundesamt: Datenreport 1997. Zahlen und Fakten über die Bundesrepublik Deutschland. Bonn 1997
Thumfart, Alexander: Die politische Integration Ostdeutschlands. Frankfurt/M. 2002
Uhlig, Christa: Friedenserziehung – ein besonders sensibler und problematischer Bereich politischer Bildung in der DDR. In: Hoffmann/Neumann 1995, S. 257 ff.
Wallraven, Klaus Peter: Der unmündige Bürger. Ideologien und Illusionen politischer Pädagogik. München 1976
Wallraven, Klaus Peter: Das einzigartige Projekt. Wie in Ostdeutschland die westdeutsche Politische Bildung eingeführt wurde. In: Hoffmann/Neumann 1996, S. 203 ff.
Wallraven, Klaus Peter: Die Brandenburgischen Rahmenpläne zur politischen Bildung im ostdeutschen Transformationsprozess. In: Dietrich Benner/Karl-Franz Göstemeyer/Horst Sladek (Hrsg.): Bildung und Kritik. Weinheim 1999, S. 195 ff.
Waschkuhn, Arno/Thumfart, Alexander: Politik in Ostdeutschland. Lehrbuch zur Transformation und Innovation. München 1999
Weidenfeld, Werner/Korte, Karl-Rudolf (Hrsg.): Handbuch zur deutschen Einheit. Bonn 1996
Weihrich, Margit: Alltägliche Lebensführung im ostdeutschen Transformationsprozess. In: ApuZ, 12, 1999,S. 15 ff.
Wiesenthal, Helmut: Die neuen Bundesländer als Sonderfall der Transformation in den Ländern Ostmitteleuropas. In: APUZ, 40, 1996, S. 46 ff. (1996a)
Wiesenthal, Helmut: Sozio-ökonomische Transformation und Interessenvertretung. In: Diewald/Mayer 1996, S. 279 ff. (1996b)
Zapf, Wolfgang: Die Transformation der ehemaligen DDR und die soziologische Theorie der Modernisierung. In: BJS 4, 1994, S. 295 ff.

Angaben zu den Autorinnen und Autoren

Die Angaben stützen sich auf Hinweise der Autorinnen und Autoren. Im Idealfall enthalten sie Name und Titel, die Funktion, ggfs. Veröffentlichungen, E-Mail, ggfs. web-site, Telefon, Fax und die Adresse.

Ahlmann, Frank. Akademiedirektor der Evangelischen Akademie Görlitz.
ev-akademie-goerlitz@eksol.de
Am Kreuzberg 25, 02829 Markersdorf

Ahner-Tönnis, Wolfgang. Seit 1990 Leiter des Bildungswerks Rostock der Konrad-Adenauer-Stiftung. Aufgaben: Berufliche Bildung für benachteiligte Jugendliche, Aufbau eines Projektes zur Förderung von Demokratie und Rechtsstaatlichkeit, Verbesserung der Rahmenbedingungen zur wirtschaftlichen und sozialen Entwicklung in zwei ausgewählten Regionen.
Kas-rostock@t-online.de
Tel. 0381/455156/58 – Fax 0381/455166

Ballhausen, Ulrich. Leiter der Europäischen Jugendbildungs- und Jugendbegegnungsstätte Weimar.
kontakt@ejbweimar.de – www.ejbweimar.de
Tel. 03643/8270 – Fax 03643/827111
99425 Weimar

Bartel, Wolfgang. Referent für Erwachsenenbildung und Supervisor in der Evangelische Erwachsenenbildung Sachsen, Landesstelle.
www.eeb-sachsen.de – landesstelle@eeb-sachsen.de
Tel. 0351/4717295 – Fax 0351/4720932
Barlachstr. 3, 01219 Dresden

Behrmann, Günther C., Prof. Dr. Lehrstuhl Didaktik der Politik, Universität Potsdam
behrmann@rz.uni-potsdam.de
Tel. 0331/9773702 – Fax. 0331/9773216
August-Bebel-Straße 89, Haus 1, 14482 Potsdam

Biskupek, Sigrid, Dr. Lehrerin und Referentin am ThILLM.
s.biskupek@gmx.de

Bochmann, Peter-Andreas. Seit Jan. 2001 Leiter des Regionalbüros Halle der Friedrich-Naumann-Stiftung.
fnst.halle@fnst.org

Both, Siegfried, Dr. Seit 1991 koordinierender Dezernent für Gesellschaftswissenschaften am LISA. Verantwortliche Betreuung der Rahmenrichtlinienkommissionen Geschichte und Sozialkunde. Vorbereitung, Durchführung und Auswertung von Modellversuchen und Projekten. – Zahlreiche Veröffentlichungen, insbesondere zu Themen der historischen Bildung.
sboth@lisa.mk.lsa-net.de

Breit, Gotthard, Prof. Dr. Didaktik der Politik, Universität Magdeburg
gotthard.breit@gse-w.uni-magdeburg.de
Tel. 0391/6716586 – Fax 0391/6716575

Burger, Wilfried, Regierungsdirektor. Leiter des Gymnasialreferats im Sächsischen Staatsministerium für Kultur.
Tel. 0351/5642802 – Fax 0351/56428 44
Postfach 100 910, 01097 Dresden

Dorgerloh, Stephan. Direktor der Evangelischen Akademie Sachsen-Anhalt e.V. und Studienleiter für gesellschaftspolitische Jugendbildung und Politik. Leiter des Forschungsprojekts „Politische Jugendbildung in Ostdeutschland – Ansprüche, Wirkungen, Alternativen".
stephan.dorgerloh@gmx.de – www.ev-akademie.wittenberg.de
Tel.03491/498840 – Fax 03491/400706

Dürr, Karlheinz, Dr. Seit 1999 Leiter des Referats ‚Europa' der Landeszentrale für politische Bildung Baden-Württemberg. Projektleiter der im Beitrag dargestellten Projekte des Kooperationsverbundes (1991-1999). Seit 2001 Koordinator für Deutschland im Rahmen des Europarat-Projekts. EDC-Koordinator des Europarats für Deutschland.
karlheinz.duerr@lpb.bwl.de
Landeszentrale für politische Bildung Baden-Württemberg, Hanner Steige 1, 72574 Bad Urach

Dumrese, Luise. Ministerialrätin i.R. Von 1991 bis 2001 Referatsgruppenleiterin für pädagogische Grundsatzfragen und Schulgestaltung, insbesondere Lehreraus-, -fort- und -weiterbildung, Rahmenplanarbeit im Ministerium für Bildung, Wissenschaft und Kultur Mecklenburg-Vorpommern.

Eschler, Stephan. Pädagogischer Mitarbeiter im Bereich Politische Bildung
kontakt@ejbweimar.de – www.ejbweimar.de
Tel. 03643/8270 – Fax 03643/827111
Europäische Jugendbildungs- und Jugendbegegnungsstätte Weimar,
Jenaer Str. 2/4, 99425 Weimar

Gersdorf, Jochen, Dr. Seit 1993 Geschäftsführender Pädagogischer Leiter von Arbeit und Leben. Seit 1993 Jugendbildungsreferent beim Bundesarbeitskreis Arbeit und Leben. Veröffentlichungen: „Ökologisch und selbstbestimmt" – Bericht von einem Jugendbildungscamp. In: Praxis Politische Bildung. 1 (1997) 2, 128-136. – Barfuß nackt Herz in der Hand. Ein (Theater)-workshop für Jugendliche zur Gewaltprävention, für Toleranz und gegen Fremdenfeindlichkeit. In: Barbara Menke u.a. (Hrsg.): Politische Bildung als Ermutigung zur Zivilcourage. Schwalbach/Ts. 2002. (i.E.)
bildung@sachsen.arbeitundleben.de
Tel. 0351/8633126

Gill, Thomas. Seit 1995 Bildungsreferent in der Jugendbildungsstätte Kurt Löwenstein.
t.gill@kurt-loewenstein.de

Grumke, Thomas, Dr. Seit 2000 Wissenschaftlicher Mitarbeiter im ZDK. Zahlreiche Veröffentlichungen. Zuletzt „Rechtsextremismus in den USA", Opladen 2001.
info@zdk-berlin.de – www.zdk-berlin.de – www.exit-deutschland.de
Tel. 030/24045320 – Fax 030/24035309
Chausseestr. 29, 10115 Berlin

Gurgsdies, Erik. Geschäftsführer des Landesbüros der Friedrich-Ebert-Stiftung Mecklenburg-Vorpommern.
erik.gurgsdies@fes.de
Tel. 0385/512596
Wismarsche Str. 170, 19053 Schwerin

Handy, Andreas. Seit 1991 Geschäftsführer der Europäischen Akademie Mecklenburg-Vorpommern.
Org@Europaeische-Akademie-MV.de – europaeische-akademie-mv.de
Am Eldenholz 23, 17192 Waren/Müritz

Handy, Stephan, Dr. Diakon, Rektor des Edith-Stein-Hauses Parchim
esh.parchim@t-online.de – www.esh-parchim.de
Tel. 03871/625111 – Fax 03871/625110
Invalidenstr. 20, 19370 Parchim

Hennig, Ruth. Dipl. Soziologin. Projektmanagement Deutsch- Polnische Gesellschaft Brandenburg e.V.; Herausgeberin der Zeitschrift Transodra.
www.dpg.brandenburg@snafu.de – www.dpg-brandenburg.de – www.transodra.de

Huschka, Hans-Jürgen. Referent im Ministerium für Bildung, Jugend und Sport Brandenburg (s. Rohmer-Stänner)

Klose, Joachim. Leiter des Kathedralforum Dresden
info@.kathedralforum.de – www.kathedralforum.de
Tel. 0351/4844740/42 – Fax 0351/4844840
Schlossstraße 24, 01067 Dresden

Künzel, Werner, Dr. rer. pol. Leiter des Fachbereichs Publikationen der Brandenburgischen Landeszentrale für politische Bildung.
Werner.kuenzel@mbjs.brandenburg.de
Tel. 0331/8663551

Kuhn, Heinrich-Christian. Referatsleiter der Landeszentrale für politische Bildung Mecklenburg-Vorpommern
hechrkuhn@aol.com
Ludwigsluster Chaussee 11, 19061 Schwerin

Kuhn, Hans-Werner, Dr. phil. Professor
www.ph-freiburg.de/sozial/sachkunde/index.htm
Tel. 0761/682-372
Pädagogische Hochschule Freiburg, Kunzenweg 21, KG IV, 79117 Freiburg

Kunde, Regine (s. Burger)

Lange, Bärbel. Seit 1991 Akademiereferentin an der Sächsischen Akademie für Lehrerfortbildung (SALF)
baerbel.lange@salf.smk.sachsen.de
Tel. 0351/412724 – Fax 035 21/412760

Makk, Heike. Lehrerin.
makk@diakonie-kps.de
Tel. 03496/510651
Aribertstr. 15, 06366 Köthen

Mehnert, Steffi, M.A. Ab Juni 2000 Projektleiterin beim TVV e.V.: „Entwicklung, Erprobung und Umsetzung neuer Lehr- und Lernarrangements in der politischen Bildung" im Programm Lebenslanges Lernen. Betreuung der Fachbereiche Politik-Gesellschaft-Umwelt und Sprachen. Referentin in der Kursleiterfortbildung.
steffi.mehnert@vhs-th.de

Muszynski, Bernhard, Prof. Dr. Hochschullehrer für Politiksoziologie an der Universität Potsdam und Leiter des universitären Weiterbildungszentrums seit 1994.
Zahlreiche Veröffentlichungen, u.a.: Politikbedingungen und politische Bildung in Ostdeutschland (zusammen mit E. Crome). In: Aus Politik und Zeitgeschichte B 25/2000.
muszynski@rz.uni-potsdam.de – www.uni-potsdam.de/u/wbz/index.htm
Tel. 0331/9774659 – Fax 0331/9774401
Universität Potsdam, Weiterbildungszentrum, Park Babelsberg 14, 14482 Potsdam

Naumann, Rosemarie. Wissenschaftliche Mitarbeiterin am Lehrstuhl Didaktik der Politik, Universität Potsdam, mit dem Schwerpunkt Methodik der politischen Bildung

Nicht, Wolfgang, Dr. Seit 1992 Geschäftsführer des DGB Bildungswerkes Sachsen 1992.
wolfgang.nicht@dgb.de

Patzelt, Werner J., Prof. Dr. Lehrstuhl für Politische Systeme und Systemvergleich.
Werner_J.Patzelt@mailbox.tu-dresden.de
rks2.urz.tu-dresden.de/phfipo/polsys/patzelt.htm
Tel. 0351/46332888 – Fax 0351/3161209
Voglerstrasse 18, 01062 Dresden

Reinhardt, Sibylle, Prof. Dr. phil. habil. Professur für Didaktik der Sozialkunde.
reinhardt@politik.uni-halle.de – www.uni-halle.de/politik/reinhardt
Tel. 0345/5524230 – Fax 0345/5527148
Martin-Luther-Universität Halle-Wittenberg, Institut für Politikwissenschaft, Emil-Abderhalden-Str. 7, 06099 Halle/S.

Rellecke, Werner, M.A. Seit 1992 in der Sächsischen Landeszentrale für politische Bildung, heute als Referatsleiter für Publikationen und Bildungsservice.
werner.rellecke@slpb.smk.sachsen.de

Rohmer-Stänner, Hilda. Leiterin des Referats Lehreraus-, -fort- und -weiterbildung, Multimedia und Lernmittel, Schülerwettbewerbe im Ministerium für Bildung, Jugend und Sport Brandenburg
hilda.rohmer-staenner@mbjs.brandenburg.de

Roick, Michael. Leiter der Abteilung Regionalprogramm der Friedrich-Naumann-Stiftung in der Theodor-Heuss-Akademie, Gummersbach (s. Bochmann)

Rossbach, Uwe. Seit 1999 Geschäftsführer von Arbeit und Leben Thüringen. Veröffentlichung (zus. mit Martin Baethge u.a.): Die berufliche Transformation in den neuen Bundesländern. Ein Forschungsbericht. Münster 1996
uwe.rossbach@arbeitundleben-thueringen.de

Rothe, Aribert, Dr. Beauftragter für ev. Erwachsenenbildung.
Viele Veröffentlichung, u.a.: Demokratie braucht politische Bildung – Praxiserfahrungen aus Thüringen. In: Deutsche Evangelische Arbeitsgemeinschaft für Erwachsenenbildung (DEAE), Reihe forum EB, 2, 2001, Karlsruhe 2001, 33-38. – Evangelische Erwachsenenbildung in der DDR und ihr Beitrag zur politischen Bildung, Leipzig 2000. Exemplarische Quellentexte und Themendokumentationen zur evangelischen Jugend- und Erwachsenenbildung (Quellenband), Leipzig 2000.
EEBTstadtakademieEF@gmx.de – www.eebt.de

Sander, Wolfgang, Prof. Dr. Professor für Didaktik der Gesellschaftswissenschaften der Universität Gießen. Viele Veröffentlichungen, u.a.: Politik entdecken – Freiheit leben. Neue Lernkulturen in der politischen Bildung. Schwalbach/Ts. 2000. – (Hrsg.): Handbuch politische Bildung. Praxis und Wissenschaft. 2. Aufl., Schwalbach/Ts. 1999.
wolfgang.sander@sowi.uni-giessen.de

Schramm, Hilde. Dr. habil. in Erziehungswissenschaften. Leiterin der RAA Brandenburg von 1992 bis 1999. Diverse Publikationen in der RAA-Reihe „interkulturelle Beiträge"

Seidel, Thomas A. Direktor der Evangelischen Akademie Thüringen in Neudietendorf.
evakthue@t-online.de – ev-akademie-thueringen.de
Tel. 036202/9840 – Fax 036202/98422
Zinzendorfhaus, 99192 Neudietendorf

Siegel, Michael. Seit Mai 1991 Leiter der Landeszentrale für politische Bildung Thüringen.
SiegelM@TSK.thueringen.de
Tel. 0361/3792721 – Fax 0361/3792702

Spindler, Uwe. Geschäftsführer der Heinrich-Böll-Stiftung.
spindler@boell-brandenburg.de – boell-brandenburg.de

Thierse, Wolfgang. Seit Oktober 1998 Präsident des Deutschen Bundestages, seit September 1990 Stellvertretender Parteivorsitzender der SPD. Jüngste Veröffentlichung: Zukunft Ost. Perspektiven für Ostdeutschland in der Mitte Europas. Berlin 2001.
wolfgang.thierse@bundestag.de – www.wolfgang-thierse.de

Thunecke, Inka (s. Spindler)

Tomaszek, Viola, Dr. Referentin für die Fächer des gesellschaftlichen Lernbereiches (Primarstufe und Sekundarstufe I) und die Fächer des gesellschaftswissenschaftlichen Aufgabenfeldes GOST
viola.tomaszek@plib.brandenburg.de

Tramm, Ralf (s. Burger)

Tschiche, Hans-Jochen. Von 1990 bis 1998 Abgeordneter des Landtages Sachsen-Anhalt in der Fraktion Bündnis 90/Die Grünen, Fraktionsvorsitzender, Vorsitzender des Petitions- und Mitglied des Finanzausschusses.
h-j.tschiche@t-online.de

Vitzthum, Kathrin. Studentin der Erziehungswissenschaft an der Universität Erfurt und Bildungsreferentin im DGB-Bildungswerk Thüringen e.V.
Kathrin.vitzthum@bwt-dgb.de

Wagner, Herbert, Dr. Oberbürgermeister von Dresden a.D.
Tel. 0351/2683622
Wachauer Str. 8, 01324 Dresden

Wallraven, Klaus Peter, Prof. Dr. Institut für Sozialwissenschaften, Fach Politische Wissenschaft, Lehrstuhl Didaktik der Politik.
Veröffentlichungen zur Theorie und Didaktik der Politischen Bildung und zur Altenbildung.
Jüngste Publikation (zus. mit Carsten Gennerich): Seniorenpolitik aus der Akteursperspektive. Eine empirische Untersuchung von Abgeordneten und Verwaltungsangehörigen. Opladen 2002.
kwallra@gwdg.de
Tel. u. Fax 05508/8400
Universität Hildesheim, FB Erziehungs- und Sozialwissenschaften, Marien-burger Platz 22, 31141 Hildesheim

Welz, Wilfried, M.A. Seit 1993 Referatsleiter in der Landeszentrale für politische Bildung Sachsen-Anhalt.
lpblsa.sekretariat@stk.sachsen-anhalt.de
Tel. 0391/56534-0 – Fax 0391/5653413
Landeszentrale für politische Bildung Sachsen-Anhalt, Schleinufer 12, 39104 Magdeburg

Werner, Heidemarie. Studienrätin. Lehrerin und seit 1992 Moderatorin für Sek. I und II (Gymnasium, Gesamtschule).
heidi.werner.@nexgo.de

Werz, Nikolaus, Prof. Dr. Lehrstuhl für Vergleichende Regierungslehre am Institut für Politik- und Verwaltungswissenschaften. Neben den im Beitrag genannten Veröffentlichungen: (zus. mit Detlef Jahn) (Hrsg.): Politische Systeme und Beziehungen im Ostseeraum, München 2002.
nikolaus.werz@wisofak.uni-rostock.de
Tel. 0381/4984443 – Fax 0381/4984445
Universität Rostock, Ulmenstraße 69, 18057 Rostock

Weyrauch, Martina. Dr. jur. Leiterin der Landeszentrale für politische Bildung Brandenburg.
martina.weyrauch@mbjs.brandenburg.de
www.politische-bildung-branden-burg.de
Tel. 0331/8663540 – Fax 0331/8663544

Wohlfahrt, Michael. Dipl. Theologe. Leiter der ev. Erwachsenenbildung (Altenburger Akademie). Pfarrer in der ev.-luth. Kirchengemeinde Altenburg. Seit 1989 Stadtjugendpfarrer in der Stadt Altenburg. Vertritt z.Zt. die Ev. Erwachsenenbildung Ostthüringen.
wohlfahrt@gmx.at
Tel. 03447/4336
Brüdergasse 1, 04600 Altenburg

Lieferbare Titel Reihe Politik und Bildung

Paul Ackermann / Gotthard Breit / Will Cremer / Peter Massing / Peter Weinbrenner: **Politikdidaktik kurzgefaßt**
1994, 172 S., ISBN 3-87920-607-4, € 14,00

Stefan Appel / mit Georg Rutz: **Handbuch Ganztagsschule. Konzeption, Einrichtung und Organisation**
1997, 352 S., ISBN 3-87920-615-5, € 24,80

Wolfgang Beer / Will Cremer / Peter Massing (Hrsg.): **Handbuch politische Erwachsenenbildung**
1999, 368 S., ISBN 3-87920-622-8, € 32,80

Veronika Fischer / Desbina Kallinikidou / Birgit Stimm-Armingeon: **Handbuch interkulturelle Gruppenarbeit**
2001, 400 S., ISBN 3-87920-628-7, € 34,80

Walter Gagel / Tilman Grammes / Andreas Unger (Hrsg.): **Politikdidaktik praktisch. Ein Videobuch**
1992, 126 S., ISBN 3-87920-602-3, € 14,80
Das Video, ISBN 3-87920-603-1, € 24,80

Siegfried George / Ingrid Prote (Hrsg.): **Handbuch zur politischen Bildung in der Grundschule**
Hardcover-Ausgabe, 1995, 384 S., ISBN 3-87920-605-8, € 32,80
Paperback-Ausgabe, ISBN 3-87920-609-0, € 20,00

Benno Hafeneger (Hrsg.): **Handbuch politische Jugendbildung**
1997, 360 S., ISBN 3-87920-610-4, € 32,80

Benno Hafeneger (Hrsg.): **Pädagogik der Anerkennung**
2002, 274 S., ISBN 3-87920-273-7, € 19,50

Bardo Heger / Klaus-Peter Hufer (Hrsg.): **Autonomie und Kritikfähigkeit**
2002, 256S., ISBN 3-87920-271-0, € 24,00

Peter Henkenborg: **Die Unvermeidlichkeit der Moral**
1992, 304 S., ISBN 3-87920-601-5, € 29,80

Gerd Hepp / Herbert Schneider (Hrsg.): **Schule in der Bürgergesellschaft**
1999, 244 S., ISBN 3-87920-621-X, € 19,50

Gerhard Himmelmann: **Demokratie Lernen als Lebens-, Gesellschafts- und Herrschaftsform. Ein Lehr- und Arbeitsbuch**
2001, 400 S., ISBN 3-87920-629-5, € 23,60

Klaus-Peter Hufer (Hrsg.): **Politische Bildung in Bewegung**
1995, 208 S., ISBN 3-87920-606-6, € 18,40

Klaus-Peter Hufer: **Für eine emanzipatorische politische Bildung. Konturen einer Theorie für die Praxis**
2001, 272 S., ISBN 3-87920-634-1, € 12,80

Doron Kiesel / Albert Scherr / Werner Thole (Hrsg.): **Standortbestimmung Jugendarbeit**
1998, 272 S., ISBN 3-87920-619-8, € 19,50

Hans-Werner Kuhn / Peter Massing (Hrsg.): **Politikunterricht kategorial und handlungsorientiert. Ein Videobuch**
1999, 252 S., ISBN 3-87920-616-3, € 24,80
Das Video, ISBN 3-87920-617-1, € 24,80

Peter Massing / Georg Weißeno (Hrsg.): **Politische Urteilsbildung. Zentrale Aufgabe für den Politikunterricht**
1998, 376 S., ISBN 3-87920-618-X, € 18,40

Wolfgang W. Mickel (Hrsg.): **Handbuch zur politischen Bildung. Grundlagen, Methoden, Aktionsformen**
1999, 680 S., ISBN 3-87920-623-6, € 29,80

Frank Nonnenmacher (Hrsg.): **Das Ganze sehen**
1996, 268 S., ISBN 3-87920-612-0, € 24,80

Sibylle Reinhardt / Dagmar Richter / Klaus-Jürgen Scherer: **Politik und Biographie**
1996, 114 S., ISBN 3-87920-611-2, € 12,80

Wolfgang Sander (Hrsg.): **Handbuch politische Bildung**
1999, 608 S., ISBN 3-87920-613-9, € 28,00

Klaus-Peter Wallraven (Hrsg.): **Handbuch politische Bildung in den neuen Bundesländern**
2003, 360 S., ISBN 3-87920-627-9, € 28,00

Die Rückkehr der sozialen Frage. Zur Aktualität politischer Bildung
1997, 224 S., ISBN 3-87920-620-1, € 17,40

Adolf-Damaschke-Str. 10 • 65824 Schwalbach/Ts.
Tel.: 06196 / 8 60 65, Fax: 06196 / 8 60 60
www.wochenschau-verlag.de

Aus unserem Programm

Wolfgang Sander (Hrsg.)
Handbuch politische Bildung

für Wissenschaft und Praxis zum fächerübergreifenden Nachschlagen
ISBN 3-87920-613-9, 608 S., € 28,00

Ulrich Eith, Beate Rosenzweig (Hrsg.)
Die Deutsche Einheit
Dimensionen des Transformationsprozesses und Erfahrungen in der politischen Bildung

Wiesnecker Beiträge zu Politik und politischer Bildung hrsg. von D. Oberndörfer und D. v. Schrötter
Zentrale Dimensionen des Transformationsprozesses in Deutschland seit 1990: Demokratie, soziale Marktwirtschaft, Gewaltbereitschaft und Rechtsextremismus von Jugendlichen, Auseinandersetzung mit der DDR-Vergangenheit, Schul- und Hochschulwesen in Ostdeutschland.
ISBN 3-87920-075-0, 152 S., ca. € 18,00

Christof Prechtl
Innere Einheit Deutschlands
Ein Gegenstand der schulischen und außerschulischen politischen Bildung

ISBN 3-87920-496-9, 326 S., € 29,80

Sigrid Biskupek
Transformationsprozesse in der politischen Bildung
Von der Staatsbürgerkunde in der DDR zum Politikunterricht in den neuen Ländern

ISBN 3-87920-468-9, 130 S., € 23,60

Günter Buchstab (Hrsg.)
Geschichte der DDR und deutsche Einheit
Analyse von Lehrplänen und Unterrichtswerken für Geschichte und Sozialkunde

ISBN 3-87920-490-X, 288 S., € 21,50

Info: www.wochenschau-verlag.de